ESV
ERICH
SCHMIDT
VERLAG

STUDIENREIHE ROMANIA

Herausgegeben von Martina Drescher, Ingrid Neumann-Holzschuh,
Silke Segler-Meßner und Roland Spiller

Band 35

Contact, variation and change in Romance and beyond

Kontakt, Variation und Wandel in und jenseits der Romania

Studies in honor of Trudel Meisenburg
Festschrift für Trudel Meisenburg

Edited by / Herausgegeben von
Christoph Gabriel, Andrea Pešková & Maria Selig

ERICH SCHMIDT VERLAG

Bibliografische Information der Deutschen Nationalbibliothek

Die Deutsche Nationalbibliothek verzeichnet diese Publikation
in der Deutschen Nationalbibliografie;
detaillierte bibliografische Daten sind im Internet
über http://dnb.d-nb.de abrufbar.

Weitere Informationen zu diesem Titel finden Sie im Internet unter
ESV.info/978-3-503-19168-0

Gedrucktes Werk: ISBN 978-3-503-19168-0
eBook: ISBN 978-3-503-19169-7

www.ESV.info

Dieses Papier erfüllt die Frankfurter Forderungen der Deutschen National-
bibliothek und der Gesellschaft für das Buch bezüglich der Alterungs-
beständigkeit und entspricht sowohl den strengen Bestimmungen
der US Norm Ansi/Niso Z 39.48-1992 als auch der ISO-Norm 9706.

Druck und buchbinderische Verarbeitung: Hubert & Co., Göttingen

Contents

Christoph Gabriel, Andrea Pešková & Maria Selig

Introduction

1. A view from Southern France

In 1977, when Trudel Meisenburg made her seminal *enquête* in the small town of Lacaune, located in Southern France in the Tarn *département* (cf. Meisenburg 1985), the local Occitan variety was still a living idiom, actively used among older people and the rural population in neighboring villages. Even among schoolchildren, there seemed to be a solid group of Occitan speakers: when asked whether they knew Occitan, they claimed to have a good (24.8%) or average (28.9%) competence in the language, and comprehension tests run with these children showed that about half of them had a solid passive command of Occitan. When she returned to the little town in 2002 (cf. Meisenburg 2003a; 2003b), the percentage of schoolchildren who actively spoke Occitan had dropped to 3.2%, and the level of passive competence was dramatically low (no more than 5% displayed good or at least solid linguistic capacities). In the timespan of one generation, Occitan had virtually lost almost all of its communicative domains, and the rise of the former *patois* to a highly praised identity marker in Southern France had not prevented speakers of Occitan from transmitting only French to their children and grandchildren. This seems to be a case of what Louis-Jean Calvet termed *glottophages*, i.e. colonizing elites who 'devour' local linguistic varieties in favor of the standard language imposed by a strongly centralized society, such as that of France (cf. Calvet 1974). Lacaune, or *La Cauna* in Occitan, had thus become one of the places where the local language could not cope with the socioeconomic changes affecting agricultural employment and rural societies. Nowadays, Occitan seems to be a language mastered exclusively by a reduced number of militant activists, after schooling and via second language acquisition, or destined to vanish gradually, with or without leaving traces as a hidden substratum marking the regional varieties of French.

Trudel Meisenburg's work has continued to focus on Southern France. She has fostered interest in Occitan among her students and colleagues and with a keen interest has followed the current developments within the Occitan movement (cf. Meisenburg 1992; 1998; 2003a; 2003b). In particular, she has combined research on Occitan with the interest in phonological phenomena she developed when working on the medieval scriptualization of Romance languages (cf. Meisenburg 1989; cf. also Meisenburg/Selig 1998; Gabriel et al. 2013). When she joined the project *Phonologie du français contemporain* (PFC; cf. https://www.projet-pfc.net) in 2001, she implemented its empirical, corpus-based approach on research on Occitan and Southern French pronunciation. From 2009 to 2015, she was responsible for two research projects, focusing on the prosodic effects of linguistic contact between Occitan and French on the one hand and Occitan and Italian in Alpine valleys on the other (cf. https://gepris.dfg.de/gepris/projekt/117944138). These projects addressed the question of how the contact situation affected intonational as well as rhythmic features of both the dominant and the subordinate language. Interestingly, the contact scenarios touched on one of the main questions in the domain of prosodic research, namely, the question of how to conceptualize – in diachronic as well as systematic terms – the relation between the Romance word-based, mainly paroxytone accentuation (as in Italian and Occitan) and the French accentuation type which shifted accent to the phrase level and fixed the oxytone position (cf. Delais-Roussarie et al. 2015; Féry/Feldhausen this volume). The respective results were promising in that they showed that prosodic systems react differently to intonational and rhythmic features, intonation being much more open to adaption and assimilation (with Occitan presenting an intermediate type of accentuation) (cf. Meisenburg 2011; Sichel-Bazin et al. 2012a; 2012b; 2013; 2015a; 2015b; Sichel-Bazin/Meisenburg 2014; cf. Meisenburg 2013 on the rhythmic properties of Midi French in contact with Occitan). Additionally, the relevance of sociolinguistic features in language contact and change was highlighted as well. Once again, linguistic research was able to take advantage of the possibilities of contrasting and comparing linguistic systems closely related via a common ancestor (Latin) but separated by different histories and different sociolinguistic settings.

Evoking Trudel Meisenburg's work on Occitan and on its contact languages certainly is a good opportunity to honor her academic achievements, but doing so also provides us with the opportunity to sketch the theoretical background in which the contributions of this volume are embedded: the interrelation of language contact with phenomena of variation and change, the specific dynamics of multilingual situations, and the perspectives these situations offer so as better to understand the central role of linguistic variation in empirical as well as in theoretical terms. Trudel Meisenburg's work helps one to realize how variation and optionality can hardly be relegated to the level of performance, but rather makes clear that

it constitutes an essential characteristic of both linguistic behavior and linguistic knowledge, which needs to be captured in terms of gradual structures that are neither categorical nor rule-governed.

Let us now turn to highlight some points of discussion. First of all, the *empirical turn* linguistics has taken during the past decades is clearly visible in large portions of contemporary research: many scholars today rely on a combination of sociolinguistic and linguistic methods of empirical research and proceed thereby to a thorough analysis of societal as well as structural features of language(s). This enables us to cope with the multitude of sociolinguistic situations we are confronted with and which call our attention to the necessity of contextualizing language use and linguistic structures. Some of the case studies gathered in this volume show how contingent features, the specific cultural background of linguistic contact or different constellations of acquisition enhance variation and heterogeneity. To understand these situations, fine-grained analyses not only of structural data, but also of the contexts in which these features are used, are required.

The methodological alignment with the social sciences has also contributed to the elaboration of more fine-grained and more controlled data collection techniques. There is still a certain tension between empirical research done in the laboratory on the one hand and authentic data collection 'in the field' on the other, which inevitably leads to the question of whether semi-spontaneous data (such as that collected by simulating all-day situations, as is the case, for example, in so-called Discourse Completion Tasks, cf. Félix-Brasdefer 2010; Vanrell et al. 2018; cf. also Gabriel et al. 2018 for an example), widely used in prosodic research, gets close enough to the complexity of language use we find in natural conversation data. However, there are clear tendencies towards a more usage-based concept of linguistic structure, which adds to our understanding of variable data and permits us to model variation and optionality by reconciling theoretical and empirical approaches.

Last but not least, after a long period of conceptualizing languages as closed, uniform systems, there seems now to be a large consensus on the integration of variation and optionality as an integral component of speakers' linguistic knowledge. Not only are multilingualism and linguistic contact seen now as dynamizing factors, but the idea of variable solutions is also increasingly recognized as a permanent (and not merely a temporary and ephemeral) characteristic of linguistic structure. Optionality, varying structures and varying competences are no longer seen as mere intermediate stages in an essentially unifying process of change towards homogeneity. Multilingual acquisition theory, for instance, has developed models for measuring varying levels of linguistic competence and individual language dominance (cf. e.g. Grünke this volume), arguing that there are no all-or-nothing solutions, but rather continuously varying degrees of mastery of the respective linguistic structures. Furthermore, competing linguistic structures also exist at the societal level: the recognition of societal multilingualism, i.e. of situations where speakers and speech communities are confronted with heterogeneity and the variable linguistic strategies related to it, is consistently replacing the idealized concept of homogeneous standard languages, an idea that seems to be part and parcel of pre-globalization, long-since transcended 'national' ideals of language and linguistic situations. Variation, in short, is no longer claimed to be restricted to the speakers' linguistic performance, and there is a lively debate on how to integrate variation and optionality into linguistic models. A few such mentions can suffice here. Let us briefly refer to Sorace's (2011) Interface Hypothesis (cf. Fischer/Gabriel 2016 for an overview), recent optimality theory (OT) approaches that aim at modeling optional variation and non-hierarchical decision scripts (Kager 1999), models of stochastically driven processes (cf. Boersma/Hayes 2001 and Gabriel/Meisenburg 2009 for an application to French *h aspiré* words) or to grammaticalization theory (cf. Hopper/ Traugott 1993; Heine/Kuteva 2002; Lehmann 1982/2015). Despite all their obvious differences, these approaches have in common a strong will to systematize the relation between variation and language change and to offer a concise picture of how different domains of linguistic structure interact among themselves ('internal interfaces') as well as with external sociolinguistic factors, information structure and pragmatics ('external interfaces'). Romance languages offer an excellent testing ground for analyzing such interdependencies and, seen from this angle, the contributions of this volume represent individual attempts at precisely such analysis.

2. The contributions of the present volume

The contributions gathered in this volume present case studies hailing from all areas of the Romance-speaking world and beyond and addressing different components of linguistic structure. Most of them provide new empirical data and, with the analyses performed on this, contribute to a better understanding of different types of linguistic variation and language change.

Part I
Language contact and phonology: segmental and prosodic features

The interplay of language contact and segmental and prosodic phenomena is at the heart of several contributions. *J. I. Hualde* and *M. Nadeu* ("Oclusives finals en català i en castellà de Catalunya") explore the realization of sentence-final underlying voiced and unvoiced plosives in two groups of speakers from Tarragona, Catalonia. They show that Catalan final devoicing influences the production of speakers even if Spanish is their dominant language. Conversely, Spanish seems to influence sentence final <d> in Catalan and to increase its allophonic variation from elision to fricative to voiced stop. In a similar vein, *A. Pešková*, *C. Gabriel* and *T. Ewald* address the question of "How much like Guaraní does Paraguayan Spanish sound? The pronunciation of <y> and <ll>". Based on a corpus of read and spontaneous speech, they show that the conservative distinction of /ʝ/ vs. /ʎ/ is primarily maintained by Guarani-dominant speakers whose L2 is Spanish in read speech, presumably induced by the normative pressure of school education. *M. Ruiz Moreno* and *C. Gabriel* analyze "Voice Onset Time in Pomerano-Brazilian Portuguese bilinguals" and identify traces of the typical Germanic fortis-lenis contrast of stop consonants in younger bilingual speakers of Pomerano, a variety of Low German, and Brazilian Portuguese. It is argued that the maintenance of the Germanic features in voiceless, but not in voiced, plosives is triggered by the covert prestige of the heritage language Pomerano. *M. Beckmann* ("Schwa in native and Moroccan learner French: investigating the variability of an unstable vowel") compares the schwa realizations in native and in Moroccan learner French and analyzes the influence of Arabic on the vowel's frequency, place of articulation and duration. *G. Mensching*'s contribution focuses on the historical background of language contact between Arabic varieties and French in Lebanon ("Le *h aspiré* (‹ expiré ›) en français du Liban"). He shows that one of the characteristics of Lebanese French, the fricative realization of so-called *h aspiré*, can be traced back to the influence of language teaching in French religious institutions in the 19th and early 20th centuries. Another well-known result of language contact with regard to segmental features is the bidirectional interplay of L1 and L2 leading to mergers, attrition, and new articulatory constellations. *B. Post* and *S. Jones* ("L1 phonemic contrasts constrain pronunciation attrition in French-English bilinguals") analyze the role of such interplays for oral, nasal, and nasalized vowels in French-English bilinguals living in England and underline the relevance of phonemic contrast in preventing any final merger of nasalized and nasal vowels. *E. Pustka* ("Los préstamos ingleses y franceses en español: un análisis en el marco de la fonología de corpus") presents an empirical study on English and French loanwords in European and American Spanish, embedded in the (I)FEC-project she co-directs with Trudel Meisenburg and Christoph Gabriel (Pustka et al. 2016; 2018). She concludes that the articulation of plosives in word-final coda position reflects intrinsic regional variation. *N. Nicolay* and *R. Thieroff* ("Wenn auf dem Büfett das Baguette neben dem Bukett liegt:

Zur Integration von Gallizismen im heutigen Deutsch") discuss German loanwords adapting French nouns ending in *-et/-ette* and show that the group (about 100 words) has become, phonetically and morphologically speaking, far more heterogeneous than their common origin suggests. *É. Delais-Roussarie* ("Remarques sur le français de Basse-Bretagne, le breton et les situations de contact de langues") analyzes the traces the Breton language has left in the French spoken in Lower Brittany. She argues that there are only lexical and some rare morphosyntactic borrowings from Breton to regional French, because the intonational features were firmly linked to rural speech communities and their low prestige prevented them from being continued. Intonational and rhythmic phenomena from regional French in Ivory Coast are analyzed in the contribution by *U. Reich* ("The *groove* of Wolof in French"). The author underlines the diversified functional background of prosodic features and shows how culminative, delimitative, and rhythmic phenomena are transferred from Wolof to the regional variety of French. In the same vein, *M. del Mar Vanrell*, *F. Ballone*, *T. Cabré*, *P. Prieto*, *C. Schirru* and *F. Torres-Tamarit* ("Contacte lingüístic i entonació a Sardenya") discuss cross-linguistic intonational influence in Catalan-speaking Sardinia. Finally, *W. Elvira-García*, *P. Roseano* and *A. M. Fernández Planas* present a forensic tool designed to analyze the phonetic profile of unknown speakers, using prosodic, mainly intonational data ("¿Puede la entonación contribuir a la determinación del perfil fonético de un hablante desconocido? Una aplicación al italiano, al friulano y al catalán").

Part II
Acquisition, variation and change

The next part focuses on the interplay of variation on the one hand and language acquisition and change on the other. *C. Lleó*, *S. Cortés* and *A. Benet* ("Projecció diacrònica de la fusió de sons del català a Barcelona a través de quatre generacions") analyze in the vein of Labovian apparent and real-time comparisons the development of segmental features in different age groups of Catalan speakers in Barcelona. *K. Jungbluth* and *N. Nogué* are interested in the consequences of recent sociolinguistic developments and secular linguistic contact with Spanish on pronominal address in Catalan ("Tractaments, salutacions i noms: el canvi en les pràctiques socials i l'ús de les formes de tractament en català"). *L. Arnaus Gil* and *N. Müller* present a study on early trilingualism in children acquiring Catalan together with Spanish as their L1 in Catalan and German speech communities. They concentrate on the acquisition of the Catalan copula verbs and show that

there is a good mastering of the aspectual contrast between *ésser* and *estar* even in those children that grow up with German as the dominant community language ("Els verbs copulatius catalans *ésser* i *estar* i la seva adquisició en edats primerenques: un estudi sobre el trilingüisme precoç a Espanya i Alemanya"). In analyzing the code-mixing behavior of trilingual children, *M. Poeste* and *N. Müller* ("Code-mixing in trilingual children: domains and dimensions of language dominance") argue in favor of a domain-specific model of language dominance in multilingual individuals. *L. Colantoni* analyzes the development of the palatal lateral /ʎ/ in rural speech communities in northeastern Argentina ("Micro-phonetic variation and the emergence of new allophones: delateralization in Argentine Spanish"). She shows that there are clear signs of delateralization towards the palatal glide [j] as an allophonic variant of <ll>, but not of <y>, so that there is no tendency towards a merger. Frequency effects can be observed, but the relevance of perceptual factors seems to be essential, as the change starts in environments where the acoustic difference between the lateral and the glide is lowest. *J. A. Leoni de León* and *S. Cordero Monge* ("*Mae*, una innovación apelativa en el español de Costa Rica") describe the development of *maje* 'dude'. The lexeme, linked originally to juvenile jargon, has shifted towards *mae* as a feature of colloquial Costa Rican Spanish with the new extended generic meaning of 'person' and, occasionally, 'thing'. *A. Bollée* ("Variation und Wandel: Aphäresen in Frankokreolsprachen") discusses verbs in French-based creoles which lack the initial prefixes of the French etyma (*krazé* vs. *écraser* etc.). She suggests that the syllabic shortening may have been influenced by prosodic features of African contact languages like Fon, but that a major role has to be attributed to the variation between prefixed and simple forms in historical colonial French which could result in morphological simplifications. *J. Stahnke* ("Conception-induced variation as a source of routinization: self-repair in French") addresses the question of whether the variation between communicative immediacy and communicative distance is relevant for prosodic and lexical features of self-repair in conversation. She shows that there is a clear correlation, but that, contrary to expectations, communicative immediacy favors deaccentuation not only of paraphrases, but also of clear cases of self-corrections. *V. Cristante*, *R. Musan* and *A. Grimm* address the question of how fourth- and sixth-graders comprehend German ("Do children understand causal coherence relations earlier than adversative ones? *Weil*, *denn*, *aber* and *dagegen*"). Their results show that comprehension of interclausal relations is still developing during schooling and that students at higher grades and at higher school levels perform the best. Interestingly, only *weil* shows constantly high scores in all school types and at all levels, whereas the other connectives are mastered at later stages and in superior school types.

Part III
Variation, contact and linguistic awareness

Some contributions explore the consequences linguistic heterogeneity has for theoretical reasoning. *K. Störl* ("Migration, dynamics and interdisciplinarity: reflections on the nature of a linguistic discipline") discusses whether "migration linguistics" should be considered an autonomous linguistic sub-discipline. *S. Fischer* and *J. Vega Vilanova* ("Grammatical questions, political answers") show that a simple grammaticality judgment task regarding clitic doubling in Spanish and Catalan can provoke a lively discussion on the sociolinguistic and political aspects of the languages' respective linguistic situations. As regards the linguistic situation in Catalonia, *J. Grünke* ("Dominancia y usos lingüísticos entre estudiantes de Gerona") summarizes the results of a sociolinguistic inquiry among students in Gerona, Catalonia. It is shown that Catalan is firmly established as the dominant language in official contexts even with speakers whose L1 is Spanish. The dominant use of Spanish, on the other hand, seems to be restricted to private and familiar communication in Spanish-speaking families. The consequences of migration, globalization, and multilingualism in Latin America are touched on by several contributions. *B. Frank-Job* ("Zeitlichkeitskonzepte in Blogs lateinamerikanischer Migranten nach Québec") analyzes the concepts of temporality in weblogs of Latin American migrants to Canada, while *A. Vergara Heidke* and *H. Morales Gutiérrez* ("Globalización y lenguas en contacto: paisaje lingüístico en barrios de Costa Rica y Chile") show how linguistic landscaping helps to understand the role of multilingualism in the definition of social spaces. *M. Bechtel* ("Aspekte interkultureller kommunikativer Kompetenz im Fremdsprachenunterricht empirisch untersuchen") presents a research project centering on intercultural learning strategies developed in Spanish language classes in Saxony (Germany) and based on Rodrigo Plá's film *La Zona* (2012).

Part IV
Modeling linguistic structure

The fourth and last part of the present volume combines a bundle of contributions that are devoted to the analysis of specific linguistic structures.

Y. D'hulst ("Isomorphic agreement") claims that agreement in Romance is isomorphic even in the verbal domain and postulates that verbal finite morphology mirrors the subject category and its internal person and number structure. *K. Hunnius* discusses the status of 'double negation' in French ("*Association négative* vs. *concordance négative*: Zum syntaktischen Status des *ne (explétif)*"). He argues in favor of an interpretation as expressive negative doubling und underlines the role of the so-called *ne explétif* as an anaphoric recall of the negative meaning of a superordinate verb. *C. Féry* and *I. Feldhausen* explore how pragmatic meaning is affected by shifts of the high tone associated with IP-final melodic contours in French ("Intonation meaning in French"). The results of an acceptability judgment task confirm the standard assumption that it is possible to assign phrase-initial high tone to different positions in polysyllabic postverbal objects, but the effects on pragmatic meaning are not yet fully clear. *J. López* and *A. Pešková* ("Interrogativas absolutas en el español 'tico'") show that Costa Rican Spanish shares its two intonational patterns of yes/no questions with the other Carribean varieties of Spanish, but that there seems to be a slightly different pragmatic distribution. The next contributions deal with theoretical problems associated with segmental features. *U. Maas* ("Schwa als Vokal und als Antivokal: Typologische Überlegungen") uses the comparison between French and Moroccan Arabic (MA) to discuss phonological and phonetic problems related to schwa. He shows that in MA, the epenthesis of a highly coarticulated vowel is used in order to gain more syllabic material for sentence final intonational contours. MA, therefore, presents a good opportunity to contrast lexical-deletional vs. syntagmatic-epenthetic approaches to schwa. *M. Haase* takes up the most intriguing question of how to classify French /ʁ/ ("Das verflixte /ʁ/"). He argues in favor of a new definition of [+sonorant] which allows /ʁ/ to combine [+sonorant] and [+obstruent] in order to mirror its fricative behavior in progressive and its sonorant behavior in regressive assimilation contexts. *J. Meinschaefer* ("Lange Vokale im Limousinischen") discusses the case of the Limousin Occitan dialect, where loss of syllable-final consonants has led to compensatory vowel lengthening. She shows that lengthening has led to word accent shift from the penultimate to the ultimate syllable in plural nouns of the *a*-declension class, a development not in line with the general maintenance of etymological word accent in Romance and the rule of not stressing noun endings. Two contributions are interested in the interplay of segmental and (ortho)graphic phenomena. *G. Veldre-Gerner* ("*Je nan demande pas conseyl aus fames* – Zur Schreibung des Nasalvokals [ɑ̃] im Französischen") analyzes how nasal [ɑ̃] was rendered in Early Modern French and shows that the spelling variation between <en> and <an> remains firmly anchored in the individual handwriting even of learned authors up to at least the 18th century. *J. Durand* and *C. Lyche* ("Phonétique, description du français et graphie : retour sur Paul Passy") recall Paul Passy, the leading figure in the creation of the International Phonetic Alphabet (IPA), and retrace the interrelations between Passy's pedagogical engagement for phonetic-based orthographies and his theoretical insights on sound change. The volume closes with an homage to Trudel's first name. *D. Nübling* ("*Trudel* und andere Vornamen auf *-el*: Geographie, Geschichte, Geschlecht") explores the regional distribution of German first names using the diminutive suffix *-el* and provides some intriguing insights in gender-specific aspects of this suffix.

References

Boersma, P. / Hayes, B. 2001. Empirical tests of the Gradual Learning Algorithm. *Linguistic Inquiry* 32, 45–86.

Calvet, L.-J. 1974. *Linguistique et colonialisme. Petit traité de glottophagie*. Paris: Payot.

Delais-Roussarie, É. / Post, B. / Avanzi, M. / Buthke, C. / Di Cristo, A. / Feldhausen, I. / Jun, S.-A. / Martin, P. / Meisenburg, T. / Rialland, A. / Sichel-Bazin, R. / Yoo, H.-Y. 2015. Intonational phonology of French. Developing a ToBI system for French. In Frota, S. / Prieto, P. Eds. *Intonation in Romance*. Oxford: Oxford University Press, 63–100.

Félix-Brasdefer, J. C. 2010. Data collection methods in speech act performance. DCTs, role plays, and verbal reports. In Martínez-Flor, A. / Usó-Juan, E. Eds. *Speech act performance. Theoretical, empirical and methodological issues*. Amsterdam: Benjamins, 41–56.

Fischer, S. / Gabriel, C. 2016. Grammatical interfaces in Romance languages. An introduction. In Fischer, S. / Gabriel, C. Eds. *Manual of grammatical interfaces in Romance*. Berlin: De Gruyter, 1–20.

Gabriel, C. / Meisenburg, T. 2009. Silent Onsets? An optimality-theoretic approach to French *h aspiré* words. In Kügler, F. / Féry, C. / van de Vijver, R. F. Eds. *Variation and gradience in phonetics and phonology*. Berlin: De Gruyter, 163–184.

Gabriel, C. / Meisenburg, T. / Selig, M. 2013. *Spanisch. Phonetik und Phonologie. Eine Einführung*. Tübingen: Narr.

Gabriel, C. / Meisenburg, T. / Wocker, B. 2018. Intonation and (re)syllabification in L2 French interrogatives produced by L1 German learners. Comparing different proficiency levels. In Klessa, K. / Bachan, J. / Wagner, A. / Karpiński, M. / Śledziński, D. Eds. *Proceedings of the 9th International Conference on Speech Prosody 2018.* Poznań: Uniwersytet im. Adama Mickiewicza w Poznaniu, 833–837. https://www.isca-speech.org/archive/SpeechProsody_2018/pdfs/61.pdf (2019-12-12).

Heine, B. / Kuteva, T. 2002. *World lexicon of grammaticalization*. Cambridge: Cambridge University Press.

Hopper, P. J. / Traugott, E. C. 1993. *Grammaticalization*. Cambridge: Cambridge University Press.

Kager, R. 1999. *Optimality theory*. Cambridge: Cambridge University Press.

Lehmann, C. 1982/2015. *Thoughts on grammaticalization*. München: Lincom (1982). Berlin: Language Science Press (2015). http://www.doabooks.org/doab?func=fulltext&rid=17851 (2019-12-12).

Meisenburg, T. 1985. *Die soziale Rolle des Okzitanischen in einer kleinen Gemeinde im Languedoc (Lacaune/Tarn)*. Tübingen: Niemeyer.

Meisenburg, T. 1992. Le rôle social de l'occitan dans une petite commune du Languedoc (Lacaune/Tarn). *Revue du Tarn* 3/145, 123–133.

Meisenburg, T. 1996. *Romanische Schriftsysteme im Vergleich. Eine diachrone Studie*. Tübingen: Narr.

Meisenburg, T. 1998. Diglossie et variation linguistique. Le cas de l'occitan. In Gourc, J. / Pic, F. Eds. *Toulouse à la croisée des cultures. Actes du Vème Congrès international de l'Association Internationale d'Études Occitanes (A. I. E. O.), Toulouse, 19–24 août 1996*, vol. 2. Pau: Association Internationale d'Études Occitanes, 657–667.

Meisenburg, T. 2003a. Français et occitan à Lacaune. *Tribune internationale des langues vivantes* 33, 128–134.

Meisenburg, T. 2003b. Lacaune, 25 ans après. In Castano, R. / Guida, S. / Latella, F. Eds. *Scène, évolution, sort de la langue et de la littérature d'oc. Actes du Septième Congrès International de l'Association Internationale d'Études Occitanes, Reggio Calabria – Messina, 7–13 juillet 2002*, vol. 2. Roma: Viella, 1035–1050.

Meisenburg, T. 2011. Prosodic phrasing in the spontaneous speech of an Occitan/French bilingual. In Gabriel, C. / Lleó, C. Eds. *Intonational phrasing in Romance and Germanic. Cross-linguistic and bilingual studies*. Amsterdam: Benjamins, 127–151.

Meisenburg, T. 2013. Southern vibes? On rhythmic features of (Midi) French. *Language Sciences* 39, 167–177.

Meisenburg, T. / Selig, M. 1998. *Phonetik und Phonologie des Französischen*. Stuttgart: Klett

Pustka, E. / Gabriel, C. / Meisenburg T. 2016. Romance corpus phonology. From *(Inter-)phonologie du Français Contemporain* (I)PFC to *(Inter-)fonología del Español Contemporáneo* (I)FEC. In Draxler, C. / Kleber, F. Eds. *Proceedings of PundP 12 (Phonetik und Phonologie im deutschsprachigen Raum)*. München: LMU, 151–154.

Pustka, E. / Gabriel, C. / Meisenburg, T. / Burkard, M. / Dziallas, K. 2018. (Inter-) Fonología del Español Contemporáneo (I)FEC. Metodología de un programa de investigación para la fonología de corpus. *Loquens* 5, 1–16. http://loquens.revistas.csic.es/index.php/loquens/article/view/51/153 (2019-12-06).

Sichel-Bazin, R. / Buthke, C. / Meisenburg, T. 2012a. The prosody of Occitan-French bilinguals. In Braunmüller, K. / Gabriel, C. Eds. *Multilingual individuals and multilingual societies*. Amsterdam: Benjamins, 349–364.

Sichel-Bazin, R. / Buthke, C. / Meisenburg, T. 2012b. La prosodie du français parlé à Lacaune. Influences du substrat occitan. In Simon, A. C. Ed. *La variation prosodique régionale en français*. Brussels: De Boeck, 137–157.

Sichel-Bazin, R. / Buthke, C. / Meisenburg, T. 2013. Caracteristicas prosodicas de l'occitan dins son contèxt galloromanic. In Casanova, E. / Calvo, C. Eds. *Actes del XXVIé Congrés Internacional de Lingüística y Filologia Romàniques, València 2010*, vol. 1. Berlin: De Gruyter, 755–766.

Sichel-Bazin, R. / Meisenburg, T. 2014. La prosodia de l'occitan. Còrpus, analisis e primièrs resultats. In Alén Garabato, C. / Torreilles, C. / Verny, M.-J. Eds. *Actes du Xe Congrès International de l'AIEO*. Limoges: Lambert Lucas, 538–547.

Sichel-Bazin, R. / Buthke, C. / Meisenburg, T. 2015a. Prosody in language contact. Occitan and French. In Delais-Roussarie, É. / Avanzi, M. / Herment, S. Eds. *Prosody and language in contact. L2 acquisition, attrition and languages in multilingual situations*. Berlin: Springer, 71–99.

Sichel-Bazin, R. / Meisenburg, T. / Prieto, P. 2015b. Intonational phonology of Occitan. Towards a prosodic transcription system. In Frota, S. / Prieto, P. Eds. *Intonation in Romance*. Oxford: Oxford University Press, 198–234.

Sorace, A. 2011. Pinning down the concept of 'interface' in bilingualism. *Linguistic Approaches to Bilingualism* 1, 1–33.

Vanrell, M. / Feldhausen, I. / Astruc, L. 2018. The Discourse Completion Task in Romance prosody research. Status quo and outlook. In Feldhausen, I. / Fliessbach, J. / Vanrell, M. Eds. *Methods in prosody. A Romance language perspective*. Berlin: Language Science Press, 191–227.

Acknowledgments. Editing a volume such as the present one is a collaborative effort. The editors would like to express their gratitude to the many friends and colleagues who generously offered their time and expertise to improve the quality of the book. Many thanks go to Birgitta Pees, Nils Karsten, Leander S. Riedel and Jonas Grünke (Mainz) for their assistance with the final proofreading and the cross-checking of references, as well as to Christopher Sprecher (Regensburg) and Kirsten Brock (Berlin) for checking the English of some of the chapters. Finally, we would like to thank the Erich Schmidt lecturer, Verena Haun, for the constant support we received during the editing process, as well as the series editors, Martina Drescher (Bayreuth) and Ingrid Neumann-Holzschuh (Regensburg), for including the volume in the series *Studienreihe Romania*.

Part I

Language contact and phonology: segmental and prosodic features

José Ignacio Hualde & Marianna Nadeu

Oclusives finals en català i en castellà de Catalunya

Abstract. Word-final stops are rare in Spanish but relatively common in Catalan. In this study, we investigate the production of these consonants in Central Catalan and in the variety of Spanish spoken in Catalonia by bilingual speakers. We report on a reading experiment focusing on the realization of stops in phrase-final position. The target consonants were overwhelmingly realized as released voiceless stops in both languages and by both Catalan-dominant and Spanish-dominant speakers. Nevertheless, we found slightly more variation in Spanish than in Catalan. The Spanish of Catalonia thus shows convergence with Catalan in this respect, since our results differ substantially from those reported for other Spanish varieties. This convergence, however, is not complete. Other realizations, albeit in a small percentage of cases, were also found especially for Spanish *-d* (which is the only common final consonant in this language). We also offer some results on the realization of Catalan word-final stops in phrase-medial position, where greater variation is found than phrase-finally.

1. Introducció

En alguns aspectes, la fonologia de les consonants oclusives és semblant en català i en castellà. En ambdues llengües hi ha una oposició fonològica entre tres oclusives sordes /p t k/ i tres de sonores /b d g/, on les sordes són no-aspirades i les sonores tenen al·lòfons aproximants [β ð ɣ] en posició intervocàlica i alguns altres contextos. Tanmateix, trobem també una diferència important entre les dues llengües en la freqüència de les oclusives en posició final de mot. Mentre que, en aquesta posició, /p t k/ són relativament comunes en català (*llop, sap, gat, cantat, amic, puc*), en castellà l'única oclusiva final que trobem en el lèxic patrimonial és /d/ (*ciudad, usted*). Les altres oclusives són rares en posició final i només es troben en manlleus relativament recents. Històricament, aquesta diferència es deu fonamentalment a l'apòcope de -U i de -O(S) finals àtones en català, que es conserven com a *-o(s)* en castellà, així com a la pèrdua de la vocal -E àtona en un ventall més ampli de contextos que en castellà. En aquest fenomen el català ha experimentat el mateix desenvolupament històric que el francès i les altres llengües gal·loromàniques, que també han perdut aquestes vocals finals. La Taula 1 en mostra exemples representatius.

llatí	**castellà**	**català**	**francès**
AMĪCUM	amigo	amic	ami
AMĪCOS	amigos	amics	amis
CANTĀTUM	cantado	cantat	chanté
LUPUM	lobo	llop	loup
PONTEM	puente	pont	pont
PONTES	puentes	ponts	ponts
VIRIDEM	verde	verd	vert

Taula 1. Pèrdua de vocals finals en català i francès i conservació en castellà.

Una altra divergència fonamental entre el castellà i el català rau en el fet que aquesta darrera és una llengua amb ensordiment final. El contrast entre consonants sordes i sonores a inici de síl·laba es neutralitza a final de paraula, cosa que dona lloc a nombroses aternàncies morfofonològiques. Així, les sordes a final de mot poden correspondre tant a sordes com a sonores en posició interna de paraules amb la mateixa arrel: *tip/tipa* vs. *llop/lloba*; *gat/gata* vs. *mut/muda*; *ric/rica* vs. *amic/amiga*. Les consonants oclusives, doncs, es realitzen sordes en posició final de frase, en posició final de paraula abans de vocal o consonant sorda i en posició final de síl·laba davant de consonant sorda. En canvi, quan precedeixen una consonant sonora (tant a l'interior com a final de mot), les oclusives n'assimilen la sonoritat (cf. Bonet/Lloret 1998: 122–123; Palmada 2002: 254–257; Wheeler 2005: 145–165; Recasens 2014: 325).

Com dèiem, en castellà les oclusives finals (a excepció de /d/) tenen una freqüència lèxica molt baixa i es troben només en manlleus (*club*, *stop*, *bloc*, *blog, déficit*). La pronunciació d'aquestes consonants finals s'ha descrit com a molt variable i idiosincràtica (cf. Hualde 2005: 146–149). De fet, fins i tot la realització fonètica de la /d/ final presenta molta variació dialectal, lèxica i social. En un estudi recent basat en un corpus de dades de parlants de Valladolid amb nivell educatiu alt, els autors van trobar que les realitzacions més freqüents de /d/ final són l'elisió i la fricativa sorda [θ], mentre que altres pronunciacions com ara [ð], [d] i [t] tenien una incidència total molt baixa (cf. Hualde/Eager 2016).

Tenint en compte aquestes diferències entre les dues llengües, ens ha semblat interessant investigar la realització de les oclusives finals en ambdues llengües per part de parlants bilingües català-castellà, dominants d'una llengua o de l'altra. La nostra hipòtesi de partida és que, en el castellà parlat a Catalunya, la pronunciació catalana amb oclusiva sorda [p t k] proporciona un model als parlants bilingües per a la pronunciació de les oclusives finals en castellà, que són rares en aquesta llengua es *-p*, *-b*, *-t*, *-c*, *-k*, *-g*) i fins i tot, per generalització, també per a la *-d* final. Per tant, esperem trobar una pronunciació amb molta predominància d'oclusives sordes en ambdues llengües en el cas dels parlants nadius i dominants de català i més variació en aquells parlants que tinguin el castellà com a llengua dominant, sobretot per a la *-d*. De totes maneres, per a aquest últim grup també esperem major incidència de realitzacions oclusives sordes del que esperaríem en varietats de castellà que no estan en contacte amb el català.

En aquest treball ens centrem en les oclusives finals de frase. Tanmateix, examinem també, amb un grup de dades més reduït i de manera més provisional, les oclusives finals de mot en posició interna de frase abans de vocal o de consonant oclusiva sonora en la paraula següent. En aquest cas, la predicció és que trobarem consonants assimilades en sonoritat precedint una consonant sonora (*vestit̠ brut*), però oclusives sordes abans de vocal (*m'ha vingut̠ un calfred*).

2. Metodologia

2.1 Participants

Les dades analitzades provenen de deu parlants bilingües de català i castellà (franja d'edat: 18–26; M = 20,4; SD = 3,03). Per tal de preseleccionar els parlants, es va emprar el qüestionari de perfil bilingüe (*Bilingual Language Profile Questionnaire*; BLP) desenvolupat per Birdsong et al. (2012). Mitjançant una sèrie de preguntes (administrades en línia) sobre la història lingüística dels parlants, l'ús que es fa de les dues llengües, la competència en cada llengua i les actituds lingüístiques, es calcula un valor de dominància lingüística que oscil·la entre -218 i +218. Un valor de 0 representaria bilingüisme completament equilibrat, mentre que els valors positius indiquen dominància en català.

D'acord amb els valors obtinguts en l'enquesta BLP, es van seleccionar deu parlants (cinc homes i cinc dones) dominants de cada llengua per a participar en l'experiment que es descriu més avall. En aquest article, s'analitzen les dades produïdes per les cinc dones dominants de català (franja de valors BLP: 67,93–105,26; M = 83,41; SD = 14,35) i les cinc dones dominants de castellà (franja de valors BLP: -88,82 – -60,84; M = -76,29; SD = 11,29). Cal destacar que els valors lleugerament més baixos (és a dir, més propers a un bilingüisme equilibrat) de les participants dominants de castellà es deuen parcialment al fet que l'ensenyament públic a Catalunya utilitza de manera preferent el català com a llengua vehicular. Per tant, malgrat fer un ús predominant de llengua castellana en altres àmbits, la gran majoria de participants van ser escolaritzats en català.

Per eliminar altres possibles fonts de variació, es van escollir participants que haguessin viscut la major part de les seves vides en àrees on es parli català i castellà i que haguessin après o bé castellà (varietat del centre-nord de la península Ibèrica) o català a casa. Totes les participants incloses eren estudiants o graduades universitàries.

2.2 Materials

Per tal d'analitzar la variació en la realització d'oclusives sordes i sonores en posició final de mot, es van cercar 24 mots en cada llengua acabats en oclusiva. Per a cada oclusiva bilabial i velar es van escollir tres mots (4 × 3 = 12), mentre que per a <d> i <t> (més freqüents que les altres consonants en posició final) se'n van triar sis per a cadascuna (2 × 6 = 12). La llista completa de mots inclosos es pot trobar a l'Apèndix. Cada un d'aquests mots apareixia al final d'una frase breu amb sentit. Cal dir que classifiquem els mots d'acord amb la representació ortogràfica de la consonant final, ja que en català el contrast entre sonores i sordes roman neutralitzat en posició final de mot.

Per observar la variació en posició final de mot a l'interior de frase en català, també s'analitzen les produccions de set mots acabats en consonant sorda (<p> = 1; <t> = 5; <c> = 1), també inclosos en frases breus amb sentit. Alguns d'aquests mots estaven inserits en les mateixes frases que es van fer servir per a analitzar la realització de les oclusives en final de frase, mentre que d'altres es trobaven en frases de característiques similars que formaven part d'un altre experiment. En tres casos, la consonant rellevant apareixia davant de consonant oclusiva sonora; i en els altres quatre, davant de vocal. Ni el nombre de consonants analitzades ni els contextos inclosos són equilibrats perquè, d'entrada, l'objectiu principal de l'estudi era investigar la realització d'oclusives en posició final de frase. Aquesta segona part de l'estudi és, doncs, més provisional, i els resultats s'hauran de confirmar en altres experiments.

2.3 Recollida de dades

Les dades es van recollir en una cambra anecoica al laboratori de fonètica de la Universitat Rovira i Virgili (Tarragona). Una parlant bilingüe de català i castellà (dominant de català) rebia les participants en llur llengua dominant i els demanava que signessin un formulari de consentiment (redactat també en la llengua dominant de les participants).

La sessió de recollida de dades pròpiament començava amb una sèrie de preguntes generals (també en la llengua dominant de les participants) per tal que les participants s'habituessin a la cambra anecoica i al micròfon. Tot seguit, s'iniciava l'experiment, dividit en dues parts. En la primera part, les participants havien de llegir frases (en la seva llengua dominant) que apareixien a la pantalla d'un ordinador controlat per la investigadora. Cada frase apareixia cinc vegades, en cinc blocs separats, que es presentaven en ordre aleatori. A més, cada bloc contenia un nombre similar de frases d'un altre experiment que servien de distractors (28 frases en els blocs en català i 20 frases en els blocs en castellà).

Un cop completada la primera tasca de lectura, es plantejava una activitat de transició: Les participants llegien un text en la seva llengua no-dominant i responien a unes quantes preguntes de comprensió lectora. Des d'aquest moment, la investigadora canviava a la segona llengua i es passava a la segona tasca de lectura. Les participants van rebre 10 € per participar en l'experiment.

2.4 Anàlisi

Les dades es van classificar i segmentar en *Praat* (Boersma/Weenink 2019). En una primera anàlisi visual dels espectrogrames, vam classificar les oclusives finals de mot en cinc categories: oclusiva sorda, oclusiva sonora, fricativa sorda, aproximant sonora o elidida. Aquesta classificació es basa en la presència o no de barra de sonoritat (i pulsacions visibles amb la funció *show pulses* de *Praat*) en tota la durada de la consonant i en la presència d'energia a freqüències més altes (energia periòdica per a les aproximants i aperiòdica en el cas de les fricatives). Un dels autors va classificar tots els casos i l'altre en va revisar el 20%, per assegurar consistència en la classificació. Per bé que la classificació basada en inspecció visual inclou un cert grau de subjectivitat, en general les dades es poden classificar en aquests cinc tipus de realització sense grans dificultats.

Analitzant les dades, ens vam adonar que en la frase en castellà *andaban en zigzag* diverses parlants van pronunciar la paraula *zigzag* amb [z], com en català, i no pas amb [θ], com s'esperava. Sembla, doncs, que algunes parlants van interpretar *zigzag* només com a paraula catalana i, per tant, la van tractar com si fos un manlleu no adaptat o un cas d'alternança de codi. Per aquesta raó, vam decidir excloure aquest exemple de l'anàlisi (30 casos). També es van excloure tots els casos en posició interior de frase que precedien una pausa prosòdica perceptible (26 casos). Amb aquestes subtraccions, van quedar 720 casos en posició final de frase en català, 690 casos en posició final en castellà i 323 casos en posició interior de frase en català.

Per completar la descripció de les dades, examinem també el percentatge d'oclusives finals amb i sense explosió i, per a les consonants amb explosió (anglès: *released*), analitzem el percentatge de sonorització de la porció oclusiva així com el centre de gravetat i els altres moments espectrals de l'energia en la fase d'explosió. Per extreure el percentatge de sonoritat, seguim les recomanacions d'Eager (2015).

3. Resultats

3.1 Posició final de frase

Els resultats de la classificació d'oclusives (ortogràfiques) per mitjà d'inspecció visual i acústica es recullen a la Fig. 1, separant per llengua.

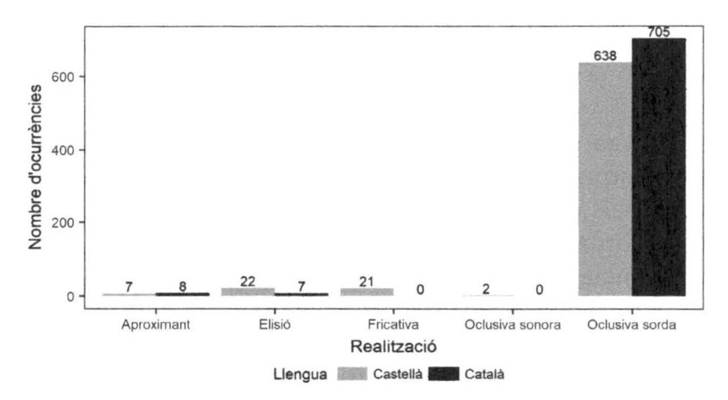

Fig. 1. Classificació i recompte de les realitzacions de les oclusives finals de frase en català i castellà.

Les dades mostren que, amb una diferència molt notable respecte a les altres possibles realitzacions, la realització majoritària de les oclusives finals de mot és com a oclusives sordes. Això és així en ambdues llengües: el 98% dels casos en català i el 92,4% en castellà corresponen a oclusives sordes.

D'aquestes consonants classificades fonèticament com a oclusives sordes, el 75% presenta una fase d'explosió observable a l'espectrograma. Aquests resultats són compatibles amb la descripció de Recasens (2014: 99). Com descriu l'autor, en les oclusives en posició final de frase, l'explosió és visible en la representació espectrogràfica en la major part dels casos, encara que pugui ser molt feble. També d'acord amb la descripció de Recasens, en la freqüència relativa de l'explosió obtenim la progressió velar > dental > labial (cf. Fig. 2).

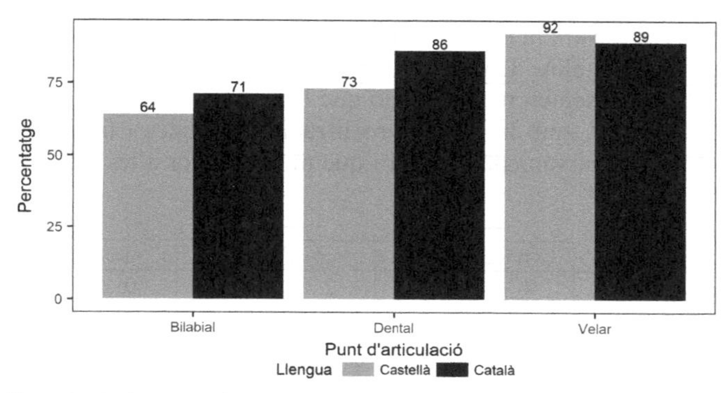

Fig. 2. Freqüència (expressada en percentatge) de casos amb presència observable de la fase d'explosió per punt d'articulació en castellà i català.

Malgrat el predomini d'oclusives sordes en totes dues llengües, cal destacar, en segon lloc, que s'obté més variació en castellà que en català (cf. Fig. 1). Observant les dades amb més detall, per al català tenim la distribució que veiem a la Taula 2. Gairebé totes les realitzacions "no-canòniques", és a dir, elisions i aproximants, corresponen a *-b, -d, -g* ortogràfiques, sobretot *-d*. Tot i que siguin molt minoritàries, hem de deixar oberta la possibilitat que hi hagi un efecte ortogràfic. La possibilitat que sigui un efecte morfofonològic (que no hem controlat) és menor. L'ortografia del català no és sistemàtica en aquest respecte. En els nostres materials, la *-d* de *fred* es justifica des del punt de vista de la morfologia (la forma femenina és *freda*), però, encara que la velar final de *groc* alterni també amb sonora (cf. fem. *groga*), s'escriu amb *-c* final, i totes les produccions d'aquesta paraula han estat amb [k].

	<b>	<d>	<g>	<p>	<t>	<c>
elisió	1	5	0	0	1	0
aproximant	2	4	2	0	0	0
oclusiva sonora	0	0	0	0	0	0
fricativa sorda	0	0	0	0	0	0
oclusiva sorda	87	171	88	90	89	180

Taula 2. Distribució de realitzacions en posició final de frase en català.

Si separem per llengua dominant de les participants, observem que tots els quinze casos de realitzacions no canòniques d'oclusives finals en català van ser produïts per parlants amb el castellà com a llengua dominant.

La Taula 3 mostra la distribució de realitzacions per consonant ortogràfica final en castellà. Una diferència evident és que les consonants nals *-b, -d , -g* presenten més variació que les sordes. La variació més gran es troba amb la *-d*, amb la qual les realitzacions elidides i fricatives tenen una freqüència relativament alta (tot i que molt inferior a les oclusives sordes).

	<b>	<d>	<g>	<p>	<t>	<c>
elisió	4	14	2	1	0	2
aproximant	1	4	2	0	0	0
oclusiva sonora	0	1	1	0	0	0
fricativa sorda	1	20	0	0	0	0
oclusiva sorda	84	141	85	89	190	178

Taula 3. Distribució de realitzacions en posició final de frase en castellà.

Si es classifiquen els casos segons la llengua dominant de les participants, trobem 14 realitzacions no-canòniques en la producció de les participants dominants de català i 39 en la de les dominants de castellà.

En resum, més del 90% de les consonants finals en ambdues llengües es van realitzar com a oclusives sordes. En les dades del català només apareixen un 2% de realitzacions no-canòniques. A més, aquestes realitzacions no-canòniques (consonants elidides o aproximants) es troben només en parlants dominants de castellà. En castellà, en canvi, observem una major variació (tot i que també molt limitada). En castellà, ambdós grups de participants van produir fricatives, aproximants i consonants elidides, però les dominants de castellà van fer-ho amb més freqüència que les altres. Només hem trobat al·lòfons fricatius en castellà i gairebé tots per a *-d*, que és la consonant que exhibeix més variació en ambdues llengües.

3.2 Posició interna de frase en català

Per al català, hem analitzat també un nombre reduït d'oclusives finals de mot en posició interna de frase. Separant per context següent, oclusiva sonora (VC#C) o vocal (VC#V), obtenim els resultats de la Fig. 3.

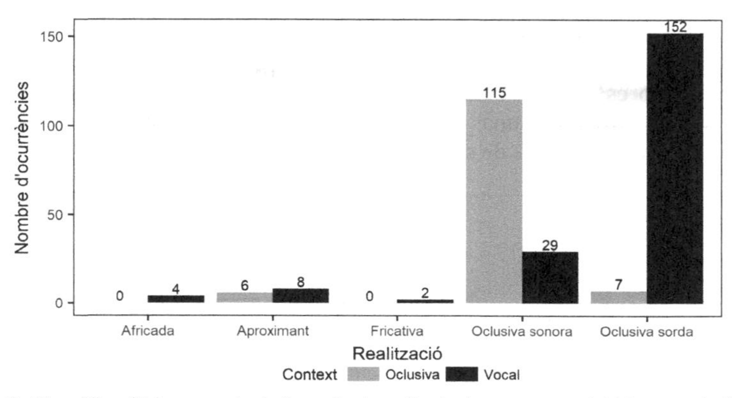

Fig. 3. Classificació i recompte de les oclusives finals de mot en posició interna de frase en català segons el context següent.

La distribució al·lofònica és clarament diferent en els dos contextos que examinem. En general, els resultats són els que esperàvem d'acord amb les descripcions fonològiques existents: oclusives sonores per assimilació a una oclusiva sonora següent i oclusives sordes davant de vocal. Això no obstant, hem obtingut un nombre relativament important d'oclusives sonores i d'aproximants també en posició prevocàlica (37/195 = 19%). Això no és necessàriament sorprenent o inesperat quan considerem que les oclusives sordes intervocàliques interiors de mot també es poden sonoritzar en català (cf. Hualde/Prieto 2014).

En posició interna no hem trobat cap cas d'elisió, però en canvi hem classificat quatre exemples de consonants prevocàliques com a africades, que no trobem mai a final de la frase.

3.3 Anàlisi acústica

En aquesta secció, presentem l'anàlisi acústica de diversos paràmetres d'un subconjunt de dades. Ens centrem en les realitzacions oclusives per examinar-ne el percentatge de sonorització durant la fase oclusiva així com les propietats acústiques de l'explosió.

3.3.1 Percentatge de sonorització

La Fig. 4 mostra el percentatge de la porció oclusiva de la consonant que presenta sonorització per context (recordem que per al castellà hem examinat només el context final de frase). En posició final de frase hi ha molt poca sonorització, mai més del 50%. Abans d'oclusiva sonora, en canvi, la sonorització és gairebé completa (amb alguns *outliers*). Finalment, abans de vocal trobem una situació intermèdia, amb una mitjana d'aproximadament 50% de sonorització.

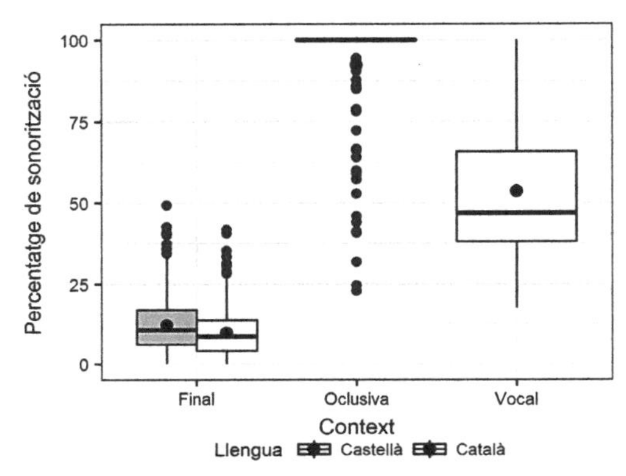

Fig. 4. Percentatge de sonorització de la porció oclusiva de les realitzacions oclusives per context i llengua.

3.3.2 Moments espectrals

Comentàvem més amunt que la majoria d'oclusives finals de frase (el 75% dels casos) es van produir generalment amb fase d'explosió observable (*released*). Per completar aquest estudi, examinem la distribució de l'energia en la fase d'explosió de les realitzacions oclusives sordes. S'analitzen un total de 715 casos per al català i 479 per al castellà (la distribució dels casos apareix a la Taula 4). La Fig. 5 mostra el centre de gravetat (COG, *center of gravity*) de l'energia per a cada punt d'articulació separadament per a cadascuna de les dues llengües. Visualment, aquest paràmetre ens permet distingir les dentals, que tenen un COG més alt, de les bilabials i les velars (cf. les mitjanes i desviacions estàndards a la Taula 5). Chodroff/Wilson (2014) troben un COG més alt per a les sonores en cada punt d'articulació en anglès. En català (i també en la varietat de castellà parlada a Catalunya), però, la distinció entre sordes i sonores està neutralitzada en posició final de mot.

	castellà	català
bilabial	112	150
dental	233	406
velar	134	159
total	**479**	**715**

Taula 4. Recompte de les oclusives sordes amb fase d'explosió observable separades per punt d'articulació i llengua.

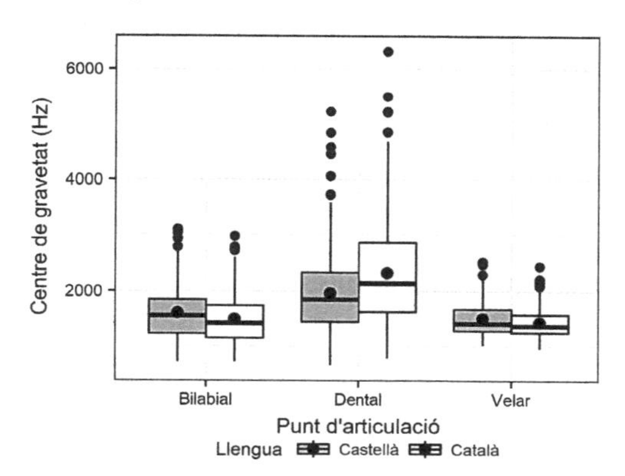

Fig. 5. Centre de gravetat (COG, en Hz) de l'energia en la fase d'explosió de les consonants finals de frase per punt d'articulació i llengua.

	castellà		català	
	mitjana	SD	mitjana	SD
bilabial	1605	548	1492	490
dental	1961	749	2321	932
velar	1512	328	1437	270

Taula 5. Mitjana i desviació estàndard dels valors del primer moment espectral (centre de gravetat, expressat en Hz) en la fase d'explosió de les consonants finals de frase.

El segon moment espectral, és a dir, la desviació estàndard de l'energia (SD, *standard deviation*) distingeix els tres punts d'articulació de manera més clara, amb la progressió: dental > labial > velar en ambdues llengües (tal com es pot veure a la Fig. 6 i a la Taula 6).

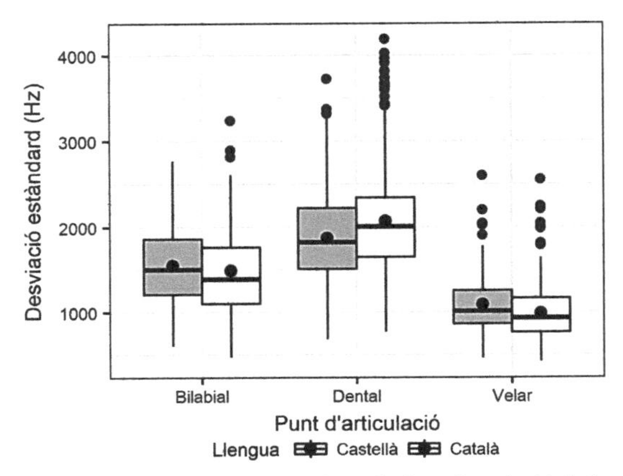

Fig. 6. Desviació estàndard (SD) de l'energia en la fase d'explosió de les consonants finals de frase per punt d'articulació i llengua.

	castellà		català	
	mitjana	SD	mitjana	SD
bilabial	1552	482	1489	498
dental	1872	496	2070	586
velar	1092	371	990	368

Taula 6. Mitjana i desviació estàndard dels valors del segon moment espectral (desviació estàndard de l'energia, expressat en Hz) en la fase d'explosió de les consonants finals de frase.

Una regressió lineal d'efectes mixtos (*lmer*) amb SD com a variable dependent, punt d'articulació (bilabial, dental, velar) i llengua de l'exemple (castellà, català) com a efectes fixos, i parlant, exemple i repetició com a efectes aleatoris confirma la impressió visual obtinguda a la Fig. 6: els tres punts d'articulació tenen valors de SD significativament diferents (dental vs. labial: $t = -6.769$, $p < 0.0001$, $\beta = -460.13$; dental vs. velar: $t = -13.773$, $p < 0.0001$, $\beta = -908.52$) i no hi ha cap diferència entre les dues llengües.

4. Discussió

El català i el castellà es diferencien clarament en la distribució i la freqüència de les oclusives a final de mot. L'anàlisi de la producció d'oclusives finals per part de parlants bilingües que hem dut a terme ha demostrat que hi ha fenòmens interessants d'interacció entre ambdues llengües en aquest aspecte de la fonologia. El resultat més obvi d'aquesta interacció de llengües el trobem en castellà. Més del 90% de les realitzacions en les dades experimentals que hem recollit corresponen a oclusives sordes. Aquest resultat és molt diferent del que s'ha registrat en estudis d'altres varietats del castellà del nord i centre de la península Ibèrica. Per exemple, en un estudi basat en un corpus de parla espontània de Valladolid, Hualde/Eager (2016) observen que, en posició final, /d/ es realitza principalment com a [θ] i s'elideix també freqüentment. En aquesta mateixa línia, Antón (1998) descriu l'elisió d'oclusives finals com a majoritària en el castellà parlat a Astúries en parla espontània. Els resultats de González (2002; 2006) de dos experiments de lectura amb parlants de castellà del País Basc indiquen que /b d g/ en posició final de síl·laba es realitzen normalment com a fricatives sordes en aquesta varietat. De manera similar, en un experiment de lectura de paraules amb *-d* final, Pérez Castillejo (2012) també confirma que les fricatives sordes predominen en parlants de castellà del País Basc i de Madrid.

Tots aquest resultats contrasten clarament amb els del castellà parlat a Catalunya. Al contrari que en els estudis que acabem d'esmentar, en el nostre experiment les oclusives sordes prevalen de manera aclaparadora, ja que representen més del 90% de les dades en ambdues llengües. La influència del català en la fonologia dels parlants bilingües es fa ben palesa en aquest respecte. Hem notat, però, que la transferència no és completa. Les realitzacions oclusives sordes, encara que siguin molt majoritàries, no són tan sistemàtiques en castellà com en català. Això és veritat sobretot pel que fa als parlants de llengua dominant castellana i per a la *-d*, que és l'única consonant oclusiva que és normal en aquesta llengua. Per a aquests parlants i per a aquesta consonant hem trobat també un nombre petit, però no insignificant, d'elisions i fricatives.

En català, les nostres dades experimentals coincideixen amb les descripcions fonològiques de les oclusives finals de frase en aquesta llengua (cf. Bonet/Lloret 1998; Wheeler 2005): es van realitzar com a [p t k] en el 98% dels casos. De totes maneres, és possible notar una influència, encara que sigui mínima, del castellà en el català en el fet que el 2% de les realitzacions no-canòniques han estat gairebé totes exemples de *-d* produïda com a elidida o aproximant (mai com a fricativa) per parlants dominants en castellà.

De manera més provisional, hem investigat també la producció d'oclusives a final de mot en posició interna de frase, abans d'oclusiva sonora o de vocal en el mot següent. Els resultats han estat en general com predèiem: oclusives sonores abans d'oclusiva sonora (per assimilació de sonoritat) i oclusives sordes abans de vocal. Tot i això, hem comptat gairebé un 20% de realitzacions sonores en posició intervocàlica, VC#V.

Finalment, hem observat que en la majoria dels casos les oclusives finals de frase es produeixen amb explosió. Els dos primers moments espectrals de l'energia en la explosió permeten distingir els tres punts d'articulació.

Referències

Antón, M. M. 1998. Del uso sociolingüístico de las oclusivas posnucleares en el español peninsular norteño. *Hispania* 81, 949–958.

Birdsong, D. / Gertken, L. M. / Amengual, M. 2012. *Bilingual language profile. An easy-to-use instrument to assess bilingualism.* COERLL, University of Texas at Austin. https://sites.la.utexas.edu/bilingual/ (2020-02-20).

Boersma, P. / Weenink, D. 2019. *Praat. Doing phonetics by computer.* Computer software. Version 6.0.49. http://www.fon.hum.uva.nl/praat/ (2019-03-24).

Bonet, E. / Lloret, M. R. 1998. *Fonologia catalana.* Barcelona: Ariel.

Chodroff, E. / Wilson, C. 2014. Burst spectrum as a cue for the stop voicing contrast in American English. *Journal of the Acoustical Society of America* 136, 2762–2772.

Eager, C. D. 2015. Automated voicing analysis in Praat. Statistically equivalent to manual segmentation. In Wolters, M. / Livingstone, J. / Beattie, B. / Smith, R. / MacMahon, M. / Stuart-Smith, J. / Scobbie, J. Eds. *Proceedings of the 18th International Congress of Phonetic Sciences 2015, Glasgow, UK (ICPhS 18).* Glasgow: University of Glasgow. https://www.internationalphoneticassociation.org/icphs-proceedings/ICPhS2015/Papers/ICPHS0083.pdf (2019-12-11).

González, C. 2002. Phonetic variation in voiced obstruents in North-Central Peninsular Spanish. *Journal of the International Phonetic Association* 32, 17–31.

González, C. 2006. Efecto de la posición en la oración y la frecuencia léxica en /d/ final en español del País Vasco. In Face, T. / Klee, C. Eds. *Selected Proceedings of the 8th Hispanic Linguistics Symposium.* Somerville: Cascadilla, 89–102. http://www.lingref.com/cpp/hls/8/paper1257.pdf (2019-05-11).

Hualde, J. I. 2005. *The sounds of Spanish.* Cambridge: Cambridge University Press.

Hualde, J. I. / Prieto, P. 2014. Lenition of intervocalic alveolar fricatives in Catalan and Spanish. *Phonetica* 71, 109–127.

Hualde, J. I. / Eager, C. D. 2016. Final devoicing and deletion of /-d/ in Castilian Spanish. *Studies in Hispanic and Lusophone Linguistics* 9, 329–353.

Palmada, B. 2002. Fenòmens assimilatoris. In Solà, J. / Lloret, M. R. / Mascaró, J. / Pérez Saldanya, M. Eds. *Gramàtica del català contemporani*, vol. 1. Barcelona: Empúries, 251–269.

Pérez Castillejo, S. 2012. Efecto de la frecuencia en la realización de /d/ final en el castellano del centro y norte de España. In Geeslin, K. / Díaz-Campos, M. Eds. *Selected Proceedings of the 14th Hispanic Linguistics Symposium*. Somerville: Cascadilla, 340–353. http://www.lingref.com/cpp/hls/14/paper2676.pdf (2019-12-11).

Recasens, D. 2014. *Fonètica i fonologia experimentals del català. Vocals i consonants*. Barcelona: Institut d'Estudis Catalans.

Wheeler, M. 2005. *The phonology of Catalan*. Oxford: Oxford University Press.

Apèndix

A continuació presentem la llista completa de mots utilitzats en l'experiment, inserits en les frases en què es van llegir.

Posició final: el mot rellevant és en posició final de frase.

consonant	castellà	català
b	Son miembros del club.	Viu al Carib.
	Juan es muy esnob.	Hi posen adob.
	Diseñó la página web.	Es diu Jacob.
p	Le implantaron un chip.	Fan un bon equip.
	Se saltó el stop.	Una cullerada de xarop.
	Lleva una falda y un top.	Va ben xop.
d	Tramaron un ardid.	El centre de Madrid.
	Goza de buena salud.	Va cap al sud.
	Tiene sed.	A 1000 metres d'altitud.
	Me trata de usted.	Comença a fer fred.
	Pintaron la pared.	M'ha vingut un calfred.
	Pescan con red.	Li van posar Conrad.
t	Quieren clonar un mamut.	Se sent un mosquit.
	Tomaron vermut.	Porta el vestit brut.
	Alquilaron un chalet.	Ha fet un esternut.
	Construyó un robot.	S'ha tret el barret.
	Es un gourmet.	Un carreró estret.
	Se opuso al boicot.	Té mal al costat.
g	Su amigo es tuareg.	Treballa de pedagog.
	Escribe un blog.	Es compraran un buldog.
	Andaba en zigzag.	Van contractar un mag.
k	Pedí bistec.	És de color groc.
	Lo cocinó al wok.	Canvien de lloc.
	Le gusta el coñac.	Es banyen al llac.

Posició interna: la consonant rellevant apareix en negreta.

consonant	context següent	frase
p	vocal	Va ca**p** al sud.
t	vocal	M'ha vingu**t** un calfred.
		Ha fe**t** un esternut.
		S'ha tre**t** el barret.
	/d/	Treballa al rectora**t** des de l'abril.
	/b/	Porta el vesti**t** brut.
k	/d/	L'informàti**c** desarà tots els arxius.

Agraïments. Voldríem donar les gràcies a les persones que van participar en aquest experiment i a Joaquín Romero per permetre'ns recollir les dades al laboratori de fonètica de la Universitat Rovira i Virgili. Aquest estudi ha estat parcialment finançat per dos ajuts de la universitat Penn State concedits a la segona autora (*Center for Global Studies Career Development Award* i *Center for Language Science Early Career Faculty PIRE Fellowship*).

Christoph Gabriel, Andrea Pešková & Tim Ewald

How much like Guarani does Paraguayan Spanish sound? The pronunciation of <y> and <ll>

Abstract. It is traditionally assumed that Paraguayan Spanish is considerably influenced by Guarani due to the long-lasting contact between the two languages. Several phonological features of this variety are commonly attributed to the specific situation of diglossic bilingualism in Paraguay, such as nasalization of unstressed vowels and prenasalization of word-initial /b/, glottal stop insertion, the presence of a voiced labiodental fricative [v] and, finally, the maintenance of the phonemic opposition /ʝ/ : /ʎ/ (*lleísmo*) and the pronunciation of <y> as a prepalatal affricate [d͡ʒ]. Based on a corpus of Spanish and Guarani read and (semi-)spontaneous speech data comprising a total of 1,233 target segments, we investigate the two latter phenomena and show that *lleísmo* is still vivid, though to a lesser extent than commonly assumed and restricted to reading pronunciation. The same holds true for the affricate production of <y>, which only occurs in 16% of the cases examined. This sheds doubts on some of the assumptions put forward in the earlier literature.

1. Introduction

Paraguay offers ideal conditions for research in linguistic contact. According to *Ethnologue* (Eberhard et al. 2019), the number of living languages in this country amounts to 23, among them 19 autochthonous ones. However, only two out of 23, Spanish and Guarani, enjoy the status of national languages. According to the 2002 census, more than half (52.6%) of the population older than five years uses both idioms on a regular basis (cf. Gynan 2007: 286; Klee/Lynch 2009: 157) and between 80 and 90% of them speak Guarani, though at different proficiency levels (cf. Gynan 2001: 156; Palacios Alcaine 2011: 30; Estigarribia 2017: 49). Paraguay thus represents the only Latin American country where an autochthonous language has managed to maintain its lead over the colonial language during five centuries since the colonization by the Spaniards in the early 16th century (the capital of Asunción was founded in 1537 by the invaders who were in search of *El Dorado*, the legendary golden city). It therefore comes as no surprise that the country is referred to as a role model of a bilingual nation in large parts of the literature (cf. Lipski 1994: 303).

The current situation of stable diglossic bilingualism crucially mirrors the country's sociohistorical development. A key factor that favored the maintenance of the local idioms and at the same time ensured the primacy of Guarani over many other tribal languages was early racial mixing between European men and local women, which resulted in bilingual families where children acquired both Spanish (with their fathers) and Guarani (through maternal input). These mixed marriages supported the strategic goals of the conquerors since they ensured the loyalty of the Guarani people to the Spaniards in their warfare against other tribes.

Another crucial point is the role of the Jesuits who arrived in the *Cono Sur* shortly after the foundation of Asunción and established the so-called *reducciones jesuíticas*, large villages organized around the missionaries' residential buildings and the central church, where the members of the order (*Societas Iesu*) cohabited with the local Guarani population, supported them to acquire agricultural know-how and provided religious instruction as well as general education (cf. Livi-Bacci/Maeder 2004). The clergymen also devoted a considerable amount of time to the study of the Guarani language, which resulted in its first grammatical description, edited in Portuguese by José de Anchieta (1595/1990), and the *Tesoro de la lengua guarani*, the first Guarani-Spanish dictionary, compiled by the Peruvian Jesuit Antonio Ruiz de Montoya (1639; cf. Bossong 2009 for an overview of the ancient sources). Although the Jesuits' interest in the Guarani language was to a large extent guided by missionary purposes, its contribution to the widespread use and the acceptance of the language in (post-)colonial Paraguay cannot be underestimated.

A third important factor is the long-lasting cultural and linguistic isolation of the country under the José Gaspar Rodríguez de Francia's dictatorship (1811–1840), who ruled Paraguay for three decades following the declaration of independence from Spain. Francia's political agenda was guided, among other things, by the strong will to break the hegemony of the dominant Spanish-stemming class and to establish "una población totalmente mestiza" (del Alcàzar et al. 2007: 130) by legally favoring mixed over non-mixed marriages. It is needless to emphasize that a family policy such as this contributed, once again, to the firm anchoring of the Guarani language in the Paraguayan society (cf. Lipski 1994: 305; Palacios Alcaine 2008). Interestingly, the stage for nationwide teaching of Guarani in public schools was set only in the late 20th century by the language policies of the post-Stroessner era, among them the influential *Plan de educación bilingüe* (1994) and the subsequent *Ley general de educación* (1998); cf. Zajícová (2009: 204–208) and Ito (2012: 3). Regarding the current situation of Paraguay, it is worth pointing out that language use is not only characterized by stable bilingualism, but also by *jopará* (Guarani for 'mixture'), a mixed variety of Guarani and Spanish (cf. e.g. Kallfell 2011), used in casual speech across social strata.

As Lipski (1994: 303) points out, the remarkable linguistic history of the Paraguayan nation might have favored the fact that large parts of the literature approach the variety of Spanish spoken in the country rather from a sociological, sociolinguistic or educational perspective (cf. e.g. de Granda 1988; Gynan 2001; 2007; Hornberger 2006; Zajícová 2009; Ito 2012; Mortimer 2012) than from a linguistic one. Nevertheless, a considerable amount of studies has addressed different linguistic levels, such as phonology, morphosyntax and the lexicon (cf. Krivoshein de Canese/Corvalán 1987; Lipski 1994: 307–314; Alvar 1996: 200–207; Palacios Alcaine 2011: 32–35 for an overview). Research on the phonology of Paraguayan Spanish (PSp) also has a long tradition, starting with Malmberg (1947). However, the best-known studies on PSp pronunciation published since then (e.g. Cassano 1971; 1972a; 1973; de Granda 1982; Pruñonosa Tomás 2000) either rely on limited data sets or do not provide any information on the material analyzed. The aim of this paper is thus to fill a research gap in this respect by addressing on a larger empirical basis a particular feature of PSp phonology, i.e. the pronunciation of <y> and <ll>.

The paper is organized as follows. In Section 2, we provide a brief overview of the literature on PSp phonology in contact with Guarani. In a next step, we outline the objectives of our empirical study (3.1), before presenting the methodology (3.2) and the results (3.3) and discussing them in 3.4. Section 4, finally, offers some concluding remarks.

2. Paraguayan Spanish phonology in contact with Guarani

In his (1947) seminal paper, Malmberg attributed most of the particularities of PSp pronunciation to the intense contact with Guarani. As pointed out by Canfield (1981: 70), Cassano (1972a; 1973) was the first to convincingly argue that some of the alleged Guarani influences were in fact part of the regular phonic evolution of Spanish. PSp nevertheless presents some features which in one way or another can be explained by referring to the contact language. One of these features is the nasalization of unstressed vowels which also occurs in other varieties of Spanish (and across languages as a coarticulatory effect due to the influence of adjacent nasal consonants; cf. Post/Jones this volume on English). In PSp, however, such nasalization effects are stronger, especially in lower social strata and generally in male speakers (cf. de Granda 1982: 150), presumably due to influence from the Guarani vowel system, which contains each six oral and nasal vowel phonemes (cf. Walker 1999: 69).[1] A further aspect related to nasality is the prenasalization of word-initial voiced stops, in particular /b/, in Guarani-dominant (Gu-d) bilinguals' speech (cf. de Granda 1982: 159–160; Lipski 1994: 310), which reflects the Guarani consonant system, comprising the prenasalized voiced plosive phonemes /^{m}b ^{n}d ^{ŋ}g/ (cf. Uldall 1954: 341; Walker 1999: 68).

A striking feature of PSp is the glottal stop, which is part of the Guarani phoneme system (and also occurs in the Guarani name of the language *avañe'ẽ*, graphically represented through <'>; cf. Walker 1999: 68) and also occurs in the Spanish of bilingual speakers, mainly word-initially, but also as a strategy of hiatus resolution as in e.g. *alco*[ʔ]*ol* 'alcohol' or *me ca*[ʔ]*í* 'I fell down'(cf. Krivoshein de Canese/Corvalán 1987: 23). Fig. 1 provides a respective example, taken from our corpus (cf. 3.2), where a glottal stop is inserted between the possessive determiner *mi* 'my' and the noun *hijo* 'son'.

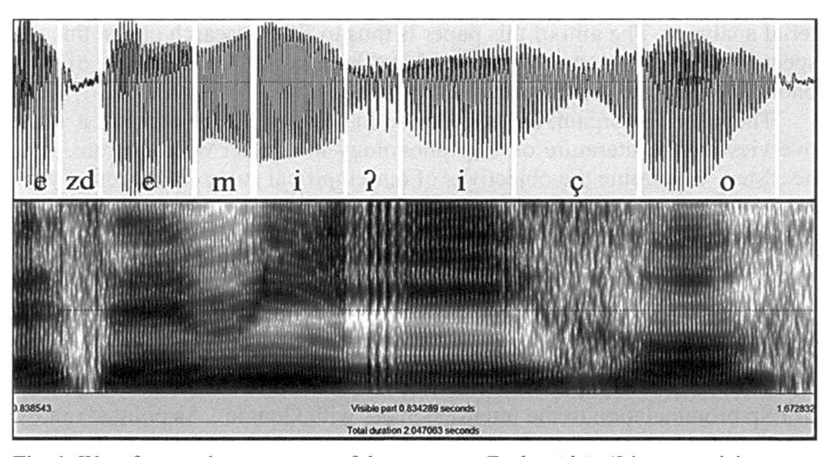

Fig. 1. Waveform and spectrogram of the utterance *Es de mi hijo* 'It's my son's', produced by a female Gu-d speaker with a glottal stop [ʔ] between the possessive *mi* and the noun *hijo*. The burst of [ʔ] is clearly visible in the spectrogram (lower panel).

Another salient feature of PSp is the presence of the voiced labiodental fricative [v], which sporadically occurs in both word-initial and intervocalic position as a surface variant of spirantized underlying /b/ (which is pro-

[1] These are /i ĩ ɯ ɯ̃ u ũ e ẽ o õ a ã/. The high central vowels /ɯ ɯ̃/ are represented by Krivoshein de Canese (1983: 24), Lipski (1994: 310) and Zarratea (2002: 40) as high, back and unrounded (written <y ỹ> in Guarani; IPA: /ɨ ɨ̃/).

duced as a fricative-approximant [β] in mainstream varieties of Spanish). [v] also occurs in Guarani as an allophone of the homorganic approximant phoneme /ʋ/ (cf. Walker 1999: 68) and might have entered the PSp consonant system in bilingual conversation.[2] Fig. 2 provides an example from our corpus.

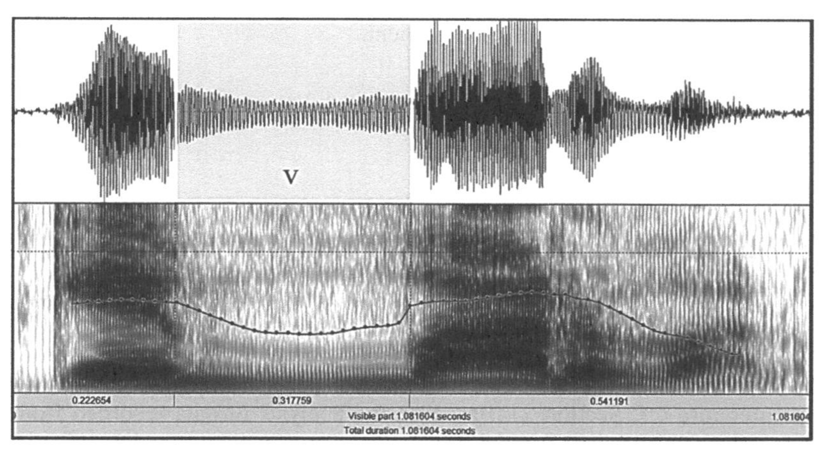

Fig. 2. Waveform, spectrogram and F0 contour of the utterance *¡Qué bárbaro!* 'How great!', produced by female Gu-d speaker with a word-initial lengthened labiodental fricative [v] realization of the underlying /b/ (highlighted in light grey).

Regarding the phonemic opposition /ʝ/ : /ʎ/ (*lleísmo*; cf. Martínez-Celdrán et al. 2003), which has been abandoned in mainstream Spanish in favor of the (simplified) *yeísta* system (cf. Gómez/Molina Martos 2013 for a cross-varietal perspective), most scholars claim its maintenance in PSp (cf. Malmberg 1947; de Granda 1982: 171; Lipski 1994: 307–308), in conjunction with the assumption that <y> is regularly pronounced as a prepalatal affricate [d͡ʒ] (cf. e.g. Hualde 2013: 295). Note that this sound is not a phoneme in Guarani but occurs as an allophone of the "prepalatal voiced obstruent" (Walker 1999: 68) on a par with [^{d}j], [ʒ] and [j]. The present study

2 Cf. also Cassano (1972b), who assumes borrowing of the fricative-approximant from Spanish into Guarani, which created an opposition with the prenasalized plosive phoneme /^{m}b/, and then reborrowing of the modified sound as a 'pure' fricative [v]. Given that a clear-cut distinction between the labiodental approximant /ʋ/ and its fricative allophone [v] is difficult in many cases without relying on visual information (position of the lips) and we lack respective video data, we abstain from systematically analyzing our corpus regarding this aspect.

precisely focuses on the two aforementioned aspects of PSp phonetics and phonology. While Colantoni (this volume) studies *lleísmo* in Northeastern Argentinean varieties and examines the phonetic conditions of the alleged delaterization process (i.e. the contexts where the target segments occur), we address the same phenomenon in PSp, albeit with particular regard to the relevance of sociolinguistic variables such as age, gender and the contrast between urban and rural environment.

3. Empirical study

3.1 Objectives and research questions

Our study addresses PSp *lleísmo*. We aim to answer the question of whether the phonemic opposition /ʝ/ : /ʎ/, as represented orthographically as <y> and <ll>, respectively, is preserved in the variety under discussion or if it is disappearing as is attested in the overwhelming majority of Spanish varieties. Moreover, we investigate whether the phoneme /ʝ/ (rendered in writing as <y>) is consistently realized as a prepalatal affricate [d͡ʒ] as claimed in the literature (cf. Section 2). Based on the analysis of data recorded from two groups of Spanish-Guarani bilinguals and a Spanish monolingual control group, our goal is to answer the following research questions:

RQ1 Is *lleísmo* maintained in PSp?

> If so, we expect systematic production of the palatal approximant [ʎ] as the default variant of /ʎ/, corresponding to the digraph <ll>. If any sound change is ongoing, the conservation of /ʎ/ will be subject to specific sociolinguistic conditions (i.e. it will be produced by older generations).

RQ2 Does the Guarani sound system influence PSp?

> If so, we expect systematical production of the affricate [d͡ʒ] as the default variant of /ʝ/, corresponding to the grapheme <y>. We assume that this sound will be tied to bilingual speech, but not occur in monolingual speakers of PSp.

3.2 Data, participants and analysis

The Spanish data were collected in the context of a larger production experiment run in March 2014 in several urban and rural locations in Paraguay (urban: Asunción, Luque, San Lorenzo, San Juan Bautista, Concepción; rural: Chaco, Itacurubí de la Cordillera, Cari'y Loma). We recorded a total of 21 speakers (10 m; 11 f), including 11 Spanish-dominant (Sp-d)[3] bilinguals, 8 Gu-d bilinguals and 2 Spanish monolinguals (Sp-m). The experiment comprised three tasks, leading to the production of different data types: (1) reading of the fable *The North Wind and the Sun* (read data), (2) a discourse completion task (DCT; cf. Félix-Brasdefer 2010; Vanrell et al. 2018), following Prieto/Roseano's (2010) Spanish intonation survey (semi-spontaneous data) and (3) a short narrative interview focusing on the speaker's daily life and language use (spontaneous data). In addition, we collected a small Guarani control corpus which stems from five of our Gu-d speakers and includes both read and spontaneous data (narrative interviews).[4]

First, we transcribed the data orthographically. Then, all words containing orthographic <y> and <ll> were singled out and transcribed phonetically, based on both perceptual and acoustic analyses using *Praat* (Boersma/Weenink 2019). The phonetic transcription was controlled several times by the three authors. Twelve items were discharged from the final analysis because of disagreement between the transcribers. Seven different pronunciations were identified in total. We grouped together palatal fricatives and approximants on the one hand and palatal stops and affricates on the other, ending up with the following systematization: [ʎ], [ʝ̞]/[ʝ], [ɟ͡ʝ̞]/[ɟ], [d͡ʒ] and [ʒ]. Fig. 3 and 4, below, illustrate the four most frequent surface variants, i.e. the lateral [ʎ], the fricative [ʝ̞], the stop [ɟ] and the affricate [d͡ʒ].

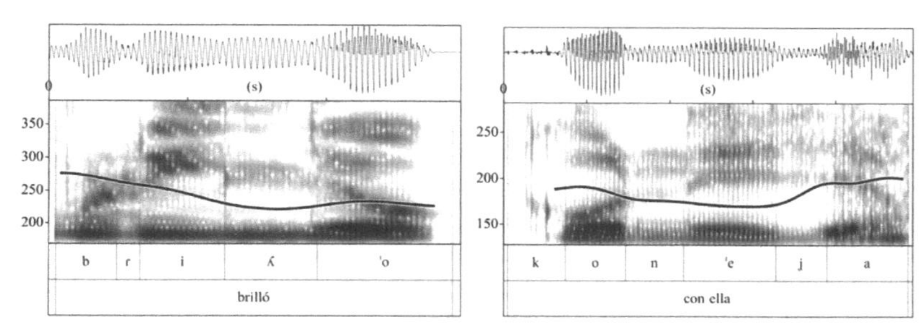

Fig. 3. Waveforms, spectrograms and F0 contours of the utterances *brilló* [ʎ] 's/he shined' (left panel) and *con ella* [ʝ̞] 'with her' (right panel).

3 Dominance in either Spanish or Guarani was self-assessed by the speakers.

4 In lack of a Guarani translation of the *North Wind* fable, the participants were asked to read out aloud the popular folk story *Mombe'u gua'u Yasy Yatere rehegua* 'The legend of Yasy Yatere (a deity of Guarani mythology)'.

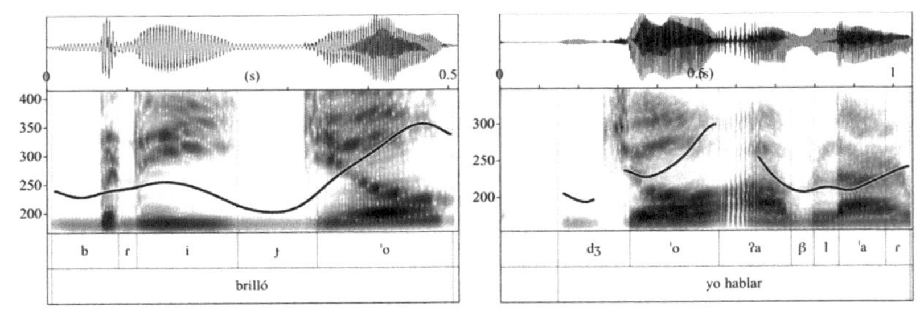

Fig. 4. Waveforms, spectrograms and F0 contours of the utterances *brilló* [ɟ] 'shined' (left panel) and *yo* ... *hablar* [d͡ʒ] 'me ... to speak' (right panel).

To explain the allophonic variation of the phonemes /ʎ/ and /ʝ/, a set of extra-linguistic variables was taken into account; cf. Tab. 1.

extra-linguistic factors	**values**
language use	Sp-d, Gu-d, Sp-m
location	urban, rural
gender	m(ale), f(emale)
age	18–67
data type	read, semi-spontaneous, spontaneous

Tab. 1. Extra-linguistic factors and respective values.[5]

3.3 Results

As shown in Tab. 2, the prevailing pronunciation of <ll> and <y> (n = 1,233) is [ʝ]/[j] and [ɟ͡ʝ]/[ɟ], respectively. Taking into account the corresponding orthographic representations, it turns out that the lateral approximant [ʎ] is limited to the pronunciation of <ll> and the palatal affricate only marginally occurs as a surface form of <ll> (0.5%). In turn, [d͡ʒ] is produced in at least 16% of the occurrences of <y>. However, [ʎ] surfaces

[5] We also considered the phonetic context (liquid_V, nasal_V, ##_V, [h]_V, V_V) and the tonicity of the syllable (σ) headed by the target segment (stressed σ, unstressed σ). However, as these linguistic factors yielded no clear results, but at best vague tendencies, we abstain from reporting them in detail in the results section (cf. 3.3) and just mention the crucial aspects here. The factors *Context* and *Tonicity* affected moderately the pronunciation of <y>, with palatal affricates and stops being preferred after nasals, liquids or a pause (##) and in the onset of stressed syllables. No such tendencies were found for <ll>.

in less than a quarter of the potential cases (23%), which suggests that *lleísmo* is indeed conserved in present-day PSp, but to a lesser extent than claimed in earlier literature.

	[ʎ]	[ʝ]/[j]	[ɟ͡ʝ]/[ɟ]	[d͡ʒ]
<y>		39.0	45.0	16.0
<ll>	23.0	66.5	10.0	0.5

Tab. 2. Overall phonetic realizations of <ll> and <y> in PSp, in percentages.

Tab. 3 offers a detailed overview of the phonetic variants produced by the individual speakers of our corpus.

speaker ID, gender, language dominance, age group, location					/ʎ/ <ll>			/ʝ/ <y>			
					[ɟ͡ʝ/ɟ]	[ʝ/j]	[ʎ]	[d͡ʒ]	[ʒ]	[ɟ͡ʝ/ɟ]	[ʝ/j]
01	f	Sp-d	>50	urban		33	67			65	35
02	m	Sp-d	>50	urban		28	72			56	44
03	f	Sp-d	20–30	urban	4	85	12			63	38
04	f	Sp-d	40–50	urban	21	38	41	75		19	6
05	m	Sp-d	20–30	urban		38	63			50	50
06	f	Sp-d	40–50	urban	4	71	25	59		9	31
07	f	Sp-d	<20	urban	57	43		15		59	26
08	m	Sp-d	20–30	urban	15	85		6		40	54
09	m	Sp-d	20–30	urban	8	83	8	13		25	63
10	m	Sp-d	20–30	urban		100				14	86
11	m	Sp-d	<20	urban	4	96				24	76
12	f	Gu-d	>50	urban	5	19	76	3	9	24	65
13	m	Gu-d	40–50	rural	3	77	19	7		89	4
14	f	Gu-d	20–30	rural	7	93		20		40	40
15	m	Gu-d	40–50	urban	7	75	18	6	2	57	35
16	f	Gu-d	20–30	rural	10	68	23	27	2	40	31
17	f	Gu-d	30–40	urban	5	74	21	29	5	48	19
18	m	Gu-d	40–50	urban	6	94		18		33	49
19	m	Gu-d	40–50	urban		20	80	4		83	13
20	f	Sp-m	20–30	urban	24	76				72	28
21	f	Sp-m	20–30	urban	25	75				31	69

Tab. 3. Overview of the occurrences of the allophones per speaker, in percentages.

The following observations can be made: first, the palatal fricative [ʝ] and its glide variant [j] are attested in all speakers for both phonemes /ʝ/ and /ʎ/. In contrast, the palatal lateral [ʎ] does not occur in the pronunciation of all participants, as expected. The affricate realization of the phoneme /ʝ/, i.e.

[d͡ʒ], appears in all Gu-d speakers, but only in some Sp-d participants and in none of the Spanish monolinguals. By contrast, the palatal affricate [ɟ͡ʝ] occurs in the production of all speakers as an allophone of /ʝ/. Finally, six cases of [ʒ] as a variant of /ʝ/ (<y>) were detected in four of the Gu-d speakers (12, 15, 16, 17).

To further explore the variation observed in the corpus, we investigated each potential factor (cf. Tab. 1) that may explain the occurrences of the phonetic variants of /ʝ/ and /ʎ/. As already shown in Tab. 2, the phoneme /ʝ/, corresponding to orthographic <y> (n = 686), was predominantly realized as [ʝ]/[j] (39%) and [ɟ͡ʝ]/[ɟ] (45%), respectively. Fig. 5 depicts the results for the factors *Language dominance*, *Gender* and *Location*.

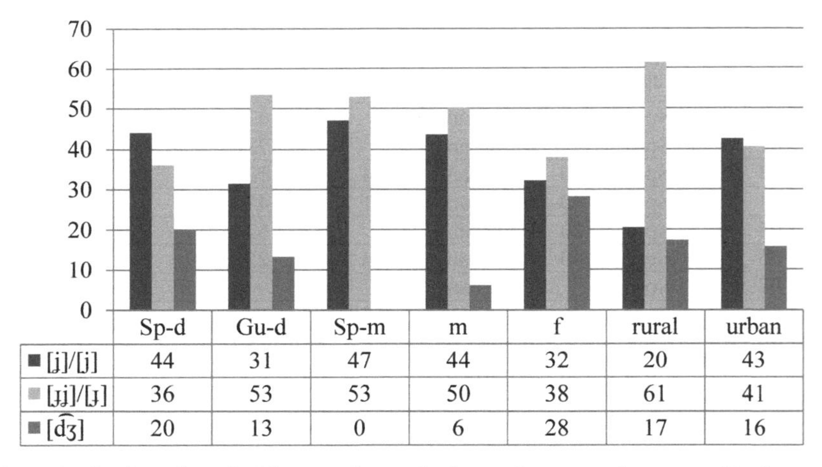

	Sp-d	Gu-d	Sp-m	m	f	rural	urban
[ʝ]/[j]	44	31	47	44	32	20	43
[ɟʝ]/[ɟ]	36	53	53	50	38	61	41
[d͡ʒ]	20	13	0	6	28	17	16

Fig. 5. Realization of <y> in PSp according to the factors *Language dominance* (Sp-d, Gu-d, Sp-m), *Gender* (m, f) and *Location* (rural, urban), in percentages.

Regarding the effect of language dominance (cf. Fig. 5, three leftmost columns), the expected 'Guarani' affricate [d͡ʒ] was detected in only 16% (mean) of all bilingual's production and absent from monolingual speech. If we compare the two bilingual groups, the affricate [d͡ʒ] occurred with a higher frequency in the Sp-d group. In contrast, Gu-d speakers produced more stop allophones. Interesting gender-related differences were found (cf. Fig. 5, columns 4 and 5 from left to right): seven women produced the affricate [d͡ʒ] in 28% independent of the factors *Language dominance* and *Location*, whereas six men did so in only 6%. However, the high proportion of this sound in the female group is due to two speakers (4, 6; cf. Tab. 3). In the rural zones, we find more palatal affricates or plosives [ɟ͡ʝ]/[ɟ] than in cities, where fricatives or approximants preponderate (cf. Fig. 5, two rightmost columns).

Turning to the factor *Age*, we found that the younger generations – independent of the factor *Location* – tend to make use of fricatives [ʝ] or approximants [j], whereas the older groups, with the exception of the last one, showed more productions of [d͡ʒ] and [ɟ͡ʝ]/[ɟ] (cf. Fig. 6, five leftmost columns). Interestingly, the three oldest participants, all over 50 years, among them one male speaker, behaved in the same manner as the young generation. This can be explained by referring to the factor *Location*: all three come from the urban areas, where the phonetic innovations have probably emerged.

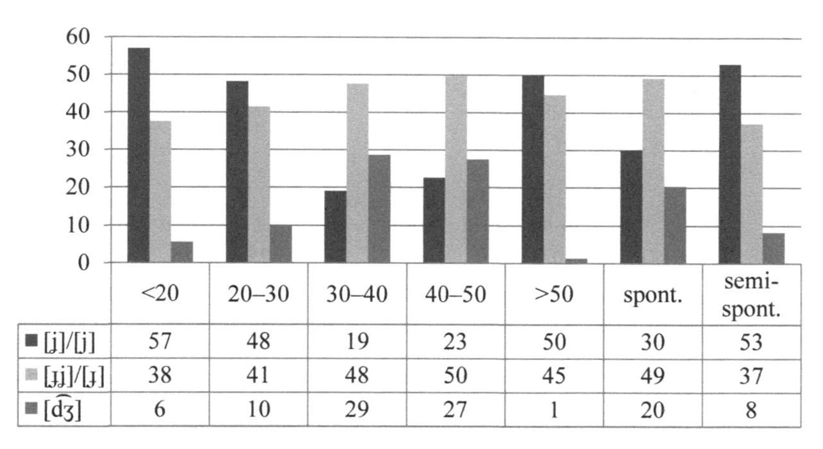

	<20	20–30	30–40	40–50	>50	spont.	semi-spont.
[ʝ]/[j]	57	48	19	23	50	30	53
[ɟʝ]/[ɟ]	38	41	48	50	45	49	37
[d͡ʒ]	6	10	29	27	1	20	8

Fig. 6. Realization of <y> in PSp according to the factors *Age* (five age groups) and *Data type* (spontaneous, semi-spontaneous), in percentages.

Furthermore, the data also show differences between the data type, with fricative and approximant allophones occurring more often in semi-spontaneous than in spontaneous data (cf. Fig. 6, two rightmost columns).[6]

Turning to the pronunciation of the digraph <ll> (n = 547), which in the traditional *distinción* system corresponds to the lateral phoneme /ʎ/, the predominant realization is the palatal fricative [ʝ] or approximant [j] in both bilingual and monolingual speakers (cf. Fig. 7, three leftmost columns).

6 Our data collection was not explicitly designed to investigate *lleísmo*. Unfortunately, the *North Wind* fable does not comprise all sounds of the Spanish sound system, e.g. /ʝ/. This imbalance indicates the necessity of using alternative texts adjusted on the target language (cf. e.g. Coloma 2015; Pustka et al. 2018).

This pattern is even more common in monolinguals (76%) than in bilinguals (Sp-d: 67%, Gu-d: 64%). This result supports the view that the so-called *lleísmo* is in decline in PSp. Interestingly, [ʎ] does not occur at all in our two monolinguals. This is probably because these two female speakers (both from an urban area) belong to a younger generation (20–30), which is already more *yeísta*. This interpretation, of course, should be taken with due caution because of the low number of participants we recorded in this group. In contrast to the phoneme /ʝ/, we found almost no gender-related differences (cf. Fig. 7, columns 4 and 5 from left to right).

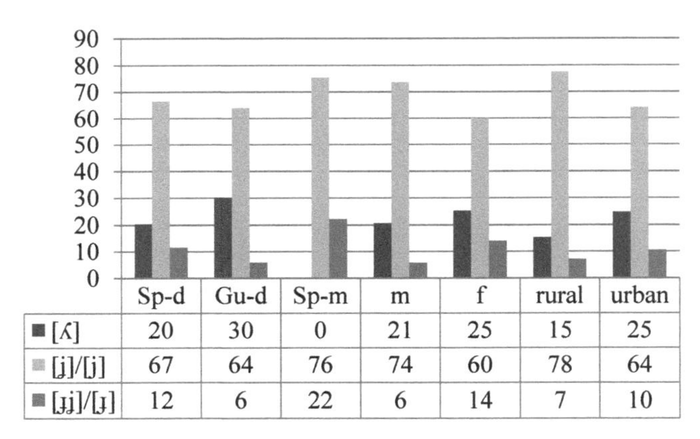

	Sp-d	Gu-d	Sp-m	m	f	rural	urban
[ʎ]	20	30	0	21	25	15	25
[ʝ]/[j̞]	67	64	76	74	60	78	64
[ɟʝ]/[ɟ]	12	6	22	6	14	7	10

Fig. 7. Realization of <ll> in PSp according to the factors *Language dominance* (Sp-d, Gu-d, Sp-m), *Gender* (m, f) and *Location* (rural, urban), in percentages. The minimal amount of [d͡ʒ] productions (0.5%) is ignored in this representation.

Interestingly, we found differences related to *Age* (cf. Fig. 8, five leftmost columns) and *Data type* (cf. Fig. 8, three rightmost columns). First, PSp *lleísmo* appears to be primarily preserved in older speakers (>50) who produce [ʎ] in about three quarters of the cases (73%, independent of *Language dominance* and *Location*). Second, it mainly occurs in read speech (n = 42), where 60% of the occurrences of <ll> were produced as [ʎ]. This might be explained by the fact that many Paraguayans learn Spanish only at school, where the traditional Castilian distinction /ʎ/ : /ʝ/ is still taught as the target norm and deviant productions in read speech are corrected, at least by some teachers (according to the third author's personal experiences at different schools in Paraguay).

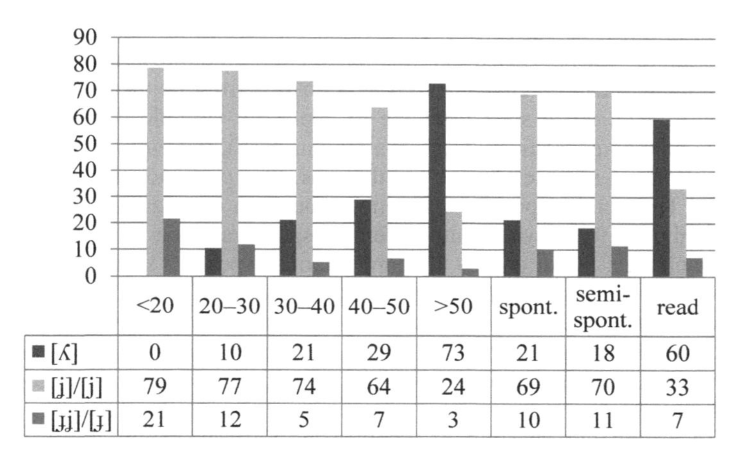

	<20	20–30	30–40	40–50	>50	spont.	semi-spont.	read
[ʎ]	0	10	21	29	73	21	18	60
[ʝ]/[j̞]	79	77	74	64	24	69	70	33
[ɟʝ]/[ɟ]	21	12	5	7	3	10	11	7

Fig. 8. Realization of <ll> in PSp according to the factors *Age* (five age groups) and *Data type* (spontaneous, semi-spontaneous, read), in percentages.

It is worth pointing out, finally, that in Paraguay the use of Spanish is largely limited to formal interaction and most speakers prefer to communicate in the Guarani-Spanish mixed variety *jopará*, at least when communicating informally (cf. Section 2). This might explain speakers' strong attempt to achieve a normative pronunciation in Spanish, presumably to clearly separate their different registers at the phonic level. This could also be the reason why our two Spanish monolinguals, who, of course, do not switch between PSp, *jopará* and Guarani, behave differently and do not produce any instance of [ʎ] at all.

3.4 Discussion

Based on the results obtained from the analyses performed on our corpus, we can answer the research questions raised in 3.1 as follows. *Lleísmo* is maintained in PSp, but to a much lesser extent than large parts of the literature suggest (RQ 1). Since the conservation of /ʎ/ is subject to specific sociolinguistic conditions – i.e. it mainly occurs in the speech of older speakers (factor *Age*) and in reading pronunciation (factor *Data type*) –, we assume an ongoing sound change in favor of *yeísmo* (at least in informal registers). We thus conclude that the fricative/glide production of underlying /ʎ/, which inevitably results in a dephonologization of the hitherto phonemic opposition /ʎ/ : /ʝ/, enjoys a greater covert prestige (linked to vernacular use) than the surface realization of the *distinción* by means of [ʎ], which, in turn, has a greater overt prestige (related to formality); cf. Labov (1966/2006; 2001). Based on this distinction, the presumably ongoing sound change can be characterized as a change from below: According to Labov (2001), when speakers have to apply the variable undergoing linguistic change consciously (e.g. in a reading task), they usually tend to reject the novel surface variant (in this case the pronunciation of <ll> as [ʝ]/[j]). The gender-specific differences found in our data are not in line with Labov (1990), who claimed female speakers to be the motor of linguistic change. In our corpus, by contrast, male speakers seem to be actually more ahead regarding the alleged ongoing sound change. This rather fits the well-established fact that females tend to use forms of the prestige standard (cf. Trudgill 1972). All in all, the factors *Location* and *Data type* seem to play a more important role in the evolution of PSp *distinción* towards *yeísmo*.

Regarding the question of whether the Guarani sound system influences PSp (RQ 2) we found that the affricate [d͡ʒ] is not consistently produced as the default surface variant of /ʝ/. In this context, it is insightful to refer to the preliminary results obtained from the analysis performed on our Guarani data. The phonetic realizations of the Guarani affricate phoneme correspond to the sound repertoire produced in PSp by the same speakers (n = 202): [ɟ͡ʝ]/[ɟ] (64%), [ʝ]/[j] (33%), [d͡ʒ] (3%). We thus suspect that the affricate allophone [d͡ʒ] of the prepalatal voiced obstruent (cf. Walker 1999: 68) gradually disappears from the Guarani sound system, maybe as a result of contact with Spanish. In this context it should be pointed out that due to historical reasons speakers of PSp generally reject linguistic innovations coming from abroad, in particular from the Argentinean capital of Buenos Aires: in Lipski's (1994) words, they are "adamant about not adopting *porteño* speech patterns. The […] *žeísta* pronunciation of /y/ [/ʝ/ in IPA] and /ʎ/ has never taken hold in Paraguay, nor has the contagious Buenos Aires intonation" (305; cf. Gabriel et al. 2010; 2013; Pešková et al. 2012). This means that maintenance of the 'Guarani-like' pronunciation of <y> as [d͡ʒ] through support by the obvious phonetic similarity of the respective sound with River Plate *žeísmo* is highly unlikely.[7]

Taking a broader look at the evolution of *distinción* and *yeísmo* in the *Cono Sur*, two ongoing processes can be observed: first, there is *delateralization*, i.e. conversion of the palatal lateral into a glide or approximant fricative (cf. Colantoni this volume); second, we find *deaffrication*, i.e. trans-

[7] It should also be pointed out that lexical factors come into play regarding the pronunciation of <y> as [d͡ʒ], which mostly occurred in highly frequent items such as *yo* 'I' (emphatic speech), *ya* 'already', *paraguayo* 'Paraguayan' and especially in the Guarani word *jopará* 'mixture' (cf. Section 2).

formation of the (pre)palatal affricate into a fricative via loss of the initial stop part of the segment:

deaffrication [d͡ʒ] > [ɟj̝] > [ɟ] > [j̝] < [j] < [ʎ] *delaterization*

Looking at our data, the question of whether both processes tend to merge into one single surface variant, i.e. the palatal fricative [j̝], still remains open and requires future research.

4. Concluding remarks

Our study examined and discussed *distinción* and *yeísmo* in PSp. Based on recordings made in different urban and rural locations in Paraguay with three speaker groups we found that the *lleísmo* still is a vivid phenomenon. However, it is largely restricted to read speech and mainly occurs in older speakers, which suggests that the traditional phonemic *distinción* /j̝/ : /ʎ/ is on its way to be replaced by *yeísmo*, i.e. that some sound change is in progress. The respective assumptions regarding the alleged maintenance of *lleísmo* in PSp put forward in previous literature thus no longer hold. To answer the initial question of how much like Guarani contemporary PSp sounds, we conclude that statements from the earlier descriptions such as "El español del Paraguay es español con fonética guaraní" (Alonso 1941/1951: 325) can no longer be confirmed, although the sound shape of the variety under discussion still has conserved some features that clearly reflect its long-lasting contact with Guarani.

References

del Alcàzar, J. / Tabanera, N. / Santacreu, J. M. / Marimon, A. 2007. *Historia contemporánea de América*. San Vicente de Raspeig: Servei de Publicacions de la Universitat d'Alacant.

Alonso, A. 1941/1951. Substratum y superstratum. *Revista de filología hispánica* 3 (1941), 209–218. In: Alonso, A. *Estudios lingüísticos. Temas españoles.* Madrid: Gredos (1951), 315–330.

Alvar, M. 1996. Paraguay. In Alvar, M. Ed. *Manual de dialectología hispánica. El español de América.* Barcelona: Ariel, 196–208.

de Anchieta, J. 1595/1990. *Arte De Grammatica Da Lingoa mais vsada na costa do Brasil. Feyta pelo padre Ioseph de Anchieta da Cõpanhia de Iesv.* Coimbra: Mariz (1595). / Arte de gramática da língua mais usada na costa do Brasil. Drumond, C. / Armando Cardoso, S. J. Eds. São Paulo: Loyola (1990).

Boersma, P. / Weenink, D. 2019. *Praat. Doing phonetics by computer*. Computer software. Version 6.1.05. http://www.praat.org (2019-12-06).

Bossong, G. 2009. The typology of Tupi-Guarani as reflected in the grammars of four Jesuit missionaries. Anchieta (1595), Aragona (c.1625), Montoya (1640) and Restivo (1729). *Historiographia Linguistica* 36: 225–258.

Canfield, D. L. 1981. *Spanish pronunciation in the Americas*. Chicago, IL: The University of Chicago Press.

Cassano, P. V. 1971. Substratum hypothesis concerning the Spanish of Paraguay. *Neophilologus* 55, 41–44.

Cassano, P. V. 1972a. The influence of Guarani on the phonology of the Spanish of Paraguay. *Studia Linguistica* 26, 106–112.

Cassano, P. V. 1972b. La [b] del español del Paraguay, en posición inicial. *Revue romane* 7, 186–188.

Cassano, P. V. 1973. Retention of certain hiatuses in Paraguayan Spanish. *Linguistics* 11, 12–16.

Coloma, G. 2015. Una versión alternativa de "El viento norte y el sol" en español. *Revista de Investigación Lingüística* 18, 191–212.

Eberhard, D. M. / Simons, G. F. / Fennig, C. D. Eds. 2019. *Ethnologue. Languages of the world* (22nd ed.). Dallas, TX: SIL International http://www.ethnologue.com (2019-11-30).

Estigarribia, B. 2017. Guarani morphology in Paraguayan Spanish. Insights from code-mixing typology. *Hispania* 100, 47–64.

Félix-Brasdefer, J. C. 2010. Data collection methods in speech act performance. DCTs, role plays, and verbal reports. In Martínez-Flor, A. / Usó-Juan, E. Eds. *Speech act performance. Theoretical, empirical and methodological issues*. Amsterdam: Benjamins, 41–56.

Gabriel, C. / Feldhausen, I. / Pešková, A. / Colantoni, L. / Lee, S.-A. / Arana, V. / Labastía, L. 2010. Argentinian Spanish intonation. In Prieto/Roseano 2010, 285–317.

Gabriel, C. / Pešková, A. / Labastía, L. / Blázquez, B. 2013. La entonación en el español de Buenos Aires. In Colantoni, L. / Rodríguez Louro, C. Eds. *Perspectivas teóricas y experimentales sobre el español de la Argentina*. Frankfurt: Vervuert, 99–115.

Gómez, R. / Molina Martos, I. Eds. 2013. *Variación yeísta en el mundo hispánico*. Frankfurt: Vervuert.

de Granda, G. 1982. Observaciones sobre la fonética del español en el Paraguay. *Anuario de Letras. Lingüística y filología* 20, 145–194.

de Granda, G. 1988. *Sociedad. Historia y lengua en el Paraguay*. Bogotá: Caro y Cuervo.

Gynan, S. N. 2001. Paraguayan language policy and the future of Guaraní. *Southwest Journal of Linguistics* 20, 151–165.

Gynan, S. N. 2007. The language situation in Paraguay. An update. In Baldauf Jr., R. B. / Kaplan, R. B. Eds. *Language planning and policy in Latin America*, vol. 1: *Ecuador, Mexico and Paraguay*. Clevedon: Multilingual Matters, 284–301.

Hornberger, N. H. 2006. Voice and biliteracy in indigenous language revitalization. Contentious educational practices in Quechua, Guarani, and Māori contexts. *Journal of Language, Identity, and Education* 5, 277–292.

Hualde, J. I. 2013. *Los sonidos del español*. Cambridge: Cambridge University Press.

Ito, H. 2012. With Spanish, Guaraní lives. A sociolinguistic analysis of bilingual education in Paraguay. *Multilingual Education* 2: 6. https://link.springer.com/article/10.1186/2191-5059-2-6 (2019-12-06).

Kallfell, G. 2011. *Grammatik des* Jopara*. Gesprochenes Guaraní und Spanisch in Paraguay*. Frankfurt: Lang.

Klee, C. A. / Lynch, A. 2009. *El español en contacto con otras lenguas*. Washington: Georgetown University Press.

Krivoshein de Canese, N. 1983. *Gramática de la lengua guaraní*. Asunción: Edición de la autora.

Krivoshein de Canese, N. / Corvalán, G. 1987. *El español del Paraguay en contacto con el guaraní*. Asunción: Centro paraguayo de estudios sociológicos.

Labov, W. 1966/2006. *The social stratification of English in New York City* (2nd ed.). Cambridge: Cambridge University Press.

Labov, W. 1990. The intersection of sex and social class in the course of linguistic change. *Language Variation and Change* 2, 205–254.

Labov, W. 2001. *Principles of linguistic change*, vol. 2: *Social factors*. Maiden: Blackwell.

Lipski, J. M. 1994. *Latin American Spanish*. London: Longman.

Livi-Bacci, M. / Maeder, E. J. 2004. The missions of Paraguay. The demography of an experiment. *Journal of Interdisciplinary History* 35, 185–224.

Malmberg, B. 1947. *Notas sobre la fonética del español en el Paraguay*. Lund: Gleerup.

Martínez-Celdrán, E. / Fernández-Planas, A. M. / Carrera-Sabaté, J. 2003. Spanish. *Journal of the International Phonetic Association* 33, 255–259.

Mortimer, K. S. 2012. *The Guarani speaker in Paraguayan bilingual education policy. Language policy as metapragmatic discourse*. PhD dissertation. University of Pennsylvania. Ann Arbor: ProQuest.

Palacios Alcaine, A. 2008. Paraguay. In Palacios Alcaine, A. Ed. *El español en América. Contactos lingüísticos en Hispanoamérica*. Barcelona: Ariel, 279–300.

Palacios Alcaine, A. 2011. Lenguas en contacto en Paraguay. Español y guaraní. Ferrero Pino, C. / Lasso-von Lang, N. Eds. *Variedades lingüísticas y lenguas en contacto en el mundo de habla hispana* (2nd ed.). Bloomington: AuthorHouse, 29–37.

Pešková, A. / Feldhausen, I. / Kireva, E. / Gabriel, C. 2012. Diachronic prosody of a contact variety. Analyzing *Porteño* Spanish spontaneous speech. In Braunmüller, K. / Gabriel, C. Eds. *Multilingual individuals and multilingual societies.* Amsterdam: Benjamins, 365–389.

Prieto, P. / Roseano, P. Eds. 2010. *Transcription of intonation of the Spanish language.* München: Lincom.

Pruñonosa Tomás, M. 2000. Algunos rasgos fónicos de interferencia del guaraní en el español del Paraguay. In: Calvo Pérez, J. Ed. *Teoría y práctica del contacto. El español de América en el candelero.* Frankfurt: Vervuert, 113–122.

Pustka, E. / Gabriel, C. / Meisenburg, T. / Burkard, M. / Dziallas, K. 2018. *(Inter-)Fonología del Español Contemporáneo* (I)FEC. Metodología de un programa de investigación para la fonología de corpus. *Loquens* 5(1), e046. https://doi.org/10.3989/loquens.2018.046 (2020-02-24).

Ruiz de Montoya, A. 1639. *Tesoro de la lengua guarani.* Madrid: Iuan Sanchez. https://archive.org/details/tesorodelalengua00ruiz/page/n4 (2019-11-30).

Trudgill, P. 1972. Sex, covert prestige and linguistic change in the urban British English of Norwich. *Language in Society*, 179–195.

Uldall, E. 1954. Guaraní sound system. *International Journal of American Linguistics* 20, 341–342.

Vanrell, M. / Feldhausen, I. / Astruc, L. 2018. The Discourse Completion Task in Romance prosody research. Status quo and outlook. In Feldhausen, I. / Fliessbach, J. / Vanrell, M. Eds. *Methods in prosody. A Romance language perspective.* Berlin: Language Science Press, 191–227.

Walker, R. 1999. Guaraní voiceless stops in oral versus nasal contexts. An acoustical study. *Journal of the International Phonetic Association* 29, 63–94.

Zajícová, L. 2009. *El bilingüismo paraguayo. Usos y actitudes hacia el guaraní y el castellano.* Frankfurt: Vervuert.

Zarratea, T. 2002. *Gramática elemental de la lengua guaraní.* Asunción: Marben.

Mario Ruiz Moreno & Christoph Gabriel

Voice Onset Time in Pomerano-Brazilian Portuguese bilinguals

Abstract. Pomerano is a scarcely researched variety of Low German, which was brought to Southern Brazil by large groups of immigrants from former Pomerania in the 1850s. Today, the language is still used in situations of informal communication in the respective communities, along with the majority language, Brazilian Portuguese (BP). The long-lasting contact between Pomerano and BP has left several traces in both languages at all linguistic levels, including segmental phonology. Our study examines the Voice Onset Time (VOT) patterns of stop consonants in the two languages spoken by bilinguals. Control data gathered from monolingually raised speakers of BP are taken into account. The language pair under investigation displays the typical Germanic vs. Romance contrast, in that the phonological *fortis-lenis* opposition is phonetically realized by means of a long vs. short lag distinction in Pomerano, whereas BP exhibits a voicing lead for the *lenis* stops and a short lag for their *fortis* counterparts. Based on production data collected using a picture naming task in Pomerode (Santa Catarina, Brazil), it is shown that both elderly and younger speakers show the expected Germanic contrast in Pomerano. Regarding BP, the monolingual speakers present the typical Romance contrast, while the younger bilinguals display a mixed system in that they prevoice /b d g/, but aspirate the voiceless stops. The older bilinguals, finally, use the same Germanic contrast in both of their languages, thus showing massive transfer from Pomerano to BP. Referring to Labov's concept of overt vs. covert prestige, we argue that the latter, as becomes manifest in the stressing of a 'Germanic' feature of pronunciation, operates within both generations, although its effect can be felt with less intensity among the younger bilinguals.

1. Introduction

Research on diaspora varieties of German has largely concentrated on phenomena other than pronunciation (cf. the volume edited by Földes 2019 for an overview). This also holds true for varieties of Central and Low German such as *Hunsrückisch* or *Pommerisch* (henceforth: Pomerano), which were brought to Southern Brazil by immigrants from former Pomerania in the early 19th century and which nowadays are still spoken in the respective bilingual communities along with Brazilian Portuguese (BP). Only few empirical studies have addressed specific features of Pomerano segmental phonology, among them the production of stop consonants (cf. Schaeffer/

Meireles 2011; Postma 2019: 32–34). These segments constitute a fruitful testing ground for the investigation of cross-linguistic influence (CLI) between the community language, Pomerano (Germanic), and the surrounding language, BP (Romance), since the characteristics of the *lenis* and *fortis* plosives, i.e. /b d g/ and /p t k/, respectively, fundamentally differ from one another in the two languages (cf. 2.2).[1] The present contribution aims to fill a research gap in this respect by not only analyzing the acoustic features of these segments in both of the languages spoken by the bilinguals as well as in monolingual BP control data recorded by speakers from the same region, but also by taking into account different age groups (cf. Section 3). The interpretation of the results within the context of the Labovian distinction of so-called overt vs. covert prestige (cf. Labov 1966/2006) will hopefully add to our understanding of the interdependencies between speakers' attitudes and beliefs and sound production in multilingual communities.

Our paper is organized as follows. In a first step, the reader is provided with the relevant background information regarding both the sociohistorical context of Pomerano in Southern Brazil and the specific feature of stop production we analyze, i.e. the VOT patterns of Romance and Germanic languages (cf. Section 2). The following section is devoted to the presentation of the empirical study and the respective results (cf. Section 3). Section 4, finally, offers an outlook and some concluding remarks.

2. Background

This section offers an overview of the research background. First, the reader is provided with the relevant information on the Low German diaspora variety under discussion, Pomerano, focusing on both its history and the current contact situation with BP in Southern Brazil (cf. 2.1). Section 2.2, then, concentrates on the production of stop consonants in the two language families the varieties addressed belong to, i.e. Germanic and Romance. In a last step, we offer a brief survey of the recent literature on VOT patterns in the speech of multilinguals (cf. 2.3).

---

1 CLI also shows up in other areas of Pomerano phonology. For instance, front rounded vowels such as [y] are occasionally replaced by their unrounded counterparts in young BP-dominant speakers' productions, e.g. [myts] ~ [mits] 'cap'. A further example is the spreading of the nasal feature to adjacent vowels following the BP model as in e.g. [ʃlãŋ] 'snake' (cf. Schaeffer/Meireles 2014: 52; Postma 2019: 68–69).

2.1 Pomerano: a Low German variety spoken in Southern Brazil

Pomerano is a Low German variety originally spoken in the extinct provinces of Eastern Hither Pomerania (German: *Ostvorpommern*) and Farther Pomerania (German: *Hinterpommern*; cf. Rost 2008; da Silveira 2010; Postma 2019: 1–9). These territories nowadays belong to Poland and virtually host no German-speaking populations. As early as in 1824, the first Pomerano speakers came to Brazil; however, the largest contingents arrived during the period of 1850–1870 and settled in various locations throughout the country (cf. Beilke 2013). Tressmann (2007; 2011) indicates that Pomerano is nowadays spoken in the Brazilian states of Espírito Santo, Minas Gerais, Rondônia, Santa Catarina and Rio Grande do Sul, as a result of the immigration of around 30,000 speakers (cf. Struck 1992: 56). Tressmann (2011) reports a number of about 300,000 descendants of Pomeranian immigrants in Brazil, though without differentiating between those who actually speak Pomerano and those who have abandoned the Germanic variety spoken by their ancestors.

Immediately after their arrival in Brazil, Pomerano speakers got in close contact with speakers of other Low German varieties as well as with speakers of German origin outside the Low German-speaking domain, given that German settlers of different origins got mixed during the foundation of many cities (cf. Willems 1946: 61–78 for a detailed description). As described in Tressmann (1998), it was not infrequent that some contingents of Pomerano speakers were outnumbered by those of *Hunsrückisch* (a form of West Central German spoken in, for instance, Rio Grande do Sul; cf. Altenhofen 1996) or vice versa, which resulted in a linguistic shift toward the prevailing linguistic form in the area. Additionally, these speakers were to a greater or lesser extent as well in contact with Standard German (so-called *Hochdeutsch*), which was used as the language of instruction in locally supported schools (cf. Fossile 2010) and in the local press.[2] Moreover, German has always been highly valued given its status as a church language within this protestant community.

The situation described so far was quite stable for several decades. As noted in Vandresen/Rodrigues (2008), there were numerous monolingual communities until 1937, since mixed marriages with the local catholic population were difficult for religious reasons. This might explain the fact that as late as in 1940, 97% of the population of the city of Blumenau (located at a distance of 31 kilometers from Pomerode) declared to use "German" as their home language (cf. Fritzen 2008). However, Portuguese gradually

2 A standardized orthography for Pomerano was established only recently by Tressmann (2006); cf. Postma (2019: 31) for an overview.

gained new domains, since more and more immigrants from other parts of Brazil settled in the Southern regions, thereby consistently altering the sociolinguistic dynamics of the area.

During Getúlio Vargas' dictatorship (1937–1945), the Pomerian language was severely persecuted (cf. da Silveira 2010). This period was characterized by the government's attempts to achieve national homogenization and a complete lack of respect for other languages, which lead many parents to use solely Portuguese with their children (cf. Maltzahn 2018). It comes as no surprise that with the events in World War II the sociolinguistic status of Pomerano and (Standard) German, which were both perceived as the language of the enemy, was weakened even more in Brazil, ending in a complete ban of both German language classes from schools and the use of German in educational institutions. Under these circumstances, preserving any language other than Portuguese was already a hard-won success, but Pomerano-(Standard) German-Portuguese trilingualism was particularly challenging to maintain. The current general situation of the language differs vastly from one place to another. In some communities, German is on decline, whereas Pomerano is still much spoken (cf. Vandresen/Rodrigues 2008); conversely, in Pomerode, where our data collection took place, the situation has been reversed and Pomerano has lost its predominance over German during the last decades (cf. Maltzahn 2018).

2.2 Stop consonants in Germanic and Romance

Stop production varies considerably between languages and language families. A salient feature that differentiates the language-specific realizations of plosives is the so-called Voice Onset Time (VOT), which refers to the time elapsing between the release of the stop and the voicing onset of the following vowel (cf. Lisker/Abramson 1964: 389; Cho/Ladefoged 1999; Gabriel et al. 2013: 60–62). Three types of VOT are usually distinguished:

(1) pre-voicing or voicing lead, i.e. the vibration of the vocal folds starts prior to the release, which yields negative VOT values,
(2) short lag, i.e. voicing starts with or shortly after the release, which yields a short positive VOT and, finally,
(3) long lag, i.e. voicing starts considerably after the release, yielding a long positive VOT.

Most languages present a binary phonological contrast (*lenis-fortis*) which is cross-linguistically associated with different VOT types. Tab. 1 summarizes the characteristics of stop consonants and their respective VOT patterns in Germanic and Romance.

	pre-voicing (negative VOT)	**short lag** (short positive VOT)	**long lag** (long positive VOT)
Germanic		[b̥ d̥ g̊] <b d g> *lenis* (devoiced)	[p^h t^h k^h] <p t k> *fortis* (voiceless, aspirated)
Romance	[b d g] <b d g> *lenis* (fully voiced)	[p t k] <p t k> *fortis* (voiceless)	

Tab. 1. VOT patterns and orthographic representations of stop consonants in Germanic (Pomerano, German) and Romance (BP).

Within the Germanic family, which includes both Standard German and Pomerano, most languages phonetically express the *lenis-fortis* opposition by short-lagged unaspirated (devoiced) [b̥ d̥ g̊] on the one hand and long-lagged [p^h t^h k^h] on the other.[3] In German, aspiration does not occur in consonant clusters and is strongest before stressed vowels (cf. Wiese 1996: 270). Recent studies reported VOTs of 76 ms (cf. van de Weijer/Kupisch 2015: 417) and 78.5 ms (cf. Lein et al. 2016: 739) as average values for /p t k/. For /k/, where VOT is highest, former studies reported dramatically lower VOT durations of 37–67 ms (cf. Stock 1971; Fischer-Jørgensen 1979), but these values might have been influenced by both diatopic variation and the materials analyzed, e.g. the fact that no distinction was made between onsets of unstressed and stressed syllables (cf. Lein et al. 2016: 735 for an overview). As compared to German, empirical research on stop production in Pomerano, which also exhibits the typical Germanic contrast, is quite scarce. Postma (2019: 32) points out that "aspiration is […] weaker than in Standard German", though without presenting any VOT measurements. Schaeffer/Meireles (2011: 4013) report for /p t k/ long lag VOT values of 52, 54 and 72 ms, as expected;[4] for the *lenis* stops, their measurements present some inconsistencies in that /b/ is pre-voiced (-26 ms), while /d g/ present short lag VOTs of 17 and 3 ms, respectively.

The literature on Brazilian Portuguese (BP), finally, reports the expected contrast of truly or pre-voiced *lenis* and short-lagged *fortis* stops (cf. Melo et al. 2014: 491, using lab data, both word-initially and -medially).

[3] Not all Germanic languages follow this pattern: Swedish has a mixed system, which comprises pre-voiced *lenis* and aspirated *fortis* plosives (cf. Helgason/Ringen 2008). Dutch, finally, patterns with the Romances family in exhibiting truly voiced /b d g/ and unaspirated /p t k/ (cf. van Alphen/Smits 2004). Dialectal variation in German is addressed later in this section.

[4] The values for Pomerano voiceless stops reported by Bandeira/Zimmer (2011: 93) slightly differ from the ones given by Schaeffer/Meireles (2011), i.e. 51 ms for /p/, 42 ms for /t/ and 76 ms for /k/. The fact that the value for the alveolar stop is (atypically) lower than the one for the bilabial plosive is not commented on by the authors.

Reis/Nobre-Oliveira's (2007: 402) study on the learning of L2 English by BP natives is confined to voiceless stops and reports for the learners' L1 the expected short-lagged productions (i.e. 17.27 ms for /p/, 23.55 ms for /t/ and 46.55 ms for /k/).

As shown in Tab. 1, the Germanic realization of the *lenis* plosives roughly patterns with the production of their *fortis* counterparts in Romance. Transfer of VOT patterns as frequently occurs in situations of language contact and foreign language learning can thus provoke misunderstandings among speakers. For instance, an intended production of the Portuguese verb form *bato* /ˈbato/ 'I hit' (1SG.PRS of *bater*), pronounced as [ˈb̥atu]/[ˈpatu] by a learner whose L1 is a Germanic variety, might be misinterpreted by Portuguese listeners as *pato* 'duck'. Note that misinterpretations of this kind may also occur between speakers of varieties of the same language which differ from one another regarding their VOT patterns, as e.g. Northern Standard and Vienna German.[5] However, since isolated productions of single words rarely occur in natural conversation and the interpretation of an utterance is highly supported by the respective (linguistic and extra-linguistic) context, communication is usually not disturbed by such instances of CLI. However, stop production crucially contributes to the perception of both foreign accent (in non-native speech) and the perceived 'otherness' of varieties other than the one which is spoken by the hearer. This aspect will be discussed in more detail in 3.4.

2.3 VOT patterns in multilingual speakers

At least since the publication of Laeufer's (1997) seminal paper, the characteristics of VOT patterns in the production of speakers who use more than one language regularly cannot be claimed to be an understudied field (cf. Kupisch/Lleó 2017 for a summary of recent research). While simultaneously bilingual children who acquire two languages that differ from one another concerning their VOT patterns (e.g. Spanish and English) tend to separate the phonologies of their languages with respect to this feature (cf. Deuchar/Clark 1996), evidence for transfer of VOT patterns was found in many other multilingual constellations. For instance, Fowler et al. (2008) investigated the production of voiceless stops in sequential bilinguals of Canadian French and English, showing that the VOT values of the lan-

5 Cf. e.g. *Gepäck* 'luggage', which is pronounced in Vienna German with a shorter VOT for the word-medial *fortis* plosive /p/ than in Northern German (cf. Moosmüller et al. 2015: 341), and might thus be misinterpreted as an instance of intended *Gebäck* 'biscuits, pastries' by Northern German listeners.

guage acquired later were considerably influenced by the speakers' L1. CLI was also reported to occur in speakers of a heritage language (HL). As shown by Kupisch/Lleó (2017), both heritage speakers of German living in Italy and speakers of Italian as a HL who live in Germany had developed intermediate VOT values for /k/ in their respective HL, situated between the ones reported for German/Italian spoken by monolinguals. Interestingly, the authors also showed that, at least in some of their participants, not only the HL, but also the surrounding language was affected by VOT transfer. Similarly, Post/Jones (this volume) showed that English-French late bilinguals living in the UK for at least 10 years have developed compromise values for /t/, situated between the durations of the two monolingual varieties, English and French. Finally, CLI in the realm of stop production is widely attested in foreign language (FL) learning, e.g. in English learners of Spanish, who transfer the long-lagged realizations of voiceless plosives from their L1 to the FL (cf. e.g. Zampini 2014) and, though to a lesser extent, also in heritage speakers of Spanish residing in English- or German-speaking environments (cf. Amengual 2012; Ruiz Moreno 2019). Positive transfer of VOT values from the HLs Russian and Turkish, respectively, in adolescent multilingual learners who acquire French as a FL in the German educational context was reported by Gabriel et al. (2018).

3. Empirical study

In the following, we first outline our research questions (3.1) and the methodology of our study (3.2). In a next step, we present the results (3.3) and discuss them in the context of Labovian sociolinguistics (3.4).

3.1 Research questions

Our research had a double goal. First, it was aimed to describe the VOT patterns of the two languages spoken by a group of Pomerano-BP bilingual speakers from Pomerode (Santa Catarina) and to thereby answer the question of whether phonic transfer occurs within this community. Second, given the growing influence of BP among younger speakers and the circumstances of linguistic repression typical of the mature speakers' childhood, we aimed to determine whether two different generations diverted in their VOT patterns. This aspect had not been investigated before, since the scarce previous studies on Pomerano VOT focused only on younger speakers (aged 15–24 in Schaeffer/Meireles 2011 and 8–10 in Bandeira/Zimmer

2011), which contrasts with the wider age range of the speakers recorded in the context of our study.

3.2 Methods, speakers and materials

A total of 18 participants took part in this research: 4 monolingual speakers of the local BP variety (mean age: 39; each 2 males and females; group M), 7 bilinguals younger than 70 (mean age: 57; 6 males, 1 female; group B≤70) and, finally, 7 bilinguals older than 70 (mean age: 81; 4 males, 3 females; group B>70).[6] All participants were contacted with the help and mediation of a local, who also introduced the instructor to the participants and was present at each interview, which created a friendly atmosphere. Since there is a wide consensus in the literature on allochthonous languages in Brazil that the dictatorship had a deep impact on these languages, we decided to split the participants in these two groups instead of running correlations between their VOT values and the ages of our participants to test whether the deep impact that the dictatorship had on aspects such as language use and language attitudes was also reflected in their VOT production. The cutting-point was established at the age of 70 because the data were collected in 2015 and the dictatorship ended in 1945; consequently, the participants born after the dictatorship fell into one group and those born before or during it into another one. All of the participants had the option to receive the instructions in German or Portuguese and they typically chose German. The data collection was carried out in Pomerode (Santa Catarina) in January 2015.

Before proceeding to the recordings, the instructor and the participants chatted informally for a while, and then the instructions were given. The data were collected using a picture naming task. Participants were explained that they would be shown a series of pictures on a laptop screen

---

6 Regarding possible gender differences in VOT production, the picture that emerges from the literature is inconsistent. Some studies report longer VOTs in male speakers, e.g. for Florentine Italian, where respective gender differences seem to be linked to register and socio-economic status of the speakers (cf. Piccardi 2017); others, however, found greater VOT values in female speech (cf. Swartz 1992 for US English). Still others found sex differences in VOT production for young children, but not in adult speech (cf. Karlsson et al. 2004 for Swedish). To our knowledge, no empirical study reports systematic sex or gender-based differences in VOT measurements for BP. We thus conclude that the male-biased gender distribution of our younger bilingual group (86% males) does not question its comparability with the non-biased group of the older bilinguals presenting an equal ratio of males and females.

and that they were required to utter just one word to name the depicted item. They were also given the opportunity to choose the language in which they wished to be recorded first (i.e. either Pomerano or BP). Finally, they were explained that the research was by no means a kind of exam to test their knowledge of Pomerano or BP since no right or wrong answer was expected; they were solely required to speak as naturally as possible. 18 items were recorded in Pomerano and 19 in BP, using a Marantz professional PMD671 sound recorder. The items contained /b d g/ and /p t k/ in the onset position of word-initial stressed syllables in both languages. *Bauk* 'book', *tung* 'tongue', *täne* 'teeth', *dek* 'blanket' or *pol* 'onion' exemplify this in Pomerano, whereas *gota* 'drop', *carro* 'car', *pera* 'pear', *dado* 'dice' or *dedo* 'finger' in BP. Both words with initial stops followed by front vs. back vowels were selected in a balanced way.

In rare occasions, participants uttered non-targeted words. In these cases, they were first asked to use a synonym. When this proved unsuccessful, they were told the expected word and asked to repeat it. Additionally, it must be noted that, given the advanced age of the older group of bilinguals, most but not all items were successfully recorded by each speaker. In some cases, for instance, participants refused to utter the Pomerode word denoting a glass instead of the one meaning 'cup'. In others, they only murmured the target item even when asked to repeat it audibly. The VOT measurements were done using *Praat* (Boersma/Weenink 2014); an example is given in Fig. 1.

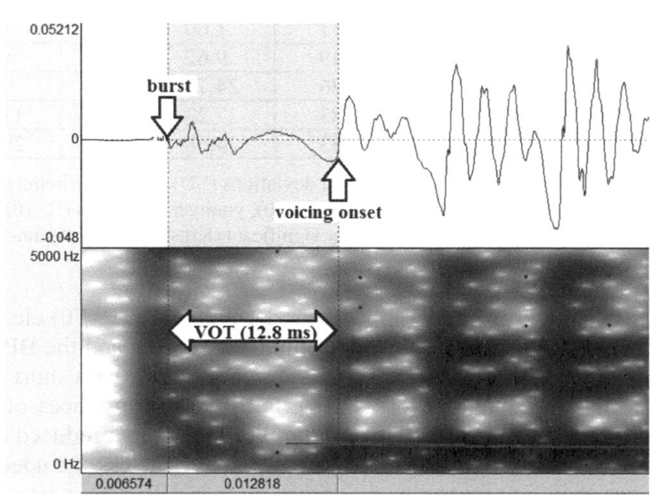

Fig. 1. VOT measurement of the Pomerano item *dek* 'blanket' produced with a short lag ([d̥ɛk]) in *Praat* (VOT duration: 12.8 ms).

3.3 Results

This section gives an overview of the results. Fig. 2 and Tab. 2 represent the VOT measurements for the BP data.

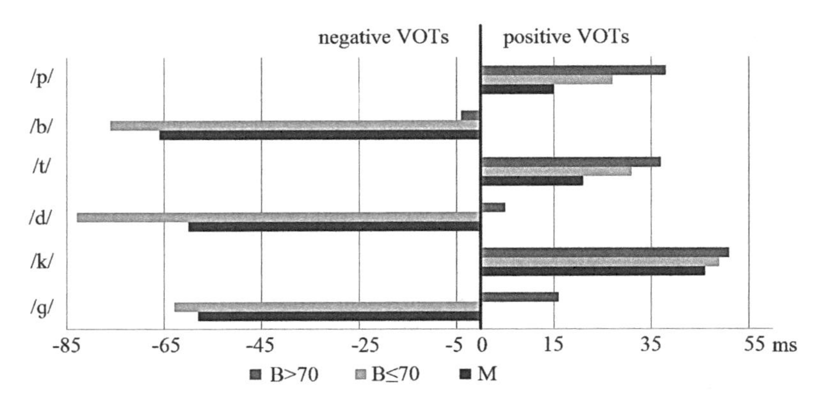

Fig. 2. Mean VOT values (ms) for the BP items produced by three groups of speakers, i.e. older bilinguals (B>70), younger bilinguals (B≤70) and BP monolinguals (M).

	B>70		B≤70		M	
	VOT	SD	VOT	SD	VOT	SD
/p/	38	14.00	27	6.32	15	1.47
/t/	37	5.40	31	1.60	21	1.97
/k/	51	11.07	49	9.62	46	8.29
/b/	-4	30.45	-76	24.76	-66	9.89
/d/	5	24.79	-83	27.23	-60	11.74
/g/	16	15.47	-63	24.58	-58	20.60

Tab. 2. Mean VOT values (ms) and standard deviations (SD) for the BP items produced by three groups of speakers, older bilinguals (B>70), younger bilinguals (B≤70) and BP monolinguals (M); all differences statistically significant (Kruskal-Wallis, Mann-Whitney) between groups except for /k/.

As can be seen in Fig. 2 and Tab. 2, the older bilinguals (B>70) clearly follow a different path than the younger bilinguals (B≤70) and the BP monolinguals (M) in that they produce Portuguese *lenis* stops with short lag, i.e. as they would in Pomerano (cf. below). Fully voiced instances of /b d g/ occur only rarely in this group; two of the B>70 speakers produced a single voiced token for /b/. These two outliers were nevertheless included in the mean, since they correspond to the target form in BP. The most common phonetic realization for /b/, however, in group B>70 is a (Germanic) short-lagged voiceless (or: devoiced) stop, but given the restricted data bases, two tokens with negative VOTs are sufficient to distort the mean. Lastly, the *fortis* tokens in this group are also clearly more aspirated than those produced by the monolinguals (M) and the younger bilinguals (B≤70), except for /k/.

In turn, the younger generation of bilingual speakers (B≤70) represents an intermediate position. They pattern with the monolinguals in clearly prevoicing the *lenis* plosives /b d g/, but they differ from them in their VOTs for /p t k/, which are considerably more aspirated, although to a lesser extent than those produced by the older bilinguals (B>70).

Statistical analyses were done in SPSS. A battery of Mann-Whitney tests confirmed that the older bilinguals (group B>70) differ significantly from the monolinguals (group M) for every single phoneme except for /k/,[7] whereas the younger bilinguals (B≤70) only presented significant differences for /p/ and /t/, when compared to the BP monolinguals (group M). Finally, when comparing both bilingual groups, significant differences were found for /b d g/, /p/[8] and /t/.

The results for Pomerano are represented in Fig. 3 and Tab. 3, below.

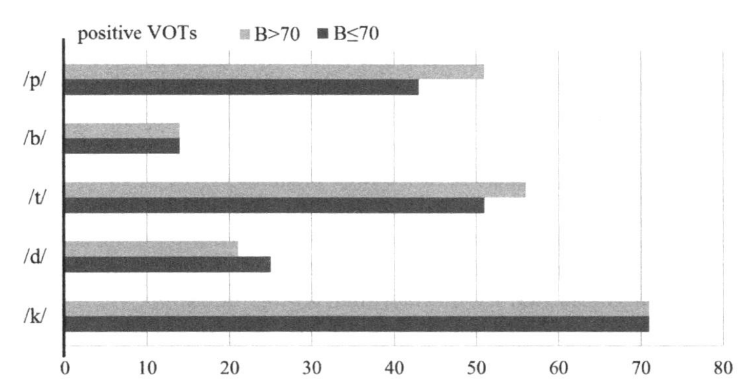

Fig. 3. Mean VOT values (ms) for the Pomerano items produced by two groups of speakers, i.e. older (B>70) and younger bilinguals (B≤70).

7 As can be seen in Fig. 2, above, there are indeed the same differences which follow the pattern found for /p/ and /t/, but given the limited number of tokens, differences need to be considerably large to reach statistical significance. In this very case, our BP monolinguals seem to have aspirated /k/ to a somewhat greater extent than normally. Note that, nevertheless, their VOT values were lower than those produced by the bilinguals.

8 The p-value for /p/ is 0.097, which we consider nonetheless as a significant difference since we set α at 0.1 as suggested by Larson-Hall (2010: 98–99) for statistical tests applied in the field of linguistics.

	B>70		B≤70	
	VOT	SD	VOT	SD
/p/	51	13.49	43	15.49
/t/	56	8.28	51	12.69
/k/	71	11.83	71	11.75
/b/	14	4.90	14	3.06
/d/	21	7.91	25	9.95
/g/	no data			

Tab. 3. Mean VOT values (ms) and standard deviations (SD) for the Pomerano items produced by two groups of speakers, i.e. older (B>70) and younger bilinguals (B≤70); differences between groups not significant. No data were obtained for /g/, which was produced as a velar approximant by all speakers.

Not unexpectedly, no measurements of [g] could be obtained, since no speaker produced a stop for initial <g>, but rather a velar approximant or glide as in the study by Schaeffer/Meireles (2014); cf. also Postma (2019: 32). As for the remaining stops, no statistical differences between the two bilingual groups were found, which automatically discards the possibility that the differences in their BP may be attributable to existing differences in their Germanic L1. Both groups consistently produced voiceless unaspirated tokens for the *lenis* stops, and the *fortis* counterparts were clearly aspirated. In other words, whereas [±voicing] is the contrasting feature for BP stops, [±aspiration] is the feature whereby the phonological contrast is maintained in Pomerano.

It is worth noting that there were four instances (two of them produced by the same speaker) of pre-voiced *lenis* stops, i.e. [b d g], which were not included in the calculus of the group means to prevent extreme distortions. The apparent asymmetry in the treatment of these outliers and those found in the BP data is justified by the fact that, in this occasion, we are dealing with clearly non-target forms. Furthermore, the presence of voicing in these tokens cannot be exclusively attributed to the long-lasting contact of Pomerano with BP, since even among Low German speakers in Germany the presence of voicing is not rare (cf. Ouddeken 2016); it is simply phonologically redundant.

Summing up, the phonological contrast for the BP and Pomerano stops in each group can be described as follows.

	BP			Pomerano		
	pre-voicing	short lag	long lag	pre-voicing	short lag	long lag
B>70		/b̥ d̥ g̊/	$/p^h\ t^h\ k^h/$		/b̥ d̥ g̊/	$/p^h\ t^h\ k^h/$
B≤70	/b d g/		$/p^h\ t^h\ k^h/$		/b̥ d̥ g̊/	$/p^h\ t^h\ k^h/$
M	/b d g/	/p t k/				

Tab. 4. Phonological representation of stops in BP and Pomerano in three groups of speakers, older bilinguals (B>70), younger bilinguals (B≤70) and BP monolinguals (M).

3.4 Discussion

One of our main goals was to describe the typical VOT values for this Pomerano-BP bilingual community in order to determine whether or not CLI at the phonic level had taken place. We also aimed to answer the question of whether this possible transfer was subject to intergenerational variation. Such a scenario was plausible given that in the Pomerano-speaking communities, BP is gaining more and more ground, particularly among younger speakers, due to the penetration of BP as a result of Portuguese-speaking immigration from other regions of Brazil and a more intense exposure to BP through the mass media. The answer to both questions is clearly affirmative: phonic transfer does occur within this bilingual community, and there are noticeable differences depending on speaker age.

The first aspect worth noting is that transfer of VOT values is unidirectional: the Pomerano values of these speakers remain unaltered despite the contact with Portuguese. As opposed to this, their Portuguese VOT values are affected by the contact with Pomerano. The effect of this contact is more noticeable for the older generation, since they have substituted the typical Romance contrast in terms of [±voicing] by their L1 contrast based on [±aspiration], which is hardly surprising given how unbalanced their linguistic input was. The younger generation, by contrast, had much contact with BP since very early childhood, which can be noticed in their ability to produce truly voiced *lenis* stops in BP; however, their BP *fortis* stops are more aspirated than those produced by our monolinguals. This is interesting, because their mixed VOT system in BP is perfectly functional from a communicative point of view. Seen from this angle, it is phonologically important, unlike the older bilinguals, they avoid devoicing in /b d g/ (i.e. [b̥ d̥ g̊]), since devoiced realizations are easily perceived as /p t k/ by BP listeners in spite of the tenseness differences. This perceptual overlap causes misspellings in BP among Pomerano speakers (cf. Benincá 2008; Schaeffer 2010). In contrast, their $[p^h\ t^h\ k^h]$ tokens sound certainly odd to the Brazilian ear used to hearing [p t k], but are perceived as /p t k/ tokens after all.

Summing up, whereas the older bilinguals (B>70) make use of a single VOT system in both languages, leaving their Pomerano VOTs unaltered, the younger bilinguals (B≤70) present a different VOT system in both of their languages. Their Pomerano stops are fully canonical, whereas they produce canonical *lenis* stops in BP, but aspirated *fortis* ones, most likely due to partial transfer of Pomerano to BP.

It is also of interest to compare the VOT values determined in this study with those obtained in previous research. The data for BP monolinguals in Schaeffer/Meireles (2011), in Reis/Nobre-Oliveira (2007) and Melo et al. (2014) with speakers from Espírito Santo, Santa Catarina and Rio Grande do Sul, respectively, are in total accord with ours. As for the VOT values in BP of Pomerano-Portuguese bilinguals, there are some differences between our study and the other two (cf. Tab. 5). Bandeira/Zimmer (2011) only report their /p t k/ values, which are clearly more aspirated than those of our Santa Catarina bilinguals and those of Schaeffer/Meireles (2011), who collected their data in Espírito Santo. The community studied by Bandeira/Zimmer (2011) might be less exposed to BP, but it is also plausible to assume that this phonic difference is simply due to the fact that their participants were aged 8–10 and thus had had less time to learn to modulate possible L1 interferences. As for /b d g/, we can see that Schaeffer/Meireles' bilinguals, aged 15–25, pattern with our younger group (B≤70) in that they also present a mixed model with pre-voiced /b d g/ and aspirated *fortis* stops. Their *lenis* VOT values are nonetheless closer to zero, which most likely suggest the presence of outliers who produce [b̥ d̥ g̊] tokens.

Regarding Pomerano VOT, it is worth highlighting the clear homogeneity among studies for the /p t k/ values. For the VOT comparison for /b d g/, the only available data are those of Schaeffer/Meireles (2011).[9] Their values for /d/ are in line with ours, but the negative value for /b/ and the positive but close to zero for /g/ are rather intriguing and seem to indicate the presence of outliers with voiced tokens for these two stops. As noted before, this is not rare even among Low German speakers with no contact with Romance languages (cf. Ouddeken 2016), but it is definitely not the canonical form. Furthermore, it should be pointed out that their data are based on only four participants.

9 Note that their data were elicited using the carrier-sentence *Ik sai ... nuu* 'I see ... now' (cf. Schaeffer/Meireles 2011: 4012). Given the influence of the previous vowel, voicing can occur naturally as a result of assimilation in their tokens, but not in ours, in which the target segment appeared in absolute initial position.

study	B/Z (2011)		S/M (2011)		present study			
state of data collection	RS		ES		SC			
age of participants	8–10		15–25		≤70		>70	
number of participants	20		4		7		7	
language	BP	Pom.	BP	Pom.	BP	Pom.	BP	Pom.
/p/	50	51	35	52	27	51	38	43
/b/	–	–	-25	-26	-76	14	-4	14
/t/	59	42	32	54	31	56	37	51
/d/	–	–	-24	17	-83	21	5	25
/k/	67	76	49	72	49	71	51	71
/g/	–	–	-2	3	-63	–	16	–

Tab. 5. Comparison with earlier empirical studies on VOT in Pomerano-BP bilinguals (B/Z (= Bandeira/Zimmer) 2011; S/M (= Schaeffer/Meireles) 2011). RS = Rio Grande do Sul, ES = Espírito Santo, SC = Santa Catalina.

Finally, a tentative explanation for the intergenerational variation found in our data will be provided. However, given the modest number of participants and tokens analyzed, any interpretation must be taken with due caution. There are – at least – two logical explanations for the age differences in BP VOT values among our bilinguals, which nonetheless are not mutually exclusive. One is that they received different amounts of linguistic input in BP; the other one rather refers to the speakers' self-concept, i.e. to different sociolinguistic values, which are mirrored in the phonetic forms they opt for.

Although no self-reports on current or past use of BP were collected for this research, we can be sure, in light of the linguistic and demographic changes in Pomerode and Brazil, that, generally, the older generation has been less exposed to BP than the younger one. However, it must be emphasized that the input they received was more than enough to fully acquire this language. Additionally, bearing in mind the dates of birth of the older bilinguals (1927, 1929, 1931, 1933, 1936, 1937 and 1943), and even admitting that some of them may have received limited schooling, it seems plausible to assume that most of them received considerable BP input before puberty (except, perhaps, the two oldest speakers), since German was banned from schools during Getúlio Vargas' dictatorship (1937–1945; cf. Section 2, above). Even admitting that BP has not been their dominant language, there is no doubt that most of them must have received considerable input at a very early age, which, in principle, should be enough so that most of these older speakers acquired the BP VOT patterns, at least irregularly, i.e. presenting canonical as well as non-canonical realizations. However, the production of their BP stops was astonishingly constant in that they produced no voiced /b d g/ and always aspirated their /p t k/ tokens, which leaves the door open to alternative or complementary explanations.

Such an explanation, as advanced before, must probably be linked with differences in the sociolinguistic values of two age groups. In any linguistic community, there is always a constant tension between so-called covert and overt prestige. As Labov showed in his seminal sociolinguistic work on *The social stratification of English in New York* (1966/2006), many speakers are fully aware of the linguistic forms that convey more prestige in their societies and, yet, employ other ones. There is no doubt that the bilingual speakers are fully aware of the stigmatization of the VOT transfer from Pomerano to BP because of the mockery they receive due to their 'German accent', and considering both their early exposure to BP and the total absence of voiced stops in absolute initial position as well as the regular presence of aspirated stops, it is plausible to argue that these speakers favor the production of BP stops with a 'German-like' pronunciation.

They may have different reasons to do that. On the one hand, speaking German and/or Low German is of great importance for the cultural and ethnical identity of this group (cf. Maltzahn 2018). Thus, leaving some traces of German influence in their BP speech could foster the cohesion of the group or serve to express part of their identity. A complete absence of German influence might even be regarded negatively among these speakers, since they could be blamed of sounding too stilted or pedantic. On the other hand, it is well-known in the field of sociolinguistics that when a group is "under attack from outside" (Trudgill 2000: 13), as Low German speakers definitely were during the repression of Getúlio Vargas (cf. Silveira 2010), the "signals of difference may become more important" (Trudgill 2000: 13) for their speakers, and producing BP stops in a (Low) German fashion is undoubtedly a distinctive sign.

In our data, 6 participants, all of them older than 70 years, completely transferred their Pomerano VOT pattern to BP. 5 of them lived the total of the 8 years of Vargas' dictatorship. The youngest member of the group (born in 1943) only was alive during two years of this era. Interestingly, only one of the speakers brought up during the dictatorship showed no phonic transfer. It thus seems to be plausible that the presumably traumatic experience of the years of repression may have triggered an unconscious desire to preserve linguistic signs of othering. A further aspect that seemingly reinforces the idea that a great deal of covert prestige is attached to sounding German when speaking BP is the fact that the younger bilinguals have not abandoned aspirated stops. The pressure of schooling with its emphasis on writing and the fact that [b̥ d̥ g̊] perceptually overlaps with [p t k] has probably led them to abandon these forms and adopt [b d g] instead, but it can hardly be assumed that these bilinguals do not perceive the difference in aspiration for their /p t k/ tokens and those of the monolinguals, given that aspiration has been identified as a perceptually salient feature (cf. e.g. Gordon 2018: 62–63; Chang 2018) and their mastery of Pomerano ensures that they are sensitive to changes in aspiration. Thus, the presence of aspirated stops in these younger speakers even in adulthood can also be interpreted as a reflex of the covert prestige that operates within this bilingual community favoring German-accented BP pronunciations that clearly go against the overt prestige attached to canonically produced BP stops.

Lastly, it is worth remembering that Schaeffer/Meireles' young bilinguals (2011) also present a combination of voiced and aspirated stops in BP, despite being considerably younger than our younger bilinguals. They have most likely received even more BP input than the members of our group B≤70, which corroborates the idea that the effects of covert prestige can also be felt in their community and that input alone can hardly explain the differences found between groups B≤70 and B>70.

4. Concluding remarks

Our Pomerano-BP bilingual speakers present two different kinds of phonic transfer: a first one which consists in complete transfer of VOT patterns from Pomerano to BP (older bilinguals; group B>70) and a second one which yields a partially fused system comprising non-canonically aspirated *fortis* and canonically pre-voiced *lenis* plosives in BP and a canonical (Germanic) pattern with non-aspirated and aspirated stops in Pomerano (younger bilinguals; group B≤70). Without denying the importance of possible differences in BP input to account for the intergenerational differences, we have hypothesized that the linguistic behavior of these speakers might be at least partially triggered by sociolinguistic motivations. As a consequence of both the attacks that this linguistic group suffered during Vargas' dictatorship and their relative isolation from the BP monolinguals, they seemingly bestow full importance upon covert prestige, i.e. they value German-accented pronunciations positively, whilst the younger generation occupies an intermediate step between the monolinguals and the older generation, adopting those sounds that are more important from a communicative point of view, i.e. [b d g], but conserving the stigmatized forms [p^h t^h k^h] that serve them as linguistic identity markers.

By no means can it be assumed that bilingual communities of allochthonous languages in Brazil present no social variation, since no speaker community is fully homogeneous. However, the sociolinguistic component is often ignored in the studies with speakers of these communities. Hopefully, our study has underlined that further research on allochthonous languages in Brazil needs not be just framed within bilingualism studies, but also include a sociolinguistic perspective that will enable a better understanding of the linguistic dynamics operating in these communities.

References

van Alphen, P. M. / Smits, R. 2004. Acoustical and perceptual analysis of the voicing distinction in Dutch initial plosives. The role of prevoicing. *Journal of Phonetics* 32, 455–491.

Altenhofen, C. V. 1996. *Hunsrückisch in Rio Grande do Sul. Ein Beitrag zur Beschreibung einer deutschbrasilianischen Dialektvarietät im Kontakt mit dem Portugiesischen.* Stuttgart: Steiner.

Amengual, M. 2012. Interlingual influence in bilingual speech. Cognate status effect in a continuum of bilingualism. *Bilingualism. Language and Cognition* 15, 517–530.

Bandeira, M. H. T. / Zimmer, M. C. 2011. A transferência dos padrões de VOT de plosivas surdas no multilinguismo. *Letras de Hoje* 46, 87–95. http://revistaseletronicas.pucrs.br/ojs/index.php/fale/article/viewFile/7503/6577 (2019-12-06).

Beilke, N. S. V. 2013. Pomerano. Uma variedade germânica em Minas Gerais. *Anais do Simpósio Internacional de Letras e Linguística* 3, 1–14. http://www.ileel.ufu.br/anaisdosilel/wp-content/uploads/2014/04/silel2013_2440.pdf (2019-12-06).

Benincá, L. R. 2008. *Dificuldade no domínio de fonemas do português por crianças bilíngues de português e pomerano.* PhD dissertation. Vitória: Universidade Federal do Espírito Santo. http://repositorio.ufes.br/handle/10/3689 (2019-12-06).

Boersma, P. / Weenink, D. 2014. *Praat. Doing phonetics by computer.* Computer software. Version 6.0.43. http://www.praat.org.

Chang, C. B. 2018. Perceptual attention as the locus of transfer to nonnative speech perception. *Journal of Phonetics* 68, 85–102.

Cho, T. / Ladefoged, P. 1999. Variation and universals in VOT. Evidence from 18 languages. *Journal of Phonetics* 27, 207–229.

Deuchar, M. / Clark, A. 1996. Early bilingual acquisition of the voicing contrast in English and Spanish. *Journal of Phonetics* 24, 351–365.

Fischer-Jørgensen, E. 1979. Zu den deutschen Verschlußlauten und Affrikaten. In Ezawa, K. / Rensch, K. H. Eds. *Sprache und Sprechen.* Tübingen: Niemeyer, 79–100.

Földes, C. Ed. 2019. *Kontaktvarietäten des Deutschen im Ausland.* Tübingen: Narr.

Fossile, D. K. 2010. O ensino da língua alemã no sul do Brasil. *Profiscientia. Periódico Multidisciplinar do IFMT (Instituto Federal de Mato Grosso)* 5, 43–60. http://www.profiscientia.ifmt.edu.br/profiscientia/index.php/profiscientia/article/view/57/60 (2019-12-11).

Fowler, C. A. / Sramko, V. / Ostry, D. J. / Rowland, S. A. / Hallé, P. 2008. Cross language phonetic influences on the speech of French-English bilinguals. *Journal of Phonetics* 36, 649–663.

Fritzen, M. P. 2008. Línguas em contato/conflito. Em foco uma escola rural em zona de imigração alemã no sul do Brasil. *Anais do CELSUL.* http://livrozilla.com/doc/741322/línguas-em-contato-conflito (2019-12-06).

Gabriel, C. / Meisenburg, T. / Selig, M. 2013. *Spanisch. Phonetik und Phonologie. Eine Einführung.* Tübingen: Narr.

Gabriel, C. / Krause, M. / Dittmers, T. 2018. VOT production in multilingual learners of French as a foreign language. Cross-linguistic influence from the heritage languages Russian and Turkish. *Revue française de linguistique appliquée* 23, 59–72.

Gordon, M. 2018. Phonology. Organization of speech sounds. In Genetti, C. Eds. 2018. *How languages work. An introduction to language and linguistics.* Cambridge: Cambridge University Press, 55–78.

Helgason, P. / Ringen, C. 2008. Voicing and aspiration in Swedish stops. *Journal of Phonetics* 36, 607–627.

Karlsson, F. / Zetterholm, E. / Sullivan, K. P. H. 2004. Development of a gender difference in Voice Onset Time. In Cassidy, S. / Cox, F. / Mannell, R. / Palethorpe, S. Eds. *Proceedings of the 10th Australian International Conference on Speech Science & Technology.* Sydney: Macquarie University, 316–321.

Kupisch, T. / Lleó, C. 2017. Voice Onset Time in German-Italian simultaneous bilinguals. Evidence on cross-language influence and markedness. In Yavaş, M. / Kehoe, M. / Cardoso, W. Eds. *Romance-Germanic bilingual phonology.* Sheffield: Equinox, 79–98.

Labov, W. 1966/2006. *The social stratification of English in New York City* (2nd ed.). Cambridge: Cambridge University Press.

Laeufer, C. 1997. Towards a typology of bilingual phonological systems. In James, A. R. / Leather, J. Eds. *Second-language speech. Structure and process.* Berlin: De Gruyter, 325–342.

Larson-Hall, J. 2010. *A guide to doing statistics in second language research using SPSS.* New York: Routledge.

Lein, T. / Kupisch, T. / van de Weijer, J. 2016. Voice Onset Time and global foreign accent in German-French simultaneous bilinguals during adulthood. *International Journal of Bilingualism* 20, 732–749.

Lisker, L. / Abramson, A. S. 1964. A cross-language study of voicing in initial stops. Acoustical measurements. *Word* 20, 384–422.

Maltzahn, P. 2018. A língua alemã como marcador de identidade étnica em Pomerode. *Pandaemonium Germanicum* 21, 113–135. http://www.scielo.br/pdf/pg/v21n33/1982-8837-pg-21-33-00113.pdf (2019-12-06).

Melo, R. M. / Mota, H. B. / Mezzomo, C. L. / Brasil, B. de C. / Lovatto, L. / Arzeno, L. 2014. Acoustic characterization of the voicing of stop phones in Brazilian Portuguese. *Revista CEFAC* 16, 487–499. http://www.scielo.br/pdf/rcefac/v16n2/en_1982-0216-rcefac-16-2-0487.pdf (2019-12-06).

Moosmüller, S. / Schmid, C. / Brandstätter, J. 2015. Standard Austrian German. *Journal of the International Phonetic Association* 45, 339–348.

Ouddeken, N. 2016. Voicing distinctions in the Dutch-German dialect continuum. *Linguistics in the Netherlands* 33, 106–120.

Piccardi, D. 2017. Sociophonetic factors of speakers' sex differences in Voice Onset Time. A Florentine case study. In Bertini, C. / Celata, C. / Lenoci, G. / Meluzzi, C. / Ricci, I. Eds. *Fattori sociali e biologici nella variazione fonetica. / Social and biological factors in speech variation.* Milano: Officinaventuno, 83–106.

Postma, G. 2019. *A contrastive grammar of Brazilian Pomeranian.* Amsterdam: Benjamins.

Reis, M. S. / Nobre-Oliveira, D. 2007. Effects of perceptual training on the identification and production of English voiceless plosives aspiration by Brazilian EFL learners. In Rauber, A. S. / Watkins, M. A. / Baptista, B. O. Eds. *New Sounds 2007. Proceedings of the Fifth International Symposium on the Acquisition of Second Language Speech.* Florianópolis: Universidade Federal de Santa Catarina, 398–407. http://www.nupffale.ufsc.br/newsounds/Papers/35.Reis_Nobre-Oliveira.pdf (2019-12-06).

Rost, C. A. 2008. A identidade do teuto-brasileiro na região sul do Brasil. *Interdisciplinar. Revista de Estudos em Língua e Literatura* 5, 215–234. http://www.seer.ufs.br/index.php/interdisciplinar/article/view/1125/963 (2019-12-06).

Ruiz Moreno, M. 2019. *Phonetic production in early and late German-Spanish bilinguals.* PhD dissertation. Hamburg: University of Hamburg.

Schaeffer, S. C. B. 2010. Oralidade e escrita de descendentes germânicos. Troca de fonemas e de letras relacionadas à sonoridade. *Cadernos do CNLF (Congresso Nacional de Linguística e Filologia)* 14, 1424–1443. http://www.filologia.org.br/xiv_cnlf/tomo_2/1424-1443.pdf (2019-12-06).

Schaeffer, S. C. B. / Meireles, A. R. 2011. Padrões de vozeamento de consoantes plosivas em falantes de pomerano (L1) e de português (L2). *Anais do VII Congresso Internacional da Abralin, Curitiba,* 4009–4021. https://www.academia.edu/2116193/ (2019-12-06).

Schaeffer, S. C. B. / Meireles, A. R. 2014. Descrição sonora da língua pomerana. *Letras de hoje* 49, 46–55. http://revistaseletronicas.pucrs.br/ojs/index.php/fale/article/viewFile/14700/11122 (2019-12-06).

da Silveira, A. P. K. 2010. Escolas bilíngues em região de imigração. O caso de Pomerode / SC. *Revista da Associação Brasileira de Linguística* 9, 41–71. https://revistas.ufpr.br/abralin/article/view/52338/32237 (2019-12-06).

Stock, D. 1971. *Untersuchungen zur Stimmhaftigkeit hochdeutscher Phonemrealisationen.* Hamburg: Buske.

Struck, E. 1992. *Mittelpunktsiedlungen in Brasilien. Entwicklung und Struktur in drei Siedlungsräumen Espírito Santos.* Passau: Passavia.

Swartz, B. L. 1992. Gender difference in Voice Onset Time. *Perceptual and Motor Skills* 75, 983–992.

Tressmann, I. 1998. *Bilinguismo no Brasil. O caso da comunidade pomerana de Laranja da Terra/ES.* Rio de Janeiro: Associação de Estudos da Linguagem do Rio de Janeiro/Universidade Federal do Rio de Janeiro.

Tressmann, I. 2006. *Dicionário enciclopédico Pomerano-Português. Pomerisch-Portugijsisch Wöirbauk.* Santa Maria de Jetibá: Secretaria de Educação.

Tressmann, I. 2007. O uso da língua no cotidiano e o bilinguismo entre pomeranos. Paper presented at the *V Congresso Internacional da Associação Brasileira de Linguística.* Belo Horizonte, Brazil, 28 Feb –3 March 2007.

Tressmann, I. 2011. A educação escolar nas comunidades pomeranas. Ensino da língua ou na própria língua? *Revista da FARESE* 3, 23–37.

Trudgill, P. 2000. *Sociolinguistics. An introduction to language and society.* London: Penguin.

Vandresen, P. / Rodrigues Corrêa, A. 2008. O bilingüismo pomerano-português na região de Pelotas. In Roncarati, C. / Abraçado, J. Eds. *Português brasileiro II. Contato linguístico, heterogeneidade e história.* Niterói: Editora da Universidade Federal Fluminense. http://www.leffa.pro.br/tela4/Textos/Textos /Anais/CELSUL_VII/dir1/11.pdf (2019-12-06).

van de Weijer, J. / Kupisch, T. 2015. Voice Onset Time in heritage speakers and second language speakers of German. In Babatsouli, E. / Ingram, D. Eds. *Proceedings of the International Symposium on Monolingual and Bilingual Speech.* Chania: Institute of Monolingual and Bilingual Speech, 414–420. http://ismbs.eu/data/documents/Proceedings-ISMBS-2015.pdf (2019-12-06).

Wiese, R. 1996. *The phonology of German.* Oxford: Oxford University Press.

Willems, E. 1946. *A aculturação dos alemães no Brasil. Estudo antropológico dos imigrantes alemães e seus descendentes no Brasil.* São Paulo: Companhia Editora Nacional.

Zampini, M. L. 2014. Voice Onset Time in second language Spanish. In Geeslin, K. L. Ed. *The Handbook of Spanish second language acquisition.* Malden, Wiley-Blackwell, 113–129.

Acknowledgments. We would like to express our gratitude to all the speakers who participated in the study and to Edson Klemann, local activist for the preservation of Pomerano culture, who kindly helped us to contact some of these speakers.

Majana Beckmann

Schwa in native and Moroccan learner French: investigating the variability of an unstable vowel

Abstract. The vowel schwa in French is defined by its optional presence. The variation caused by this property represents a particular challenge in second language learning. The present study deals with the vowel schwa in the acquisition of French by native speakers of Moroccan Arabic. Departing from a cross-linguistic comparison of the French and the Moroccan Arabic vowel systems, the characteristics of learner schwa are investigated. The basic research question to be addressed asks for potential cross-linguistic influences on this variable linguistic element. Following the theoretical discussion of schwa in the two phonological systems, the productions of French native speakers and Moroccan illiterate learners are systematically compared by means of a mixed-effect models analysis. This analysis focuses on three dependent variables: (1) the proportion of pronounced schwas, (2) their place of articulation and (3) their duration. All three levels are found to differ in the two varieties. Compared to native French schwa, the learner schwa is left unpronounced in word-final position more often. Furthermore, it has a more variable place of articulation and a higher duration. These characteristics can partly be traced back to cross-linguistic influences from Moroccan Arabic. As they are found both on the phonological and on the phonetic level, the results prove that a joint consideration is necessary in order to account for the unstable vowel in its full variability.

1. Introduction

The vowel schwa in French is defined by its optional presence (cf. Anderson 1982: 539; Dell 1973: 35; Schane 1968: 150). As words can be pronounced with or without schwa, the vowel causes considerable variation in the languages that make use of it. This study focuses on the unstable vowel in native French and Moroccan learner French. The variation caused by schwa appears to be one of the difficulties in the acquisition of French as a second language (cf. Thomas 2004). A comparison between the French and the Moroccan[1] system will show that the vowel differs with regard to its phonological status, its distribution and its acoustic quality. Consequently, influences from Moroccan are expected. It is well established that the na-

[1] In this article, the term *Moroccan* always refers to Moroccan Arabic.

tive language is one of the significant factors determining the pronunciation of a second language (cf. e.g. Eckman 2004). As both the native and the target language have schwa in their vowel inventories, an interaction of the two grammars is expected.

The aim of this study is to investigate the behavior of schwa in the learner system and to find out to what extent the learner data show properties that can be ascribed to the native language. The phenomenon under examination has been known as linguistic transfer. However, as this term is coined by traditional behaviorist theory, where it was considered a result of habit formation, it will be avoided here. Rather, the more neutral term 'cross-linguistic influence', proposed by Kellerman/Sharwood Smith (1986), is used. This term denotes any influence from earlier linguistic knowledge on the target language. It is understood as resulting from the cognitive process of acquiring a new language system. In the present study, it will be of particular interest to see if an element as variable as schwa is subject to cross-linguistic influences. The study wants to deepen the understanding of the role that native schwa structures play in the acquisition of a second language. This issue will be approached by means of an empirical investigation. The analysis is based on a corpus that was compiled by interviews with ten Moroccan women who had recently immigrated to France and who had not come into contact with the French language in Morocco. A special condition of the data collection was that these women were illiterate at the time of the interviews (cf. Footnote 5). This fact had to be considered for the experimental design. With regard to the results, it guarantees that any orthographical influences on the presence of schwa can be excluded.[2] The same experiment was conducted with a control group of ten female native speakers of Northern Standard French. A statistical analysis systematically compares schwa in the two speaker groups by focusing on its presence, its place of articulation and its duration. The predictors to be tested have been identified in the phonologies of the two languages. In order to account for the speaker- and item-dependent variance, the analysis was done using mixed-effects models. Eventually, the investigation will show that the vowel displays considerable differences in the two speaker groups and that it causes variation both on the phonological and the phonetic level. The results indicate that the learner schwa distinguishes itself by a higher absence in final position, which is interpreted as a cross-linguistic influence on the phonological level. At the phonetic level, the Moroccan language seems to determine the acoustic quality of the learner schwa. Importantly,

---

2 Schwa is understood to be represented orthographically by the grapheme <e> in most contexts (cf. Pustka 2011: 181).

schwa can only be fully accounted for if the phonological and the phonetic level are taken into consideration.

2. Differences between Moroccan Arabic and French schwa

From a cross-linguistic perspective, three fundamental differences can be identified when comparing Moroccan and French schwa. First, the vowel differs in terms of its phonological status. In Moroccan, schwa is classified as an epenthetic element that is inserted under certain phonological circumstances (cf. Boudlal 2006/2007; Maas 2011b). Depending on the syllabic structure, it occurs in different positions in the stem (e.g. *ktb*[3] [ktəb] 'he wrote' vs. *ktbu* [kət.bu] 'they wrote'), so there are no convincing arguments to analyze it as part of the underlying representation.

In French, the question of the phonological status of schwa is more complex. Traditional approaches have mainly tried to capture the vowel's behavior by interpreting it either as an underlying (cf. Dell 1973), an epenthetic (cf. Martinet 1972) or a floating segment (cf. Anderson 1982; Tranel 1987). Dell (1973: 45) considers it to be part of the underlying representation and introduces a set of rules by which the vowel is deleted. In contrast, Martinet (1972: 394) negates any phonological function and argues that schwa is inserted at the surface. Both approaches seem to be too restrictive as they predict schwa deletion or insertion in places where its presence is optional. This optionality is reflected in the autosegmental approaches where schwa is represented as a floating segment. Whereas Anderson (1982) represents it as an empty syllabic nucleus, it corresponds to the empty feature [-cons] in Tranel's (1987) approach. In both cases, it is the process of syllabification that determines if the vowel appears at the surface. Importantly, both approaches attribute schwa a status that expresses its instability. This makes them preferable to the other two theories. However, French has more than these typically variable schwa contexts. On the one hand, there are schwas that can hardly be considered as resulting from a floating segment: for instance, the schwa in *ours blanc* [uʁ.sə.blɑ̃] 'polar bear' does not correspond to a historical vowel (which would be graphically represented by a final <e>) and should therefore be analyzed as epenthetic. On the other hand, there are schwas that have a generally higher stability. These can be explained by a lexical stabilization process, as observed in *melon* [mə.lɔ̃] 'melon' or *secret* [sə.kʁɛ] 'secret' (cf. Pustka 2007: 165). However, this process does not contest the possible absence of the vowel. Grüter (2012) argues that, for a precise description of the French system, a

[3] Schwa as an epenthetic element is morphologically transcribed here.

theory of schwa should incorporate all three schwa types. If one wants to account for the nuances that are observed in its behavior, schwa should be attributed a threefold phonological status, thereby distinguishing an underlying, an epenthetic as well as a floating type.

A second difference between the two languages has to be drawn with regard to the distribution of schwa. In both languages, the description is most precise if the syllable serves as the central domain. Schwa can uniformly be described as a potential syllabic nucleus, but the conditions under which it is pronounced are language-specific. In Moroccan, schwa never appears in open syllables: it is restricted to contexts where it is followed by at least one consonant. Also, every schwa syllable needs to have an onset (cf. Dell/Elmedlaoui 2002: 232; Maas 2011b: 39). The main motivation for Moroccan schwa insertion is prosodic. If a syllable is stressed and no lexical full vowel is available for the nucleus position, schwa provides the necessary sonority maximum (cf. Maas 2011b: 44). This makes a Moroccan schwa syllable accentuable, so it can be more prominent than a syllable with a full vowel. A second criterion for Moroccan schwa insertion is sonority. Generally, syllables can have very complex consonant clusters and do not need a vocalic nucleus.[4] However, the sonority of two coda segments determines where exactly schwa is inserted. Boudlal (2006/2007: 61) makes the following generalization for nominal syllabification: if the sonority contour does not decrease from the second to the third consonant of a root, schwa is inserted between these two consonants (e.g. *nmr* [nmər] 'tiger', *wsx* [wsəx] 'dirt'). If the sonority decreases, schwa is inserted before the second consonant (e.g. *ʃmʃ* [ʃəmʃ] 'sun'). It thereby adheres to the preference for maximal onsets (cf. Maas 2011b: 44). On the contrary, the restriction against an increasing sonority in the coda is not valid for syllables with full vowels (e.g. *raʒl* [raʒl] 'man'). To sum up, the presence of Moroccan schwa is motivated by the prosody of the utterance. The vowel is only inserted if a phonotactically well-formed syllable is created.

In order to adequately describe the distribution of French schwa, a number of phonological factors need to be taken into account. French schwa only occurs after an onset. In contrast to Moroccan, the vowel is restricted to open syllables. However, this restriction is less strong than for its Moroccan counterpart; exceptions are to be found in clitic sequences (e.g. *il te le dit* [il.təl.di] 'he says it to you'). Another difference to the Moroccan system lies in the fact that schwa syllables are never accented in French, with the exception of enclitics in the imperative form (e.g. *prends-le* ([pʁɑ̃.ˈlə] 'take it'). The presence of schwa underlies influences on almost every linguistic level, i.e. it is (dis-)favored in certain sociolinguistic con-

4 For a detailed discussion of Moroccan Arabic syllables cf. Grüter (2012).

texts, speech styles, regional varieties, lexemes and idiosyncratic styles (cf. Ayres-Bennett et al. 2001). For reasons of comparability, the analysis in this study is narrowed down to the phonological and the phonetic level. One of the factors to be tested for an effect on schwa is the number of surrounding consonants. According to the well-known *loi des trois consonnes* by Grammont (1984: 115), the vowel is pronounced to avoid a cluster of three consonants (e.g. *exactement* [ɛg.zak.tə.mɑ̃] 'exactly'). Exceptions like *explication* [eks.pli.ka.sjɔ̃] 'explanation', where even four consonants are articulated without a schwa, prove that this law is not fully generalizable. However, there is a strong tendency for schwa to be present more often after two than after one consonant (cf. Côté 2000; Dell 1973). The position of the schwa syllable in the word is another factor that needs to be taken into account for the distribution of schwa. Basically, an initial schwa (e.g. *demain* [də.mɛ̃] 'tomorrow') is more stable than a medial schwa (e.g. *finalement* [fi.na.lə.mɑ̃] 'finally') which is more stable than a word-final schwa (e.g. *belle* [bɛ.lə] 'beautiful$_{F}$'; cf. Dell 1973). The syllable structure and position will also be considered in interaction.

The third difference between the two languages lies in the phonetic quality of schwa. For both languages, the vowel does not fully correspond to the quality that is reflected by its central position in the vowel chart. In Moroccan, the vowel undergoes strong coarticulation effects by the surrounding consonants (cf. Maas this volume). For instance, it can take the quality of a posterior or a rounded vowel (*qlb* [qalb] 'heart', *mx:* [mʊx:] 'mind'; cf. Maas 2011b: 29). Note that a vowel is treated as schwa if the lexical level does not provide any vowel and if it alternates with zero. The French schwa resembles the two front rounded vowels /ø/ and /œ/. While it has an average duration of 50 ms (cf. Fougeron et al. 2007: 3), its Moroccan counterpart ranges from 30 to 60 ms (cf. Maas 2011a: 72). The relevant differences between the two language systems are summarized in Tab. 1.

	Moroccan schwa	French schwa
phonological status	epenthetic element	threefold distinction: underlying, epenthetic, floating
prosody	closed syllable accentuable	open syllable not accented
phonetic quality	variable due to coarticulation duration: 30–60 ms	close to front rounded vowels average duration: 50 ms

Tab. 1. Key differences between Moroccan and French schwa.

To what extent do the Moroccan structures influence schwa in the learner variety? The following hypotheses stem from the observed differences:

(1) Due to the phonotactic tolerance of Moroccan, learners pronounce fewer schwas in French.
(2) Due to the syllabic restrictions of Moroccan, learners do not pronounce schwa in open syllables.
(3) Due to the coarticulation effects on Moroccan schwa, the quality of the learner schwa is more variable.

These hypotheses are tested in an explorative study that provides insight into the vowel's behavior in Moroccan learner French.

3. Schwa in native French and in Moroccan learner French: an empirical study

To determine the characteristics of schwa in the learner system, a corpus was compiled by interviews with ten Moroccan women who lived near Lille, a city in northern France. Since they had come to France as immigrants, these women had only got into contact with the French language a few months ago. They all took part in an alphabetization course that was part of the immigration procedure.[5] The fact that they were illiterate at the point of the interviews guarantees that any orthographical influence on the presence of schwa can be excluded. This also required an adequate experimental design: the three tasks did not imply any reading or writing skills and could be solved with little knowledge of French. The first task was an oral summary of a short story. In order to facilitate the comprehension, the women listened to this story in Moroccan and then in French. After each auditory presentation, they were asked to give the summary in the respective language. The second task was a repetition of French phrases. The stimuli contained schwa in different contexts. The third part of the interview was a picture naming task. The subjects were asked to follow a way on a map and to name the objects that they passed. The list of phrases and the map are given in the appendix. The same experiment was carried out with a control group of ten French women born in Lille. This choice was made for two reasons: first, it allows for a comparison with the specific variety of French that the learners are exposed to. Second, the French data permit the exclusion of any dialectal variation concerning schwa.

In the annotation, all potential schwas were coded as either present or absent. A schwa was classified as absent if no vocalic formant structure was identifiable in the spectrogram. Present schwas were demarcated by coding the left and right boundaries. Then their durations and formant val-

[5] As the women had not received any school education in Morocco, it was assumed that they were not familiar with the Arabic or French writing system.

ues were extracted. Additional information was provided about the lexical item itself, the position of schwa in the word (initial, medial or final), the structure of the schwa syllable (C or CC) and the place of articulation of the preceding and following consonants (coronal, dorsal or labial). In cases where utterances had more than one schwa context, these were numbered consecutively. The data permit the analysis of the three schwa variables that were chosen: its presence, its place of articulation and its duration. As the repetition and the picture naming task yield entirely comparable results, the statistical analysis is based on these two. Altogether, they provide 800 potential schwa contexts.

A primary investigation of the corpus challenges two of the initial hypotheses. First, schwa seems to be generally stable in the two speaker groups: while 70.3% of the schwas are present in native French, the learners pronounce 68.7% of the possible schwas. Further, the learner schwa is produced in a closed syllable in only two cases. Both cases concern the word *chèvre* 'goat', pronounced as [ʃɛ.ˈvəʁ] (note the stressed schwa syllable) in the picture naming task. So far, the phonological conditions of Moroccan do not seem to have a direct influence on French. However, a systematic investigation is needed. The third hypothesis seems to be confirmed: the spectra of the schwas produced by the two speaker groups differ considerably. Fig. 1 displays their distribution in the vowel chart.[6]

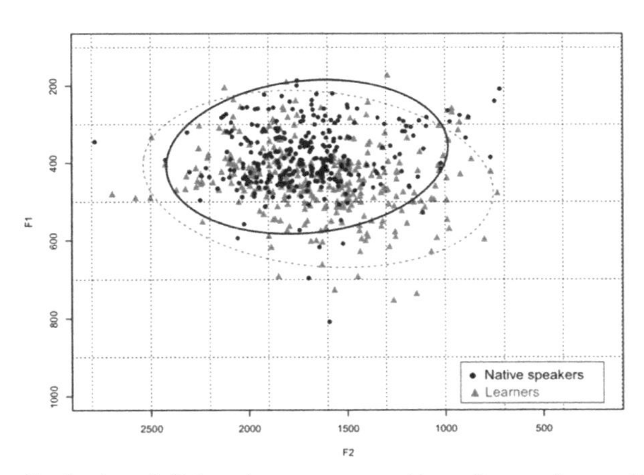

Fig. 1. The distribution of all the schwas pronounced by native speakers and learners.

[6] The data were labeled in *Praat* (Boersma/Weenink 2019); F1 and F2 values were extracted using R. The measurements were taken in the middle of each schwa.

Compared to native schwa, the spectrum of the learner schwa is much broader, i.e. the vowel has a greater phonetic variability. In particular, the ellipsis stretches out to the posterior dimension of the vocal tract. The acoustic quality might reflect the variable schwa in Moroccan.

These preliminary observations require a closer examination of the data. The aim of the statistical analysis is to define the differences between learner schwa and native schwa and to determine the relevant influences. The first part concentrates on the presence of schwa. Is there a significant difference between the two speaker groups and does schwa depend on similar criteria in the two varieties? In the second part, schwa is analyzed acoustically. This includes the investigation of the place of articulation in terms of the second formant (F2) and the duration of the vowel. The data are analyzed with mixed-effects models (cf. Baayen 2008). This method was favored over the more traditional ANOVA because it allows for the inclusion of random effects. Thus, it controls for the variance existing among subjects and items (cf. Jaeger 2008). Furthermore, mixed-effects models allow for a consistent analysis of binomial and numerical factors.[7] Thus, a parallel analysis could be run for the presence and the acoustic quality of schwa. Finally, mixed-effects models can cope well with missing data points (cf. Baayen 2008; Jaeger 2008). The analysis was performed in R, version 2.14.1 (R core team, http://www.r-project.org).

3.1 Potential influences on learner schwa

Which factors determine the presence of schwa? Which specificities in the learner variety can be attributed to the Moroccan equivalent? The analysis takes into account the factors from the theoretical discussion, i.e. the schwa position in the word (initial[8], medial or final) and the structure of the schwa syllable (schwa after two consonants (CC) vs. schwa after a single consonant (C)).[9] These distinctions are made following the conventions for the classification of schwa developed by the PFC project (cf. Durand et al. 2002; 2009; http://www.projet-pfc.net). As the key question asks for poten-

---

7 The analysis uses linear mixed models (cf. Baayen 2008: 278) with the specification for binomial factors concerning the presence of schwa. The models are calculated by the function lmer() from the lme4 package.

8 For reasons of simplification, initial schwas in polysyllables (e.g. *demain* 'tomorrow') and schwas in monosyllables (e.g. *je* 'I') are not distinguished.

9 Schwa after two tautosyllabic consonants and schwa after two monosyllabic consonants are subsumed under the parameter CC, as there was no significant difference.

tial cross-linguistic influences, the native language (French or Moroccan) is included as a predictor. Further, the task type (repeated vs. spontaneous) is analyzed in order to control for differences between repeated and spontaneously uttered phrases (repetition vs. picture naming task).

The initial model contains all the specified predictors, as well as random effects for speaker and item. Following Baayen et al. (2008), those predictors with a p value higher than 0.1 are removed if the new model is not judged as worse by a likelihood ratio test. The final model shows a strong effect of the factors position ($p < 0.001$) and syllable structure ($p < 0.05$). The native language also turns out to be a significant factor ($p < 0.05$), i.e. the group-specific proportions of present schwas differ significantly. The task type is also relevant ($p < 0.05$). Altogether, the predictors accurately account for the presence of schwa, which is indicated by the good fit of the model ($C = 0.99$; $Dxy = 0.98$).[10]

3.2 The presence of schwa

The data confirm the theoretical expectations: in both speaker groups, schwa is most stable in word-initial position (e.g. *petit* [pə.ti] 'small'), less stable in medial position (e.g. *épicerie* [e.pi.sə.ʁi] 'shop') and least stable word-finally (e.g. *belle* [bɛ.lə] 'beautiful$_F$'). The high word-initial presence of schwa can be attributed to the prosodic importance of this position (cf. Lacheret-Dujour/Lyche 2008: 1). The final position confirms the general tendency for an absent schwa (cf. Dell 1973).[11] Interestingly, this is the only context where the learners produce fewer schwas (17.5%) than the native speakers (30.7%). Word-finally, they seem to prefer closed syllables, which might reflect the Moroccan restriction against open schwa syllables.

Phonotactically, the universal preference for complex onsets to be followed by a vocalic nucleus is mirrored: more schwas are present after two than after one consonant(s). The learners produce fewer schwas after two consonants than the native speakers. This suggests a greater acceptance of complex syllable margins and might reflect the Moroccan phonotactic tolerance. The two factors also need to be considered in interaction:

---

[10] For the interpretation of these values cf. Gries (2009: 297).

[11] Note the exception of dialectal varieties as *Midi* French (cf. Durand 2009).

native French: context	presence	learner French: context	presence
C.initial	93.15%	C.initial	95.06%
C.medial	25.00%	C.medial	55.56%
C.final	13.30%	C.final	3.80%
CC.initial	100.00%	CC.initial	98.21%
CC.medial	100.00%	CC.medial	95.16%
CC.final	14.29%	CC.final	10.34%

Tab. 2. Amount of pronounced schwas depending on syllable structure and position.

The following hierarchy of schwa stability can be extrapolated: CC.initial » CC.medial » C.initial » C.medial » CC.final » C.final. Obviously, schwa is most stable in initial position and preceded by two consonants (e.g. *squelette* [skə.lɛt(ə)] 'skeleton'). In medial position, there is a clear difference between the two-consonantal (e.g. *autrement* [o.tʁə.mɑ̃] 'otherwise') and the one-consonantal (e.g. *boulangerie* [bu.lɑ̃.ʒə.ʁi] 'bakery') context, which are separated in the hierarchy by the initial schwa after a single consonant (e.g. *petit* [pə.ti] 'small'). An overall high absence is found word-finally, both after two consonants (e.g. *fenêtre* [f(ə.)nɛ.tʁə] 'window') and after a single consonant (e.g. *belle* [bɛlə] 'beautiful$_F$'). Here, the position largely prevents the pronunciation of schwa. Yet again, the syllable structure makes a difference in that a complex margin increases its presence. Note that the percentages between the two speaker groups differ strikingly in final position, where the learner schwa has a lower presence. This might reflect the Moroccan speakers' preference for absent final schwas. The results manifest the interplay of the criteria position and syllable structure.

Finally, it is important to address the experimental design. The model reveals a significant difference between repeated and spontaneously uttered items. Less schwas are present in spontaneous speech (learners: 8.1%; native speakers: 14.4%) than in the repetition task (learners: 76.2%; native speakers: 68.8%). This result coincides with earlier findings for French (cf. Adda-Decker et al. 1999). The effect might be explained by the higher attention on the production process.

On the whole, the learner schwa is relatively stable and does not distinguish itself from native French by a generally higher absence. It is strongly determined by the phonological context, i.e. the structure of the schwa syllable and its position in the word. The learner data show some potential cross-linguistic influences of Moroccan: fewer schwas are present after two consonants, i.e. complex consonantal clusters are tolerated (cf. hypothesis 1). Also, the learners prefer absent schwas in word-final position. This greater instability can be interpreted as an influence of the Moroccan restriction against schwa in open syllables. As no consonants are available for resyllabification in final position, the restriction carries more weight in this context. The syllabic restriction is not transferred as directly as supposed in hypothesis 2, but it influences the learners' pronunciations in that it often blocks a final schwa. All in all, the learners' native system does not fully interfere with the French schwa. However, there are traces of cross-linguistic influences that need to be pursued in further studies.

3.3 The place of articulation of schwa

Is there a specific place of articulation of schwa in each variety, and is the vowel influenced by coarticulation effects? The place of articulation is measured by the second formant (F2), which indicates the quality of the vowel with regard to the horizontal dimension.[12] The initial model contains the following predictors: native language, position, syllable structure, place of articulation of the preceding and the following consonants, the task type and an interaction of the native language and the place of articulation. As before, speaker and item are included as random effects. The final model reveals a highly significant influence of the preceding ($p < 0.0001$) and the following ($p < 0.0001$) consonants. No significant effect was found for the native language. However, the language does have an effect when considered in interaction with the consonants ($p < 0.0001$ for preceding consonants, $p < 0.5$ for following consonants). Moreover, the place of articulation is found to depend on the position ($p < 0.05$).[13] The syllable structure and the task type do not affect the quality of schwa and are therefore excluded from the model. The final model has a log-likelihood of -3533.9 compared to -533.2 of the initial model ($\chi^2 = 1.4$, $df = 2$, $p < 0.5$).

For both the native and the learner schwa, the analysis reveals strong coarticulation effects by the surrounding consonants. The direction of the effects is as expected: schwas which are preceded by a dorsal have a significantly lower F2, i.e. they are pronounced more in the back of the vocal tract than schwas preceded by a coronal ($p < 0.0001$). The same holds in comparison with schwas preceded by a labial ($p < 0.001$). As to the following consonants, there is the same significant difference between dorsals and coronals ($p < 0.0001$). Again, schwas followed by a dorsal differ significantly from schwas followed by labials ($p < 0.05$). Evidently, the place of articulation is strongly influenced by the quality of the surrounding conso-

[12] Analyses of F3, i.e. the roundedness of schwa, are also needed. Contrary to the rounded quality of French schwa, Moroccan schwa takes the centralized acoustic form when no coarticulatory effects appear (cf. Maas this volume).

[13] Schwa in final position had to be removed from the calculation because it did not yield enough data points after the exclusion of outliers.

nants. These effects were expected for the learners and can be seen to mirror the variable quality of Moroccan schwa. Hypothesis 3 is thus confirmed. Note, however, that the same result was found for French, where the quality of the native schwa is equally influenced. Taking all speakers into account, the preceding consonants have a stronger effect than the following ones. These results confirm earlier findings (cf. Fougeron et al. 2007).

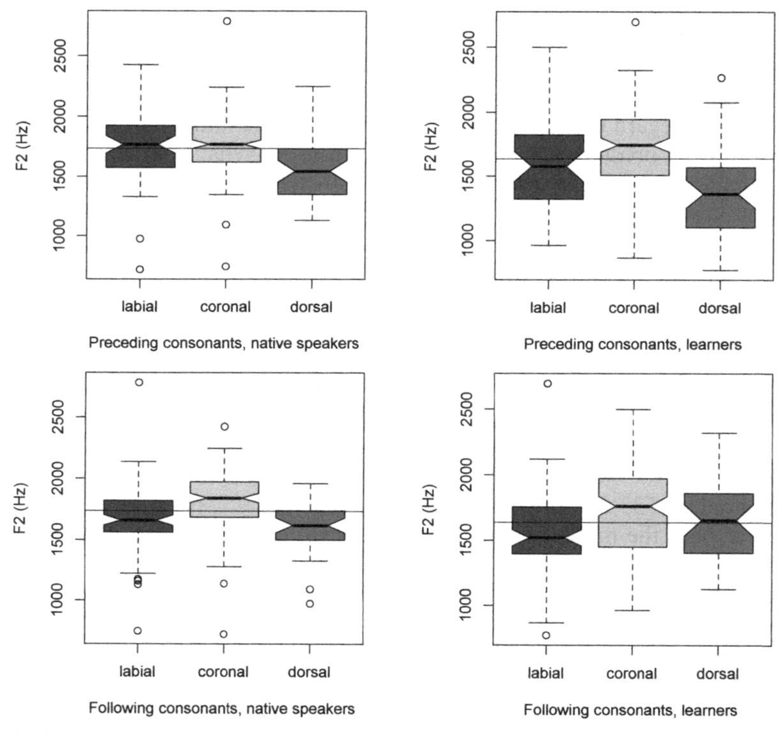

Fig. 2. F2 values depending on place of articulation and surrounding consonants.

In native speech, both the preceding and the following context reveal significant differences between coronals and dorsals ($p < 0.0001$ for both contexts) and between coronals and labials ($p < 0.001$ for both contexts). No significant differences were found between dorsals and labials. In learner speech, schwas preceded by coronals differ from those preceded by dorsals ($p < 0.0001$), and schwas followed by coronals differ from those followed by labials ($p < 0.0001$). Interestingly, less significant differences were found in learner speech. In the plot at the bottom right for instance, the F2 values are very broadly distributed after coronals. The context-dependent identity of schwa seems less clear-cut. Generally, Fig. 2 suggests a higher variability of learner schwa, indicated by the different box heights.

Even though the native language does not have a significant influence on F2, the two groups show interesting differences: the learner schwa has a lower F2 average (mean = 1641.82 Hz) and a higher standard deviation (sd = 345.24) than the native schwa (mean = 1731.95 Hz, sd = 258.31). This implies that the learner schwa is indeed more variable with respect to its place of articulation. Apart from these coarticulatory influences, the second formant seems to depend on the position of schwa in the word. As final schwas were excluded (cf. Footnote 8), the data only allow for a comparison of initial and medial schwa.

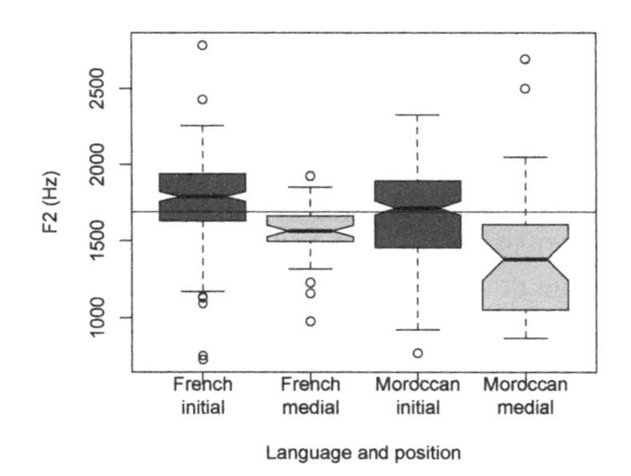

Fig. 3. F2 values of schwa depending on the native language and position in the word.

According to the plot, the medial schwa has a significantly lower F2 in both groups ($p < 0.0001$). However, this shift might be due to the predominance of coronals in initial position. In order to pursue a possible influence of the position on F2, coronals, dorsals and labials need to be evenly distributed in all positions. What the plot also depicts is a clear difference between the groups. In both positions, the F2 values of the learners are considerably lower. The implication that the quality of schwa undergoes influences by the position in the word cannot be confirmed here. Regardless if the differences in Fig. 3 are due to the position or to the consonantal context, the effect seems to be stronger for learners than for native speakers. This again reflects the greater variability of learner schwa.

In conclusion, strong coarticulation effects were found for both the native and the learner schwa. As expected, learner schwa has a more variable quality. Beside the higher dispersion, it has a lower F2 average, i.e. the learners have the tendency to articulate schwa further back in the vocal tract. These coarticulation effects should be taken into account in future phonetic analyses of schwa.

3.4 The duration of schwa

Due to the shortness of native Moroccan schwa, a possible cross-linguistic influence might cause the learner schwa to be shorter. For native French schwa, it is interesting to see if it is longer in more stable contexts.

The initial model contains the predictors language, position, syllable structure and task type.[14] Three of these predictors are excluded via the likelihood ratio test. The final model contains the factors language and task as significant predictors for the duration of schwa. The strongest effect was found for the native language ($p < 0.0001$). The influence of the task type is less strong, but still affects the duration of schwa ($p < 0.05$). The final model has a log-likelihood of -2284.3 compared to -2281.5 in the initial model ($\chi^2 = 5.65$, $df = 3$, $p > 0.1$). Contrary to what had been expected, the learner schwa has a considerably longer duration than the native schwa. With an average of 70.59 ms (sd = 19.36), it exceeds the native counterpart, which has an average duration of 52.39 ms (sd = 15.05). The shortness of native Moroccan schwa is not mirrored in these data. Instead, the learners seem to overcompensate the perceived longer French schwa with an even longer duration in their target productions.

The second significant predictor was the task type. A longer duration is attributed to those schwas that are produced spontaneously in the picture naming task. As a more controlled speech style was assumed for the repetition task, this may seem surprising. On the other hand, the spontaneous productions may require more planning and thus evoke a slower response. A comparison between the speaker groups shows that the learners produce the longest schwas in their spontaneous productions. Whereas the repeated schwas have a mean duration of 70.41 ms, the schwas from the picture naming task are 72.16 ms long on average. This suggests that the slower response time is indeed the cause for the high duration.

One of the key results for the French language is that the phonological factors position and syllable structure were not found to have any influence. Hence, the duration of schwa is not directly related to its stability. The significantly higher duration of the learner schwa is also important.

---

[14] Individual differences such as the speech rate are controlled for by including *speaker* as a random effect into the model (cf. 3).

Obviously, the Moroccan shortness is not transferred to the target language. A compensatory process might explain this: if learners perceive the French schwa as globally longer, they compensate for the shortness of native Moroccan schwa by attributing an even higher duration to the target schwa.

4. Discussion

The purpose of the present study was to analyze the unstable vowel schwa in view of any cross-linguistic influences from Moroccan. The presence of schwa was treated as a phonological issue, as this entails the question if the floating vowel is present on the surface or not. The question of how this surface form is pronounced, i.e. which acoustic values are related to the phonological entity, is answered on the phonetic level. Together, the results give insight into the characteristics of schwa in Moroccan learner French.

In short, the comparison to schwa in native French revealed a similar stability. However, an exception has to be made for the word-final position, where the learner schwa has a lower presence. The acoustic analysis yielded a broader F2 spectrum and a higher duration of the learner schwa. As a result of the explorative investigation, the supposed cross-linguistic influences from Moroccan are less obvious than formulated in the ad-hoc hypotheses, but they can still be found in the learner variety. Phonologically, the Moroccan restriction against schwa in open syllables becomes evident in the low amount of present schwas in final position. Similarly, the lower number of produced schwas can be attributed to the phonotactic tolerance. On the phonetic level, the analysis revealed a particularly broad F2 spectrum. Even if both varieties show coarticulation effects, the learner schwa is less central than the native counterpart. This can be explained by the variability of Moroccan schwa, which is strongly affected by coarticulation effects. It was also shown that the leaner schwa has a significantly higher duration, probably because the learners tend to overcompensate the perceived longer duration of the native French schwa.

Considering these results, can the learner vowel be justifiably defined as schwa? With regard to the acoustic details, both the more extreme F2 values and the high duration might support a phonological classification in terms of a full vowel. This would imply that the vowel is not associated with the Moroccan schwa, but that it is reanalyzed in the learner system. However, the acoustic characteristics do not occur randomly, but can be attributed to cross-linguistic influences of Moroccan. Most notably, the vowel alternates with zero, so the key feature of schwa, i.e. its optional presence, is retained. Based on the present study, the vowel can be comprehensively defined as follows: schwa is an unstable vowel of a variable acoustic form that underlies language-specific restrictions and functions as a potential syllabic nucleus.

5. Conclusion

The aim of this explorative study was to investigate the behavior of schwa in a Moroccan learner variety of French, with a special focus on potential cross-linguistic influences. The hypotheses were developed based on the comparison of the two phonological systems. It was expected that strong influences of the Moroccan structures would be found in the learner variety. For native French, it was shown that the presence of schwa strongly depends on the interaction of two phonological factors: the structure of the schwa syllable and its position in the word. The acoustic analysis revealed strong coarticulation effects. The results for duration confirm earlier studies. In the learner variety, the following characteristics of schwa were determined: at the phonological level, schwa does not fully underlie the same restrictions as in Moroccan. However, an impact of the native language was found in the tendency to leave final schwas unpronounced. This reflects the restriction against schwa in open syllables and the general phonotactic tolerance of Moroccan. Phonetically, the vowel is characterized by its place of articulation and its duration. The place of articulation, represented by F2, was found to vary considerably, which was attributed to the variable quality of schwa in the Moroccan system. Also, the learner schwa has a higher duration, which was interpreted as a compensation strategy for the shortness of the Moroccan schwa. Altogether, the cross-linguistic influences seem to be stronger on the phonetic level. This study proves the importance of a joint investigation of the phonological and the phonetic level, which is needed to fully capture the variability of schwa.

Future studies could provide more insight into the understanding of schwa acquisition. Do Moroccan learners perceive the French vowel as schwa? What is its phonological status in the learner system? In general, it would be interesting to learn more about linguistic variation in second language acquisition. How is variation acquired, and how does it shape the learner grammar? This leads to the question of how a variable component such as schwa is best included in a theoretical model of L2 acquisition.

References

Adda-Decker, M. / Boula de Mareuil, P. / Lamel, L. 1999. Pronunciation variants in French. Schwa and liaison. In Ohala, J. J. / Hasegawa, Y. / Ohala, M. /

Granville, D. / Bailey, A. C. Eds. *Proceedings of the 14th International Congress of Phonetic Sciences.* San Francisco, 2239–2242.

Anderson, S. R. 1982. The analysis of French shwa. Or, how to get something from nothing. *Language* 58, 534–573.

Ayres-Bennett, W. / Carruthers, J. / Temple, R. 2001. *Problems and perspectives. Studies in the modern French language.* Harlow: Longman.

Baayen, R. H. 2008. *Analyzing linguistic data. A practical introduction to statistics using R.* Cambridge: Cambridge University Press.

Baayen, R. H. / Davidson, D. J. / Bates, D. M. 2008. Mixed-effects modeling with crossed random effects for subjects and items. *Journal of Memory and Language* 59, 390–412.

Boersma, P. / Weenink, D. 2019. *Praat. Doing phonetics by computer.* Computer software. Version 6.0.49. http://www.fon.hum.uva.nl/praat/ (2019-06-13).

Boudlal, A. 2006/2007. Sonority-driven schwa epenthesis in Moroccan Arabic. *Languages and Linguistics* 18/19, 59–81.

Côté, M.-H. 2000. *Consonant cluster phonotactics. A perceptual approach.* PhD dissertation. Cambridge, MA: MIT.

Dell, F. 1973. E muet. Fiction graphique ou réalité linguistique ? In Anderson, S. / Kiparsky, P. Eds. *A festschrift for Morris Halle.* New York: Holt, 26–50.

Dell, F. / Elmedlaoui, M. 2002. *Syllables in Tashlhiyt Berber and in Moroccan Arabic.* Dordrecht: Kluwer.

Durand, J. 2009. Essai de panorama phonologique. Les accents du Midi. In Baronian, L. / Martineau, F. Eds. *Le français, d'un continent à l'autre. Mélanges offerts à Yves Charles Morin.* Québec: Presses de l'Université Laval, 123–170.

Durand, J. / Laks, B. / Lyche, C. 2002. La phonologie du français contemporain. Usages, variétés et structure. In Pusch, C. / Raible, W. Eds. *Romanistische Korpuslinguistik. Korpora und gesprochene Sprache.* Tübingen: Narr, 93–106.

Durand, J. / Laks, B. / Lyche, C. 2009. Le projet PFC. Une source de données primaires structurées. In Durand, J. / Laks, B. / Lyche, C. Eds. *Phonologie, variation et accents du français.* Paris: Hermès, 19–61.

Eckman, F. 2004. From phonemic differences to constraint rankings. Research on second language phonology. *Studies in Second Language Acquisition* 26, 513–549.

Fougeron, C. / Gendrot, C. / Bürki, A. 2007. On the phonetic identity of French schwa compared to /ø/ and /œ/. *Actes des 5èmes journées d'études linguistiques.* Nantes, 191–198.

Grammont, M. 1984. *Traité pratique de prononciation française.* Paris: Delagrave.

Gries, S. T. 2009. *Statistics for linguistics with R. A practical introduction.* Berlin: De Gruyter.

Grüter, M. 2012. *Schwa im Französischen und im marokkanischen Arabisch. Untersuchungen zur phonologischen und phonetischen Variabilität eines instabilen Vokals.* PhD dissertation. Osnabrück: Universität Osnabrück. https://repositorium.ub.uni-osnabrueck.de/handle/urn:nbn:de:gbv:700-2012080710234 (2019-05-13).

Jaeger, T. F. 2008. Categorical data analysis. Away from ANOVAs (transformation or not) and towards logit mixed models. *Journal of Memory and Language* 59, 434–446.

Kellerman, E. / Sharwood Smith, M. Eds. 1986. *Crosslinguistic influence in second language acquisition.* Oxford: Pergamon.

Lacheret-Dujour, A. / Lyche, C. 2008. Looking at French schwa in initial position through the glasses of prosody. In Barbosa, P. A. / Madureira, S. / Reis, C. Eds. *Proceedings of the 4th Conference on Speech Prosody.* Campinas: Editora RG/CNPq, 523–526. https://www.isca-speech.org/archive/sp2008/papers/sp08_523.pdf (2019-06-28)

Maas, U. 2011a. *Marokkanisches Arabisch. Zur Struktur einer Sprache im Werden.* Unpublished Ms. Osnabrück/Graz 2011.

Maas, U. 2011b. *Marokkanisches Arabisch. Die Grundstrukturen.* München: Lincom.

Martinet, A. 1972. La nature phonologique d'e caduc. In Valdman, A. Ed. *Papers in linguistics and phonetics to the memory of Pierre Delattre.* Den Haag: Mouton, 393–399.

Pustka, E. 2007. *Phonologie et variétés en contact. Aveyronnais et Guadeloupéens à Paris.* Tübingen: Narr.

Pustka, E. 2011. *Einführung in die Phonetik und Phonologie des Französischen.* Berlin: Erich Schmidt.

R Core Team. 2008. *R. A language and environment for statistical computing. R Foundation for statistical computing.* Version 2.14.1 http://R-project.org (2012-01-29).

Schane, S. A. 1968. On the abstract character of French 'e muet'. *Glossa* 2, 150–163.

Thomas, A. 2004. Phonetic norm versus usage in advanced French as a second language. *IRAL* 42, 365–382.

Tranel, B. 1987. French schwa and nonlinear phonology. *Linguistics* 25, 845–866.

Appendix

Stimuli used for the repetition task. Graphical <e>s corresponding to potential schwas are printed in bold.

Je dis qu'ell**e** est bell**e**.

Ell**e** s**e** l**e** d**e**mand**e**.

Ell**e** vient tous les j**eu**dis.

Ell**e** seul**e** connaît l**e** ch**e**min.

La mèr**e** prépar**e** l**e** r**e**pas.

Je ferm**e**rai la f**e**nêtr**e**.

La maison a sept f**e**nêtr**e**s.

C'est un appart**e**ment cher.

Voilà l**e** parl**e**ment.

Je suis allé dans son at**e**lier.

On a vu un squ**e**lett**e**.

Cett**e** s**e**maine, j**e** suis allé au marché et à la boulang**e**rie.

Pr**e**nez un bol d**e** lait.

C'est un**e** p**e**louse assez bell**e**.

Un enfant sans parents est un orph**e**lin.

Aujourd'hui, il fait 20 d**e**grés. Autr**e**ment, j'aurais froid.

Target responses from the map used for the picture naming task.

arbr**e**

ch**e**val

gr**e**nouill**e**

montagn**e**

chèvr**e**

p**e**tit**e** voitur**e**

grand**e** voitur**e**

c**e**ris**e**

Guido Mensching

Le *h aspiré* (« expiré ») en français du Liban

Abstract. The literature on Lebanese French mentions the articulation of *h aspiré* as a glottal fricative [h], but this phenomenon has never been examined in depth. The aim of this article is to examine the realization of *h aspiré* as [h] based on a pilot study conducted with a small number of speakers in Beirut. Thus, this article not only examines the phonological contexts of the glottal fricative and its phonological status, but also documents – for the first time – approximately fifty lexemes and proper nouns (all comprising an *h aspiré*) that are articulated with [h] in Lebanese French. In the final discussion, the traditional explanation as an Arabism is rejected in favor of a combination of different factors: (i) the conservation of a prior state of the language transmitted through the schools in the 19th century, (ii) the frequencies of occurrences of the words at issue, and (iii) phonetic-phonological principles (in particular, prosodic strengthening of syllable-initial consonants).

1. Introduction

Cet article se propose d'examiner la réalisation du *h aspiré* comme fricative glottale [h] en français du Liban. Ce phénomène est illustré en (1) :

(1) a. haut [hoː] b. hauteur [hotœːr][1]
c. honte [hõːt] d. hanche [hɑ̃ːʃ]

L'article est basé sur une petite étude pilote réalisée à Beyrouth en 2015, qui visait à comprendre l'extension du phénomène et sa nature phonético-phonologique et dont les résultats seront présentés ici. Le but ultérieur de l'article est d'essayer de comprendre l'origine de ce que la littérature appelle quelquefois le *h expiré*, terme qui sera adopté ici provisoirement.

Le *h expiré* libanais n'a presque pas été décrit dans la littérature, un fait partiellement explicable par le manque général d'études sur le français du Liban. Les rares références au phénomène en question ont tendance à le classifier en tant qu'arabisme (cf. Blanc 1969 ; Naaman 1979), opinion qui

[1] La réalisation traditionnelle de <r> comme vibrante alvéolaire (cf. Blanc 1969: 54) est encore respectée par la plupart des locuteurs du français, sauf dans la génération la plus jeune.

sera réfutée dans cette contribution. Nous examinerons par contre si le phénomène peut être considéré comme la continuation de l'ancienne réalisation du *h* en français : le *h aspiré* était encore articulé comme [h] jusqu'au XVIe siècle (cf. p. ex. Gabriel/Meisenburg 2009: 164). Mais c'est précisément là que nous avons un problème : les origines du français actuel au Liban ne remontent qu'à la première moitié du XIXe siècle. Ce problème sera abordé – et à mon avis – résolu à la fin de l'article.

L'article est organisé de la façon suivante. La section 2 fournit des informations générales sur le *h aspiré*, son origine et ses manifestations dans les dialectes et variétés francophones d'aujourd'hui. En section 3, nous exposerons les buts et la méthodologie de l'étude pilote ainsi que ses résultats, qui montrent la réalisation du *h aspiré* comme [h] dans un nombre important de mots, tandis que d'autres suivent la prononciation française hexagonale. Dans la section 4, nous discuterons et rejetterons l'hypothèse qu'il s'agirait d'un arabisme. Par contre, j'expliquerai le *h expiré* au Liban comme une combinaison de la conservation d'un état antérieur de la langue transmis par les écoles au XIXe siècle, des faits de fréquence et des principes phonético-phonologiques (en particulier, un renforcement prosodique de consonnes initiales de syllabes). L'article se termine par un bref résumé (section 5). Le reste de la présente introduction est dédié à l'état de la recherche et à un bref aperçu de l'histoire du français au Liban.

L'étude la plus étendue sur la phonologie du français du Liban est celle de Blanc (1969), qui décrit aussi « l'aspiration » (1969: 55), définie dès le départ comme l'assimilation de « - h - graphique du français à la fricative glottale sourde [h] de l'arabe ». Les résultats de l'enquête de Blanc montrent l'aspiration dans les cas suivants (les pourcentages se réfèrent au nombre de sujets qui présentent cette prononciation) :

(2)	a.	haut (65%)	b.	Les Halles (60%)	c.	en Hollande (39%)
	d.	des haricots (7%)	e.	un héros (6%)		

En ce qui concerne (2d, e), l'auteure remarque que « un assez fort pourcentage fait la liaison = [dezariko] 35% [œnero] 48% ». Finalement, l'auteure constate : « En conclusion : qu'il y ait adjonction de la fricative arabe ou liaison, ceci résulte d'une même difficulté à prononcer deux voyelles en contact en marquant l'hiatus » (1969: 55). À la différence de Blanc (1969), Naaman (1979: 103–105) établit un rapport avec le *h aspiré* du français, dont il constate cependant la disparition dès le XVIe siècle. Il défend aussi la théorie d'une influence de l'arabe, en disant que « [l]a prononciation de la lettre "h" n'est pas sans rappeler le "h" arabe (ه) » (1971: 103) et, surtout : « Les Libanais enfin éprouvent une difficulté à prononcer deux voyelles qui se suivent. Les hiatus les plus accusés proviennent en général du *h aspiré* (exemple : *le hêtre*) » (1971: 105).

La publication la plus récente sur le français du Liban (Serhan et al. 2017) mentionne le phénomène sans approfondir la question de son origine (2017: 582) :

> Le *h* est systématiquement réalisé comme [h] dans des mots comme *haïr, hacher*, *hanche*, *honte*, *housse*, *hasard*, *hâte*, *haut*, *hibou*, *hurler*. Par contre, le *h* muet est réalisé par un coup de glotte : *hiver* [ʔiver], *hier* [ʔijɛr] et *hériter* [ʔerite] […] Quelques rares cas font exception, comme *hormone* [hormon], *hystérie* [histeri] et *hélicoptère* [helikoptɛr], des termes empruntés qui ont dû subir des mutations pour s'adapter aux exigences phonétiques de la langue arabe ou le *h* est bel et bien prononcé.

En ce qui concerne les dix mots mentionnés avec [h], les auteurs évitent de signaler qu'il s'agit de mots qui débutent par un *h aspiré* en français. Ce que les auteurs disent sur *hormone*, *hystérie* et *hélicoptère* n'est pas clair, mais ce qu'ils veulent évidemment dire, c'est que la prononciation de ces mots en français libanais a été influencée par les mots correspondants en arabe, qui sont des emprunts, mais une influence de l'anglais me semble également possible.[2]

À part la question de l'origine du *h expiré* libanais, qui n'a pas été résolue de manière satisfaisante à ce jour, l'inventaire des mots qui présentent le phénomène n'a jamais été dressé ; un des objectifs de l'étude pilote qui sera présentée dans la section 3 était de documenter un plus grand nombre de mots avec [h]. Les questions qui s'imposaient étaient, entre autres : Tous les mots avec *h aspiré* en français sont-ils ou du moins peuvent-ils être réalisés avec *h expiré* ? Et les mots avec *h aspiré*, quand ils ne sont pas articulés avec *h expiré*, se comportent-ils tous comme *haricot* et *héros* selon la prononciation préférée indiquée par Blanc (1969), c'est-à-dire avec liaison ou élision ?

Avant de commencer, il convient de donner quelques détails sur l'histoire linguistique du Liban, en suivant surtout Abou (1962). Après la conquête musulmane au VIIIe siècle et encore jusqu'au XIXe siècle pour quelques zones, l'arabe supplanta lentement l'araméen parlé et sa forme écrite (le syriaque). Entre les XIIe et XIXe siècles, il existait des contacts avec des langues européennes. Le français de l'époque des croisades (cf. Aslanov 2006) fut « [m]inorisé ensuite pendant des siècles par l'italien » (Serhan et al. 2017: 575, en se référant à Naaman 1979: 29), surtout à tra-

2 En outre, le [h] initial dans ces mots ne suit pas des « exigences phonétiques de la langue arabe » (Serhan et al. 2017: 582), qui pourrait les avoir incorporés sans problèmes sans [h]. Le [h] initial s'explique plutôt par la réalisation du *h* graphique ou par le fait probable qu'ils soient entrés en arabe à travers l'anglais. Il s'agit de هليكوبتر *helikoptar* (cf. Wehr/Cowan 1994: 1210) ; هورمون *hormōn* (1994: 1203) ; هستيريا / هيستيريا *histēryā* (1994: 1205).

vers le commerce et les relations religieuses (en particulier entre les maronites et le Vatican). À partir de 1516, le Liban appartint à l'Empire Ottoman, avec le turc comme langue administrative (cf. Joseph 2006). Les premières décennies du XIXe siècle virent l'émergence d'amples activités missionnaires de la part de plusieurs communautés religieuses de divers pays, ce qui conduisit à l'installation de nombreuses écoles. La langue européenne moderne enseignée dans les écoles était à ce moment-là surtout l'italien, mais à partir de 1830 environ, celui-ci fut graduellement remplacé par le français (particulièrement par la fondation d'écoles jésuites, cf. Verdeil 2003). Après la Première Guerre mondiale et l'occupation de grandes parties de l'Empire Ottoman par les puissances victorieuses, le Liban fut placé sous mandat français et le français devint la deuxième langue nationale à côté de l'arabe jusqu'à la fin du mandat en 1943.[3]

Après l'indépendance et jusqu'à aujourd'hui, le français est resté profondément enraciné, surtout dans la société chrétienne des classes moyenne, moyenne supérieure et supérieure, qui le considèrent comme un trait identificatoire. Dans les années 1960, environ 20% de la population rurale adulte était bilingue (arabe libanais-français) et environ 35% des élèves (cf. Abou 1962: 120–122), avec des chiffres beaucoup plus élevés dans les villes, en particulier à Beyrouth. Pour les années 1990, Hafez (2006: 165–167) indique un taux d'environ 20% de libanais francophones (23% des personnes entre 15 et 20 ans). Selon Hafez, approximativement 7,5% des francophones de cette époque avait appris le français dans leur famille avant l'âge de 3 ans ; 68% entre 3 et 5 ans ; 25% après l'âge de 5 ans. Il semble que la proportion francophone dans la population libanaise ait encore considérablement augmenté dès lors et aurait été de 38–48% dans la première décennie des années 2000, estimations qui doivent quand même être considérées avec réserve (cf. Serhan et al. 2017: 574). Ces chiffres ne semblent pas aberrants si l'on considère que durant l'année scolaire 2017–2018, sur environ 1 070 000 élèves, environ 550 000, c'est-à-dire approximativement 51,5%, suivaient l'enseignement en français (cf. CRDP 2019: 18 ; le système scolaire libanais prévoit l'enseignement bilingue, à savoir soit arabe–français soit arabe–anglais ; cf. Serhan et al. 2017: 578, aussi pour des chiffres des années 2004–2010). Même si ces chiffres ne nous renseignent pas sur le français en tant que langue maternelle, le nombre de

[3] Cf. Munoz (2014: 17) : « Au sortir de l'indépendance, le sort du français n'a pas réellement été fixé. Dans la constitution de 1926, révisée par la loi constitutionnelle du 9 novembre 1943, il est stipulé dans l'article 11 : ‹ L'arabe est la langue nationale officielle dans toutes les administrations d'État. Une loi spéciale déterminera les cas où il sera fait usage de la langue française. › [...] [L]es cas d'usage de la langue française n'ont jamais été définis dans une loi spéciale. »

locuteurs L1 de français doit donc être important, considérant aussi l'habitude de beaucoup de familles chrétiennes[4] d'élever leurs enfants presque exclusivement en français.

Pour résumer, le français au Liban constitue un cas de francophonie assez remarquable : le français entra par les écoles à partir de 1830 et s'établit – peut-être déjà vers la fin du XIXe siècle – dans les familles à côté de l'arabe libanais, où il acquit le statut de L1.2 ou même L1.1, situation encore bien assise aujourd'hui, accompagnée en outre par une position forte scolaire et culturelle du français.

2. Le *h aspiré* en français et francophonie : système, histoire et variation

En français standard, les mots qui s'écrivent avec <h> initial, se partagent en deux groupes, à savoir des mots avec *h aspiré* et des mots avec *h muet*. Aucun des deux *h* n'est réalisé phonétiquement. Les mots avec *h aspiré* se distinguent des mots sans <h> initial comme ceux en (3a, b) entre autres par le manque d'élision des voyelles précédentes des clitiques phonologiques comme en (3a', b').[5]

(3)	a.	l'auteur	[lotœːʁ]	a.'	la hauteur	[la(ʔ)otœːʁ]
	b.	les auteurs	[lezotœːʁ]	b.'	les hauteurs	[le(ʔ)otœːʁ]

Sur la tendance d'une partie des locuteurs à ne pas réaliser le hiatus normatif mais à faire apparaitre un coup de glotte (marqué par (ʔ) en (3a', b')) entre les deux voyelles, cf., entre autres, Gabriel/Meisenburg (2009: 167), qui remarquent aussi qu'une pause peut apparaitre au lieu de ou en plus du coup de glotte, ce qui peut donner lieu à un « son craquant » (*creaky pause,* 2009: 168).

Par contre, les mots avec *h muet* se comportent comme les mots écrits sans <h> :

(4)	a.	l'autel	[lotɛl]	a.'	l'hôtel	[lotɛl]
	b.	les autels	[lezotɛl]	b.'	les hôtels	[lezotɛl]

Le *h muet* dérive du phonème /h/ du latin, qui s'est perdu assez précocement en latin vulgaire. Par contre, le *h aspiré* vient du /h/ germanique et est

---

4 La population chrétienne était de 36,2% en 2017 sur environ six millions d'habitants (cf. CIA 2019).

5 Cf. Meisenburg/Selig (1998: 79). Des analyses formelles se trouvent p. ex. chez Encrevé (1988), Sung (1989), Girard/Lyche (1997), Côté (2008) et Gabriel/Meisenburg (2009).

entré dans le latin vulgaire/protoroman et plus tard dans le français avec des emprunts germaniques surtout franciques (cf. Fouché 1961: 579–581), tels que : *hâppja* > *hache* (FEW 16: 144–148) ; **hatjan* > *haïr* (FEW 16: 178–180) ; **hauniþa* > *honte* (FEW 16: 181–183) ; **hutta* > *hutte* (FEW 16: 275–277). S'y ajoutent d'autres origines, dont la plupart restent pourtant hypothétiques (cf. Rheinfelder 1952: 179–180 ; Fouché 1961 ; Greive 1970). Par exemple, dans *haleter*, basé sur lat. HALARE, le *h* a été interprété comme onomatopéique (FEW 4: 377), tandis qu'on a attribué le *h aspiré* dans *héros* à une marque de désambiguïsation pour éviter l'homophonie entre *les héros* et *les zéros* (FEW 4: 416–417). Le *h* dans *haut* (< lat. ALTUS) a été interprété comme influence de l'adjectif ancien francique *hóh/hauh* (FEW 24: 375). Des cas clairs sont *henné* de l'arabe *ḥinnāʼ* (FEW 19: 71) ainsi que des emprunts modernes de l'anglais (*handball*, FEW 18: 71 ; *handicapé*, FEW 18: 71). Restent sans explications p. ex. *hérisson* (< lat. ERICIUS + suffixe -ONE, FEW 3: 240), *hasard* (espagnol *azar* < arabe *az-zahr*, FEW 19: 205), *dehors* (< lat. DE FORAS, FEW 19: 705). La théorie de Greive (1970), selon laquelle le /h/ a été fixé phonologiquement comme moyen d'éviter un hiatus, est controversée.

Le *h aspiré* fut articulé comme [h] pendant des siècles en France (cf. Rheinfelder 1952: 178 ; Marchello-Nizia 2005 ; Fouché 1961: 580–581). Il est communément supposé que la tendance vers la non-réalisation du /h/ existait déjà au XIIIe siècle et dans certaines variétés – dont celle de Paris – s'était généralisée au XVIe siècle. Cependant, l'aspiration devait être assez commune en France encore vers la fin du XVIIe siècle, car en 1673, dans la brochure *Cahiers de Remarques sur l'orthographe françoise* de l'Académie française nous lisons (cf. aussi Pope 1934: 94 ; Fouché 1961: 580) :

> [I]l faut observer qu'en quelques mots qui n'avoient point d'H, et qui en prennent vne en françois, elle se prononce : par exemple, en « hurler », [...] en « hache », [...] en « haut, hautain, hausser, surhausser » [...] Il faut dire la mesme chose de « hardy » [...] Dans tous les autres mots qui ne viennent point du latin, l'H aspire fort, quoy que le mauvais vsage introduit par les gens de province d'outre Loire, et mesme par le peuple de Paris s'efforce de l'abolir tout-à-fait. Ainsi il faut escrire et prononcer : « Henry, Hugues, halebarde, harangue, harenc, haster, hastif », etc. (éd. Marthy-Laveaux 1884: 84).

Aujourd'hui, l'articulation du *h aspiré* comme [h] est encore présente dans des variétés normandes, picardes, gallo, wallonnes et lorraines ainsi que dans le français régional d'Alsace (cf. Remacle 1944 ; de Guer 1901 ; Lepelley 1973). En dehors de l'Europe, le *h expiré* existe dans plusieurs variétés de la francophonie, dont nous mentionnons seulement quelques exemples. Il est présent dans le français cadien de Louisiane (cf. Conwell/Juilland 1963: 118 ; Papen/Rottet 1997), où il se trouve dans des mots comme *honte*, *haut*, *harnais*, *hanche*, *haler*, *hache*$_1$, *dehors*. La colonisation tardive de cette zone (à partir de 1699) s'effectua partiellement à partir du nord-ouest de la France, ce qui pourrait expliquer la présence du [h] (cf. Stoffel 2009: 44, 49). Bollée (1990: 760) a raison de réfuter l'hypothèse d'une influence anglaise, car les mots en question sont presque exclusivement des mots avec *h aspiré*, même si nous pouvons admettre que l'existence de la fricative glottale en anglais puisse avoir favorisé la conservation d'un état archaïque. Des faits semblables peuvent être observés dans le français acadien du Canada, où le son [h] a partiellement évolué vers [ʁ] : *hibou* [hibu] vs. *haler* [ʁale] (cf. Szlezák 2015: 491). Le Cameroun est un cas spécial, parce qu'il s'agit d'une francophonie récente, du XXe siècle. La présence du [h] dans des mots comme *hachurer*, *hanche*, *honte* (cf. Zang Zang 1998: 104) est donc plus qu'étonnante. Mais elle peut trouver son explication dans le fait que le français y fut introduit par des missionnaires provenant de l'Alsace (cf. Stoffel 2009: 62). Également remarquable est l'affirmation de Zang Zang (1998: 103–105) que la réalisation du *h aspiré* comme [h] est enseignée intentionnellement dans les écoles au Cameroun pour des raisons mnémotechniques.[6]

3. Étude pilote sur le *h aspiré* (« expiré ») en français libanais

3.1 Méthodologie

Le but de l'étude pilote sur la réalisation du *h aspiré* comme [h] dans le français du Liban[7] comprenait deux objectifs principaux : 1. identifier – pour la première fois – un nombre élevé de mots avec la réalisation du <h> comme fricative glottale, 2. analyser les propriétés et la distribution du [h], en incluant la comparaison avec des mots avec *h muet*.

Pour atteindre ces buts, j'ai conçu une tâche de lecture qui consistait en un questionnaire de 177 phrases avec des espaces blancs au lieu de lettres/

[6] Il semble cependant que la réalisation de *h* comme [h] serve aussi comme moyen d'éviter le hiatus, au moins en position interne du mot (*véhicule*, *prohibé*, *souhaitons*), cf. Zang Zang (1998: 108) et Stoffel (2009: 67).

[7] Cf. Mensching (2015). Je tiens à remercier les participants à l'enquête, sans qui cette étude n'aurait pas abouti. Le mémoire de bachelor de Kristin Schäfer (2016) est une tentative d'explication des données de mon étude pilote dans le cadre de la théorie de l'optimalité. L'examen et la transcription indépendants de mes données (Schäfer 2016: 54–56) ont été une grande aide pour la rédaction de l'article présent.

syllabes et des petits mots (p. ex. des pronoms clitiques ou articles), comme il est montré dans l'extrait suivant (solutions entre parenthèses) :

[11] Ces « libéraux » tombaient de nouveau sous le feu des __rangues des orthodoxes radicaux. (*harangues*)
[12] Le quartier où nou_ __bitons s'appelle Hazmieh. (*nous habitons*)
[13] Une poignée d'abeilles vaut mieux qu'un sac de __ouches. (*mouches*)
[14] Je me suis acheté de nouv__ _abits. (*nouveaux habits*)
[15] Elle est vraiment méchan__. Je te jure, je __ __ais, cette femme ! (*méchante, je la hais*)

Les blancs en __*ouches* [13] et *méchan__* [15] sont des détracteurs ; les autres mots contenant des blancs représentent des mots avec *h aspiré* comme en [11] et [15], *h muet* comme en [14] ou voyelles initiales comme en [12]. Comme le montre la séquence « je __ __ais » en [15], si le mot qui précède la lettre en question pourrait donner une clef sur la solution (*h aspiré* vs. *muet* / voyelle initiale), il est aussi représenté par un blanc. Sous cette forme, ce questionnaire contenait 64 mots avec *h aspiré*, 39 mots avec *h muet* et 31 mots avec voyelle initiale. De plus, 20 mots avec *h aspiré* initial[8] et 2 mots avec *h aspiré* médial (*dehors*, *cahute*) ainsi que 9 mots avec *h muet* initial[9] et 3 mots avec *h muet* médial (*souhaitons*, *malheur*, *bonheur*) furent présentés sous leurs formes pleines (sans blancs). Les noms numéraux *un* et *onze* furent aussi présentés sans blancs ; il s'agit de mots qui ne présentent pas de *h aspiré* mais qui se comportent comme si c'était le cas (donc – selon la norme – [lə œ̃]/[le œ̃] ; [lə ɔ̃z]/[le ɔ̃z]). Le texte contenait environ 90 détracteurs. Le questionnaire incluait aussi trois dessins, un pour éliciter le mot *hérisson* et deux qui servaient comme détracteurs.

Le questionnaire fut donné à cinq sujets, quatre femmes et un homme, qui devaient le lire à haute voix en complétant les blancs. La lecture de chaque sujet fut enregistrée et évaluée par la suite (cf. section 4). Les données basiques des sujets sont les suivantes (L = locuteur/-trice) :

L1 82 ans, femme, baccalauréat, artiste indépendante et femme au foyer, des connaissances basiques de l'anglais
L2 48 ans, femme, DEUG (~ BA), femme au foyer, très bon anglais, a passé des parties de sa jeunesse et de ses études à Montpellier
L3 59 ans, homme, diplôme universitaire, ingénieur, très bon anglais, fait la navette entre le Liban et l'Arabie Saoudite, parle surtout anglais dans sa vie professionnelle

[8] *Hache* ('outil'), *halles*, *hangar*, *hanap*, *haranguer*, *harasser*, *hardes*, *hardi*, *hâter*, *hausse*, *hein*, *hibou*, *Hicham*, *Hollande*, *Hollywood*, *horde*, *houmous*, *hoyau*, *huer*, *huit*.

[9] *Hameçon*, *hélianthème*, *herbe*, *hérésie*, *hier*, *honnête*, *huître*, *humeur*, *humour*.

L4 57 ans, femme, diplôme universitaire, viticultrice (avec domaine propre), très bon anglais
L5 53 ans, femme, doctorat, pharmacienne, très bon anglais

Tous les sujets sont de Beyrouth et appartiennent à la classe moyenne prospère. Tous ont indiqué avoir appris le français en famille, avoir parlé en famille plus le français que l'arabe libanais dans leur enfance et avoir fréquenté des crèches et des écoles francophones. Dans leurs familles actuelles, L1 utilise le français et le libanais en mesure équilibrée, les sujets L2–L5 utilisent plus le français que l'arabe libanais.

3.2 Résultats

Le *h expiré* est clairement distinguable comme une fricative glottale identique au *hā'* (ه) arabe[10] et ne peut pas être confondu ni avec un coup de glotte ni avec une « pause craquante » (cf. section 2). Il apparait indépendamment du contexte phonologique, c'est-à-dire après une consonne comme en (5) ou une voyelle orale ou nasale comme en (6). Les exemples en (7) montrent que le contexte intervocalique est aussi établi par la chute obligatoire d'une consonne latente.[11]

(5)	a.	viande hachée	[vjɑ̃dhɑʃe]	(L1, L2)
	b.	une petite hutte	[ynpətithyt]	(L1, L3, L4)
	c.	une honte	[ynhɔ̃:nt]	(L1, L2, L4)
	d.	par hasard	[parhɑzɑ:r]	(L1)
	e.	elle halète	[ɛlhalɛt]	(L4)
(6)	a.	de hanche	[dəhɑ̃:ʃ]	(L1, L2)
	b.	Le Havre	[ləhɑ:vr]	(L1, L2, L3)
			[ləhɑ:vʁ]	(L4)
	c.	d'en haut	[dɑ̃ho:]	(L1, L4)
	d.	sa hache	[sɑhɑʃ]	(L2, L3, L4)
	e.	il me hait	[ilməhe]	(L2, L4)
(7)	a.	les hausses	[lehɔs]	(L1, L4)
			[lehos]	(L2, L3)
	b.	Les Halles	[lehɑl]	(L1, L2, L4)

10 Au lieu des arabismes venant des mots avec la fricative pharyngale *ħā'* (ح) comme *henné*, *hachich* et *houmous* (français standard [ene], [aʃiʃ], [umus]) tous les sujets produisent les mots arabes-libanais correspondants : [ˈħɪn:ɪ], [ħɑˈʃiʃ], [ˈħom:osˤ].

11 Les petites pauses qui peuvent apparaitre devant [h] ne sont pas considérées dans les transcriptions.

De plus, le [h] apparait devant une pause comme en (8) et même dans les mots en isolation comme en (9) :

(8)	a.	était ... hué	[ete hyje]	(L1)
	b.	avec ... housse	[ɑvɛk hus]	(L1, L2)
	c.	il a haussé	[ila hose]	(L3, L4)
	d.	une honte	[yn hɔ̃t]	(L3)
	e.	très haut	[tʁe hoː]	(L4)
(9)	a.	haïssais	[hɑise]	(L1)
	b.	haussé	[hose]	(L1)
	c.	harangues	[hɑˈrɑ̃gə]	(L3)

Le phénomène du *h expiré* est partagé par les cinq sujets interviewés, mais le nombre de mots articulés avec *h* varie. Sur les 94 cas présentés, le nombre de réalisations du [h] varie entre 29 (L4) et 52 (L3). Le sujet L5 est une exception ; elle a réalisé [h] dans un seul mot véritablement français (*dehors*), dans les anglicismes *handball* ([ˈhɛndboːl]), *hardware*, *hacke(u)r*, *hip-hop* et les noms propres étrangers *Hoffmann*, *Hegel* et *Honululu*. L'explication est peut-être la formation de haut niveau de cette locutrice et/ou un effort « de bien lire », c'est-à-dire une influence du français standard.

En ce qui concerne l'inventaire des mots affectés du *h expiré*, les mots *dehors* et *hardware* sont partagés par les cinq sujets. Quatre sujets ont réalisé la fricative glottale dans les mots et noms propres suivants : *handball*, *haïr*, *halle, hanche*, *hasard, hausse*, *hausser*, *haut*, *honte, housse*, *hutte*, *Le Havre*, *Les Halles*, *Hollande.* Les mots *hacher*, *hache* ('outil')*, hâte, hauteur* et *houle* ont été réalisés avec [h] par trois des cinq locuteurs, ainsi que les anglicismes *hacke(u)r*, *hamster*, *hot-dog*, *hobby* et *hip-hop* et les noms étrangers *Hoffmann*, *Hambourg*, *Hollywood* et *Hegel*. Seules deux personnes ont produit [h] dans *houblon* et l'anglicisme *hangar* et les noms étrangers *Hanovre*, *Honululu*, *Heidelberg* et *Hilton.*[12] Finalement, il y a des mots avec [h] spécifiques à chaque locuteur : *hanap, harassé, huer, hurler* (L1) ; *hâlé* (L2) ; *hamac*, *haranguer*, *harnacher*, *hennir*, *heurter*, *houe* (L3) ; *haleter*, *hideux*, *horde* (L4).

Or, il est important d'observer que tous ces mots sont des mots avec *h aspiré* en français ; ou autrement dit : Les mots avec *h muet*[13] ne se réali-

12 Aussi *harangues* et *hardes*, mais il n'était pas clair si les locuteurs connaissaient ces mots.

13 À part les mots mentionnés dans la note 9, il s'agit de *habiter*, *habits*, *haleine*, *Hercule*, *hérédité*, *hermétique*, *héroïne* ('drogue'), *héroïne* ('f. de héro'), *herpès*, *heure*, *heureux*, *hirondelle*, *histoire*, *hiver*, *homéopathie*, *homme*, *honneur*, *honoraire*, *hôpital*, *horaire*, *horizon*, *horloge*, *horoscope*,

sent jamais avec *h expiré* mais se comportent comme en français hexagonal,[14] comme d'ailleurs tous les mots écrits avec voyelle initiale (cf. section 2).

Quelques mots avec *h aspiré* ont passé au groupe de *h muet*, au moins pour quelques locuteurs (*hauteur* : L1, L3 [lotœr] ; *hêtre* : L2 [lɛtr] ; *homard* : L2 [delomɑr], mais aussi [œ̃ʔomar] avec *h aspiré* non-expiré ; *hérisser* : L3 [seris] (*s'hérissent*) ; *hibou* : L3 [libu], *handicapé* : L3, L5 [dezɑ̃dikape] ; Hiroshima : L1 [diroˈʃima] ; L2 [dirɔˈʃima] ; *hyène* : L3: [lezijɛn]. Mais en général, si un locuteur n'utilise pas le *h expiré* dans un mot en *h aspiré*, c'est le *h aspiré* « à la française » qui apparait. Nous trouvons donc une variation du type illustré en (10) :

(10) a. [sɑhɑʃ] (L2, L3, L4) a.' [sɑʔɑʃ] (L1, L5) *sa hache*
b. [ləhublɔ̃] (L1, L3) b.' [ləʔublɔ̃] (L2, L4, L5) *le houblon*

Cependant, il est intéressant d'observer qu'il existe des mots qui ne sont jamais articulés avec *h expiré* par aucun des locuteurs mais suivent toujours la prononciation hexagonale : *cahute*, *hache* ('lettre'), *hallebarde*, *hardi*, *hareng*, *haricot*, *harnais*, *hélas*, *Henri*, *Henriette*, *hérisser*, *hérisson*, *hernie*, *héros*, *hêtre*, *hibou*, *Hiroshima*, *homard*, *hongrois*, *hormis*, *hors d'œuvre*, *hoyau*, *hublot*, *huit*.

Un dernier groupe est constitué par les mots qui commencent avec <hié-> ou <hyè>, où la séquence /ie/ ou /iɛ/ forme une diphtongue prononcée majoritairement [je] – comme en français standard d'ailleurs –, tandis que quelques locuteurs produisent les séquences [ʔije]/[ʔijɛ] : [ynʔijeʁɑʁʃi] (*une hiérarchie*, L4), [ɑ̃ʔijeroglіːf] (*en hiéroglyphes*, L5), [leʔijɛn] (*les hyènes*, L4) (cf. Schäfer 2016: 10, 54–56) ; sur « l'adjonction de [j] » entre voyelles, cf. Blanc (1969: 53).

Finalement, il reste à remarquer qu'il existe une certaine variation propre au locuteur (« sprecherinhärente Variation », Schäfer 2016: 10–13) que l'on constate avec les mots qui apparaissaient plus d'une fois dans le questionnaire : L2 et L3 varient entre [ʔe] en *je la hais* et [he] en *il me hait* ainsi qu'entre [hot] et [(ʔ)oː], où la fluctuation se présente dans *très haut* (L2, L3 : ∅) et *en haut* (L2 : ∅ , L3 : [h]), mais pas en *du haut* [dyho], où ces locuteurs réalisent la fricative glottale. La locutrice L2 varie aussi

horreur, *horrible*, *horticulture*, *hostile*, *hôtel*, *humble*, *humide*, *humilité*, *hyène*, *hygiène*, *hymne*, *hypnotiser*, *hypothécaire*.

[14] Avec la seule exception de *hameçon*, articulé par L1 et L2 avec *h aspiré* non-expiré : [ləʔamesɔ̃], cf. Schäfer (2016: 54).

entre [hazar] en *du hasard* et [ʔazar] en *de hasard*.[15] Il s'agit sûrement d'une variation entre la prononciation standard et celle locale. Cette variation et la question de l'éventualité du rôle du contexte phonologique devraient être examinées dans le futur. Mais il est significatif que les réalisations de [h] dans ces mots augmentent en fonction de la position des mots dans le questionnaire, c'est-à-dire une position plus basse du mot en question dans le questionnaire a conduit à une plus grande fréquence de réalisation du [h]. Cela veut dire, à mon avis, que la familiarisation progressive avec le questionnaire et/ou la fatigue ou le manque de concentration a conduit à un effort moins intense de prononcer les mots selon le standard.

En ce qui concerne le système phonémique du français libanais, la fricative glottale doit bien être considérée comme phonème, comme le montre la paire minimale *hache* (m., 'lettre') vs. *hache* (f., 'outil'), qui est distinguée par trois des sujets interviewés (L2, L3, L4) : [ləʔaʃ] vs. [lahaʃ]. La variation du type en (10) et la variation inhérente au locuteur montre que le coup de glotte et le hiatus sont des variantes allophoniques de /h/. Par contre, les mots qui n'apparaissent jamais avec [h], mais avec *h aspiré* « à la française », doivent être représentés comme dans le français standard, p. ex. avec un phonème consonantique silencieux.

4. L'origine du *h expiré* en français du Liban

En ce qui concerne l'origine du *h expiré* en français du Liban, examinons d'abord l'hypothèse mentionnée dans l'introduction, selon laquelle le son [h] a son origine dans le *hā'* arabe et est introduit dans des mots avec *h aspiré* pour éviter le hiatus inexistant ou au moins difficile à prononcer en arabe. Plusieurs arguments contredisent cette hypothèse : 1. En position intérieure du mot, la stratégie d'éviter un hiatus est l'insertion de [w] ou [j] : [krejasjɔ̃] (*création*), [powɛt] (*poète*) (cf. Blanc 1969: 53, voir aussi nos observations sur /ie/, /iɛ/ dans la section 3). Pourquoi alors devrait-il se produire un [h] en position initiale ? 2. L'arabe dispose du *hamza* (ء), produit comme un coup de glotte,[16] qui peut parfaitement apparaitre dans des contextes phonologiques semblables à ceux qui se produisent par le *h aspiré* ; en arabe libanais, le coup de glotte est même plus fréquent qu'en arabe standard, grâce au développement de /q/ (*qāf*, ق) > /ʔ/ (Feghali 1919: 26–

[15] Dans l'expression adverbiale *par hasard*, seulement L1 réalise le *h*, tandis que L5 le prononce [parʔazar]. Pour les autres sujets, il s'agit d'un seul mot phonétique : [parazar]/[paʁazaʁ] (cf. Schäfer 2016: 10, 54).

[16] Pour la conservation du *hamza* dans des syllabes initiales toniques cf. Feghali (1919: 3).

27). Ce coup de glotte apparait sans problème en début de mot en position intervocalique :

(11) [ʃu ma: ʔu:l]
que NEG dire$_{1SG.IMPF}$
'quoique je dise'

Et en effet, comme nous l'avons vu dans la section 3, le coup de glotte apparait presque régulièrement dans les mots avec *h aspiré* quand le son [h] ne se produit pas. Si l'insertion de [h] était un processus naturel des locuteurs pour éviter un hiatus, pourquoi y aurait-il tout un groupe de mots où le [h] n'apparait jamais ? La réponse est que l'insertion de [h] n'est effectivement pas une stratégie courante en arabe libanais. À ma connaissance, dans toute la phonologie historique de l'arabe libanais, il existe seulement deux cas dans lesquels /ʔ/ intervocalique a été substitué par /h/ : il s'agit de deux noms propres hébreux qui sont entrés à travers le syriaque (cf. Feghali 1919: 14). 3. En français, les noms numéraux *un* et *onze* se comportent comme des mots avec *h aspiré*. Selon la théorie examinée ici, on s'attendrait à un [h] avec ces numéraux aussi. Par contre, dans *de un à trois* et *ses onze enfants* aucun de mes sujets n'a produit *[dəhœ̃] et *[dəhɔ̃z] (L1 : [dəœ̃] ; L2–L5 : [dəʔœ̃] ; tous : [seʔɔ̃zɑ̃fɑ̃].

À mon avis, il existe une seule explication pour les données : le *h expiré* libanais continue le vieux *h expiré* français. Mais comment cela peut-il s'expliquer, si le *h expiré* s'était perdu en français déjà au XVIIe siècle ? Jetons un coup d'œil sur la grammaticographie. Selon Fouché (1961: 580–581), c'est à partir du XVIIIe siècle que les grammairiens défendaient majoritairement l'opinion que le *h aspiré* ne devait pas s'articuler comme [h]. Mais du moins dans les grammaires d'enseignement du français comme langue étrangère, le point de vue selon lequel le *h* devait être prononcé pour le moins dans quelques mots se maintenait de façon assez tenace jusqu'au début du XIXe siècle :

> [N]ous avons deux sortes d'aspirations : l'une forte, qui s'exécute sans élision, sans liaison, avec effort, et empreint les mots destinés à peindre un sentiment énergique : je hais, je suis harcelé ; à marquer le mépris : couvert de haillons, c'est un housard ; à offrir une image : le hennissement des chevaux, il est tout haletant.
>
> L'autre aspiration est douce ; elle s'exécute sans élision, sans liaison, sans effort, et convient aux mots que ne caractérise pas ou l'énergie ou le mépris ou l'onomatopée, aux mots que le sentiment ne fait pas sortir de la ligne des mots ordinaires. Vous direz sans élision, sans liaison et sans effort : la hiérarchie des pouvoirs, le huit de pique, les houris de Mahomet, les hussards de Chamboran (Domergue 1805: 438–439, cité également par Fouché 1961: 581).

Serait-ce une coïncidence que *haïr*, *haleter* et *hennir* (avec « aspiration forte » selon Domergue) soient documentés avec [h] dans le français du Liban, tandis que *hiérarchie* et *huit* (avec « aspiration douce ») ne le soient pas ? Je crois que non.

Pour donner un autre exemple, dans le *Theoretisch-praktisches Lehrbuch der französischen Sprache* (Trop 1826), on lit sur le *h muet* : « H wird meistens nicht ausgesprochen » et sur le *h aspiré* (1826: 12) :

> Im Anfange folgender Wörter wird es doch ausgesprochen, als:

hâbler, *prahlen.*	hardie, *kühn.*
hacher, *hacken.*	la hardiesse, *die Kühnheit.*
haillons, *Lumpen.*	le hareng, *der Häring.*
la haie, *der Zaun.*	les haricots, *die wälschen Bohnen.*
la haine, *der Haß.*	la harpe, *die Harfe.*
haïr, *hassen.*	le hazard, *der Zufall.*
la hache, *das Beil.*	haut, *hoch.*
la hanche, *die Hüfte.*	hausser, *erhöhen.*
le hanneton, *der Maykäfer.*	la hauteur, *die Höhe.*
les hardes, *das Geräthe.*	le héros, *der Held.*
Henri, *Heinrich.*	la honte, *die Schande.*
la Hongrie, *Ungarn.*	La Hollande, *Holland* etc.

De ces mots, 17 étaient inclus dans notre questionnaire, dont 10 sont prononcés avec [h] dans le français du Liban (*hacher*, *haïr*, *hache*, *hanche*, *hasard*, *haut*, *hausser*, *hauteur*, *honte*, *Hollande*), étant presque tous présents dans la production de quatre des cinq personnes interviewées.

Même si cette recherche sur la grammaticographie au XIXe siècle doit être approfondie, il me semble déjà clair maintenant que l'aspiration du *h* était encore présente dans les grammaires vers 1830, époque à laquelle le français est entré au Liban. Rappelons que cette entrée s'effectua au moyen des écoles, et c'est par là que le *h expiré* a dû s'établir. L'existence du phonème /h/ en arabe aura contribué à la conservation de ce phénomène, mais n'en est sûrement pas la cause.

Il reste maintenant la question de savoir pourquoi il y a des mots avec [h] et des mots avec *h aspiré* non expiré. Un facteur pourrait être la fréquence des mots, c'est-à-dire que l'on pourrait penser que les mots de basse fréquence n'étaient pas (si) présents dans le contexte scolaire initial et/ou que seulement les mots de haute fréquence ont conservé le phénomène.[17] Pour vérifier cette hypothèse, j'ai comparé, à l'aide d'une liste de fréquences de mots français, la fréquence des mots de notre étude (dans le

---

[17] Sur le fait que les formes de haute fréquence résistent au changement analogique, cf., entre autres, Hooper (1976).

cadre de laquelle au moins trois locuteurs s'accordent dans la réalisation du *h* – sans compter les noms propres et les anglicismes) avec la fréquence des mots produits avec *h aspiré* non expiré.[18] En effet, les mots avec *h expiré* ont une fréquence moyenne de 44,2 sur un million de mots,[19] tandis que les mots avec *h aspiré* non expiré[20] ont une fréquence moyenne de 6,0.

Un autre facteur pertinent pourrait concerner les propriétés phonético-phonologiques/prosodiques. En effet, il est remarquable que dans la plupart des mots avec *h aspiré* non expiré, le *h* ne se situe pas dans la syllabe potentiellement tonique : *hallebarde*, *hareng*, *hardi*, *haricot*, *harnais*, *Henri*, *Henriette*, *hérisson*, *hélas*, *hernie*, *héros*, *hêtre*, *hibou*, *Hiroshima*, *homard*, *hongrois*, *hormis*, *hors d'œuvre*, *hoyau*, *hublot*, *hiérarchie*, *hiéroglyphe*, *hyène* (exceptions : *cahute*, *hache* 'lettre', *huit*). Par contre, dans beaucoup de mots pour lesquels le *h expiré* est documenté, l'accent potentiel tombe dans la syllabe qui contient le *h* : *dehors*, *halle*, *hanche*, *haut*, *hausse*, *honte*, *housse*, *Le Havre*, *Les Halles*, *hutte*, *hache* 'outil', *hâte*, *houle*, *houe*, *horde* ; les infinitifs des verbes *haïr*, *hausser*, *hacher*, *huer*, *hurler* ne partagent pas cette propriété, mais ils disposent de formes verbales fréquentes où le *h* tombe dans la syllabe potentiellement tonique. En ce qui concerne les anglicismes et les noms étrangers, il est important de noter que le français libanais – contrairement au français standard – permet un accent lexical, et donc les mots *hardware*, *handball*, *hackeur*, *hot-dog*, *hobby* et *hip-hop* et les noms *Heidelberg*, *Hoffmann*, *Hollywood*, *Hegel*, *Hilton* et *Hollywood* sont normalement accentués sur la première syllabe. Même s'il y a des exceptions, comme *hasard*, *Hollande*, *hauteur*, *Hambourg*, *houblon*,

---

18 http://www.lexique.org/listes/liste_mots.php (Université Savoie Mont Blanc, 2015-12-10). Malheureusement cette liste n'est plus disponible en ligne. Il s'agit d'une liste de formes non-lemmatisées. Pour ce calcul, seules les formes indiquées dans les notes 19 et 20 ont été considérées, c'est-à-dire les singuliers des noms, le masculin singulier des adjectifs et les infinitifs des verbes.

19 *dehors* (128), *hacher* (0,5), *haïr* (5), *halle* (2), *hanche* (6), *hasard* (93), *hâte* (28), *hausse* (15), *hausser* (3), *haut* (236), *hauteur* (58), *honte* (75), *houle* (7), *housse* (2), *hutte* (4). Le numéro entre parenthèses indique la fréquence. Les formes *hâte* et *hausse* sont ambigües entre substantif et forme verbale. La forme *hache* n'a pas été comptée parce que la liste ne fait pas la distinction entre *hache* ('outil') et *hache* ('lettre').

20 *cahute* (0,5) , *hallebarde* (0,4), *hardi* (5), *hareng* (3), *haricot* (1), *harnais* (3), *hélas* (30), *hérisser* (0,3), *hérisson* (1), *hernie* (1), *héros* (37), *hêtre* (3), *hibou* (1,5), *hiérarchie* (23), *hiéroglyphe* (0,3), *homard* (2), *hormis* (5), *hoyau* (0,06), *hublot* (2), *hyène* (1).

hangar, *Hanovre*, *Honululu*,[21] les tendances que nous avons remarquées font supposer que le renforcement prosodique (*prosodic strengthening*) joue un rôle dans la conservation des mots avec *h expiré* : Pierrehumbert/Talking (1992) ont trouvé (pour l'anglais) que le /h/ initial est articulé de manière plus forte quand il introduit une syllabe tonique. Un tel renforcement peut très bien avoir contribué – conjointement avec les faits de fréquence – à la conservation du [h], ou à l'inverse, le manque de renforcement quand le /h/ se trouve dans une syllabe atone peut avoir contribué à sa disparition.[22]

5. Conclusions

Dans le présent article, basé sur une petite enquête pilote conduite à Beyrouth, nous avons pu déterminer pour la première fois une cinquantaine de lexèmes et de noms propres dans le français du Liban qui sont articulés avec une fricative glottale, dont environ 35 semblent être assez généralisés avec cette prononciation. Ce son, qui a une valeur phonémique en français libanais, apparait exclusivement dans des mots qui contiennent un *h aspiré*, c'est-à-dire dans des mots patrimoniaux français – pour la plupart d'origine ancienne germanique – et dans des emprunts surtout de l'anglais. Par contre, aucun de la cinquantaine de mots français avec *h muet* ne fut prononcé avec [h] par les locuteurs. Les prononciations du français hexagonal (formation de hiatus ou insertion d'un coup de glotte) sont des prononciations alternatives à la prononciation avec [h] pour la plupart des mots en question. Mais, du moins selon l'enquête – bien que non suffisante compte tenu du petit nombre de participants – il semble exister d'autres mots avec *h aspiré* où le son [h] ne s'articule jamais.

Dans un deuxième pas, je pense bien avoir montré que la théorie de l'insertion d'un [h] d'origine arabe pour éviter le hiatus n'est pas une explication possible. Un premier examen des grammaires d'enseignement du

---

21 La plupart des exceptions sont des mots où le *h aspiré* s'est révélé être plutôt une idiosyncrasie de certains locuteurs, comme *hanap*, *harassé*, *hamster*, *hâlé*, *hamac*, *haranguer*, *harnacher*, *hennir*, *heurter*, *haleter*, *hideux*.

22 Dans des recherches futures, il faudra aussi prendre en compte les voyelles qui suivent le *h*. Ici, je me permets d'observer seulement que [a] (la voyelle plus sonore et donc plus proéminente) est plus fréquente dans les mots avec *h expiré*, tandis que [e] et [i] (moins sonores) sont plus fréquentes dans les mots avec *h aspiré* non expiré. Tout cela peut jouer un rôle, car les consonnes initiales des syllabes sont articulées de manière plus forte dans des syllabes proéminentes (cf., p. ex., Keating et al. 2003 ; Fougeron 2001 ; Borroff 2007).

français du début du XIXe siècle a montré qu'à cette époque-là, la prononciation avec [h] était encore recommandée dans ce type de littérature, pour le moins pour une partie des mots avec *h aspiré*. Il est donc possible que dans la première moitié du XIXe siècle, quand le français entra au Liban à travers les écoles, le *h expiré* faisait partie de l'enseignement des premières générations de locuteurs du français, et cette prononciation devait se perpétuer quand le français est entré dans les familles pour devenir langue maternelle, au moins dans des mots de haute fréquence. Il est donc légitime de supposer que certains mots, pour lesquels les grammaires de l'époque recommandaient le *h aspiré* « doux », n'aient jamais été articulés avec *h expiré*. À l'époque moderne, l'influence constante du français standard doit avoir causé la perte du *h expiré* dans d'autres mots, mais il est resté assez stable dans des mots de haute fréquence et/ou dans les mots où le *h* se trouve dans des syllabes proéminentes.

Certes, l'étude pilote sur laquelle nous nous sommes basés dans l'article ne reflète que l'image d'un petit extrait de la société francophone au Liban, voire un nombre de personnes de la classe sociale moyenne supérieure qui ont appris le français entre les années 1930 et 1960. Elle ne peut donc qu'être le point de départ pour des recherches plus étendues sur ce phénomène intéressant de la francophonie.

Références

Abou, S. 1962. *Le bilinguisme arabe-français au Liban. Essai d'anthropologie culturelle.* Paris: Presses universitaires de France.

Aslanov, C. 2006. *Le français au Levant, jadis et naguère. A la recherche d'une langue perdue.* Paris: Champion.

Blanc, H. 1969. Phonologie du français parlé au Liban. *Travaux et jours* 30, 33–57.

Bollée, A. 1990. Variétés régionales du français hors de l'Europe. I b) États-Unis et Caraïbes. In Holtus, G. / Metzeltin, M. / Schmitt, C. Eds. *Lexikon der romanistischen Linguistik*, vol. 5.1. Tübingen: Niemeyer, 754–767.

Borroff, M. L. 2007. *A landmark underspecification account of the patterning of glottal stop.* PhD dissertation. New York: Stony Brook University. https://pdfs.semanticscholar.org/128b/ea99afa6008f61e971bbdb06edc5be80490b.pdf (2019-12-08).

CIA (= Central Intelligence Agency) 2019. Ed. *The world fact book.* https://www.cia.gov/library/publications/resources/the-world-factbook/ (2019-12-08).

Conwell, M. / Juilland, A. 1963. *Louisiana French grammar*, vol. 1: *Phonology, morphology and syntax*. Den Haag: Mouton.

Côté, M.-H. 2008. Empty elements in schwa, liaison and h aspire. The French holy trinity reconsidered. In Hartmann, J. M. / Hegedüs, V. / van Rimesdijk, H. Eds. *Sounds of silence. Empty elements in syntax and phonology*. Amsterdam: Elsevier, 61–103.

CRDP (= Centre de recherche et de développement pédagogiques) 2019. Ed. *Al-našra al-iḫsāiyya li-l 'ām al-dirāsi 2017–2018*, Beyrouth: Maktab al-taǧhizāt w-al-wasā'il al-tarbawiyya. http://www.crdp.org/files/201904031143321.pdf (2019-12-08).

Domergue, U. 1805. *Manuel des étrangers amateurs de la langue françoise*. Paris: Librairie Economique.

Encrevé, P. 1988. *La liaison avec et sans enchaînement. Phonologie tridimensionnelle et usages du français*. Paris: Seuil.

Feghali, M. T. 1919. *Le parler de Kfar 'Abída (Liban-Syrie). Essai linguistique sur la phonétique et la morphologie d'un parler arabe moderne*. Paris: Leroux.

FEW (= von Wartburg, W. 1922–2002). *Französisches Etymologisches Wörterbuch. Eine Darstellung des galloromanischen Sprachschatzes*, 25 vol. Bonn/Leipzig/Basel: Schroeder/Klopp/Teubner/Zbinden.

Fouché, P. 1961: *Phonétique historique du français*, vol. 3: *Les consonnes et index général*. Paris: Klincksieck.

Fougeron, C. 2001. Articulatory properties of initial segments in several prosodic constituents in French. *Journal of Phonetics* 29, 109–135.

Gabriel, C. / Meisenburg, T. 2009. Silent Onsets? An optimality-theoretic approach to French *h aspire* words. In Kügler, F. / Féry, C. / van de Vijver, R. Eds. *Variation and gradience in phonetics and phonology*. Berlin: De Gruyter, 163–184.

Girard, F. / Lyche, C. 1997. *Phonologie et phonétique du français* (3e éd.). Oslo: Universtitetsforlaget.

Greive, A. 1970. *Etymologische Untersuchungen zum französischen* h aspiré. Heidelberg: Winter.

de Guer, C. G. 1901. *Le parler populaire dans la commune de Thaon (Calvados). Phonétique – Morphologie – Syntaxe – Folk-Lore. Suivi d'un lexique alphabétique de tous les mots étudiés*. Paris: Bouillon.

Hafez, S.-A. 2006. *Statuts, emplois, fonctions, rôles et représentations du français au Liban*. Paris: L'Harmattan.

Hooper, J. 1976. Word frequency in lexical diffusion and the source of morphophonological change. In Christie, W. Ed. *Current progress in historical linguistics*. Amsterdam: North Holland, 96–105.

Joseph, J. E. 2006. The shifting role of languages in Lebanese Christian and Muslim identities. In Omoniyi, T. / Fishman, J. A. Eds. *Explorations in the sociology of language and religion*. Amsterdam: Benjamins, 165–179.

Keating, P. / Cho, T. / Fougeron, C. / Hsu, C.-S. 2003. Domain-initial articulatory strengthening in four languages. In Local, J. / Ogden, R. / Temple, R. Eds.

Phonetic interpretation. Papers in laboratory phonology VI. Cambridge: Cambridge University Press, 143–161.

Lepelley, R. 1973. *Le parler normand du Val-de-Saire (Manche). Phonétique, morphologie, syntaxe, vocabulaire de la vie rurale*. Thèse de doctorat d'État. Université Paris X-Nanterre.

Marchello-Nizia, C. 2005. *La langue française aux XIV*[e] *et XV*[e] *siècles*. Paris: Armand Colin.

Marthy-Laveaux, C. 1884. Ed. *Cahiers de remarques sur l'orthographe françoise pour estre examinez par chacun de Messieurs de l'Académie. Avec des observations de Bossuet, Pellisson, etc*. Paris: Jules Gay.

Meisenburg, T. / Selig, M. 1998. *Phonetik und Phonologie des Französischen*. Stuttgart: Klett.

Mensching, G. 2015. Das '*h* aspiré' im libanesischen Französisch. Phonologische und variationslinguistische Perspektiven. Conférence à l'Université de Potsdam, 12 octobre 2015.

Munoz, L. 2014. La géopolitique pour comprendre le contexte socio-culturel libanais et ses pratiques linguistiques, *Contextes et Didactiques* 5. https://www.contextesetdidactiques.com/647 (2019-12-08).

Naaman, A. 1979. *Le français au Liban. Essai socio-linguistique*. Paris: Naaman.

Papen, R. A. / Rottet K. J. 1997. A structural sketch of the Cajun French spoken in Lafourche and Terrebonne Parishes. In Valdman, A. Ed. *French and creole in Louisiana*. New York: Plenum Press, 71–107.

Pierrehumbert, J. / Talkin, D. 1992. Lenition of /h/ and glottal stop. In Doherty, G. J. / Ladd, D. R. Eds. *Papers in laboratory phonology II. Gesture, segment, prosody*. Cambridge: Cambridge University Press, 90–127.

Pope, M. K. 1934. *From Latin to modern French, with especial consideration of Anglo-Norman. Phonology and morphology*. Manchester: Manchester University Press.

Remacle, L. 1944. *Les variations de l'h secondaire en Ardenne liégeoise. Le problème de l'h en liégois*. Paris: Droz.

Rheinfelder, H. 1952. *Altfranzösische Grammatik*, vol. 1: *Lautlehre*. München: Hueber.

Schäfer, K. 2016. *Phonetisch-phonologische Studien zum 'h aspiré' im libanesischen Französisch*. BA-Arbeit. Göttingen: Georg-August-Universität.

Serhan, C. / Eid, C. / Francard M. 2017. Le français au Liban. In Reutner, U. Ed. *Manuel des francophonies*. Berlin: De Gruyter, 495–509.

Stoffel, C. 2009. *Studien zu Phonetik und Phonologie frankophoner Varietäten*. Staatsexamensarbeit. Berlin: Freie Universität Berlin.

Sung, K.-M. 1989. H-aspiré in French. *Romance Linguistics & Literature Review* 2, 1–21.

Szlezák, E. 2015. Le français dans le monde. Canada. In Polzin-Haumann, C. / Schweickard, W. Eds. *Manuel de linguistique française*. Berlin: De Gruyter, 478–504.

Trop, F. 1826. *Theoretisch-praktisches Lehrbuch der französischen Sprache, nach den Sprachlehren der Herren Wailly, Restaut, Mozin, Silbert u. a.* Wien: Heubner.

Verdeil, C. 2003. Les « petites écoles » jésuites (1830–1914). In Nordiguian, L. Ed. *Le P. Joseph Delore (1873–1944)*. Beyrouth: Presses de l'Université Saint-Joseph, 49–56.

Wehr, H. / Cowan, J. M. 1994. *A dictionary of modern written Arabic* (4th ed.). Urbana, IL: Spoken Language Service.

Zang Zang, P. 1998. *Le français en Afrique. Norme, tendances, évalutives, dialectalisation*. München: Lincom.

Brechtje Post & Samantha Jones

L1 phonemic contrasts constrain pronunciation attrition in French-English bilinguals

Abstract. Research on L1 pronunciation attrition shows that second language learning has bidirectional effects, with bilingual productions in the L1 as well as the L2 usually falling somewhere between those of monolinguals. Flege's Speech Learning Model (1995) provides a convincing account of such effects, since the phonetic systems of the two languages are predicted to interact in such a way that a single merged category will be used in the production of sounds that are 'similar' in both languages. However, such a merger of similar sounds in the two languages could potentially compromise the maintenance of phonemic contrasts in the L1, e.g. nasalization in French, which can be phonemic (/ɛ/ *paix* 'peace' vs. /ɛ̃/ *pin* 'pine'), but also allophonic in the context of a nasal consonant ([ɛ̃] *peine* 'effort/punishment'). A hybrid intermediate realization of a nasalized oral vowel would approximate its nasal counterpart potentially leading to L1 attrition. We analyzed nasalization in French oral, nasalized and nasal vowels, and found that bilingual productions do indeed fall between those of L1 and L2 monolinguals, but also that bidirectional effects of a merger driven by similarity are overridden when an L1 contrast is at risk. We also found that even L1 sounds that do not exist in the L2 can be affected, showing an L2 influence that is not directly motivated by similarity or contrastiveness. We conclude that bilingual speech development is multilayered and systematic, affecting comparable elements throughout the shared bilingual system in a similar way, while both similarity and contrastiveness between the elements in the L1 and L2 constrain convergence and divergence between them.

1. Introduction

Second language acquisition and the extent of influence of a first language (L1) on a second (L2) has been the subject of much linguistic research (cf. e.g. Flege 1987; Best 1994; 1995; Best/Tyler 2007; Flege/Munro 1994; Kingston et al. 1996; MacKay et al. 2001). Fewer studies have been concerned with the reverse: the effect of L2 learning on an L1 (cf. Cook 2003). Weinreich (1953: 1) already mentioned "instances of deviation from the norms of either language which occur in the speech of bilinguals", but few acknowledged this definition's bidirectional implications. However, when Flege (1981; 1987; Flege/Hillenbrand 1984) developed the Merger Hypothesis, the notion of bidirectional effects started to receive more attention.

Flege (1987) found that, although L2 learners almost invariably struggle to achieve native-sounding pronunciation in the L2, not all L2 phones are equally difficult to produce in a native-like way. To account for this, Flege proposed that phones that are easier to acquire are those that have been mapped to a 'new' category in the L2, since they are dissimilar from the learner's L1 phones, while those that are difficult are the ones that are perceived as similar to an L1 phone. As a consequence, the L2 learner does not make full use of the fine-grained phonetic detail in the L2 input and classifies them as 'equivalent' (cf. Flege 1987: 49), and he or she will merge the equivalent L1 and L2 phones into the same phonological category. For example, the longer Voice Onset Time (VOT) durations for /t/ which he observed for French-American English bilinguals compared to their monolingual French counterparts were, Flege (1987: 62) argues, the result of the bilinguals judging the English phone [t^h] to be phonetically equivalent to French [t] as a realization of /t/. This interaction between L1 and L2 phones is central to Flege's Speech Learning Model (SLM; Flege 1995), since it assumes that the elements which form the L1 and L2 subsystems exist in "common phonological space" (Flege 1995: 239).[1]

Thus, the SLM predicts that the merging of phonetic properties of 'similar' phones in the two languages must affect not only the bilinguals' L2 but also their L1 (cf. Lord 2008: 184), and it has been conjectured that the more a bilingual approximates correctly the phonetic norm for an L2 speech sound, the more his or her production of the corresponding L1 sound will deviate from the phonetic norms for that language. Moreover, the 'similar' phones are claimed to adhere to an acoustic representation that is comprised of both the native and second language, resulting in hybrid phones that are unlike their monolingual counterparts in either language. However, although the model makes the clear prediction that an L2 exerts a strong influence over L1 phones that are similar to those found in L2, dissimilar phones can also influence one another, but only if they dissimilate from each other in order to maintain cross-linguistic phonetic contrast ('polarization' in Keating 1984).

[1] Although several models of L2 language acquisition have been proposed to account for cross-language influence in bilinguals, we focus on Flege's Speech Learning Model here, since it is the only model that provides a theoretical account of L2 influence on L1 production. The Perceptual Assimilation Model (cf. Best 1994; 1995; Best/Tyler 2007), for instance, focusses on L2 perception.

Many studies have since confirmed that second language learning does indeed have bidirectional effects (e.g. Major 1992, Harada 2003 and Kang/ Guion 2006 for VOT, Jiang 2008 and Chang 2012 for vowel quality and Mennen 2004 for intonation), all showing the general pattern that was already observed in Flege's (1987) VOT study of bilingual productions in the L1 as well as the L2 falling somewhere between those of monolingual speakers. Also in line with Flege's predictions, the interplay of the two languages has been found to lead to divergences from monolingual productions in particular in areas of grammar where there are similarities between L1 and L2, and where there is therefore most competition between the systems (cf. Schmid 2010), i.e. those cases in which 'merger' between L1 and L2 sounds is likely to occur according to Flege.

However, such a merger of similar sounds in the two languages could potentially compromise the maintenance of phonemic contrasts in the L1, depending on the way in which phonetic properties are exploited to signal contrast in the two languages (cf. Spears 2006 for French nasalization). For instance, nasalization in French can be used phonemically, contrasting in /ɛ/ *paix* 'peace' and /ɛ̃/ *pin* 'pine', but it also occurs as a coarticulatory allophonic realization in the context of a nasal consonant, e.g. [ɛ̃] *peine* 'effort/punishment'. In English, by contrast, nasalization is only coarticulatory, e.g. /e/ *pet* vs. [ẽ] *pen*. This implies that if L1 French learners of English were to develop hybrid 'intermediate' realizations across the board, their L1 nasal contrast on vowels like /ɛ/ : /ɛ̃/ could be compromised and ultimately attrited.

In this paper, we investigate how contrastivity might interact with similarity in the L1 pronunciation of late bilinguals. We analyzed nasalization in tokens of French /ɛ/, /ɑ/ and /u/ in oral and nasal contexts (CVC vs. CVN), comparing them to their English 'similar equivalents' /e/, /æ/ and /u/ in the same contexts.[2] The degree of nasalization in vowels in French provides an ideal testing ground because it simultaneously allows us to verify, first, whether a similarity merger has indeed taken place at the phonological level, such that the resulting hybrid phoneme not only shows how

---

2 Although their conventional IPA transcriptions suggest otherwise, French /ɛ/ is auditorily and acoustically very similar to English /e/, just as /ɑ/ is quite a close match to /æ/. Note that English /ɑː/ is not a good alternative for French /ɑ/, since it is longer and more retracted than the French vowel. Auditory analysis of the production of /æ/ and /ɑː/ by the participants in this experiment confirmed that this is indeed the case here. Compared with English, French shows relatively later velic opening in CVN structures (cf. Laver 1994: 293), which reflects an attempt by speakers to preserve the contrastive power of nasality (cf. Clumeck 1975: 144).

the realization of the L1 and L2 phoneme is an approximation of the two, as Flege's model predicts, but also, second, whether any approximation effects are constrained by the need to maintain phonemic contrasts in the L1.

We hypothesize that the bidirectional interaction between French and English phones that takes place in the bilinguals' common phonological space leads to a merger between similar phones at the phonological level that is,

- first, reflected in an across-the-board application of any phonological processes that are assumed to apply to phonological elements of the same class (coarticulatory nasalization of vowels in this study), and,
- second, constrained by the need to maintain phonemic contrasts in the L1 system, leading to more tightly controlled approximations for contrastive features that are affected by the phonological process in question when they function as a phonological contrast (the nasal feature in the French oral-nasal vowel contrast in this study).

A contrastive nasal vowel condition (i.e. /ɛ̃/ and /ɑ̃/) was included as a baseline, since nasal vowels do not occur in the L2 (English) and should therefore not show the same signs of approximation. That is, if the bilinguals produce differing levels of nasalization in nasal vowels from their monolingual counterparts, non-systemic effects may be at play as well (i.e. effects that cannot be attributed to the L1 or L2 sound system, such as a more generalized loss of velum control). VOT was also included as a baseline condition, since it is wholly allophonic (i.e. systemically determined), and is not subject to possible velum control effects. Including VOT also allowed us to verify that the bilinguals recruited for this study were comparable to those reported in the literature.

2. Methodology

2.1 Materials

Twelve segmentally matched CVC structures were selected for each language, six of which were CVC to elicit the oral vowels (more specifically, /sVt/ and /tVt/), and the others were CVN to elicit their nasalized allophones (/sVn/ and /tVn/), as shown in Tab. 1. The items in the nasal control condition were also segmentally matched to the experimental conditions (e.g. /sɛ̃/ *sain* and /tɛ̃/ *teint* are respectively matched with /sɛt/ *sept*, /tɛt/ *tête*, [sɛ̃n] *Seine* and [tɛ̃n] *tenne*, as well as their English counterparts).[3]

	English		French		
vowel	oral	nasalized	oral	nasalized	nasal
/æ/ ~ /ɑ/	sat	san	*sâte	*sâne	sans
/æ/ ~ /ɑ/	tat	tan	tâte	*tâne	tant
/e/ ~ /ɛ/	set	*sen	sept	Seine	sain
/e/ ~ /ɛ/	*tet	ten	tête	*tenne	teint
/u/	suit	soon	soute	*soune	
/u/	toot	toon	toute	*toune	

Tab. 1. Design with items used in this study, by language, condition and vowel. Non-words are marked with an asterisk (*).

The monolingual French and the French-English bilingual group produced the French items (i.e. these are the experimental conditions proper), and the English monolinguals produced the English items, which served as a control condition for the bilingual speech. The /tuC/ items also doubled as the VOT control condition (i.e. *toute* and *toune* for French, and *toot* and *toon* for English). Each item was repeated five times. The items were elicited in the carrier sentence *Say ... twice / Dites ... deux fois* in order to control for test word context eliminating potential carryover effects from nasals or laterals onto the target items (cf. e.g. Chafcouloff/Marchal 1999; Berger 2007), and minimizing possible effects of prosody and speaking rate.

2.2 Recording procedure

The test sentences were presented in semi-random order on a computer screen using PowerPoint. Sentences were faded in individually on their own slide and were presented in four blocks which were separated by a progress slide to try to encourage participants to speak more naturally and at the same speaking rate, since this has been shown to have an effect on the amount of nasalization produced in allophonically nasalized vowels (cf. Solé 1992). For the same reason, the participants were asked to read each

3 Some items were non-words, as priority was given to matching the items' segmental make-up between the languages and the conditions. An analysis of the duration of nasalization comparing the real words to the non-words showed that there was no difference between the two.

sentence silently to themselves before attempting to produce it aloud. The experimenter spoke French to the monolingual French speakers and English to the other two groups.

The recordings took place in the sound-proofed recording studio of the Phonetics Laboratory of the University of Cambridge using a Nagra-ARES-MII set to record an uncompressed WAV file in mono at a sampling rate of 22,050Hz. A Sennheiser ME64/K6 condenser microphone was placed at an approximately 45 degree angle, six inches away from the mouth of the speaker, who was asked to assume a comfortable sitting position to avoid a change in posture which could have affected the recording conditions.

2.3 Participants

The productions of 5 French L2 speakers (2 males, 3 females; mean age 52) of English who had all lived in East Anglia in the UK for at least 10 years (mean 18 years) were compared with those of two monolingual control groups (with 3 participants each). The French bilinguals all considered themselves to be fully fluent in English, and this was confirmed by the experimenter prior to testing in conversation. The French monolinguals all claimed very poor proficiency in English, which was confirmed in the same way, and the monolingual English speakers had no French at all. The French-speaking participants all spoke the same variety of French (Standard Northern French / Parisian), and the English speakers were from East Anglia (with 2 females in each control group; mean age 36). The participants filled in a questionnaire which asked them about their gender, age, duration and place of residence in England and France (where applicable), other languages spoken, age of acquisition of English, current level of contact with French (again, where applicable) and any disorders that might affect their speech. The participants reported that they did not have any speech, language, or voice disorder that could increase nasal airflow (cf. Pickett 1999: 70). No participant spoke any other language than English or French.

2.4 Acoustic analysis

All tokens were analyzed using *Praat* (Boersma/Weenink 2018) after being checked auditorily to ensure correct pronunciation and no disturbances, and to ensure accurate demarcation of segment boundaries.

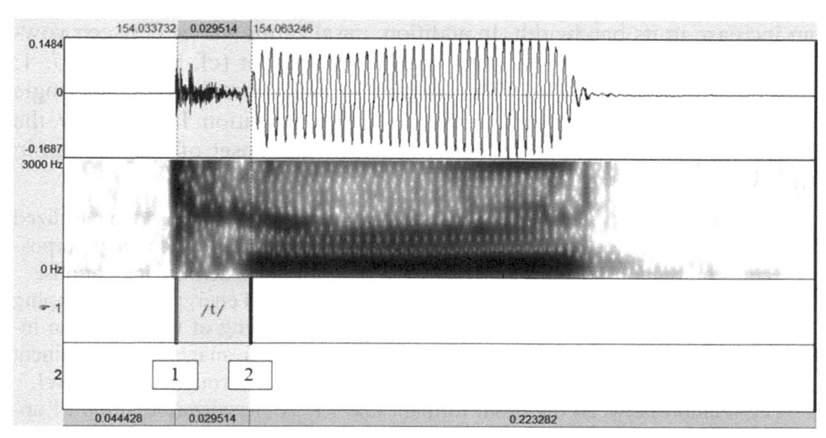

Fig. 1. Waveform and spectrogram of the onset /t/ and vowel in a realization of *toute* by a French monolingual speaker (length of visible window: 0.297224s) illustrating VOT measurement points: (1) start of plosive release, and (2) vowel onset.

The duration of VOT was measured from the release of the plosive closure (a transient) until the onset of periodicity indicating voicing for the following vowel, following Flege (1987: 53), illustrated in Fig. 1. In the figure, point 1 marks the acoustic transient burst which is indicative of the release of /t/. In cases of disparity such as this, when the burst in the waveform is not completely aligned with the transient in the spectrogram, cues were consistently taken from the waveform window. Point 2 marks the onset of periodicity of the vowel at the end of the plosive, identified by the regular pattern of oscillation in the waveform, and clear striations in the spectrogram.

The raw VOT data were normalized for speaking rate by expressing VOT duration as a proportion of the total syllable duration.

Vowel onsets were measured from the start of periodic vibration, indicative of voicing (after the voiceless onset), which was shortly followed by the vowel formants. The end of each vowel was measured at the subsidence of periodic vibration for nasal vowels, and, at the end of oral formants, as a rise in amplitude of nasal formants and at a change in the waveform, indicative of the nasal consonant for nasalized vowels.

Studying the coarticulatory nasalization of vowels using acoustic analysis is notoriously difficult. The acoustic coupling of the oral and nasal cavity during the production of nasalized vowels results in the occurrence of pole-zero pairs in the nasal signal (both nasal formants and anti-formants or zeroes; cf. Chen 1997: 2360) and the oral signal is attenuated through excessive damping, which results in a lowering of the first oral formant and an increase in its bandwidth. In addition, nasalization varies between vowels, speakers and even repetitions within one speaker (cf. Berger 2007: 1; Delvaux et al. 2002: 358). This makes it difficult to isolate one single acoustic cue that corresponds absolutely with nasalization. In this study, the following principles were adopted to identify the onset of nasalization in nasalized and nasal vowels:

- Nasal bands were identified as those that began part-way through the nasalized vowel and continued unbroken into the nasal consonant. For accuracy purposes, any ambiguous bands were rejected in favor of more definite indications.
- Acoustic changes such as an overall reduction in vowel energy due to damping from air escaping through the nasal cavity, a weakening of the Fl and an increase in its bandwidth, and/or the point at which formants and prominent harmonics became more stable, continuing in this way throughout the vowel.
- The relation between the nasal formant and F1. As nasalization shifts Fl upwards in frequency, in high vowels, like /u/, the nasal formant appears in the spectral valley between Fl and F2 (cf. Arai 2004); in low(er) vowels, Fl comes close to the nasal zero (cf. Kingston 2007: 417). Fl is weakened and split into two peaks. Since the nasal formant, below Fl, increases in intensity, and Fl decreases, perceived vowel height increases.
- Since many speakers do not have a fully raised velum even during oral articulations, only clear instances of cues of nasality were accepted.

Fig. 2 and Fig. 3 illustrate the cues that were used to identify the onset and offset of nasalization. In Fig. 2, the extra nasal resonances attenuate F1 at point 1, such that F1 is virtually invisible in the spectrogram. At the same point, the frequency of F2 appears to rise slightly and it has an increased bandwidth as a result of nasal coupling. Nasal resonances which continue into the nasal consonant start to appear at point 2. At point 3, the end of the vowel, and the onset of the nasal consonant, is evident from a general decrease in amplitude, particularly in the high frequencies (from excessive damping) as well as the subsidence of oral formants. The waveform starts to become much simpler here, which is characteristic of the nasal consonant. In Fig. 3, nasal coupling is visible at point 1 as the appearance of two nasal resonances in the spectrogram, and the attendant attenuation of the oral formants at point 2. The strong oral formant ends when the oral cavity is closed at the onset of the nasal consonant at point 3.

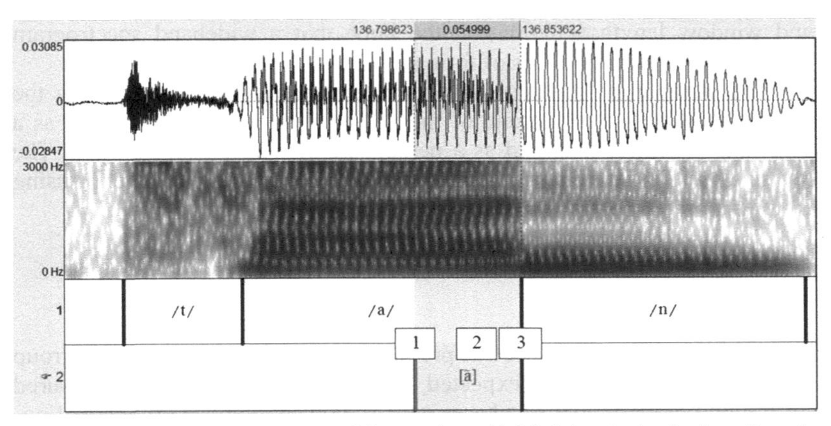

Fig. 2. Waveform and spectrogram of the word *tan*, highlighting the beginning of nasalization in the vowel /a/ preceding the nasal consonant (monolingual English speaker; length of visible window: 0.387311s) illustrating cues to nasalization at (1) start of nasalization in vowel, (2) start of nasal resonances and (3) onset nasal consonant.

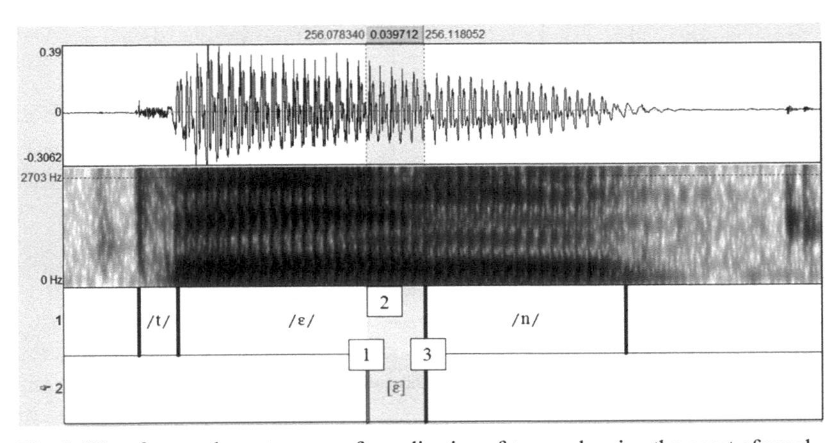

Fig. 3. Waveform and spectrogram of a realization of *tenne*, showing the onset of nasalization in the vowel /e/ preceding the nasal consonant (monolingual French speaker; length of visible window: 0.517684s) illustrating cues to nasalization at (1) start of nasalization in vowel, (2) diminishing amplitude of oral formants and (3) onset nasal consonant.

In order to facilitate discovering the beginning of nasalization in each vowel, *Praat*'s default spectrogram settings were adjusted. Typically, results were checked with a view range of 0 to 3000Hz; dynamic range at 70dB and window length at 0.005s in the hope that a wideband spectrogram would allow clearer analysis of formants.

The duration of nasalization was determined by measuring from the start of nasalization to the end of the vowel. This was recorded both as a duration in milliseconds and as a percentage of total vowel duration. The raw nasalization durations were normalized for speaking rate by expressing them as a proportion of the total vowel duration.

3. Results

The VOT durations for onset /t/ produced by the bilingual speaker group (speaking French) were, as expected, intermediate between those measured for the two monolingual speaker groups (who spoke either French or English), as is illustrated in Fig. 4.

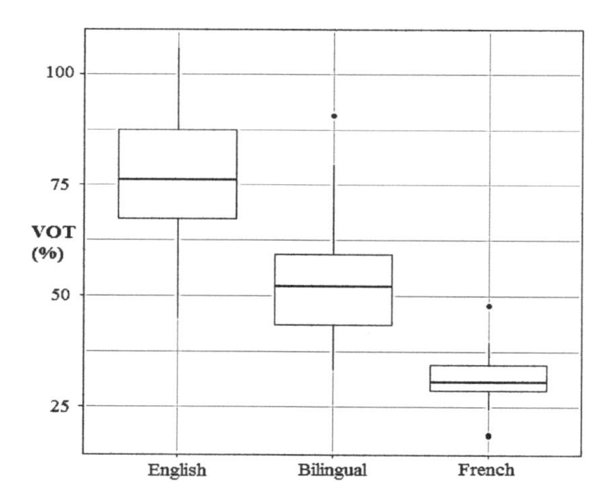

Fig. 4. VOT duration of onset /t/ in the three speaker groups.

Since Levene's test for homogeneity of variance was significant ($F = 11.65$, $p < 0.001$), a Welch test was applied ($F = 132.25$, $p < 0.001$) with Bonferroni-corrected post-hoc analyses showing that all three groups were significantly different from one another at $p < 0.001$. The data also show that the bilinguals' ($M = 52.76$, $SE = 1.67$) and monolingual English speakers' VOTs ($M = 76.61$, $SE = 3.14$), are much more variable than those of the French monolinguals ($M = 31.06$, $SE = 1.05$), as we expected. The results confirmed that the data elicited in the present study were closely comparable to those of Flege (1987: 55), who found a mean bilingual VOT of 51ms, and a mean monolingual French VOT of 33ms, respectively.

Interestingly, the bilingual speakers also showed a drop in the amount of nasalization they produced for their fully nasal vowels compared to their monolingual peers, as is illustrated in Figure 5.[4] An ANOVA was carried out for each nasal vowel, showing that the difference between the monolingual and bilingual group was indeed significant (/ɛ̃/: $F(1, 76) = 50.02$, $p < 0.001$); /ɑ̃/: $F(1, 77) = 44.37$, $p < 0.001$).

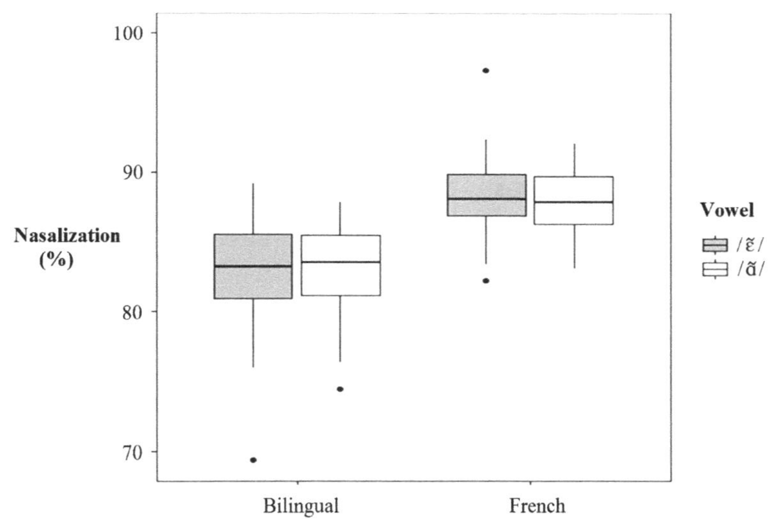

Fig. 5. Nasalization duration (expressed as the percentage of nasalization in the vowel) in fully nasal vowels /ɛ̃/ and /ɑ̃/ in French monolingual and French-English bilingual speakers.

Perhaps unsurprisingly, given the findings for the two control conditions, the coarticulatory nasalization measured for the French-English bilinguals also fell between those measured for the monolingual French and English participants, as is illustrated in Fig. 6, both in terms of the duration of nasalization, but also in terms of its variability (SE tabulated in Tab. 2).

[4] It has been observed that even phonemically fully nasal vowels are not nasalized throughout in French (cf. Cohn 1993: 52), since the transition from a previous oral consonant to fully nasal airflow typically takes 20–30ms (Cohn 1993: 53), which is consistent with the values observed in the present study.

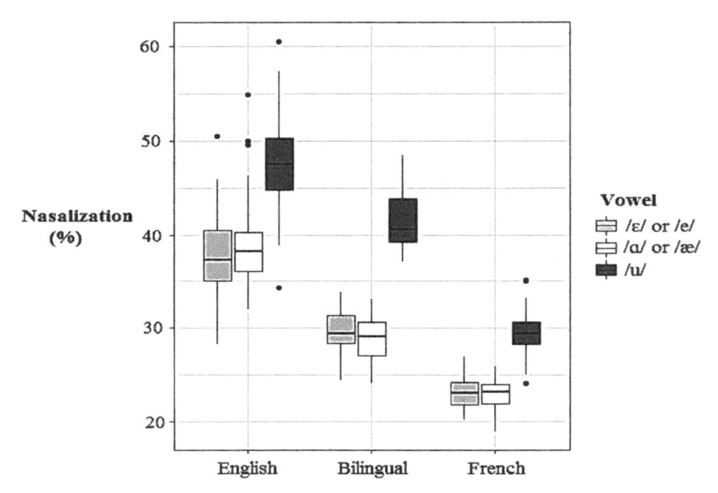

Fig. 6. Mean percentage of coarticulatory nasalization for the three vowels in each speaker group.

The Levene's tests carried out to test for homogeneity of variance for each vowel were all significant at $p < 0.001$, so a Welch test was carried out for each nasalized vowel to compare the three speaker groups, confirming that all three groups were significantly different from one another for each vowel (/ɛ/ or /e/: $F(2, 56.66) = 168.26$, $p < 0.001$; /ɑ/ or /æ/: $F(2, 65.73) = 194.54$, $p < 0.001$; /u/: $F(2, 58) = 246.89$, $p < 0.001$). Bonferroni-corrected post-hoc tests confirmed that for all three vowels all three groups were significantly different from one another at $p < 0.001$.

	English	Bilingual	French
/ɛ/ or /e/	1.04	0.33	0.30
/ɑ/ or /æ/	0.85	0.41	0.33
/u/	1.03	0.29	0.44

Tab. 2. Differences in variability (SE) in the percentage of coarticulatory nasalization across groups.

However, it is also clear that /u/ exhibits much more nasalization than the other two oral vowels, which behave similarly, and are unlike /u/ in that they contrast with their phonemically nasal counterparts in the L1 system.

4. Discussion

The main finding of this study is that French-English bilinguals produce more coarticulatory nasalization and more variability in nasalization in their L1 French vowels than French monolinguals, but still less than English monolinguals do in the same context. This finding supports our first hypothesis that the interaction between French and English phones in the bilinguals' common phonological space leads to a merger between similar phones that affects any phonological processes that apply to them (coarticulatory nasalization, here). We also observed less nasalization and overall less variability in nasalization in oral vowels that have a contrastive nasal counterpart in the L1 system than in other oral vowels (i.e. less in /ɛ/ and /ɑ/ than in /u/ in this study). This is in line with our second hypothesis that the merger effect is constrained by the need to maintain the phonological contrasts of the L1 system, leading to more tightly controlled approximations for contrastive features (nasality, here) that can be affected by the phonological process in question. When contrastivity is not at play, the process is given a freer rein (i.e. no amount of nasalization will make /u/ more easily confusable with any other phone in either language system, so nasalization can be longer and vary more).

We observed that all three of the bilinguals' nasalized vowels consistently showed an increase in the duration of nasalization relative to monolingual French speakers in the direction of English. This suggests that speaking English as a second language did indeed have an effect on their degree of nasalization, supporting the assumption that they can be classed under Flege's (1987) 'similar' phone category. That is, the bilingual speakers approximated the French vowels /ɛ/, /ɑ/ and /u/ to English /e/, /æ/ and /u/ in the context of a nasal coda. According to Flege (1987; 1995), the root cause of this merger process is a cognitive mechanism which, for reasons of economy, causes bilingual speakers to no longer make use of the rich phonetic detail exhibited in speech which originally allowed them to create their L1 categories. Similar phones that are heard, whether it be in one's native language or in a foreign language, are thus equated ('equivalence classification'). Instead of maintaining a categorical distinction between the phonological and phonetic systems of the two languages, similar phones merge into one hybrid phone, as we hypothesized.

However, the difference between the data for /u/ as opposed /ɛ/ and /ɑ/ strongly support our second hypothesis that systemic pressure from the L1 puts more stringent constraints on the merger effect for those contrasts that could be put at risk by across-the-board hybridization in the L1 system, i.e. /ɛ/ : /ɛ̃/ and /ɑ/ : /ɑ̃/. For these vowels, the emergence of hybrids could threaten the contrast, and hence, there is a need to more tightly control coarticulatory nasalization in /ɛ/ and /ɑ/ – to the same extent in amount as well as variation, we saw. Thus, systemic pressure would explain what may otherwise appear to be an arbitrary difference in their behavior from /u/ in the same context. The VOT control data support this interpretation, since the merger effect on /t/ (which we measured in this study as the amount of allophonic aspiration in onset position) should in principle be comparable to that of /u/ if the mergers do indeed take place at the phonological level, and are phonetically comparable (since the allophonic variation we measured is phonologically conditioned in both cases by their segmental context). We did indeed observe an effect of a similar order of magnitude in the aspiration of /t/ and the nasalization of /u/ in the productions of the bilinguals compared to the monolingual French participants (23% and 25%, respectively). This is in contrast to the difference we observed for coarticulatory nasalization in vowels that did have phonemically nasal counterparts in French (about 8% less on average). We conclude that even though merger effects for similar sounds in the L1 and L2 appear to be ubiquitous, contrastivity in the L1 constrains the level of L1 systemic attrition that can be tolerated within the L1 sound system of the bilingual speaker.

However, our data suggest that a third factor is at play that cuts across systemic factors like L1-L2 'equivalence classification' and L1 contrastivity: a lack of velum control. The more consistent amounts of nasalization observed in the monolingual French speakers reflect their need to control nasalization quite tightly in order to maintain a clear distinction between nasal allophones and nasal phonemes (cf. Clumeck 1975). The generally higher degree of variation in the bilinguals' speech suggests that they have lost this high degree of velum control. Since the action of the velum is essentially involuntary, and they would, if anything, try to keep the two types of nasal phones consistently as distinct as possible while speaking French, this loss of control cannot be the result of any conscious effort to imitate English on the part of the bilinguals. Rather, it could be the case that the bilinguals exerted less effort to manipulate the velum efficiently after having spoken English for more than ten years. This could reflect a general reduction in the level of muscle control over their velum, as is the case with any muscle which is exercised less. If so, the effect is a natural physiological consequence of the merger between the two phonetic systems: one of which enforces a need to distinguish between nasal and oral vowels, while the other does not.

The nasal vowel control data support this interpretation, since the bilinguals failed to maintain nasalization as long as one would expect for nasal vowels, thus further compromising the French nasal/oral vowel distinction. This effect cannot be attributed to a merger with an L2 phone or a need to maintain contrast, since nasal vowels do not exist in English. Instead, it would seem that merger approximation with English resulted in a wide-reaching physiological effect, extending to include categories that are unique to the L1 system. Further evidence that we are dealing with such an across-the-board loss of control is that the magnitude of the difference in nasalization in the merged and unique categories is very similar: a decrease of about 5% in nasal vowels and an increase of about 6% in the nasalized vowels.

These findings cannot be accommodated readily in existing models of cross-language interaction. While the SLM provides an elegant account for approximation effects between similar phones and allows for cross-language influence between dissimilar phones if they dissimilate from each other in order to maintain cross-linguistic contrast, there is no mechanism that would allow it to deal with the other two factors at play here, L1 contrastivity and a generalized loss of velum control. A Dynamic Systems approach might be more successful in capturing the complex interaction between system-driven approximations and dissimilations and more generalized phonetic processes due to other factors (cf. de Bot et al. 2007). Dynamic systems are characterized by what is called complete interconnectedness: subsystems or variables are nested and interrelated, and change in one subsystem will lead to changes in another, as well as the system as a whole. The interaction between the merger effect and L1 contrastivity we observed in the present study could be accounted for in terms of the interrelatedness of the bilingual subsystem of merged oral vowels (which is established through e.g. Flege's 'equivalence classification' mechanism) and the L1 subsystem nasal vowels which have their own connections to their oral counterparts. The generalized loss of velum control could be attributed to variability as a source of development, which is a key aspect of Dynamic Systems Theory.

Further research is needed to establish whether the ensuing predictions about the systemic application of coarticulatory processes in bilingual L1 production hold beyond the specific instances of nasal phonemic and allophonic variation examined here.

5. Conclusion

This study confirms that the L1 continues to change under the influence of an L2 during adulthood. More specifically, we found that phones that are similar in the two languages are realized as hybrid phones. These hybrids show allophonic behavior that is systematic in the sense that the phonological process applies in accordance with the L1, even though they diverge phonetically. Our findings also show that, although similar phones can indeed be merged in the bilingual speaker's system (as predicted by Flege's SLM), mergers between similar phones are constrained when they threaten to undermine contrastivity in the native system. Moreover, even contrastive L1 phones that do not exist in the L2 can exhibit signs of change after L2 acquisition, showing L2 effects that are not directly motivated by similarity or contrastivity. The case in point in this study is the more generalized loss of velum control that affects the bilingual's production of nasality across the board – equally so in L1 and L2.

This suggests that bilingual speech development is not only multi-layered and systematic, but also that the interactions between the L1 and L2 in the developmental process are truly systemic in nature, affecting comparable elements throughout the shared bilingual system in a similar way, while both similarity and contrastivity between the elements in the L1 and the L2 constrain convergence and divergence between the two (cf. de Bot et al. 2007).

References

Arai, T. 2004. Formant shift in nasalization of vowels. *Journal of the Acoustical Society of America* 115, 2541.

Berger, M. A. 2007. *Measurement of vowel nasalization by multi-dimensional acoustic analysis.* PhD thesis. New York: University of Rochester.

Best, C. T. 1994. The emergence of native-language phonological influences in infants. A perceptual assimilation model. In Goodman, J. C. / Nusbaum, H. C. Eds. *The development of speech perception. The transition from speech sounds to spoken words*. Cambridge, MA: MIT Press, 167–224.

Best, C. T. 1995. A direct realist view of cross-language speech perception. In Strange, W. Ed. *Speech perception and linguistic experience. Issues in cross-language research*. Baltimore, MD: York Press, 171–204.

Best, C. T. / Tyler, M. D. 2007. Nonnative and second-language speech perception. Commonalities and complementarities. In Bohn, O.-S. / Munro, M. J. Eds. *Language experience in second language speech learning. In honor of James Emil Flege*. Amsterdam: Benjamins, 13–34.

Boersma, P. / Weenink, D. 2018. *Praat. Doing phonetics by computer.* Computer software. Version 6.0.40. http://www.fon.hum.uva.nl/praat/ (2018-12-27).

de Bot, K. / Lowie, W. / Verspoor, M. 2007. A dynamic systems theory approach to second language acquisition. *Bilingualism. Language and Cognition* 10, 7–21.

Chafcouloff, M. / Marchal, A. 1999. Velopharyngeal coarticulation. In Hardcastle, W. J. / Hewlett N. Eds. *Coarticulation. Theory, data and techniques.* Cambridge: Cambridge University Press, 69–79.

Chang, C. B. 2012. Rapid and multifaceted effects of second-language learning on first-language speech production. *Journal of Phonetics* 40, 249–268.

Chen, M. Y. 1997. Acoustic correlates of English and French nasalized vowels. *Journal of the Acoustical Society of America* 102, 2360–2370.

Clumeck, H. 1975. A cross-linguistic investigation of vowel nasalization. An instrumental study. In Ferguson, C. A. / Hyman, L. M. / Ohala, J. J. Eds. *Nasálfest. Papers from a symposium on nasals and nasalization*. Stanford, CA: Stanford University, 133–152.

Cohn, A. C. 1993. Nasalisation in English. Phonology or phonetics. *Phonology* 10, 43–81.

Cook, V. Ed. 2003. *Effects of the second language on the first*. Clevedon: Multilingual Matters.

Delvaux, V. / Metens, T. / Soquet, A. 2002. Propriétés acoustiques et articulatoires des voyelles nasales du français. In LORIA (= Laboratoire Lorrain de Recherche en Informatique et ses Applications / ATILF (= Analyse et Traitement Informatique de la Langue Française) Eds. *Actes des XXIVe Journées d'Étude sur la Parole, Nancy, 24–27 juin 2002.* Le Chesnay: INRIA, DL, 357–360.

Flege, J. E. 1981. The phonological basis of foreign accent. A hypothesis. *TESOL Quarterly* 15, 443–455.

Flege, J. E. 1987. The production of 'new' and 'similar' phones in a foreign language. Evidence for the effect of equivalence classification. *Journal of Phonetics* 15, 47–65.

Flege, J. E. 1995. Second language speech learning. Theory, findings, and problems. In Strange W. Ed. *Speech perception and linguistic experience. Issues in cross-language research*. Baltimore, MD: York Press, 233–277.

Flege, J. E. / Hillenbrand, J. 1984. Limits on phonetic accuracy in foreign language speech production. *Journal of the Acoustical Society of America* 76, 708–721.

Flege, J. E. / Munro, M. 1994. The word unit in second language speech production and perception. *Studies in Second Language Acquisition* 16, 381–411.

Harada, T. 2003. L2 influence on L1 speech in the production of VOT. In Solé, M.-J. / Recasens, R. / Romero, J. Eds. *Proceedings of the 15th International Congress of Phonetic Sciences*. Barcelona: Casual Productions, 1085–1088.

Jiang, H. 2008. *Effect of L2 phonetic learning on L1 vowels*. PhD thesis. Burnaby: Simon Fraser University.

Kang, K.-H., / Guion, S. G. 2006. Phonological systems in bilinguals. Age of learning effects on the stop consonant systems of Korean-English bilinguals. *Journal of the Acoustical Society of America* 119, 1672–1683.

Keating, P. A. 1984. Phonetic and phonological representation of stop consonant voicing. *Language* 60, 286–319.

Kingston, J. 2007. The phonetics-phonology interface. In De Lacy, P. Ed. *The Cambridge handbook of phonology.* Cambridge: Cambridge University Press, 401–434.

Kingston, J. / Bartels, C. / Benki, J. / Moore, D. / Rice, J. / Thorburn, R. 1996. Learning non-native vowel categories. In *Proceedings of the Fourth International Conference on Spoken Language Processing.* New York: Institute of Electrical and Electronics Engineers, 1553–1556.

Laver, J. 1994. *Principles of phonetics.* Cambridge: Cambridge University Press.

Lord, G. 2008. Second language acquisition and first language phonological modification. In de Garavito J. B. / Valenzuela, E. Eds. *Selected proceedings of the 10th Hispanic Linguistics Symposium.* Somerville, MA: Cascadilla, 184–193.

MacKay, I. R. A. / Flege, J. E. / Piske, T. / Schirru, C. 2001. Category restructuring during second-language speech acquisition. *Journal of the Acoustical Society of America* 110, 516–528.

Major, R. C. 1992. Losing English as a first language. *The Modern Language Journal* 76, 190–208.

Mennen, I. 2004. Bi-directional interference in the intonation of Dutch speakers of Greek. *Journal of Phonetics* 32, 543–563.

Pickett, J. M. 1999. *The acoustics of speech communication. Fundamentals, speech perception theory, and technology.* London: Allyn and Bacon.

Schmid, M. S. 2010. Languages at play. The relevance of L1 attrition to the study of bilingualism. *Bilingualism. Language and Cognition* 13, 1–7.

Solé, M.-J. 1992. Phonetic and phonological processes. The case of nasalization. *Language and Speech* 35, 29–43.

Spears, A. 2006. *Nasal coarticulation in the French vowel /i/. A phonetic and phonological study.* PhD dissertation. Chapel Hill: University of North Carolina.

Weinreich, U. 1953. *Languages in contact. Findings and problems.* New York: Linguistic Circle.

Acknowledgements. We are very grateful to Francis Nolan for sharing his insights into the acoustic analysis of nasalization and to Elaine Schmidt for her invaluable assistance with the statistical analysis of the data. We would also like to thank Mrs. S. Marshall and Mrs. B. Hamilton at New Hall School in Essex for their French native-speaker evaluation of the stimuli used in the experiment.

Elissa Pustka

Los préstamos ingleses y franceses en español: un análisis en el marco de la fonología de corpus

Abstract. Loanwords provide fresh evidence for the modelling of phonological systems: adaptations and elisions of sounds can show which elements and structures are impossible in a given system and imitations can indicate change in progress. The processes undergone by loanwords depend on various factors, especially the socio-historical conditions of language contact. Spanish presents a particular promising testing ground since its different varieties are part of different language contact situations. This paper examines the behavior of four English (*club*, *iceberg*, *kétchup*, *rosbif*) and three French loanwords (*chalet*, *champán*, *coñac*), collected in the word list reading task of the corpus-phonological program *(Inter-)Fonología del Español Contemporáneo* (I)FEC. The data for this study originate from the recordings made with 131 speakers in ten fieldwork locations in Spain (Bilbao, Ciutadella de Menorca, Madrid, Santiago de Compostela, Sevilla) and Hispanic America (La Plata, Ciudad de México, Guayaquil, Bogotá, La Habana), comprising a total of 765 tokens. The analysis focuses on the coda structure of the loanwords since the presence of consonants and consonantal groups in this position contradicts the general phonotactic tendencies of Spanish, which prefers universally unmarked CV syllables or at least alveolar coda consonants. The data show that the behavior of the unhabitual consonants in the loanwords can essentially be explained by internal factors. Firstly, the data confirm the universal preference laws for syllable structure, fricatives being more likely to be imitated than plosives. Secondly, the results indicate that loanwords are subject to lenition and fortition processes in the same way as native words, the variety of La Habana possessing the minimum of filled codas and the variety of Ciutadella de Menorca the maximum. In the cases studied, speakers' attitudes in the respective countries towards the Anglo-American culture, indeed, does not seem to affect this internal functioning.

1. Introducción

El español es conocido por su adaptación extrema de préstamos, tanto en el nivel fónico como gráfico. Sin embargo, se observan diferencias entre las variedades del español, dependiendo entre otros factores de la distancia geográfica y cultural con los países anglófonos y del medio por el cual el préstamo entra en la lengua (cf. Schweickard 1998: 292). El español de México, p. ej., adapta más fácilmente palabras del inglés estadounidense que el español peninsular del inglés británico (cf. Sánchez 1995). Asimismo, el resultado es diferente según el modo en que se haga el préstamo: a partir de la forma fónica (ingl. *ear loans*) o de la forma gráfica (*eye loans*); cf. Pratt (1980). Así, p. ej., la palabra inglesa *iceberg* [ˈaɪsbɜːg] resulta [iθeˈβɛɾ(ɣ)] en España y [ajsˈβɛɾɣ] en Hispanoamérica (cf. DPD).

Por supuesto, los caminos del cambio lingüístico aun evolucionan con el tiempo. Hasta el siglo XX, la mayoría de los anglicismos entraban en la lengua española a través del francés, como esp. *bebé* [beˈβe] vía fr. *bébé* [beˈbe] de ingl. *baby* [ˈbeɪbi] (cf. Schweickard 1991: 76). Ya avanzado el siglo XX, y con la difusión del inglés en el mundo, el número de préstamos aumenta y predominan los préstamos directos (cf. Winter-Froemel 2011: 13). Actualmente se observa una tendencia a la retención de la grafía, pero no automáticamente de la fonía, que puede variar entre la pronunciación original (del inglés estadounidense en Hispanoamérica) y la adaptación integral al sistema fonológico del español (cf. Meisenburg 1993: 48; Schweickard 1998: 294). Podemos servirnos del mismo ejemplo: *iceberg* [ˈaɪsbɜːg] > [ajsˈβɛɾɣ], [iθeˈβɛɾ(ɣ)].

Estas tendencias diferentes tienen, en consecuencia, repercusiones diferentes para los sistemas fonológicos (cf. Calabrese/Wetzels 2009; Kang 2011), en especial para las estructuras silábicas. Tradicionalmente, el español posee codas silábicas muy simples, siguiendo la tendencia universal a la sílaba CV. Los préstamos pueden aumentar el número de palabras con coda, y alargar el espectro de consonantes posibles en la coda, p. ej. el /t/ en *internet* y el /g/ en *airbag* (cf. NGLE 2011: 311; Hualde 2014: 61–64). De ahí que se discute si los préstamos podrían cambiar el sistema fonológico del español o al menos aumentar la diferencia entre la pronunciación popular —sin consonantes finales— y la pronunciación docta —con consonantes finales— (cf. Pratt 1980: 124; Meisenburg 1993: 57).

Faltan hasta ahora los datos empíricos para una comparación sistemática. Este artículo presenta una primera aproximación en ese sentido. Se sitúa en el marco del programa de investigación *(Inter-)Fonología del Español Contemporáneo* (I)FEC (cf. Pustka et al. 2016; 2018) que tiene el objetivo de documentar y de analizar la pronunciación del español en el mundo. Como punto de partida, investiga la pronunciación de los siete préstamos siguientes: los anglicismos *club*, *iceberg*, *kétchup* y *rosbif* y los galicismos *chalet*, *champán* y *coñac*.

Las grabaciones provienen de 131 hablantes de los diez puntos de investigación siguientes: en España Bilbao, Ciutadella de Menorca, Madrid, Santiago de Compostela y Sevilla y en Hispanoamérica La Plata (Argentina), Ciudad de México, Guayaquil (Ecuador), Bogotá (Colombia) y La Habana (Cuba).

2. Fonología de la coda final en español

2.1 Restricciones fonotácticas

En el idioma español, es conocida la fuerte tendencia a estructuras silábicas simples. Sandoval et al. (2008), en su análisis cuantitativo de 558.982 sílabas de la parte española del corpus C-ORAL-ROM (Cresti/Moneglia 2005), suma 51% de sílabas CV, el tipo de sílabas universalmente no marcado (cf. Tab. 1). Se trata, según nuestros propios cálculos sobre la base de los datos publicados en su artículo, de 68% de sílabas abiertas y de 31% de sílabas cerradas en este corpus oral.[1] Sólo 10% de las sílabas contienen constituyentes complejos. Son ramificados en estos datos sólo ataques y núcleos y nunca codas.

tipo de sílabas	frecuencia relativa
CV	51%
CVC	18%
V	11%
VC	9%
CVV	3%
CVVC	3%
CCV	3%
CCVC	1%

Tab. 1. Frecuencia de los tipos de sílabas (σ) en la parte española del corpus C-ORAL-ROM (Cresti/Moneglia 2005; cf. Sandoval et al. 2008: 4).

Estos resultados son muy semejantes a los que obtuvo Hess (1975), basándose en el análisis de diferentes lenguas románicas en corpus escritos (entre 8.000 y 10.000 sílabas por lengua). La autora de este estudio advierte en los datos españoles de su corpus además un 0,17% de sílabas con coda compleja. Así, si una sílaba española tiene una coda, esta es generalmente simple.

Además, la coda puede contener sólo una pequeña parte de los fonemas de la lengua: /d/, /l/, /n/, /ɾ/, /s/ (cf. NGLE 2011: 311–318; Gabriel et al. 2013: 137–143; Hualde 2014: 61–64). Tab. 2 ofrece una vista de conjunto sobre los tipos de coda comunes en posición final de palabra ilustrada por ejemplos de palabras nativas del español (según el DLE):

[1] Debido a la aproximación por redondeo de los números decimales las cifras no suman el 100%.

coda simple	ejemplo	coda simple	ejemplo	coda simple	ejemplo
/d/	*pared*	/n/	*pan*	/s/[2]	*jamás*
/l/	*sal*	/ɾ/	*mar*		

Tab. 2. Codas comunes en posición final (cf. NGLE 2011: 311; Hualde 2014: 62).

2.2 Procesos de debilitamiento y de refuerzo en las variedades del español

Los cinco fonemas que aparecen en el léxico nativo del español en la coda final —/d/, /l/, /n/, /ɾ/ y /s/ (cf. Tab. 2)— están frecuentemente sujetos a procesos de debilitamiento hasta la elisión, pero también a procesos de refuerzo. Estos procesos se reparten de manera diferente en el mundo hispanohablante. Quedaría fuera de los límites de este artículo documentar de manera exhaustiva el comportamiento de todos los fonemas en las diez variedades estudiadas. Por esta razón, es más apropiado esbozar, a modo de ejemplo, la elisión de la /s/, la elisión y el ensordecimiento de la /d/, así como la neutralización del punto de articulación de las nasales, de modo que ilustren los factores que necesitaríamos para el análisis posterior.

La elisión de la /s/ es una característica conocida de Andalucía, de las Canarias y de las tierras bajas de Hispanoamérica (con las frecuencias máximas en el Caribe), pero se encuentra también en muchas otras regiones (cf. Hualde 2014: 157–159). Lejos de ser sorprendente, este hecho constituye un proceso natural universal (cf. Ferguson 1990: 62). Además, se observa una variación léxica importante: el debilitamiento está particularmente frecuente en palabras frecuentes como las formas de *e(s)tar*, en *u(s)ted*, *ha(s)ta*, *de(s)de* y *mi(s)mo* (cf. Brown 2009: 170). Esta variación indica un cambio a través del léxico (*difusión léxica*; cf. Wang 1969). El proceso de cambio se refleja también en variaciones sociales y estilísticas propias de las respectivas regiones (cf. las sinopsis en Ferguson 1990 y Brown 2009).

La elisión de la /d/ final es también muy común en Andalucía. En Madrid, sin embargo, se encuentra sólo en palabras polisilábicas, como *salud* y *verdad* (cf. Hualde 2014: 140). En los países catalanoparlantes se observa, por el contrario, una articulación como [t], más cercana a la articulación catalana en casos similares (cf. Wheeler 2005: 145–149). Los dos fenómenos, el debilitamiento hasta la elisión y el refuerzo, se encuentran también en Hispanoamérica (cf. Hualde 2014: 140; Moreno de Alba 1994: 73–75). En su análisis de tres puntos de investigación del programa (I)FEC en España, Burkard/Dziallas (2018) documentan cuotas de elisión mucho más altas en las entrevistas (88,1% en Sevilla, 55,6% en Barcelona y 52,9% en Madrid) que en la palabra *salud* en los datos leídos (lista de palabras; 69,2% en Se-

[2] Las variedades no seseantes además presentan /θ/, p. ej., en *feliz*.

villa, 15,4% en Barcelona y 0% en Madrid). Notan también una variación léxica interesante: por un lado, el porcentaje resulta particularmente alto en la palabra *verdad* (95,8% en Barcelona) que aparece frecuentemente en la frase hecha *es verdad que*; por el otro, en el topónimo *Valladolid,* incluso los hablantes de Sevilla eliden menos (sólo 42,9%), probablemente por imitación de la pronunciación de los nativos de la ciudad.[3]

El estatus débil de la coda final se ve también en varios procesos de neutralización. Estos afectan en todas las variedades del español a la clase natural de las nasales: aunque el español exhibe una oposición fonológica entre /m/, /n/ y /ɲ/ en posición interna (p. ej. *cama* versus *cana* versus *caña*) e inicial (p. ej. *mapa* versus *napa* versus *ñapa*), esta se ve neutralizada en posición final absoluta. En la mayoría de las variedades, la neutralización se hace en favor de [n], en Andalucía, Cuba y otras regiones de tierras bajas en favor de [ŋ] y en Yucatán (México) en favor de [m]. Este proceso se refleja en parte en la grafía, especialmente en el caso de la integración de préstamos como *champán* (del francés *champagne* con [ɲ]). Una ortografía etimológica como <álbum> con <m> (del latín ALBUM) puede, por el contrario, conducir a la *spelling pronunciation* [ˈalβ̞um] en lugar de [ˈalβ̞un] (cf. Hualde 2014: 173–175).

2.3 Los préstamos como excepciones léxicas

En los préstamos se encuentran, sin embargo, un gran número de fonemas adicionales (cf. Tab. 3). Hualde (2014: 62) sólo integra en su tabla de sinopsis /b/, /t/, /k/, /f/ y /m/. Además, menciona el /ʧ/ del préstamo inglés *match* y el /x/ del préstamo francés *reloj* (“que muchos hablantes pronuncian como *reló*”, Hualde 2014: 62).[4] La NGLE adicionalmente considera /p/ como en *kétchup* (del inglés) y *crep* (del francés) y /g/ como en *airbag* (del inglés) y *zigzag* (del francés). Hace mención de /ʃ/, pero únicamente en extranjerismos crudos como *flash*. Precisa que “la serie oclusiva /p/, /b/, /t/, /k/, /g/ se presenta exclusivamente en préstamos, en general relativamente modernos” (NGLE 2011: 312). En estos casos la pronunciación es variable: El préstamo puede ser imitado con coda final, p. ej. en *club* [ˈklub]~[ˈkluβ̞], o adaptado a las preferencias silábicas del español o por elisión de la consonante ([ˈklu]), o por epéntesis de una vocal ([ˈklu.β̞e]), lo que se refleja también en la forma gráfica <clube> (cf. NGLE 2011: 312).

---

[3] En el topónimo *Madrid*, sin embargo, el porcentaje de elisión es de 88,0% en Sevilla.

[4] La etimología de *reloj* está sujeto a discusiones. Según el DLE, proviene del catalán antiguo *relotge* y no del francés.

coda simple	ejemplo	coda simple	ejemplo	coda simple	ejemplo
/p/	*kétchup*	/k/	*frac*	/x/	*reloj*
/b/	*club*	/g/	*zigzag*	/ʧ/	*match*
/t/	*déficit*	/f/	*chef*	/m/[5]	*álbum*

Tab. 3. Codas simples raras en préstamos (cf. NGLE 2011: 312; Hualde 2014: 62).

En los préstamos se encuentran también codas ramificadas. Se nota que su segundo elemento casi siempre es una /s/ (cf. Tab. 4). Este sonido es bien conocido en las lenguas del mundo por su comportamiento 'extrasilábico' (cf. Restle/Vennemann 2001; Pustka 2019). Al contrario de Hualde (2014), la NGLE menciona también la /f/ en esta posición, p. ej. en el préstamo inglés *surf*.

coda ramificada	ejemplo	coda ramificada	ejemplo
/ps/	*bíceps*	/ns/	*yens*
/ts/	*robots*	/ɾs/	*pósters*
/ks/	*tórax*	/ls/	*vals*
/fs/	*chefs*	/ɾf/	*surf*

Tab. 4. Codas complejas raras en préstamos (cf. NGLE 2011: 315; Hualde 2014: 62).

Además, la NGLE (2011: 315) menciona unos casos poco comunes de coda con tres elementos, como *corps* y *karst* 'paisaje de relieve accidentado' (del alemán; cf. DPD).

Esta síntesis de los elementos posibles en la coda española no debería dar la impresión de que siempre están realizados. Como hemos visto en el apartado 2.2, existen en una buena parte de las variedades del español varios procesos de debilitamiento que afectan esta posición silábica universalmente débil. Estos procesos impiden también que consonantes finales se imiten en procesos de préstamos, que se integren y se conserven. No obstante, no deberíamos olvidar que también existen procesos de refuerzo que podrían apoyar una imitación.

3. Metodología

El estudio presentado en este artículo se basa en un corpus elaborado en el marco del programa de investigación *(Inter-)Fonología del Español Contemporáneo* (I)FEC, que fue fundado en 2015 por Trudel Meisenburg, Christoph Gabriel y Elissa Pustka (cf. Pustka et al. 2016; 2018). Su meto-

[5] La /m/ final se realiza como [m] únicamente en instancias de *spelling pronunciation* (cf. 2.3).

dología parte del programa francés *(Inter-)Phonologie du Français Contemporain* (I)PFC, establecido desde 1999 para realizar grabaciones con hablantes L1 (y L2), y desde 2008 también para la grabación de aprendientes del francés como lengua extranjera (cf. http://www.projet-pfc.net, Durand et al. 2002; http://cblle.tufs.ac.jp/ipfc/, Racine et al. 2012). El programa PFC ya había sido el modelo para otra lengua antes del español: el inglés, con el programa *(Inter-)Phonologie de l'Anglais Contemporain* PAC / *(Inter)Phonology of Contemporary English* (IPCE-)IPAC; cf. https://www.pacprogramme.net, Carr et al. 2004). Los tres programas de investigación se incorporan en un nuevo paradigma: la fonología de corpus (cf. Durand et al. 2014). Por esta razón, esbozaré este marco en 3.1, antes de presentar la metodología de (I)FEC (cf. 3.2), los puntos de investigación (cf. 3.3), las palabras analizadas (cf. 3.4) y el procedimiento del análisis (cf. 3.5).

3.1 La fonología de corpus

Los términos *corpus linguistics*, en inglés, y *phonologie de corpus*, en francés, aparecen al inicio del siglo XXI y siguen estableciéndose hoy en día. Como lo anuncia su nombre, se trata de un paradigma interdisciplinario que conecta lingüística de corpus por un lado y fonología por el otro. Este enfoque tiene sus fundamentos esenciales en los atlas lingüísticos de finales del siglo XIX y en la sociofonética laboviana de los años 1960. La fonología por el contrario se había interesado durante décadas esencialmente por modelizaciones teóricas (basadas en ejemplos de manuales normativos), y menos por datos empíricos (cf. Gut/Voorman 2014). Los proyectos (I)PFC, (ICE-I)PAC y (I)FEC aportan ahora estos datos, que permiten adelantar el discurso teórico al interior de la fonología y en otros campos lingüísticos.[6]

Uno de los aspectos innovadores de la fonología de corpus (y de la lingüística de corpus en general) es que los datos empíricos no sólo son recogidos para explorar una cuestión de investigación precisa o para testar un cierto número de hipótesis por parte de un investigador individual. Se trata más bien de una colección estructurada de datos digitales puesta a la disposición de la comunidad de investigación. Así, otros investigadores pueden no sólo verificar los análisis (transparencia), pero también usar los datos

6 Por supuesto, ya existían numerosos otros corpus orales antes, pero contenían sólo habla espontanea como C-ORAL-ROM (Cresti/Moneglia 2005) por las lenguas románicas o también un texto leído como la *Dialectoteca del Español* (http://dialects.its.uiowa.edu/), pero nunca una lista de palabras y una transcripción alineada en *Praat* (cf. abajo).

para investigaciones propias sobre un gran número de temáticas posibles (sustentabilidad).

Respecto a un corpus fonológico, se puede precisar que está compuesto de grabaciones, transcripciones ortográficas y/o fonéticas (con alineación entre sonido y transcripción, p. ej. en *Praat*; cf. Boersma/Weenink 2018), lo mismo que de anotaciones fonológicas como, p. ej., códigos alfanuméricos (p. ej. para elisiones de vocales o de consonantes).[7] Además, contiene metadatos sobre el corpus en su totalidad (p. ej. el protocolo metodológico), pero también los puntos de investigación (el desarrollo de las grabaciones, las condiciones de reclutamiento, etc.), los informantes (edad, sexo, origen regional, L1, etc.) y los archivos (momento de la grabación, tipo de grabadora, duración, calidad del sonido, etc.). En lo que atañe a la protección de datos, la anonimización tiene importancia primordial (cf. Gut/Voorman 2014). Finalmente, un corpus fonológico puede analizarse en un banco de datos o con la ayuda de programas informáticos específicos, como Dolmen, que ha sido creado para el tratamiento de los datos de (I)PFC (cf. Eychenne/Paternostro 2016).

3.2 El programa de investigación (I)FEC

El programa de investigación *(Inter-)Fonología del Español Contemporáneo* ((I)FEC) aspira a documentar la variación del español en el mundo, como lengua primera (L1), lengua segunda (L2) y lengua extranjera (ELE) (cf. Pustka 2016; 2018). Sobre la base de nuestras propias experiencias con el programa (I)PFC, hemos revisado la metodología, suprimido especialmente la diferencia entre dos tipos de habla espontáneo, que en la práctica se habían mostrado como difícilmente distinguibles y establecido una guía de entrevista para obtener datos más comparables y menos problemáticos de un punto de vista ético que temas autobiográficos, y en consecuencia, más económicos en tanto el esfuerzo de anonimización queda reducido. Además de la entrevista, el protocolo de investigación comprende grabaciones de una lista de 125 palabras que contiene al final 12 (pseudo)pares mínimos (y una tripleta mínima) potenciales, y de un texto de lectura con 381 palabras, así como un cuestionario socio-demográfico y una confirmación de participación.[8] En general, la lectura de la lista de palabras debería

---

7 Para el estudio de la prosodia se necesitan por supuesto otras tareas y anotaciones (cf. el *Atlas interactivo de la entonación del español*; http://prosodia.upf.edu/atlasentonacion/).

8 El inventario metodológico del programa (I)FEC comprende también un *Discourse Completion Task* que simula situaciones cotidianas para elicitar

ser la primera tarea. Con esta metodología, la fuerza del programa (I)FEC es que permite una vista de conjunto de la variación de diversos fenómenos de la fonología del español en el mundo, que podrían ser profundizados con otros métodos como, p. ej., corpus dialectológicos o sociolingüísticos más amplios o experiencias de percepción.

En cuanto a la lista de palabras, que constituye la base empírica de este estudio, no se puede negar el alto grado de autocontrol (ingl. *audio monitoring*; cf. Labov 1972: 208). Por esta razón, cabe esperar mucho menos elisiones que en la lengua espontánea. No obstante, los datos comparables de la lista de palabras permiten una primera visión global muy interesante de las diferentes variedades del español en el mundo.

3.3 Puntos de investigación

En este artículo serán considerados los diez primeros puntos de investigación del programa (I)FEC, que han sido grabados entre junio 2016 y diciembre 2017. La mitad de las encuestas han sido realizadas en España (Madrid, Sevilla, Santiago de Compostela, Bilbao y Ciutadella de Menorca) y la otra mitad en Hispanoamérica (Cuba, México, Ecuador, Colombia, Argentina; cf. Tab. 5), todas bajo la responsabilidad de estudiantes de Bachelor, Master o Doctorado con L1 alemán (o bilingües alemán/español), en su mayoría de la universidad de Viena. En total, hemos grabado a 131 hablantes en estos diez puntos de investigación.

---

datos de interés principalmente prosódico (cf. Pustka et al. 2018: 10–11). Sin embargo, esta tarea no ha sido realizada en los puntos de investigación del equipo de Viena que se focaliza en los procesos fonológicos.

país	región	punto de investigación	responsable	período de investigación
España	Castilla	Madrid	Kristina Dziallas	noviembre 2016
	Andalucía	Sevilla		junio 2016
	Países catalanoparlantes	Ciutadella de Menorca	Monja Burkard	setiembre 2016
	Galicia	Santiago de Compostela	Thomas Skarits	abril 2017
	País Vasco	Bilbao	Sebastian Felder	agosto 2017
Argentina	tierras bajas	La Plata	Clara Schatral	noviembre/ diciembre 2017
Ecuador		Guayaquil	Sebastian Felder	febrero 2017
Cuba		La Habana	Naomi Lobnig	julio/agosto 2017
México	tierras altas	Ciudad de México	Teresa Ratheiser	julio 2017
Colombia		Bogotá	Philipp Kollien	febrero 2017

Tab. 5. Los puntos de investigación del programa (I)FEC considerados en este artículo.

3.4 *Los préstamos analizados*

El artículo trata los siete préstamos siguientes de la lista de palabras (I)FEC: los anglicismos *club*, *kétchup, rosbif* y *iceberg* y los galicismos *chalet*, *champán* y *coñac*. La pronunciación de estas palabras en el español de referencia, así como en las lenguas fuentes, está presentada en la Tab. 6. Puede apreciarse que todas se caracterizan por la imitación de la consonante final de la lengua de origen, al contrario de las tendencias fonotácticas del español (cf. 2.1), excepto *chalet* (que conoce también la variante gráfica <chalé>; cf. abajo).

	préstamo		palabra original	
número de la lista (I)FEC	ortografía	transcripción de referencia[9]	ortografía	transcripción
10	*chalet*	[t͡ʃaˈle]	*chalet*	[ʃalɛ]
25	*kétchup*	[ˈket͡ʃup]	*ketchup*	[ˈketʃəp]
28	*club*	[kluβ]	*club*	[klʌb]
31	*iceberg*	[iseˈβerɣ] / [ajsˈβerɣ]	*iceberg*	BE [ˈaɪsbɜːg] AE [ˈaɪsbɜːrg]
41	*coñac*	[koˈɲak]	*cognac*	[kɔɲak]
87	*rosbif*	[rosˈβif]	*roast beef*	BE [ˈrəʊst biːf] AE [ˈroʊst biːf]
93	*champán*	[t͡ʃamˈpan]	*champagne*	[ʃɑ̃paɲ]

Tab. 6. Los siete préstamos investigados de la lista de palabras (I)FEC.

Los diccionarios DEL y DPD notan que existen las variantes gráficas siguientes sin consonante final: <chalé> (ortografía recomendada)[10] y <coñá> (que "no ha cuajado en la lengua escrita", DPD). Se añaden las variantes gráficas siguientes con vocal paragógica: <clube> (cf. 2.2), <rosbife>, <chalete> (las dos últimas están criticados en el DPD) y <champaña>.

3.5 Análisis

El análisis de la pronunciación de los siete préstamos se basa en la transcripción fonética de las listas de palabras en *Praat* (cf. Fig. 1). Si bien es cierto que una transcripción fonética en AFI cuesta mucho (en términos de tiempo y de cualificación del personal), queda bastante superficial (reduciendo la variación continua a categorías discretas) y no permite una extracción fácil para análisis estadísticas,[11] presenta una visión global muy clara que puede ser el punto de partida de análisis más precisos (con ayuda de anotaciones alfanuméricas o medidas acústicas, aún más costosas). Para

[9] La transcripción de referencia de Pustka et al. (2018: 4–7) se basa en los diccionarios PONS y GDLE ([4]1991). Hemos optado por una transcripción con seseo y yeísmo para representar la mayoría de las variedades del español.

[10] P. ej., la variante gráfica <chalé> es más común en la Argentina: "**chalé** *s. m.* Casa con jardín. También se escribe **chalet**" (DPE 2004: 183).

[11] Por esta razón, PFC renuncia completamente a una transcripción en AFI en favor de anotaciones alfanuméricos por dos fenómenos elegidos: schwa y *liaison* (cf. Durand et al. 2002).

obtener una buena calidad de las transcripciones, estas han sido corregidas por dos personas y los casos dudosos discutidos.[12]

La Fig. 1 muestra el procedimiento de transcripción en *Praat*.

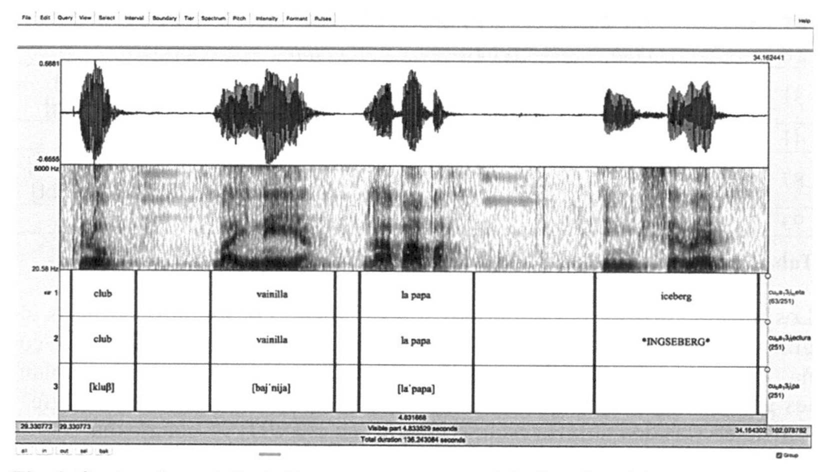

Fig. 1. Captura de pantalla de *Praat* por un extracto de la lista de palabras de un informante de La Habana (Cuba).

En el primer *tier* del TextGrid, notamos la forma ortográfica de la lista de palabras presentada. En el segundo, notamos la lectura efectiva de los informantes con eventuales errores de lectura, repeticiones, etc. en ortografía para permitir una vista de conjunto muy rápida y fácilmente legible. Cuando una palabra difiere de la meta se escribe en mayúsculas, cuando se trata de una forma que no corresponde a ninguna palabra del español se señala con un asterisco antes y después de la palabra (p. ej. **INGSEBERG** por *iceberg* en la Fig. 1. El tercer *tier* contiene finalmente una transcripción en el alfabeto fonético internacional (AFI), basada en la transcripción de referencia (cf. 3.4). Nos limitamos aquí a las palabras correctamente reconocidas, dado que nos focalizamos en el aspecto comparativo (aunque el corpus se puede también analizar en una perspectiva psicolingüística en cuanto a lapsus linguae, repeticiones, autocorrecciones, etc.).

Para el análisis de la coda de los siete préstamos, hemos entrado todas las transcripciones AFI en un archivo Excel, para seguidamente contabilizar todas las variantes, en función de la palabra y del punto de investigación.

---

[12] Las transcripciones fonéticas han sido efectuadas por Katharina Öfner, Linda Bäumler y Verena Weiland y corregidas por Monja Burkard y Elissa Pustka.

4. Resultados

4.1 Los datos

Las dos tablas siguientes presentan los resultados respectivos a la elisión de la consonante final en coda simple de los préstamos ingleses y franceses (cf. Tab. 7 y 8, respectivamente) según el punto de investigación; el caso de *iceberg* con coda compleja está tratado de modo independiente (cf. Tab. 9).

punto de investigación	*ketchup*		*club*		*rosbif*		total	
	n	%	*n*	%	*n*	%	*n*	%
Madrid	5/13	38	7/12	58	1/13	8	13/38	34
Sevilla	4/14	29	10/15	67	3/14	21	17/43	40
Ciutadella de Menorca	2/12	17	2/12	17	0/11	0	4/35	11
Santiago de Compostela	3/12	25	2/12	17	0/11	0	5/35	14
Bilbao	3/11	27	6/13	46	1/13	8	10/37	27
La Plata	5/12	42	11/12	92	0/12	0	16/36	44
Guayaquil	6/9	67	4/10	40	1/9	11	11/28	39
La Habana	14/16	88	15/17	88	1/14	7	30/47	64
Ciudad de México	2/11	18	7/13	54	1/12	8	10/36	28
Bogotá	3/13	23	2/13	15	1/13	8	6/39	15
total[13]	47/123	38	66/129	51	9/122	7	122/374	33

Tab. 7. Elisión[14] de la consonante final de los tres préstamos del inglés.

[13] El número total de casos varía ya que sólo se han tomado en cuenta palabras correctamente reconocidas (cf. 3.5).

[14] Como se trata del caso marcado, se han contado como realización de una consonante únicamente los casos unívocos. Los casos dudosos se han clasificados entre las elisiones.

punto de investigación	*chalet*		*coñac*		*champán*		total	
	n	%	*n*	%	*n*	%	*n*	%
Madrid	4/13	31	2/13	15	0/13	0	6/39	15
Sevilla	10/14	71	2/14	14	0/15	0	12/43	28
Ciutadella de Menorca	4/12	33	0/12	0	0/11	0	4/35	11
Santiago de Compostela	4/12	33	1/12	8	0/12	0	5/36	14
Bilbao	3/13	23	0/13	0	0/13	0	3/39	8
La Plata	1/12	8	2/12	17	0/12	0	3/36	8
Guayaquil	7/12	58	0/11	0	0/12	0	7/35	20
La Habana	12/17	71	11/17	65	0/16	0	23/50	46
Ciudad de México	5/13	38	1/13	8	0/13	0	6/39	15
Bogotá	5/13	38	0/13	0	0/13	0	5/39	13
total	55/131	42	19/130	15	0/130	0	74/391	19

Tab. 8. Elisión de la consonante final de los tres préstamos del francés.

En total, el análisis se apoya en 765 *tokens*. Este artículo se limita a los factores 'región' (cf. 4.2) y 'palabra' (cf. 4.3); un análisis del cambio en tiempo aparente a través de la variación social (incluso sexual y generacional) sobrepasaría el marco de ese artículo. Respecto a los factores internos, hago también abstracción de la cualidad fonética de las consonantes (oclusiva, fricativa, aproximante, etc.; sorda versus sonora).[15] La variante de una vocal paragógica mencionada por varias palabras (<clube>, <rosbife>, <chalete>, <champaña>) en el DPD (cf. 3.4) no está documentada en el corpus.

Primero, las dos tablas muestran que la elisión es más frecuente en los tres préstamos ingleses (33%) que en los tres préstamos franceses (19%), pero las diferencias entre las palabras individuales son notables (cf. 4.3).

En cuanto a la palabra *iceberg*, la Tab. 9 muestra la distribución de la coda compleja con /ɾg/, de la coda simple con /ɾ/ (una variante con sólo /g/ no está documentada en el corpus) y de la coda vacía. En este caso, la coda vacía, y con ella la sílaba no marcada CV, es muy rara. Se observan sólo dos ocurrencias en Sevilla, una en La Habana y una en Guayaquil (total 3%), tres variedades conocidas por su tendencia al debilitamiento (cf. 2.2). Predomina ligeramente la estructura silábica con coda simple (CVC) con 56%, delante de la sílaba con coda compleja (CVCC), con 40%.

[15] La palabra *club*, p. ej., aparece con las variantes siguientes de la /b/ final: [p^h], [p], [^{p}], [b], [β], [^{β}], [f], [v], [ð] y la elisión.

punto de investigación	*iceberg* [iseˈβerɣ]/[ajsˈβerɣ]					
	coda vacía (CV)		simple (CVC)		compleja (CVCC)	
	n	%	*n*	%	*n*	%
Madrid	0/13	0	7/13	54	6/13	46
Sevilla	2/14	14	12/14	86	0/14	0
Ciutadella de Menorca	0/12	0	1/12	8	11/12	92
Santiago de Compostela	0/12	0	8/12	67	4/12	33
Bilbao	0/13	0	5/13	38	8/13	62
La Plata	0/8	0	6/8	75	2/8	25
Guayaquil	1/12	8	9/12	75	2/12	17
La Habana	1/14	7	9/14	64	4/14	29
Ciudad de México	0/15	0	8/15	53	7/15	47
Bogotá	0/13	0	6/13	46	7/13	54
total	4/126	3	71/126	56	51/126	40

Tab. 9. La estructura de la coda de *iceberg*.

4.2 Variación regional

Cuando comparamos globalmente las diez variedades estudiadas, observamos que el máximo de elisiones se encuentra en La Habana (en promedio 64% en los anglicismos y 46% en los galicismos) y el mínimo en Ciutadella de Menorca (11% y 11%). Estos resultados corresponden a la tendencia bien conocida al debilitamiento en Cuba y al refuerzo en los países catalanoparlantes (cf. 2.2). Porcentajes ligeramente por encima de los promedios (33% y 19%) se encuentran también en Sevilla y en las tierras bajas de Hispanoamérica, en La Plata (sólo por los anglicismos) y Guayaquil mientras que los porcentajes son más bajos en las tierras altas (Bogotá, Ciudad de México). Madrid se sitúa en los dos casos en torno al promedio. Las variedades norteñas en contacto con una lengua regional, el gallego en Santiago de Compostela y el vasco en Bilbao, se caracterizan por porcentajes bajos.

Así, la pronunciación de los préstamos parece corresponder a las tendencias fonotácticas generales de las variedades del español. No obstante, es preciso subrayar el aspecto nuevo de estos resultados: el estado de la cuestión sobre los procesos de debilitamiento y de refuerzo en el apartado 2.2 se había limitado a las consonantes alveolares /d/, /l/, /n/, /ɾ/ y /s/; en los préstamos estudiados se encuentran, por el contrario, las cinco otras oclusivas /p/, /t/, /k/, /b/ y /g/ así como la fricativa /f/. La comparación sistemática en el marco de la fonología de corpus muestra que los préstamos están adaptados a los sistemas fonológicos respectivos. Para juzgar hasta qué punto inician o apoyan un cambio en la dirección de estructuras silábicas más complejas (cf. apartado 1) necesitaríamos comparaciones directas con el comportamiento de las consonantes finales de palabras nativas (/d/, /l/, /n/, /ɾ/ y /s/; cf. arriba) en los datos de producción de los mismos hablantes.

Además de estas tendencias generales pueden apreciarse también diferencias notables entre diferentes palabras de una variedad a otra. El porcentaje de elisión es, p. ej., lo mismo en cuanto a *club* y *kétchup* en las dos variedades extremas, de La Habana (88%) y de Ciutadella de Menorca (17%), pero muy diferente en Sevilla (67% versus 29%), La Plata (92% versus 42%) y Ciudad de México (54% versus 18%), dos variedades inclinadas a debilitaciones y una a refuerzos. Otros valores atípicos son los porcentajes de elisión cerca del promedio en variedades que tienden a la realización. Esto es el caso de *club* (51% de elisiones en total) en Bilbao (46%) y Ciudad de México (54%). Además, sorprende el porcentaje muy bajo en La Plata, con su variedad prefiriendo la elisión en *chalet* (8% versus 42% de elisiones en total), a pesar de su forma ortográfica alternativa <chalé> (cf. 3.4). Se necesitaría un análisis de varios factores externos para explicar estos patrones diferentes.

Se nota también que la diferencia entre Madrid y Sevilla es mucho más pequeña que en el caso de la /d/ final de la palabra nativa *salud* en la lista de palabras del programa (I)FEC, investigada por Burkard/Dziallas (2018; 69,2% en Sevilla versus 0% en Madrid; cf. 2.2). Sólo en *chalet*, la diferencia es considerable con 71% en Sevilla versus 31% en Madrid. Eso se podría explicar por el punto de articulación alveolar de las dos consonantes al contrario de las otras en los préstamos estudiados (cf. 4.3). Respecto a *iceberg*, los extremos se encuentran, en concordancia con las tendencias descritas arriba, otra vez en Sevilla (0% de codas complejas) y Ciutadella de Menorca (92%). En esta palabra se observa una diferencia excepcional entre Santiago de Compostela (33%) y Bilbao (62%), que exige explicación.

4.3 Variación léxica

Adicionalmente a la variación regional, la variación léxica es notable: 51% de codas vacías en *club*, 38% en *kétchup* y 7% en *rosbif* (cf. Tab. 7), 42% en *chalet*, 15% en *coñac* y 0% en *champán* (cf. Tab. 8), y sólo 3% en *iceberg* (más 56% de codas simples sólo con la consonante rótica; cf. Tab. 9).

La realización sistemática de la /n/ de *champán* y bastante frecuente de la /ɾ/ de *iceberg* no son sorprendentes dado que estas dos consonantes se encuentran entre las cincos que aparecen en la coda de palabras nativas del español (p. ej. *pan*, *mar*; cf. 2.1). Las otras seis consonantes —/p/, /b/, /t/, /k/, /g/ y /f/— están todas documentadas en préstamos (cf. Tab. 3).

La variación observada se explica en parte con la calidad de la consonante, especialmente con su grado de sonoridad. Las oclusivas están en efecto más frecuentemente elididas que la fricativa /f/ y la nasal /n/. Esta observación va de acuerdo con las leyes de preferencias de estructura silábica de Vennemann (1988: 21): "Coda Law. A syllable coda is more preferred [...] (b) the less the Consonantal Strength of its offset."

Cuando partimos de las variantes gráficas <chalé> y <coñá> (cf. 3.4), podemos esperar cuotas de elisión más altas. Sin embargo, tal expectativa se confirma únicamente por *chalet*, con 42% de elisiones, pero no por *coñac*, con sólo 15%. El porcentaje máximo de 51% en *club*, por el contrario, no se refleja en una variante gráfica según el DPD.

5. Conclusiones

El artículo documenta por primera vez basándose en un corpus el comportamiento de la coda en diversas variedades del español en el mundo. Para este objetivo, estudia siete préstamos ingleses y franceses en español: *kétchup*, *club*, *rosbif*, *iceberg*, *chalet*, *coñac* y *champán* en la lectura de la lista de palabras del programa *(Inter-)Fonología del Español Contemporáneo* (I)FEC por 131 hablantes en diez puntos de investigación: Bilbao, Ciutadella de Menorca, Madrid, Santiago de Compostela, Sevilla, La Plata, Ciudad de México, Guayaquil, Bogotá y La Habana.

El análisis demuestra una variación léxica y regional importante: entre 0% de codas vacías en *champán* hasta 51% en *club*, entre 88% en La Habana y 17% en Ciutadella de Menorca por una misma palabra (*club* así como *kétchup*). Puede apreciarse que la realización de la coda en estos préstamos sigue las tendencias fonotácticas de las variedades del español: las sílabas CV se encuentran más frecuentemente en el Caribe, en Andalucía y en las tierras bajas de Hispanoamérica, las sílabas CVC(C) en los países catalanoparlantes, en el norte de España y en las tierras altas de Hispanoamérica; Madrid ocupa una posición de promedio. Además, la no realización de la /n/ (*champán*) y de la /ɾ/ (*iceberg*), que aparecen también en palabras nativas del español, resulta más rara que la no realización de oclusivas. La fricativa /f/ de *rosbif*, por el contrario, es muy estable, lo que se explica por las leyes de preferencia universal de estructura silábica.

Estos primeros resultados no hacen esperar un cambio fónico iniciado por el contacto lingüístico, pero corroboran la hipótesis de que los préstamos siguen las restricciones del sistema del español. Precisan esta hipótesis, sin embargo, incluyendo la variación resultante de procesos de debilitamiento y de refuerzo. De esta manera, los sistemas fonológicos no se nos presentan como homogéneos y estables, sino como dinámicos. Factores socio-históricos, como la relación de la región en cuestión con la cultura anglo-americana, no parecen perturbar estas tendencias internas de la fonología silábica.

La etapa siguiente debería ser la de comparar sistemáticamente en el corpus (I)FEC el comportamiento de los préstamos con las palabras nativas en las producciones de los hablantes individuales, no sólo en la lista de palabras, sino también en el habla espontánea y de analizar de manera profunda la variación social y estilística. Otros índices internos importantes podrían resultar de un análisis fonético de la calidad de las consonantes, que ya están anotadas en las transcripciones AFI del corpus. Así, se podría ver si se trata de variaciones continuas, lo que apoyaría la hipótesis de un cambio interno, o de variaciones categóricas, lo que sería un argumento por la hipótesis del contacto.

Referencias

Boersma, P. / Weenink, D. 2018. *Praat. Doing phonetics by computer.* Computer software. Version 6.0.40. http://www.fon.hum.uva.nl/praat/ (2018-12-27).

Brown, Earl K. 2009. The relative importance of lexical frequency in syllable- and word-final /s/ reduction in Cali, Colombia. In Collentine, J. / García, M. / Lafford, B. / Marcos Marín, F. M. Eds. *Selected Proceedings of the 11th Hispanic Linguistics Symposium.* Somerville, MA: Cascadilla, 165–178.

Burkard, M. / Dziallas, K. 2018. Final /d/ in the varieties of Madrid, Barcelona and Seville. Regional and stylistic variation. In Belz, M. / Mooshammer, C. / Fuchs, S. / Jannedy, S. / Rasskazova, O. / Żygis, M. Eds. *Proceedings of PundP 13 (Phonetik und Phonologie im deutschsprachigen Raum).* Berlin: Humboldt Universität zu Berlin.

Calabrese, A. / Wetzels, W. L. 2009. Loan phonology. Issues and controversies. In Calabrese, A. / Wetzels, W. L. Eds. *Loan phonology.* Amsterdam: Benjamins, 1–10.

Carr, P. / Durand, J. / Pukli, M. 2004. The PAC project. Principles and methods. *La tribune internationale des langues vivantes* 36, 24–35.

Cresti, E. / Moneglia, M. 2005. *C-ORAL-ROM. Integrated reference corpora for spoken Romance languages.* Amsterdam: Benjamins.

DLE = Real Academia Española y Asociación de Academias de la Lengua Española. Ed. 2014. *Diccionario de la lengua española* (23rd ed.). http://dle.rae.es (2019-12-06).

DPD = Real Academia Española y Asociación de Academias de la Lengua Española. Eds. 2005. *Diccionario panhispánico de dudas.* Madrid: Santillana. http://www.rae.es/recursos/diccionarios/dpd (2019-12-6).

DPE = *Diccionario práctico escolar.* 2004. Buenos Aires: VISOR.

Durand, J. / Laks, B. / Lyche, C. 2002. La phonologie du français contemporain. Usages, variétés et structure. In Pusch, C. / Raible, W. Eds. *Romanistische Korpuslinguistik. Korpora und gesprochene Sprache*. Tübingen: Narr, 93–106.

Durand, J. / Gut, U. / Kristoffersen, G. Eds. 2014. *The Oxford handbook of corpus phonology*. Oxford: Oxford University Press.

Eychenne, J. / Paternostro, R. 2016. Analyzing transcribed speech with Dolmen. In Detey, S. / Durand, J. / Laks, B. / Lyche, C. Eds. *Varieties of spoken French*. Oxford: Oxford University Press, D35–D52.

Ferguson, C. 1990. From esses to aitches. Identifying pathways of diachronic change. In Croft, W. A. / Kemmer, S. / Denning, K. Eds. *Studies in typology and diachrony. Papers presented to Joseph H. Greenberg on his 75th birthday*. Amsterdam: Benjamins, 59–78.

Gabriel, C. / Meisenburg, T. / Selig, M. 2013. *Spanisch. Phonetik und Phonologie. Eine Einführung*. Tübingen: Narr.

GDLE = Sánchez Pérez, A. Ed. 1991. *Gran diccionario de la lengua española. Diccionario de uso* (4th ed.). Madrid: Sociedad General Española de Librería.

Gut, U. / Voorman, H. 2014. Corpus Design. In Durand et al. 2014, 13–26.

Hess, Z. 1975. *Typologischer Vergleich der romanischen Sprachen auf phonologischer Basis*. Bern: Lang.

Hualde, J. I. 2014. *Los sonidos del español*. Cambridge: Cambridge University Press.

Kang, Y. 2011. Loanword phonology. In Van Oostendorp, M. / Ewen, C. / Hume, E. / Rice, K. Eds. *Companion to phonology*. Malden, MA: Wiley-Blackwell, 2258–2282.

Labov, W. 1972. *Sociolinguistic patterns*. Philadelphia: University of Pennsylvania Press.

Meisenburg, T. 1993. Graphische und phonische Integration von Fremdwörtern am Beispiel des Spanischen. *Zeitschrift für Sprachwissenschaft* 11, 47–67.

Moreno de Alba, J. G. 1994. *La pronunciación del español en México*. México: El colegio de México.

NGLE = Real Academia Española y Asociación de Academias de la Lengua Española. Ed. 2011. *Nueva gramática de la lengua española. Fonética y fonología*. Madrid: Espasa.

PONS = *PONS Wörterbuch online*. https://de.pons.com/ (2019-12-06).

Pratt, C. 1980. *El anglicismo en el español peninsular contemporáneo*. Madrid: Gredos.

Pustka, E. 2019. Sibilant-stop onsets in Romance. Explaining phonotactic complexity. *Folia Linguistica Historica* 40, 61–84.

Pustka, E. / Gabriel, C. / Meisenburg, T. 2016. Romance corpus phonology. From *(Inter-)phonologie du français contemporain (I)PFC* to *(Inter-)fonología del español contemporáneo (I)FEC*. In Draxler, C. / Kleber, F. Eds.

Proceedings of PundP 12 (Phonetik und Phonologie im deutschsprachigen Raum). München: LMU, 151–154.

Pustka, E. / Gabriel, C. / Meisenburg, T. / Burkard, M. / Dziallas, K. 2018. (Inter-) Fonología del Español Contemporáneo/(I)FEC. Metodología de un programa de investigación para la fonología de corpus. *Loquens* 5, 1–16. http://loquens.revistas.csic.es/index.php/loquens/article/view/51/153 (2019-12-06).

Racine, I. / Detey, S. / Zay, F. / Kawaguchi, Y. 2012. Des atouts d'un corpus multitâches pour l'étude de la phonologie en L2. L'exemple du projet « Interphonologie du français contemporain » (IPFC). In Kamber, A. / Skupiens, C. Eds. *Recherches récentes en FLE*. Frankfurt: Lang, 1–19.

Restle, D. / Vennemann, T. 2001. Silbenstruktur. In Haspelmath, M. / König, E. / Oesterreicher, W. / Raible, W. Eds. *Language typology and language universals. An international handbook*, vol. 2. Berlin: De Gruyter, 1310–1336.

Sánchez, M. 1995. *Clasificación y análisis de préstamos del inglés en la prensa de España y México*. Lewinston, NY: Mellen.

Sandoval, A. M. / Torre Toledano, D. / de la Torre, R. / Garrote, M. / Guirao, J. M. 2008. Developing a phonemic and syllabic frequency inventory for spontaneous spoken Castilian Spanish and their comparison to text-based inventories. In Calzolari, N. / Choukri, K. / Maegaard, B. / Mariani, J. / Odijk, J. / Piperidis, S. / Tapias, D. Eds. *Proceedings of the 6th International Conference on Language Resources and Evaluation*. Marrakech, 1097–1100. http://www.lrec-conf.org/proceedings/lrec2008/pdf/283_paper.pdf (2019-12-06).

Schweickard, W. 1991. Anglizismen im Spanischen. *Terminologie et traduction* 1, 75–86.

Schweickard, W. 1998. Englisch und Romanisch. In: Holtus, G. / Metzeltin, M. / Schmitt, C. Eds. *Lexikon der romanistischen Linguistik*, vol. 7. Tübingen: Niemeyer, 291–309.

Vennemann, T. 1988. *Preference laws for syllable structure and the explanation of sound change*. Berlin: De Gruyter.

Wang, W. S. Y. 1969. Competing changes as cause of residue. *Language* 45, 9–25.

Wheeler, M. W. 2005. *The phonology of Catalan*. Oxford: Oxford University Press.

Winter-Froemel, E. 2011. *Entlehnung in der Kommunikation und im Sprachwandel. Theorie und Analysen zum Französischen*. Berlin: De Gruyter.

Agradecimientos. Me gustaría darles las gracias a todos los responsables de los puntos de investigación (cf. 3.3), a los encuestadores e informantes, a los transcriptores y a los correctores. Agradezco particularmente a Monja Burkard y Kristina Dziallas la gestión del proyecto, a Linda Bäumler la compilación de las estadísticas a partir de las transcripciones fonéticas, a Christoph Gabriel, Andrea Pešková y Maria Selig la lectura crítica del texto y a Gabriela Fernández su corrección lingüística. El trabajo de campo y el tratamiento de los datos han sido financiados por la universidad de Viena.

Nathalie Nicolay & Rolf Thieroff

Wenn auf dem Büfett das Baguette neben dem Bukett liegt: Zur Integration von Gallizismen im heutigen Deutsch

Abstract. In the following article, we address loanwords in German – nouns adopted from French, ending in the letters *-et* (e.g. *das Budget* from *le budget*, *das Filet* from *le filet*), *-ett* (e.g. *das Korsett* from *le corset*, *das Brikett* from *la briquette*) and *-ette* (e.g. *die Facette* from *la facette*, *die Zigarette* from *la cigarette*). We examine the phonological, the graphematic and the morphological characteristics of the three groups of loans and we describe the special features of each of the groups. It turns out that the about 100 loans investigated are by far more heterogeneous than are their French originals. There is considerable diversity in pronunciation (some are pronounced very closely to the originals, others deviate considerably from the French pronunciation). Some nouns show orthographic variation (e.g. *Buffet*, *Büffet*, *Bufett*, *Büfett*) as well as different plural markers (e.g. *die Buffets*, but *die Büfette*). Most of the variation observed is due to different degrees of integration into the German phonological, graphematic and morphological system. The paper closes with a look on the role of *-et* and especially *-ette* as word formation suffixes, mainly in nouns denoting food (*Yogurette*, *Scheiblette*) or, surprisingly, certain types of shoes (*Sandalette*, *Pantolette*).

1. Einleitung

Gegenstand des vorliegenden Beitrags ist die graphische und phonische Integration bestimmter Fremdwörter ins Deutsche und damit ein Thema, mit dem Trudel Meisenburg sich schon vor Jahrzehnten befasst hat. Meisenburg hat gezeigt, dass die graphische Integration von Fremdwörtern in so genannten flachen Schriftsystemen wie etwa dem des Spanischen, des Tschechischen oder des Türkischen auf andere Weise erfolgt als die Integration in so genannten tiefen Schriftsystemen wie dem des Englischen, des Französischen oder des Deutschen (cf. Meisenburg 1993). Zur Fremdwortintegration in tiefe Schriftsysteme führt sie aus:

> In tiefe Schriftsysteme […] werden fremde Schreibungen eher unverändert aufgenommen und beibehalten – auch wenn die Aussprache mehr oder weniger stark dem heimischen Lautsystem angepaßt wird. Zum einen wird so ein bereits bestehendes Repertoire unregelmäßiger und mehrdeutiger GPK-Regeln nur erweitert; zum anderen ist auch die Beibehaltung fremder

> Schreibungen Ausdruck des für tiefe Schriftsysteme grundlegenden Strebens nach graphischer Morphemkonstanz, die in solchen Fällen übereinzelsprachlichen Charakter annimmt (Meisenburg 1993: 49–50).

In einem Vergleich von Fremdwortschreibungen in verschiedenen Sprachen zeigt Meisenburg, "daß im Spanischen, Tschechischen und Türkischen Fremdwörter in der Tat graphisch viel weitgehender integriert werden" als im Deutschen oder Französischen (1993: 51). So weisen in ihrem Korpus von 29 im Deutschen vorkommenden Wörtern nicht weniger als 18 Wörter die Originalschreibungen der Gebersprache auf und es sind weitere acht nur "teilangepaßte Formen zu verzeichnen" (1993: 52).

Im Folgenden befassen wir uns mit einer Gruppe bislang kaum untersuchter Fremdwörter, nämlich den Gallizismen, die mit den Buchstabenfolgen *-et, -ett* und *-ette* enden[1], und versuchen, den phonologischen, graphematischen und morphologischen Regeln und Besonderheiten dieser Wörter und dem Grad ihrer Integration auf die Spur zu kommen. Es geht um etwa hundert Wörter, die sich zu fast gleichen Teilen auf die drei Wortausgänge (*-et, -ett* und *-ette*) verteilen. Die drei Fälle geben zugleich die Gliederung des Aufsatzes vor: In Abschnitt 2 befassen wir uns mit Gallizismen auf *-et*, in Abschnitt 3 mit solchen auf *-ett* und in Abschnitt 4 mit solchen auf *-ette*. Der fünfte und letzte Abschnitt liefert einen Überblick über die erzielten Ergebnisse. Es wird deutlich werden, dass die Integration von Lexemen, die in der Gebersprache charakteristische Gemeinsamkeiten haben, sehr heterogen und alles andere als geradlinig verläuft; für die Nehmersprache bringt dies eine Vielzahl neuer Dubletten und Formvarianten mit sich.

2. <et>: [ɛ], [eː], [ɛt], [eːt]

Die von uns konsultierten Wörterbücher[2] weisen insgesamt 30 Gallizismen auf *-et* auf. Gallizismen, die mit den Buchstaben *-et* enden, haben im unmarkierten Fall die folgenden Eigenschaften: Sie sind Neutra, der Kern der letzten Silbe wird mit gespanntem, langem [eː] gesprochen und sie haben

---

[1] Gleich vier dieser Wörter erscheinen in Meisenburgs Korpus, nämlich *Carnet*, *Chalet*, *Jackett* und *Kassette.*

[2] Ermittelt wurden die Lexeme über das rückläufige Wörterbuch von Muthmann (2001). Die Angaben zu Aussprache, Grammatik und Herkunft haben wir dem *Duden Online* (https://www.duden.de/woerterbuch) entnommen, im Zweifel wurden das *Digitale Wörterbuch der deutschen Sprache* (DWDS; https://www.dwds.de/) sowie das *Etymologische Wörterbuch* von Kluge (2011) hinzugezogen.

Ultimabetonung. Der Plural wird mit *-s* gebildet, ebenso der Genitiv Singular. Alle diese Eigenschaften finden wir beispielsweise bei *Budget* (*das Budget*; [by.ˈdʒeː]; *die Budgets, des Budgets*). Die Wörter in (1) haben ausschließlich die genannten Eigenschaften.

(1)[3] *Bidet*, *Bonnet* 'Damenhaube des 18. Jahrhunderts', *Brevet* 'Schutz-, Verleihungs-, Ernennungsurkunde (besonders in Frankreich)', *Budget*, *Couplet*, *Estaminet* 'kleines Kaffeehaus; Kneipe', *Filet*, *Gilet*, *Sujet*, *Toupet*, *Tourniquet* 'Drehkreuz an Wegen, Eingängen o. Ä.; korkenzieherförmiges Gebäckstück aus Blätterteig'

Die Wörter in (2) unterscheiden sich in verschiedener Hinsicht mehr oder weniger stark vom Default-Fall in (1). Die Wörter in (2a) können den Wörterbüchern zufolge sowohl mit gespanntem langem [eː] als auch mit ungespanntem kurzem [ɛ] gesprochen werden; diejenigen in (2b) haben ausschließlich [ɛ]. Bei den drei Wörtern in (2c) ist neben der Aussprache mit [eː] auch ein konsonantischer Auslaut auf [ɛt] möglich. Und schließlich liegen mit (2d) zwei Sonderfälle vor, die ausschließlich die so genannte Leseaussprache auf [eːt] aufweisen (cf. unten). Schon hier offenbaren sich unterschiedliche Integrationsgrade: von (2b), was wohl dem Französischen am nächsten kommt, über [eː] und [ɛt] hin zur so genannten Leseaussprache. Dass der kurze, ungespannte Auslaut tatsächlich so häufig vorkommt, wie unsere Referenzwerke es nahelegen, darf bezweifelt werden, da dies nicht der deutschen Phonologie entspricht: Betonte offene Silben mit Kurzvokal kommen sonst nicht vor; dementsprechend verzeichnen Krech et al. (2009: 154) als "eingedeutscht[e]" Aussprache von *Daudet* [dodˈɛː] und [dodˈeː]. Der Auslaut [eː] stellt also den erwartbaren ersten Schritt zur Anpassung dar.

(2) a. Chalet, Civet 'Ragout von Hasen und Wildkaninchen', Biquet 'Schnellwaage für Gold- und Silbermünzen', Effet, Gourmet
b. Béret 'Baskenmütze', Carnet, Godet 'in einem Kleidungsstück eingesetzter Keil', Clairet, Muscadet
c. Calumet, Signet, Sorbet
d. Paket, Pamphlet

Insgesamt sechs Gallizismen auf *-et* sind Maskulina, nämlich *Biquet*, *Effet* und *Gourmet* in (2a), *Clairet* und *Muscadet* in (2b) und *Sorbet* in (2c), wobei *Effet* und *Sorbet* auch als Neutra vorkommen, letzteres wahrscheinlich überwiegend. Der Grund für das maskuline Genus bei *Gourmet* ist zweifellos, dass es sich um eine Personenbezeichnung handelt. *Clairet* und *Musca-*

---

3 Nach Muthmann (2001) kommen *Bonnet*, *Budget* und *Sujet*, in der Schweiz auch *Filet*, auch mit [ɛ] vor. Die Paraphrasen dieser und der folgenden Beispiele entstammen dem *Duden online*.

det sind Bezeichnungen für Weinsorten, und Weine sind grundsätzlich, wie alle alkoholischen Getränke mit Ausnahme von Bier, Maskulina. Warum *Biquet* nur und *Sorbet* auch maskulin ist, vermögen wir nicht anzugeben; die Genusschwankung bei *Effet* liegt vermutlich in der etymologischen Nähe zu *Effekt* begründet.

Auffällig ist, dass alle Maskulina mit [ɛ] gesprochen werden können; im Fall von *Sorbet* kommen auch [eː] und [ɛt] vor, bei *Clairet* und *Muscadet* scheint die [ɛ]-Aussprache sogar die einzige zu sein. Da also Auslaut und Genus sich wie im Französischen verhalten, haben wir es mit schwach integrierten Substantiven zu tun. Bei den Neutra kommt die Aussprache mit [ɛ] offenbar nur bei *Civet* und *Carnet* vor, bei ersterem neben [eː], bei letzterem allein.

Die beiden Varianten *Calumet* und *Kalumet* kommen laut Wortschatz-Lexikon der Universität Leipzig heute praktisch nicht mehr vor. Ob Sprecher bei *Signet* die Aussprache [zɪnˈjeː] oder [zɪˈgnɛt] (beide von *Duden online* angegeben) bevorzugen, kann anhand von Korpora des Geschriebenen natürlich nicht überprüft werden. Die erstgenannte Aussprache macht zwar zwingend den *s*-Plural erforderlich, doch sind bei der letztgenannten Aussprache sowohl der native *e*-Plural als auch der *s*-Plural möglich.

(3) Bouquet/Bukett, Buffet/Büfett, Cabaret/Kabarett, Cabriolet/Kabriolett

Wie die Wörter in (2c) so weisen auch die in (3) je zwei Aussprachevarianten auf, nämlich gleichfalls [eː] und [ɛt]. Anders als bei den Wörtern in (2c) gehen mit den Aussprachevarianten in (3) jedoch auch orthographische Varianten einher. Die Formen auf *-et* behalten die französische Schreibweise auch sonst bei, während die Formen auf *-ett* neben dem Doppel-*t* zusätzlich *k* für französisches *qu* bzw. *c* aufweisen und eine angepasste Schreibung für die Vokale [u] und [y], zudem Wegfall der Geminatenschreibung bei *Büfett* und *Bukett*. *Büfett*, *Kabarett* und *Kabriolett* sind also orthographisch sehr viel stärker integriert bzw. dem Kernsystem des Deutschen sehr viel näher als die jeweils anderen Varianten. Die Varianten auf *-et* werden mit auslautendem [eː], die Formen auf *-ett* mit auslautendem [ɛt] gesprochen.

Was die Nähe von Lehnwörtern zum Kernwortschatz betrifft, könnte man annehmen, dass die Integration in die Nehmersprache Schritt für Schritt voranschreitet, je länger die Entlehnung zurückliegt. Die Dubletten in (3) verhalten sich jedoch genau umgekehrt: Eine Abfrage des Wortschatz-Lexikons der Universität Leipzig (https://wortschatz.uni-leipzig.de) fördert zutage, dass es nicht die Varianten mit integrierter Schreibung und Aussprache sind, die häufiger vorkommen, sondern in den meisten Fällen die Varianten mit der ursprünglichen französischen Schreibung. Tab. 1 zeigt den Rang und die Häufigkeitsklasse der Wörter in (3).

Wortform	Rang	Häufigkeitsklasse[4]
Bouquet	81.564	16
Bukett	182.031	17
Buffet	16.097	13
Büfett[5]	36.527	14
Kabarett	16.707	13
Cabaret	64.996	15
Cabrio	17.668	13
Cabriolet	56.770	15
Kabriolett	1.491.467	22

Tab. 1. Rang und Häufigkeitsklasse der Wörter in (3).

Sowohl *Bouquet* als auch *Buffet* und *Cabriolet* sind also die gegenüber den integrierten Schreibungen ungleich häufigeren Varianten. Lediglich *Kabarett* ist häufiger als sein französisches Pendant, und interessanterweise ist dies auch der einzige Fall, für den Duden online eine mögliche Akzentverschiebung (von der Ultima zur Antepänultima, also [ˈkabaʁɛt]) registriert. *Cabrio* wurde in die Tabelle mit aufgenommen, da diese Variante offenbar den beiden Varianten *Cabriolet* und *Kabriolett* den Rang abläuft. *Kabriolett* ist mit Häufigkeitsklasse 22 heute sehr selten.[6]

Auch in den anderen drei Fällen hat eine Entwicklung von der integrierten Form hin zur ursprünglichen, französischen Variante stattgefunden. So übertrifft im DWDS-Zeitungskorpus die Variante *Bukett* 1945 die Variante *Bouquet* bei weitem. Doch um 1975 hat die Variante *Bouquet* die Frequenz von *Bukett* erreicht, und seitdem nimmt die Frequenz von *Bouquet* stark zu, während die von *Bukett* weiterhin abnimmt, wenn auch seit 1995 nur noch langsam (cf. Fig. 1).

---

[4] Ähnlich häufige Wörter werden zu Klassen gruppiert, die Häufigkeitsklassen nach einem Algorithmus errechnet. Die häufigsten Wörter gehören zur Häufigkeitsklasse 0. Die Mitglieder der Häufigkeitsklasse n+1 sind ungefähr halb so häufig wie die Mitglieder einer Klasse n. Ab Häufigkeitsklasse 20 gelten Wörter als sehr selten.

[5] Die Schreibung *Bufett* hat Rang 368.260 (Häufigkeitsklasse 19).

[6] In der *Deutschen Rechtschreibung* (Rat für deutsche Rechtschreibung 2006: 183) tauchen noch die Formen *Kabrio* und *Kabriolett* auf, in der Überarbeitung von 2016 sind nur noch die Formen mit <C>-Anlaut zugelassen. Es gibt eine ganze Reihe aktueller Beispiele dafür, wie sich das Deutsche mit der orthographischen Integration von Gallizismen schwertut; cf. dazu auch das Fazit.

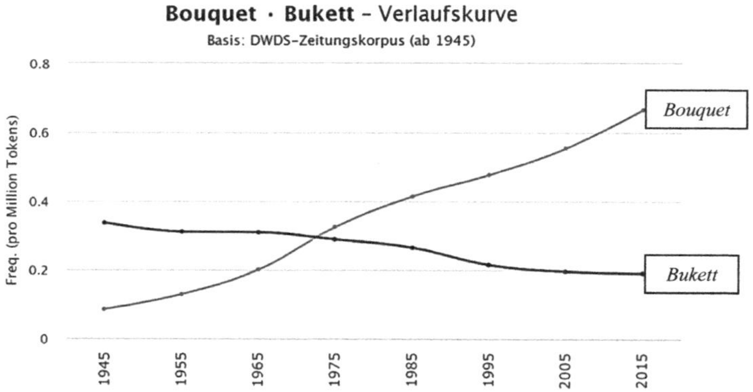

Fig. 1. Frequenz der Varianten *Bouquet* und *Bukett* von 1945 bis heute (gemäß DWDS, 2019-05-12).

Noch wesentlich stärker überwog einst die Form *Büfett* die Form *Buffet* – um 1945 war *Büfett* etwa viermal so häufig wie *Buffet*. Seitdem ist die Frequenz von *Büfett* kontinuierlich zurückgegangen, während gleichzeitig die Frequenz von *Buffet* ebenso kontinuierlich zunahm. Erst um 2005 waren im DWDS-Zeitungskorpus beide Formen gleich frequent. Zunahme von *Buffet* und Abnahme von *Büfett* gehen jedoch unvermindert weiter, so dass heute *Buffet* die Variante *Büfett* deutlich an Häufigkeit übertrifft (cf. Fig. 2).

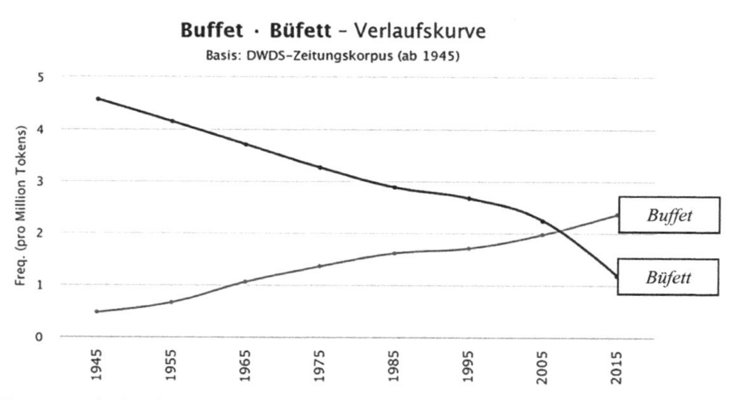

Fig. 2. Frequenz der Varianten *Buffet* und *Büfett* von 1945 bis heute (gemäß DWDS, 2019-05-12).

Dass dies bei einzelnen Sprachbenutzern für Diskussion sorgt, zeigen entsprechende Forumsbeiträge im Netz; dort wird sogar die Vermutung geäußert, die Schreibvarianten dienten der Bedeutungsdifferenzierung:

Unterschiedliche Schreibweisen für ein Wort sind keine Erfindung der Rechtschreibreform, *Büfett* und *Buffet* sind ein Beispiel dafür. Mir gefällt die zweite Schreibweise besser, aber das liegt hauptsächlich daran, dass ich hoffnungslos frankophil bin und das Wort ohne *t* spreche.

Die **heiße Schlacht am kalten Büfett oder Buffet** gerät im Internet zu einer Schlacht um Schreibweisen: Büffet, Bufett, Büfett, Büfee, Büffee, Buffett mögen kreativ sein, gelten aber als falsch. [Ines Balcik; 29. Oktober 2007 um 11:22 Uhr]

[Kommentar von Christian, 12. Mai 2014:] **Büfett** ist ein Geschirrschrank und **Buffet** eine Art der Nahrungsdarbietung.

(https://sprachblog.ib-klartext.de/lektorat.php/text/notizen/Bfett-und-Buffet; 2019-05-12)

Es ist also festzuhalten, dass dann, wenn zwei Varianten eines Lexems existieren, von denen die eine näher am französischen Original ist, während die andere eine integrierte Schreibung aufweist, grundsätzlich die Originalvariante bevorzugt wird. Diachron gehen die integrierten Varianten zurück, die Originalvarianten nehmen zu. Man beachte, dass dies auch eine Zunahme der *s*-Flexion, genauer des *s*-Plurals impliziert (*die Bouquets, Buffets* gegenüber älterem *die Bukette, die Büfette*). Was die Gründe für diese Entwicklung sind, ist schwer auszumachen. Eine unseres Erachtens durchaus plausible Annahme ist jedoch die folgende:

> Die Teilhabe an diesem international gemeinsamen Wortschatz, die durch Beibehaltung der fremden Schreibung erleichtert wird, wird oft höher eingeschätzt als leicht zu erlernende integrierte Schreibungen, durch die die graphischen Wortformen aus dem internationalen Wortschatz ausgegliedert würden [...]. Das Streben nach Internationalität äußert sich aber auch allgemeiner in Form von Loyalität gegenüber Quellsprachen, insbesondere, wenn es sich um Prestigesprachen handelt. Ihre Schreibung und möglichst auch ihre Lautung sollen im entlehnten Wortschatz bewahrt bleiben, wodurch sich zugleich Bildungsbewußtsein und Mehrsprachigkeit ausdrücken läßt (Meisenburg 1993: 50–51).

Ein ähnlicher Gedanke findet sich bei Eisenberg, wenn auch etwas weniger positiv formuliert:

> Einerseits wird die Aussprache kräftig integriert, andererseits neigen Französischsprecher dazu, ihre Sprachkenntnis als Merkmal sozialer Distinktion durch die Originalsprache zu demonstrieren. Das gilt selbst für so gängige Wörter wie *Balkon*, *Saison*, *Pendant*, *Restaurant* (Eisenberg 2012: 362).

Beziehen wir unsere ebenfalls gängigen Beispiele *Bouquet*, *Buffet*, *Cabaret* und *Cabriolet* mit ein, lässt sich diese Beobachtung verallgemeinern: Besonders prestigeträchtig sind Aussprache und Schreibung dann, wenn sie dem Französischen möglichst nahekommen. Zudem stellt die Aussprache von *Bouquet* und *Buffet* keine besondere Herausforderung dar, weil die unbetonten Kurzvokale im Deutschen in der Regel ungespannt artikuliert werden ([bʊˈkeː], [bʏˈfeː]).

Die letzten zu nennenden Gallizismen, die auf *-et* enden, sind die beiden in (4).

(4) Paket, Pamphlet

Diese beiden Wörter sind die einzigen, deren letzte Silbe auf (betontes) [eːt] auslautet – eine Aussprache, die bei Gallizismen sonst nicht vorkommt.

Tatsächlich ist der Wortausgang auf [eːt] sonst Gräzismen und (in wesentlich geringerem Umfang) Latinismen vorbehalten. Hier finden wir eine ganze Reihe, darunter die in (5).

(5) Alphabet, Anachoret, Apologet, Asket, Ästhet, Athlet, Dekret, Exeget, Gamet, Interpret, Katechet, Komet, Magnet, Planet, Poet, Prolet, Prophet, Sekret

Von *Paket* und *Pamphlet* abgesehen, haben wir es bei den Fremdwörtern auf *-et* mit einer Dichotomie zu tun: Die Gallizismen lauten auf [eː], [ɛ] oder [ɛt] aus, die Gräzismen und Latinismen auf [eːt]. Weiß man, wie ein Wort auf *-et* gesprochen wird, dann weiß man, ob es neueren oder älteren Ursprungs ist. Nur für *Paket* und *Pamphlet* gilt das nicht, sie werden wie Gräzismen gesprochen. Was der Grund für diese Abweichung von der Regel ist, ist nicht klar. Zwar haben wir in *Paket* den Buchstaben *k*, der nicht in französischen Wörtern und damit in der Regel auch nicht in Gallizismen vorkommt, aber wir haben 'deutsche' Schreibungen wie *Kabarett* und *Kabriolett* (und eine Reihe weiterer bei Gallizismen auf *-ett*), ohne dass dies zu einer 'griechischen' Aussprache führte. Anders könnte es allerdings bei *Pamphlet* sein, das aufgrund des *ph* tatsächlich wie ein Wort griechischen Ursprungs aussieht und vielleicht wirklich für einen Gräzismus gehalten wurde. Laut Kluge (2011: 678) ist aber *Paket* im 16. Jahrhundert aus fr. *paquet* entlehnt und *Pamphlet* im 18. Jahrhundert aus fr. *pamphlet* (2011: 679)[7].

Bereits in dieser Gruppe lässt sich also Variation auf phonetisch-phonologischer, flexionsmorphologischer und graphematischer Ebene beobachten. Die besprochenen Lexeme sind unterschiedlich stark integriert. Vokalischer Auslaut geht mit *s*-Plural und einem geringen Integrationsgrad

---

[7] Kurioserweise stammen beide Wörter ursprünglich aus germanischen Sprachen: *paquet* wurde schon im Altfranzösischen aus niederländisch *pak* entlehnt, *pamphlet* aus dem Englischen (cf. Robert 1977: 1352, 1346).

einher; am stärksten integriert ist die Leseaussprache [eːt], die den *e*-Plural bewirkt. Am erstaunlichsten ist, dass die Eindeutschung bei den Dubletten vom Typ *Bouquet/Bukett* sozusagen den Rückwärtsgang eingelegt hat.

3. <ett>: [ɛt]

Zur Gruppe mit der graphischen Endung *-ett* gehören 33 Gallizismen – einige wenige mehr wären es, wenn man die völlig veralteten (*Landaulett* 'Landauer, bei dem nur ein Teil des Verdecks zurückgeschlagen werden kann', *Sorbett*) hinzunähme. Auch in dieser Gruppe sind überwiegend Neutra mit *s*-Genitiv vertreten, Feminina kommen nicht vor; zwei der drei Maskulina sind Personenbezeichnungen aus dem militärischen Bereich:

(6) Kadett 'Offiziersanwärter, Bursche', Kornett 'Fähnrich', Mokett 'bunt bedruckter Möbelstoff'

Vergleicht man die *ett-* mit der *et*-Gruppe, fällt ein Unterschied schnell ins Auge: Bei den Wörtern auf *-ett* gibt es kaum Variation in der Aussprache, dafür aber umso mehr in Bezug auf die Pluralbildung (cf. Tab. 2).

	Herkunft: fr. Maskulinum	Herkunft: fr. Femininum
e- und *s-* Plural	*Billett* (veralt.), *Flageolett*, *Kabarett*, *Kornett (cornet* 'Blasinstrument'*)*, *Kornett* ('Fähnrich', frz. *cornette* 'Standarte'), *Korselett*, *Korsett*, *Menuett*, *Minarett*, *Parkett*, *Triplett*	*Chemisett*, *Etikett* (aber auch *Etiketten*!), *Omelett*, *Tablett*
e- und *s-* Plural, aber *e*-Pl. "selten"		*Brikett*, *Jackett*, *Kotelett*
nur *e*-Plural	*Boskett* (veralt.), *Büfett* (veralt.), *Florett*, *Kabinett*, *Lazarett*, *Menuett*, *Pikett* 'Kartenspiel für zwei Pers.', *Taburett* (veralt.), *Triolett* 'achtzeilige Gedichtform mit zwei Reimen', *Ballonett* 'Luft-(Gas-)Kammer im Innern von Fesselballons und Luftschiffen'	*Bajonett*, *Bankett* 'erhöhter Randstreifen'
nur *s*-Plural	*Rochett* 'Chorhemd eines katholischen Geistlichen'	
n-Plural	*Kadett* 'Offiziersanwärter'	

Tab. 2. Pluralsuffixe bei Lehnwörtern auf *-ett*.

Schwankungen zwischen unterschiedlichen Pluralformen sind nicht nur innerhalb der Wortgruppe, sondern auch bei ein- und demselben Wort festzustellen: Für über die Hälfte der Gallizismen (18 von 33) verzeichnen *Duden online* und DWDS jeweils zwei Pluralsuffixe, einmal *-e* und einmal *-s*. Der Versuch, hier eine Systematik zu erkennen, liefert zwar keinen eindeutigen Befund, erlaubt aber die nicht ganz unplausible Hypothese, dass die bevorzugte Pluralform mit dem Zeitpunkt der Entlehnung zusammenhängt.

Dazu halten wir als Erstes fest, dass die *ett*-Entlehnungen auf zwei unterschiedliche Wortgruppen zurückgehen, nämlich auf französische Maskulina auf *-et* (*le billet* > *das Billett*) und auf französische Feminina auf *-ette* (*la briquette* > *das Brikett*). Auf den ersten Blick sieht man den Entlehnungen im Deutschen den Unterschied nicht an, und Entsprechendes gilt für die Pluralbildung (Tab. 2).

Bei elf der 23 Entlehnungen, die auf ein französisches Maskulinum zurückgehen, sind die Pluralendungen *-e* und *-s* möglich; weitere zehn kommen nur mit *e*-Plural vor. Ebenso wie der schwache Plural (bei *Kadetten*) kommt der *s*-Plural als alleinige Option nur einmal vor. Offensichtlich ist der starke *e*-Plural hier (noch) präferiert. Ein etwas anderes Bild ergibt sich bei den zehn Gallizismen, die von Feminina entlehnt sind: Zwar sind für sieben von ihnen ebenfalls beide Pluralsuffixe verzeichnet, und für die restlichen zwei wird nur *e*-Plural angegeben. (Das Singulare tantum *Mokett* wurde nicht berücksichtigt.) Berücksichtigen sollte man aber, dass bei drei der sieben Varianten der *e*-Plural (laut *Duden online* und DWDS) "selten" ist, und *Briketts*, *Jacketts*, *Koteletts* werden die meisten von uns sicher für üblicher halten als *Brikette*, *Jackette* und *Kotelette*. Viel weniger gebräuchlich ist *Rochett*, das einzige Beispiel mit *s*-Plural, das auf ein französisches Maskulinum zurückgeht. Passt man die Gegenüberstellung dementsprechend an, ergeben sich gegenläufige Tendenzen – nämlich für die Gallizismen mit maskulinem Pendant eine Dominanz von *e*-Plural, für diejenigen mit femininem Pendant eine Tendenz zum *s*-Plural.

Wie aber lässt sich diese Zweiteilung begründen? Die Wörterbuchangaben lassen einen Zusammenhang mit dem Zeitpunkt der Entlehnung vermuten: Diejenigen Entlehnungen, die von französischen Maskulina stammen, sind tendenziell älteren Datums; Kluge (2011) nennt z. B. für *Billett* und *Lazarett* das 16. sowie für *Boskett*, *Florett*, *Kabinett*, *Kornett* 'Fähnrich' und *Menuett* das 17. Jahrhundert; für die von Feminina entlehnten Gallizismen wird ausnahmslos das 18. oder 19. Jahrhundert angegeben. Auffällig ist in diesem Zusammenhang auch, dass mehrere der Lexeme in *Duden online* und dem DWDS als "veraltet" bzw. "veraltend" markiert sind; dies betrifft neben den oben bereits erwähnten Varianten (*Büfett* usw.) z. B. *Boskett* 'Gruppe von beschnittenen Büschen und Bäumen (besonders in den Gärten der Renaissance- und Barockzeit)' und *Taburett* 'Hocker,

Schemel'. Die oben dargestellten Dubletten vom Typ *Buffet/Büfett* passen also sehr gut ins Gesamtbild. Alles in allem kann man den Schluss ziehen, dass der *e*-Plural für ältere, der *s*-Plural für jüngere Entlehnungen bevorzugt wird; letzterer wird zudem gestützt durch Anglizismen wie *Booklet*, *Starlet(t)* und *Tablet*, die ihren Plural (auch im Deutschen) ausschließlich auf *-s* bilden.[8]

Eine abschließende Bemerkung am Rande: Die Auslautschreibung mit Doppelkonsonant lässt keinen Schluss darauf zu, dass Formen wie *Brikette* oder *Kotelette*, die eine Gelenkschreibung begründen könnten, je existiert haben. Ein solcher Schluss lässt sich bestenfalls für Wörter ziehen, die den Doppelkonsonanten nicht bereits aus dem Französischen mitgebracht haben – also für die, die auf ein französisches Maskulinum zurückgehen (cf. *billet* > *Billett*, *bosquet* > *Boskett*, *flageolet* > *Flageolett*, *fleuret* > *Florett* usw.). Diejenigen, deren Basis ein französisches Femininum auf *-ette* darstellt, haben den Doppelkonsonanten schlicht beibehalten.

Anders als bei den Wörtern der *et*-Gruppe, bei denen Gräzismen und Latinismen in der Aussprache deutlich von den Gallizismen unterschieden sind, lassen sich Nicht-Gallizismen auf *-ett* formal nicht von den Gallizismen unterscheiden. Bei den relativ zahlreichen Italianismen in (7) fällt auf, dass sie (mit Ausnahme von *Stilett*) sämtlich aus dem Bereich Musik stammen.

(7) a. Italianismen: Ballett, Dezett 'Musikstück für zehn Instrumentalisten', Duett, Falsett, Nonett, Oktett, Quartett, Quintett, Septett, Sextett, Sonett, Spinett, Stilett, Terzett
b. andere: Amulett (lat.), Skelett (griech.), Klosett (engl.)

[8] Wir haben 87 Teilnehmer/innen eines BA- und eines MA-Seminars einen kurzen Fragebogen zur "aktuellen Deklination von Substantiven" (so die Überschrift) vorgelegt. Die im vorliegenden Zusammenhang interessierenden Ergebnisse, die wir aus Platzgründen nicht näher kommentieren können, deuten darauf hin, dass der aktuelle Usus um einiges heterogener ist, als es die Wörterbuchangaben vermuten lassen. Die Tabelle gibt die Häufigkeit der Nennung der Pluralformen an.

	Plural *-e*	Plural *-s*	Plural *-en*	Plural *-s*/*-e*	Plural -∅
Brikett	7	**72**	7		1
Etikett	14	10	**62**	1	
Minarett	**49**	8	27		2
Tablett	3	**82**	2		
Schernett	35	12	26		2
gesamt	**108**	**195**	**124**	**1**	**5**

4. <ette>: [ɛtə], [ɛt]

Die aus dem Französischen übernommenen Gallizismen auf *-ette* bilden mit ca. 40 Wörtern die größte der drei hier behandelten Gruppen. Hinzu kommt noch eine Reihe von Gallizismen, die im Deutschen gebildet wurden (cf. unten).

Die Gruppe der *ette*-Gallizismen ist insgesamt homogener als die *et*- und die *ett*-Gruppe. Gallizismen auf *-ette* haben im unmarkierten Fall die folgenden Eigenschaften: Sie sind Feminina, sie werden mit auslautendem Schwa gesprochen und sie haben Pänultimabetonung. Der Plural wird mit dem Suffix *-n* gebildet. Alle diese Eigenschaften finden wir beispielsweise bei *Bulette* (*die Bulette* [buˈlɛtə], *die Buletten*). Die Wörter in (8) haben ausschließlich diese Eigenschaften.

(8) Bulette, Dublette, Epaulette, Facette, Kassette, Klarinette, Krevette, Krokette, Lanzette, Limette, Marionette, Paillette, Palette, Pinzette, Pipette, Pirouette, Plakette, Rosette, Serviette, Silhouette, Stafette, Suffragette, Tablette, Toilette, Vignette, Zigarette

Nur drei Gallizismen auf *-ette* sind nicht Feminina, nämlich *Baguette*, *Roulette* und *Raclette*. *Baguette* und *Roulette* sind Neutra, *Raclette* ist Neutrum in der Bedeutung 'Gericht mit Käse', Maskulinum zur Bezeichnung einer Schweizer Käsesorte. Diese drei Nicht-Feminina sind zugleich die einzigen, die nur mit der Aussprache auf [ɛt] verzeichnet sind, die also so gesprochen werden wie sonst die Wörter auf *-ett*. Auch nach der Flexion (Genitiv Singular und Plural auf *-s*) gehören sie zur *ett*-Gruppe, sie haben lediglich (noch?) die französische Auslautschreibung. Laut *Duden online* gibt es *Baguette* selten auch als Femininum[9]; interessanterweise werden hier drei Pluralformen angegeben: für das Neutrum neben *die Baguettes* auch *die Baguette* ("selten"), für das Femininum *die Baguetten*.

Schwankungen in der Aussprache des Auslauts kommen bei den Wörtern auf *-ette* praktisch nicht vor. Lediglich bei *Gazette* und *Planchette* verzeichnet *Duden online* die Aussprache mit und ohne Schwa ([gaˈzɛt(ə)], [plɑ̃ˈʃɛt(ə)]); das Duden-Aussprachewörterbuch (2015: 392) gibt für *Gazette* zwar nur vokalischen Auslaut an, notiert dafür aber zusätzlich die Leseaussprache [gaˈtsɛtə]. Dasselbe gilt auch für *die Omelette*, doch interferiert hier die Aussprache von *das Omelett*.

---

[9] In einem Artikel über gesunde Ernährung äußert sich eine Wissenschaftsjournalistin folgendermaßen: "Die Herstellung einer guten Baguette – sie ist natürlich kein Neutrum! – besteht die meiste Zeit über darin, nichts zu tun" (*Die ZEIT* vom 13.11.2017).

Damit kommen wir zu Fällen mit zwei Varianten, einer (ursprünglichen) Variante auf *-ette* und einer Variante auf *-ett*. In ausnahmslos allen derartigen Fällen ist die *ette*-Variante ein Femininum, die *ett*-Variante ein Neutrum. Zwei Gruppen sind hier zu unterscheiden, nämlich erstens Fälle, in denen beide Varianten dieselbe Bedeutung haben, und zweitens Fälle, in denen eine Bedeutungsdifferenzierung vorliegt. Varianz in der Auslautschreibung ohne Bedeutungsdifferenzierung liegt den Wörterbüchern zufolge in den Fällen in (9) vor.

(9) die Bankette / das Bankett ‘erhöhter Randstreifen, Fußsteig’
die Chemisette / das Chemisett
die Epaulette / das Epaulett
die Omelette (fachsprachlich, österr., schweiz.) / das Omelett
die Palette / das Palett (schweiz.)

Von den Fällen in (9) sind die Fälle mit Bedeutungsdifferenzierung in (10) zu unterscheiden.

(10) das Bankett ‘Festessen’ / die Bankette ‘erhöhter Randstreifen’
das Etikett / die Etikette
das Tablett / die Tablette

Die Verhältnisse bei *Bankett/Bankette* sind recht verwickelt. Schon im Französischen gibt es die beiden Wörter *le banquet* mit der Bedeutung ‘Festmahl’ und *la banquette* mit (u. a.) der Bedeutung ‘Trottoir’ (cf. Robert 1977: 159), wobei *le banquet* auf it. *banchetto* (1977: 159) zurückgeht, also im Französischen als Lehnwort anzusehen ist. Ob dt. *das Bankett* über das Französische oder direkt aus dem Italienischen (so Kluge 2011: 89) entlehnt ist (so dass es gar kein Gallizismus wäre), müsste überprüft werden. Jedenfalls liegen ursprünglich zwei verschiedene Wörter mit verschiedener Herkunft, verschiedener Form, verschiedenem Genus und verschiedener Bedeutung vor. Für das Wort mit der Bedeutung ‘Festmahl’ ist es bei den ursprünglichen Eigenschaften geblieben. Dagegen kann das Wort *Bankette* (feminin) ‘Randstreifen, Trottoir’ laut Auskunft der Wörterbücher heute offenbar auch homonym mit *Bankett* ‘Festmahl’ verwendet werden.

Ganz anders verhält es sich mit *Etikett* und *Etikette*. Beide gehen gleichermaßen auf fr. *étiquette* zurück (cf. Kluge 2011: 261–262), das im Französischen zunächst die Bedeutung ‘Aufkleber, Schildchen’ hat und sich seit dem 18. Jahrhundert mit der Bedeutung ‘gesellschaftliche Konvention’ verbreitet (cf. Kluge 2011: 262; Robert 1977: 705–706). Während hier im Französischen bis heute Homonymie vorliegt, sind die Bedeutungen im Deutschen formal differenziert, das Neutrum auf *-ett* hat die erste, das Femininum auf *-ette* die letztere Bedeutung.

Bei *Tablett* und *Tablette* schließlich gehen beide Formen auf fr. *tablette* zurück (cf. Kluge 2011: 903), doch kommt dieses Wort im Französischen gar nicht mit der Bedeutung 'Tablett' vor, dies ist eine Innovation des Deutschen.

Noch nicht thematisiert haben wir die Frage, inwiefern sich die besprochenen Gallizismen im Deutschen als morphologisch komplex ansehen lassen. Für die *et*-Gruppe lässt sich dies wohl ausschließen, auch wenn im Französischen ein Diminutivsuffix *-et* existiert, das Maskulina bildet; Eisenberg (2012: 274) nennt das Beispiel *garçonnet* und führt zudem Bildungen mit *-ette* auf, bei denen die Diminutiv-Funktion noch "teilweise erkennbar" sei, nämlich *Ariette*, *Diskette*, *Klarinette*, *Operette*, *Stiefelette*, *Statuette*, *Zigarette*. Zu den Derivaten mit *-ette* im Französischen kann man in aller Kürze festhalten, dass sie unterschiedliche Basen aufweisen, neben Nomen (*manchette*) auch Adjektive (*espagnolette* 'Drehriegel') und Verben (*croquette*); nur noch formal transparent sind Fälle wie *omelette*, über dessen Basis nichts Genaues bekannt zu sein scheint. In Fällen wie *ariette* und *vedette* hat das Französische den Wortausgang *-etta* aus dem Italienischen übernommen.

In den Überblicksdarstellungen zur Wortbildung im Deutschen wird das Suffix *-ette* nur am Rande erwähnt; außer auf die diminuierende Funktion (cf. z. B. Fleischer/Barz 2012: 234) wird darauf hingewiesen, dass es sich um eine N/N-Derivation handelt (cf. Altmann/Kemmerling 2005: 125). Allerdings ist es im Bereich der Fremdwortbildung notorisch schwierig (und oft kaum möglich) zu entscheiden, ob ein komplexes Wort als Ganzes entlehnt wurde oder in der Nehmersprache exogene Morpheme nach fremdem Vorbild kombiniert wurden (cf. Fleischer/Barz 2012: 102). Vermutlich ist man auf der sicheren Seite, wenn man für die bisher besprochenen Fälle Ersteres, also die 'ganzheitliche' Entlehnung komplexer Wörter annimmt; dies impliziert, dass Wörter wie *Bulette* oder gar *Epaulette* für Sprecher, die das Französische nicht beherrschen, semantisch auch nicht transparent sind. Seltener, aber auch interessanter, sind Lexeme,

- die zwar ‚französisch aussehen', aber in einem französischen Wörterbuch nicht auftauchen; manchmal sind sich die Wörterbücher nicht einig, ob ein Wort aus dem Französischen übernommen ist oder nicht (cf. 11),
- die zwar auch im Französischen vorkommen, dort aber eine andere Bedeutung haben (cf. 12),
- die eine native Basis oder einen Eigennamen als Basis haben und oft Produktnamen darstellen (cf. 13).

Bei den Wörtern in (11) würden die meisten Sprachbenutzer wohl eine französische Herkunft vermuten, und im Einzelfall kann es passieren, dass Wörterbücher diesbezüglich unterschiedliche Auskunft erteilen.

(11) Brisolett(e) 'gebratenes Fleischklößchen', Grillette, Jalousette, Marquisette/ Markisette 'durchsichtiger Gardinenstoff', Sandalette

Für *Sandalette* z. B. gibt *Duden online* eine "französierend[e]" Bildung (wohlgemerkt im Deutschen) an, obwohl das Wort im *Larousse online* (https://www.larousse.fr/dictionnaires/francais) und ebenso im *Petit Robert* (Robert 1977: 1759) eingetragen ist, das DWDS fr. *sandalette* auf den Anfang des 20. Jahrhunderts datiert und der erste Textbeleg für dt. *Sandalette* von 1949 stammt. Bei *Brisolett(e)* ist es umgekehrt: *Duden online* gibt hier eine französische Herkunft an, weder im *Larousse online* noch im *Petit Robert* gibt es aber einen entsprechenden Eintrag. Die Varianten *Brisolett* und *Brisolette* sind zwar gleichermaßen selten, finden sich aber vereinzelt in den Internet-Kochportalen (www.chefkoch.de, www.kochbar.de), was eine positive Konnotation als Fachwort für den Gourmet nahelegt.

Die Tatsache, dass Gallizismen wie jene in (12) im Deutschen ihre eigene Bedeutung entwickeln, deutet auf eine – wenn auch minimale – Produktivität des zugrundeliegenden Wortbildungsmusters hin.

(12) Chanson(n)ette, Frisette

Französisch *chansonette* paraphrasiert *Larousse online* als "petite chanson sans prétention". Im Deutschen ist eine Chansonette hingegen eine Chansonsängerin. Im Französischen bedeutet *frisette* so viel wie 'Löckchen', im deutschen Szenejargon kann die Bezeichnung *Frisette* eine Friseurin mit 'Kultstatus' auszeichnen, wie das folgende Werbezitat verdeutlicht:

> Als Frisette im Reuterkiez wurde Lucella Mannino bereits zu einer Berühmtheit unter den Friseuren in Berlin. Sie verbindet in ihrem Salon die Schneidekunst mit Color-Kompetenz und Liebe zum Vintage.
> (https://www.treatwell.de/ort/frisette-im-reuterkiez/; 2019-05-30)

Chansonette und *Frisette* als Personenbezeichnungen sind Nomina agentis, deren Referentinnen das mit dem entsprechenden französischen Wort Bezeichnete produzieren.

(13) a. Biberette 'Kaninchenfell, pelzartiger Wollplüsch', Nicorette, Schmonzette
b. Adilette, Dianette, Pantolette, Sandalette, Stiefelette
c. Yogurette, Kokosette, Scheiblette, Schogette

Formal fällt bei den Wörtern in (13) zunächst auf, dass *-ette* nicht an französische Basen tritt, sondern an native (*Biberette*) oder an solche aus anderen Sprachen (*Schmonzette* mit jiddischer, *Yogurette* mit türkischer Wurzel). Noch auffälliger sind hier aber die Bildungen, deren Basen gekürzt wurden, und zwar in der Regel auf die ersten zwei Silben:

(14) Adidas > Adilette
Diana (?) > Dianette[10]
Pantoffel > Pantolette
Joghurt > Yogurette 'eine Schokolade mit Joghurtfüllung'
Nikotin > Nicorette 'Nikotinersatzprodukte zur Raucherentwöhnung'

Bei *Schogette* (< *Schokolade*), *Scheiblette* (< *Scheibenkäse*) und *Schmonzette* (< *Schmonzes*) wurde nur die erste Silbe bzw. die erste Silbe plus ein weiterer Onset übernommen. Das Verfahren lässt sich beschreiben als Suffigierung eines ungebräuchlichen Kurzwortes, vergleichbar in etwa mit dem Muster *Stud+i*.

Abgesehen von *Schmonzette*, das wahrscheinlich in Analogie zu *Gazette* gebildet wurde, liegen in erster Linie Waren- bzw. Produktbezeichnungen vor, besonders solche für Schuhe wie in (13b) und für Lebensmittel wie in (13c); in diesen Bereichen dürfte die Assoziation mit französischem Bon Gout als verkaufsfördernd angesehen werden.

Eine zweite formale Eigenart betrifft das Vorkommen epenthetischer Konsonanten, zum einen in *Adi+l+ette*, *Panto+l+ette* und *Scheib+l+ette*, zum anderen in *Nico+r+ette*. Die Einfügung von <l> könnte auf eine silbenbezogene Reanalyse von *Stiefelette* zurückgehen; das Wort existiert im Deutschen schon länger und scheint eine gewisse Vorbildwirkung gehabt zu haben. *Nicorette* ist vermutlich in Analogie zu *Zigarette* gebildet.

Die analogiebedingte Epenthese von [l] und [ʁ] führt zu einer Symmetrie zwischen morphologischer und silbischer Struktur (*Scheib.lette*, *Nico.rette* usw.); dies könnte ein Grund dafür sein, warum aus **Adid+ette*, **Pantof+ette*, **Scheib+ette* und **Nicot+ette*, obwohl formal ohne weiteres möglich, keine Produktbezeichnungen wurden.

Das Wort *Stiefelette* wurde laut DWDS bereits 1693 in einem italienisch-deutschen Wörterbuch erwähnt und scheint italienischen Ursprungs zu sein (*stivaletto*). Das folgende Zitat legt allerdings nahe, dass das Wort im frühen 18. Jahrhundert ebenfalls mit französischem Chic assoziiert wurde:

> der huth haist jetzt nicht mehr auf gut teutsch huth, sondern schappo, das haar nicht mehr haar, sondern peruquen ... die stiffel nicht mehr stiffel, sondern stiffeleten, das schnupptuch nicht mehr schnupptuch sondern facinet.
>
> CONLIN *christl. weltweise* (1706) 3,3
> (https://www.dwds.de/wb/dwb/stiefelette; 2019-07-06)

[10] Die Bezeichnung für die offene Sandale ist in Modekatalogen seit einigen Jahren häufig, ihre Herkunft aber unklar; vermuten ließe sich eine Anspielung auf den Götternamen *Diana*.

Wie eine kurze Recherche für *Pantolette* zeigt, hatte man wohl auch in der DDR nichts dagegen, mit der Anspielung auf französischen Chic zu punkten – der früheste Textbeleg stammt aus der *ZEIT* vom 02.10.1959 und beginnt folgendermaßen:

> Ostberlin. Geburtstags-Schuhe
> Die "volkseigene" Schuhfabrik "Goldpunkt" in Ostberlin bereicherte in diesem Jahr ihr Produktionsprogramm um ein neues Erzeugnis: "Pantoletten", Holzsandalen mit Lederoberteil. 700 Paare dieses "Goldpunkt"-Produkts liegen in einem Lagerschuppen der "VEB Deutsche Spedition" in Berlin-Pankow, wohlverpackt, in 35 Kartons. Sie liegen dort schon seit Wochen, und kein Mensch will sie haben.
> (https://www.dwds.de/r?corpus=public;q=Pantolette; 2019-05-25)

Ein Suffix *-ett* wird in den einschlägigen Darstellungen zur Wortbildung nicht erwähnt; es gibt jedoch einige wenige Beispiele, die eine solche Suffixvariante nahelegen: Zu nennen sind hier *Blankett* ('bereits unterschriebenes, noch nicht [vollständig] ausgefülltes Schriftstück, das der Empfänger absprachegemäß ausfüllen soll'), *Dramolett*, *Torselett* und *Tortelett* sowie die Variante *Brisolett.* Dafür, dass es sich um ein Allomorph von *-ette* handelt, sprechen zum einen die Varianten *Tortelett*/*Tortelette* und *Brisolett*/*Brisolette* sowie zum anderen, dass ein- und dieselbe Wortbildungsbedeutung vorliegt.

5. Fazit

Einer der interessantesten Punkte unserer kleinen Untersuchung ist sicherlich die Tatsache, dass aus zwei Formgruppen des Französischen (Nomen, die auf *-et* enden, und Nomen, die auf *-ette* enden) im Deutschen drei Gruppen entstanden sind, nämlich zusätzlich zu den Ausgangsformen noch Nomen, die auf *-ett* enden, wobei diese dritte Gruppe aus den beiden ursprünglichen Gruppen gespeist wird. Eine naheliegende Erklärung für diese Entwicklung ist das Verhältnis von orthographischer Form und Aussprache, das wir hier noch einmal im Zusammenhang beleuchten wollen.

Sowohl bei den französischen Maskulina auf *-et* als auch bei den französischen Feminina auf *-ette* entspricht die Aussprache der Wörter nicht den im Deutschen geltenden Regeln für die Aussprache der orthographischen Formen. Prinzipiell gibt es verschiedene Möglichkeiten, mit dieser Tatsache umzugehen. Man kann, erstens, die fremdsprachliche Orthographie und die fremdsprachliche Aussprache beibehalten, man kann, zweitens, die Orthographie beibehalten und die Wörter gemäß den Graphem-Phonem-Korrespondenzen des Deutschen anpassen, also die Aussprache mit der fremden Orthographie in Übereinstimmung bringen, und man kann, drittens, die fremde Aussprache beibehalten und diese gemäß den Phonem-Graphem-Korrespondenzregeln des Deutschen orthographisch anpassen. Betrachten wir nun die ursprünglich (im Französischen) femininen Substantive auf *-ette*, so sind hier alle drei Wege beschritten worden.

Beibehaltung von Orthographie und Aussprache ist sehr selten. Wir finden sie bei den drei oben genannten Neutra *Baguette*, *Roulette* und *Raclette*. Die Schreibung ist wie in der Ausgangssprache mit *-ette* am Ende, die Aussprache ist, wie im Französischen, zweisilbig, die Wörter enden auf den Laut [t]. Der ungleich häufigere und für die Feminina unmarkierte Fall ist die Anpassung der Lautung an die Orthographie. Die Schreibung auf *-ette* wird beibehalten (dt. <Facette> wie fr. <facette>), die Aussprache folgt der Schreibung, d. h. die deutschen Wörter werden den für das Deutsche geltenden Graphem-Phonem-Korrespondenzregeln (GPK-Regeln) angepasst: fr. [fasɛt] wird zu dt. [fasɛtə]. Dies ist die "grapho-phonemische Integration", bei der "das Fremdwort in Originalschreibung übernommen, aber nach den Ausspracheregeln der Zielsprache artikuliert" wird (Meisenburg 1993: 54). Diese Art der Integration betrifft alle Wörter in (8) in Abschnitt 3. Daneben kommt schließlich, drittens, die Anpassung der Orthographie an die Lautung vor, d. h. die französische Aussprache mit auslautendem [t] wird beibehalten und orthographisch durch <tt> wiedergegeben. Das ist das, was Meisenburg (ebd.: 53) als die "graphemische Integration" bezeichnet, bei der "die Schreibung von Fremdwörtern mit den Mitteln des zielsprachlichen Schriftsystems umgestaltet" wird. Dies gilt für die Wörter *Bajonett*, *Bankett* 'erhöhter Randstreifen', *Brikett*, *Chemisett*, *Etikett*, *Jackett*, *Kotelett*, *Omelett* und *Tablett*. Das heißt also, dass bei den (ursprünglichen) Feminina entweder die Schreibung oder die Aussprache der Herkunftssprache entspricht, in der Regel aber nicht beide.

Bei den Nicht-Feminina (überwiegend Neutra) ist der Weg zur Integration etwas komplizierter und er umfasst mehr Stufen. Beibehaltung von Orthographie und Aussprache des Auslauts sehr nah an der Ausgangssprache finden wir auch hier nur bei einigen wenigen Wörtern, nämlich denjenigen, die mit auslautendem [ɛ] gesprochen werden. Das sind die Wörter *Béret*, *Carnet*, *Clairet*, *Godet* und *Muscadet* in (2b) in Abschnitt 1. Die Aussprache mit auslautendem betontem Kurzvokal widerspricht der Silbenstruktur deutscher Wörter, sie ist für native Wörter ausgeschlossen. Ein erster Schritt hin zur Integration solcher Gallizismen ist konsequenterweise die Aussprache des auslautenden Vokals als gespannter, langer Vokal, also *Filet* als [fiˈleː] oder [fɪˈleː]. Eine weitere Anpassung an das deutsche System erfolgt nun, nicht anders als bei den Feminina, dadurch, dass unter Beibehaltung der fremden Graphie die Aussprache nach den GPK-Regeln des Deutschen angepasst wird. Die Aussprache von *Signet* als [zɪnˈjeː]

wandelt sich zu [zɪˈgnɛt]. Für den abschließenden Übergang zur Schreibung mit Doppel-*t* dürften dann zwei Gründe ausschlaggebend sein: Zum einen weist die Doppel-*t*-Schreibung auf den lautlichen Unterschied gegenüber den sehr zahlreichen Gräzismen auf *-et* hin (cf. 5 in Abschnitt 2). Wo sie nicht erfolgt, kommt es zu 'griechischer' Aussprache wie bei *Paket* und *Pamphlet*. Zum anderen haben wir gesehen, dass es für die Maskulina auf *-ett* eine starke Tendenz zum *e*-Plural gibt, so dass die *ett*-Schreibung als Gelenkschreibung fungiert. Das Ergebnis der Entwicklung sind, anders als bei den Feminina, Wortformen, die weder orthographisch noch phonologisch den französischen Ausgangsformen entsprechen (<Bouquet> zu <Bukett> und [buˈkeː] zu [buˈkɛt] oder [bʊˈkɛt]).

Bemerkenswert ist auch, dass für alle drei Gruppen von Wörtern gilt, dass der Wortakzent beibehalten wird, d. h. alle untersuchten Wörter haben Ultimaakzent. Dieser ist für Sprecher, die das Französische nicht beherrschen, allemal leichter zu realisieren als z. B. die Nasalvokale. Die einzige Ausnahme unter den über hundert Wörtern ist *Kabarett*, das neben der Aussprache mit Ultimaakzent auch mit dem Akzent auf der Antepänultima gesprochen werden kann.

Alles in allem verläuft die Integration von Gallizismen ins Deutsche eher zögerlich. Aufschlussreich ist auch die Tatsache, dass Gallizismen in der Orthographie des Deutschen lange Zeit erkennbar bleiben. In seiner letzten Aktualisierung hat der Rechtschreibrat neuere Schreibungen wie *Kreme*, *Fassette* und *Mohär* wieder zurückgenommen, weil sie sich gegen *Creme*, *Facette* und *Mohair* nicht durchsetzen konnten; die Form *Crème* (mit Accent!) wurde sogar neu aufgenommen. Nicht einmal die vorgeschlagene Schreibung *Roulett* war erfolgreich: Die Deutschen schreiben nach wie vor *Roulette*.[11]

Literatur

Altmann, H. / Kemmerling, S. 2005. *Wortbildung fürs Examen* (2., überarb. Aufl.). Göttingen: Vandenhoeck & Ruprecht.

Duden 2015. *Das Aussprachewörterbuch* (Band 6; 7., komplett überarb. und akt. Aufl., bearb. v. Kleiner, S. u. Knöbl, R. in Zusammenarb. mit der Dudenredaktion). Berlin: Dudenverlag / Mannheim: Institut für Deutsche Sprache.

Eisenberg, P. 2012. *Das Fremdwort im Deutschen* (2., überarb. Aufl.). Berlin: De Gruyter.

---

[11] Cf. http://rechtschreibrat.com/DOX/mitteilung1107.pdf sowie http://www.rechtschreibrat.com/DOX/rfdr_Bericht_2011-2016.pdf; 2019-05-12).

Fleischer, W. / Barz, I. 2012. *Wortbildung der deutschen Gegenwartssprache* (4. Aufl., völlig neu bearb. von Barz, I. u. Mitarb. v. Schröder, M.). Berlin: De Gruyter.

Kluge, F. 2011. *Etymologisches Wörterbuch der deutschen Sprache* (25., durchges. u. erw. Aufl., bearb. von Seebold, E.). Berlin: De Gruyter.

Krech, E.-M. / Stock, E. / Hirschfeld, U. / Anders, L.-C. 2009. *Deutsches Aussprachewörterbuch.* Berlin: De Gruyter. Online-Ausgabe 2010.

Meisenburg, T. 1993. Graphische und phonische Integration von Fremdwörtern am Beispiel des Spanischen. *Zeitschrift für Sprachwissenschaft* 11, 47–67.

Muthmann, G. 2001. *Rückläufiges deutsches Wörterbuch. Handbuch der Wortausgänge im Deutschen, mit Beachtung der Wort- und Lautstruktur* (3., überarb. u. erw. Aufl.). Tübingen: Niemeyer.

Rat für deutsche Rechtschreibung. Ed. 2006. *Deutsche Rechtschreibung. Regeln und Wörterverzeichnis.* Tübingen: Narr.

Robert, P. 1977. *Le Petit Robert. Dictionnaire alphabétique et analogique de la langue française* (réd. dir. par Rey, A. et Rey-Debove, J.). Paris: Société du nouveau Littré.

Élisabeth Delais-Roussarie

Remarques sur le français de Basse-Bretagne, le breton et les situations de contact de langues

Abstract. It is well established that the French language took a preponderant role over the 20th century, so that languages such as Occitan, Basque or Breton were highly marginalized, and varieties of French have developed with these languages as substrate and nowadays coexist with the native languages as well as with Standard French. Parallel to the development of a variety of French spoken in *Basse-Bretagne*, the Breton language declined. The number of French-Breton bilinguals, for instance, decreased rapidly during the second half of the 20th century, so that most of the people living in *Basse-Bretagne* nowadays don't speak Breton or have a very restricted knowledge of the substrate language. Nevertheless, the French variety spoken in this area, where contact with Breton was important, still displays several features that are a clear calque from the substrate. In this paper, we will present some of these features, which may sometimes remain unnoticed to non-native speakers of French. Special attention will be given to well-known lexical calques and to prosodic patterns. As the prosodic features observed are in contradiction to what is sometimes said about the Breton spoken today by 'neo-Breton' speakers, issues concerning the way to apprehend these language varieties and their contact will then be considered.

1. Introduction

En Bretagne, comme dans de nombreuses régions françaises, la langue française s'est développée au détriment des langues locales du fait d'une volonté historique d'uniformisation et d'homogénéisation linguistique (cf., entre autres, Hawkey/Kasstan 2015). Au cours du XXe siècle, le français a pris une place prépondérante ; cela s'est accompagné d'une marginalisation et d'un déclin des langues régionales et minoritaires comme le basque, le breton, le catalan ou l'occitan, pour n'en citer que quelques-unes (cf., entre autres, Meisenburg 2003; 2009).[1] Ceci étant, le français parlé dans ces ré-

[1] Il est important de noter que la politique linguistique de la France a pendant très longtemps reposé sur le concept de 'l'idéologie linguistique française' tel que défini par Encrevé (2007: 23) : « [L]e citoyen devait non seulement parler français, mais ne parler *que* français en France. Bref, il s'agit d'un monolinguisme d'État dont l'obligation s'étendrait par allégeance citoyenne

gions est issu du contact et diffère sur bien des points de la langue standard généralement décrite dans les méthodes d'enseignement et les grammaires. Notons que ces variétés de français régional continuent à se transmettre, même indépendamment du substrat, et ont été décrites dans plusieurs travaux linguistiques ; cf., p. ex., pour les aspects phonétiques et prosodiques, Carton et al. (1983) ou, plus récemment, Simon (2012) dans le cadre du projet *Phonologie du Français contemporain* (https://www.projet-pfc.net/).

Pour ce qui est des langues régionales comme le breton ou la plupart des dialectes de l'occitan, ils ont bénéficié de politiques volontaristes dans le but d'en favoriser la diffusion, mais ils sont répertoriées comme sérieusement en danger par l'UNESCO, notamment du fait de la disparition de la transmission naturelle. De plus, le breton transmis actuellement par l'école ou les institutions dans le cadre des politiques volontaristes est parfois perçu comme éloigné des dialectes traditionnels, voire influencé par le français (cf., entre autres, Hornsby 2015; Le Ruyet 2009). Ainsi, dans une étude consacrée à l'accentuation en breton, Kennard (2017) montre que les patrons accentuels dans le parler des nouveaux locuteurs (néo-bretonnants) ont tendance à se rapprocher de ceux du français standard.

Au vu de ces mouvements en apparence contradictoires, avec un breton influencé par le français et un français ayant le breton comme substrat, il nous a semblé intéressant dans cette contribution d'étudier certaines caractéristiques du français de Basse-Bretagne pour les mettre en relation avec le breton. Cela nous a conduite à nous interroger sur les raisons possibles de ces mouvements contraires. Dans la section 2, après un rappel historique de la situation linguistique en Bretagne, nous nous intéresserons à la langue bretonne et à ses locuteurs, pour ensuite nous arrêter sur certains traits phonologiques du breton parlé jugés difficiles pour les néo-bretonnants. Puis, dans la section 3, plusieurs caractéristiques lexicales, syntaxiques et phonologiques du français de Basse-Bretagne seront décrites. Une attention particulière sera accordée aux aspects prosodiques qui seront mis en regard de ce qui aura été dit dans la section 2 et dans Kennard (2017). Pour finir, nous nous interrogerons sur les raisons qui peuvent expliquer ces mouvements contradictoires, et nous insisterons aussi sur les difficultés méthodologiques existantes lors de l'étude des variétés en contact.

à chaque individu français ». Il faudra attendre la fin du XXème siècle (les années 90) et surtout le début du XXIe siècle pour voir une vraie reconnaissance des langues minoritaires et régionales et de l'hétérogénéité linguistique de la France ; cf., par exemple, la transformation en 2001 de la *Délégation de la langue française* (DGLF) en *Délégation de la langue française et des langues de France* (DGLFLF).

2. La situation linguistique en Bretagne et la langue bretonne

2.1 Les langues de Bretagne : le français, le breton et le gallo

La région Bretagne est clairement identifiée sur le plan administratif, mais sur le plan linguistique, on peut distinguer, et cela depuis le XVe siècle, deux Bretagnes, l'une romane où était parlé le gallo (*Brittania gallicana*), et une autre bretonnante où on parlait le breton (*Brittania britonizans*). Une frontière, qui s'est progressivement déplacée vers l'Ouest, permettait de différencier ces deux Bretagnes, appelées respectivement Haute-Bretagne et Basse-Bretagne si bien que la zone bretonnante s'est progressivement réduite entre l'an 900 et le XXe siècle (cf. Fig. 1).

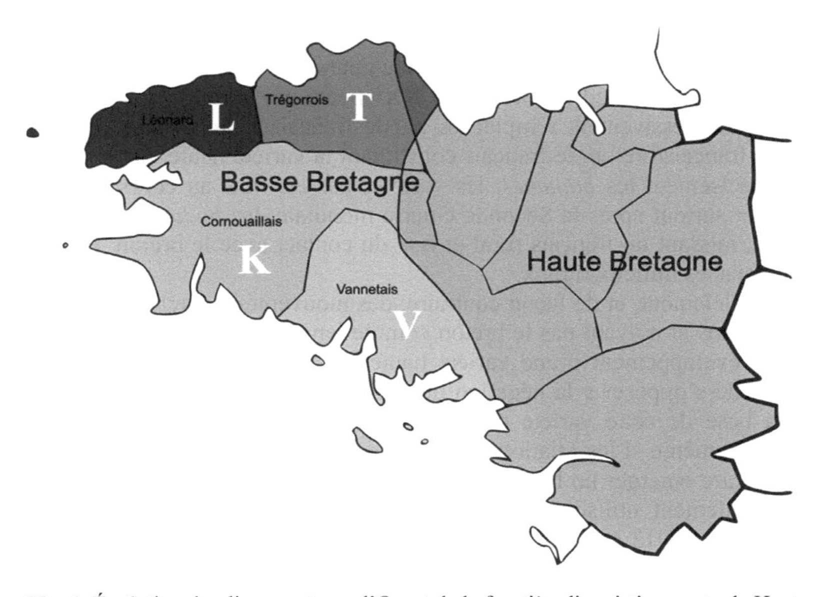

Fig. 1. Évolution du glissement vers l'Ouest de la frontière linguistique entre la Haute-Bretagne et la Basse-Bretagne.[2]

La Basse-Bretagne se divise en quatre zones dans lesquelles des variétés distinctes du breton sont parlées (cf. Fig. 1) : le Trégor (Trégorrois, noté T),

2 Cette carte est extraite de la page Wikipédia consacrée à la frontière linguistique bretonne (https://fr.wikipedia.org/wiki/Frontière_linguistique_bretonne).

le Léon (Léonard, noté L), la Cornouaille (Cornouaillais, noté K) et le Pays de Vannes (Vannetais, noté V).[3]

Même si ces quatre dialectes sont clairement identifiés, il est important de ne pas limiter le breton à ces seules variétés. De fait, la situation linguistique et les contacts ont été beaucoup plus complexes, et cela depuis toujours. Ainsi, à côté de parlers locaux vernaculaires utilisés dans les familles et les interactions au sein des communautés rurales (les *badumes*), il existait un breton distingué parlé par la noblesse rurale. Ce dernier était perçu comme une variété haute du fait du statut social de ses locuteurs, même s'il renfermait parfois des formes lexicales et grammaticales empruntées au latin ou au français. Une autre variété utilisée par le clergé et à l'église ('breton de curé' *brezoned beleg*) était aussi jugée prestigieuse par rapport aux *badumes*. Dès lors, au sein même du breton, en plus des variations dialectales établies, on pouvait observer, comme dans de nombreuses langues, des variations selon le statut social des locuteurs.

A partir de la seconde moitié du XXe siècle, les variétés prestigieuses ont été progressivement remplacées par le français, conduisant à une diglossie français/breton, le français constituant la variété haute, le breton, et plus précisément les *badumes*, les variétés basses. Puis au cours du XXe siècle, et surtout après la Seconde Guerre mondiale, les *badumes* ont aussi décliné, laissant un français rural et issu du contact avec le breton, notamment dans les milieux ruraux.

Parallèlement, et de façon contraire, des mouvements intellectuels souvent urbains et n'ayant pas le breton comme langue première, vont travailler au développement d'une variété haute appelée 'néo-breton' dans une volonté de s'opposer à la négation des cultures et traditions locales. C'est sur la base de cette variété que s'est développé le breton enseigné aujourd'hui, même si les relations entre cette variété et les *badumes* ont permis de faire émerger un breton intermédiaire correspondant en partie à celui actuellement utilisé dans les médias et dans l'enseignement (cf. Le Dû/Le Berre 2013 pour une description plus détaillée de l'histoire de ces parlers et des relations de contact avec le français).

L'analyse de la situation linguistique et des différentes variétés et langues en présence appelle cependant deux remarques. D'une part, le breton a de tout temps été en contact avec le français auquel il a emprunté des constructions et des termes, notamment pour les variétés prestigieuses. D'autre part, dans le français comme dans le breton, des variétés différentes

---

[3] Ces zones recoupent en partie les départements actuels : le Léon et la Cornouaille correspondant sensiblement au Finistère, et plus précisément au Finistère Nord et au Finistère Sud, le Trégor à la partie occidentale des Côtes d'Armor, et le Vannetais au Morbihan.

étaient utilisées selon le statut social des locuteurs, et cela indépendamment de la pratique linguistique effective des locuteurs (bilinguisme avec usage du breton dans la famille ou non, etc.). Ces deux points sont essentiels, à mon sens, pour tenter d'étudier les traits prosodiques des variétés et langues en présence.

2.2 Les locuteurs du breton

A l'image des variétés en présence et des langues en contact, les locuteurs sont aussi très différents quant à leur utilisation du breton et du français. Ceci étant, le breton a décliné tout au long du XXe siècle au profit du français, et cela dans tous les groupes sociaux. Les milieux ruraux sont cependant ceux qui ont conservé le breton le plus longtemps, au moins au sein de la famille. Les années 50 constituent cependant un tournant dans ce déclin au profit du français. Lossec (2010), citant Louis Elégoët, un historien léonard (cf. Pays du Léon sur la Fig. 1), raconte par exemple que, dans le village de Saint-Méen (Finistère), 80% des enfants arrivaient à l'école à l'âge de six ans en ne parlant que le breton en 1948, mais ils n'étaient plus que 10% en 1952 !

La transmission de la langue au sein des familles a aussi fortement changé sur cette période (cf. Bouroulleg et al. 2007). Alors que dans les années 20, près des 50% des brittophones transmettaient la langue de manière naturelle à leurs enfants, cette proportion n'était plus que de 5% dans les années 80, avec cependant des variations selon les régions, puisque 12% des adultes de moins de 30 ans avaient reçu le breton de leurs parents en Côtes d'Armor et dans le Finistère, contre 7% en Morbihan. Ce changement dans les modalités de transmission a été encore plus net à la fin du XXe siècle : en 1999, seulement 2% des gens de 30 ans avaient reçu le breton de leurs parents. La quasi-disparition de la transmission naturelle explique d'ailleurs la caractérisation du breton comme langue en danger.

Le rapport de l'observatoire de la langue bretonne (cf. Bouroulleg et al. 2007) donne une image assez précise de la répartition sociologique et géographique des locuteurs du breton en ce début du XXIe siècle. En 1999, les brittophones ne représentent que 8,3% de la population de Bretagne dans son ensemble, et les proportions sont plus élevées en Basse-Bretagne (19% dans le Finistère, 15,4% dans les Côtes d'Armor, 9,5% dans le Morbihan, contre moins de 2% en Ille-et-Vilaine et Loire-Atlantique). Mais ce chiffre, en plus des disparités géographiques qui viennent d'être mentionnées, cache une réalité très contrastée. Tout d'abord, dans cette enquête, la notion de brittophone recoupe des populations très différentes tant dans leur degré de compétence en breton que dans le statut de cette langue pour elles (bilinguisme, bretonnant natif, etc.). En outre, en 1999, 75% des brittophones avaient plus de 50 ans, et sur le plan socio-économique, 30% étaient agriculteurs. En recoupant ces éléments et les chiffres relatifs à la transmission familiale, on comprend bien que la majorité des brittophones de moins de 50 ans a appris le breton comme une langue étrangère. La plupart des personnes vivant actuellement en Basse-Bretagne ne parle pas breton ou en a une connaissance très limitée.

2.3 Quelques caractéristiques phonologiques du breton parlé

Dans cette section, quatre caractéristiques du breton parlé qui ont une double spécificité dans l'analyse des interférences entre le breton et le français vont être présentées : (i) elles sont souvent source de difficultés pour les francophones apprenant le breton et pour les néo-bretons (cf. Le Ruyet 2009) ; (ii) elles influencent à des degrés divers la phonétique et la prosodie du français de Basse-Bretagne.

2.3.1 Dévoisement des consonnes finales

En breton, comme dans de nombreuses langues (l'allemand, le polonais, etc.), les consonnes voisées sont toujours dévoisées en position finale absolue. Ainsi, les obstruantes, qu'elles soient voisées (et représentées par les graphèmes <b>, <d>, <g>, <z> ou <v>) ou non voisées (et représentées par les graphèmes <p>, <t>, <k>, <s> ou <f>) sont réalisées de la même façon, c'est-à-dire non voisées (cf. Le Ruyet 2009). Aussi prononce-t-on [ˈnoːs] le mot *noz* dans 'fest-noz' ou [kaˈraːdek] le mot *Karadeg* (souvent noté en français 'Caradec'). Ce phénomène de dévoisement explique l'orthographe observée en français pour de nombreux toponymes et prénoms bretons (Lannilis, Annick, etc.) où le graphème représentant la consonne non-voisée a été retenu.

2.3.2 Phénomènes phonologiques de jonction et sandhi

Tout comme en français, il existe en breton de nombreux phénomènes phonologiques à la jonction entre morphèmes (entre un affixe et une base) ou entre mots. Parmi eux, les phénomènes de sandhi, qu'ils soient internes ou externes, sont complexes car ils peuvent conduire à modifier la consonne finale du premier élément, mais de façon différente à ce qui se produit en français avec la liaison et l'enchaînement.

Alors que les occlusives sont sourdes et les sifflantes voisées en contexte de liaison (*un grand*/[t] *homme*, *ils*/[z] *arrivent*) et restent inchangées en cas d'enchainement (*une grande*/[d] *école*), la situation est différente en breton. De fait, en cas de sandhi vocalique à la joncture de mot (c'est-à-dire avec un mot 1 finissant par une consonne et un mot 2 commençant par une voyelle), les sifflantes sont voisées comme en français qu'elles le soient ou non dans le mot 1 en isolation (1), et les occlusives sont également voisées, qu'elles le soient ou non au départ (2).[4]

(1) a. *deus amañ* 'viens ici' réalisé avec [s] > [z] :
deu(s)͡z amañ (Le Ruyet 2009: 15)
b. *ma mestrez eo* 'c'est ma maîtresse' réalisé :
ma mestre(z)͡z eo (Le Ruyet 2009: 15)

(2) a. *prop eo* 'c'est propre' réalisé avec [p] > [b] :
pro(p)͡b eo (Le Ruyet 2009: 16)
b. *ur grib en e fichet* 'un peigne dans la poche' réalisé :
ur gri(b)͡b en e fichet (Le Ruyet 2009: 16)

2.3.3 L'accentuation

Dans les variétés KLT du breton (Cornouailles-Léon-Tréguier) et en breton standard, l'accent tonique se situe généralement sur la pénultième (3a), malgré quelques exceptions (3b). Notons aussi que l'accent tombe plutôt sur la syllabe finale en Vannetais (cf. Le Ruyet 2009; Carton et al. 1983: 32; Jouitteau 2009–2019[5]).

(3) a. ***la****bous* 'oiseau' ; *ba****la****fenn* 'papillon' avec l'accent sur la pénultième
b. *pe****moc'h*** 'cochon' ; *a****mann*** 'beurre' avec l'accent sur la finale

Dans les mots composés ou dans certains contextes (syntagmes nominaux, etc.), un déplacement d'accent est possible, notamment dans les contextes de clash accentuel (cf., entre autres, Jouitteau 2009–2019). Notons aussi que la préférence pour l'accent sur la pénultième peut conduire à accentuer l'article plutôt que le nom dans une séquence 'article + nom monosyllabique' (4) ; cf. Kennard (2017).

(4) ***ur*** *vag* 'un bateau' avec l'accent sur le déterminant *ur* 'un'

---

4 Pour une présentation plus complète des règles de réalisation en breton, mais aussi des erreurs observées dans les productions des locuteurs, essentiellement les néo-bretons, cf. Le Ruyet (2009).

5 Différents aspects de l'accentuation du breton sont présentés sur le site participatif *Arbres* mis au point par M. Jouitteau, cf. http://arbres.iker.cnrs.fr/index.php?title=Accentuation.

2.3.4 Allongement des voyelles et accentuation

Au niveau du mot phonologique, les voyelles sont longues lorsqu'elles sont sous l'accent et suivies d'une consonne voisée (à l'écrit, il s'agit des graphèmes <b>, <d>, <g>, <z>, <j>, <v>, <l> et <n>). Ainsi, le [a] de *tad* 'père' est long, même si le /d/ final est dévoisé (on a donc [taːt]). En revanche, les voyelles sont brèves avant un graphème de consonne sourde ou doublée (<p>, <t>, <k>, <s>, <ch>, <f>, <m> ou <mm>, <nn>, <gn> et <lh>).

2.4 Synthèse : le breton, ses variétés et les situations de contact

Parmi ces quatre caractéristiques, celles concernant la position de l'accent et la réalisation de la voyelle sous l'accent ont une influence sur les patrons accentuels observés aussi bien en français de Basse-Bretagne (cf. 3.2) que dans le breton parlé par les néo-bretons. Dans son travail sur l'accentuation en breton à partir d'une comparaison entre les patrons accentuels réalisés par des néo-bretons et par des locuteurs natifs (souvent plus âgés), Kennard (2017) a ainsi mis à jour une évolution dans la distribution de l'accent sur les séquences 'article + nom monosyllabique' et sur les noms trisyllabiques : les patrons observés chez les néo-bretons rappellent davantage ceux du français avec un accent sur la syllabe finale.

3. Quelques aspects du français de Basse-Bretagne

Après une présentation de quelques aspects lexicaux (cf. 3.1) et morphosyntaxiques (cf. 3.2) du français de Basse-Bretagne, nous nous intéresserons dans cette section à quelques phénomènes phonétiques et prosodiques (cf. 3.3) qui font écho à ceux mentionnés dans la section 2.3 et qui sont souvent perçus comme caractéristiques de l'accent breton (cf., entre autres, Morvan 2004).

3.1 Bretonnismes observés au niveau lexical

Le terme 'bretonnisme' fait ici référence à l'emploi involontaire[6] de mots ou d'expressions empruntés ou dérivés du breton et observés en français de

[6] Le caractère *involontaire* est selon nous essentiel pour distinguer les bretonnismes des emprunts qui relèvent d'une utilisation volontaire de termes bre-

Basse-Bretagne. Nous n'allons pas en faire ici un inventaire exhaustif et nous renvoyons le lecteur intéressé aux quelques ouvrages qui y sont consacrés (cf. Lossec 2010; 2011; Le Dû 2002; Rybková 2012)[7], mais nous allons exposer les quatre procédés fréquemment utilisés lors de la 'construction' de ces mots ou expressions et en donner des exemples empruntés à Lossec (2010).

3.1.1 Mots bretons dans la construction d'expressions en français

Certaines expressions de français de Basse-Bretagne sont construites à partir de mots bretons, sans qu'on puisse parler d'emprunts, puisque le terme breton est totalement inséré dans une expression en français. Ainsi, par exemple, l'adverbe *a-dreuz* est pris directement au breton et s'emploie avec le sens de 'de travers'. De même, le mot breton *pouloud* (qui désigne les mottes de terre) est utilisé dans l'expression imagée *attaque (de) pouloud* signifiant 'crise cardiaque'.

Ces expressions sont plutôt utilisées par des personnes assez âgées, et le lien avec le substrat est clair.

3.1.2 Mots dérivés du breton

Certains mots, bien qu'ayant une orthographe et une phonologie très 'française' sont directement dérivés de mots ou radicaux bretons. Ainsi, le verbe *ribouler* et l'expression *partir en riboul* viennent du mot breton *riboulat* et signifient 'faire la fête' (*Après le bac, on ira en riboul*). De même, le nom féminin *cuche* vient du mot breton *kuchenn* et désigne une couette ou une queue de cheval.

Il est intéressant de remarquer que ces termes ou expressions sont utilisés même chez les jeunes locuteurs vivant en Basse-Bretagne, mais ne parlant pas un mot de breton, et n'ayant d'ailleurs pas toujours conscience de l'origine bretonne de ces termes.

---

tons (citons par exemple les termes *fest-noz, bilig* pour *crépière/galetière* ou parfois même *kenavo* pour *au revoir*).

7 A notre connaissance, peu d'études scientifiques sont consacrées aux bretonnismes, et plus généralement au français de Basse-Bretagne. Nous nous appuyons essentiellement ici sur des ouvrages assez descriptifs et de vulgarisation (cf. Le Dû 2001; Lossec 2010; 2011) et sur deux travaux de recherche académiques (cf. Rybková 2012; Nance 2009).

3.1.3 Expressions calquées sur le breton

Il n'est pas rare d'entendre en français de Basse-Bretagne des tournures ou expressions directement calquées sur le breton, mais, là aussi, sans que les locuteurs en aient toujours conscience. Ainsi, on entend *travailler sous l'Etat* pour parler de fonctionnaires, de personnes employées à l'Arsenal de Brest ou dans la Marine, cette expression étant une traduction de la forme bretonne *laborat dindan ar Stad.* De même, pour inciter quelqu'un à se mettre au travail et à se lancer dans une activité, on entend *croche dedans*, une traduction du breton *krog e-barzh.*

3.1.4 Mots français avec glissement de sens

Dans la section précédente, les calques concernaient essentiellement des expressions ou tournures, mais il arrive aussi que le sens et les usages attribués à un mot français soient calqués sur le breton. On assiste dès lors à un glissement de sens : le mot français est utilisé avec le sens qu'il aurait en breton. Ainsi, par exemple, le verbe *envoyer* est utilisé avec le sens (i) d'*apporter* ou de *prendre* (p. ex. *J'ai envoyé mon cartable avec moi*) ; ou (ii) d'*emmener* (p. ex. *Je vais t'envoyer à la maison*, *Tu n'as qu'à l'envoyer avec toi*). De même, les verbes *arriver* et *aller* peuvent prendre le sens de *devenir* (p. ex. *Celui-là est arrivé grand* ou *Le mur est allé bien depuis qu'il est chéqué, chéqué* signifiant ici que les joints ont été refaits. Quant au verbe *emmener*, il peut être utilisé dans le sens d'*envoyer* (p. ex. *Je vous ai emmené une lettre*). Notons d'ailleurs que les glissements sémantiques observés pour *envoyer* et d'*emmener* sont source de grandes confusions pour les français qui ne sont pas originaires de Basse-Bretagne.

Ces glissements de sens et ces calques se retrouvent également dans l'emploi des prépositions. Ainsi, la préposition *avec* est utilisée dans de nombreux contextes à l'instar de la préposition bretonne *gant* :

- pour indiquer l'agent
  (p. ex. *Comment ça va avec ta sœur ?* 'Comment va ta sœur ?', *Tout est parti avec lui* avec le sens de 'Il a tout mangé')
- pour indiquer la cause ou la provenance
  (p. ex. *J'ai eu une lettre avec Gurvan* 'J'ai reçu une lettre de Gurvan', *Elle est au lit avec le docteur* 'Le docteur l'a arrêtée')
- pour indiquer l'accompagnement
  (p. ex. *Tu as un crayon avec toi ?*)

3.2 Calques et bretonnismes observés au niveau morphosyntaxique

L'influence du breton se retrouve également dans l'expression de la possession (l'usage des déterminants possessifs étant calqués sur le breton, p. ex. *J'ai mal à ma tête* ou *J'ai attrapé mon pied dans la porte*) ou dans l'emploi des relatifs (comme une seule forme de relatif existe en breton, le pronom est utilisé partout au lieu des formes comme *dont*, *sur lequel/ laquelle* : *le voisin que son père est boulanger*, *le rocher que je suis assis dessus*). De même, les pronoms démonstratifs sont utilisés à la place des pronoms sujets anaphoriques comme en breton (p. ex. *Mon frère, celui-là habite Brest* ou *Celui-ci n'est pas bien*).

L'expression du temps et de l'aspect dans les formes verbales est calquée sur le breton. Ainsi, le futur est utilisé pour exprimer un futur proche ou la volonté (cf. les exemples de Lossec 2010 comme *quand tu voudras* pour *quand tu veux*). De même, des formes verbales au plus-que-parfait sont utilisées à la place de formes au passé composé (p. ex. *Hier j'avais écrit une lettre* pour *j'ai écrit une lettre*, Lossec 2010: 94). Pour finir, comme dans d'autres parlers régionaux, le passé surcomposé est présent en français de Basse-Bretagne (*J'ai eu travaillé avec des chevaux*, Lossec 2010: 94). Pour exprimer le progressif, on utilise la structure *être à*, calquée sur le breton (verbe *être* suivi de la particule *o*) : *Elle était à préparer son dîner* pour *Elle était en train de préparer son dîner.* Pour finir, dans les formes passives, le complément d'agent est généralement introduit avec la préposition *avec*, par un calque du breton avec *gant* (p. ex. *La souris a été mangée avec le chat* pour *La souris a été mangée par le chat*).

Pour ce qui est de l'ordre des mots et constituants, il diffère de celui observé en français standard, notamment du fait de l'expression de la topicalisation et de la focalisation par mouvement (cf. Jouitteau 2009–2019) : *Causer il fait, mais travailler, il fait pas* ou *Attraper leur accent que tu as fait,* pour ne citer que quelques exemples. Les éléments focalisés sont également suivi du complémenteur *que* ou de la séquence *que c'est/que c'était* des clivées (p. ex. pour les énoncés interrogatifs : *Quand que c'est qu'il part ?* pour *C'est quand qu'il part ?*).

3.3 Aspects phonologiques et prosodiques de français de Basse-Bretagne

Dans l'étude de Morvan (2004), quelques particularités phonétiques segmentales, qui avaient été décrites par Carton et al. (1983), ont très souvent été mentionnées comme marqueurs de l'accent breton par les personnes interviewées. Pour les segments consonantiques, notons que le phonème /ʁ/ est souvent prononcé 'roulé', se rapprochant de la fricative vélaire [x], que le graphème <h> est prononcé aspiré comme en breton. De plus, les consonnes, notamment en position d'attaque syllabique, sont réalisées très tendues sous l'accent. Pour les segments vocaliques, la réalisation des voyelles moyennes est plus instable (notamment l'opposition [o] : [ɔ] et le /a/ est plus souvent postérieur [ɑ]).

Mais les marqueurs les plus nets, comme l'ont remarqué les différents participants à l'étude de Morvan (2004), se situent essentiellement au niveau prosodique et accentuel. Aussi peuvent-ils faire écho aux difficultés que rencontrent les français natifs apprenant le breton et qui ont été mentionnées par Le Ruyet 2009 (cf. 2.4). Les deux dernières syllabes des mots prosodiques sont réalisées de façon très différente de ce qu'on observe en français standard, et cela est à mettre en relation avec la place de l'accent en breton (plutôt sur la pénultième) et la tendance à l'allongement des voyelles sous l'accent. Dans les exemples (5) et (6)[8], les syllabes pénultièmes (respectivement [ʃa] de *châtaigne* pour (5) ; [mɑ̃] de *comme ennui* et [ʁi] de *sécurité* pour (6)) sont relativement longues, et surtout réalisées avec un mouvement mélodique montant. En revanche, les syllabes finales, qui sont normalement nettement allongées et porteuses d'un contour montant en français standard, ne sont pas allongées (en comparaison de la pénultième) et le mouvement mélodique est soit plat (pour *ennui*) soit légèrement descendant (*châtaigne*). Cette réalisation des deux dernières syllabes est assez similaire à ce qu'on observe en breton avec l'accent sur la pénultième (cf. aussi Carton et al. 1983).

(5) *chercher des CHAtaignes* (Angela Duval, archive INA) (cf. Fig. 2)
[deˈʃa.tɛɲ]

(6) *comme ENnui avec la sécuRIté (sociale)* (cf. Fig. 3)
[ˈmɑ̃.nɥi] [se.ky.ˈʁi.te]

[8] L'exemple (5) est un extrait d'une émission du 28 décembre 1971 *Les conteurs* durant laquelle la poétesse bretonne Angela Duval (1905–1981) était interviewée ; cf. Archive INA: https://www.ina.fr/video/CPF86627104/anjela-duval-video.html (2019-11-07). L'exemple (6) est un extrait d'un sketch de Job Larigou (1928–2009), humoriste breton originaire de Brest ; cf. https://www.youtube.com/watch?v=-XP8uIgmNYk (2019-11-07).

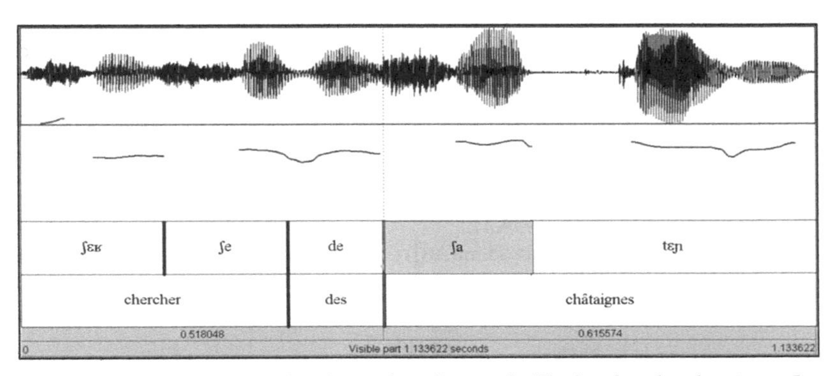

Fig. 2. Courbe mélodique et signal associés à l'exemple (5) *chercher des châtaignes*. La syllabe accentuée est grisée.

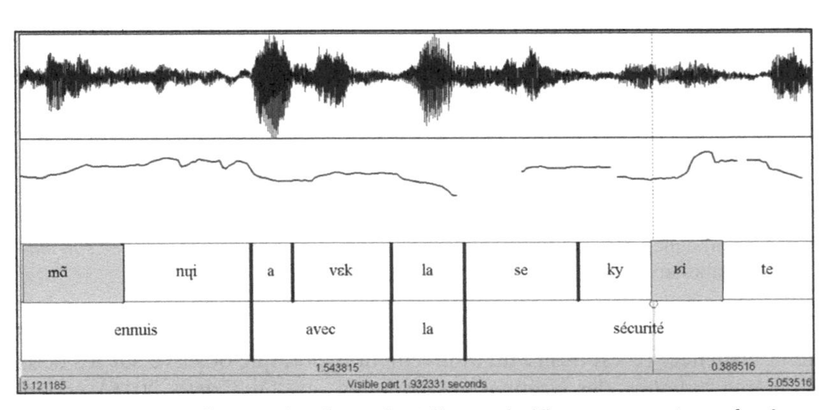

Fig. 3. Courbe mélodique et signal associés à l'exemple (6) *comme ennui avec la sécurité (sociale)*. Les syllabes accentuées sont grisées.

La différence dans la réalisation phonétique du mouvement montant de fin de groupe accentuel (LH*) s'observe également dans les monosyllabiques, c'est-à-dire sans qu'il y ait un déplacement de l'accent sur la pénultième. Ainsi, sur la Fig. 4 représentant l'exemple (7)[9], le mouvement mélodique sur la syllabe [kɔʁ] (*corps*) correspond à un plateau suivi d'une légère chute sur la coda, alors qu'en français standard, la montée se poursuit généralement sur toute la syllabe. Ces réalisations s'observent même chez des

9 Cet énoncé est extrait d'un interview de Denez Prigent (né 1966), un chanteur breton originaire de Brest et du Léon ; cf. https://www.youtube.com/watch?v=0ThxtwNrQSA (2019-11-07).

locuteurs brittophones relativement jeunes. Notons cependant que, sur cette même figure, le contour associé au participe *vu* et au groupe accentuel *elle a vu* correspond davantage à ce qu'on attend en français standard. Cela peut s'expliquer par le fait que le texte associé à ce groupe accentuel est très fréquent en français, et ne relève pas d'un registre émotionnel, contrairement au groupe accentuel suivant (*le corps*).

(7) *Elle a vu le corps de son mari.* (Denez Prigent, interview)
([ɛ.la.ˈvy]) ([lə.ˈkɔʁ]) ([də.sɔ̃.ma.ˈʁi])

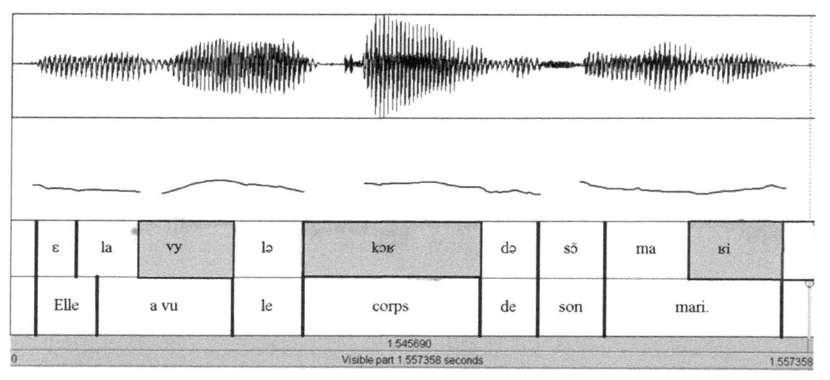

Fig. 4. Courbe mélodique et signal associés à l'énoncé (7) *Elle a vu le corps de son mari.* Les syllabes accentuées (/vy/, /kɔʁ/ et /ʁi/) sont grisées.

Ces différences de réalisation des syllabes accentuées, et plus précisément de la 'cadence' (c'est-à-dire du mouvement mélodique observé sur les deux dernières syllabes des groupes prosodiques, cf. Di Cristo 2016) étaient mentionnés par Carton et al. (1983). Elles font clairement écho à la prosodie du breton avec l'accent sur la pénultième et l'allongement vocalique sous l'accent.

Pour faire pendant au travail de Kennard (2017), il serait intéressant d'évaluer si cette façon de réaliser les contours mélodiques sous l'accent tend à disparaître chez les plus jeunes locuteurs, qu'ils aient ou non le breton comme langue première. Le contour à la fin du groupe prosodique *elle a vu* en Fig. 4 peut laisser penser que les schémas intonatifs du français sont également très fréquents. Nous envisageons de faire un tel travail, mais plusieurs difficultés sont à lever afin de collecter suffisamment de données.

4. Conclusion

Le français de Basse-Bretagne renferme des traits lexicaux et morphosyntaxiques qui viennent du breton mais demeurent très stables. Certaines expressions ou certains mots sont ainsi utilisés par des jeunes locuteurs (y compris des enfants) qui ne parlent pas un mot de breton, et n'ont d'ailleurs pas toujours conscience de l'origine réelle des termes ou tournures.

Sur le plan prosodique, en revanche, les traits issus du breton (accentuation sur la pénultième et allongement de la pénultième) sont plus instables, mais encore très présents chez certains locuteurs, comme en témoignent les résultats de l'enquête faite par Morvan (2004). Il est donc important de s'interroger sur les facteurs qui motivent la réalisation ou non de ces contours mélodiques et de ces patrons accentuels hérités du breton. Plusieurs éléments, qui sont à mettre en relation avec l'évolution sociologique et historique des contacts entre les variétés de français et de breton, peuvent aider dans cette réflexion, et expliquent aussi la difficulté rencontrée pour collecter des données sonores. Tout d'abord, l'âge des locuteurs va jouer puisque les personnes plus âgées ont souvent eu un contact plus important avec le breton ; mais viennent ensuite les marqueurs socio-économiques, et cela bien avant les pratiques linguistiques (maîtrise ou non du breton, bilinguisme, etc.). Ainsi, des jeunes ruraux, bien que n'ayant aucune connaissance du breton, utilisent sans doute davantage ces contours, notamment dans leurs échanges avec des pairs, car ils ont été en contact avec une variété de français plus influencée par le breton. En revanche, les personnes venant de milieux socio-économiques plus favorisés utilisent moins ces formes prosodiques, même lorsqu'ils ont acquis le breton par transmission naturelle.

Une telle analyse fait écho aux travaux sur la diglossie, plutôt qu'à ceux sur le bilinguisme : les locuteurs des variétés basses ont souvent plus de difficultés à maitriser la variété haute, qu'ils soient ou non bilingues. Les résultats obtenus par Kennard (2017) peuvent aussi être réinterprétés dans ce contexte : de nombreux néo-bretons ont appris et parlent le breton comme une langue étrangère, et de plus, ils sont sociologiquement en contact avec une variété haute du français, si bien qu'ils sont éloignés de la musicalité du breton parlé (ou *badumes*).

Références

Bouroulleg, C. / Vallerie, M. / Rubin, E. / Toutous, L. 2007. *La langue bretonne à la croisée des chemins. Deuxième rapport général sur l'état de la langue bretonne 2002–2007.* Office de la langue bretonne / Ar Brezhoneg. http://

www.fr.brezhoneg.bzh/include/viewFile.php?idtf=1195&path=1f%2F1195_658_Rapport-Observatoire-2007.pdf (2019-12-02).

Carton, F. / Rossi, M. / Autesserre, D. / Léon, P. 1983. *Les accents des français*. Paris: Hachette.

Di Cristo, A. 2016. *Les musiques du français parlé. Essais sur l'accentuation, la métrique, le rythme, le phrasé prosodique et l'intonation du français contemporain*. Berlin: De Gruyter.

Encrevé, P. 2007. À propos des droits linguistiques de l'homme et du citoyen. *Diversité. Ville – école – intégration* 151, 23–29.

Hawkey, J. W. / Kasstan, J. R. 2015. Regional and minority languages in France. Policies of homogenization or a move toward heterogeneity? A case study on Francoprovençal. *The French Review* 89, 110–125.

Hornsby, M. 2015. The 'new' and 'traditional' speaker dichotomy. Bridging the gap. *International Journal of the Sociology of Language* 231, 107–125.

Jouitteau, M. 2009–2019. *Arbres. Le site de grammaire du breton*. http://arbres.iker.cnrs.fr/index.php/Arbres:Le_site_de_grammaire_du_breton (2019-12-02).

Kennard, H. 2017. French influence on word stress among new speakers of Breton. Talk given at *15th RFP Meeting (Réseau Français de Phonologie)*, Grenoble, 15–17 July 2017.

Le Dû, J. 2001. *Nouvel atlas linguistique de la Basse-Bretagne*. Brest: Centre de recherche bretonne et celtique.

Le Dû, J. 2002. *Du café vous aurez ? Petits mots français de Basse-Bretagne*. Crozon: Armeline.

Le Dû, J. / Le Berre, Y. 2013. La langue bretonne dans la société régionale contemporaine. *International Journal of the Sociology of Language* 223, 43–54.

Le Ruyet, J.-C. 2009. *Enseignement du breton. Parole, liaison et norme. Présentée dans le cadre de quatre règles de prononciation pour le breton des écoles*. PhD dissertation. Rennes: Université européenne de Bretagne / Université Rennes 2.

Lossec, H. 2010. *Les bretonnismes*. Morlaix: Skol Vreizh.

Lossec, H. 2011. *Les bretonnismes de retour*. Morlaix: Skol Vreizh

Meisenburg, T. 2003. Lacaune, 25 ans après. In Castano, R. / Guida, S. / Latella, F. Eds. *Scène, évolution, sort de la langue et de la littérature d'oc. Actes du Septième Congrès International de l'Association Internationale d'Études Occitanes, Reggio Calabria et Messina, 7–13 juillet 2002*, vol. 2. Roma: Viella, 1035–1050.

Meisenburg, T. 2009. *Geschichte der gesprochenen Sprache in der Romania. Okzitanisch*. In: Ernst, G. / Gleßgen, M.-D. / Schmitt, C. / Schweickard, W. Eds. *Romanische Sprachgeschichte. Ein internationales Handbuch zur Geschichte der romanischen Sprachen*, vol. 3. Berlin: De Gruyter, 2433–2439.

Morvan, M. 2004. *Les Bretons et leur accent. Etude des représentations sociolinguistiques attachées à l'accent du français de Basse-Bretagne*. Thèse de maîtrise. Brest: Université de Bretagne occidentale.

Nance, C. 2009. *Breton influence on French in Lower Brittany*. PhD dissertation. Brest: Université de Bretagne Occidentale.

Rybková, H. 2012. *Le breton et son influence sur le français local. Situation linguistique dans le Finistère*. BA thesis. Brno: Masarykova univerzita.

Simon, A.-C. Ed. 2012. *La variation prosodique régionale en français*. Bruxelles: De Boeck-Duculot.

Remerciements. Je tiens à remercier Mélanie Jouitteau et Hervé Gourmelon pour leur aide dans la recherche de données audio. Un grand merci aussi aux organisateurs (Christoph Gabriel et Tanja Kupisch) et aux participants des sessions « Le français en contact et en conflit » et « Langues en compétition » lors du *Frankroromanistentag* 2018 (Osnabrück) où une première version de ce travail a été présentée.

Uli Reich

The *groove* of Wolof in French

Abstract. The aims of my contribution are both descriptive and theoretical. I first sketch the prosodic configuration of Wolof, the dominant language in Senegal, and give an account of the phonetic expression of distinctive, culminative, delimitative and rhythmic functions based on examples from the literature and from my own empirical data from a group of speakers in Dakar. After contrasting these pairs of function and phonetic expression with the phonology of French as it is described in some parts of the literature, I proceed to a discussion of examples of French performed by the same speakers and show some effects of prosodic patterns of Wolof in these examples. The most salient characteristics of French spoken with a strong competence in Wolof can be attributed to rhythmicity and prominence. Speakers avoid complex syllables and realize high tonal targets associated with word-initial syllables. Phonological phrases are delimited only by boundary tones and do not interact with processes like *liaison* or final lengthening. In conclusion, I suggest that prosodic phonology should not insist on the applicability of the same formal principles across all prosodic domains, but rather look for principles of different functional tasks separately and find rules of alignment between them. The best empirical fields for this kind of research are multilingual communities with linguistic traditions of great structural diversity.

1. Introduction

It is an everyday experience to hear people speaking a second (or third or n^{th}) language fluently, but with some prosodic features of other languages they learnt, which are in many cases, but not necessarily, the dialects they grew up with. These features relate to some difference in the association of pitch, time and prominence in the performance of a language: a supposed tonal target may be realized earlier than expected or later or not at all; syllables may be pronounced shorter or longer; a lexical accent may be replaced or missing. This is what folk linguistics refers to as "speaking with an accent", or "in a singing voice" – a prosodic difference to the linguistic practice common for some alleged core community of a given language. However, the definition of such a core community is always problematic and if we shift the center, what appeared to be the marked case turns out to be the norm. I prefer to call different prosodic configurations of a language its local or social *groove* and it is the *groove* of Wolof in French that I want to address in this article.[1]

In Dakar, the Niger-Congo language Wolof is clearly the dominant language in everyday life,[2] but French also serves many communicative functions. School, university, the bulk of written administrative and corporate business communication, but also global pop cultures are domains in which French is most likely to be the language in charge. French is nearly always the second (or third or nth) language, but it is spoken naturally and with different social indices, thus participating in the complex multilingual scenarios of urban communication that characterize Senegal's capital just as other big cities, be they located in West Africa or elsewhere in the world.[3]

Any linguistic investigation into the consequences of multilingualism on prosody will always have to address at least three different *grooves*. The *grooves* of the (at least) two languages (or dialects) that history brought together in a particular community of practice and the *groove* we can observe in a given utterance of a speaker of this community of practice. This gives us a straightforward structure for this article. I start with descriptions of the *grooves* of Wolof and Northern French (NF) and then turn to the *groove* of Wolof in French spoken in Dakar.

---

1 In music, *groove* means many things, e.g. the particular rhythmic characteristics of a musical genre or the way the participants in a musical performance find an esthetically successful way of playing together ("the groove of hip hop", "the groove of Charlie Parker's sextet", etc.). This is the meaning intended here.

2 The theoretical discussion will refer to Wolof without explicit specification of any of its varieties, while all empirical data are from young urban speakers from Dakar. I refrain also from claiming a dialect of French that we could call 'Dakar French', since there is no way to determine the stability of the features discussed here across all speakers of French in Dakar. My notion of a *groove* of Wolof in French is more flexible and may apply to particular speakers in varying degrees.

3 For more information on sociolinguistic aspects of multilingualism in Dakar and Ziguinchor, cf. Dreyfus/Juillard (2004). For a general approach to urbanity as a sociolinguistic variable, cf. Ploog/Reich (2005).

2. The prosodic configurations of Wolof and French

2.1 Stating prosodic configurations

There are different possibilities to assess the prosodic configurations of a language. One possibility is the association of a language to predefined types such as 'stress accent language', 'pitch accent language', 'tone language' or 'stress-timing' vs. 'syllable-timing', etc. I follow Hyman (2014) in being skeptical about the predictive power of such 'pigeon-hole types' and prefer to take a more phenomenological approach. In my view, the prosodic configuration of a language is the particular association of the phonetic cues of (i) F0 modulation, (ii) lengthening and (iii) sonority of syllable nuclei to functional domains such as distinctive contrast, delimitation of boundaries, culmination of prominence and rhythmic alternation.[4] This pairing of phonetic cues and functional domains may possibly, but not necessarily, cluster in a non-random way to form types (cf. Dufter 2003; Hyman 2014). Thus, if a language associates all phonetic cues with one and only one syllable in the Phonological Word (PhW), we usually call it a stress accent language. If a language associates only the modulation of F0 with such a syllable, we call it a pitch accent language. If it distributes tonal movement distinctively over different syllables in a given PhW, we call it a tone language. Finally, if it associates both timing and tuning only with rhythmic alternation without other functional restrictions, we probably would call the output music or lyrical poetry (cf. Reich/Rohrmeier 2014; Buchholz/Reich 2018). I expect languages to predominantly show a mixed behavior with respect to these pairs of functional domains and its phonetic realization. Let's apply this perspective to Wolof and French.

2.2 Wolof

2.2.1 Distinctive lengthening in Wolof

There is large agreement in the literature that Wolof shows contrastive lengthening at the level of lexical phonology, both in vowels (1a, b) and in consonants (2a, b). Lengthening works also to express morphological rules (2c):

---

[4] Trubeckoj (1939/1958) introduces the first three of these functional domains, while Hayes (1995) and Kager (1999), among many others, elaborate on rhythmicity, taken here as an additional domain of systemic functions.

(1)	a.	fat 'clean up'	vs.	faat 'dead; to kill'
	b.	tol (a fruit)	vs.	tool 'garden'
(2)	a.	nop 'love'	vs.	nopp 'ear'
	b.	gën 'to be better'	vs.	gënn 'mortar'
	c.	lemi 'to fold'	vs.	lemmi 'to unfold'

A less well-known fact about lengthening in Wolof is that it works contrastively also at sentence level, as can be observed in some of the forms of the morphological paradigms for the expression of focus. These paradigms surface as alternations of the bound pronouns of Wolof,[5] which also carry the morphology for tense and aspect. Tab. 1 shows some of these forms, following Nougier Voisin (2002: 15, 43–46).

	background	focus on the subject	focus on the complement, here *foofu* 'there'
1SG	ma dem	maa dem	foofu laa dem
2SG	nga dem	yaa dem	foofu nga dem
3SG	mu dem	moo dem	foofu la dem
1PL	nu dem	noo dem	foofu lanu dem
2PL	ngeen dem	yeena dem	foofu ngeen dem
3PL	ñu dem	ñoo dem	foofu lañu dem

Tab. 1. Different focus structures with the Wolof verb *dem* 'to go'.

Most studies on Wolof treat these forms simply in the discussion of its highly complex morphology, without discussing their relevance for prosody. However, as we can see, five out of six forms of the subject focus paradigm appear to be lengthened variants of the background forms. Torrence (2013) convincingly analyzes *maa* as being composed of the pronoun *ma* and the copula *a*. Such an analysis is in line with cross-linguistic observations that focus morphology often arises from cleft constructions with copula (cf. Drubig/Schaffar 2001), but it is hard to tell if this analysis refers to the competence of contemporary speakers or to a diachronic process. What we can observe is the lengthening of the vowel and its pragmatic distribution in contexts where the pronoun is in focus in contrast to when it is not. The fact that traditional grammars and most contemporary linguistic studies normally do not analyze the copula separately but put the forms as in Tab. 1 suggests that the copula is at least not overtly recognizable. I will take these forms as distinctive lengthening at the sentence level.

[5] As opposed to free pronouns, which can appear in isolation and may move, I refrain from classifying the bound pronouns as clitics or affixes without further investigation.

There is an additional observation concerning the forms presented in Tab. 1 that will become important later in this article: these paradigms cannot be the end of the story on focus marking in Wolof, since they do not provide forms for adjectives, quantifiers or numerals, etc. It is hard to believe that in natural discourse in Wolof only subjects and complements are focused. There must be another device to express focus, syntax and/or intonation being the most promising candidates.

2.2.2 Rhythm, prominence and distinctive lengthening in Wolof

Syllable structure is intimately related to the rhythmic functions of phonological systems. Following a crescendo-decrescendo alternation of sonority (cf. Restle/Vennemann 2001), it constitutes a first level of rhythmicity. It is also sensitive to the rhythmic performance of the words of a language. The full pronunciation of all possible syllable nuclei that are represented in the lexical form of a word and the epenthesis of vowels that are not represented in the lexical phonology lead to simple onsets and codas, while the elision of vowels leads to their complexity.[6] Wolof shows a syllable structure that allows branching of onsets and codas only in combination with prenasals:

(3) a. fo 'to play' b. def 'to do'
c. fonk 'to respect' d. ndox 'water' (Ka 1994: 40–42)

Wolof may thus be characterized as a language with relatively simple syllable structure. Syllables vary mainly due to the distinctive lengthening in nucleus and coda positions that we saw in (1) and (2). The length of vowels, but not of consonants, is crucial for the perception of the most prominent syllable in the word in Wolof, a fact that Ka (1994) models as stress assignment in his metrical analysis of Wolof. He shows that the first syllable of a PhW is (perceived as) stressed,[7] if the word does not have syllables with long vowels in the nucleus:

(4) a. ˈwo.lof 'Wolof' b. ˈwo.ne.wu 'to show off'
c. ˈbaa.si 'couscous' d. ˈcoo.ba.re 'will'
(Ka 1994: 219, 222, 224)

---

6 Cf. Reich/Rohrmeier (2014) for a first sketch of an alternative theory of metrical phonology, which relies on musicological representations of meter and rhythm.

7 Note that neither Ka (1994) nor Ndiaye (1995) nor Bell (2003) provide empirical data for their theoretical analysis, Ka's and Ndiaye's native competence thus being the only empirical source for the facts here represented.

The examples in (4) show that stress is assigned both to syllables with short and to those with long vowels in initial position. However, syllables with long vowels may be stressed also in other positions (5a, b), what Ka takes as evidence for the importance of quantity in the metrical phonology of Wolof. He perceives these syllables only as strongest if they occur in second position from the left, all other positions further to the right are secondary (5h). Assigning prominence alternatingly at lower levels of the metrical grid renders secondary prominences to both light and heavy syllables (5c, d). If the word has more than one syllable with long vowels, stress is assigned to the first of them, leaving secondary prominence on other long syllables (5d, e, f, g), even if two light syllables separate the prominent positions (5f, g). In the case of three long syllables in a row, the first will receive primary and the last secondary prominence (5e).

(5) a. ko.ˈmaa.se 'to start' (< French *commencer* 'to start')
b. xa.ˈndoor 'to snore'
c. wo.ˈyaa.na.ˌti 'to beg once more'
d. wax.ˈtaa.nu.ˌkaay 'place for conversation'
e. ˈxaa.raa.ˌnaat 'to show up again unannounced'
f. ˈfee.sa.lu.ˌkaay 'instrument used to fill'
g. ˈtoo.gan.di.ˌwaat 'to stay again for a while'
h. ˈdo.xa.ntu.ji.ˌwaat 'to go for a walk again'

(Ka 1994: 225, 230, 232)

Ka (1994) analyzes these facts in an algorithmic approach in (a variant of) canonical Metrical Phonology (cf. Liberman/Prince 1977; Hayes 1989; 1995) that can be resumed as in (6):

(6) Metrical system of Wolof following Ka (1994: 237)
a. All syllables except those with long vowels are light.
b. Build a left-dominant foot from left to right.
c. Build a foot over every heavy syllable.
d. Defoot a word-initial non-branching foot if it is light and adjoin that syllable as a weak sister to the following foot.
e. Defoot a foot if it is preceded by a non-branching foot (iteratively, left to right).
f. Construct a left-dominant word tree.

This analysis posits a moraic trochee with stress assignment at the leftmost foot, counting only syllables with long vowels as bimoraic. We can capture this metrical configuration in a standard representation as in (7):

(7) Metrical system of Wolof in bracketed grids, without (6d, e):

```
(x              )
(x   .)   (x   .)
 μ   μ     μ   μ
```

While (7) assigns correctly the prominent positions in the examples (4a–d, 5a-d) and coincides with lexically projected length in (5e), it fails to predict cases like (5f–h). The representation of a moraic trochee with an end rule that selects the initial foot for the highest prominence in the word refers to the rules (6a–c, f), but not to (6d, e), which must be stated independently and thus give the impression of arbitrary stipulations in order to account for prominence patterns like (5f–h).

Canonical Metrical Phonology often states rules of 'defooting' to account for facts that skip the algorithmic projections of foot construction, a mechanism that does not correspond to any intuitive sense of metrical prominence. Moreover, the particular defooting rule (6e) that applies at every position of a word is problematic, since it does not respect the peripherality condition on extrametricality (cf. Hayes 1995: 57; van der Hulst 1999: 35).[8]

I would like to suggest an alternative analysis that takes metrical, lexical and morphological projections of lengthening and prominence as independent domains of phonological competence that are aligned in linguistic performance according to communicative intentions. Such an approach is in line with basic principles of auto-segmental phonology that insist on the basic independence of different prosodic domains and on the need for separate rules of association (cf. Goldsmith 1990).[9] At least in the case of Wolof, I believe that we can derive the main facts of the examples in (4) and (5) in a more elegant way by means of a 'differential phonology', which also corresponds better to intuitions about the functionality of rhythm and meter.

Thus, we have at least two levels of representation for prominence that must be ordered hierarchically in order to be able to pronounce utterances in linguistic performance.[10] In music, the metrical system attributes prominence alternately to beats in time. In language, these beats are associated with the tone-bearing units of a linguistic utterance that correspond to the

---

8 Of course, I do not want to reject extrametricality in general, since there are many examples for rules of extrametricality that allow to account elegantly for linguistic facts that otherwise would look like odd collections of exceptions, e.g. Roca (1999: 659–661) for Latin. I just want to advocate for a cautious use of such formal devices and to prefer explanations that are connected to systemic or communicative functions.

9 Association, then, consists of interface rules between ontologically different systems.

10 To a certain degree, this approach is in line with van der Hulst's (1999: 72) *primary accent first principle.*

nuclei of syllables.[11] Independently from this metrical construction of prominence, the lexical and morphological systems project prominence for distinctive functions that build up meaning. Consequently, we get (7) as the metrical system for all utterances in Wolof, with the difference that the base is not moraic, but syllabic (represented as σ), since lengthening is treated in the lexical and the morphological phonology. At a different level of representation, we get lexically distinctive lengthening as a phonemic prominence feature of the phonological form of a given word. In our examples, the phonological form of the words aligns with the metrical grid (7) in (8a, b), but it does not in all other cases. I repeat (4a, c) and (5c, d, f) as (8a–e) and contrast lexical lengthening with prominence projected by (7):

(8) Lexically distinctive duration matching and not matching the metrical projection of prominence in Wolof

	/	/			(x	.)		
a.	wo	lof			σ	σ		
	/x	/			(x	.)		
b.	baa	si			σ	σ		
	/	x /			(x	.)	(x	.)
c.	wo	yaa	na	ti	σ	σ	σ	σ
	/	x /	/	x /	(x	.)	(x	.)
d.	wax	taa	nu	kaay	σ	σ	σ	σ
	/x	/	/	x /	(x	.)	(x	.)
e.	fee	sa	lu	kaay	σ	σ	σ	σ

Tonal and temporal events that do not correspond to the positions predicted by the metrical grid, such as (8c–e), are projected by the morphological forms that require lengthening and/or tonal excursions. These instances of timing and tuning are not part of the metrical phonology. Since the construction of meaning is pivotal in most types of linguistic communication,[12] distinctivity normally outranks rhythmicity, which is a principle that is irrelevant for semantics. In Wolof, this leads to the maintenance of length as a distinctive feature in the form of the word *against* the algorithmic construction of syllabic trochees.

While in the examples (8a, b) the grids align with the phonological form of the word, they collide in (8c–e), leaving only the lexical mark for

---

[11] In music, all metrical representations are left-headed, analyzing all material prior to the first prominent position as an 'upbeat'. This is a crucial difference to linguistic systems.

[12] Exceptions are possible, such as counting-out rhymes or other ludic and poetic forms of language, cf. Noel Aziz et al. (2002).

lengthening and thus erasing the prominence projected metrically. In (8c), the metrical algorithm analyzes lexical prominence on the second syllable and constructs another prominence not on the third, where the grid would have it if the second were not long, but on the fourth, thus respecting the basic principle of alternating prominence. In (8d), a similar process aligns the lexical projection of length with alternating prominence, while in (8e), there is no such solution at hand and both positions for lexical prominence are expected to be realized in most types of communication, leaving (8e) metrically odd.

Ka (1994: 237) claims that "the morphological structure does not play any influence on stress assignment in Wolof: affixes do not constitute stress domains on their own and are included within the general stress pattern of the word". Ka certainly refers to the relevance of phonological cycles for the application of rules (cf. Kiparsky 1982). Inasmuch as lexically and morphologically contrastive lengthening assigns prominence to words, however, we are rather inclined to say that the morphological structure and the lexical phonology do play a decisive role in the construction of prominence patterns, since these domains of linguistic knowledge project lengthening (and tonal modification, as we will see) independently.

On the perceptive side of linguistic utterances, however, both metrical and lexical prominence are perceived together as a single prominence pattern. Strong is strong, be it for metrical or lexical rules of production. This might account for some of the confusion of phonological facts in domains that are completely different in nature. While metrical phonology works based on universally available algorithms that can be observed also in other cognitive systems of the human mind (music, dance), lexical phonology relies on holistic, *gestalt*-based conventions that have to be learned individually. The theoretical advantage of an approach that keeps these domains completely separated in the first place is evident: in the line of reasoning sketched here, we do not face a very complicated metrical system with unbounded extrametricality, but rather a very simple one that enters into conflict with lexical and morphological lengthening.

So far, I have focused only on duration. We urgently need to have a look at intonation, the other prosodic dimension that interacts strongly with prominence.

2.2.3 Delimitative and distinctive functions of F0 modulation at the boundaries of phrases in Wolof

In a paper that has gained a lot of attention in the literature on Wolof and beyond, Rialland/Robert (2001: 934) come to the conclusion that

> Wolof appears to have a typologically original prosodic system in that it has no lexical tone, no tonal accent, and no pitch accent (all tones, except for one type of H, being introduced at intonation unit boundaries, or in function of these boundaries), and furthermore in that it is free of focus marking, thanks to a complex morphological system indicating focus as well as other components of information structure by means of segmental morphemes.

My own data, recorded in Dakar in 2006,[13] partially corroborate this claim, with a few subtle, but important, differences. Some of these differences are not astonishing, given the grammatical facts stated above. As we have seen, the morphological paradigm for the expression of focus is not exclusively made up of segmental phonemes and the reported paradigms do not cover all possible instances of focus. The question arises how constituents that are neither subjects, nor complements, nor verbs, can be marked for focus in Wolof. I will give a couple of representative examples for typical uses of F0 in Wolof.[14]

The declarative utterance depicted in Fig. 1 shows a stretch without remarkable tonal events until its last syllable where F0 rises to a high target. The context suggests a cross-linguistically well-known explanation: the speaker gives several instructions in a row that will finally lead to a landmark in a map task experiment. Consequently, I will take this example as an instance of a continuation rise that signals the maintenance of the conversational turn. A phonological representation as a high boundary tone that delimits the phonological phrase (H- in standard ToBI symbols) certainly is the most plausible interpretation.[15] Note that the initial syllable of

---

13 I performed experiments with conflicting information that included map tasks and ambiguous images to elicit different types of focus constructions both in questions and in answers. My conception of focus follows largely Roberts (2012) in understanding the focus of an utterance as the answer an utterance provides for the actually relevant question under discussion. There is no categorical difference between informational and contrastive focus, but rather a difference in the extension, exhaustivity and type of access to the set of alternatives it presupposes. All utterances must have focus to be informative.

14 Throughout this article, I will have to rely on the rather vague expression 'typical examples' for the facts I discuss. It is unclear if they may be generalized for a larger group of speakers of the language/dialect or not. As variation is extreme in many multilingual societies, the number of sociolinguistic co-variables that are necessary to control statistically for groups, styles and dialects turns the amount of data that is needed impossible to handle for a single linguist.

15 Since so far I can see no categorical phonological difference between boundary tones within a sentence and at the end of a sentence, I will consequently

tuuti, clearly the prominent syllable in the word following Ka (1994), does not show any modification of F0 nor is it longer than the last one.

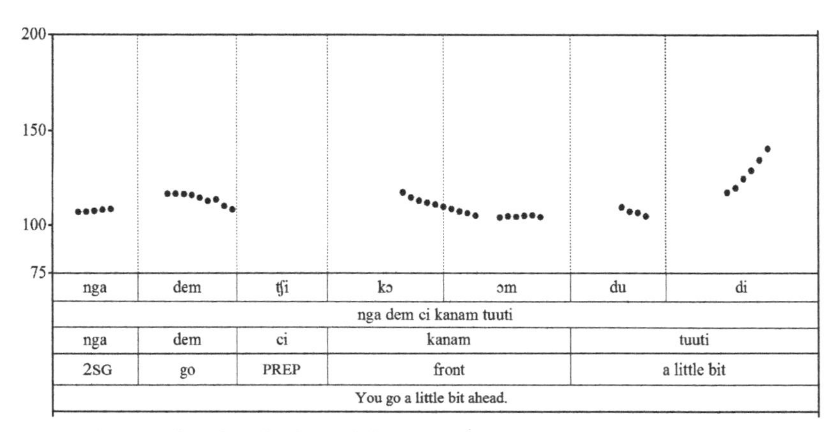

Fig. 1. Final continuation rise in Wolof.

The example depicted in Fig. 2, below, is uttered shortly after the event represented in Fig. 1.

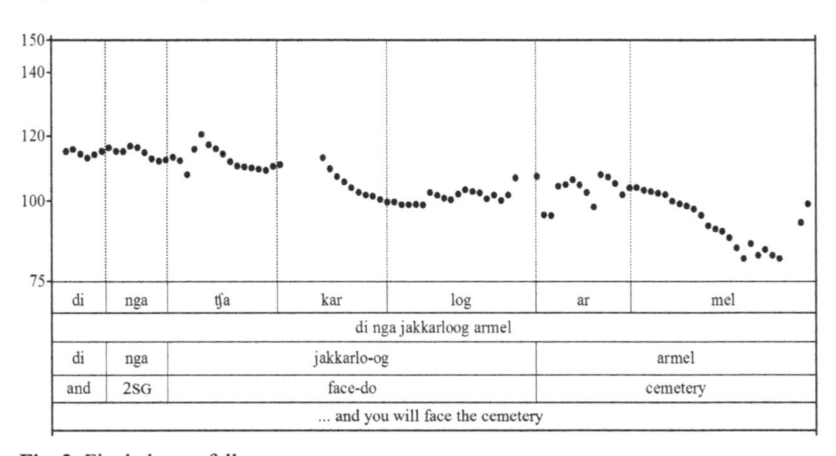

Fig. 2. Final closure fall.

---

make use only of the symbols T- or -T, respectively, and refrain from using T% until further evidence.

The speaker reaches the landmark in the map and closes his turn. The intonation can be understood as complementary, inasmuch as it shows an overall downtrend towards the final syllable, where it reaches a low target. We can classify this example as a final closure fall and could notate it as a L- boundary tone. Again, the syllable that would receive the most prominent position in the metrical grid following Ka (1994) is not associated with any tonal excursions. It just shows F0 interpolation between tonal targets of the tune.

In the following example (Fig. 3), the speaker realizes a rising intonation contour through the first three syllables of the interrogative utterance, followed by a high tone in the first syllable of a focused word that is not accompanied by a pronoun with focus morphology.[16] So far, it is hard to decide if the high target on the first syllable of *dispensaire* is due to the initial boundary of the phonological phrase that coincides with the focused word or if we should rather assume an initial prominent position from Wolof metrics and consequently analyze a starred high tone followed by a low boundary tone: H* L-. Note also that the speaker pronounces *dispensaire* without a nasalized vowel in the medial syllable and without a consonant in the coda.

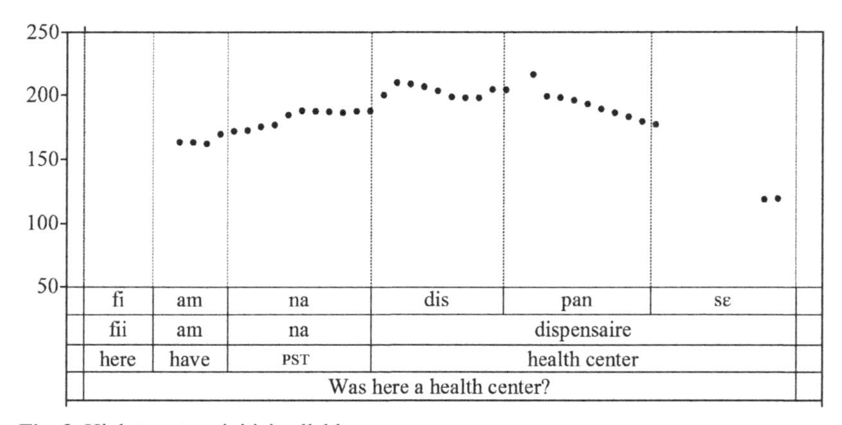

Fig. 3. High target on initial syllable.

The context of the utterance shown in Fig. 4 explains its information structure.

[16] This is a landmark that the speaker does not see on his own map, in normal focus terminology it would be labelled a 'contrastive focus' because of the presence of an exhaustive set of alternatives in the immediate context (the map).

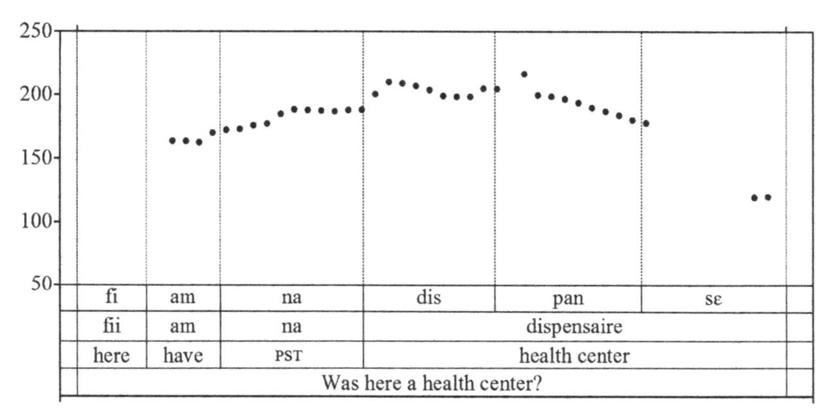

Fig. 4. Rising tone on focused quantifier in initial position.

The (sub-)question under discussion in this dialogue in a map-task experiment is *where is the road* and the utterance is giving a partial answer by contributing with the location of the discourse-new landmark *ñaari kër* 'two houses' in relation to the given landmark *ndeyjooru teen bi* 'at the right of the well'. Both phrases provide at-issue information that expands the common ground, they are thus focused. The first syllable of the numeral *ñaari* shows a rise followed by a low boundary tone on *kër*. The following high rise on the last syllable of *feete* is due to another boundary tone that is motivated by the conversational structure: the speaker signals that he wants to keep the turn while he is searching the right location to relate *ñaari kër* to another landmark on the map. He closes his utterance with a low boundary tone on the last syllable of the second phonological phrase, allowing for turn taking. Both syllables with long vowels, initial in *feete* and medial in *ndeyjooru* appear to have no effect on the intonational tune. The decisive phonological positions are the initial and final boundaries of the phrases in focus. We can represent this in the following way:

(9) [ñaari kër]$_{Foc}$ [mi ngi feete] [ci ndeyjooru teen bi]$_{Foc}$
| | | | | | | |
-L H* L- -L H- -L H* L-

Summing up, we find in the examples that there is intonational marking of focus, but it is not associated to anything like a word accent. What we see is that intonational events align with a syntactic projection, the boundaries of (the focused) constituents.

I believe that my analysis of these facts converges with Ka's (1994) comments on phrasal phonology:

> Thus, phrasal stress in Wolof is in essence comparable to word stress: it falls on the lexical head in initial or second position within the phrase; otherwise it falls on the initial non-lexical item. In other words, stress is assigned at the phrasal level to the word carrying the meaning, and that word is a lexical item. If there is no lexical item within the first two positions, stress is assigned to the word in initial position. Phrasal stress is associated with information, i.e. with the degree of communicative importance of the word: lexical items are the best candidates to carry stress in that perspective, since they are generally the 'focused constituents' in Wolof (Ka 1994: 241).

Of course, *carrying the meaning* can be interpreted straightforwardly as *being at issue* or *focused.* Thus, on the grounds of these few examples and agreeing with Ka (1994), we can partially corroborate the claims of Rialland/Robert (2001). Indeed, Wolof has no pitch accent and no lexical tone. However, its intonation does strongly interact with the information structure of discourse. The phrasing marked by boundary tones separates the constituents that are at issue from those that are not. It is astonishing that Rialland/Robert (2001) find such a configuration to be unique, because it is quite close to French. However, there are crucial differences, as we will see in the next section, and these differences make up the Senegalese *groove* in French.

2.2.4 Phrasing and lengthening in Northern French

To make a long story short: the prosodic domain that rolls the dice in NF is the Phonological Phrase (PhP).[17] Its borders block *liaison,* a process that

[17] The literature corroborating this claim is endless and I will only refer to Jun/Fougeron (2002) and Delais-Roussarie et al. (2015) here, who cite more literature. For a general approach to French phonology, cf. Meisenburg/Selig (1998). It is a question of theoretical frameworks if we model the corresponding facts within a more universal approach that maintains the PhW as an underlying domain, as do Jun/Fougeron (2002), or if we refrain from such a projection to universal domains and conflate the domains of the PhW and the PhP into one single domain that we can call either a *groupe rythmique* or *mot prosodique*. These differences are not important for this article and I will consistently refer to a domain called PhP, without discussing its difference to Accentual Phrases (APs), intermediate phrases (ips) or other suggestions of even more prosodic domains, cf. also Féry (2001) and Féry/Feldhausen (this volume). In my understanding, we should employ only as many domains as we need to account for the application of rules and processes in a particular language or utterance. For the phenomena I address in the present study, I need only phonemes, syllables, feet, words and phrases. I do not want to ex-

inserts floating consonants into onsets of syllables. Another process inserts glottal stops at the initial boundary of PhPs, but not of words. Intonational targets are associated with the boundaries of PhPs, both initial and final. Lengthening is also restricted to the PhP and does not play a role in distinctive functions at the level of the word. Interestingly, not only the PhW, but also the metrical foot seems to be a prosodic domain without any importance for the description of NF, since prominence seems to be projected only by the initial and final boundaries of the PhP.

An important feature of Standard French, as opposed to southern varieties, is vowel deletion that may result in monosyllabic words with complex onsets and codas. Meisenburg (2013: 169) shows this process with three telling examples from Occitan (10a), Southern French (10b) and NF (10c):

(10)	a.	una pichona fenna [y.nɔ.pi.ʧu.nɔ.fen.nɔ]	7 (~ open) syllables
	b.	une petite femme [y.nə.pə.ti.tə.fa.mə]	7 (open) syllables
	c.	une petite femme [yn.ptit.fam] 'a little woman'	3 (closed) syllables

In these examples, we find what is possibly the last remaining effect of a lexical accent in NF: syllables that carry it may not be elided. There is no phonetic evidence for secondary prominence resulting from foot construction, as in Spanish, many Italian dialects – and in Wolof, as we have seen in 2.2.2, above. The elision of vowels in spoken NF is due to its rhythmic performance that skips low ranked metrical positions and leads to complex consonant clusters in both onsets and codas. Such a process is absent in Wolof, which allows only for much reduced complexity in the shells of syllables. In the view elaborated in Reich/Rohrmeier (2014), speakers of Wolof perform all vowels of a phonological chain, while speakers of NF perform only the more prominent nuclei of syllables.

2.2.5 Contrasting the prosodic configurations of Northern French and Wolof

By now, we can sum up some of the main differences of the prosodic configurations of Northern French and Wolof.

press, of course, that these domains are enough for all languages and all phenomena we want to explain.

Distinctivity

(i) [±long] is an important distinctive feature of lexical phonology in Wolof, but not in NF.
(ii) Neither Wolof, nor NF, realize tonal contrasts in phonemic representations of words.

Delimitativity

(i) Both Wolof and NF use tonal movement at the initial and final syllables of PhPs that correspond to syntactic constituents in focus.
(ii) Only NF shows also final lengthening in these constituents.
(iii) Both Wolof and NF delimit turn constructional units with boundary tones.

Culminativity

(i) NF conflates the prosodic word with the PhP and lends highest prominence to the final syllable of the PhP that accumulates both duration and tonal targets.
(ii) Wolof shows a culminative accent in the initial syllable only in words without contrastive duration. Contrastive duration is free.

Rhythmicity

(i) Wolof shows a left-headed moraic trochee with end rule set to left as a metrical pattern that must not be expressed if it projects a conflict with distinctive duration. All nuclei of syllables are pronounced, allowing for the perception of secondary prominence and restricting the complexity of syllables to prenasals in onsets and codas.
(ii) Spoken NF shows a strong tendency to elide vowels in non-prominent positions. Thus, syllables may be complex and allow for the violation of universal preference rules.

3. Performing French in the *groove* of Wolof

Now consider the way urban speakers of Wolof perform French. The group of speakers from which I will show some typical examples is the same as above. Thus, while the variation in spoken French shows a very wide range across the whole of the population of Dakar, the selection of the speakers and the fact that we recorded them in both languages on the same day helps to give some consistency to the object of study.

A typical declarative utterance without local contrast looks like the one given in Fig. 5.

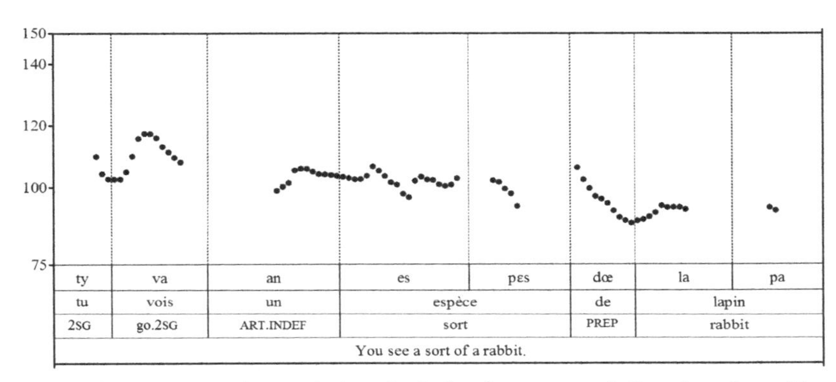

Fig. 5. Pitch contour and transcription of a declarative utterance in French performed by a speaker with L1 Wolof.

Just as in Wolof and in NF, the PhP [*un espèce de lapin*] is delimited by an initial and a final boundary tone,[18] which is low in this case to close the turn constructional unit. Note also that the speaker does not realize the diphthong in *vois*, neither the feature [+nasal] in *un* and *lapin.* Due to the lack of corresponding forms in Wolof, these are common features of pronunciation that vary a lot with the proficiency and style of a speaker. More closely related to the topics discussed in this article are the lack of final lengthening in both *espèce* and *lapin* and the subtle rise in the first syllable of *lapin* that may be due to the metrical configuration of Wolof.

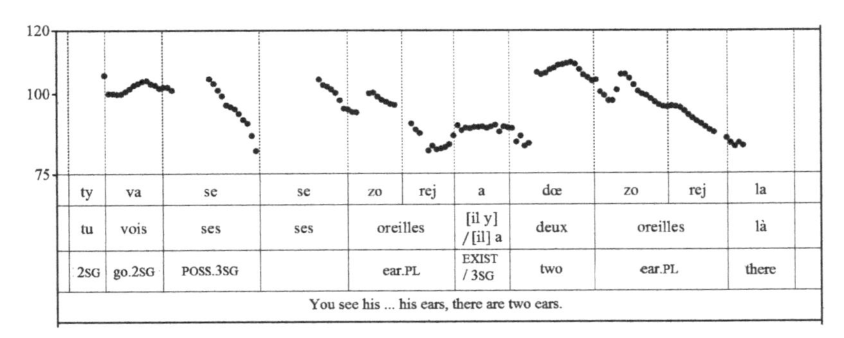

Fig. 6. Focus in a phrase headed by a numeral.

[18] There is also a different gender realization than in NF, where *espèce* is feminine.

Again, we find the delimitative tonal movements that wrap the focused constituent. In the first of them, this is the possessive *ses*, which does not contribute to the expansion of the common ground here. In the second focused constituent, the numeral *deux* does change the common ground of the incremental description of the ambiguous image under discussion. Consequently, the entire syntactic constituent in which it is constructed is in focus and projects the PhP.

The example depicted in Fig. 7 corroborates our findings. The focused constituent of this question is projected to a PhP with a single word. Its initial syllable is longer than its second syllable and receives a high tone that falls into the final syllable. Note also that liaison, expected in NF, is absent in *c'est une*. *Liaison* is a process that optimizes the cohesion of the PhP at the cost of the prosodic word, since it blurs its boundaries. As we have seen, Wolof does show culminativity in words, a fact that enhances this prosodic domain in perception. Consequently, liaison is not preferred in the configuration of the prosodic competence of speakers of Wolof.

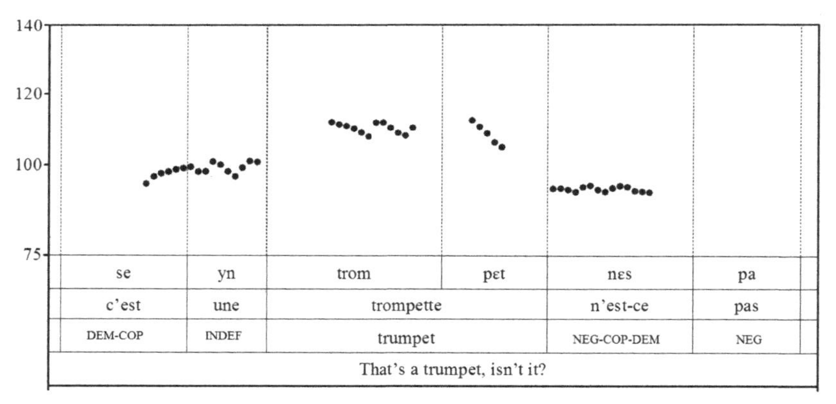

Fig. 7. PhP consisting in a single word.

The next example corresponds to what has been called a wide informational or out-of-the-blue focus. The speaker and his interlocutor see the picture for the first time and every descriptive expression expands the common ground. Phonologically, the whole utterance is divided into two long PhP, delimited each by boundary tones, the last of which closes the Intonational Phrase (IP) with a low tone and thus allows for turn taking. Additionally, we find high targets in the first syllables of the words *dame*, *montrée* and *train*. In *marcher*, there is no phonetic evidence for a pitch accent, but I assume that it is (underlyingly) possible. These words occur within the PhP and, consequently, we must understand the tonal targets as being associated with metrically projected accents in the initial syllables.

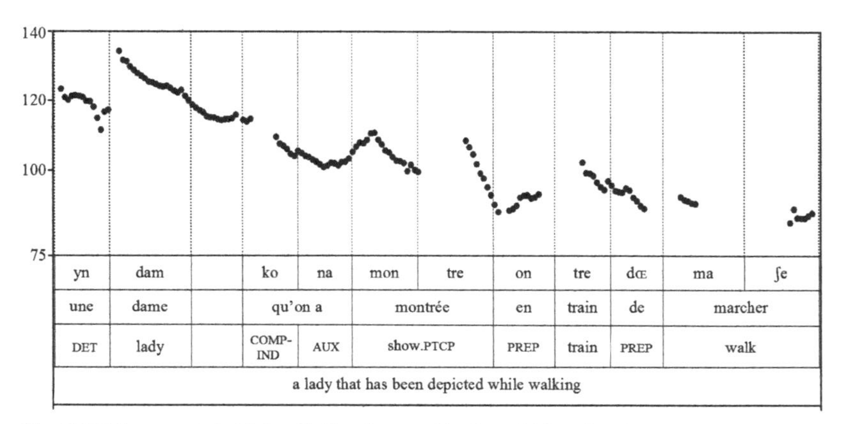

Fig. 8. High target in initial syllable of a word in the middle of a PhP.

We can notate these facts in the following way:

(11) [une dame qu'on a montrée] [en train de marcher]

-H	H*	H*	L-	-L	H*	(H*)	L-

This prosodic configuration, together with the oral realizations of the vowels expected to be nasal and the elision of the rhotic in the coda of the first syllable of *marcher* shows the *groove* of Wolof in French.[19] It can be resumed in the following way:

(i) The metrically grounded initial accents of Wolof are performed also in French.

(ii) Complex syllable structures, characteristic for spoken NF, are avoided by speakers of Wolof. This is due to the rhythmic preferences of Wolof.

(iii) Speakers of Wolof avoid *liaison*, a process that blurs the boundaries of the prosodic word, a domain that is enhanced by culminativity in Wolof, but not in NF.

(iv) Duration, a delimitative feature of final boundaries of PhPs in NF, but distinctive in the phonemic representations of words in Wolof, does not play

[19] It has a very sweet surprisingly Suisse touch, as *connaisseurs* surely have noticed.

any significant role in the phonology of the performance of French by speakers of Wolof.

4. Concluding remarks and a plea for differential phonology

In my understanding, it is not surprising that the *groove* of Wolof in French is mainly a consequence of the rhythmic preferences of Wolof. Unlike distinctivity, rhythm itself does not contribute to the construction of meaning for the interactional management of the common ground in natural conversation. Consequently, communication in a particular language is possible in different *grooves*, as long as most of the distinctive features of this language are preserved. I would expect it to be harder to perform a Wolof *groove* in languages like German or Russian, in which accentuation plays an important role for distinctivity, different to French. The cross-linguistically most stable form-function pair in prosodic structure building seems to be delimitation. Boundary tones vary in formal diversity across languages, but at least in languages without distinctive lexical and morphological tones, they seem to be a device all languages rely on. In my opinion, the direct relation to syntactic constituency is responsible for this fact. However, as we have seen in the sketch of the prosody of Wolof, not all languages also make use of final lengthening for delimitative functions. Especially when duration works for distinctivity, boundaries may be expressed by tonal tuning (and possibly segmental processes) only. This trade-off between particular associations of phonetic possibilities and functional domains may be extended to culminativity. Tonal and temporal events must be free to be distinctive, thus blurring the expression of culminativity and the salience of its domain, the prosodic word.

I believe that we can achieve a more fine-grained picture of the ways speakers structure prosody, if we refrain from couching all domains (morae, syllables, feet, words, clitic groups and phrases of different sizes) in one compact and formally monotone grammar that we call Prosodic Phonology. It is more promising to look at the particular ways different systemic and communicative functions are associated with the universal possibilities of expression: sounds and tones in time. Different functional domains demand different ways of structure building that are subject to different formal principles. We must discover these principles separately for each domain and then investigate how they are aligned in the performance of an utterance.

There is no better empirical field to uncover the principles of alignment in such a differential phonology than multilingual communities, with linguistic traditions of great structural diversity. Given that communicative intentions are more universal than the formal possibilities of language, the rearrangement of features and rules from different linguistic traditions is most apt to show the possibilities and limits of the alignment of timing and tuning to distinctive, culminative, delimitative and rhythmic functions. The *grooves* of prosodic constellations coming from different linguistic traditions in Romance languages may help us to understand prosody better.

References

Bell, A. 2003. Gemination, degemination and moraic structure in Wolof. *Working Papers of the Cornell Phonetics Laboratory* 15, 1–68.

Buchholz, T. / Reich, U. 2018. The realizational coefficient. Devising a method for empirically determining prominent positions in Conchucos Quechua. In Feldhausen, I. / Fliessbach, J. / Vanrell, M. d. M. Eds. *Methods in prosody. A Romance language perspective*. Berlin: Language Science Press, 123–164.

Delais-Roussarie, É. / Post, B. / Avanzi, M. / Buthke, C. / Di Cristo, A. / Feldhausen, I. / Jun, S.-A. / Martin, P. / Meisenburg, T. / Rialland, A. / Sichel-Bazin, R. / Yoo, H.-Y. 2015. Intonational Phonology of French. Developing a ToBI system for French. In Frota, S. / Prieto, P. Eds. *Intonation in Romance*. Oxford: Oxford University Press, 63–100.

Dreyfus, M. / Juillard, C. 2004. *Le plurilinguisme au Sénégal. Langues et identités en devenir*. Paris: Karthala.

Drubig, H. B. / Schaffar, W. 2001. Focus constructions. In Haspelmath, M. / König, E. / Oesterreicher, W. / Raible, W. Eds. *Language typology and language universals. An international handbook*, vol. 2. Berlin: De Gruyter, 1079–1104.

Dufter, A. 2003. *Typen sprachrhythmischer Konturbildung*. Tübingen: Niemeyer.

Féry, C. 2001. Focus and phrasing in French. In Féry, C. / Sternefeld W. Eds. *Audiatur vox sapientiae. Festschrift for Arnim von Stechow*. Berlin: Akademie-Verlag, 153–181.

Goldsmith, J. A. 1990. *Autosegmental and metrical phonology*. Oxford: Blackwell.

Hayes, B. 1989. The prosodic hierarchy in meter. In Kiparsky, P. / Youmans, G. Eds. *Rhythm and meter*. Orlando: Academic Press, 201–260.

Hayes, B. 1995. *Metrical stress theory. Principles and case studies*. Chicago: University of Chicago Press.

van der Hulst, H. 1999. Word accent. In van der Hulst, H. Ed. *Word prosodic systems in the languages of Europe*. Berlin: De Gruyter, 3–116.

Hyman, L. M. 2014. Do all languages have word accent? In van der Hulst, H. Ed. *Word stress. Theoretical and typological issues*. Cambridge: Cambridge University Press, 56–82.

Jun, S.-A. / Fougeron, C. 2002. Realizations of accentual phrase in French intonation. *Probus* 14, 147–172.

Ka, O. 1994. *Wolof phonology and morphology*. Lanham: University Press of America.

Kager, R. 1999. *Optimality theory*. Cambridge: Cambridge University Press.

Kiparsky, P. 1982. Lexical morphology and phonology. In Lee, I.-H. Ed. *Linguistics in the morning calm. Selected papers from SICOL-1981*. Seoul: Hanshin, 3–91.

Liberman, M. / Prince, A. 1977. On stress and linguistic rhythm. *Linguistic Inquiry* 8, 249–336.

Meisenburg, T. 2013. Southern vibes? On rhythmic features of (Midi) French. *Language Sciences* 39, 167–177.

Meisenburg, T. / Selig, M. 1998. *Phonetik und Phonologie des Französischen*. Stuttgart: Klett.

Ndiaye, M. D. 1995. *Phonologie et morphologie des alternances en wolof. Implications théoriques*. PhD dissertation. Montréal: Université de Montréal.

Noel Aziz, H. P. / Lindner, K. / Dufter, A. 2002. The meter of nursery rhymes. Universal versus language-specific patterns. In Restle, D. / Zaefferer, D. Eds. *Sounds and systems. Studies in structure and change. A festschrift for Theo Vennemann*. Berlin: De Gruyter, 241–268.

Nougier Voisin, S. 2002. *Relations entre fonctions syntaxiques et fonctions sémantiques en wolof*. PhD dissertion. Lyon: Université Lumière Lyon 2. http://www.ddl.cnrs.fr/fulltext/Nouguier/Voisin-Nouguier_2002.pdf (2019-12-02).

Ploog, K. / Reich, U. 2005. Rasgos socio-indexicales en la dinámica urbana. *Lexis* 29, 47–78.

Reich, U. / Rohrmeier, M. 2014. Batidas latinas. On rhythm and meter in Spanish and Portuguese and other types of music. In Szczepaniak, R. / Reina, J. C. Eds. *Phonological typology of syllable and word languages in theory and practice*. Berlin: De Gruyter, 391–420.

Restle, D. / Vennemann, T. 2001. Silbenstruktur. In Haspelmath, M. / König, E. / Oesterreicher, W. / Raible, W. Eds. *Language typology and language universals. An international handbook*, vol. 2. Berlin: De Gruyter, 1310–1336.

Rialland, A. / Robert, S. 2001. The intonational system of Wolof. *Linguistics* 39, 893–939.

Roberts, C. 2012. Information structure in discourse. Towards an integrated formal theory of pragmatics. *Semantics and Pragmatics* 5, 6-1-69. https://semprag.org/index.php/sp/article/view/sp.5.6/pdf (2019-12-02).

Roca, I. M. 1999. Stress in the Romance Languages. In van der Hulst, H. Ed. *Word prosodic systems in the languages of Europe*. Berlin: De Gruyter, 659–811.

Torrence, H. 2013. *The clause structure of Wolof. Insights into the left periphery*. Amsterdam: Benjamins.

Trubeckoj, N. S. 1939/1958. *Grundzüge der Phonologie. Publié avec l'appui du Cercle linguistique de Copenhague et du ministère de l'instruction publique de la République tchécoslovaque*. Praha: Pražský lingvistický kroužek (1939). Göttingen: Vandenhoeck & Ruprecht (1958).

Acknowledgment. Timo Buchholz, Jan Fließbach, Christoph Gabriel, Andrea Pešková and Maria Selig have helped to improve this article substantially with their comments and corrections, thank you very much!

Maria del Mar Vanrell, Francesc Ballone, Teresa Cabré, Pilar Prieto, Carlo Schirru & Francesc Torres-Tamarit

Contacte lingüístic i entonació a Sardenya

Abstract. Catalan has been spoken in the Sardinian city of l'Alguer (Alghero in Italian) ever since the city was conquered by the Crown of Aragon in 1354 and subsequently repopulated by Catalan-speakers from different areas. This Catalan *koiné* was later modified by Sardinian, both as a language of contact and as L1 of many immigrants to the city. This Catalan variety is also said to have been modified by standard Italian, especially from the second half of the 20th century. This paper is concerned with the effects that language contact between Algherese Catalan and Sardinian may have exerted on the intonational phonology of Algherese, as evidenced in recordings of the speech of 176 speakers (7 Algherese speakers, 9 Sardinian speakers and 160 Catalan speakers from different dialectal varieties outside l'Alguer). Data analysis shows that the seven nuclear configurations described for Sardinian are also found in Algherese and that they are associated with the same linguistic functions. However, half of these nuclear configurations are also present in the varieties of Catalan spoken outside l'Alguer. In addition, we note a pattern that seems to be specific to Algherese. This is the tonal configuration L+H* !H% used in the so-called vocative chant, in which the nuclear accent L+H* can be associated with the first syllable in disyllabic truncated vocatives (e.g. $Ma_{L+H*}ri'_{!H\%}!$, $Mi_{L+H*}que'_{!H\%}!$). This tonal association seems to suggest that the first syllable of the truncated vocative is the stressed syllable on the surface. These data show that Algherese, as a contact variety, has not only been influenced by neighboring languages but is also undergoing language-internal changes.

1. Introducció

1.1 Situació de l'alguerès en la Romània

L'alguerès es parla a l'Alguer, una ciutat d'aproximadament 44.000 habitants situada al nord-oest de l'illa de Sardenya (Itàlia). Aquesta varietat de català s'ha conservat durant els segles i ha esdevingut la llengua d'adopció dels nombrosos immigrants a la ciutat, provinents sobretot (però no només) de la resta de Sardenya. Aquest procés d'integració lingüística comença a trencar-se a partir del final dels anys 50 del segle XX, quan bona part dels algueresos comença a utilitzar l'italià com a llengua de comunicació amb els fills i en general amb les persones no catalanoparlants o percebudes com a tals.

La UNESCO (cf. *Atlas of the world's languages in danger*, http://www.unesco.org/languages-atlas/) manifesta que l'aguerès es troba en una situació de risc, com també s'hi troba el sard, llengua pròpia de Sardenya, parlada aproximadament per un milió de parlants. Segons enquestes recents (Generalitat de Catalunya 2017) actualment el català a l'Alguer és la llengua inicial (L1) d'un alguerès adult de cada quatre (24,1%, aprox. 10.000 habitants), percentatge que puja al 30,7% quan considerem la gent que el parla amb fluïdesa, i que baixa al 18,5% si ens referim a les persones que l'utilitzen habitualment. Segons la mateixa enquesta, el 72,1% de la població adulta entén bé l'alguerès, el 26,1% el llegeix sense dificultats i el 3,0% l'escriu de manera autònoma. Els resultats revelen, també, una actitud favorable (92,3%) cap a la introducció de l'alguerès i les altres llengües de Sardenya al sistema educatiu reglat. Així mateix, un 77,2% dels enquestats voldria tenir l'alguerès com a llengua d'ús principal o secundari en la vida diària.

Des de 1997, el català de l'Alguer compta amb reconeixement i legislació lingüística específica atorgada pel Consell regional de Sardenya gràcies a la Llei de promoció i valorització de la cultura i de la llengua de Sardenya i a la Llei estatal de tutela de les minories lingüístiques històriques de 1999. L'any 2018 el parlament sard va aprovar la Llei regional sobre la Disciplina de la política lingüística regional, que reconeix les llengües de Sardenya (el sard, el català, el gal·lurès, el sasserès i el tabarquí) com a part del patrimoni immaterial de la regió, que és la responsable de la seva tutela, valorització, promoció i difusió.

L'alguerès s'ha inclòs tradicionalment entre les varietats orientals del català (cf. Veny/Massanell i Messalles 2015), en virtut de característiques com la reducció vocàlica[1] (*nebot* [naˈbot]; *maco* [ˈmaku]) i la desinència zero en les primeres persones de l'indicatiu present (*cant*, *dorm*, *compr*). Però presenta també trets de tipus occidental, com les formes plenes dels pronoms febles (cf. Scala 2003) i la realització mitjana alta de la Ē i Ĭ llatines (*pera* [ˈpeɾa], *ceba* [ˈseba]; cf. Veny 2002: 74).

El sard ha deixat una petjada important en la fonètica, la morfologia, la sintaxi i el lèxic de l'alguerès: la neutralització de la /l/ i la /r/ preconsonàntiques a favor de [l] en posició de coda sil·làbica (*tarda* [ˈtalda], *porta* [ˈpɔlta]) i a favor de [ɾ] en posició postconsonàntica en atacs complexos (*blanc* [ˈbɾaŋk], *clau* [ˈkɾau]); la metàtesi aplicada freqüentment, tot i que

[1] En alguerès els fonemes vocàlics /e/, /ɛ/ i /a/ es redueixen en [a], mentre que /o/, /ɔ/ i /u/ ho fan en [u]. No obstant això, l'alguerès compta amb nombroses excepcions en què les vocals mitjanes no presenten reducció.

no de manera exclusiva, a la /r/ (*forment* [fruˈment], *cabra* [ˈkraba]; cf. Torres-Tamarit et al. 2012); el truncament vocatiu amb presència, opcional, de la partícula vocativa *o* (*Mari'! O Mari'!*); la partícula interrogativa *a* per encapçalar interrogatives quan el verb va en forma simple i no hi ha anteposició del complement (*A vos estau muts?*, *Maria, a hi és?*); la possible inversió de l'auxiliar en interrogatives amb formes compostes o l'anteposició del complement[2] (*Escoltant sés?*, *Fam tens?*). Alguns dels trets que l'alguerès comparteix amb el sard són també presents en altres llengües romàniques: el truncament vocatiu és productiu en cors i en les varietats romàniques de la Itàlia centromeridional i les anteposicions interrogatives són comunes en sicilià, per exemple. Altres característiques de l'alguerès, com el rotacisme, que afecta moltes /l/ i /d/ intervocàliques (*pudent* [puˈɾent], *olorar* [uɾuˈɾa]), així com la sonorització de /k/ en posició inicial de mot (*gard* 'card', *garbó* 'carbó', *gorbata* 'corbata', *granc* 'cranc') han estat atribuïdes a influència sasseresa (cf. Bosch 2012).

Els primers estudis lingüístics sobre l'alguerès daten aproximadament del primer quart del segle XX (cf. Clavellet 1906/1991; Bottiglioni 1922; Kuen 1932; 1934). Des de llavors hi ha hagut una producció més o menys sostinguda en el temps que ha experimentat un increment considerable a partir de final del segle XX i començament del segle XXI. Trobem coberts diversos camps de la recerca en lingüística com són ara la sociolingüística (cf. Grossmann/Lörinczi Angioni 1980; Leprêtre 1995; Bosch 1998; 2012; Simon 2009a; 2009b; Santos Rovira 2015), la fonètica (cf. Ballone 2008; 2010; 2013; 2015; 2016; 2018) i la fonologia (cf. Cabrera-Callís 2010; 2013; Torres-Tamarit et al. 2012; Lloret/Jiménez 2015), la prosòdia (cf. Prieto et al. 2009; Cabré/Vanrell 2011; Vanrell et al. 2013; Roseano et al. 2015a), la gestualitat (cf. Martí i Pérez 1992), la morfologia (cf. Perea 1997; Lloret/Viaplana 1998; Lloret 2005; Bosch 2013), la història social de la llengua (cf. Caria 1990; 1991; Casasús i Guri 2008), la lexicografia i l'onomàstica (cf. Caria 1992; 1993; 1995; 1996; 1998; 1999; Corbera 1992; 1995; 1998; 2000; Bosch 2017), la variació (cf. Bosch/Scala 1999; Perea 2010; Contini 2014), etc. Aquesta és una mostra no exhaustiva dels aven-

2 El treball de Vanrell et al. (2015a) analitza la interacció entre sintaxi, pragmàtica i partícules interrogatives en les preguntes absolutes del sard a partir de les dades recollides mitjançant la tasca de compleció del discurs. El resultats pel que fa a l'anteposició del complement s'avenen amb la proposta de Remberger (2010). Així doncs, l'anteposició codifica "positive focus" ('focus positiu'), en paraules de Remberger (2010: 171), o que el parlant espera que la proposició sigui certa. Conjecturem que aquest és també el cas de l'alguerès.

ços que s'han produït, sobretot durant els darrers trenta anys, en la recerca lingüística sobre l'alguerès.

1.2 Història lingüística de l'alguerès

A partir de la llarga conquesta de Sardenya, començada *de facto* el tercer decenni del segle XIV i acabada a començament del segle XV, el català s'imposa a Sardenya com a llengua de les classes dirigents i, en ciutats com a Càller, com a llengua important en l'àmbit del comerç i de l'artesanat. En el cas de l'Alguer, aquest idioma era conegut i utilitzat per la totalitat de la població, vist que a partir de la conquesta de la plaça forta, el 1354, els habitants originals van ser substituïts per soldats i colons provinents quasi exclusivaments de territoris de llengua catalana. L'obertura controlada de la ciutat a la immigració sardòfona a partir de l'Edicte de Tarassona, juntament amb la instauració de relacions comercials amb els pobles veïns, va permetre la incorporació de sardismes a l'alguerès ja a partir dels primers decennis del segle XVI (cf. Caria 1994: 52–54). El flux migratori cap a la ciutat continua en els segles següents, sobretot en els anys immediatament successius a les dues grans epidèmies de pesta del 1582/83 i el 1652. Els nouvinguts procedien principalment d'àrees sardòfones, però també sasseresòfones, de la Ligúria i de la costa campana. La integració lingüística d'aquesta població al·loglota tenia com a contrapartida la inserció en l'alguerès d'elements de la llengua dels nouvinguts.

Els estudis sobre contacte lingüístic entre l'alguerès i altres llengües parlades a Sardenya se centren especialment en la interferència lèxica que han exercit el sard i l'italià i, en menor mesura el sasserès, en l'alguerès. En aquest sentit, doncs, la conclusió de Bosch (2002; 2012), que recull les observacions de Clavellet (1906/1991), és que l'alguerès es degué mantenir fidel a la varietat que va arribar amb els colonitzadors en el segle XIV fins a la fi del segle XVI, per bé que Caria (1994: 52–53) documenta préstecs sards ja a les Ordinacions municipals de l'Alguer de 1526 (cf. Caria 2006: 45). Després, segons Bosch (2002; 2012), a partir de l'arribada de població al·loglota, sarda i sasseresa, a causa sobretot de la despoblació provocada per les pestes de 1582/83 i 1652, degué emergir una nova varietat d'alguerès parlada per tota aquesta població que tenia el sard o el sasserès com a L1, normalment de l'àmbit agrícola. Aquesta nova varietat apareguda a partir d'una adquisició incompleta de l'alguerès va conviure amb la varietat pròpia dels autòctons. Aquesta varietat autòctona va haver de conviure també primer amb el castellà, a partir de la segona meitat del segle XVIII, i després amb l'italià, en els primers decennis del segle XIX, quan l'italià començà a ser la llengua de la burocràcia el 1821 per un decret reial del rei Carles Fèlix I de Sardenya (cf. Bosch 2002: 32).

L'adopció de manlleus diversos provocada per les migracions de població al·loglota, sarda i sasseresa, degué afavorir determinats canvis fonètics que no estaven absents, segons Bosch (2012: 102), d'estigmatització en el registre escrit. Així doncs, trets com la metàtesi de /r/, la neutralització de /l/ i /r/ preconsonàntiques, el rotacisme de /l/ i /d/ intervocàliques, el rotacisme dels grups d'oclusiva més líquida o la sonorització de /k/ inicial es van mantenir allunyats del registre escrit fins al segle XVIII i, en alguns casos, fins ben entrat el segle XIX.

Pel que fa als aspectes prosòdics, hi ha dos treballs que aborden explícitament el tema de la interferència prosòdica entre el sard i l'alguerès: Contini (1995) i Roseano et al. (2015a). Contini (1995) analitza la hipotètica interferència del sard en les interrogatives de l'alguerès mitjançant una tasca de traducció de l'italià a l'alguerès. Aquest autor parteix de la idea que en sard existeixen tres tipus d'estructures interrogatives: les interrogatives encapçalades per la partícula *a* (*A benis?* 'Que vens?'), les que presenten inversió del predicat o de l'objecte directe (*Bidu l'as?* 'L'has vist?') i les que no presenten cap de les característiques anteriors (*No nde cheret?* 'No en vol?'). Al corpus final s'hi trobaren dos tipus d'entonacions diferents associades a les tres estructures sintàctiques. Així, les interrogatives amb inversió o amb ordre neutre solen presentar un pic associat a la primera síl·laba tònica de l'enunciat, mentre que les interrogatives encapçalades per la partícula *a* tenen un pic associat a la síl·laba anterior de l'última síl·laba tònica de l'enunciat. D'altra banda, Roseano et al. (2015a) analitzen les interrogatives absolutes i les declaratives neutres en tres varietats romàniques en contacte a Sardenya (català alguerès, sard logudorès i italià regional de Sardenya) amb un resultat entonatiu convergent. Aquests autors proposen una progressiva sardització de l'alguerès a partir d'un procés de transferència prosòdica, en diverses fases, reconstruït a partir de la història lingüística detallada a Bosch (2002). La primera fase es produeix amb el procés migratori de població sarda logudoresa a l'Alguer després d'una forta epidèmia al segle XVII, en què l'alguerès entrà en contacte amb el sard. Segons aquests autors, els immigrants sards van transferir característiques prosòdiques de la seva llengua a la varietat apresa de català. Els sards de segona generació, nascuts a l'Alguer, ja devien ser probablement bilingües amb dos sistemes lingüístics distints dels de les dues comunitats monolingües de les generacions anteriors. Durant aquest període, les característiques lingüístiques del català pròpies dels monolingües catalans i les dels bilingües descendents de famílies originàriament sardòfones també degueren convergir. Més endavant, a causa del prestigi social de què gaudia el català, es va iniciar un procés de substitució lingüística en el si de les famílies sardòfones, amb la qual cosa només el català va passar a transmetre's a les noves generacions. Aquest català alguerès sarditzat va passar a ser la llengua nativa de les noves generacions d'origen sard. Se suposa que fins a començament del segle XX van coexistir dues varietats de català: una de parcialment sarditzada i una altra de fortament sarditzada. Aquestes dues varietats de català alguerès en contacte, sempre segons Roseano et al. (2015a), van patir un procés d'acomodació progressiva que finalment donà lloc a l'alguerès contemporani. La convergència entonativa entre les tres varietats romàniques estudiades s'explica, aleshores, a partir dels mecanismes de transferència directa, fusió i acomodació.

El tema de la interferència prosòdica s'aborda incidentalment en altres treballs (cf. Martínez Celdrán/Fernández Planas 2003–2010; Prieto et al. 2009; Cabré/Vanrell 2013; Vanrell et al. 2013; Vanrell et al. 2015b). Aquests treballs analitzen diferents tipus d'oracions (declaratives, interrogatives, vocatius, etc.), però tots conclouen que en general el enunciats analitzats de l'alguerès mantenen molts de punts de contacte amb els del sard, però també hi ha estructures que l'alguerès comparteix amb varietats catalanes, com ara el català nord-occidental, el balear o el subdialecte tarragoní (cf. Prieto et al. 2009; Vanrell et al. 2013).

1.3 Alguns conceptes bàsics sobre la lingüística de contacte

En aquesta secció revisarem alguns dels conceptes bàsics sobre la lingüística de contacte que creiem que són aplicables al cas concret que estem analitzant. Partim de la proposta de Roseano et al. (2015a) segons la qual l'alguerès hauria sofert un procés de sardització per influència dels repobladors a partir de les pestes de 1582/83 i 1652. Aquesta població al·loglota arribada a l'Alguer abandonà progressivament la seva llengua materna a favor de l'alguerès, degut sobretot al prestigi social de què gaudia aquesta llengua.

Tant en l'adquisició d'una segona llengua com en la substitució lingüística es distingeixen tres tipus de canvis que afecten l'idiolecte o interllengua que crea l'aprenent d'una L2 durant el procés d'aprenentatge (cf. van Coetsem 1988): (1) la interferència de la L1 en la interllengua, (2) la simplificació de l'estructura de la L2, i (3) els canvis interns en el sistema de la interllengua que no es corresponen ni amb la L1 ni amb la L2. Quan L1 i L2 estan estretament emparentades, la interferència de la L1 pot provocar realitzacions molt properes a la L2. En aquest cas, parlem d'influència positiva (anglès: *positive transfer*). Quan, en canvi, hi ha una manca de correspondència entre les gramàtiques de la L1 i la L2, hi sol haver una adquisició incompleta, cosa que es coneix com a influència negativa (anglès: *negative transfer*; cf. Odlin 2003).

En el domini específic de la fonologia de les llengües en contacte i amb referència a les adaptacions dels manlleus, alguns investigadors han cercat les causes d'aquestes adaptacions en els processos de percepció implicats en la descodificació dels sons que no són natius (cf. Peperkamp/Dupoux 2003). Dit d'una altra manera, l'input de les adaptacions no està constituït per la forma subjacent dels mots en la llengua de partida sinó que és la fonologia de la llengua meta la que computa les adaptacions. Segons aquesta perspectiva les adaptacions dels manlleus es duen a terme ja en la percepció, quan el sistema perceptiu de la llengua meta distorsiona la manera com percebem els sons d'altres llengües i, consegüentment, també la manera com produïm i memoritzem aquests sons. Tanmateix, aquesta teoria no està exempta de detractors, que argumenten que, en les condicions experimentals adequades, els parlants sí que tenen accés a diferències fonètiques més enllà de les existents en la seva fonologia nativa (cf. Bruhn 2009, segons Andersson et al. 2017: 5).

1.4 Objectius

L'objectiu d'aquest treball és analitzar la gramàtica entonativa actual de l'alguerès des de la perspectiva del contacte lingüístic. Concretament, pretenem reconstruir els mecanismes o processos que han configurat aquesta gramàtica. Per fer això, seguirem el mètode comparatiu, que és el mètode que s'ha seguit també en altres treballs que han analitzat l'entonació de l'alguerès des de la perspectiva del contacte (cf. Roseano et al. 2015a) o que han fet un treball de reconstrucció, per exemple, dels patrons entonatius de la varietat protoromànica (cf. Hualde 2003).

2. Metodologia

Les dades que s'analitzen en aquest treball corresponen a la varietat de català parlada a l'Alguer (dades de Prieto/Cabré 2013) i a les varietats logudoresa i campidanesa del sard (dades de Vanrell et al. 2015b). Aquestes dades seran contrastades amb les varietats de català parlades fora de l'Alguer, això és, el central, el valencià, el balear, el nord-occidental i el septentrional (dades de Prieto/Cabré 2013). Per a la varietat algueresa disposem de 7 informants i 329 frases analitzades, i per al sard, 9 informants i 279 frases analitzades. Per a la resta de varietats catalanes tenim 160 informants i 7.520 frases analitzades.

La base empírica d'aquest article es va obtenir mitjançant la metodologia de la tasca de compleció del discurs (anglès: *Discourse Completion Task*; cf. Vanrell et al. 2018, entre d'altres), que consisteix en un qüestionari format per una sèrie de situacions comunicatives pensades perquè els parlants produeixin enunciats diferents (declaratives, preguntes, ordres, etc.). Els qüestionaris constaven de 47 situacions en el cas de les diferents varietats de català i per 31 situacions en el cas del sard.

Les entrevistes sempre varen ser fetes per parlants nadius de cada varietat i els qüestionaris es varen adaptar a les peculiaritats lèxiques i gramaticals de cadascuna. Els entrevistadors llegien les situacions de manera natural i després els parlants intervenien segons cada situació. Les entrevistes es varen dur a terme a la casa dels informants o, en algun cas puntual, en llocs públics com una escola, per exemple.

Com avançàvem en l'apartat anterior, el mètode d'anàlisi de les dades ha estat el mètode comparatiu. Una de les incògnites importants i que probablement no podrem esbrinar és com era l'entonació de la varietat o varietats que parlaven els catalans que varen repoblar l'Alguer. Primer, però, caldrà saber quin era l'origen dels pobladors. L'historiador Sigismondo Arquer manifesta el següent en l'obra *Sardiniae brevis historia et descriptio* (1550/2008: 24): "Alguer, civitas nova [...] cuius incolae fere omnes Tarraconenses sunt" ('Alguer, ciutat nova, [...] els habitants de la qual són quasi tots de la Tarraconensis'). A partir de Budruni (2010), Ballone (2013: 30) qüestiona l'afirmació d'Arquer sobretot pel fet que la immigració provinent d'àrees catalanoparlants no va ser suficient per fer front als problemes demogràfics i econòmics derivats de l'expulsió dels jueus l'any 1492, de manera que les autoritats públiques varen haver d'eliminar la prohibició d'immigració sarda que s'havia perllongat durant 150 anys. En conseqüència, l'any 1546, només 4 anys abans de l'afirmació d'Arquer, més del 50% de nens batiats a l'Alguer tenien un cognom sard. En un treball més recent del d'Arquer (1550/2008), Conde (1994), Tarragona apareix com un dels llocs d'origen dels colons, juntament amb totes les altres àrees dels Països Catalans. També hi apareixen altres àrees no catalanoparlants, com Aragó, a més de Sicília, Còrcega i Sardenya. Atesa la diversitat d'origen dels colons catalanoparlants, compararem, doncs, els patrons entonatius de l'alguerès actual amb els patrons entonatius de totes les varietats del català que es parlen fora del territori de l'Alguer, d'una banda, i amb les dues macrovarietats de sard parlades a Sardenya (logudorès i campidanès), de l'altra. Quan els patrons entonatius presents a l'alguerès siguin també presents en alguna varietat del sard i del català, podem postular que es tracta d'un patró antic possiblement ja present en el català i el sard medievals (cf. Hualde 2003: 182). Quan, en canvi, hi hagi variació, caldrà aplicar altres criteris de la lingüística de contacte.

3. Resultats

En aquesta secció presentarem les diferents configuracions nuclears que formen la gramàtica entonativa de l'alguerès actual (cf. Taula 1) i les compararem amb les del sard i les del català parlat a fora de l'Alguer. Ens hem centrat en la configuració nuclear, perquè, tot i que cada vegada més estudis demostren que el prenucli pot ajudar que els oients identifiquin el tipus d'oració (cf. Petrone/Niebuhr 2014, entre d'altres), la part nuclear continua sent considerada com a crucial (cf. Pierrehumbert/Hirschberg 1990) i la contribució d'aquesta part al significat del contorn ha estat objecte de nombrosos treballs. Quan parlem de configuracions nuclears ens referim a la part terminal d'un contorn entonatiu formada per l'accent nuclear, és a dir, l'accent associat amb l'última síl·laba tònica de l'enunciat, i els tons de frontera, que s'associen a les síl·labes posttòniques finals. Per entendre fàcilment la notació que s'ha fet servir en la representació d'aquestes configuracions cal tenir present que segueix el model mètric i autosegmental, mitjançant el sistema ToBI (anglès: *Tones and Break Indices*), desenvolupat inicialment per a l'anglès per Janet Pierrehumbert i Mary Beckman (cf. Pierrehumbert 1980; Pierrehumbert/Beckman 1988). En aquest model es proposen dos tipus d'accents: accents tonals i tons de frontera. Els accents tonals s'associen a les síl·labes accentuades i es representen mitjançant un asterisc (*), mentre que els tons de frontera s'associen als límits de les frases prosòdiques i es representen amb el símbol del percentatge (%) quan s'associen a les frases entonatives i amb el guionet (-) quan s'associen amb les frases intermèdies. Els accents tonals poden ser monotonals (H*, L*) o bitonals (L+H*, H*+L).

En alguerès trobem tres configuracions nuclears que segueixen una trajectòria descendent (H+L* L%, ¡H+L* L% i L* L%), tres configuracions que tenen una melodia ascendent-descendent (H*+L L%, ¡H*+L L% i L+H* L%) i una sola configuració que té una trajectòria ascendent-sostinguda (L+H* !H%). L'alguerès, per tant, no presenta cap configuració nuclear de caràcter absolutament ascendent.

La configuració descendent H+L* L% es caracteritza per una melodia descendent durant la síl·laba nuclear, seguida d'un accent de frontera descendent (cf. Taula 1). Aquesta configuració és pròpia de les declaratives de focus ample i estret (com també ho és en sard), de les interrogatives confirmatòries (com en balear, bona part del català nord-occidental i central) i de les interrogatives parcials (com en valencià, mallorquí i en les interrogatives parcials llargues del sard). A continuació, la Fig. 1 il·lustra la configuració tonal H+L* L% en una declarativa de focus estret. Com podem observar, l'accent nuclear s'alinea amb la síl·laba *-ron-*. El to final és baix, L%.

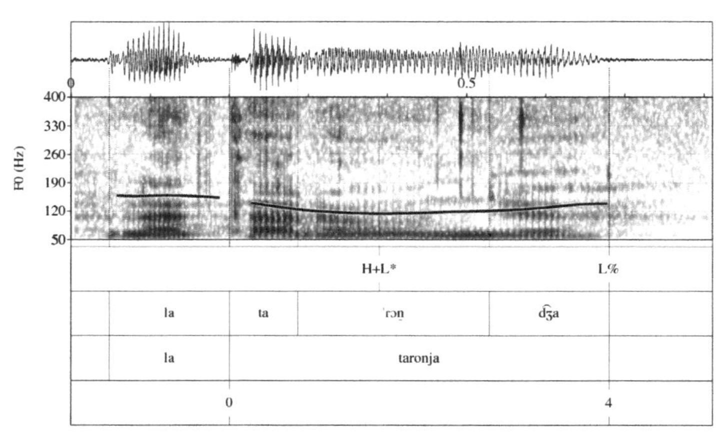

Fig. 1. Transcripció tonal, fonètica i ortogràfica de la declarativa de focus estret *La taronja.*

El patró també descendent ¡H+L* L% es caracteritza per una melodia descendent durant la síl·laba nuclear que prové, aquest cop, d'un to extraalt alineat amb el final de la síl·laba anterior a la síl·laba nuclear. El diacrític d'esglaonament ascendent "¡" s'usa per indicar que hi ha una diferència en l'altura tonal que és sistemàtica i rellevant a l'hora de marcar un significat específic. En aquest cas concret, la diferència entre el to H+L* i el to ¡H+L* permet de distingir les declaratives de focus ample de les interrogatives absolutes neutres. Aquest contorn és compartit amb les varietats que analitzem, amb funcions també paral·leles. Així, doncs, en alguerès, en mallorquí i en sard, la configuració ¡H+L* caracteritza les interrogatives absolutes neutres[3], les interrogatives absolutes d'incredulitat i les interrogatives parcials d'eco. Cal destacar que en les interrogatives absolutes neutres, aquest contorn també es pot trobar en la resta de varietats balears, el nord-occidental i part del central. La Fig. 2 mostra el patró ¡H+L* L% produït sobre la interrogativa absoluta neutra *Teniu taronja?* Observem que el to alt ¡H s'alinea amb la síl·laba anterior a la síl·laba nuclear i precedeix un to L*, alineat amb la síl·laba *-ron-*, de caràcter descendent. El to final és baix.

[3] Tant en alguerès com en sard logudorès, les interrogatives absolutes neutres amb el patró extraalt-descendent van encapçalades per la partícula *a* (p. ex.: *A vos estau muts?* per a l'alguerès i *Mandarinu, a che nd'at?* 'Mandarines, que n'hi ha?' per al sard).

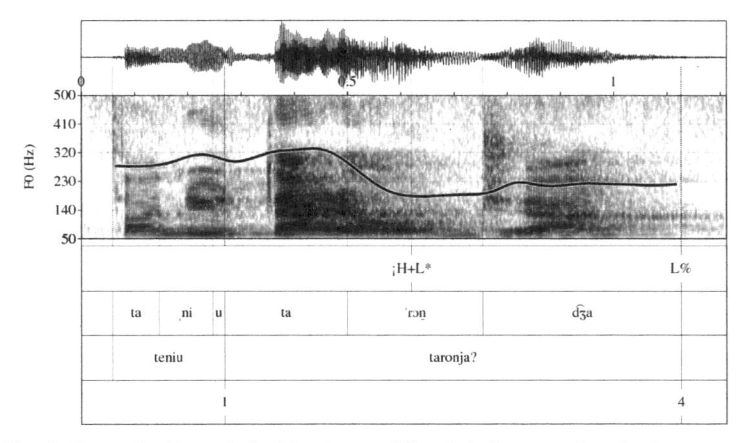

Fig. 2. Transcripció tonal, fonètica i ortogràfica de la interrogativa absoluta neutra *Teniu taronja?*

Una altra configuració descendent que trobem en alguerès és L* L%, que es caracteritza per una baixada poc pronunciada a la línia base de la tessitura del parlant. Les ordres solen presentar aquest patró en les tres varietats comparades.

El patró H*+L L%[4] es caracteritza per una melodia ascendent-descendent seguida d'un to de frontera final baix. El pic, doncs, sol realitzar-se en el centre de la síl·laba tònica que, sovint, experimenta un petit allargament que facilita la producció d'un moviment tonal complex. Aquesta configuració nuclear és pròpia del focus contrastiu tant en alguerès com en sard. Cal destacar, però, que també apareix en català septentrional amb aquesta mateixa funció. Com podem observar a la Fig. 3, durant la síl·laba tònica final, la melodia ascendeix i descendeix, per acabar amb un to final de caràcter baix.

[4] Com han suggerit els editors del present volum, aquest accent tonal podria transcriure's com un accent tritonal del tipus L+H*+L. El motiu per haver proposat un accent bitonal és que no sempre és clar que hi hagi un to L a l'inici de l'accent tonal, mentre que tant el to H* com el to L es realitzen sistemàticament dins la síl·laba a la qual s'associa l'accent tonal. Aquesta és també la justificació que s'ha seguit en els sistemes ToBI d'altres llengües com el friülà, l'italià o el romanès en què existeix un accent tonal amb una realització molt similar a la que trobem en alguerès (cf. Roseano et al. 2015b per al friülà, Gili Fivela et al. 2015 per a l'italià i Jitcă et al. 2015 per al romanès).

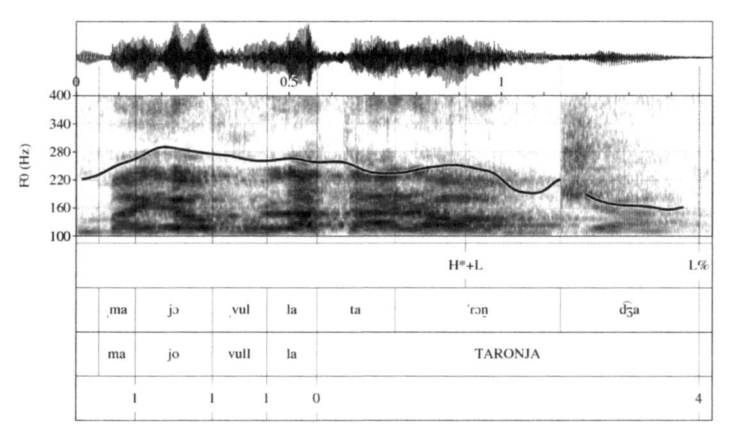

Fig. 3. Transcripció tonal, fonètica i ortogràfica de la declarativa de focus contrastiu *Ma jo vull la TARONJA*.

El patró anterior té una variant fonològicament diferent, la configuració ¡H*+L L%. La diferència entre un i altre patró rau en l'altura tonal del to alt que, en el cas que ens ocupa, experimenta un increment important. Tant en alguerès com en sard aquesta configuració tonal és pròpia de les interrogatives absolutes eco, de les interrogatives absolutes de confirmació amb anteposició de les formes no personals del verb en les formes compostes o anteposició del complement en les formes simples (*Ma Maria, tornada és?, Escoltant sés?* per a l'alguerès i *Ammentatos bos seis a nche mandare sa lìttera?* 'Us heu recordat d'enviar la carta?', *Frius tenis?* 'Tens fred?' per al sard general) i dels oferiments. En canvi, aquesta configuració nuclear és inexistent en la resta de varietats de català de fora de l'Alguer.

La Fig. 4 representa un oferiment. L'accent ¡H*+L, sobre *voleu*, es caracteritza per un moviment ascendent i descendent, amb el pic alineat al mig de la síl·laba tònica. Després, la melodia segueix una trajectòria descendent sostinguda. El final del contorn es realitza fonèticament mitjançant un lleu ascens a un to mig de la tessitura del parlant. En les varietats italoromàniques aquest ascens s'ha relacionat amb un grau més elevat d'implicació en l'acte de parla o com a propi de la parla espontània (cf. Grice et al. 1997; Savino 2012, entre d'altres).

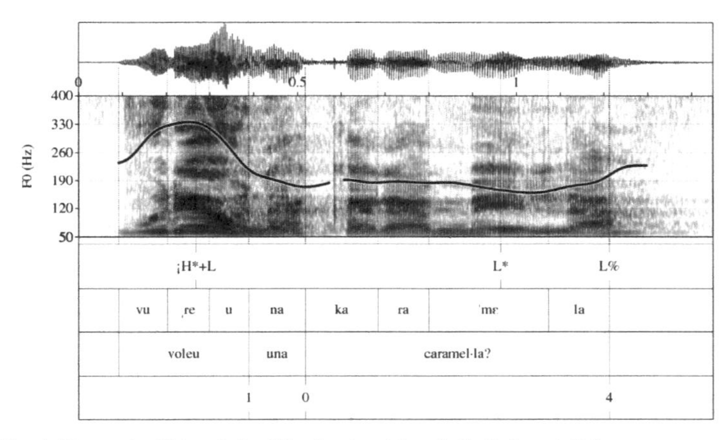

Fig. 4. Transcripció tonal, fonètica i ortogràfica de l'oferiment *Voleu una caramel·la?*

Una altra configuració ascendent-descendent que forma part de la gramàtica entonativa de l'alguerès és L+H* L%, caracteritzada per un moviment ascendent-descendent amb un pic que s'alinea amb el final de la síl·laba nuclear. Aquesta configuració nuclear apareix en les oracions exclamatives de l'alguerès i del sard, però en canvi, no la trobem, amb aquesta mateixa funció lingüística, en les altres varietats de català parlades fora de l'Alguer.

Finalment, el contorn L+H* !H%, també anomenat entonació cantada o *chanted tune*, és un dels patrons més comuns en els vocatius de les llengües romàniques i es caracteritza per un to ascendent alineat amb la síl·laba tònica de l'enunciat i un to de frontera mitjà sostingut. El trobem en totes les varietats de català parlades a fora de l'Alguer, en alguerès i en sard. Una característica que comparteix l'alguerès amb altres llengües romàniques com el sard, el cors o les varietats d'italià parlades al sud, els vocatius poden presentar, a més d'una entonació específica, un procés de truncament. Aquest procés, que apareix també en els imperatius, consisteix en l'elisió de tot el material segmental que apareix a la dreta de la vocal tònica (*Mario* > *Ma'*, *Miquel* > *Mique'*, *Salvatorangelo* > *Salvatora'*). És interessant que, mentre que en sard existeix una restricció que impedeix que l'entonació cantada es produeixi sobre una base truncada (p. ex. **Eleonò!*$_{\text{L+H* !H\%}}$)[5], aquesta restricció no és tan forta en alguerès. Així doncs, en alguerès sí que es poden trobar vocatius produïts amb entonació cantada sobre una base

5 Segons comunicació personal de Marco Barone, aquesta restricció que impedeix que l'entonació cantada es produeixi sobre una base truncada és activa també en altres varietats italoromàniques com el pescarès, dialecte de la llengua abruzzesa.

truncada, predominantment bisil·làbica. Curiosament, quan això succeeix, l'accent tonal tendeix a alinear-se amb la primera síl·laba del mot, tal i com podem observar a la Fig. 5. En canvi, en sard les configuracions possibles per als vocatius són diferents: (a) un accent L+H* alineat amb la primera síl·laba del mot i un accent L* amb la síl·laba tònica, seguit d'un to de frontera baix i produït freqüentment sobre una base truncada en sard logudorès o (b) l'entonació cantada L+H* !H% produïda sempre sobre una base no truncada. En aquest darrer cas, l'accent L+H* sempre s'alinea amb la síl·laba tònica del nom, mai amb la primera síl·laba. L'associació de l'accent tonal amb la primera síl·laba del nom que trobem en algueres sembla suggerir que la primera síl·laba del vocatiu truncat és la síl·laba amb accent lèxic en l'estructura superficial[6], tot i que la segona síl·laba s'ha de computar com la síl·laba que es troba en correspondència amb la síl·laba tònica de la base a efectes del procés de truncament. La Fig. 5 mostra el patró de l'entonació cantada sobre un vocatiu truncat bisil·làbic *Mari'* (que prové de la base *Maria*). Com podem observar, l'accent tonal no s'alinea amb la síl·laba que es correspon amb la síl·laba tònica de la base, com esperaríem, sinó que ho fa amb la primera síl·laba (*Ma-*).

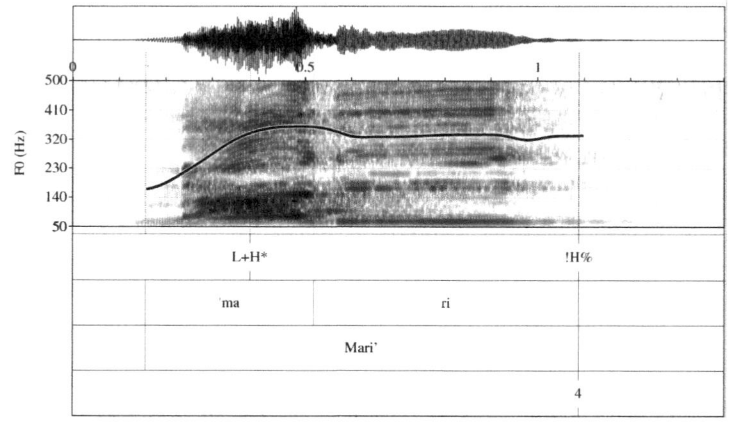

Fig. 5. Transcripció tonal, fonètica i ortogràfica del vocatiu *Mari'*.

La Taula 1 il·lustra les configuracions nuclears característiques de l'alguerès i la funció que tenen en cadascuna de les varietats analitzades en aquest

[6] No és d'estranyar que aquesta característica de l'alguerès s'hagi relacionat històricament amb el trasllat d'accent: "Bajo la influencia del afecto o de la pronunciación enérgica, puede ocurrir el prolongamiento de la vocal tónica y el retroceso del acento principal a la primera sílaba" (Kuen 1932: 174).

treball. Quan no es té constància de l'existència d'una configuració nuclear en alguna de les varietats estudiades, s'ha indicat mitjançant un guionet (-).

configuracions nuclears	funcions en ...		
	alguerès	el català de fora de l'Alguer	sard
H+L* L% 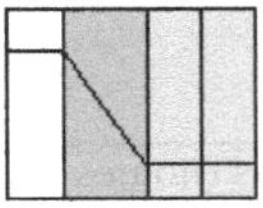	1. declaratives de focus ample i estret 2. interrogatives confirmatòries 3. interrogatives parcials	1. interrogatives confirmatòries (balear, bona part del català nord-occidental i central) 2. interrogatives parcials (valencià i mallorquí)	1. declaratives de focus ample i estret 2. interrogatives parcials llargues
¡H+L* L% 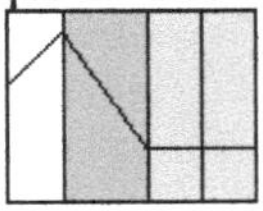	1. interrogatives absolutes neutres 2. interrogatives absolutes d'incredulitat 3. interrogatives parcials eco	1. interrogatives absolutes neutres (balear, nord-occidental i part del central) 2. interrogatives absolutes d'incredulitat (mallorquí) 3. interrogatives parcials eco (mallorquí)	1. interrogatives absolutes neutres 2. interrogatives absolutes d'incredulitat 3. interrogatives parcials eco
¡H*+L L% 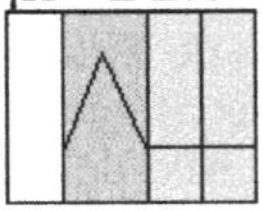	1. interrogatives absolutes eco 2. interrogatives absolutes de confirmació amb anteposició de les formes no personals del verb o del complement 3. oferiments	–	1. interrogatives absolutes eco 2. interrogatives absolutes de confirmació amb anteposició de les formes no personals del verb o del complement 3. oferiments
L* L% 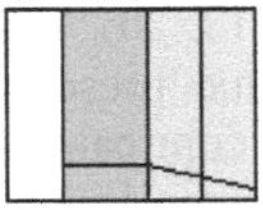	ordres	ordres	ordres

H*+L L%	focus contrastiu	–	focus contrastiu
L+H* L%	oracions exclamatives	–	oracions exclamatives
L+H* ¡H%	vocatius (sobre bases truncades o no)	vocatius	vocatius (només sobre bases no truncades)

Taula 1. Configuracions nuclears trobades en algueròs, en el català de fora de l'Alguer i en el sard.

4. Discussió

L'algueròs presenta un inventari de configuracions nuclears relativament reduït, 7 unitats, en comparació amb altres varietats romàniques com ara el català general, que presenta 15 configuracions nuclears diferents (cf. Prieto et al. 2015: 45–46), o l'italià, que en presenta 13 (cf. Gili Fivela et al. 2015: 191–193). És interessant destacar, però, que el sard en presenta també 7. Curiosament, l'algueròs, ben igual que el sard, fa un ús fonològic de l'altura tonal. Això vol dir que hi ha patrons que es distingeixen només per l'altura tonal d'algun dels tons que els integren. Aquest és el cas de les configuracions H+L* L% i H*+L L%, que es distingeixen de les configuracions ¡H+L* L% i ¡H*+L L% només per l'altura tonal del to H. Així doncs, el diacrític "¡" que acompanya el to H significa que aquest to es realitza sistemàticament com un to extraalt. Una altra de les característiques de la gramàtica entonativa de l'algueròs, i també de la del sard, és que no presenta configuracions nuclears absolutament ascendents. La manca de configuracions tonals ascendents i un inventari tonal relativament reduït es compensa, tant en algueròs com en sard, mitjançant un ús ampli de la perifèria esquerra (per exemple: l'ús de la partícula *a*, les anteposicions, determinats marcadors discursius com *ello* en sard, etc.; cf. Vanrell et al. 2013; 2015a).

Com hem vist a la Taula 1, totes les configuracions que presenta l'algueròs són compartides també amb el sard, tant logudorès com campidanès, amb la mateixa funció lingüística. Aquests resultats abonen la idea proposada per Roseano et al. (2015a) que l'algueròs hauria sofert un procés de sardització per influència de la població al·loglota arribada a l'Alguer especialment a partir del segle XVI. Sovint és difícil classificar les varietats que han emergit en una situació de contacte entre dues o més llengües. Per això, alguns autors (cf. Winford 2003) han defensat l'existència d'un espectre que aniria des de casos exitosos d'adquisició de segones llengües a casos en què hi ha hagut la formació de llengües criolles. Entenem que la pervivència del català a l'Alguer es podria considerar un cas d'èxit d'adquisició de la llengua local, aïllada, per part dels immigrants majoritàriament sardòfons.

A partir de les dades que hem analitzat veiem que en la majoria dels casos estem parlant d'una influència positiva de la L1, és a dir, d'unitats tonals que en la L1 dels parlants, és a dir el sard, eren formalment i funcionalment iguals o molt semblants a les de la L2, és a dir, el català parlat a l'Alguer. Aquest és el cas de les configuracions nuclears H+L* L%, ¡H+L* L%, L* L% i L+H* !H%. Així doncs, parlem d'unitats que podien ja ser presents en el català i en el sard medievals, segons el mètode comparatiu, atès que són configuracions nuclears que es troben en les tres varietats, el català parlat a fora de l'Alguer, l'alguerès i el sard general.

D'aquestes 4 unitats tonals que comparteixen el català de fora de l'Alguer, l'alguerès i el sard, la ¡H+L* L% és la que mereix més atenció. La configuració nuclear formada per una melodia descendent que prové d'un to extraalt alineat amb el final de la síl·laba pretònica final (cf. Fig. 2) caracteritza, com hem vist, les interrogatives absolutes neutres del català nord-occidental, part del central, les varietats balears, l'alguerès i el sard. En canvi, però, no la trobem en cap varietat parlada a la península Itàlica (cf. Gili Fivela et al. 2015: 191–192). Podríem pensar, doncs, que es tracta d'un contorn que és específic de la Mediterrània occidental. Tanmateix, però, les descripcions entonatives que trobem del gallec i de l'asturià del sud revelen que la configuració nuclear ¡H+L* L% també és característica de les interrogatives absolutes neutres d'aquestes varietats. Així doncs, al nord de la península Ibèrica hi trobaríem un continu basat en l'alineació del pic en les interrogatives absolutes neutres que aniria d'una alineació més primerenca, és a dir, amb la síl·laba pretònica final en gallec i asturià occidental i del sud (¡H+L* L%); passant per una alineació mitjana, amb la síl·laba tònica en asturià central (H* L%); arribant a una alineació ja molt tardana amb les síl·labes posttòniques finals en asturià oriental, castellà càntabre i basc (L+¡H* HL%); i tornant a una alineació primerenca, és a dir, altre cop amb la síl·laba pretònica final en català i també en sard (¡H+L* L%) (cf. Canellada 1984; López-Bobo/Cuevas-Alonso 2010; Muñiz Cachón et al. 2010; Alvarellos Pedrero et al. 2011; Aurrekoetxea et al. 2011; Fernández Rei 2016). Caldria investigar amb més deteniment aquest continu, així com les raons que poden explicar que el patró ¡H+L* L% sigui present tant en l'extrem occidental com en l'oriental d'aquesta gradació. Una possible explicació és que es tracti d'un patró arcaic i, seguint la *teoria de les àrees* formulada pel lingüista italià Matteo Giulio Bartoli a partir de les dades de l'*Atlas linguistique de la France* (cf. Massanell i Massalles/Veny 2002), existent en àrees considerades isolades (Illes Balears i Sardenya) i/o laterals (Galícia i Astúries occidental, català nord-occidental) i, per tant, més proclius al manteniment d'aquests trets arcaics.

Finalment, caldria comentar un cas en què el patró existent en alguerès es diferencia del que trobem en sard i del que trobem a la resta de varietats de català de fora de l'Alguer. Ens referim al cas del vocatius amb entonació cantada, en què l'accent tonal L+H* s'alinea amb la primera síl·laba del nom en bases truncades bisil·làbiques (cf. Fig. 5). En aquest cas concret es podria argumentar que, seguint la hipòtesi de Peperkamp/Dupoux (2003), la variació que ha experimentat l'alguerès amb relació al sard i al català de fora de l'Alguer tindria a veure amb la percepció. En aquest cas, doncs, l'alguerès hauria percebut la prominència inicial que presenta el sard en els vocatius com l'única prominència del nom i, per tant, la que ha d'atreure l'accent tonal nuclear. De totes maneres, és un patró que hem trobat en truncats bisil·làbics (***Ma***$_{\text{L+H*}}$*ri'*$_{\text{!H\%}}$*!* de *Maria*, ***Mi***$_{\text{L+H*}}$*que'*$_{\text{!H\%}}$*!* de *Miquel*), però no en vocatius truncats de més de dues síl·labes (*****Sal***$_{\text{L+H*}}$*vatora'*$_{\text{!H\%}}$*!*).

5. Conclusions

En aquest treball hem analitzat la gramàtica entonativa actual de l'alguerès des de la perspectiva del contacte lingüístic, és a dir, hem intentat reconstruir els mecanismes que han configurat aquesta gramàtica mitjançant el mètode comparatiu. Els resultats abonen la proposta de Roseano et al. (2015a), segons la qual l'alguerès hauria sofert un procés de sardització per influència de la gran quantitat de població al·loglota arribada a l'Alguer especialment a partir del segle XVI. Això explica per què l'alguerès compta amb un inventari de configuracions nuclears que és pràcticament idèntic al del sard general. Ara bé, la comparació de la gramàtica entonativa de l'alguerès amb la del sard i la del català de fora de l'Alguer també revela que hi ha certs patrons que no es corresponen ben bé ni amb els del sard ni amb els del català general, com ara l'entonació cantada del vocatiu que, en alguerès, pot aplicar-se a una base truncada i l'accent tonal pot alinear-se amb la primera síl·laba del nom quan consta de dues síl·labes (***Ma***$_{\text{L+H*}}$*ri'*$_{\text{!H\%}}$*!*, ***Mi***$_{\text{L+H*}}$*que'*$_{\text{!H\%}}$*!*). Aquests resultats posen de manifest que cal analitzar l'alguerès tenint en compte les dinàmiques de canvi internes al propi sistema lingüístic. En aquest sentit, doncs, creiem que és necessari no només parlar de l'alguerès com una varietat sarditzada, sinó també com una varietat que exhibeix un cert grau d'innovació lingüística ja que, com a llengua viva, pot apel·lar als diferents mecanismes que proveeix la gramàtica universal.

Referències

Alvarellos Pedrero, M. / Muñiz Cachón, C. / Díaz Gómez, L. / González Rodríguez, R. 2011. La entonación en las variedades lingüísticas de Asturias. Estudio contrastivo. *Revista internacional de lingüística iberoamericana* 17, 111–120.

Andersson, S. / Sayeed, O. / Vaux, B. 2017. The phonology of language contact. In *Oxford handbooks online*. Oxford: Oxford University Press. https://doi.org/10.1093/oxfordhb/9780199935345.013.55 (2019-09-13).

Arquer, S. 1550/2008. *Sardiniae brevis historia et descriptio.* Laneri, M. T. Ed. Cagliari: CUEC, 2008.

Aurrekoetxea, G. / Gaminde, I. / Iglesias, A. 2011. Corpus based prosodic variation in Basque: y/n questions marked with the particle *al*. *Estudios de fonética experimental* 20, 11–31.

Ballone, F. 2008. Català de l'Alguer. Anàlisi instrumental d'un text oral. *Insula. Quaderno di cultura sarda* 4, 71–89.

Ballone, F. 2010. *Characterisation of Sardinian metaphony in the Italian of Alghero and possible effects on Algherese Catalan.* MA thesis. Sassari: Università degli Studi di Sassari. https://drive.google.com/file/d/1RBkUnXB2_lQjQge1gKPOeGIAHF-PMrNJ/view (2019-08-30).

Ballone, F. 2013. *An acoustic study of Sardinian and Algherese Catalan vowels.* PhD dissertation, Universitat Autònoma de Barcelona. https://www.tdx.cat/bitstream/handle/10803/317181/fb1de1.pdf (2019-08-30).

Ballone, F. 2015. La influència del sard sobre la qualitat de les vocals tòniques de l'alguerès. *Estudios de fonética experimental* 24, 83–140.

Ballone, F. 2016. Sobre la correcta interpretació dels fonemes vocàlics de l'alguerès. Un estudi acústic. *Caplletra* 60, 55–81.

Ballone, F. 2018. Els efectes del context fonètic en el procés d'asil·labació de l'article *lo/los* en català de l'Alguer. *Estudis romànics* 40, 165–192.

Bosch, A. 1998. Aproximació a l'alguerès col·loquial. *Revista de l'Alguer* 9, 137–163.

Bosch, A. 2002. *El català de l'Alguer*. Barcelona: Publicacions de l'Abadia de Montserrat.

Bosch, A. 2012. El català de l'Alguer i la interferència dels parlars sards. *Rivista italiana di studi catalani* 2, 93–114.

Bosch, A. 2013. Adaptació fonològica i morfològica dels malnoms algueresos dels segles XVIII i XIX. In Clua, E. / Lloret, M.-R. Eds. *Qüestions de morfo-*

logia flexiva i lèxica del català. Volum d'homenatge a Joaquim Viaplana. Alacant: Institut Interuniversitari de Filologia Valenciana, 39–62.

Bosch, A. 2017. Els noms dels senyals d'orelles del bestiar. Un codi lèxic sard en els registres de bestiar viu de l'Alguer dels segles XVII al XIX. *Estudis romànics* 39, 71–105.

Bosch, A. / Scala, L. 1999. Variació fonètica i cliticització pronominal en alguerès. *Caplletra* 26, 107–130.

Bottiglioni, G. 1922. *Leggende e tradizioni di Sardegna. Testi dialettali in grafia fonetica.* Genève: Olschki.

Bruhn, K. 2009. *Investigating the roles of phonetics and phonology in speech perception. Does phonological knowledge pervasively control Japanese speakers' interpretation of phonetic stimuli?* MA thesis. Cambridge: University of Cambridge.

Budruni, A. 2010. *Storia di Alghero. Il cinquecento e il seicento.* L'Alguer: Edizioni del Sole.

Cabré, T. / Vanrell, M. M. 2011. Accent i entonació en els vocatius de l'alguerès. In Casanova, E. / Valero, L. Eds. *La toponomàstica de les illes del Mediterrani occidental (XXXV Col·loqui de la Societat d'Onomàstica d'Alguer, Maig del 2008).* València/L'Alguer: Denes, 331–341.

Cabré, T. / Vanrell, M. M. 2013. Entonació i truncament en els vocatius romànics. In Casanova, E. / Calvo, C. Eds. *Actes del 26è Congrés de Lingüística i Filologia Romàniques (València, 6–10 setembre de 2010).* Berlín: De Gruyter, 543–553.

Cabrera-Callís, M. 2010. Morphologically conditioned intervocalic rhotacism in Alguerese Catalan. An account with lexically indexed constraints. In Côté, M.-H. / Mathieu, E. Eds. *Variation within and across Romance languages. Selected papers from the 41st Linguistic Symposium on Romance Languages (LSRL), Ottawa, 5-7 May 2011.* Amsterdam: Benjamins, 63–76.

Cabrera-Callís, M. 2013. El rotacisme de /d/ intervocàlica en alguerès. Interpretació i anàlisi quantitativa de la variació. *Treballs de sociolingüística catalana* 23, 153–175.

Canellada, M. J. 1984. Notes de la entonación asturiana. *Lletres Asturianes* 10, 23–26.

Caria, R. 1990. L'alguerès des d'una perspectiva històrica. *Revista de l'Alguer* 1, 33– 53.

Caria, R. 1991. L'alguerès des d'una perspectiva històrica (segona part). *Revista de l'Alguer* 2, 119–133.

Caria, R. 1992. Documents d'història toponímica algueresa. El Llibre de las làcanas. *Revista de l'Alguer* 3, 175–230.

Caria, R. 1993. Els noms de les herbes del camp de l'Alguer. *Revista de l'Alguer* 4, 153–178.

Caria, R. 1994. Les ordinacions municipals de l'Alguer (1526). *Revista de Llengua i Dret* 22, 45–70.

Caria, R. 1995. El lèxic dels mariners algueresos, entre catalanitat i mediterraneïtat. *Revista de l'Alguer* 6, 119–208.

Caria, R. 1996. El lèxic dels mariners algueresos, entre catalanitat i mediterraneïtat (segona part). *Revista de l'Alguer* 7, 155–214.

Caria, R. 1998. El nom popular dels ocells a l'Alguer. *Revista de l'Alguer* 9, 165–210.

Caria, R. 1999. Corax, la primigènia 'Algarium'. Una scoperta archeologica che nasce dalla toponomastica. *Revista de l'Alguer* 10, 231–244.

Caria, R. 2006. El català a l'Alguer. Apunts per a un llibre blanc. *Revista de Llengua i Dret* 46, 45–70.

Casasús i Guri, J. M. 2008. La divulgació científica en català a l'Alguer del segle XIX. *Periodística* 11, 29–36.

Clavellet, R., 1906/1991. Influències de l'italià i diferents dialectes sards en l'alguerès. In Nughes, A. Ed., *Ramon Clavellet*. L'Algher: Ed. del Sol, 105–122.

van Coetsem, F. 1988. *Loan phonology and the two transfer types in language contact*. Dordrecht: Foris.

Conde, R. 1994. Il ripopolamento catalano di Alghero. In Mattone, A. / Sanna, P. Eds. *Alghero, la Catalogna, il Mediterraneo*. Sàsser: Gallizzi, 75–103.

Contini, M. 1995. Visti l'as? Un trait syntaxique et prosodique sarde dans le catalan de l'Alguer. *Estudis de lingüística i filologia oferts a Antoni M. Badia i Margarit*, vol. 1. Barcelona: Publicacions de l'Abadia de Montserrat, 221–248.

Contini, M. 2014. Le catalan dans les parlers sardes. *Estudis romànics* 36, 405–421.

Corbera, J. 1992. Els noms dels ocells terrestres en alguerès. *Estudis de llengua i literatura catalanes* 25 (= *Miscel·lània Jordi Carbonell* 4), 265–278.

Corbera, J. 1995. L'alguerès al 'Diccionari etimològic i complementari' de Joan Coromines. *Estudis de llengua i literatura catalanes* 30 (= *Miscel·lània Germà Colon* 3), 247–254.

Corbera, J. 1998. L'aportació dialectal itàlica al lèxic alguerès. In Ruffino, G. Ed. *Atti del XXI Congresso Internazionale di Linguistica e Filologia Romanza*, vol. 5: *Dialettologia, geolinguistica, sociolinguistica*. Tübingen: Niemeyer, 165–174.

Corbera, J. 2000. *Caracterització del lèxic alguerès*. Palma: Edicions UIB.

Fernández Rei, E. 2016. Dialectal, historical and sociolinguistic aspects of Galician intonation. *Dialectologia. Revista electrònica*. Special issue VI, 147–169.

Generalitat de Catalunya 2017. *Els usos lingüístics a l'Alguer, 2015*. http://llengua.gencat.cat/web/.content/documents/publicacions/btpl/arxius/20_Usos_linguistics_Alguer_2015.pdf (2019-09-13).

Gili Fivela, B. / Avesani, C. / Barone, M. / Bocci, G. / Crocco, C. / D'Imperio, M. / Giordano, R. / Marotta, G. / Savino, M. / Sorianello, P. 2015. Intonational phonology of the regional varieties of Italian. In Frota, S. / Prieto, P. Eds. *Intonation in Romance.* Oxford: Oxford University Press, 140–197.

Grice, M. / Savino, M. / Refice, M. 1997. The intonation of questions in Bari Italian. Do speakers replicate their spontaneous speech when reading? *Phonus* 3, 1–7.

Grossmann, M. / Lörinczi Angioni, M. 1980. La comunità linguistica algherese. Osservazioni sociolinguistiche. In Albano Leoni, F. Ed. *I dialetti e le lingue delle minoranze di fronte all'italiano. Atti dell'XI congresso internazionale di studi. Cagliari, 27–30 maggio 1977.* Roma: Bulzoni, 207–235.

Hualde, J. I. 2003. Remarks on the diachronic reconstruction of intonational patterns in Romance with special attention to Occitan as a bridge language. *Catalan Journal of Linguistics* 2, 181–205.

Jitcă, D. / Apopei, V. / Păduraru, O. / Maruşca, S. 2015. Transcription of Romanian intonation. In Frota, S. / Prieto, P. Eds. *Intonation in Romance.* Oxford: Oxford University Press, 284–316.

Kuen, H. 1932. El dialecto de l'Alguer y su posición en la historia de la lengua catalana. *Anuari de l'oficina romànica de lingüística i literatura* 5, 121–177.

Kuen, H. 1934. El dialecto de l'Alguer y su posición en la historia de la lengua catalana. *Anuari de l'oficina romànica de lingüística i literatura* 7, 41–112.

Leprêtre, M. 1995. L'Alguer. La situació sociolingüística als territoris de llengua catalana (I). *Llengua i ús. Revista tècnica de política lingüística* 4, 60–64.

Lloret, M.-R. 2005. Efectes col·laterals de la 'desinència zero' en la flexió verbal algueresa. *Estudis de llengua i literatura catalanes* 49, 233–266.

Lloret, M.-R. / Viaplana, J. 1998. Variació morfofonològica. Variants morfològiques. *Caplletra* 25, 43–62.

Lloret, M.-R. / Jiménez, J. 2015. Prominence and centralization. A two-way contrast between lexical and epenthetic non-labial high vowels in Algherese Catalan. *Estudios de fonética experimental* 24, 171–204.

López-Bobo, M. J. / Cuevas-Alonso, M. 2010. Cantabrian Spanish intonation. In Prieto, P. / Roseano, P. Eds. *Transcription of intonation of the Spanish language*. München: Lincom, 48–85.

Martí i Pérez, J. 1992. Apunts sobre la comunicació no verbal dels algueresos. *Revista de l'Alguer* 3, 33–50.

Martínez Celdrán, E. / Fernández Planas, A. M. Coords. 2003–2010. AMPER-CAT. *Atles multimèdia de la prosòdia de l'espai romànic.* http://stel.ub.edu/labfon/amper/index_ampercat_cat.html (2019-09-13).

Massanell i Massalles, M. / Veny, J. 2002. *Dialectologia catalana.* Barcelona: Universitat Oberta de Catalunya.

Muñiz Cachón, C. / Díaz Gómez, L. / Alvarellos Pedrero, M. / González Rodríguez, R. 2010. La prosodia d'Asturies. In *Homenaxe al Profesor Xosé Lluis García Arias*. Oviedo: Academia de la llingua asturiana, 279–315.

Odlin, T. 2003. Cross-linguistic influence. In Doughty, C. J. / Long, M. H. Eds. *The handbook of second language acquisition*. London: Blackwell, 436–486.

Peperkamp, S. / Dupoux, E. 2003. Reinterpreting loanword adaptations. The role of perception. In Solé, M. J. / Recasens, D. / Romero, J. Eds. *Proceedings of the 15th International Congress of Phonetic Sciences*. Barcelona: Casual Productions, 367–370.

Perea, M.-P. 1997. El comportament de les vocals temàtiques en alguns verbs algueresos de la segona conjugació. *Revista de l'Alguer* 8, 169–191.

Perea, M.-P. 2010. The dialect of Alghero. Continuity and change. In McColl Millar, R. Ed. *Marginal dialects. Scotland, Ireland and beyond*. Aberdeen: Forum for Research on the Languages of Scotland and Ireland, 131–149.

Petrone, C. / Niebuhr, O. 2014. On the intonation in German intonation questions. The role of the prenuclear region. *Language and Speech* 57, 108–146.

Pierrehumbert, J. B. 1980. *The phonetics and phonology of English intonation*. New York: Garland.

Pierrehumbert, J. B. / Beckman, M. E. 1988. *Japanese tone structure*. Cambridge, MA: MIT Press.

Pierrehumbert, J. B. / Hirschberg, J. 1990. The meaning of intonational contours in the interpretation of discourse. In Cohen, P. / Morgan, J. / Pollack, M. Eds. *Intentions in communication*. Cambridge; MA: MIT Press, 271–311.

Prieto, P. / Cabré, T. / Vanrell, M. M. 2009. El projecte de l'Atles interactiu de l'entonació del català. El cas de l'Alguer. *Insula. Quaderno di cultura sarda* 6, 133–162.

Prieto, P. / Cabré, T. Eds. 2013. *L'entonació dels dialectes catalans*. Barcelona: Publicacions de l'Abadia de Montserrat.

Prieto, P. / Borràs-Comes, J. / Cabré, T. / Crespo-Sendra, V. / Mascaró, I. / Roseano, P. / Sichel-Bazin, R. / Vanrell, M. M. 2015. Intonational phonology of Catalan and its dialectal varieties. In Frota, S. / Prieto, P. Eds. *Intonation in Romance*. Oxford: Oxford University Press, 9–62.

Remberger, E.-M. 2010. Left-peripheral interactions in Sardinian. *Lingua* 120, 555–581.

Roseano, P. / Fernández-Planas, A. M. / Elvira-García, W. / Martínez-Celdrán, E. 2015a. Contacto lingüístico y transferencia prosódica bajo una perspectiva diacrónica. El caso del alguerés. *Dialectologia et Geolinguistica* 23, 95–123.

Roseano, P. / Vanrell, M. M. / Prieto, P. 2015b. Fri_ToBI. Intonational phonology of Friulian and its varieties. In Frota, S. / Prieto, P. Eds. *Intonation in Romance*. Oxford: Oxford University Press, 101–139.

Santos Rovira, J. M. 2015. Attitudes towards state languages versus minority languages in the contemporary world. The case of Catalan in Sardinia. *New Diversities* 17, 163–176.

Savino, M. 2012. The intonation of polar questions in Italian. Where is the rise? *Journal of the International Phonetic Association* 42, 23–48.

Scala, L. 2003. *El català de l'Alguer. Un model d'àmbit restringit*. Barcelona: Institut d'estudis catalans.

Simon, S. 2009a. Identità linguistica e culturale degli algheresi. Biografie linguistiche. In Moretti, B. / Pandolfi, E. M. / Casoni, M. Eds. *Linguisti in contatto. Ricerche di linguistica italiana in Svizzera. Atti del Convegno, Bellinzona, 16–17 novembre 2007*. Bellinzona: Osservatorio linguistico della Svizzera italiana, 151–166.

Simon, S. 2009b. "Algherese? Sì, ma solo per scherzare." Zum Gebrauch katalanischer Versatzstücke in der Jugendsprache von L'Alguer. *Zeitschrift für Katalanistik* 22, 37–70.

Torres-Tamarit, F. / Pons-Moll, C. / Cabrera-Callís, M. 2012. Rhotic metathesis in Algherese Catalan. A harmonic serialism account. In Geeslin, K. / Díaz-Campos, M. Eds. *Selected proceedings of the 14th Hispanic Linguistics Symposium*. Somerville: Cascadilla, 354–364.

Vanrell, M. M. / Roseano, P. / Cabré, T. 2013. L'entonació de l'alguerès. Prieto, P. / Cabré, T. Eds. *L'entonació dels parlars catalans*. Barcelona: Publicacions de l'Abadia de Montserrat, 153–181.

Vanrell, M. M. / Ballone, F. / Schirru, C. / Prieto, P. 2015a. Intonation and its interfaces in Sardinian polar questions. *Loquens* 1(2). http://dx.doi.org/10.3989/loquens.2014.014 (2019-09-13).

Vanrell, M. M. / Ballone, F. / Schirru, C. / Prieto, P. 2015b. Sardinian intonational phonology. Logudorese and Campidanese varieties. Frota, S. / Prieto, P. Eds. *Intonation in Romance*. Oxford: Oxford University Press, 317–349.

Vanrell, M. M. / Feldhausen, I. / Astruc, Ll. 2018. The discourse completion task in Romance prosody research. Status quo and outlook. In Feldhausen, I. / Fließbach, J. / Vanrell, M. M. Eds. *Methods in prosody. A Romance language perspective*. Berlin: Language Science Press, 191–227.

Veny, J. 2002. *Els parlars catalans. Síntesi de dialectologia*. Palma: Moll.

Veny, J. / Massanell i Messalles, M. 2015. *Dialectologia catalana. Aproximació pràctica als parlars catalans*. Barcelona: PUV.

Winford, D. 2003. *An introduction to contact linguistics*. Oxford: Blackwell.

Agraïments. Aquest treball no hauria estat possible sense la participació de tots els informants. Tant ells com les persones que ens han ajudat a entrar en contacte amb ells mereixen un agraïment molt especial. L'article s'ha beneficiat dels comentaris i els suggeriments d'una llarga llista d'investigadors: Eduardo Blasco Ferrer, Amos Cardia, Franck Floricic, Eduardo García-Fernández, Guido Mensching, Lucia Molinu, Eva-Maria Remberger i Luca Scala. Agraïm també als editors el temps i els coneixements invertits en el volum. Aquesta recerca ha estat finançada amb el suport dels projectes FFI2016-76245-C3-1-P i FFI2017-87699-P, atorgats pel Ministeri Espanyol d'Economia, Indústria i Competitivitat.

Wendy Elvira-García, Paolo Roseano & Ana María Fernández Planas

¿Puede la entonación contribuir a la determinación del perfil fonético de un hablante desconocido? Una aplicación al italiano, al friulano y al catalán

Abstract. Tracing the phonetic profile of an unknown speaker is one of the most complex issues forensic phoneticians face today. To this end, forensic phoneticians have at their disposal their knowledge as experts in the language used by the unknown speaker in the recording. The possibility to automate or semi-automate the task of defining the phonetic profile of the unknown speaker has been considered in the last few years. In that regard, proposals are mainly addressed at the segmental level. Suprasegmental features, however, have not been taken into account when it comes to the creation of automated or semi-automated methods to define the phonetic profile of an unknown speaker. This paper presents a tool (AMPER_Forensic) designed to create a phonetic profile of an unknown speaker based on his/her intonation. By using Pearson's correlation, a Python script compares the intonation of an utterance produced by an unknown speaker with the patterns of utterances produced by known speakers. The script suggests a series of geoprosodic affiliations for the unknown speaker, arranged in order of likelihood. AMPER_Forensic has been tested with AMPER data from Italian, Friulan and Catalan with promising results.

1. Introducción

Uno de los problemas más complejos a los que se enfrentan los fonetistas forenses es el de trazar el perfil fonético de un hablante desconocido (HD; cf. Foulkes/French 2012). Para ello, suelen disponer de su conocimiento como expertos del idioma utilizado por el HD en la grabación. En los últimos años, se ha planteado la posibilidad de automatizar o semiautomatizar la tarea de definir el perfil fonético del HD (cf. Brown/Watt 2014; Ferragne/Pellegrino 2007; Hanani et al. 2013). Las propuestas en ese sentido se mueven, fundamentalmente, en el ámbito segmental, mientras que los aspectos propiamente suprasegmentales no han sido tomados en consideración para la elaboración de métodos (semi)automáticos de definición del perfil fonético de un HD. En este trabajo se presenta una herramienta (AMPER_Forensic) destinada a contribuir a la creación de un perfil fonético de un HD a partir de la entonación.

La contribución está estructurada en cuatro partes principales. La primera (Sección 2) presenta, en síntesis, las tendencias y los retos actuales en fonética judicial en el sector de la determinación del perfil fonético de un HD. En la segunda parte (Sección 3), se proporcionan los detalles metodológicos; en primer lugar (3.1) se describe el corpus que se ha utilizado para llevar a cabo el estudio y, en segundo lugar (3.2), se detallan los aspectos matemáticos y técnicos del *script* de Python que se ha utilizado para llevar a cabo el análisis. En la tercera parte del texto (Sección 4) se presentan los resultados del análisis efectuado mediante el *script* en cuestión. A continuación, se discuten los resultados mismos y se ofrecen unas conclusiones (Sección 5).

2. El LADO

Una de las tareas de la lingüística forense es el análisis del habla de un sujeto para determinar su origen geográfico (en inglés *Language Analysis for the Determination of Origin*, de ahí el acrónimo LADO). El LADO es, a su vez, parte de un conjunto más extenso de funciones que se agrupan bajo el nombre de *linguistic profiling* o, en español, creación del perfil lingüístico.

Los ámbitos de aplicación del LADO son varios y van desde el derecho humanitario hasta el penal. En el ámbito humanitario, el LADO puede intervenir en los procedimientos de petición de asilo, en los que se utiliza para determinar si un solicitante puede efectivamente provenir de una zona o país para los que se configura la posibilidad de obtener derecho de asilo. En el sector penal, el LADO es un tipo de análisis que puede proporcionar información relevante para descubrir al autor de una amenaza telefónica o de un mensaje de audio que contenga una petición de rescate en un caso de secuestro, por ejemplo.

El LADO es un tipo de análisis fundamentalmente dialectológico, por lo que toma en consideración todos los posibles aspectos del habla de un sujeto: léxico, sintaxis, morfología y fonética. Dentro de este último nivel, se pueden distinguir dos ámbitos principales: el segmental y el suprasegmental. Este último, a su vez, incluye —o debería incluir— varios aspectos, entre los cuales destacan el ritmo y la entonación (Fig. 1). Este trabajo se centra específicamente en la entonación, que es el uso lingüístico de la modulación de la frecuencia fundamental (o F0). Tal y como es sabido, al igual que las características segmentales, los rasgos entonativos están sujetos a una variación diatópica muy marcada, cf., por ejemplo, en el ámbito de las lenguas románicas, los trabajos de dialectología entonativa de Trudel Meisenburg y su equipo de investigación para el occitano (Meisenburg et al. 2015), de Prieto y sus colaboradores así como de Martínez Celdrán y su equipo para el catalán y el español (Prieto/Roseano 2010; Prieto/Cabré 2013; Martínez Celdrán et al. 2005a; 2005b; Fernández Planas et al. 2015), entre varios otros que se detallan en la bibliografía del volumen de Frota/Prieto (2015), por lo que pueden resultar muy útiles para contribuir a determinar el origen geográfico de un hablante.

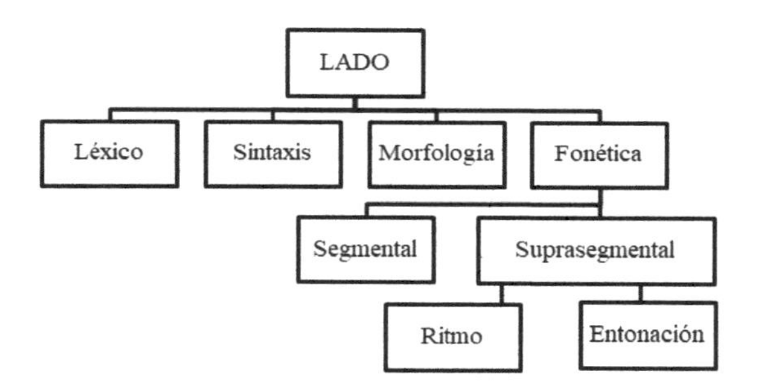

Fig. 1. Ámbito de análisis lingüístico en el marco de un LADO.

En los últimos años los expertos han estado intentando encontrar respuestas a dos preguntas relacionadas con el LADO. La primera de ellas es quién tiene que efectuar el LADO. La segunda es cuál es el mejor método para llevar a cabo el análisis necesario. En cuanto a la primera cuestión, las respuestas posibles abarcan todo un conjunto de opciones que prevén grados diferentes de responsabilidad por parte de lingüistas expertos y de hablantes nativos sin formación lingüística (cf. Campbell 2013). En relación con la segunda cuestión, los dos extremos opuestos de las propuestas que se barajan son un análisis exclusivamente humano frente a un análisis enteramente automatizado, diatriba que se observa en varios sectores de la fonética judicial (cf. Gil Fernández 2014).

En este trabajo se presentan los resultados de un primer acercamiento a la posibilidad de utilizar un sistema semiautomático de caracterización de patrones entonativos cuya finalidad es la de ayudar al experto encargado de llevar a cabo un LADO. La automatización de las operaciones

> no tiene como objetivo el de desautorizar al experto o de reducir la importancia de su papel, sino el de obviar algunos de los límites reconocidos de los métodos más tradicionales de comparación de muestras de habla, es decir su posible subjetividad y su alto coste en términos de tiempo necesario (Roseano et al. 2015: 348; cf. también Künzel 2011: 39).

3. Metodología

3.1 Corpus e informantes

Al ser el LADO un estudio de tipo dialectológico, el análisis de la entonación para determinar el perfil fonético de un hablante desconocido requiere el conocimiento de los patrones geoprosódicos con los que se quiere comparar la grabación del HD. Las principales bases de datos geoprosódicos de las que actualmente se dispone para las lenguas románicas son el *Interactive Atlas of Romance Intonation* (IARI; Prieto et al. 2010–2014) y el *Atlas Multimédia de la Prosodie de l'Espace Roman* (AMPER; Contini 1992; Romano 2003). Este último atlas, que es el que se va a tomar como referencia para este estudio, recoge muestras elicitadas con varias técnicas. Para este trabajo se han considerado datos de habla elicitada textualmente de una modalidad oracional (la interrogativa absoluta neutra) en tres lenguas distintas: el italiano, el friulano (disponibles en línea en Roseano/Fernández Planas 2009–2013) y el catalán (publicadas en Martínez Celdrán/Fernández Planas 2003–2019).

zona	punto de encuesta	lengua	cód. informantes
noreste de la península ibérica	Alicante	catalán	jf21, jf22
	Andorra	catalán	jd01, jd12
	Barcelona	catalán	ja01, ja02
	Castelló de la Plana	catalán	jf11, jf12
	Fraga	catalán	jb31 (=HD), jb32
	Girona	catalán	ja11, ja12
	Tarragona	catalán	ja21, ja22
	Tortosa	catalán	jb12, jb22
	Valencia	catalán	jf01, jf02
noreste de la península italiana	Agrons	friulano	8001, 8002
	Beivars	friulano	8011, 8012
	Gradisca d'Isonzo	friulano	8021, 8022
	Tesis	friulano	8031, 8032
	Tolmezzo	italiano	if02
	Venezia	italiano	iv02
centro de la península italiana	Arezzo	italiano	it32
	Siena	italiano	it01
	Firenze	italiano	it12
	Perugia	italiano	it22

Tab. 1. Composición del corpus utilizado para el estudio.

Tal y como se detalla en la Tab. 1, se han utilizado las interrogativas producidas por 32 hablantes, tanto hombres como mujeres, de 19 puntos de encuesta pertenecientes a tres zonas distintas (noreste de la península ibérica, noreste de la península italiana, centro de la península italiana). De los 32 hablantes que conforman el corpus, 31 constituyen el grupo de hablantes conocidos (o HC) y uno de ellos, tal y como se verá en el apartado de resultados (cf. Sección 4), ha sido seleccionado aleatoriamente para ser utilizado como hablante desconocido (HD) para testar el programa.

En las tres lenguas que aparecen en el corpus las interrogativas están formadas por tres sintagmas, todos ellos paroxítonos, tal y como se puede apreciar en (1) para el italiano, en (2) para el friulano y en (3) para el catalán.

(1) It. La bambina mangiava la banana?
(2) Fri. La ghitare si sunie cun dolcece?
(3) Cat. El copista portava la caputxa?

El análisis acústico de las frases se ha realizado con el programa AMPER06 (López Bobo et al. 2007) construido en el entorno Matlab a partir de las primeras rutinas de Romano/Contini (2001) y Romano et al. (2005). El análisis se centra en las vocales, y de cada una de ellas se extraen tres valores de F0 (inicial, medial y final), uno de duración y otro de intensidad global. Los datos empleados se expresan en decibelios (dB) para la intensidad, milésimas de segundo (ms) para la duración y semitonos (st) para los valores frecuenciales, lo cual permite estandarizar las diferencias entre las voces consideradas. Los datos que se extraen se guardan en ficheros en formato txt como el que se reproduce en la Fig. 2.

```
C:\Amper\ficherostxtSt\8001005p0p0p0a0u0e03x6xAx11i1.txt
     size: 29609
29-Oct-2010

zona          duration [ms]             energy [dB]              fo1
     fo2     fo3 [ST]

 1              31          101         -0.32 -0.07 0.25
 2              47          104         1.71  2.58  3.33
 3              96          104         3.51  0.73  -0.57
 4              47           99         -1.52 -2.02 -2.47
 5              47           93         -2.43 -1.61 -1.08
 6              51           99         1.42  2.51  3.46
 7              68           99         3.04  2.65  2.15
 8              46           96         0.49  -0.07 -0.45
 9              44           99         -2.70 -2.70 -2.62
10              96          100         -2.91 -2.91 -2.91
11             114           98         -1.90 0.33  3.13

values at:
1687 1935 2182 3095 3473 3851 5389 6158 6927 7527 7905 8283
10030 10408 10786 12480 12884 13288 14149 14696 15244 16573
16938 17303 18503 18855 19206 21735 22504 23274 25516 26428
27341
```

Fig. 2. Ejemplo de fichero txt en el que se guardan los datos prosódicos de las frases analizadas.

Los ficheros resultantes constituyen el punto de partida para el análisis estadístico, cuyas características se detallan en el epígrafe siguiente.

3.2 AMPER_Forensic

La herramienta que se ha creado como ayuda en la parte entonativa de un LADO es un script de Python y recibe el nombre de AMPER_Forensic (el código está disponible en libre acceso en: http://stel.ub.edu/labfon/amper/cast/ampercat_tecnologias.html). Su finalidad es la de proporcionar al experto (es decir, al fonetista que esté analizando los datos) alguna indicación acerca del parecido entre los patrones entonativos del HD y las curvas de F0 prototípicas de determinadas zonas geográficas o dialectales.

La versión actual del programa usa como entrada datos del proyecto AMPER. Esto implica que las frases del corpus de voces indubitadas (de las cuales conocemos el origen geográfico) tienen una estructura SVO con palabras de tres sílabas, p. ej. *La guitarra se toca con paciencia.* Sin embargo, esto dificulta su aplicación en entornos forenses reales ya que una frase del corpus de referencia como *La guitarra se toca con paciencia* solo puede ser comparada con la misma frase dubitada o, en su defecto, una que mantenga el mismo número de sílabas y la misma posición del acento léxico, p. ej. *El dinero se gana en el casino.*

El conjunto de operaciones que lleva a cabo AMPER_Forensic se puede dividir en tres pasos principales. En el primer paso, la herramienta compara cada curva entonativa que forma parte de la base de datos (es decir, tanto la curva del HD como las de los hablantes conocidos) con todas las demás. La comparación se lleva a cabo calculando el coeficiente de correlación de Pearson para dos matrices, que se usa tradicionalmente para medir la similitud entre dos contornos de F0 (ejemplificados en la Fig. 3; cf. Hermes 1998), de manera del todo parecida al que se suele hacer en los estudios de dialectometría entonativa (cf. Elvira-García et al. 2018). Los valores de la correlación de Pearson se sitúan entre -1 y 1, donde 1 indica coincidencia perfecta. Por lo tanto, cuanto más alto es el valor de la correlación, más se parecen las entonaciones que se comparan.

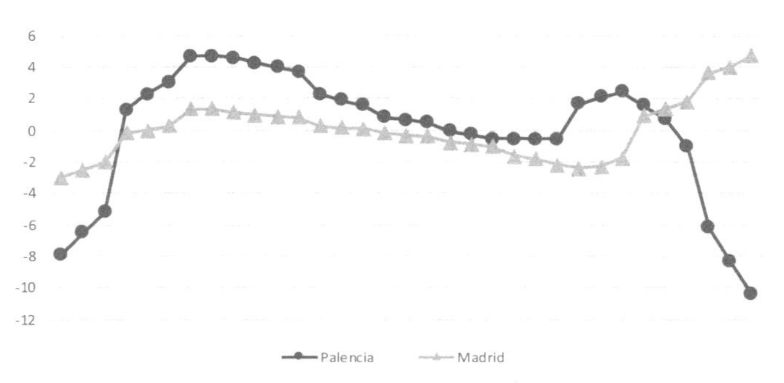

Fig. 3. Ejemplo de curvas de F0 de la oración interrogativa *¿La guitarra se toca con paciencia?* producida por dos hablantes de zonas diferentes y comparadas por AMPER_Forensic. Los puntos corresponden al valor inicial, central y final de cada una de las vocales de la frase. El eje *y* indica los valores de diferencia en semitonos respecto al valor de F0 medio de la frase.

En el segundo paso, AMPER_Forensic resume las correlaciones individuales en una única matriz, como la que aparece en la Fig. 4, en la que se detallan los valores numéricos de las correlaciones de cada informante/frase con los demás.

	jf21	jf22	jd01	jd02	ja01	ja02	jf11	jf12	jb32	8002	8001	8012	8011	8022	8022	8032	8031	ja11	ja12	it12	it22	it32	it01	if02	iv02	ja21	ja22	jb11	jb12	jf01	jf02
jf21	1,00	0,95	0,83	0,89	0,95	0,85	0,80	0,88	0,81	-0,30	-0,28	-0,44	-0,40	-0,45	-0,51	-0,52	-0,48	0,90	0,75	0,24	0,76	0,75	0,57	-0,44	-0,37	0,55	0,91	0,88	0,67	0,95	0,95
jf22	0,95	1,00	0,71	0,91	0,88	0,81	0,88	0,93	0,68	-0,22	-0,22	-0,44	-0,45	-0,50	-0,61	-0,45	-0,39	0,93	0,89	0,39	0,83	0,83	0,62	-0,46	-0,34	0,40	0,85	0,85	0,70	0,95	0,88
jd01	0,83	0,71	1,00	0,59	0,86	0,49	0,64	0,74	0,82	-0,14	-0,12	-0,22	-0,27	-0,43	-0,35	-0,45	-0,40	0,64	0,46	-0,19	0,33	0,28	0,12	-0,41	-0,43	0,87	0,96	0,85	0,73	0,72	0,95
jd02	0,89	0,91	0,59	1,00	0,88	0,84	0,64	0,73	0,72	-0,13	-0,11	-0,27	-0,16	-0,18	-0,32	-0,32	-0,28	0,82	0,89	0,53	0,85	0,88	0,81	-0,15	-0,03	0,35	0,72	0,74	0,46	0,93	0,80
ja01	0,95	0,88	0,86	0,88	1,00	0,74	0,66	0,77	0,92	-0,04	-0,01	-0,18	-0,17	-0,27	-0,33	-0,36	-0,29	0,76	0,73	0,25	0,68	0,65	0,56	-0,25	-0,22	0,73	0,92	0,84	0,62	0,89	0,96
ja02	0,85	0,81	0,49	0,84	0,74	1,00	0,59	0,67	0,58	-0,31	-0,30	-0,42	-0,24	-0,21	-0,33	-0,29	-0,38	0,88	0,65	0,35	0,77	0,84	0,73	-0,22	-0,12	0,18	0,59	0,74	0,38	0,86	0,68
jf11	0,80	0,88	0,64	0,64	0,66	0,59	1,00	0,97	0,42	-0,40	-0,43	-0,65	-0,76	-0,82	-0,85	-0,62	-0,54	0,85	0,72	0,17	0,67	0,64	0,28	-0,77	-0,64	0,27	0,80	0,75	0,81	0,77	0,76
jf12	0,88	0,93	0,74	0,73	0,77	0,67	0,97	1,00	0,56	-0,29	-0,32	-0,53	-0,62	-0,72	-0,78	-0,52	-0,46	0,87	0,77	0,20	0,68	0,66	0,35	-0,67	-0,59	0,39	0,86	0,83	0,85	0,84	0,84
jb32	0,81	0,68	0,82	0,72	0,92	0,58	0,42	0,56	1,00	0,05	0,05	0,02	0,01	-0,07	-0,19	-0,22	-0,11	0,52	0,50	0,20	0,50	0,46	0,47	-0,07	-0,22	0,80	0,80	0,65	0,54	0,69	0,87
8002	-0,30	-0,22	-0,14	-0,13	-0,04	-0,31	-0,40	-0,29	0,05	1,00	0,91	0,91	0,69	0,48	0,43	0,81	0,84	-0,42	-0,03	0,18	-0,19	-0,24	-0,04	0,62	0,44	0,20	-0,21	-0,20	-0,10	-0,29	-0,19
8001	-0,28	-0,22	-0,12	-0,11	-0,01	-0,30	-0,43	-0,32	0,05	0,91	1,00	0,80	0,65	0,46	0,53	0,66	0,66	-0,39	0,01	0,19	-0,19	-0,22	0,03	0,55	0,59	0,24	-0,18	-0,15	-0,26	-0,21	-0,17
8012	-0,44	-0,44	-0,22	-0,27	-0,18	-0,42	-0,65	-0,53	0,02	0,91	0,80	1,00	0,89	0,73	0,66	0,87	0,88	-0,60	-0,27	-0,01	-0,42	-0,44	-0,16	0,82	0,52	0,17	-0,36	-0,35	-0,26	-0,46	-0,32
8011	-0,40	-0,45	-0,27	-0,16	-0,17	-0,24	-0,76	-0,62	0,01	0,69	0,65	0,89	1,00	0,92	0,86	0,79	0,72	-0,51	-0,27	-0,02	-0,37	-0,34	0,01	0,95	0,74	0,08	-0,41	-0,31	-0,47	-0,36	-0,33
8022	-0,45	-0,50	-0,43	-0,18	-0,27	-0,21	-0,82	-0,72	-0,07	0,48	0,46	0,73	0,92	1,00	0,84	0,71	0,66	-0,52	-0,31	0,03	-0,39	-0,30	0,09	0,97	0,77	-0,13	-0,55	-0,43	-0,57	-0,41	-0,44
8022	-0,51	-0,61	-0,35	-0,32	-0,33	-0,33	-0,85	-0,78	-0,19	0,43	0,53	0,66	0,86	0,84	1,00	0,53	0,40	-0,54	-0,45	-0,22	-0,49	-0,44	-0,08	0,79	0,84	0,01	-0,50	-0,39	-0,74	-0,43	-0,44
8032	-0,52	-0,45	-0,45	-0,32	-0,36	-0,29	-0,62	-0,52	-0,22	0,81	0,66	0,87	0,79	0,71	0,53	1,00	0,93	-0,52	-0,29	0,08	-0,38	-0,34	-0,13	0,80	0,48	-0,19	-0,55	-0,39	-0,28	-0,49	-0,50
8031	-0,48	-0,39	-0,40	-0,28	-0,29	-0,38	-0,54	-0,46	-0,11	0,84	0,66	0,88	0,72	0,66	0,40	0,93	1,00	-0,57	-0,19	0,18	-0,34	-0,33	-0,12	0,76	0,37	-0,12	-0,48	-0,45	-0,15	-0,50	-0,44
ja11	0,90	0,93	0,64	0,82	0,76	0,88	0,85	0,87	0,52	-0,42	-0,39	-0,60	-0,51	-0,52	-0,54	-0,52	-0,57	1,00	0,75	0,19	0,75	0,79	0,56	-0,53	-0,30	0,27	0,77	0,88	0,60	0,94	0,80
ja12	0,75	0,89	0,46	0,89	0,73	0,65	0,72	0,77	0,50	-0,03	0,01	-0,27	-0,27	-0,31	-0,45	-0,29	-0,19	0,75	1,00	0,59	0,78	0,81	0,70	-0,25	-0,04	0,21	0,64	0,66	0,52	0,84	0,67
it12	0,24	0,39	-0,19	0,53	0,25	0,35	0,17	0,20	0,20	0,18	0,19	-0,01	-0,02	0,03	-0,22	0,08	0,18	0,19	0,59	1,00	0,73	0,71	0,78	0,09	0,16	-0,26	-0,01	-0,07	-0,07	0,34	0,07
it22	0,76	0,83	0,33	0,85	0,68	0,77	0,67	0,68	0,50	-0,19	-0,19	-0,42	-0,37	-0,39	-0,49	-0,38	-0,34	0,75	0,78	0,73	1,00	0,97	0,83	-0,35	-0,18	0,08	0,53	0,50	0,32	0,80	0,59
it32	0,75	0,83	0,28	0,88	0,65	0,84	0,64	0,66	0,46	-0,24	-0,22	-0,44	-0,34	-0,30	-0,44	-0,34	-0,33	0,79	0,81	0,71	0,97	1,00	0,89	-0,28	-0,09	0,00	0,48	0,53	0,29	0,82	0,56
it01	0,57	0,62	0,12	0,81	0,56	0,73	0,28	0,35	0,47	-0,04	0,03	-0,16	0,01	0,09	-0,08	-0,13	-0,12	0,56	0,70	0,78	0,83	0,89	1,00	0,08	0,29	-0,01	0,27	0,33	-0,01	0,67	0,39
if02	-0,44	-0,46	-0,41	-0,15	-0,25	-0,22	-0,77	-0,67	-0,07	0,62	0,55	0,82	0,95	0,97	0,79	0,80	0,76	-0,53	-0,25	0,09	-0,35	-0,28	0,08	1,00	0,75	-0,10	-0,52	-0,40	-0,49	-0,40	-0,42
iv02	-0,37	-0,34	-0,43	-0,03	-0,22	-0,12	-0,64	-0,59	-0,22	0,44	0,59	0,52	0,74	0,77	0,84	0,48	0,37	-0,30	-0,04	0,16	-0,18	-0,09	0,29	0,75	1,00	-0,18	-0,46	-0,27	-0,71	-0,18	-0,39
ja21	0,55	0,40	0,87	0,35	0,73	0,18	0,27	0,39	0,80	0,20	0,24	0,17	0,08	-0,13	0,01	-0,19	-0,12	0,27	0,21	-0,26	0,08	0,00	-0,01	-0,10	-0,18	1,00	0,77	0,59	0,48	0,42	0,76
ja22	0,91	0,85	0,96	0,72	0,92	0,59	0,80	0,86	0,80	-0,21	-0,18	-0,36	-0,41	-0,55	-0,50	-0,55	-0,48	0,77	0,64	-0,01	0,53	0,48	0,27	-0,52	-0,46	0,77	1,00	0,89	0,76	0,83	0,98
jb11	0,88	0,85	0,85	0,74	0,84	0,74	0,75	0,83	0,65	-0,20	-0,15	-0,35	-0,31	-0,43	-0,39	-0,39	-0,45	0,88	0,66	-0,07	0,50	0,53	0,33	-0,40	-0,27	0,59	0,89	1,00	0,69	0,88	0,89
jb12	0,67	0,70	0,73	0,46	0,62	0,38	0,81	0,85	0,54	-0,10	-0,26	-0,26	-0,47	-0,57	-0,74	-0,28	-0,15	0,60	0,52	-0,07	0,32	0,29	-0,01	-0,49	-0,71	0,48	0,76	0,69	1,00	0,53	0,73
jf01	0,95	0,95	0,72	0,93	0,89	0,86	0,77	0,84	0,69	-0,29	-0,21	-0,46	-0,36	-0,41	-0,43	-0,49	-0,50	0,94	0,84	0,34	0,80	0,82	0,67	-0,40	-0,18	0,42	0,83	0,88	0,53	1,00	0,88
jf02	0,95	0,88	0,95	0,80	0,96	0,68	0,76	0,84	0,87	-0,19	-0,17	-0,32	-0,33	-0,44	-0,44	-0,50	-0,44	0,80	0,67	0,07	0,59	0,56	0,39	-0,42	-0,39	0,76	0,98	0,89	0,73	0,88	1,00

Fig. 4. Matriz de distancias numéricas creada por AMPER_Forensic.

El tercer paso, que de hecho se lleva a cabo inmediatamente después del segundo, consiste en crear los resultados visuales de los datos. Los resultados visuales de los datos son un aspecto crucial para el LADO porque la finalidad última de AMPER_Forensic es la de mostrar al lingüista a qué hablantes de la base de datos (y en última instancia a los hablantes de qué área geoprosódica) se acerca mejor la entonación del HD. Para facilitar esa visualización los datos se muestran ordenados y el grado de parecido entre ellos se muestra de forma cromática en un *heatmap* de correlaciones como el que aparece en la Fig. 5 (en la que la escala de grises indica el grado de correlación: cuanto más claro es el color, más alta es la correlación —por lo que el blanco indica una correlación de 1— y los colores oscuros indican correlaciones bajas, hasta llegar a la correlación de -1 que aparece en negro). En la figura en cuestión se aprecia la presencia de bloques de colores, que dan una idea de los grupos conformados por informantes cuyos patrones prosódicos se parecen más.

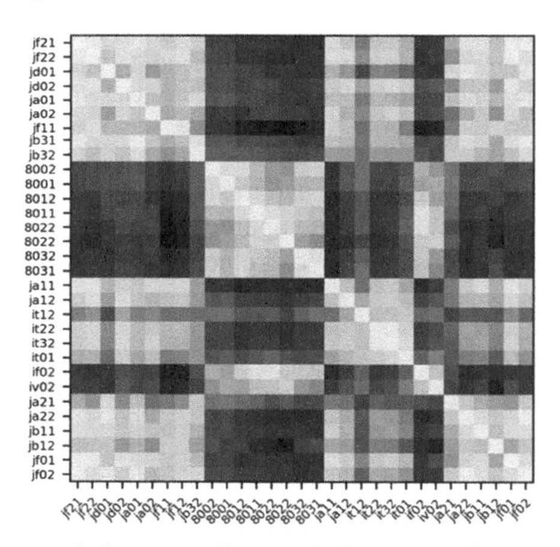

Fig. 5. *Heatmap* de correlaciones creado por AMPER_Forensic.

Además, AMPER_Forensic genera una serie de gráficos individuales y no de grupo que proporcionan, para cada hablante, una escala de proximidad desde el elemento más cercano hasta el más lejano. En otras palabras, para cada hablante indica cuáles son los informantes más parecidos entonativamente y cuáles son los más distantes. Gráficamente, el resultado de dichos cálculos se proporciona mediante un *heatmap* en dos dimensiones, como el que se puede observar en la Fig. 6, que se refiere al informante it12, en relación con el cual los demás informantes están ordenados de izquierda a derecha en orden de parecido entonativo decreciente.

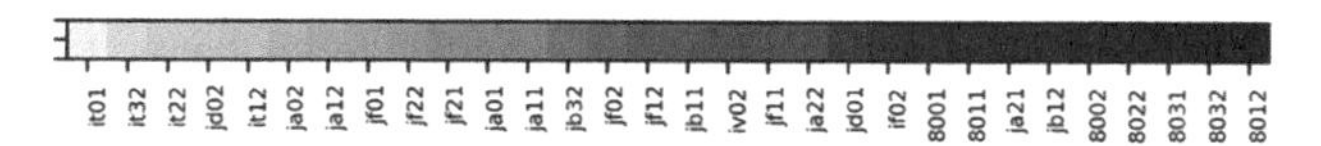

Fig. 6. *Heatmap* bidimensional de correlaciones creado por AMPER_Forensic.

En la sección siguiente presentaremos una aplicación del método que se acaba de desglosar a un caso de estudio simulado, para el que se ha escogido aleatoriamente el informante jb31 de nuestra base de datos (cf. 3.1, Tab. 1) como HD.

4. Ejemplo de aplicación de AMPER_Forensic

Para ejemplificar el funcionamiento de AMPER_Forensic se ha simulado un caso en el que el contorno entonativo de una frase producida por un hablante incluido en la base de datos del proyecto AMPER se ha utilizado como HD. El informante en cuestión ha sido escogido al azar utilizando el aplicativo *List Randomizer* (https://www.random.org/lists/), en el que se ha insertado el listado completo de informantes (Tab. 1) y se ha utilizado el primero de la lista aleatorizada como HD. El informante así seleccionado ha resultado ser el que se identifica con el código jb31, que corresponde a una informante catalanohablante de Fraga.

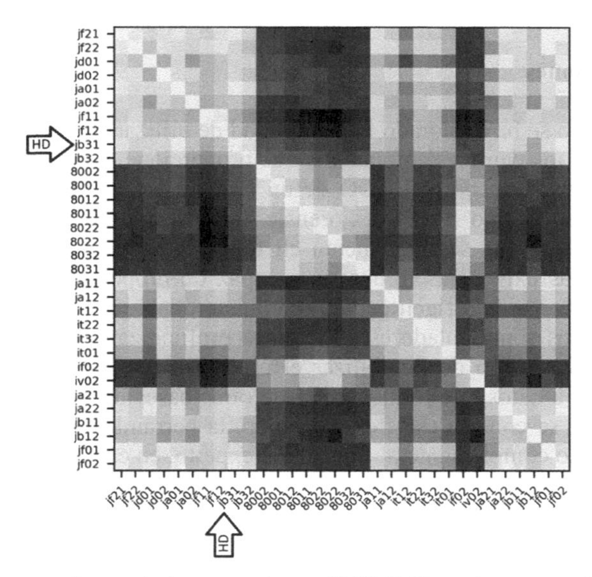

Fig. 7. *Heatmap* de correlaciones creado por AMPER_Forensic en que se ha destacado el punto jb31 que actúa como HD.

El análisis efectuado por AMPER_Forensic indica que el HD se integra en el grupo formado por los informantes catalanohablantes del noreste de la península ibérica. En otras palabras, AMPER_Forensic está sugiriendo al perito que el origen geográfico más probable del HD se tenga que buscar en el área del noreste peninsular.

Por otra parte, el *heatmap* bidimensional para el punto jb31 (Fig. 8) permite obtener información complementaria muy importante. En concreto, permite determinar de qué grupos de hablantes se aleja más el HD: tal y como se puede apreciar en el diagrama, las correlaciones de Pearson más bajas del HD son las con los puntos del noreste de la península italiana, tanto de los hablantes de friulano (códigos 8001, 8002, 8011, 8012, 8021, 8022, 8031, 8032) como de los hablantes de italiano (códigos if02, iv02). En otras palabras, AMPER_Forensic está sugiriendo al perito que el origen geográfico menos probable del HD es el área del noreste de Italia.

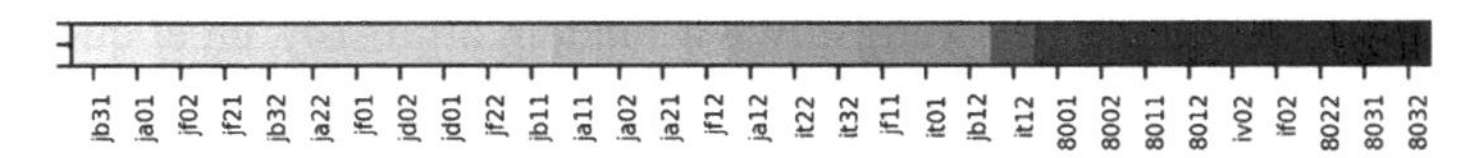

Fig. 8. *Heatmap* bidimensional de correlaciones creado por AMPER_Forensic para el punto jb31 que funge de HD.

5. Conclusiones

En este trabajo se ha explorado la posibilidad de utilizar un tipo de análisis estadístico de los patrones entonativos que proporcione al perito elementos útiles para llevar a cabo el LADO de un HD. Se ha comprobado que un script de Python como AMPER_Forensic, que parte de los datos del proyecto AMPER y que se fundamenta en técnicas de tipo dialectométrico adaptadas a las exigencias forenses, es capaz de proporcionar al experto sugerencias acerca del origen geográfico más probable del HD. Los resultados obtenidos son alentadores e incitan a profundizar en esa dirección, con el objetivo futuro de flexibilizar el procedimiento de manera que se pueda aplicar a datos que formen parte de otras bases de datos. En el momento en que se consiga esa flexibilización, la herramienta podrá resultar muy útil, como complemento al trabajo del experto, en casos reales.

Referencias

Brown, G. / Watt D. 2014. *Performance of a novel automatic accent classifier system using geographically-proximate accents.* Poster presented at BAAP, University of Oxford, 7–9 April.

Campbell, J. 2013. Language analysis in the United Kingdom's refugee status determination system. Seeing through policy claims about 'expert knowledge'. *Ethnic and Racial Studies* 36, 670–690.

Contini, M. 1992. Vers une géoprosodie romane. In Aurrekoetxea, G. / Bidegain, X. Eds. *Actas del Nazioarteko Dialektologia Biltzarra Agiriak, Bilbao 1991.* Bilbao: Publicaciones de la Real Academia de la Lengua Vasca, 83–109.

Elvira-García, W. / Balocco, S. / Roseano, P. / Fernández Planas, A. M. 2018. ProDis. A dialectometric tool for acoustic prosodic data. *Speech Communication* 97, 9–18.

Fernández Planas, A. M. / Roseano, P. / Elvira-García, W. / Cerdà-Massó, R. / Romera-Barrios, L. / Carrera-Sabaté, J. / Szmidt, D. / Labraña, S. / Martínez Celdrán, E. 2015. Cap a un nou mapa dialectal del català? Consideracions a partir de dades prosòdiques tractades dialectomètricament. *Estudios de Fonética Experimental* 24, 257–286.

Ferragne, E. / Pellegrino F. 2007. Automatic dialect identification. A study of British English. In Müller, C. Ed. *Speaker classification.* Berlin: Springer, 243–257.

Foulkes, P. / French P. 2012. Forensic speaker comparison: A linguistic-acoustic perspective. In Tiersma, P. / Solan, L. Eds. *The Oxford handbook of language and law*. Oxford: Oxford University Press, 557–572.

Frota, S. / Prieto, P. Eds. 2015. *Intonation in Romance.* Oxford: Oxford University Press.

Gil Fernández, J. 2014. Más allá del 'efecto CSI'. Avances y metas en fonética judicial. En Congosto, Y. / Montero, M. L. / Salvador, A. Eds. *Fonética experimental, espacio europeo de educación superior e investigación.* Cáceres: Universidad de Cáceres / Sevilla: Universidad de Sevilla, 63–113.

Hanani, A. / Russell, M. / Carey, M. 2013. Human and computer recognition of regional accents and ethnic groups for British English speech. *Computer Speech and Language* 27, 59–74.

Hermes, D. J. 1998. Measuring the perceptual similarity of pitch contours. *Journal of Speech, Language, and Hearing Research* 41, 73–82.

Künzel, H. 2011. La prueba de voz en la investigación criminalística. *Ciencia Forense, INACIPE-Academia Iberoamericana de Criminalística y Estudios Forenses* 1, 37–50.

López Bobo, M. J. / Muñiz Cachón, C. / Díaz Gómez, L. / Corral Blanco, N. / Brezmes Alonso, D. / Alvarellos Pedrero, M. 2007. Análisis y representación de la entonación: Replanteamiento metodológico en el marco del proyecto AMPER. En Dorta, J. Ed. *La prosodia en el ámbito lingüístico románico.* Santa Cruz de Tenerife: La Página, 17–34.

Martínez Celdrán, E. / Fernández Planas, A. M. / Carrera Sabaté, J. 2005a. Diferències dialectals del català a partir de les oracions interrogatives absolutes amb 'que'. *Estudios de Fonética Experimental* 14, 327–353.

Martínez Celdrán, E. / Fernández Planas, A. M. / Carrera Sabaté, J. / Espuny Monserrat, J. 2005b. Approche du mappe prosodique dialectal de la langue catalane en Catalogne. *Géolinguistique* 3, 103–151.

Martínez Celdrán, E. / Fernández Planas, A. M. Eds. 2003–2019. *Atlas multimèdia de la prosòdia de l'Espai romànic*. stel.ub.edu/labfon/amper/cast/index_ampercat.html (2019-04-19).

Meisenburg, T. / Sichel-Bazin, R. / Prieto, P. 2015. Intonational phonology of Occitan. Towards a prosodic transcription system. In Frota/Prieto 2015, 198–234.

Prieto, P. / Roseano, P. Eds. 2010. *Transcription of intonation of the Spanish Language*. München: Lincom.

Prieto, P. / Borràs-Comes, J. / Roseano, P. Eds. 2010–2014. *Interactive atlas of Romance intonation*. http://prosodia.upf.edu/iari/ (2019-04-19).

Prieto, P. / Cabré T. Eds. 2013. *L'entonació dels dialectes catalans*. Barcelona: Publicacions de l'Abadia de Montserrat.

Romano, A. 2003. Un projet d'atlas multimédia prosodique de l'espace roman (AMPER). In Sánchez Miret, F. Ed. *Actas del XXIII Congreso Internacional de Lingüística y Filología Románica. Salamanca, 24-30 septiembre 2001*, vol. I: *Discursos inaugurales. Conferencias plenarias. Sección 1: Fonética y fonología. Sección 2: Morfología. Índices: Índice de autores, Índice general*. Tübingen: Niemeyer, 279–294.

Romano, A. / Contini, M. 2001. Un progetto di atlante geoprosodico multimediale delle varietà linguistiche romanze. In Magno Caldognetto, E. / Cosi, P. Eds. *Multimodalità e multimedialità nella comunicazione. Atti delle XI Giornate di Studio del Gruppo di Fonetica Sperimentale dell'Associazione Italiana di Acustica*. Padova: Unipress, 121–126.

Romano, A. / Lai, J.-P. / Roullet, S. 2005. La méthodologie AMPER. *Géolinguistique* hors serie 3, 1–5.

Roseano, P. / Fernández Planas, A. M. Eds. 2009–2013. *Atlant multimediâl de prosodie des varietâts romanichis*. http://stel.ub.edu/labfon/amper/friul/index.html (2019-04-18).

Roseano, P. / Fernández Planas, A. M. / Elvira-García, W. / Martínez Celdrán, E. 2015. Efectos del cambio de lengua en la comparación de voces mediante LTAS. En Cabedo Nebot, A. Ed. *Perspectivas actuales en el análisis fónico del habla. Tradición y avances en la fonética experimental*. València: Universitat de València, 347–355.

Agradecimientos. Este trabajo se ha realizado en el marco del proyecto de I+D *Tecnologías derivadas de AMPER-CAT y análisis de corpus complementarios* (FFI2015-64859-P) dirigido por la Dra. Ana Ma. Fernández Planas y subvencionado por el Ministerio de Economía y Competitividad de España. Agradecemos la colaboración de Daniel Díez Salas para la traducción.

Part II

Acquisition, variation and change

Conxita Lleó, Susana Cortés & Ariadna Benet

Projecció diacrònica de la fusió de sons del català a Barcelona a través de quatre generacions

Abstract. It is widely believed that the phonology of Catalan is being reduced in Barcelona, in the sense that certain phonemes are being lost, especially those that do not occur in Spanish, which is in constant contact with Catalan. Such a reduction is taking place with certain vowels and the voiced sibilant /z/. Some studies have pointed out that in the Catalan variety spoken in Barcelona, vowels, like /ɛ/, /ɔ/ and [ə] are merging with /e/, /o/ and /a/, respectively, and the voiced sibilant /z/ is merging with the voiceless /s/. With the aim to understand the present day situation of Barcelona Catalan, we recorded the productions of three age groups in three districts of Barcelona: Gràcia, Eixample and Nou Barris, which are very different from one another in the way they use the two languages. In Nou Barris the use of Spanish prevails, whereas in Gràcia and Eixample, Catalan is the dominant language. Groups are comprised of children from 3 to 5 year olds (G1), young adults from 19 to 23 year olds (G2), adults between 32 and 40 year olds (G3) and between 40 and 55 year olds (G4). Results of the auditory and acoustic analyses show that G1, G2 and G3 from Gràcia-Eixample maintain the majority of contrasts, whereas G1 and G2 from Nou Barris show very low percentages of the target-like production of the segments that only exist in Catalan. However, G3 does not present notable differences between districts, except for the voiced sibilant. To conclude, instead of representing those segments occurring in both languages, we represent those that occur only in Catalan and which show innovative features. Taking the present state of the language as the point of departure, we project its future state as depending on whether there is continuity of external factors like friends, school, mass media, the institutional/official presence of the language etc., and whether internal factors like frequency, markedness or complexity also play a role.

1. Història recent de la sociolingüística del català (Principat)

El segle XX va comportar molts canvis per a la situació sociolingüística del català, com a mínim i bàsicament al Principat de Catalunya. Seguint Boix i Vila (1998: 34–43), podem parlar de tres grans períodes. El primer és el de la Mancomunitat de Catalunya (1914–1925) i de la Generalitat republicana (1931–1939). És el temps en què Pompeu Fabra en el marc de l'Institut d'Estudis Catalans estableix una norma lingüística per al català, la qual encara avui perdura i ha servit de guia durant els trasbalsos que ha patit la llengua. Amb el franquisme (1936/1939–1975) té lloc el segon gran període. És el moment en què la dictadura intenta fer desaparèixer el català amb la prohibició de l'ús de la llengua en els dominis públics. En aquest període també s'ha de destacar la gran afluència d'immigrants (parlants monolingües de castellà) de la resta de l'estat espanyol. Finalment, el tercer període és el de l'autonomisme, iniciat amb la mort de Franco el 1975. El 1979 es restableix el govern autonòmic de Catalunya i s'aprova l'estatut d'autonomia, de manera que el català esdevé llengua oficial de Catalunya juntament amb el castellà. A més, durant els anys 80 s'inicia el procés de normalització lingüística del català, que, amb el naixement de TV3 i Catalunya Ràdio, permet l'extensió dels usos de la llengua, si més no, als mitjans de comunicació. Amb l'autonomisme també s'estableix el model de la immersió lingüística a les escoles, consistent a emprar el català com a llengua vehicular en el sistema públic d'ensenyament.

De fet, la motivació per instaurar aquest model lingüístic a les escoles no sorgeix només arran de la repressió lingüística de la dictadura, sinó sobretot per donar a conèixer la llengua a les famílies arribades de la resta de l'estat espanyol. I és que del 1950 al 1970 havien arribat a Catalunya molts immigrants provinents de la resta de l'estat espanyol, de manera que a principis del segle XXI el 23% de la població catalana procedia d'aquesta immigració (cf. Idescat 2006). Als immigrants d'Espanya, en les darreres dècades s'hi han afegit els de la resta del món: l'any 2005, l'11,5% de la població de Catalunya eren nous immigrants, procedents de diversos països, sobretot d'Amèrica Llatina i del Magrib, segons el *Pla de ciutadania i immigració 2005–2008* (cf. Generalitat de Catalunya 2006).

Per determinar com tots aquests fets s'han reflectit a la fonologia de la llengua catalana a Barcelona, es va engegar el projecte de recerca H6 sobre sociolingüística del barceloní, dirigit per C. Lleó i codirigit per S. Cortés i A. Benet. El projecte es va dur a terme entre el 2005 i el 2011 al Centre de Recerca del Multilingüisme (SFB 538 "Mehrsprachigkeit") de la Universitat d'Hamburg (cf. Benet et al. 2012).

1.1 Efectes de la normalització lingüística del català

La normalització del català ha tingut conseqüències en l'ús i l'adquisició de la llengua a Catalunya. A continuació, podem veure algunes dades que mostren l'efecte positiu d'aquest procés de política lingüística.

La Taula 1 mostra un creixement lleu però constant durant 25 anys (del 1986 fins al 2011) pel que fa a la comprensió i al grau de domini de la llengua escrita. Una de les àrees de la llengua que s'ha independitzat més notablement del castellà és l'àrea lèxica, ja que la influència de l'escola i dels mitjans de comunicació ha reduït el nombre de préstecs, que durant la dictadura havia augmentat molt. Avui en dia, si féssim un recompte sobre la quantitat de préstecs del castellà i de l'anglès, aquest darrer en tindria més.[1]

Catalunya	1986	2001	2011
comprèn català	90,28%	94,51%	95,12%
sap escriure català	31,49%	49,81%	55,70%

Taula 1. Augment de l'ús i competència de la llengua (cf. Idescat 2006).

A Barcelona (i als voltants), l'any 2005, el 25% de la població havia nascut a d'altres llocs de l'estat espanyol, fora de Catalunya, i el 12,5% havia nascut a l'estranger. Quant a la província de Barcelona, també el 2005, el 44% de la immigració recent procedia d'Amèrica Llatina (cf. Idescat 2006). És important de tenir en compte l'esforç de normalització de la llengua que va fer la Generalitat de Catalunya, a fi de recuperar tot el que fos possible dels anys de dictadura. Malauradament, però, la normalització no arriba a la fonètica. Igual que amb l'aprenentatge d'una segona llengua, el parlant no rep prou eines que li permetrien integrar la normativa fonològica, tal com integra altres àmbits lingüístics com ara el lèxic.

1.2 Comparació dels dos sistemes fonològics: vulnerabilitat del català

El sistema fonològic del català és permeable a la influència del castellà, que en general podem considerar com a llengua dominant. Hi ha diverses raons per explicar aquest comportament lingüístic, com per exemple, el fet que el sistema fonològic del català té més segments que el del castellà, i s'observa una tendència a la simplificació de la fonologia catalana. La Fig. 1 mostra les 8 vocals del català a l'esquerra i les 5 del castellà a la dreta. Casos especialment vulnerables són els segments existents només en català (i no en castellà). En el cas de les vocals, el català mostra reducció vocàlica, és a dir, certes vocals són substituïdes per unes altres en posició àtona (cf. Herrick 2007a; b). Pel que fa a les consonants, el castellà disposa de sibilants sordes, com ara l'alveolar sorda /s/, mentre que el català té la sorda i també la sonora /z/ (cf. Alarcos Llorach 1953). D'aquesta situació en podem derivar una predicció: els sons que només existeixen en català es fusionen amb

[1] Ens referim a l'aspecte lèxic de la llengua, perquè se li ha atorgat molta importància des de l'IEC (Institut d'Estudis Catalans) i altres institucions, però no és la nostra intenció condemnar els préstecs, que són el transvasament lingüístic més corrent entre llengües en contacte.

els que existeixen tant en català com en castellà, com per exemple la sibilant sonora /z/, que s'està fusionant amb /s/ i les vocals mitjanes, /ɛ/ i /ɔ/, que s'estan fusionant amb /e/ i /o/, respectivament.

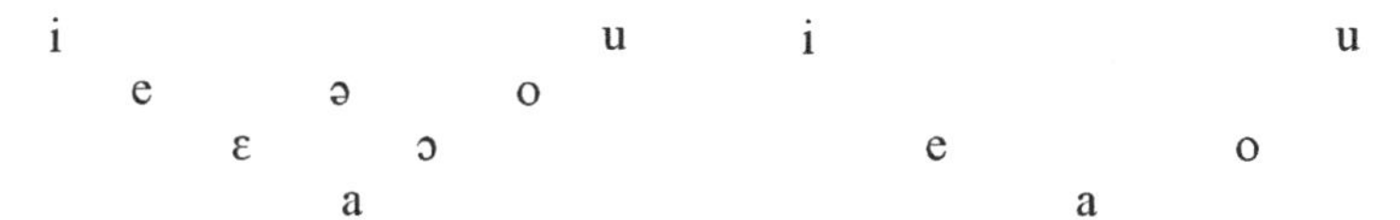

Fig. 1. A l'esquerra, el sistema vocàlic del català i a la dreta, el del castellà.

1.3 Factors que influencien la direccionalitat del canvi

Factors que poden contribuir a la direcció del canvi lingüístic poden ser de dos tipus respecte al sistema lingüístic: externs i interns. Com a factor extern, el castellà és la llengua amb més poder d'influenciar el sistema fonològic de l'altra llengua (especialment en una ciutat com Barcelona, amb un nombre més elevat de castellanoparlants). Pel que fa als factors interns, el sistema fonològic del castellà té trets menys marcats que els del català, i també té un nombre menor de processos que fan del sistema català un sistema més complex que el del castellà. Per exemple, les assimilacions dels sons veïns, com ara l'assimilació de les consonants fricatives finals de mot a la sonoritat de la vocal següent, tot i que simplifiquen el sistema (perquè, per exemple, la sonoritat de la vocal és predictible i per tant no cal especificar-la a les entrades lèxiques), també el compliquen, en el sentit que es formen al·lòfons, és a dir, sorgeixen alternances que dupliquen les formes corresponents a certes entrades, com ara [əˈmik.z] *íntim*[s], senyalitzant el morfema de plural amb la sonora [z] quan va seguida de vocal, o amb la sorda [s] en posició final absoluta (cf. Bonet/Lloret 1998).

grup	edat, en relació als anys 2006–2008	característiques dels membres de cada generació en relació amb el nivell d'adquisició de la llengua catalana
G1	nens de 3 a 5 anys	Ja han adquirit els trets fonològics, segmentals i prosòdics principals. Encara no reben influència de la lectoescriptura.
G2	joves de 19 a 23 anys	Han rebut tota l'educació en català i en castellà.
G3	adults de 32 a 40 anys	Mare/Pare de nen de G1. Educació en castellà i parcialment en català.
G4	adults de 40 a 55 anys	*Corpus Oral Dialectal* de la Universitat de Barcelona (Viaplana et al. 2007)

Taula 2. Grups d'edat i raons per la seva selecció.

La Taula 2 es refereix a les tres generacions estudiades en el projecte H6 (G1, G2 i G3), a les quals hem afegit G4, provinent del projecte de la Universitat de Barcelona. Tal com s'indica a la segona columna, el punt de referència és sempre entre els anys 2006 i 2008, és a dir, la primera fase del projecte H6, dins la qual es varen dur a terme els enregistraments de les dades. I pel que fa al corpus de G4, també vàrem fer les anàlisis entre els anys 2006 i 2008.

2. Hipòtesis i grups d'edat

Fins aquí hem suposat que la parla de certs grups generacionals contindrà més o menys trets propis del català, i que els conservarà o no, depenent dels factors que envolten la llengua. Ara bé, en comptes d'observar quins trets es conserven, podem referir-nos als trets innovadors, que provenen del castellà i que sembla ser que s'estan fusionant amb altres unitats lingüístiques. Reconsiderant els fets des del punt de vista del canvi diacrònic, la influència de la fusió de sons com ara la fusió de les vocals mitjanes, tant les anteriors com les posteriors, així com la fusió de les consonants sibilants sordes i sonores, dona lloc a àrees de probable simplificació de la llengua. En treballs de caire sociolingüístic, s'ha argumentat que d'una banda hem de distingir el temps real del temps aparent i de l'altra banda hem de considerar l'anivellament temporal (cf. Labov 1994; Sankoff 2004). Vol dir que en un moment donat, la gramàtica inclourà algun tipus de restricció que el subjecte individual aplicarà fins a un cert percentatge, que pot apuntar cap a un valor incipient o suggerir un canvi pràcticament acabat. Depenent del comportament de la comunitat lingüística, el canvi pot estar en els seus inicis o en els finals (cf. Taula 2).

L'anomenat "temps real" ve a correspondre als estudis longitudinals, perquè al cap d'uns anys es fan enregistraments amb els mateixos subjectes de la primera vegada. Sankoff (2006) els considera *panel studies*, en els quals s'estudien individus o grups (cf. Taula 3). Els estudis transversals són considerats *trend studies*, en els quals es repeteixen els estudis de la mateixa comunitat, però duts a terme amb altres participants. La diferència entre aquests dos tipus d'estudi rau en el fet que, a temps real, l'estudi es basa en el mateix grup i el mateix individu o mateixos individus, mentre que en els estudis de temps aparent no es tracta dels mateixos individus, si bé la comunitat sol ser la mateixa.

Pel que fa a les dades pròpiament, en el projecte H6 vàrem recollir-ne de sis grups generacionals, tres a Gràcia i Eixample, i tres a Nou Barris, als quals vàrem afegir els dos grups de G4, procedents de Gràcia i Eixample, d'una banda, i del Clot, de l'altra, tal com s'indica a continuació.[2]

patró sincrònic	**interpretació**	**individu**	**comunitat**
pla	1. estabilitat	estabilitat	estabilitat
pendís normal segons l'edat	2. anivellament per edats	canvi	estabilitat
pendís normal segons l'edat	3. canvi generacional = interpretació de "temps aparent"	estabilitat	canvi
pla	4. canvi comunal	canvi	canvi

Taula 3. Patrons de canvi de l'individu i la comunitat (adaptat de Labov 1994: 83 i de Sankoff 2006).

2.1 G1: nens de 3 a 5 anys d'edat

La comparació de G1 amb G3 (dels nens amb els seus pares) revelarà si els nens i nenes segueixen l'input que reben de casa o més aviat l'input de l'escola i de l'etapa pre-escolar (dels amics de la llar d'infants i de l'etapa d'educació infantil pre-escolar). Tenint en compte els resultats de certs projectes duts a terme en grans centres urbans, com ara Londres (cf. Kerswill 2006), plantegem la hipòtesi que el model de llengua per a G1 prové en gran mesura de fora de casa. També podrem esbrinar quin paper juguen factors com la freqüència, el marcatge o la complexitat. G1 evitarà produir unitats marcades i/o complexes, especialment si viuen a Nou Barris. Pel que fa a la freqüència, com més freqüent és una unitat, més aviat s'aprendrà, perquè segons la Teoria de l'Optimitat, una restricció que és violada moltes vegades, tendeix a accelerar-ne l'adquisició, perquè les violacions repetides duen a la prompta degradació de la restricció pertinent (cf. l'algoritme recursiu de degradació de restriccions a Tesar/Smolensky 1998 i a Lleó 2018).

Els trets marcats del català que apareixen a l'output de G3 probablement no es reproduiran a la parla de G1. És a dir, G1 exhibirà trets del castellà, que duen al canvi diacrònic, independentment de la llengua ambiental.

[2] Al començament del projecte havíem programat d'estudiar els barris de Gràcia i Eixample separats. Però com que era evident que els dos barris tenien valors idèntics en totes les mesures, vàrem decidir d'integrar les dades de l'Eixample amb les de Gràcia.

2.2 G2: adults joves de 19 a 23 anys d'edat

El marcatge ja no juga un paper important. En el seu lloc, és probable que la pressió del grup (la llengua de l'entorn) jugui un paper molt important a G2. Si fos així, els membres de G2 que viuen en àrees amb gran densitat d'ús del castellà exhibiran poca producció de segments del català, fins i tot si la seva educació ha estat tota en català.

2.3 G3: adults de 32 a 40 anys d'edat

La pressió del grup no és tan forta com a G2, cosa que farà que la producció de trets del català serà més freqüent que a G2, fins i tot en àrees amb forta presència del castellà. D'altra banda, l'educació d'aquests participants no va tenir lloc completament en català i això també pot tenir efectes en la seva producció.

2.4 G4: entremig de G2 i G3

L'edat dels membres de G4 serà semblant a la de G3 i també a la de G2, presentant algunes fusions que portaran a la desaparició de diversos trets del català.

2.5 Mètode

Les dades que es presenten en aquest article varen ser analitzades auditivament per parlants nadius de català. Cada paraula meta va ser transcrita per un estudiant català de la universitat d'Hamburg i analitzada per la segona o la tercera autora.

3. Resultats

Les figures 2–5 resumeixen els resultats d'aquesta recerca (cf. Lleó et al. 2007; 2008) i mostren tendències clares a la producció dels sons només existents en català.

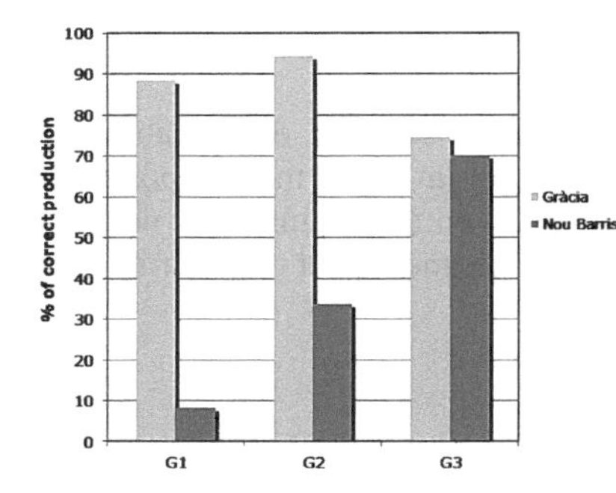

Fig. 2. Producció de /ɛ/ per les tres generacions, G1, G2 i G3, a Gràcia i Nou Barris.

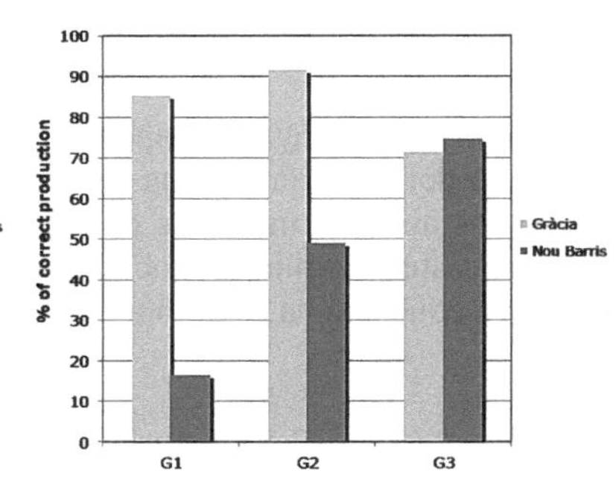

Fig. 3. Producció de /ɔ/ per les tres generacions, G1, G2 i G3, a Gràcia i Nou Barris.

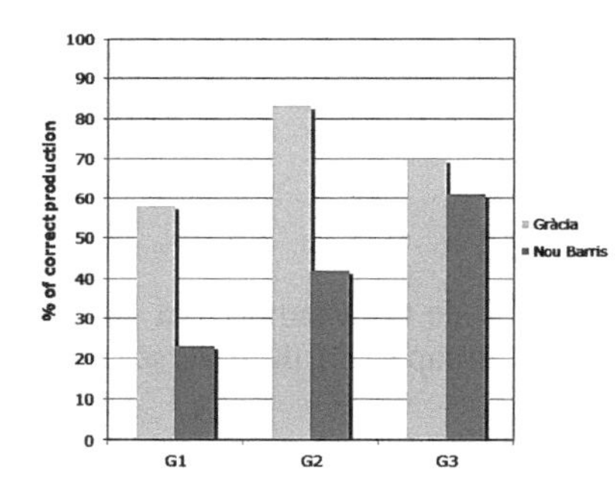

Fig. 4. Producció de /ə/ per les tres generacions, G1, G2 i G3, a Gràcia i Nou Barris.

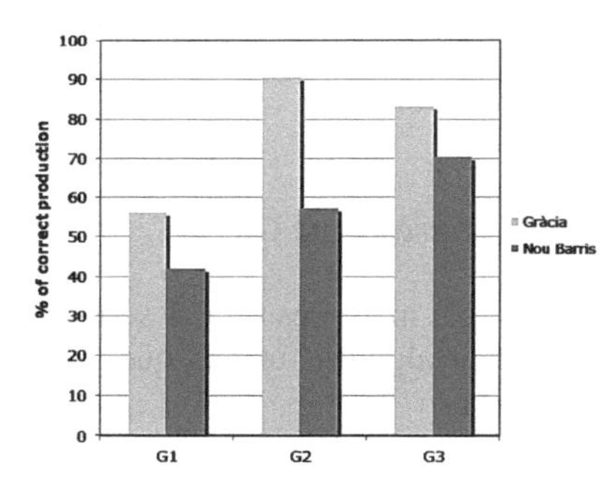

Fig. 5. Producció de /z/ per les tres generacions, G1, G2 i G3, a Gràcia i Nou Barris.

3.1 Discussió per grups generacionals

Les figures 2 i 3 mostren els percentatges de producció de les vocals mitjanes /ɛ/ i /ɔ/, respectivament i les figures 4 i 5 mostren els percentatges de la vocal neutra /ə/ i de la consonant sonora /z/. A totes les figures s'indica el barri mitjançant tonalitats del color gris. És interessant d'observar que els quatre diagrames s'assemblen molt entre sí. D'una banda, les dues generacions més joves, G1 i G2, tenen valors elevats a Gràcia-Eixample i baixos a Nou Barris. D'altra banda, no hi ha diferències entre els adults majors (G3) per barris, excepte en el cas de /z/ (cf. Fig. 5). Els joves (G2) mostren diferències notables segons el barri. És important recalcar que la producció d'aquests sons pels nens (G1) és diferent de la dels seus pares (G3).

En tots els casos és G3 el grup que presenta diferències més minses entre els dos barris. G2 a Gràcia-Eixample presenta la solució més conservadora en els tres casos de les vocals, però s'inverteixen les edats en el cas de la sibilant sonora. A Gràcia-Eixample G2 és sempre el grup que té menys nivell d'adopció dels segments responsables del canvi: per a /ɔ/ i /ɛ/, seguides de G3 i després de G1. Això ho podem explicar perquè és l'únic grup que ha tingut tota l'escolarització en català i es troba als barris amb més presència del català. Tant G1 com G2 tenen valors més baixos de producció de [ə] que de les altres vocals. El cas de la vocal neutra és diferent al de les vocals mitjanes pel factor complexitat, perquè és un so que només es fa servir en posicions àtones i és el resultat d'un procés de reducció, que no afecta les vocals mitjanes (cf. Badía Margarit 1965; Lleó et al. 2011). Les diferències entre els grups de la mateixa edat segons els barris són sempre significatives per a G1 i G2. A G3, la diferència entre barris només és significativa per a la producció de /z/.

Hi ha diferències importants entre G1 dels dos barris: les vocals catalanes es substitueixen més on hi ha més presència del castellà (Nou Barris). G1 necessita un cert llindar de freqüència per tal de mantenir/produir les vocals marcades. Hi ha menys distància entre els sistemes vocàlics de G3, que mantenen les vocals marcades malgrat una gran presència del castellà (Nou Barris): l'adquisició del català per part de G3 va tenir lloc en un context menys castellanitzat.

3.2 Anàlisi comparativa dels resultats de G1 i G3

Més amunt hem descrit el nostre interès d'esbrinar la (in)dependència de G1 en relació amb G3, perquè diversos investigadors han trobat que la llengua s'estenia de manera horitzontal més que no pas vertical, com haurien estat les expectatives fa uns anys. Les figures 6 i 7 mostren amb força claredat aquesta independència. Els tons clars de gris corresponen als percentatges correctes de producció per part dels nens de G1, mentre que els tons foscos de gris corresponen als percentatges produïts per la G3 dels pares i mares. Les columnes aparellades indiquen que es tracta de pare o mare amb el fill corresponent, cosa que ens permet veure si hi ha possibles correlacions entre cada un dels membres de G1 amb els membres de G3. Al peu de cada figura, CT vol dir "llengua dominant català" i SP vol dir "llengua dominant espanyol" amb la primera posició designant la mare i la segona posició el pare. Per exemple, si ens referim al primer nen de la Fig. 6, direm que tant la seva mare com el seu pare tenen el català com a llengua dominant. I el grau de domini de la llengua del nen ve donat pels percentatges de producció correcta (reflectits per la longitud de cada columna).

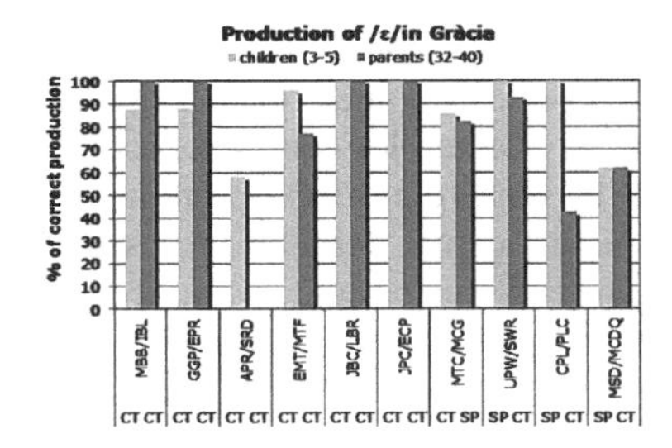

Fig. 6. Producció de /ɛ/ en dues generacions (pares i fills), G1 i G3, a Gràcia (χ^2 (1, n=20) = 10.68; p ≤ .01*).

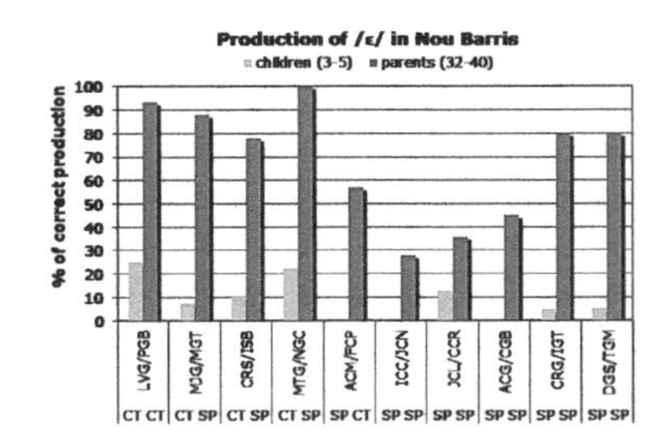

Fig. 7. Producció de /ɛ/ en dues generacions (pares i fills), G1 i G3, a Nou Barris (χ^2 (1, n=20) = 147.50; p ≤ .001*).

Una ullada a les figures 6 i 7 ens mostra que les correspondències contenen arbitrarietats, en el sentit que són molts els nens amb percentatges alts que es corresponen amb pares que tenen percentatges baixos i a l'inrevés. En el diagrama de la dreta són molts els pares amb percentatges alts que es corresponen amb fills que amb prou feines produeixen la vocal mitjana oberta anterior de forma acurada.

D'una banda, la llengua de l'entorn (freqüència) pot predir la producció de les generacions més joves; d'altra banda, l'educació en català reforça l'efecte de la llengua de l'entorn. Sembla que a Nou Barris està tenint lloc un canvi: els segments que només pertanyen al català s'estan perdent a favor dels que pertanyen a les dues llengües. Es tracta de canvi en temps aparent? Així sembla, perquè veiem diferències lingüístiques entre les generacions que hem examinat, especialment a les noves generacions al barri amb major presència de l'espanyol.

3.3 Prediccions basades en les diferències entre barris

Amb totes les dades analitzades anteriorment, podem predir que a Gràcia i Eixample, G1 adquirirà més trets del català fins arribar al nivell actual de G2. El grup de joves de G2 mantindrà trets del català amb valors sostre (màxims), és a dir, tindrà una pronúncia dels sons catalans més aproximada a l'estàndard, i G3 mantindrà la tendència actual. Part de G3 no ha tingut gaire accés a l'escola catalana ni a la llengua estàndard, però tampoc va adquirir ni va fer ús de la llengua en un barri amb predomini del castellà. És a dir, gran part d'aquests parlants es van formar en un barri com Gràcia o Eixample.

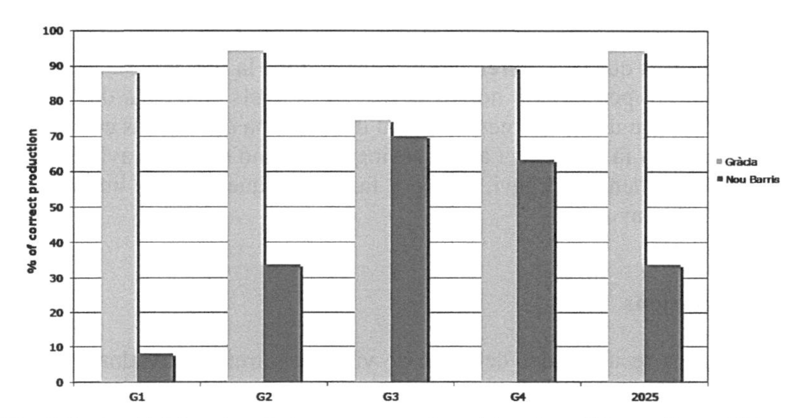

Fig. 8. Projecció dels valors de les tres generacions del projecte H6, ampliats a G4 i predicció sobre els resultats d'uns 15 anys més tard.

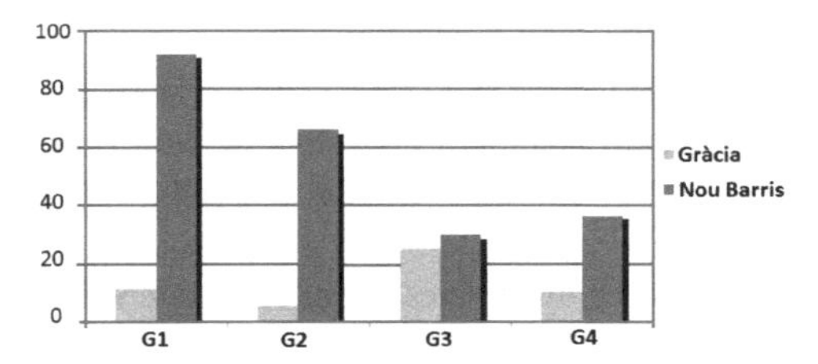

Fig. 9. Canvi diacrònic (fusió) amb percentatges complementaris als de la Fig. 8.

D'altra banda, a Nou Barris es durà a terme un canvi, perquè G2 mantindrà els trets innovadors del castellà i així triarà el canvi. Ara bé, si ens fixem en G3 de la Fig. 9, no sembla pas gaire probable que G3, amb el 30% d'aplicació del tret innovador, origini un canvi fonètic.

4. Prediccions basades en valors complementaris

Com dèiem més amunt (Secció 2), en comptes de basar l'anàlisi en els percentatges de produccions correctes dels sons del català, seria interessant de fer-ho amb valors complementaris dels darrers (Fig. 9), és a dir, seleccionant els percentatges dels valors basats en les fusions que estan tenint lloc i que mostren els resultats al voltant de segments que condueixen al canvi diacrònic (Fig. 9). Les columnes de color gris més fosc corresponen a Nou Barris, de manera que indiquen els trets no catalans que ens duen cap a la fusió i el canvi diacrònic. En canvi, les columnes de color gris més clar, de

Gràcia-Eixample, són relativament curtes, cosa que fa predir poc canvi. Es en aquest sentit que considerem la representació de la Fig. 9 més adient que la de la Fig. 8, perquè la 8 només fa explícit que els ciutadans de Gràcia-Eixample parlen un català més proper al de la norma que no pas els de Nou Barris, però no fa referència al canvi lingüístic, sinó que més aviat suggereix poc moviment. En canvi, la Fig. 9 fa evident que el canvi lingüístic ja està tenint lloc avui.

5. Conclusions

Resumint els resultats des del punt de vista dels trets innovadors, podem predir el següent desenvolupament, si considerem el temps aparent com a base de l'anàlisi:

(1) Hi ha diferències notables entre els valors alts (Nou Barris) de G1 i G2. Els nens i nenes de G1 són molt joves encara i segurament tindran l'oportunitat d'abandonar les fusions i els trets innovadors.

(2) En tots els casos, excepte a G3, hi ha diferències molt grans entre els valors dels barris de Gràcia-Eixample i els valors de Nou Barris. Els parlants de Nou Barris tenen trets innovadors, que probablement abandonaran quan s'acostin a l'edat de G3.

(3) Semblaria que no hi ha diferències notables entre els dos barris, si limitem la comparació a G3: tant les vocals de G3 de Gràcia-Eixample com les de G3 de Nou Barris mostren valors elevats. Ara bé, si ens fixem en els resultats estadístics (de χ^2), sí que són estadísticament diferents.

(4) Si afegim G4, veiem que és semblant a G2, cosa que ens permetrà visualitzar un futur semblant al moment actual, sempre que els factors externs (escola, estàndard, etc.) no variïn massa.

(5) Un darrer detall podria sorgir del que hem dit a la Secció 2, és a dir, que en comptes de considerar els trets propis del català —que duen al manteniment dels trets més conservadors— ens fixem en els trets més innovadors (castellans?), que fàcilment duran els parlants a realitzar un canvi diacrònic, consistent en l'adopció de trets no propis del català.

És a dir, la gramàtica és la mateixa a Gràcia-Eixample que a Nou Barris. El que és diferent són els percentatges amb què els parlants produeixen els trets innovadors, que podríem representar com a la Fig. 9, en comptes que a la Fig. 8.

Referències

Alarcos Llorach, E. 1953. Sistema fonemático del catalán. *Archivum* 3, 135–146.

Badía Margarit, A. M. 1965. Función significativa y diferencial de la vocal neutra en el catalán de Barcelona. *Revista de Filología Española* 48, 79–93.

Benet, A. / Cortés, S. / Lleó, C. 2012. Phonoprosodic corpus of spoken Catalan (PhonCAT). Speech corpus archived at *Hamburger Zentrum für Sprachkorpora* (HZSK), version 0.1. http://hdl.handle.net/11022/0000-0000-772F-7.

Boix, E. / Vila, F. X. 1998. *Sociolingüística de la llengua catalana*. Barcelona: Ariel Lingüística.

Bonet, E. / Lloret, M.-R. 1998. *Fonologia catalana*. Barcelona: Ariel Lingüística.

Generalitat de Catalunya. 2006. *Pla de ciutadania i immigració 2005–2008. Memòria de les actuacions realitzades.* Generalitat de Catalunya, Secretaria per a la Immigració. http://www.gencat.net/benestar/societat/convivencia/immi gracio/pla (2019-07-19).

Herrick, D. 2007a. An acoustic description of Central Catalan vowels based on real and nonsense word data. *Catalan Review* 21, 231–256.

Herrick, D. 2007b. Mid vowels and schwa in Eastern Catalan. Five non-Barcelona dialects. In Montreuil, J.-P. Y. Ed. *New perspectives on Romance linguistics.* Amsterdam: Benjamins, 113–126.

Idescat (= Institut d'Estadística de Catalunya) 2006. *Web de l'estadística oficial de Catalunya.* http://www.idescat.net (2019-04-30).

Kerswill, P. 2006. RP, Standard English and the standard/non-standard relationship. In Britain, D. Ed. *Language in the British Isles* (2nd ed.). Cambridge: Cambridge University Press.

Labov, W. 1994. *Principles of linguistic change*, vol. 1: *Internal factors*. Oxford: Blackwell.

Lleó, C. 2006. Fenòmens evolutius i d'ús oral del català des de la finestra psicolingüística de l'adquisició bilingüe. In Iglesias Franch, N. / Cabré, M. / Feliu, F. / Martí, S. / Prats, D. Eds. *Actes del 13è Col·loqui Internacional de Llengua i Literatura Catalanes (AILLC)*. Barcelona: Publicacions de l'Abadia de Montserrat, 361–385.

Lleó, C. 2018. German-Spanish bilinguals' phonological grammars. Permeable or resilient? In Babatsouli, E. / Ingram, D. Eds. *Phonology in protolanguage and interlanguage*. Sheffield: Equinox, 76–108.

Lleó, C. / Benet, A. / Cortés, S. 2007. Some current phonological features in the Catalan of Barcelona. *Catalan Review* 21, 279–300.

Lleó, C. / Cortés, S. / Benet, A. 2008. Contact-induced phonological changes in the Catalan spoken in Barcelona. In Siemund, P. / Kintana, N. Eds. *Language contact and contact languages*. Amsterdam: Benjamins, 185–212.

Lleó, C. / Cortés, S. / Benet, A. 2011. Reanalitzant la vocal neutra barcelonina. In Lloret, M.-R. / Pons, C. Eds. *Noves aproximacions a la fonologia i morfolo-*

gia del català. Volum d'homenatge a Max W. Wheeler. Alacant: Institut Interuniversitari de Filologia Valenciana, 321–351.

Sankoff, G. 2004. Adolescents, young adults and the critical period. Two case studies from 'Seven Up'. In Fought, C. Ed. *Sociolinguistic variation. Critical reflections.* Oxford: Oxford University Press, 121–139.

Sankoff, G. 2006. Age. Apparent time and real time. In Brown, E. K. Ed. *Encyclopedia of language and linguistics* (2nd ed.). Amsterdam: Elsevier, 110–116.

Tesar, B. / Smolensky, P. 1998. Learnability of Optimality Theory. *Linguistic Inquiry* 29, 229–268.

Viaplana, J. / Lloret, M.-R. / Perea, M.-P. / Clua, E. 2007. *Corpus oral dialectal.* Barcelona: Promociones y Publicaciones Universitarias. http://diposit.ub.edu/dspace/handle/2445/11651 (2019-09-10).

Agraïments. Agraïm a la DFG (*Deutsche Forschungsgemeinschaft*, Societat Alemanya d'Investigació), a la Universitat d'Hamburg i al SFB 538 "Mehrsprachigkeit" (Centre Internacional de Recerca "Multilingüisme") que hagin atorgat el suport que ha fet possible la realització del projecte, als estudiants catalans de la Universitat d'Hamburg, que van transcriure les dades, i als professors Dr. Joaquim Viaplana, Dra. Maria Rosa Lloret i Dra. Maria-Pilar Perea per haver-nos donat accés a les dades del seu projecte.

Konstanze Jungbluth & Neus Nogué

Tractaments, salutacions i noms: el canvi en les pràctiques socials i l'ús de les formes de tractament en català

Abstract. The use of forms of address is an integral part of the reciprocal relationship between society and language use among its members. Looking at the example of Catalonia, the changes in political speeches from decades ago as compared to those held today are a test of the ongoing process of language change. Nominal forms have changed from 'Catalans and other Catalans' sixty years ago toward the use of *ciutadans* in present days. This shift in forms of address shows a growing inclusion, which forms part of the political (national) project that was relevant during the respective historical period. Secondly, rural and urban spaces still differ in the way people refer to social hierarchy, and how they express respect within this context. In Barcelona, people use to address each other on equal footing, using the form of address *tu* 'you' (informal). This is an unmarked term, usable regardless of age, gender or social role of the respective interlocutors. However, in other places, one may still overhear an asymmetrical use of forms of address between adolescents or children and their parents. In these cases, the adolescents tend to choose *vostè* 'you' (formal). Conversely, the parents address their children with *tu* to express familiarity and closeness. Finally, the governmental institutions selected *vós* for their communication with the citizens, and this very form of address is recommended by the mass media for addressing elders. This usage points towards a unique ternary system of address in Catalan, unlike the neighboring languages. The inclusion of all citizens favors the form of address *tu*, symmetric and general. This motivation could also be the driving force for the adolescents who abandoned non-reciprocal forms of address. It remains to be clarified whether the intense language contact as is typical of urban spaces also influences the speakers' choices. This is all the more relevant as the languages that enter in contact with Catalan crucially differ regarding their addressing systems, i.e. Spanish and French with their binary systems (*tú* : *usted*; *tu* : *vous*) and English, which uses only one form (*you*).

1. Introducció

És ben clar que les formes de tractament reflecteixen les relacions entre una societat i l'ús de la llengua de la seva gent. La llengua és un mirall social. Per exemple, en el context de Catalunya, en els últims anys es poden detectar canvis en les formes utilitzades en el discurs polític: comparat amb temps enrere, les formes nominals canvien sovint de *catalans* a *ciutadans*. Aquesta segona tria mostra la tendència cap a una inclusió creixent que té a veure amb tendències generals de les societats occidentals actuals, però també amb el projecte polític (nacional) proposat.

Per altra banda, continua haver-hi un contrast entre els usos de les zones rurals i les urbanes quan es vol expressar respecte en un context de distància social i de jerarquia entre persones. Per exemple, a Barcelona és comú fer servir el tractament de *tu* per a totes les relacions "on equal footing" sense prendre en consideració diferències d'edat, de sexe o de rols socials.

Actualment, a les ciutats, pares i fills es tracten de *tu* (+ verb en 2SG): *És que tu ets molt guapo, pare.* / *És que tu ets molt guapa, mare* (2SG; concordança M/F SG). Només rarament es pot observar com els fills adults i els seus pares utilitzen un ús asimètric de les formes de tractament. En aquests casos, en el paradigma triple de formes de tractament, els joves usen la forma *vostè* (+ verb en 3SG) per adreçar-se als pares: *És que vostè és molt guapo, pare.* / *És que vostè és molt guapa, mare* (3SG; concordança M/F SG). Els pares, en canvi es dirigeixen als fills amb el tractament de *tu* (cf. Nogué 2015; 2018).

A les institucions, l'administració ha optat pel tractament de *vós* (+ verb 2PL) per comunicar-se amb els ciutadans, i aquest mateix tractament es recomana en alguns mitjans de comunicació per a les entrevistes a gent gran. Per exemple, l'*És a dir*, el llibre de estil de la Corporació Catalana de Mitjans Audiovisuals, estableix com a general el tractament de *vostè* per a les entrevistes, però inclou el tractament de *vós* per adreçar-se "a una persona d'edat avançada" (i el tractament de *tu* per a les "situacions informals" i per adreçar-se "a nens i joves"; cf. CCMA 2019). En les últimes dècades es pot observar que l'ús del sistema de tractament de tres graus (*tu–vós–vostè*) no és estable, perquè les diferents generacions divergeixen a l'hora d'interpretar quin terme de tractament és més distant: *vós* o *vostè*.

Finalment, integrem els resultats de la nostra perspectiva pragmàtica i destaquem unes quantes peculiaritats del català en relació amb el seu paradigma de formes de tractament en relació amb altres llengües romàniques i, més en general, amb els perfils d'altres llengües del món.

2. Canvis en el discurs polític: de *catalans* a *ciutadans i ciutadanes*

Emfasitzant el projecte compartit entre *tots*, Carles Puigdemont, president de la Generalitat de Catalunya, exclama en una conferència pronunciat al Teatre Romea de Barcelona, "2017, any clau per al futur de Catalunya": "[D]epèn de tots nosaltres!" (Generalitat de Catalunya, Barcelona, 16 de gener de 2017, segons Eismann 2018: 121; cf. Palumbo 2017). Amb la finalitat d'integrar a tothom que viu en aquests moments a Catalunya, Puigdemont diu que vol "defensar els interessos, no dels catalans, que també, sinó dels *ciutadans*".[1]

2.1 L'ús recent dels noms

Parlar de ciutadans deixa l'origen en un segon terme i opta per una designació inclusiva, representada per la forma nominal *ciutadans*, per referir-se a les persones que viuen a Catalunya. Aquest ús és escollit per gairebé tots els polítics, de tots els partits i ideologies, i no sols per qui era el cap del Govern en aquell moment. Aquesta tria, *ciutadans*, inclou tota la població, sigui quin sigui el seu origen, i sigui quina sigui la seva primera llengua, i vol convidar a tothom a formar part del projecte nacional català. De fet, després del període de la dictadura franquista (1939–75), el primer president de la Generalitat recuperada, Josep Tarradellas, ja va utilitzar el vocatiu *Ciutadans de Catalunya* per començar el discurs que va fer des del balcó de la seu del Govern, a Barcelona, el dia que va arribar a Catalunya procedent de l'exili, el 23 d'octubre del 1977, amb aquest mateix propòsit.

2.2 L'ús dels noms durant el segle XX i els canvis de freqüència

L'ús del nom *ciutadans* s'ha de considerar modern, almenys pel que fa a la seva freqüència. Si reculem una mica més en el temps, i ens situem a l'inici dels anys seixanta del segle XX, trobarem un altre exemple d'inclusió: en aquest cas, la tria volia mostrar per mitjà d'una selecció lèxica l'esforç col·lectiu per integrar en la societat catalana la immigració castellanoparlant, procedent d'altres zones de l'Estat (Andalusia, Galícia, Extremadura, Múrcia, etc.). L'escriptor i periodista Francesc (Paco) Candel va encunyar una expressió, *els altres catalans*, que va donar nom a un llibre seu, publicat l'any 1964, i que certament va fer fortuna: tots eren catalans, els nascuts a Catalunya i els que havien nascut fora. Era, doncs, un primer pas de cara a reconèixer, almenys lingüísticament, que els immigrants també formaven part de la societat catalana. Posteriorment, en el moment present, ja s'ha superat la distinció entre *catalans* i *altres catalans*, i amb l'ús del nom *ciutadans* es fan desaparèixer del tot les fronteres en l'ús lingüístic.

---

[1] En altres moments de la mateixa conferència Puigdemont parla "dels nostres *conciutadans*". La paraula *nostre* en aquestes proposicions es refereix als conciutadans dels polítics, de la "generació de gent que hem vingut a retornar la confiança a la ciutadania" (Generalitat de Catalunya, Oficina del President, citat segons Eismann 2018: 116).

Cal dir, de tota manera, que la frontera cronològica entre els diferents usos no és dràstica, sinó més aviat difusa: en el corpus de debat parlamentari de Nogué (2018) i Nogué/Payrató (en procés d'avaluació), tot i que hi apareixen les dues formes al llarg dels anys (en el període 1932–38, durant la Segona República espanyola, i el període actual, 1980–2013), es detecta un evolució que va de la preferència per la denominació *catalans* (*desitjaríem adreçar-nos a tots els catalans*, 1933) cap a l'ús cada vegada més freqüent de la denominació *ciutadans* (*això afectarà els ciutadans i afectarà les institucions*, 1993), que a vegades adopta la forma *ciutadans de Catalunya* (*facin el favor de dir als ciutadans de Catalunya la veritat*, 2005) i que en els últims anys es combina amb el desdoblament del masculí i el femení, *ciutadans i ciutadanes* (*Catalunya és tot el seu territori, tots els ciutadans i les ciutadanes de Catalunya*, 2013).

3. Les formes de tractament en les relacions personals

El català té un sistema pronominal de tractament de tres graus (*tu–vós–vostè*). El tractament de *tu/vosaltres* (2SG/PL) correspon als usos més informals i familiars; el tractament de *vós* (2PL per a un sol receptor, morfològicament similar al tractament de *vous* del francès) s'ha considerat tradicionalment cordial i respectuós alhora; i finalment, el tractament de *vostè(s)* (3SG/PL, morfològicament similar al tractament de *usted(es)* del castellà) és el més cortès i distant (cf. Coromines 1971: 90; Nogué 2015: 232–233; IEC 2016: 195–196).

3.1 El sistema tradicional de tractaments de tres graus

En els usos vinculats a l'esfera privada (pares–fills, avis–nets, etc.), des de l'últim terç del segle XX el sistema de tractaments de tres graus (*tu–vós–vostè*) ha evolucionat cap a una simplificació que ha adoptat dues direccions diferents.

D'una banda, al País Valencià i a les àrees urbanes de Catalunya, els usos vinculats a *vós* els ha anat ocupant progressivament el tractament de *vostè*. A Catalunya, l'ús del tractament de *vós*, quan es manté, sol constituir una tria conscient, vinculada a la percepció que aquesta forma és "el tractament respectuós més genuïnament català" (Robinson 1980: 635), en contraposició amb el tractament de *vostè*, que es considera d'origen castellà.

D'altra banda, i d'una manera paral·lela, la progressiva informalització de les relacions personals que ha caracteritzat la comunicació a tot Occident en les últimes dècades, ha provocat que en tots els territoris de parla catalana s'hagi anat optant cada vegada més pel tractament de *tu*.

> En definitiva, [...] el contrast entre *tu* i *vostè* [...] és un tret semàntic que permet relacionar [aquestes formes de tractament], d'una manera no díctica, amb el rol social que estableix l'enunciador amb l'enunciatari i amb altres persones, d'acord amb uns patrons més o menys convencionalitzats en les diferents llengües i cultures (Nogué 2008: 46).

Així es pot veure a l'exemple següent: un entrevistador de la televisió local d'Igualada (TVI) relaciona el tractament de *vostè* amb les persones més grans dient "això de *vostè* ja m'acosta a l'edat de l'assistència domiciliària" i amenaça l'entrevistada, fent servir el tractament de *tu*, dient "et tallaré el micro" en cas que ella no triï el tractament de *tu* (TVI 1997, COR-UB: CC96971101, entrevista televisiva 3-7057; cf. Nogué 2008: 232). En el cas del País Valencià, Lacreu (1990: 164) considera que "el tractament de *vós* provoca, en la gran majoria dels interlocutors, un distanciament superior al que suscita el de *vostè*".

Per altra banda, a mitjan segle XX era habitual que els nets tractessin els avis de *vós* amb un to de respecte i de cortesia alhora: *És que vós sou molt guapo, avi. / És que vós sou molt guapa, àvia* (2PL; concordança M/F SG), en un ús clarament asimètric, perquè els avis tractaven els nets de *tu*.

> [...] el pas del singular al plural s'interpreta com una amplificació metafòrica del tu que reflecteix el respecte – cordial i amistós, en l'ús tradicional [de la forma de tractament vós] en català (Coromines 1971: 90) – que sent l'enunciador pel destinatari directe de l'enunciat on apareix (Benveniste 1946/1966: 235; Maingueneau i Salvador 1995: § 1.3) (Nogué 2008: 226).

Actualment, en canvi, en aquests casos (i també entre pares i fills, com ja s'ha dit), el més habitual és el tractament simètric de *tu* (*És que tu ets molt guapo, avi. / És que tu ets molt guapa, àvia* (2SG; concordança M/F SG).

3.2 L'ús a les Illes Balears

En altres zones, com ara les Illes Balears, el tractament de *vós* conserva una certa vitalitat en l'àmbit familiar, tot i que aquestes àrees no s'escapen de la tendència general cap a la informalització i, doncs, cap a l'ús extensiu del tractament de *tu*. En un treball recent, per exemple, Ribas Tur (2019) ha observat que, en un poble d'Eivissa, Sant Miquel de Balansat, la generació que ara té entre 20 i 30 anys, malgrat que fa servir molt més el tractament de *tu* que les generacions anteriors, encara conserva en alguns parlants l'ús del tractament de *vós* per adreçar-se als avis, als oncles i als sogres.

En aquest sentit el català parlat en els diferents racons dels Països Catalans confirma la varietat dels usos de les formes de tractament trobats en altres llengües policèntriques com l'anglès, el francès, el portuguès i el castellà.

> Forms of address, with their combination of formal and semantic complexity, are a prime testing ground for a number of methodological and theoretical issues related to polycentric languages (Moyna 2016: 4).

Val la pena de buscar dades en altres llocs amb la finalitat de presentar tota mena de divergències i de convergències que es manifesten en l'espai on es parla català sempre prenent em conta els paràmetres de variació regional, social e diafàsica.

4. Els usos a l'Administració: la recuperació del tractament de *vós*

Amb la recuperació de les institucions pròpies (Parlament i Govern) a començament de la dècada dels vuitanta del segle passat, l'Administració pública de Catalunya va optar pel tractament de *vós* per adreçar-se als ciutadans i per a la comunicació interna escrita (*Rebeu una salutació cordial*). Aquesta tria tenia alguns inconvenients: una certa connotació arcaïtzant, el fet que aquest tractament ja no era present a totes les varietats dialectals geogràfiques i que el pronom tònic *vós* pot ser percebut com una forma poc freqüent per alguns parlants; en contrapartida, però, es van valorar com a avantatges el fet que permet evitar ambigüitats quan la referència al redactor és en tercera persona, que fa innecessari distingir entre homes i dones, que no és distant i sever com el tractament de *vostè* i que adoptant-lo a l'Administració es recuperava un tractament tradicional (cf. Duarte et al. 1991: 90).

4.1 L'ús en la llengua escrita i en la llengua parlada

Aquest criteri s'ha mantingut fins al moment present, i un cop implantat a l'Administració es va estendre a les universitats públiques i, en major o menor mesura, als ajuntaments de Catalunya. També l'Administració i les universitats públiques de les Illes Balears i del País Valencià el van adoptar. Ho han recollit múltiples llibres d'estil de tots aquests àmbits i àrees (cf., entre altres, AVL 2016; CUB 2019; GOIB 2006), i també es troba prou consolidat en la documentació administrativa que generen. Malgrat això, el fet que aquest sigui l'únic àmbit on el tractament de *vós* es fa servir d'una manera regular, fa que a vegades en els escrits, i fins i tot alguna vegada en la llengua oral formal, es detectin combinacions d'aquest tractament amb el de *vostè*, tant en l'àmbit administratiu com en el comercial (cf. Jané 2001: 34; Nogué 2005: 363; 2008: 227–228). Així, per exemple, el missatge de benvinguda d'una companyia de telefonia quan es truca el servei d'atenció al client, inclou els enunciats següents, en què dins d'una mateixa oració es combina el tractament de *vós* a la subordinada condicional amb el de *vostè* a la principal: *Si voleu*$_{\mathrm{2PL}}$ *informació comercial, premi*$_{\mathrm{3SG}}$ *1. Si voleu*$_{\mathrm{2PL}}$ *parlar amb el servei tècnic, premi*$_{\mathrm{3SG}}$ *2.*

De tota manera, en les comunicacions orals de tots aquests àmbits el tractament predominant és el de *vostè*. Així es pot veure a les intervencions de polítics, alts càrrecs i ciutadans en actes públics de tota mena: conferències, taules rodones, presentacions, homenatges, premis, etc. I així es troba també en l'àmbit parlamentari, a les intervencions dels parlamentaris de tot el ventall ideològic, des de la dreta fins a l'esquerra anticapitalista (cf. Nogué 2018; Nogué/Payrató en procés d'avaluació). Per exemple, a la conferència comentada més amunt, Carles Puigdemont comença a dirigir-se al seu públic tractant-lo de *vosaltres* (plural comú del tractament de *tu* i del tractament de *vós*, en aquest context interpretat com a tractament de *tu* en plural), segurament amb la intenció de mostrar proximitat (*voldria saludar a tots vosaltres*), però un cop comença la conferència el tracta de *vostès*, seguint l'ús predominant (encara) en aquest context comunicatiu (*bé, els he assenyalat unes dates*; Generalitat de Catalunya, Oficina del President, Barcelona, 16 de gener de 2017: 19; segons Eismann 2018).

D'altra banda, en els últims anys el tractament de *tu* ha començat a entrar a l'Administració pública i a les universitats, i ho ha fet en dos àmbits diferents, parcialment solapats: d'una banda, la comunicació adreçada als joves (*Vols formar part de la Comissió Jove?*); i de l'altra, la publicitat institucional, sobretot a la televisió i a internet (*012, la Generalitat al teu costat*).

En la comunicació comercial, en què no hi ha criteris d'estil unificats, el tractament de *vostè* és l'opció preferida en els contextos formals (*CaixaBanc SA analitzarà la seva sol·licitud*). En la publicitat, en canvi, el tractament de *tu* és el més freqüent (*Descobreix el Priorat, el Montsant i la Terra Alta*). Roig (2017), per exemple, en una mostra de 86 anuncis de ràdio, televisió i premsa que no eren traduïts d'altres llengües, no en va trobar cap en què es fessin servir els tractaments de *vós* o de *vostè*; l'únic tractament utilitzat era el de *tu*.

4.2 Interpretacions de la cortesia divergents entre joves i adults

La informalització general de les relacions personals, probablement combinada amb altres factors derivats del fet que el tractament de *vostè* està en tercera persona, també pot explicar un fenomen que de moment només es pot considerar incipient, i sobre el qual es fa difícil predir quina serà l'evolució futura: d'una manera similar al que hem vist que passava a la conferència de Carles Puigdemont, en el debat parlamentari s'ha detectat en els últims anys un lleuger augment de l'ús del tractament de *vosaltres* (entès com a plural del tractament de *tu*, no del tractament de *vós*) per adreçar-se als diputats (*Les nostres ciutats metropolitanes, de les quals alguns de vosaltres sou o heu estat alcaldes*; cf. Nogué 2018; Nogué/Payrató en procés d'avaluació).

Com a conseqüència de tots aquests processos, actualment les generacions més joves de les zones on el tractament de *vós* ja no s'utilitza en l'àmbit privat i familiar solen interpretar amb un valor de *vosaltres*, i no pas de *vós*, els enunciats que poden tenir les dues interpretacions, per exemple, les indicacions del tipus de *No fumeu* que es poden trobar en l'espai públic. I encara més: estan començant a percebre el tractament de *vós* com a més distant i formal que el de *vostè* (*tu–vostè–vós*). Bassols observa que molts "parlants grans senten el *tu* encara com a totalment descortès, i entre les raons que addueixen hi ha el fet que el troben connotat com a revolucionari o anarquista, segurament pel record del seu ús durant la guerra civil espanyola", i en contrast, que per a molta altra gent "el *vós* es percep ara com exageradament educat, adequat per a persones que tenen un rang guanyat pel prestigi o per l'edat" (Bassols 2001: 219). Es tracta d'un canvi de percepció important: es el reflex, i potser la conseqüència última, de la inestabilitat que ha caracteritzat el sistema de tractament de tres graus (*tu–vós–vostè*) en les últimes dècades. Aquesta tendència es mes estesa, fins i tot famosa perquè forma part dels canvis que es pot observar repetidament de nou en la historia de gairebé totes les llengües amb paradigmes de tres graus. Recolzant-se a les formes de tractament del castellà parlat a l'Uruguai, *tú–vos–usted*, estudiat por Weyers (2009), Moyna capta bé:

> Tripartite systems in particular tend to be unstable with competition between forms and intergenerational differences that reflect change over time (Moyna 2016: 6).

5. Peculiaritats del sistema català

Els autors de l'*World atlas of language structures* (WALS; cf. Dryer et al. 2013) confirmen que les distincions múltiples de cortesia són comparativament poc freqüents en les llengües del món. La gran majoria tenen un sistema de només dos graus.

Amb la decisió de l'Administració de recuperar el tractament de *vós*, el català, juntament amb el romanès i diferents varietats del castellà parlades a l'Amèrica Llatina (cf. Da Milano/Jungbluth 2020; Moyna/Rivera-Mills 2016), dona continuïtat a un sistema de tres graus: "non-politeness, intermediate politeness [...] and politeness itself" (Dobrovie-Sorin/Giurgea 2013: 283; cf. Stavinschi 2015). Qualsevol de les tres formes pot assumir qualitats expressives ben diferents, com ho mostra el cas de l'ús del tractament de *vós* per part de la Administració i l'ús de la mateixa forma de tractament per adreçar-se a persones d'edat avançada. En relació amb els usos de l'Amèrica Llatina, els paràmetres que determinen la tria entre les tres formes reflecteixen contrastos regionals; per exemple, els parlants de les àrees urbanes i els de les àrees rurals poden mostrar contrastos de classe social, sobretot a les ciutats (treballadors comparats amb ocupadors, comerciants i classe mitjana en general; intel·lectuals comparats amb persones amb un nivell d'estudis més baix, etc.) i també contrastos situacionals de nivells de formalitat diferents. Per exemple, a l'Uruguai es pot observar que l'ús dels infants varia dintre i fora de classe: l'ús de *vo*s al pati contrasta amb l'ús de *tú* a l'aula (cf. Weyers/Canale 2013). En aquests casos, el prestigi d'una determinada forma o varietat té un paper important. En un context de migració de la població dels països de l'Amèrica Llatina cap als Estats Units, el prestigi també influeix en la tria en comunitats mixtes de veïns, on hi ha parlants de diferents varietats de castellà, del camp i de la ciutat, alguns amb paradigmes de dues formes de tractament, d'altres amb tres, que contribueixen a formar una *koiné* nova entre ells. El tractament de *vos*, marca nacional argentina, distingeix el grup econòmicament més pròsper entre els migrants, i molt sovint això porta parlants d'altres varietats a incorporar-lo com a propi. D'una manera semblant, els migrants de Nicaragua, que distingeixen entre *vos* i *usted* a la seva terra, a Miami adapten la parla a la dels seus veïns cubans i adopten el *tú*. És en aquests contextos on apareixen paradigmes que alteren les oposicions antigues. El seu ús mostra un *vos* familiar, un *tú* informal i la forma *usted* formal (cf. Alonzo 2016).

En llatí *tu* contrastava amb *vos,* forma de tractament que indicava distància, i aquest contrast continua en les llengües romàniques actuals. No obstant això, en algunes *vos* ha passat al costat informal, familiar. Tant el català com el portuguès i el castellà parlat a Europa i a les Amèriques, han experimentat un procés pragmàtic en què s'ha integrat al paradigma una nova forma que expressa distància (*vostè*, *você*, *usted*). Cal destacar que avui en portuguès i castellà el tall en el paradigma sempre oposa *tú* i/o *vos* a la forma nova que expressa distància (*você*, *usted*).

Enfocant la variació en el paradigma de tres formes, Moyna/Rivera-Mills destaquen que "the existence of three forms, something unusual in Romance and other European languages, has led to complex patterns of variation and change that have become traits of national, regional, and social identity" (2016: 3). N'és un bon exemple l'ús del tractament de *vós* en català com a marca de la identitat catalana i amb la percepció que es tracta d'una forma de tractament més genuïna, a què ens hem referit més amunt. El motiu d'aquesta gran varietat es troba en el contacte entre la gent i les seves llengües. Sense dubte, segons quina sigui la disposició cultural en un context històric determinat, el prestigi d'una certa llengua veïna pot influir en la tria entre les formes de tractament per part d'un cert grup de parlants, que es pot estendre després a la comunitat de parla sencera i provocar un canvi en l'ús de la llengua (cf. Helmbrecht 2013).

6. Donar veu a tothom

En definitiva, cal destacar que el català mira de recuperar el sistema tradicional de tres graus de cortesia *tu–vós–vostè* amb l'ús que se'n fa a l'Administració, que va optar per la forma de tractament *vós* per dirigir-se a la ciutadania. Aquest ús ha contribuït, sens dubte, a fer que molta gent jove percebi els graus de cortesia d'una manera diferent de com s'havien percebut tradicionalment: creuen que *tu* i *vostè,* les dues formes de tractament que els resulten més familiars en la llengua parlada en el seu entorn, tant privat com públic, representen el contrast entre les relacions amb amics, familiars o veïns, en resum persones de la seva proximitat, d'una banda, i les relacions entre persones en un context públic, marcat per la distància, sovint institucional, de l'altra, on els rols socials són diferents i els protagonistes d'un rang més alt esperen un tractament respectuós, que s'expressa amb la forma *vostè.* L'ús de *vós* està sovint lligat a la forma escrita, a l'Administració, i els joves interpreten que aquesta forma és la que expressa un respecte màxim. El canvi resulta en un paradigma nou (*tu–vostè–vós*, representant graus de cortesia creixents). És cert que aquest canvi en l'ús és un procés en curs, I que caldrà esperar per veure si la interpretació dels joves s'anirà difonent a la resta de generacions de la comunitat de parla en algun o tots els Països Catalans.

D'altra banda, la inclusió de tots els ciutadans comporta donar veu a tothom, i conseqüentment afavoreix l'ús del tractament de *tu*, simètric, igualitari i general; aquest pot ser també el motiu pel qual els adolescents han abandonat l'ús no recíproc dels tractaments. El contacte de llengües en l'espai urbà multilingüe pot ser un altre factor explicatiu de la situació actual: quin és el pes que hi tenen el castellà (amb el seu sistema de tractaments de dos graus, *tú* i *usted*) i l'anglès (que només té el tractament de *you*), és una pregunta que no té una resposta fàcil i que fa necessari continuar investigant en aquest camp.

Referències

Alonzo, K. L. 2016. Use and perception of the pronominal trio *vos*, *tú*, *usted* in a Nicaraguan community in Miami, Florida. In Moyna/Rivera-Mills 2016, 197–232.

AVL (= Acadèmia Valenciana de la Llengua) 2016. *Manual de documentació administrativa*. València: Publicacions de l'Acadèmia Valenciana de la Llengua.

Bassols, M. 2001. *Les claus de la pragmàtica*. Vic: Eumo.

Benveniste, É. 1946/1966. Structure des relations de personne dans le verbe. *Bulletin de la Société de linguistique de Paris* 43 (1946), 1–12. *Problèmes de linguistique générale*, vol. 1. Paris: Gallimard (1966), 227–236.

Candel, F. 1964. *Els altres catalans*. Barcelona: Edicions 62.

CCMA (= Corporació Catalana de Mitjans Audiovisuals) 2019. *És a dir. Llibre d'estil de la CCMA*. http://esadir.cat/modeldellengua (2019-10-31).

Coromines, J. 1971. *Lleures i converses d'un filòleg*. Barcelona: Club Editor.

CUB (= Criteris de la Universitat de Barcelona) 2019. Barcelona: Universitat de Barcelona, serveis lingüístics. http://www.ub.edu/cub/criteri.php?id=2930 (2019-10-31).

Da Milano, F. / Jungbluth, K. 2020. Address systems and social markers. In Ledgeway, A. / Maiden, M. Eds. *The Cambridge Handbook of Romance Linguistics*. Cambridge: Cambridge University Press.

Dobrovie-Sorin, C. / Giurgea, I. 2013. *A reference grammar of Romanian*, vol. 1: *The noun phrase*. Amsterdam: Benjamins.

Dryer, M. S. / Haspelmath, M. / Gil, D. / Comrie, B. Eds. 2013. *The world atlas of language structures online*. Leipzig: Max Planck Institute for Evolutionary Anthropology. http://wals.info (2019-10-31).

Duarte, C. / Alsina, À. / Sibina, S. 1991. *Manual de llenguatge administratiu*. Barcelona: Escola d'Administració Pública de Catalunya.

Eismann, S. 2018. *"Catalunya i llibertat". Contemporary nationalist discourse in Catalonia*. MA thesis. Frankfurt (Oder): Europa-Universität Viadrina.

GOIB (= Govern de les Illes Balears) 2006. *Llibre d'estil*. Palma: Govern de les Illes Balears.

Helmbrecht, J. 2013. Politeness distinctions in pronouns. In Dryer et al. 2013, 186–190. http://wals.info/chapter/45 (2019-10-31).

IEC (= Institut d'Estudis Catalans) 2016. *Gramàtica de la llengua catalana*. Barcelona: Institut d'Estudis Catalans.

Jané, A. 2001. Els quatre tractaments del català. *Llengua Nacional* 35, 33–35.

Lacreu, J. 1990. *Manual d'ús de l'estàndard oral*. València: Institut de Filologia Valenciana, Universitat de València.

Maingueneau, D. / Salvador, V. 1995. *Elements de lingüística per al discurs literari*. València: Tandem.

Moyna, M. I. 2016. Introduction. Addressing the research question. In Moyna/Rivera-Mills 2016, 1–12.

Moyna, M. I. / Rivera-Mills, S. Eds. 2016. *Forms of address in the Spanish of the Americas.* Amsterdam: Benjamins.

Nogué, N. 2005. *Dixi de persona i marcs participatius en català.* PhD dissertation. Barcelona: Universitat de Barcelona.

Nogué, N. 2008. *La dixi de persona en català.* Barcelona: Publicacions de l'Abadia de Montserrat.

Nogué, N. 2015. Catalan. In Jungbluth, K. / Da Milano, F. Eds. *Manual of deixis in Romance languages.* Berlin: De Gruyter, 206–239.

Nogué, N. 2018. L'evolució de la referència als participants en el debat parlamentari en català (1932–2013). *Quaderns de Filologia. Estudis Lingüístics* 23, 283–307.

Nogué, N. / Payrató, L. en procés d'avaluació. The evolution of participant reference and politeness in Catalan parliamentary debate (1932–2013). Ms., Barcelona.

Palumbo, A. 2017. La historia del Romea, donde se cocina la escena. *El Periódico* (2017-12-08). https://www.elperiodico.com/es/ciutat-vella/20171207/historia-teatre-romea-ciutat-vella-6479716 (2019-10-31).

Ribas Tur, M. 2019. *"I vós què en pensau?" Els tractaments de cortesia a Sant Miquel (Eivissa).* MA thesis. Barcelona: Universitat de Barcelona / Universitat Autònoma de Barcelona.

Robinson, J. L. 1980. Sociolingüística i variació semàntica. Els tractaments en català. In Bruguera, J. / Massot i Muntaner, J. Eds. *Actes del V Col·loqui Internacional de Llengua i Literatura Catalanes.* Barcelona: Abadia de Montserrat, 619–637.

Roig, L. 2017. *Els tractaments* tu, vós *i* vostè *en els anuncis publicitaris.* MA thesis. Barcelona: Universitat de Barcelona / Universitat Autònoma de Barcelona.

Stavinschi, A. C. 2015. Romanian. In Jungbluth, K. / Da Milano, F. Eds. *Manual of Deixis in Romance languages.* Berlin: De Gruyter, 17–44.

Weyers, J. R. 2009. The impending demise of *tú* in Montevideo, Uruguay. *Hispania* 92, 829–839.

Weyers, J. / Canale, G. 2013. *Voseo* and *tuteo* in the classroom. Linguistic attitudes among Montevideo educators. *Spanish in Context* 10, 371–389.

Laia Arnaus Gil & Natascha Müller

Els verbs copulatius catalans *ésser* i *estar* i la seva adquisició en edats primerenques: un estudi sobre el trilingüisme precoç a Espanya i Alemanya

Abstract. Studies on early trilingual acquisition are still rare. If we compare early trilingualism with the acquisition of one or two L1(s), there are some similarities as well as qualitative and quantitative differences. Many factors might influence the overall acquisitional development of the bi- and trilingual child as well as specific grammatical phenomena. The present study belongs to a wider cross-sectional study on early trilingualism in Germany and Spain with a total number of 126 bi-, tri- and multilingual children (i.e. they acquire more than 3 L1s). Sixteen children between 3;5 and 10;6 acquired Catalan, together with Spanish, as one of their L1s. We measured the (passive) vocabulary competence in Catalan with the aid of the Peabody Picture Vocabulary Test (PPVT). Moreover, we carried out an elicited production task in Catalan (as well as in Spanish). The aim of this task was to analyze the productions of *ésser/estar* + adjective, since the Catalan copulas share some properties with the Spanish copula verbs. The results of the PPVT show that 15 out of 16 children have reached the age-matched categories *average* or *high*, irrespective of the country of birth and the language policies used in the family. With respect to the elicited production task, a good mastery of the distribution and aspectual features of the Catalan copulas can be observed, possibly thanks to a positive influence of their other L1, namely Spanish. Taking into consideration that Catalan was the minority language for the group of children living in Germany, the results on the grammatical task show that they also reach good results, comparable to those children living in Catalan-speaking regions in Spain. Therefore, early trilingualism can also be seen as an advantage for those non-community languages, as it is the case with Catalan in Germany.

1. Introducció

El trilingüisme en edats primerenques correspon a l'adquisició simultània de tres llengües maternes en l'edat infantil. Sobre el trilingüisme precoç amb català, existeixen un petit nombre d'investigacions. El treball de Poeste et al. (2019) investiga, per exemple, l'ús del *code-switching* en trilingües i multilingües (aprenen més de 3 L1s) en un context de producció semiespontània. Pel que fa a fenòmens gramaticals concrets, el treball de Hager (2014) investiga l'adquisició del gènere gramatical en un estudi longitudinal amb trilingües català-castellà-alemany. En aquest sentit, alguns treballs més recents han investigat l'adquisició dels verbs copulatius catalans (i castellans) en estudis amb trilingües català-castellà-alemany/francès/hongarès (cf. Arnaus Gil 2013; 2015; Arnaus Gil/Müller 2015; Arnaus Gil et al. 2018; Biró 2017; Kleineberg et al. 2019). Aquests estudis situen la competència lingüística en les llengües maternes respectives a un nivell comparable al que assoleixen els infants bilingües, inclús en aquelles llengües no vehiculars. La finalitat de la investigació que presentarem en aquest article és contribuir en l'estudi del trilingüisme en edats primerenques des d'un punt de vista general, així com investigar l'adquisició dels verbs copulatius catalans en trilingües i multilingües amb català, castellà i una altra llengua amb un sistema copulatiu unitari.

Aquest article està estructurat de la següent manera. En la propera secció, es presentaran els aspectes més rellevants sobre els verbs copulatius catalans *ésser* i *estar*. En la secció 3 es presentaran alguns estudis que s'han dut a terme pel que fa a l'adquisició simultània de tres llengües maternes (cf. 3.1) i es presentaran els estudis empírics sobre l'adquisició dels verbs copulatius catalans en infants trilingües (cf. 3.2). La secció 4 està dedicada a l'estudi empíric. Finalment, l'article tancarà amb una última secció en la que es discutiran els resultats principals.

2. Els verbs copulatius catalans *ésser* i *estar*

La llengua catalana és una de les llengües romàniques que disposa en l'àmbit copulatiu de dos verbs: *ésser* i *estar*. En la literatura, s'han discutit de manera extensa les seves possibles propietats aspectuals (cf. Arnaus Gil 2013). Els verbs copulatius poden seleccionar diferents tipus de predicats. El focus d'aquest article recau en les frases adjectivals, és per això que ens hi dedicarem amb més atenció. Alguns exemples sobre usos copulatius catalans amb frases adjectivals, els exposem a continuació:

(1) a. L'estudiant està cansada.
b. L'amic de la Laura és jove.
c. La bombeta és/està fluixa. (IEC 2016: 870)
d. Amb aquest vestit estàs molt maca. (Ramos 2002: 2011)

Els exemples (1) han causat llargues discussions a l'hora d'intentar esbrinar quins són els factors que realment determinen la selecció copulativa. Per a Wheeler et al. (1999), Ramos (2002), i també en la nova *Gramàtica de la llengua catalana* (IEC 2016) l'animacitat del subjecte referent juga un paper més que important en la selecció d'*ésser* o *estar*. En primer lloc, si el subjecte és inanimat, s'empra preferiblement *ésser*, tant per expressar una durada il·limitada com una durada restringida. Tan bon punt tenim un subjecte referent animat, la selecció d'*ésser* i *estar* sembla estar més delimitada, essent la selecció d'*ésser* per qualitats inherents i d'*estar* per a qualitats amb una duració determinada.

3. El trilingüisme en edats primerenques

3.1 Estudis sobre l'adquisició de tres llengües maternes

Pocs són els estudis que fins el moment existeixen en el marc de l'adquisició de tres llengües maternes en edats primerenques (cf. Arnaus Gil et al. 2019a per un resum exhaustiu de la literatura sobre el trilingüisme precoç). Tot i així, sembla haver-hi divergències en la literatura en quant a la possibilitat d'arribar a ésser competent en les tres llengües en edats infantils. Els estudis de Hoffmann (2001) i Unsworth (2013), per exemple, apunten que el fet d'aprendre tres llengües simultàniament augmenta la possibilitat de què una d'elles no arribi a nivells de competència lingüística comparables amb les altres dues.

Pel que fa als factors que poden guanyar un paper important a l'hora d'adquirir les L1s pertinents, podem ajudar-nos d'aquells factors interns i externs a l'infant que s'han observat en el bilingüisme precoç i que podrien aplicar-se a l'adquisició de tres L1s (cf. Müller et al. 2011; Müller et al. 2015; Arnaus Gil et al. 2019a; de Houwer 2007; Unsworth 2013). En l'estudi empíric que presentarem en aquest article, s'han tingut en compte algunes d'aquestes variables, com seria l'edat, el país de naixement, les estratègies lingüístiques parentals, així com el nombre de L1s i la combinació lingüística. Tornarem a aquest punt a la secció 4.1.

3.2 Criteris de mesura de la competència lingüística en les L1s de l'infant

Siguin quins siguin els factors que influeixin en la competència lingüística de l'infant, en la literatura sobre l'adquisició bilingüe en edats primerenques, s'han proposat diferents eines de natura quantitativa i qualitativa que ajudarien a determinar la competència de les llengües maternes, com per exemple la verbositat, mesurat en paraules per minut (cf. Cantone et al. 2008; Schmeißer et al. 2016 per a un resum extens). A més a més, s'han estandarditzat una sèrie d'eines lingüístiques que possibiliten la mesura de la competència lingüística partint d'una normativització vinculada a l'edat dels participants. En aquest sentit, aquestes eines metodològiques permeten una ràpida determinació del nivell lingüístic del participant i el posiciona dins d'una escala normativa segons la seva edat. Un dels tests estandarditzats que han trobat una bona acollida en l'adquisició de primeres llengües és la tasca de vocabulari receptiu (passiu) *Peabody Picture Vocabulary Test* (PPVT)[1] (cf. Sivakumar et al. 2020 per a una descripció exhaustiva de les diferents versions lingüístiques de la tasca). Aquesta tasca de vocabulari receptiu es pot dur a terme amb nens i nenes d'entre 2;6 i 17 anys i està formada, dependent de la llengua del test, per un mínim de 125 d'items. El PPVT disposa de 3 categories lingüístiques principals amb dos subcategories per a cada una:

(2) Categories i subcategories lingüístiques del PPVT
baixa: extremadament baixa, moderadament baixa
mitjana: mitjana baixa, mitjana alta
alta: moderadament alta, extremadament alta

3.3 Estudis sobre l'adquisició precoç dels verbs copulatius catalans ésser *i* estar

Pocs són els estudis que s'han ocupat d'investigar l'adquisició dels verbs copulatius catalans *ésser* i *estar* en edats primerenques. Ens consten sobretot estudis de nens i nenes trilingües que creixen simultàniament amb català i castellà i una altra L1, com per exemple l'alemany (cf. Arnaus Gil 2013; 2015; Arnaus Gil/Müller 2015) o hongarès (cf. Biró 2017). Sorprenentment, sembla haver-hi pocs estudis en el camp del bilingüisme precoç que hagin investigat l'adquisició dels verbs copulatius catalans en nens i nenes bilingües simultanis amb català i castellà. L'únic treball que ens consta en aquesta direcció és el recent de Cuza/Guijarro-Fuentes (2018). A continuació resumirem els resultats més importants d'aquests estudis.

L'estudi longitudinal d'Arnaus Gil (2013; 2015) examina l'adquisició d'*ésser* i *estar* per part de dos nens trilingües simultanis amb la combinació català-castellà-alemany, nascuts i residents a Barcelona (Catalunya). La franja d'edat analitzada va dels 2;3 als 3;7 i s'han pogut analitzar un total de 6.445 oracions catalanes. Aquest corpus forma part de la base de dades del grup WuBiG (*Wuppertaler Bilinguismus-Gruppe*, Universitat de Wuppertal). D'un total de 586 oracions copulatives, s'observa una tendència a l'ús majoritari d'*ésser* amb prop del 68% dels contextos. Aquest ús predominant d'*ésser* reflexa, de fet, els usos del sistema adult (cf. Falk 1990; Brucart 2012). A més a més, s'identifiquen omissions, preferentment en contextos d'*estar* amb adjectius (15%). Tot i així, aquestes omissions, tenint en compte els usos gramaticals d'ambdós verbs copulatius, no arriben

[1] Versió en castellà de Dunn et al. (1986) i en francès de Dunn et al. (1993).

al 8% i, per tant, l'autora conclou que els nens trilingües han adquirit els verbs copulatius catalans sense massa dificultats i que la dominància no sembla tenir un paper rellevant.

El recent estudi longitudinal de Biró (2017) investiga l'adquisició dels verbs copulatius per part d'una nena trilingüe simultània amb català, castellà i hongarès des de l'any i set mesos (1;7) fins als 3;7 i compara els resultats amb grups monolingües de les respectives llengües. La competència lingüística en català de la nena trilingüe és equiparable a la del grup monolingüe. Partint dels usos gramaticals i dels errors d'omissió, l'autora observa un percentatge relativament baix dels últims, concretament vora el 3% (cf. Biró 2017: 334), una xifra molt més reduïda que l'observada en l'estudi d'Arnaus Gil (2013). A més a més, observa diferències significatives entre 2;5 i 3;0 per als usos d'*ésser*, comparant les seves produccions amb les dades d'infants (quasi) monolingües catalans de la mateixa franja d'edat. Tanmateix, els usos d'*estar* no mostren cap tipus de diferència amb les produccions dels monolingües catalans respectius.

Per últim, l'estudi transversal de Cuza/Guijarro-Fuentes (2018) investiga l'ús dels verbs copulatius catalans (i castellans) per part de nens i nenes bilingües, així com d'adults simultanis amb català i castellà. Les edats d'aquests dos grups es troben, pels infants, entre 6;7 i 11;0 i pels adults entre 18;0 i 27;0. Així doncs, el grup d'infants bilingües és més gran que els bilingües investigats per Arnaus Gil (2013) i Biró (2017). Mitjançant una tasca d'el·licitació, es vol investigar l'ús d'*ésser* i *estar* en tres contextos predicatius diferents: locatius, locatius amb subjectes eventius i adjectivals. En quant als predicats locatius eventius i adjectivals, els nens i nenes bilingües difereixen significativament del grup d'adults bilingües. Els primers mostren errors de comissió d'*estar* (utilitzen el verb copulatiu *estar* en aquells contextos d'*ésser*). Aquests resultats només s'observen pel català: els usos de *ser* i *estar* castellans en aquests tres contextos no mostres diferències intergrupals significatives.

Resumint els tres estudis, podem observar una tendència a trobar desviacions en els usos dels verbs copulatius catalans no només en etapes primerenques de l'adquisició de llengües sinó també fins a edats avançades en el període infantil. Tots els estudis semblen apuntar cap a una dificultat en els usos copulatius amb predicats adjectivals. El més rellevant sembla centrar-se en l'observació següent: mentre que els dos estudis longitudinals amb infants trilingües mostren errors d'omissió però per a verbs copulatius diferents, *estar* presenta errors de comissió en edats més avançades i significativament diferents als bilingües adults (cf. Cuza/Guijarro-Fuentes 2018). El fet que els estudis longitudinals d'Arnaus Gil (2013) i Biró (2017) mostrin resultats diferents podria ser degut a la tercera L1. Es necessiten més estudis en el camp de l'adquisició dels verbs copulatius catalans per a poder determinar la font d'aquestes diferències.

A continuació presentarem les hipòtesis i l'estudi transversal que hem dut a terme per tal d'investigar els usos copulatius catalans en nens i nenes trilingües que aprenen el català com una de les seves tres (o quatre) llengües maternes.

4. L'estudi

4.1 Hipòtesis

Tenint en compte la discussió duta a terme en 3.1 sobre la competència lingüística en nens i nenes trilingües simultanis, plantegem les següents hipòtesis:

(3) Hipòtesis sobre la competència lingüística del català en infants trilingües simultanis
   a. Rol de la llengua majoritària: La competència lèxica del català es veurà reforçada en aquelles regions on el català és llengua vehicular.
   b. Dominància lingüística: Els infants trilingües mostraran una preferència per una de les llengües maternes.

Per a l'estudi sobre l'adquisició dels verbs copulatius catalans, i partint dels estudis empírics duts a terme fins al moment, proposem les hipòtesis següents:

(4) Hipòtesis sobre l'adquisició d'*ésser* i *estar* en infants trilingües simultanis
   a. Usos copulatius: s'aproximaran als usos del sistema adult, on *estar* es reserva per a accions temporals, mentre que *ésser* pot acompanyar tant propietats permanents com temporals
   b. Possibles desviacions de la llengua adulta: usos agramaticals com els observats en els estudis d'Arnaus Gil (2013), és a dir, errors en els contextos predicatius d'*ésser*

4.2 Participants

Aquest estudi forma part d'una investigació més extensa sobre l'adquisició simultània de tres llengües maternes, dut a terme pel grup d'investigació WuBiG a la Universitat de Wuppertal (Alemanya), i que tenia com a objectiu analitzar la competència lingüística en les tres L1s i els factors interns/externs que poden influir-hi (cf. agraïments). A més a més, es volien investigar alguns fenòmens gramaticals concrets que podrien ser vulnerables per a una influència interlingüística (cf. Arnaus Gil et al. 2019a).[2] El subgrup amb català està format per 16 nens i nenes trilingües i multilingües que creixen amb català i castellà i, com a mínim una tercera L1 que pot ser alemany o francès. Tots els nens i nenes van ser reclutats de l'escola alemanya i a l'escola francesa a la ciutat de Palma de Mallorca (Illes Balears).

infant	edat	A	B	C	D	lloc de naixement	llengua/-gües de l'entorn extraescolar
Tomas	05;08,18	fr	cast	cat		Palma	cast, cat
Anouck	07;09,14	fr	cast	cat		Palma	cast, cat
Biel	04;11,11	fr	cast	cat		Palma	cast, cat
Catalina	04;11,11	fr	cast	cat		Palma	cast, cat
Chloe A.	05;05,03	fr	cast	cat		Palma	cast, cat
Chloe G.	05;06,12	fr	cast	cat		Palma	cast, cat
Hugo	06;02,02	fr	cast	cat		Palma	cast, cat
Iris	05;09,04	fr	cast	cat		Palma	cast, cat
Juliette	06;00,29	fr	cast	cat		Palma	cast, cat
Noah	04;05,25	fr	cast	cat		Palma	cast, cat
Pol	05;10,04	al	cast	cat		Berlin	al
Alma	04;04,19	al	cast	cat		Hamburg	al
Carme	03;03,16	al	cast	cat	fr	Berlin	al
George	06;04,12	al	cast	cat	fr	Berlin	al
Leo	06;06,20	al	cast	cat	ang	Palma	cast, cat
Nuria	03;10,00	al	cast	cat	ang	Palma	cast, cat

Taula 1. Participants trilingües i multilingües (fr = francès; al = alemany; cast = castellà; cat = català; ang = anglès).

Els setze integrants en aquest estudi han realitzat el PPVT per a determinar la competència lèxica en les llengües maternes respectives i dotze han participat en la tasca de producció dels verbs copulatius catalans.[3] A continuació exposarem els aspectes més rellevants.

[2] Alguns dels fenòmens investigats són la posició de l'adjectiu en francès i castellà (cf. Arnaus Gil et al. 2019b; 2019c), la realització de subjectes postverbals en francès (cf. Arnaus Gil/Müller 2018a), l'ordre oracional en oracions principals en alemany (cf. Arnaus Gil/Müller 2018b) i els verbs copulatius castellans (cf. Arnaus Gil et al. 2018; Kleineberg et al. 2019).

[3] Els quatre nens i nenes restants (trilingües: Alma, Pol; multilingües: Carme, George) han realitzat una tasca d'el·licitació diferent a la que presentarem en aquest article.

4.3 Metodologia

4.3.1 PPVT

Per a poder mesurar la competència lèxica, hem emprat el test de vocabulari receptiu *Peabody Picture Vocabulary Test* (PPVT) que ja hem presentat a la secció 3.2. Una de les raons per haver escollit aquesta mesura és la seva disponibilitat en un gran nombre de llengües que aprenen els participants d'aquesta investigació (alemany, francès, castellà) a més de facilitar la determinació de la mida del vocabulari receptiu de l'infant ràpidament. Tanmateix, no ens consta una versió corresponent pel català. És per aquest motiu que s'ha adaptat el PPVT castellà i francès (forma B) al català per a poder determinar la mida del vocabulari receptiu (i, per tant, de la competència lingüística) també en aquesta L1.[4]

4.3.2 La historieta

Per tal d'elicitar el major nombre de verbs copulatius catalans, s'ha dissenyat una tasca, partint d'una sèrie d'items adjectivals i locatius. Aquesta tasca es presenta als nens i nenes en forma d'historieta en la que han de descriure el que els hi passava a unes oques un cop bevien d'una galleda amb aigua màgica. Un exemple de les làmines emprades per a explicar la historieta les podem veure a continuació (cf. Fig. 1).

---

[4] Som conscients i admetem que la traducció del PPVT castellà i francès per tal d'examinar la mida del vocabulari receptiu en català és problemàtic. Aquesta pràctica pot resultar en l'obtenció d'items que són propers en quant al seu significat, però que no necessàriament corresponen per a d'altres criteris, com per exemple la complexitat de la paraula, la interpretació cultural, la familiaritat o la freqüència d'aparicions (cf. Peña 2007). Tanmateix, si analitzem en detall el PPVT francès i castellà, podem observar que la distribució dels resultats d'estandardització i les categories lingüístiques són les mateixes (cf. Dunn et al. 1986: 40; 1993: 37). Aquests paral·lelismes entre les dos versions del PPVT continuen essent vigents encara que la mostra amb la que s'ha realitzat l'estandardització i el nombre total d'items difereixen. En el moment de l'estudi, no vam disposar de cap altra alternativa estandarditzada pel català i, per tant, vam implementar el PPVT castellà i francès per a mesurar el vocabulari receptiu en català.

Fig. 1. La historieta de les oques.

Per a introduir el conte i la dinàmica dels canvis d'estat, primer es presentaven tres ratolins els quals també bevien de l'aigua màgica. Alguns dels ratolins canviaven d'estat i a d'altres no els hi passava res. A dues de les oques, un cop bevien de l'aigua màgica, canviaven el color (blanc i rosa). Per la nit, l'oca rosa torna al seu color original però l'oca blanca no.

4.4 Resultats

4.4.1 Mida del vocabulari receptiu en català

Els setze nens i nenes amb català van participar en la tasca de vocabulari receptiu PPVT. La següent il·lustració (Fig. 2) mostra els resultats obtinguts en el PPVT català segons el nombre de llengües maternes que aprenen.

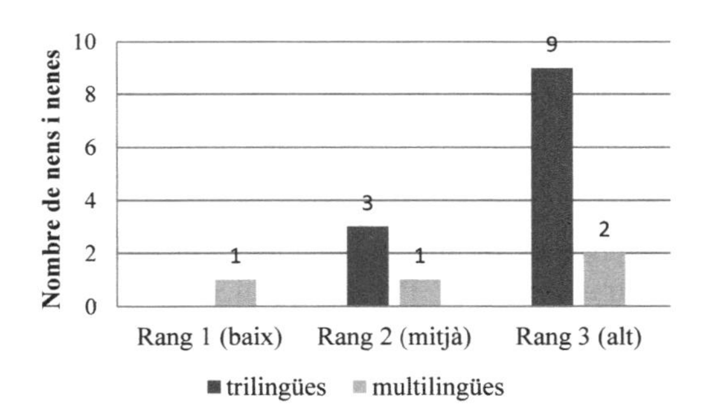

Fig. 2. Resultats del PPVT català segons el nombre de L1s.

Tal i com es pot observar, tots els infants trilingües es troben en la categoria mitjana o alta. Això suposa que cap disposa d'un vocabulari receptiu en català per sota de la mitjana estipulada per les seves edats respectives. Pel grup de multilingües, tot i ser un grup amb només quatre participants, observem que tres d'aquests es troben en el grup mitjà o per sobre de la mitjana. Resumint els resultats per ambdós grups, quinze dels setze nens i nenes (93,75%) mostren resultats mitjans per la seva edat o inclús per sobre de la mitjana. Podem concloure que el nombre de llengües que aprenen aquests infants no sembla influir en la competència lèxica del català.

A continuació analitzem les dades obtingudes amb el PPVT respecte a la llengua de la comunitat (LlCom). Concretament, la LlCom és aquella que generalment passa a ser la llengua més forta, és a dir, aquella on la competència lingüística és més elevada.

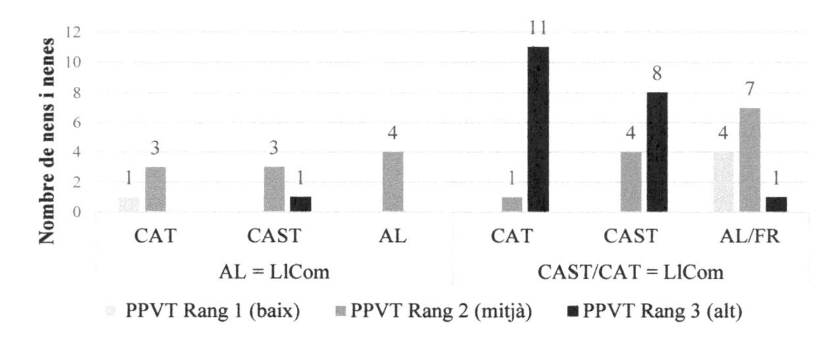

Fig. 3. Resultats del PPVT català segons la llengua de la comunitat (LlCom).

Pel que fa al català, els resultats presentats en la Fig. 3 mostren que tant a Alemanya com a Palma, en resulten pocs casos on el PPVT català hagi donat resultats dins de la categoria baixa. La comunitat bilingüe català-castellà a Palma sembla promoure una competència lingüística majoritàriament alta en català. Tanmateix, els resultats obtinguts pel català en la comunitat alemanya no són pas dolents si tenim en compte que dels quatre nens i nenes en aquest entorn, tres d'ells es troben al rang mitjà. A més a més, la Fig. 3 exposa els resultats obtinguts en el PPVT castellà (CAST), alemany (AL) i francès (FR).[5] Pel que fa al castellà, observem resultats semblants als descrits pel català. Finalment, presentarem breument els resultats del PPVT alemany i francès en la comunitat bilingüe i exclusivament dels resultats alemanys en la comunitat monolingüe alemanya.[6] A grans trets podem observar que l'entorn alemany promou exclusivament una competència lingüística mitjana, mentre que l'entorn bilingüe català-

5 Per a més informacions sobre els resultats del PPVT en aquestes llengües cf. Arnaus Gil/Müller (2018a; 2018b) i Sivakumar et al. (2020).

6 El projecte d'investigació no ha pogut reclutar participants bilingües, trilingües o multilingües on la llengua de la comunitat fos el francès.

castellà sembla ocasionar un 33% de casos on la mida del vocabulari receptiu en alemany/francès dels participants no aconsegueix arribar a nivells mitjans.

Un altre factor que pot influir en la competència lingüística de les L1s és la política lingüística familiar. Aquestes informacions s'han obtingut mitjançant un qüestionari que es va facilitar als pares i mares dels infants que participaven a l'estudi.[7] Dels setze nens i nenes amb català, disposem d'aquestes informacions per a onze famílies, totes de Palma.

	PPVT Rang CAT	**PPVT Rang CAST**	**PPVT Rang AL/FR**	
1LlCom + 1LlMin	2	3	3	n = 2
	3	3	2	
LlMin només a l'escola	3	3	1	n = 5
	3	3	1	
	3	3	2	
	3	2	2	
	3	3	1	
pares bilingües – Mix de llengües	3	2	2	n = 4
	3	3	2	
	3	2	1	
	3	3	2	

Taula 2. Resultats del PPVT català segons la política lingüística parental (1 = baix, 2 = mitjà, 3 = alt).

D'aquesta taula (Taula 2) hem de diferenciar, per una banda, entre les llengües de la comunitat (LlCom) català i castellà i, per d'altra banda, la llengua minoritària (LlMin) emprada a l'escola (alemany o francès). Els rangs obtinguts per a les llengües romàniques que són LlCom són molt bons. Per a les llengües escolars, les LlMin, podem observar que el simple fet de ser presents exclusivament a l'escola no aporta resultats tan alts. Tres dels cinc nens i nenes han obtingut resultats en la categoria baixa (rang 1). En el moment en el que la LlMin també és present a casa, els nens i nenes tri- i multilingües consegueixen resultats més elevats.

Finalment, la Fig. 4 investiga si els nens i nenes que creixen amb 3L1s desenvolupen o bé una o dues llengües dominants o bé si hi cap la possibilitat de què les tres L1s es trobin un grau d'equilibri.

[7] Per a més informacions en quant al qüestionari parental cf. Arnaus Gil et al. (2020).

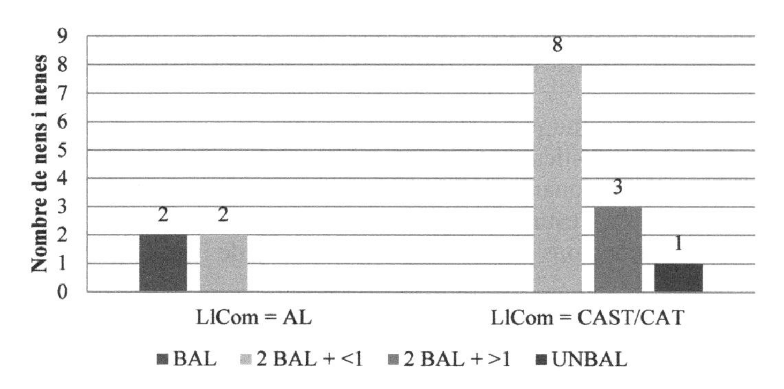

Fig. 4. Equilibri lingüístic segons la llengua de la comunitat (LlCom).[8]

De la Fig. 4 podem identificar un nombre més elevat d'infants, els quals presenten com a mínim un equilibri lingüístic entre dues de les seves tres llengües (81,25%). Només dos dels setze participants (12,5%) mostren un equilibri lingüístic entre les 3L1s i tan sols un (6,25%) mostra rangs diferents en el PPVT en totes les L1s. Si tenim en compte la llengua de la comunitat, s'observa que la comunitat bilingüe a Palma sembla promoure més fàcilment un equilibri entre les llengües de l'individu (almenys en dues d'elles), molt més que no pas en un entorn monolingüe (cal tenir en compte que només disposem d'aquestes informacions per a quatre nens a Alemanya).

A continuació exposarem els resultats de la tasca de producció per als verbs copulatius catalans.

4.4.2 La historieta

La historieta de les oques tenia com a principal objectiu, elicitar tantes estructures copulatives com fossin possibles. La tasca ha estat dissenyada com una producció més o menys lliure i, per tant, de les 182 produccions infantils, només s'han pogut analitzar 42. Aquests 42 items s'han classificat

---

[8] Les categories d'aquesta il·lustració s'han de llegir de la manera següent: BAL = *balanced* (totes les L1s estan equilibrades, es troben en el mateix rang del PPVT); 2 BAL + <1 = dos L1s equilibrades + una tercera (i quarta, en el cas dels multilingües) en un rang superior en el PPVT; 2 BAL + >1 = dos L1s equilibrades + una tercera (i quarta, en el cas dels multilingües) en un rang inferior en el PPVT; UNBAL = *unbalanced* (totes les L1s es troben en rangs diferents del PPVT).

com a compleció per haver produït l'adjectiu quan l'investigador ha donat el verb copulatiu en la seva pregunta o com a producció, quan l'infant ha descrit els esdeveniments amb un verb copulatiu i un adjectiu. Començarem aquesta secció presentant els resultats de compleció. Alguns exemples els mostren en (5):

(5) Exemples de compleció

a. Les oques són de color marró, l'investigador li pregunta a la Chloé A. (5;5,3).
 Adult: De quin color són?
 Nena: Són marrons.

b. Les oques són grises, l'investigador li pregunta a l'Hugo (6;2,2).
 Adult: De quin color són?
 Nen: *Blaus.

c. Els ratolinets són grisos, l'investigador li pregunta a la Juliette (6;0,29).
 Adult: De quin color són?
 Nena: *Blancs.

Per a aquesta categoria, les dades mostren que els nens i nenes rarament han respòs amb l'adjectiu incorrecte (3 d'un total de 21), si l'investigador ja dóna el verb copulatiu a la seva pregunta (5b, c). Tot i que els resultats amb un adjectiu incorrecte són molt escassos, dos d'aquests adjectius produïts pels infants descrivien qualitats temporals, tot i que l'investigador ha emprat el verb copulatiu *ésser*. En resum, els infants trilingües i multilingües semblen ser conscients de l'ús copulatiu emprat per l'adult per tal d'escollir la característica corresponent. La següent il·lustració (Fig. 5), així com els exemples que segueixen mostren els resultats de producció:

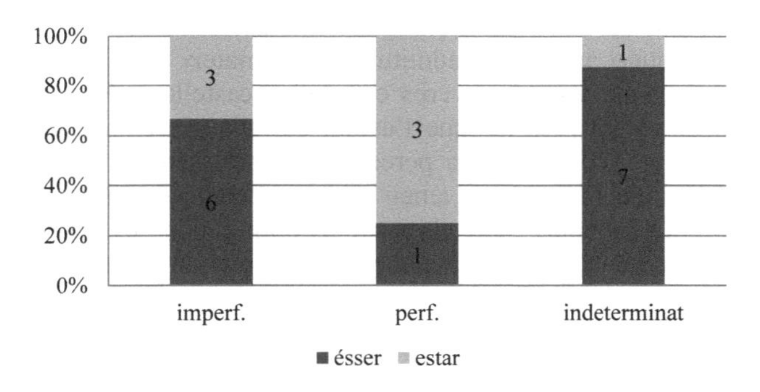

Fig. 5. Resultats de la categoria 4 de la historieta de les oques (producció).

(6) Exemples de producció
  a. Les oques han begut de l'aigua màgica, han canviat de color i en el dibuix que es descriu aquí, les oques han tornat al seu color original.
  Adult: Què li ha passat?
  Nen: Ara torna a ser gris. Tomás (5;8,18)
  b. La nena descriu l'oca que abans era grisa i que ara mostra unes plomes marrons.
  Nena: Perquè aquest està marró. Núria (3;10)

Com es pot veure dels exemples (6), els protagonistes de la historieta són oques i ratolins, per tant, subjectes animats. Per aquest motiu, esperem un ús dels verbs copulatius catalans similar a com és el seu ús en castellà: *ésser* hauria d'utilitzar-se més per a propietats imperfectives i *estar* per a aquelles que són perfectives. La Fig. 5 confirma aquesta predicció amb vora el 75%. Cal fer un apunt sobre els resultats que es mostren a la tercera columna de la Fig. 5. Aquesta mostra els casos en que no ha estat possible determinar l'aspectualitat de la qualitat i, per tant, s'ha comptabilitzat independentment dels usos *ésser* + imperfectiu i *estar* + perfectiu. Els usos copulatius per aquests casos poc clars mostren una tendència majoritària per ésser. Tot i no poder determinar el tipus de propietat d'aquestes produccions infantils, cal destacar que els nens i nenes tendeixen a emprar aquell verb copulatiu més neutral i el que pot acompanyar tant propietats inherents com perfectives (cf. Secció 2). Per concloure, hem volgut comprovar si els resultats són deguts al grau de competència lèxica en català o de l'edat. Les anàlisis estadístiques no mostren cap tipus de correlació ni entre l'ús dels verbs copulatius i la competència lèxica ($r = -0.2635$, $p = .49$) ni entre l'ús d'*ésser* i *estar* i l'edat ($r = -0.2047$, $p = .60$).

Els nens i nenes trilingües i multilingües amb català també estan adquirint castellà dins del seu repertori lingüístic. Una tasca similar a la que hem presentat en aquest article fou administrada al mateix grup de participants per a investigar els usos dels verbs copulatius castellans. Sense entrar en molts detalls, volem recalcar que l'estudi castellà presentat a l'article de Kleineberg et al. (2019) mostra percentatges molt semblants. Aquest paral·lelisme sembla indicar que tenen una competència similar en aquests sistemes copulatius duals i que els resultats obtinguts no es poden explicar per qüestions d'edat, país de naixement o resultats de competència lèxica (mesurada mitjançant el PPVT).

4. Discussió i conclusió

Aquest article ha presentat els resultats d'un estudi transversal amb setze nens i nenes trilingües i multilingües que adquireixen simultàniament català, castellà i una altra (o dues) L1. La finalitat d'aquest estudi era determinar la competència lèxica catalana, mesurada mitjançant la tasca de vocabulari receptiu PPVT, i investigar l'adquisició dels verbs copulatius catalans amb l'ajuda d'una tasca semi-guiada de descripció d'una historieta.

Per mitjà de l'escassa literatura sobre el trilingüisme en edats primerenques que ens consta, hem generat dues hipòtesis en quant a la competència lingüística que poden obtenir els nens i nenes trilingües (cf. 4.1).

La hipòtesis (3a) queda parcialment confirmada. Si bé és cert que en la comunitat bilingüe, el català presenta resultats més elevats que en la comunitat monolingüe, en ambdós entorns trobem resultats en el rang mitjà en la gran majoria de participants. Aquests resultats semblen concloure que una competència lèxica en una de les dues llengües no representades en l'entorn de l'infant poden arribar a nivells semblants als de la llengua de la comunitat. Això és realment valuós si tenim en compte que el castellà gaudeix de més prestigi social i de més possibilitats en aquest entorn monolingüe (com, per exemple, llars d'infants bilingües, classes de castellà com a llengua d'herència, prestigi social, etc.) que el català. La hipòtesis formulada en (3b) no s'ha pogut confirmar amb les dades que s'han presentat en aquest estudi. Tal i com s'ha mostrat en 4.4.1, més d'un 80% dels participants trilingües i multilingües (n = 13), aconsegueixen una competència lèxica semblant en almenys dues de les seves tres (o quatre) llengües maternes.

Pel que fa a l'adquisició dels verbs copulatius catalans, i seguint els estudis longitudinals i transversals que ens consten, hem formulat dues hipòtesis (cf. 4.1). L'anàlisi de les produccions infantils confirmen l'hipòtesis (4a): tant els nens i nenes trilingües com els multilingües han optat per a emprar el verb copulatiu *estar* per a qualitats amb una delimitació temporal, mentre que han utilitzat el verb copulatiu *ésser* per a expressar els qualitats sense una delimitació temporal (qualitats imperfectives). En quant a aquells casos en els que ha estat difícil determinar la qualitat de la propietat, els participants han preferit utilitzar *ésser*, reflectint així els usos copulatius de la norma adulta. En quant a la hipòtesis (4b), no podem treure conclusions precises, ja que només hem pogut comptabilitzar tres errors d'ús adjectival incorrecte dins de la categoria de compleció.

Finalment, volem recalcar l'impacte d'aquest estudi per a la literatura sobre l'adquisició de tres llengües maternes en edats primerenques i la combinació lingüística del català i castellà (juntament amb una altra L1) per a l'estudi dels verbs copulatius. Aquest estudi ha mostrat que aprendre tres llengües maternes simultàniament és possible i que pot ser una adquisició exitosa també per a aquelles llengües com el català que queden excloses de la comunitat monolingüe i que no gaudeixen de tan prestigi com el castellà. A més a més, hem pogut observar que la disposició exclusiva de la llengua minoritària en un entorn escolar sense cap recolzament familiar fa la seva competència difícil i que la col·laboració familiar per a la integració d'aquesta llengua a la llar és necessària. Per últim, cal mencionar que l'adquisició de dos sistemes copulatius que gaudeixen de dos verbs, respectivament, semblen no interferir-se mútuament. Almenys pel que fa als contextos adjectivals aquí estudiats, els dos sistemes semblen beneficiar-se d'aquesta situació.

Referències

Arnaus Gil, L. 2013. *La selección copulativa y auxiliar. Las lenguas romances (español – italiano – catalán – francés) y el alemán en contacto. Su adquisición en niños monolingües, bilingües y trilingües*. Tübingen: Narr.

Arnaus Gil, L. 2015. Acquisitional advantages of simultaneous 3L1 trilingual children. The Spanish copulas SER and ESTAR. In Safont, P. / Portolés, L. Eds. *Learning and using multiple languages. Current findings from research on multilingualism.* Cambridge: Cambridge Scholars Publishing, 134–154.

Arnaus Gil, L. / Müller, N. 2015. The acquisition of Spanish in a bilingual and a trilingual L1 setting. Combining Spanish with German, French and Catalan. In Judy, T. / Perpiñán, S. Eds. *The acquisition of Spanish in understudied language pairings*. Amsterdam: Benjamins, 135–168.

Arnaus Gil, L. / Müller, N. 2018a. Acceleration and delay in bilingual, trilingual and multilingual German-Romance children. Finite verb placement in German. *Linguistic Approaches to Bilingualism*, 1–29. https://doi.org/10.1075/lab.17081.arn (2019-11-26).

Arnaus Gil, L. / Müller, N. 2018b. French postverbal subjects. A comparison of monolingual, bilingual, trilingual and multilingual French. *Languages* 3, 1–28. https://doi:10.3390/languages3030029 (2019-11-26).

Arnaus Gil, L. / Jiménez-Gaspar, A. / Müller, N. 2018. The acquisition of Spanish SER and ESTAR in bilingual and trilingual children. Delay and enhancement. In Cuza, A. / Guijarro-Fuentes, P. Eds. *Language acquisition and contact in the Iberian peninsula.* Berlin: De Gruyter, 91–124.

Arnaus Gil, L. / Müller, N. / Hüppop, M. / Poeste, M. / Scalise, E. / Sette, N. / Sivakumar, A. / Tirado Espinosa, M. / Zimmermann, K. S. 2019a. *Frühkindlicher Trilinguismus. Französisch, Spanisch, Deutsch*. Tübingen: Narr.

Arnaus Gil, L. / Zimmermann, K. / Tirado Espinosa, M. / Müller, N. 2019b (submitted). The acquisition of French adjective placement in monolingual, bilingual, trilingual and multilingual children. A robust syntactic domain. Ms., Wuppertal.

Arnaus Gil, L. / Tirado Espinosa, M. / Müller, M. 2019c (submitted). The early acquisition of Spanish attributive adjectives in multilingual children. Adult-like frequencies across number of L1s, language competence and language (un)balance. Ms., Wuppertal.

Arnaus Gil, L. / Müller, N. / Sette, N. / Hüppop, M. 2020. Active bi- and trilingualism and its influencing factors. *International Multilingual Research Journal.*

Biró, A. 2017. *El sujeto y la cópula en la adquisición trilingüe del húngaro-español-catalán.* PhD dissertation, Barcelona, Universitat Pompeu Fabra.

Brucart, J. M. 2012. Copular alternation in Spanish and Catalan attributive sentences. *Linguística. Revista de Estudos Linguísticos da Universidade do Porto* 7, 9–43.

Cantone, K. F. / Kupisch, T. / Müller, N. / Schmitz, K. 2008. Rethinking language dominance in bilingual children. *Linguistische Berichte* 215, 307–343.

Cuza, A. / Guijarro-Fuentes, P. 2018. The distribution of copulas *ser* and *estar* in Spanish/Catalan bilinguals. In Cuza, A. / Guijarro-Fuentes, P. Eds. *Language acquisition and contact in the Iberian peninsula.* Berlin: De Gruyter, 63–90.

Dunn, L. M. / Padilla, E. R. / Lugo, D. E. / Dunn, L. M. 1986. *TVIP. Test de vocabulario en imágenes Peabody. Adaptación hispanoamericana. / Peabody picture vocabulary test (revised). Hispanic-American adaptation.* Circle Pines, MN: American Guidance Service.

Dunn, L. M. / Thériault-Whalen, C. M. / Dunn, L. M. 1993. *Échelle de vocabulaire en images Peabody.* Toronto: Pearson.

Falk, J. 1990. Difusión de estar con adjetivos de sentido transitorio en catalán. In Lindvall, L. Ed. *Actes du 10e Congrès des romanistes scandinaves.* Lund: Lund University Press, 140–150.

Hager, M. 2014. *Der Genuserwerb bei mehrsprachig aufwachsenden Kindern. Eine longitudinale Untersuchung bilingualer und trilingualer Kinder der Sprachkombinationen deutsch-französisch/italienisch/spanisch, französisch-italienisch/spanisch und deutsch-spanisch-katalanisch.* PhD dissertation, Bergische Universität Wuppertal. http://elpub.bib.uni-wuppertal.de/servlets/DerivateServlet/Derivate-4112/da1401.pdf (2019-11-16).

Hoffmann, C. 2001. Towards a description of trilingual competence. *International Journal of Bilingualism* 5, 1–17.

de Houwer, A. 2007. Parental language input patterns and children's bilingual use. *Applied Psycholinguistics* 28, 411–424.

IEC (= Institut d'Estudis Catalans) 2016. *Gramàtica de la llengua catalana.* Barcelona: Institut d'Estudis Catalans.

Kleineberg, D. / Arnaus Gil, L. / Müller, N. 2019. The acquisition of the Spanish copula system in mono, bi- and trilingual children. Submitted.

Müller, N. / Kupisch, T. / Schmitz, K. / Cantone, K. F. 2011. *Einführung in die Mehrsprachigkeitsforschung. Deutsch, Französisch, Italienisch* (3rd ed.). Tübingen: Narr.

Müller, N. / Arnaus Gil, L. / Eichler, N. / Geveler, J. / Hager, M. / Jansen, V. / Patuto, M. / Repetto, V. / Schmeißer, A. 2015. *Code-Switching. Spanisch, Italienisch, Französisch. Eine Einführung*. Tübingen: Narr.

Peña, E. 2007. Lost in translation. Methodological considerations in cross-cultural research. *Child Development* 78, 1255–1264.

Poeste, M. / Müller, N. / Arnaus Gil, L. 2019. Code-mixing and language dominance. Bilingual, trilingual and multilingual children compared. *International Journal of Multilingualism*. https://www.tandfonline.com/doi/abs/10.1080/14790718.2019.1569017 (2019-11-16).

Ramos, J.-R. 2002. L'atribució. In Solà, J. / Lloret, M.-R. / Mascaró, J. / Pérez-Saldanya, M. Eds. *Gramàtica del català contemporani*, vol. 2: *Sintaxi*. Barcelona: Editorial Empúries, 1951–2044.

Schmeißer, A. / Hager, M. / Arnaus Gil, L. / Jansen, V. / Geveler, J. / Eichler, N. / Patuto, M. / Müller, N. 2016. Related but different. The two concepts of language dominance and language proficiency. In Silva-Corvalán, C. / Treffers-Daller, J. Eds. *Language dominance in bilingual children. Issues of operationalization and measurement*. Cambridge: Cambridge University Press, 36–65.

Sivakumar, A. / Sette, N. / Müller, N. / Arnaus Gil, L. 2020. Die Entwicklung des rezeptiven Wortschatzes bei bi-, tri- und multilingual aufwachsenden Kindern. *Linguistische Berichte*.

Unsworth, S. 2013. Current issues in multilingual first language acquisition. *Annual Review of Applied Linguistics* 33, 21–50.

Wheeler, M. / Yates, A. / Dols, N. 1999. *Catalan. A comprehensive grammar*. London: Routledge.

Agraïments. Aquest treball ha estat finançat per l'Associació Alemanya d'Investigació (*Deutsche Forschungsgemeinschaft* (DFG) número de finançament: 232285006; direcció: Laia Arnaus Gil i Natascha Müller).

Meike Poeste & Natascha Müller

Code-mixing in trilingual children: domains and dimensions of language dominance

Abstract. In the literature, it is controversially discussed whether language dominance and code-mixing in young children with more than one first language are related. On the basis of the results in Poeste et al. (2019), we propose that a distinction between domains and dimensions of language dominance (cf. Birdsong 2016) is crucial to answer the question. We investigate the possible relation between code-mixing and language dominance in longitudinal studies of four trilingual children with Spanish, Catalan and German in Barcelona. The main result is that domain-specific language dominance can explain the relatively high mixing rate found in the German recordings in which the child interacts with a German-speaking interlocutor. Concerning societal bilingualism in Catalonia, no clear influence of Spanish onto Catalan or vice versa could be attested. Dimension-specific language dominance can explain the mixing behavior of one unbalanced child's mixing. Our analysis does not allow for generalizations with respect to unbalanced multilingualism and code-mixing, though, since only one individual exhibited an unbalanced language development. Overall, the trilingual children mix their languages rather frequently. Since the setting of the study cannot be defined as strictly monolingual, this might have determined the higher mixing rate.

1. Introduction

Multilingual communities offer the possibility of early multilingualism. These communities can have an impact on the mixing behavior of tri- and multilingual children, more so than the individual's language dominance. Birdsong (2016) distinguished between two concepts of language dominance, domains and dimensions. The absence of this distinction in the vast majority of studies on code-mixing has led to different results regarding the relationship between code-mixing and language dominance. Poeste et al. (2019) present the results of a cross-sectional study of 122 bi-, tri- and multilingual children at an average age of 58 months (4;10), tested in different cities in Germany, with the socially dominant language German, and in Palma de Mallorca (Balearic Islands), a region that benefits from societal (Catalan-Spanish) bilingualism (cf. Section 3). The main result is that domains of language dominance must be taken into account in future studies on the relation between code-mixing and language dominance.

The present study focuses on longitudinal studies of child language. We will describe the relationship between code-mixing and language dominance in four longitudinally studied trilingual children in Barcelona (Catalonia), with special reference to Birdsong's two-fold concept of language dominance.

2. Theoretical background

2.1 Code-mixing

Code-mixing works as a cover term for different phenomena of language contact and is used to express that languages are mixed clause-internally or across clauses (cf. Müller et al. 2015: 24). Another important term in this context is code-switching, which is considered to be a specific speech style of individuals who speak more than one language (cf. MacSwan 2000: 38). It describes a smooth change of languages observed in bilinguals who master both languages well (cf. Müller et al. 2015: 24). Therefore, code-switching is not caused by a lack of competence in one of the languages of a bilingual speaker but reflects a bilingual person's ability to behave bilingually (cf. Müller et al. 2015: 24). According to Grosjean, who claims the existence of speech modes in which bilinguals activate either only one of their languages or both (cf. Grosjean 2001: 1), code-switching indicates the activation of more than one language. Although Grosjean (1985) originally refers to bilingual speakers, the activation of the languages of a multilingual speaker to different degrees and the related phenomenon of code-switching applies not only to bi- but also to tri- or multilinguals (cf. Grosjean 2001: 18).

Gumperz (1964) introduced code-switching as a discourse strategy for bilinguals, which means that it can be used to express different illocutions or to point out that the listener has to interpret the forthcoming message differently (cf. metaphorical code-switching, Chan 2004). Since code-switching enables the speaker of more than one language to pursue different communicative goals, sociolinguistic aspects concerning code-switching have been the focus for quite some time. Poplack (1980), who analyzed bilingual speakers of Spanish and English in New York City, shifted the focus from sociolinguistic to grammatical aspects. In this context, it is important to differentiate between inter- and intrasentential code-switching. Whereas the former relates to mixing between sentences, the latter refers to mixing within one sentence (cf. Müller et al. 2015: 15). The following examples illustrate the distinction between inter- (1a) and intrasentential (1b) code-mixing.

(1) a. allí$_{SP}$[1] hay$_{SP}$ dos$_{SP}$ (Milena, 1;6)
'There are two.'

b. mira$_{SP}$, como$_{SP}$ hace$_{SP}$ el$_{SP}$ *frosch*$_{GER}$! (Milena, 2;2,18)
'Look, how the frog does.'

Example (1a) is not only a sentence but also represents a separate utterance which follows a German utterance of the interlocutor. Therefore, it could be classified as a case of inter-utterance mixing. In the literature, it is common not to differentiate between code-switching at the boundary of a clause or an utterance but to use the term *intersentential* to describe both types of code-switching (cf. Müller et al. 2015: 15). Moreover, the children's utterances from age 1;6 to 4 years (cf. 4.3) usually do not contain more than one sentence, an observation which makes a distinction between code-mixing at the boundary of a clause or an utterance superfluous. Example (1b) shows a combination of Spanish and German lexical material in one sentence which is referred to as intrasentential mixing. Both examples come from one of the trilingual German-Spanish-Catalan children of the present study.

Code-switching is a speech style that multilingual speakers have to acquire. Since children are still developing their grammars, it is not clear whether their code-mixing can already be classified as code-switching (cf. Arnaus Gil et al. 2019: 104). We propose to use the cover term code-mixing in order to describe the use of at least two languages by trilingual children at age 4 and below.

2.2 Language dominance: domains and dimensions

Language dominance refers to situations in which the two (or more) languages of a multilingual individual do not develop at equal pace. Accordingly, the child is more proficient in one language or acquires one language faster than the other (cf. Müller et al. 2015: 45). The language that is mas-

---

[1] Abbreviations: SP = Spanish, CAT = Catalan, GER = German. *Allí* could be Spanish or Catalan. Since Milena produced this otherwise Spanish utterance while interacting with her Spanish-speaking mother, it is classified as a Spanish word. The same happens with other words that cannot be unambiguously identified as belonging to Spanish or Catalan unless there is no other word within the same utterance that can be classified as only Spanish or only Catalan. As a consequence, the example *i/y aquí* falls into the category 'Spanish/Catalan' and is not assigned to any of the two languages.

tered better or acquired faster is often called the strong language, the other is referred to as the weak language. It is important to add that language dominance is not necessarily constant across lifetime but can vary over time (cf. Müller et al. 2015: 46). The relationship between such an unbalanced language development and code-mixing in children still is a matter of controversial discussion in the literature. Gawlitzek-Maiwald/Tracy (1996), for example, claim that bilingual children make use of code-mixing to cope with situations in which one language is less developed than the other (cf. Müller/Cantone 2009: 213). The mechanism that "something that has been acquired in language A fulfills a booster function for language B" (Gawlitzek-Maiwald/Tracy 1996: 903) is called *bilingual bootstrapping*. Similar to this reasoning, Bernardini/Schlyter (2004) introduce the *ivy hypothesis*. This hypothesis implies that children take advantage of their language dominance by using bits of functional structures of the strong language to compensate for gaps in their weak language (cf. Bernardini/Schlyter 2004: 49). The two approaches differ with respect to the concept of language dominance: Bernardini/Schlyter (2004) use the term to refer to whole language systems whereas Gawlitzek-Maiwald/Tracy (1996) focus on bits of syntactic structures that are acquired earlier in one language (the stronger language) than in the other (the weaker language, cf. Cantone 2007: 149).

Regarding both hypotheses, we expect that code-mixing occurs exclusively in one direction and that children with a dominant language should mix their languages more often when speaking their weak language (cf. Müller/Cantone 2009: 213). Cantone (2007) was one of the first to refute these assumptions. Some of the German-Italian bilingual children in her study produced code-mixing in all languages, some only in one language and some did (nearly) not mix their languages at all. Furthermore, unidirectional code-mixing does not necessarily affect the weak language (cf. Cantone 2007: 123). These results challenge the standard view that language dominance causes code-mixing in young multilingual children. Like Cantone (2007), Genesee (2002) assumes that code-mixing is not related to language dominance but reflects the children's linguistic and pragmatic competence in their respective languages. Consequently, multilingual children mix their languages "because they have the (equivalent) competency to do so and not because they are confused, incompetent or do so randomly" (Yow et al. 2016: 83).

If we want to investigate the relationship between code-mixing and language dominance, it is essential to know how to measure language dominance. In order to compare the proficiency in a multilingual's languages, different qualitative and quantitative criteria have been proposed. One qualitative criterion is the *Mean Length of Utterances* (MLU), a measure which has also been used to determine individual language dominance in our own research (cf. Section 4). The MLU can be counted in morphemes or words and difficulties arise if the compared languages differ in what they express in morphemes or words (cf. Müller et al. 2015: 48–49; Schmeißer et al. 2016b: 38).

Apart from the measurement of individual language dominance, we consider the distinction between domains and dimensions of language dominance made by Birdsong (2016) to be crucial. On the one hand, the dimensions of language dominance concern a multilingual speaker's linguistic competence, measured in terms of MLU, for example. On the other hand, the domains of language dominance are related to situations, needs, purposes and social functions (cf. Birdsong 2016: 86). The need to use the language of the respective domain can lead to high proficiency in that language, a use which is classified as extremely domain-specific (cf. Grosjean 2016: 68). In order to illustrate his two-fold concept, Birdsong describes the following situation. A bilingual Spanish-English mother chooses to speak English with her children although it is the language in which she is slower in lexical retrieval. She is thus dominant in Spanish on an individual level, whereas English is the dominant language in the domain of interaction with the children (cf. Birdsong 2016: 86).

The present study will use both concepts of language dominance. Eventually, this distinction leads to different results regarding the relationship between an unequal development of languages and code-mixing (cf. Sections 3 and 4).

2.3 Societal bilingualism in Spain: Spanish in contact with Catalan

After having presented the distinction between domains and dimensions of language dominance, it seems important to consider also the specific linguistic environment of the children under investigation. In Poeste et al. (2019), the authors draw the conclusion that the tri- and multilingual children mixed rather frequently their languages when they were tested in Catalan (compared to the testing in Spanish, French or German) due to the linguistic situation in Palma de Mallorca. According to Boix-Fuster/Sanz (2008) societal bilingualism in Catalonia is asymmetrical in favor of Spanish in most situations. Extending their results to the Balearic Islands "the children might have assumed that all people who are able to speak Catalan are also able to speak Spanish but not vice versa" (Poeste et al. 2019: 19–20). Therefore, Spanish seems to be the domain-specific dominant language at the school in Palma de Mallorca where the children were tested (cf. Section 3). For this reason, it is appropriate to have a closer look at the linguistic situation in Catalonia, in order to investigate a possible influence of the bilingual environment on the mixing behavior of the trilingual children from Barcelona studied here (cf. Section 4).

Within the scope of the democratic rearrangement of Spain after the end of the dictatorship in 1975, it emerged the necessity of support for the minority languages which had been repressed before (cf. Bochmann et al. 1993: 409). For this reason, the government began to issue laws for the linguistic normalization in order to guarantee "the normal and official use of both languages" (Woolard 1989: 84). Therefore, the *Llei de normalització lingüística a Catalunya*, which was established in 1983 in Catalonia (cf. Bochmann et al. 1993: 408–409), should not only determine Catalan as co-official language in Catalonia, but also strengthen and extend its use. The unequal distribution of Spanish and Catalan in the Catalan community can be seen as a consequence of the immense process of repression during the dictatorship and high immigration waves of Spanish speaking people to Catalonia (cf. Boix-Fuster/Sanz 2008: 89).

This attempt seemed to be successful regarding the educational system where Catalan has been established as the language of instruction. Nevertheless, outside the classroom a dominance of Spanish is still being observed (cf. Newman et al. 2008: 310). Although competences in Catalan are spread comparatively widely over Catalonia (cf. DGPL/Idescat 2018), for Boix-Fuster/Sanz (2008) the overall competence and almost complete alphabetization in Spanish indicates that societal bilingualism in Catalonia is asymmetrical in favor of Spanish (cf. Boix-Fuster/Sanz 2008: 89). This possible convergence towards Spanish may be caused by the fact that Spanish is considered the unmarked code which means that Catalan is particularly used with persons who are known as Catalans (cf. Sinner/Wieland 2008: 136).

On the basis of this brief overview of the contact situation in Catalonia, no general conclusion can be drawn. To do so, it would be important to consider not only differences between various regions in Catalonia but also between different groups within the population. It should be emphasized that Catalan could be established predominantly as the language of instruction in Catalonia due to the policy of linguistic normalization (cf. Poeste 2019: 17–22 for a comparison of the linguistic situation in the Balearic Islands). Although it is premature to anticipate any final conclusions, some researchers have observed a tendency to use Spanish for example outside the classroom or when talking to people of whom it is not clear at first sight whether they speak Catalan.

3. Previous research on the relation between code-mixing and language dominance in multilingual children

The few existing studies of code-mixing in trilingual children are longitudinal ones. No studies exist which compare several children over a long period. The combination of languages that is of interest here (Spanish, Catalan and German) has not been analyzed before. In what follows, we will present briefly two longitudinal studies on code-mixing which analyze Spanish as one of the languages of trilingual children in addition to one cross-sectional study. The results of the latter suggest an impact of societal language dominance on the mixing behavior of trilingual children with Spanish, Catalan and another language.

Hoffmann/Stavans (2007) analyzed the mixing behavior of trilingual siblings with Spanish, English and Hebrew. The children were tested at two different points in time. In the first period (T1), the younger child (M) was between 2;6 and 4 years old, the older child (E) was between 5;5 and 6;6 years old (cf. Hoffmann/Stavans 2007: 60). Since the family lived in the US, English represented the community language, whereas the mother spoke Hebrew and the father Spanish with the children (cf. Hoffmann/Stavans 2007: 59). At T2, M was 6;4 and E was 9;3 years old. The family moved to Israel and Hebrew became the community language at T2. The mother decided to switch to English by then in order to provide continuous trilingual input. The father continued to use Spanish with his children.

If inter- and intrasentential code-mixing is taken together, the older child E produced more cases of code-mixing at T1 (38.6%) than at T2 (11.9%). The younger child M produced significantly less code-mixing at T1 than the older sibling (cf. Hoffmann/Stavans 2007: 60). The authors assume that code-mixing increases between three and six years of age but decreases again afterwards. If we consider inter- and intrasentential code-mixing separately, the latter was scarce at T1, when M was between 2;5 and 4 years old (1.2%) and E between 5;5 and 6;6 (3.2%). However, the rate for intersentential mixing is at 28.7% for the younger and at 35.4% for the older child. While intersentential code-mixing decreased from T1 to T2, intrasentential code-mixing became more frequent. A possible explanation for this development could be that mixing languages within sentences is more complex and requires higher linguistic competences (cf. Hoffmann/Stavans 2007: 61), whereas intersentential mixing is influenced by various social factors such as the setting, the interlocutor or the topic (cf. Hoffmann/Stavans 2007: 66). When the child grows older, he or she learns to notice these factors and to adapt his/her output (cf. Hoffmann/Stavans 2007: 66).

Regarding the role of language dominance, the authors find evidence that at all points of time the children mix their languages more when speaking Spanish or Hebrew. At the same time, they are switching more often into English than into Hebrew and even less frequently into Spanish, which could mean that they feel most comfortable in English (cf. Hoffmann/ Stavans 2007: 62). Although it cannot be concluded from the study that language dominance causes code-mixing, dominance clearly influences the direction of mixing (cf. Poeste et al. 2019: 11). Notice that the authors defined English as the dominant language by means of the number of English content words that are mixed into Spanish and Hebrew (cf. Hoffmann/ Stavans 2007: 64); as already mentioned in 2.2, this does not constitute an independent and reliable method of measurement.

It is relevant that the two trilingual children are able to use all three languages separately (cf. Hoffmann/Stavans 2007: 65). It is possible that they use English frequently with Spanish or Hebrew interlocutors because they notice that these interlocutors are bi- or even trilingual with English as one of their languages and there is thus no need to use another language than English.

Another longitudinal study (Montanari 2010) investigates the linguistic development of the trilingual child Kathryn with English (community language), Spanish (language of the father) and Tagalog (language of the mother). Montanari (2010) pursues the question of whether her mixed utterances are caused by lexical gaps. For the analysis of code-mixing, all utterances consisting of more than one word were taken into account. In total, there were 438 utterances with more than one word, 58 in Tagalog, 81 in Spanish, 176 in English and 123 with lexical items from more than one language (cf. Montanari 2010: 74). Thus, 39% of the utterances can be classified as intrasentential code-mixing. An analysis of Kathryn's vocabulary reconstructed through diary records and audio-recordings shows that 90% of intrasentential code-mixing in Tagalog could be due to the absence of a translation equivalent. The same is true with 80% of her code-mixing in English and with 80% in Spanish. It is therefore likely that most intrasentential code-mixing is caused by lexical gaps (cf. Montanari 2010: 79).

According to the child's language choice, Kathryn differentiates her languages from the first recording onwards. It is important to note that the recordings did not take place in a monolingual setting, but that interlocutors of all three languages participated in the conversations (cf. Montanari 2010: 100). Despite the multilingual setting, the child used 72.8% of Tagalog with her mother at a first point in time (1;9,23) and 50% at a second point in time (2;3,23–2;4,27; cf. Montanari 2010: 106). With the English interlocutor, she used 60% of English at T1 and 65.5% at T2, in the Spanish context 36.4% and 37.3%, respectively (cf. Montanari 2010: 107). However, particularly if Spanish is concerned, language separation is not adult-like yet, which cannot only be related to lexical gaps but also to how code-mixing is accepted in the immediate context (cf. Montanari 2010: 125–126). For Kathryn, it can be observed that her Spanish interlocutors showed comprehension and appreciation especially for English utterances, indicating that code-mixing was not only understood but also appropriate (cf. Montanari 2010: 117).

Altogether, age seems to be a relevant factor for code-mixing in young trilingual children. Whereas the children in Hoffmann/Stavans (2007) show only some instances of intrasentential mixing at T1, Kathryn's mixing rate within utterances (39%) must be classified as high. Montanari (2010) argues that children below the age of 2 have a restricted vocabulary, which forces them into mixing intrasententially due to lexical gaps (cf. Poeste et al. 2019: 11). Despite higher mixing rates in very young children, they are mostly willing to accept and able to use the appropriate language according to the context. Referring to language dominance, an influence on the direction of code-mixing can be assumed but it is noteworthy that language dominance is defined by the direction of code-mixing and not measured independently. In addition to language dominance, the aforementioned longitudinal studies suppose an impact of the setting in which the children are observed as well as of attitudinal factors regarding code-mixing on part of the adult interlocutors.

An impact of the setting in which children are tested can also be confirmed for a cross-sectional study on bi-, tri- and multilingual children. 122 children from different cities in Germany and from Palma de Mallorca participated in the study of Poeste et al. (2019), 51 of them were bilingual, 62 trilingual and 9 multilingual at an average age of 58 months (4;10). The main purpose of the study was to investigate the children's grammatical competence by means of different tests. At the beginning of each test phase, the interlocutor talked to the child for a few minutes in order to determine the respective language and to ask the child indirectly to behave monolingually (cf. Poeste et al. 2019: 13). The most important result is that the children rarely mixed their languages, which implies that they were aware of the monolingual setting. In 7% of the utterances (134 out of 1913) they used another than the requested language (cf. Poeste et al. 2019: 18).

The mixing rate decreases from 7% to 4.7% once the testing in Catalan is excluded (cf. Poeste et al. 2019: 19). The tri- and multilingual children who use Spanish in the Catalan tests did not mix when speaking their other languages. Furthermore, they mixed only Spanish material into Catalan and not from their other language(s) (cf. Poeste et al. 2019: 19). Language dominance, measured in this study by means of the Peabody Picture Vocabulary Test (PPVT), a test from which the size of the receptive vocabulary can be inferred, cannot explain the relatively high mixing rate in Catalan because the majority of the children who mixed Spanish into Catalan are moderately or highly proficient in Catalan (cf. Poeste et al. 2019: 20). Code-mixing rates are argued to relate to the linguistic situation in Palma de Mallorca where the children were tested. As already shown (cf. 2.3), bilingualism in Catalonia is claimed to be asymmetrical in favor of Spanish. If this also applies to the Balearic Islands, it follows that not individual language dominance within the children but societal language dominance has fostered mixing in Catalan (cf. Poeste et al. 2019: 29). Statistical analyses concerning the dimensions of language dominance confirm the absence of a relationship with code-mixing (cf. Poeste et al. 2019: 20-24.). The result remains the same when inter- and intrasentential code-mixing are analyzed separately (cf. Poeste et al. 2019: 24).

4. Empirical study

4.1 Research question and hypotheses

It has been shown that there is no consensus in the literature concerning the relation between code-mixing and language dominance. Poeste et al. (2019) claim that an unbalanced development of the languages in bi-, tri- and multilingual children does not cause code-mixing. However, they suggest that domain-specific language dominance (cf. 2.2) has an impact, in such a way that Spanish is the preferred language in the context of the school in Palma de Mallorca where the children were tested. If we assume that societal bilingualism influences the children's mixing behavior, the following hypotheses have to be investigated.

H1 Trilingual children are able to use their languages appropriately.
H2 Societal language dominance (domains of language dominance) has an impact on trilingual children's mixing behavior.
H3 The linguistic competence (dimensions of language dominance) cannot explain trilingual children's mixing behavior.

4.2 Methodology

To test these hypotheses, spontaneous production data of four trilingual children from Barcelona is analyzed by means of video-recordings in Spanish, Catalan and German. The recordings are about 30 minutes long and show the children in interaction with a Spanish, Catalan or German interlocutor. The language that the interlocutor (mostly one of the parents) normally speaks to the child equals the language of the recording.

Code-mixing occurs if the child's language choice does not correspond to the language of the recording. However, if the child addresses e.g. the Spanish mother, who is behind the camera, in Spanish during an otherwise German recording, it is not classified as code-mixing. In this case it is not the right language with regard to the recording but it is the right one considering the interlocutor with whom the child is interacting. Intrasentential mixing occurs if lexical elements of at least two languages are combined in one utterance, whereas intersentential mixing is present if the child has chosen the wrong language.

Regarding the relationship between code-mixing and language dominance we use the MLU to determine individual language dominance. For trilingual children it is necessary to compare each language with the respective other, i.e. A and B, B and C, A and C, by means of the differences between the respective MLUs. In order to measure language dominance for the whole research period, the mean MLU differences have to be calculated. Afterwards, it is possible to describe the relation between the languages of a trilingual child, as illustrated in the following table (Tab. 1).

trilingual		
balanced	balanced with 2 languages (third language not measured)	balanced with three languages
unbalanced	unbalanced with 2 languages (third language not measured)	unbalanced with three languages

Tab. 1. Categories of language dominance for trilingual children, modified according to Arnaus Gil et al. (2019: 61).

4.3 Data base

The analyzed data are part of the code-switching project (cf. Müller et al. 2015) funded by the German Research Foundation. The following background information of the children's linguistic situation has been provided by the parents. All families lived in Barcelona at the time of recording.

Frank grows up trilingually with German (language of the father), Spanish (language of the mother and the community) and Catalan (language of the community). Whereas the father is highly proficient in Spanish, the mother has only receptive skills in German. The parents chose Spanish as their family language. Frank attends a German-Spanish kindergarten where Catalan is also used as a language of communication. 35

German recordings with the father (1;11,24–3;4,11) and 35 Spanish recordings with the mother (1;11,24–4;6,3) are part of the present study.

German (language of the mother), Spanish and Catalan (languages of the father and the community) are acquired by the trilingual child Eric. His father speaks Catalan with him. Spanish constitutes the family language due to the mother's productive skills in Spanish and her receptive skills in Catalan. The father hardly speaks German. Furthermore, Eric's grandparents in Barcelona talk to him in Catalan and he attends a Catalan kindergarten where many children have a Spanish linguistic background. 14 German recordings with his mother and 12 Catalan recordings with his father (1;9,8–3;2,20) as well as 4 recordings in Spanish with a friend of the family (1;9,22, 1;11,24, 2;5 and 2;6,16) are analyzed.

The trilingual child Milena grows up with a bilingual Spanish-Catalan mother who speaks Spanish with her daughter and a German father who speaks German with her. When all family members are present, the parents speak German and English. Regarding their competences in the respective other language, the father does not speak Spanish fluently and the mother understands German and speaks it partly. Milena attends a German kindergarten and her grandparents talk mostly in Spanish and sometimes in Catalan to her. 11 Spanish recordings with the mother (1;6–2;3) and 10 German recordings with the father (1;6–2;4) are investigated.

For Kilian, who acquires Spanish, Catalan (languages of the mother and the community) and German (language of the father), the following information is available. While the mother uses Catalan when addressing Kilian, the father, who is highly proficient in Catalan, talks German and often also Catalan to him. Catalan constitutes the family language. Moreover, Kilian speaks in Catalan with his older sister. He attends a German-Catalan kindergarten. 23 Catalan recordings with his mother (2;3,6–4;3,3) and 21 German recordings with the father (2;3,6–4;1,29) are analyzed.

4.4 General results

4.4.1 Language dominance

As the analysis of individual language dominance in Poeste (2019) has shown, three of the children can be categorized as balanced and one as unbalanced. For Frank the comparison of his MLU-values in Spanish and German reveals an average MLU-difference of 0.6 words (cf. Poeste 2019: 61). Consequently, he can be assigned to the category balanced with a tendency towards one language (cf. Arencibia Guerra 2008: 77), tending to higher MLU-values in Spanish as compared with German. According to the categories of language dominance (cf. Tab. 1), Frank is *balanced with two languages – third language not measured* (cf. Poeste 2019: 62).

For Eric, an average MLU-difference of 0.51 words can be observed if we compare his German and Catalan recordings. Therefore, the relationship between these two languages can be classified as balanced (cf. Arencibia Guerra 2008: 77). Comparing German and Spanish, an average MLU-difference of 0.42 words can be observed, in other words, the two languages are balanced as well. It is noteworthy that only four Spanish recordings are available and two of them can be used for comparison. Therefore, it is difficult to determine language dominance for the whole period due to scarce data (cf. Poeste 2019: 63). Last but not least, the comparison of Spanish and Catalan reveals the same difficulty. An average MLU-difference of 0.63 words can be observed, in other words, Eric is balanced with tendency towards Spanish. However, if we abstract from the average MLU-difference and consider the MLU-differences at each recording time, a future dominance in Catalan is likely (cf. Poeste 2019: 64). In total, Eric is classified as *balanced with three languages* despite the extremely low number of Spanish recordings (cf. Poeste 2019: 65).

Comparing Milena's MLU-values for Spanish and German, an average MLU-difference of 0.86 words shows a balanced development of the two languages with a tendency towards Spanish. Hence, her language dominance is described as *balanced with two languages – third language not measured,* although an analysis of the MLU-differences at the end of the period indicates a future dominance in Spanish (cf. Poeste 2019: 66).

For Kilian an average MLU-difference of 1.44 words between Catalan and German suggests an unbalanced language development: he can be categorized as *unbalanced with two languages – third language not measured* (cf. Poeste 2019: 66–67).

4.4.2 Code-mixing: domain-specific language dominance

The first general result is that the four children of our study mix rather frequently their languages as compared to the children in Poeste et al. (2019). The mean mixing rate is 21.02%, if figures of inter- and intrasentential mixing are added up (cf. Poeste 2019: 70). The highest mixing rate of 25.17% can be observed in Kilian's recordings, while Frank is following with 20.17%, Eric with 17.63% and Milena with 16.12%.

Interestingly, the mean mixing rate decreases to 5.53%, which can be classified as low, once all recordings with the German interlocutors are excluded (cf. Poeste 2019: 71). The highest mixing rate in Spanish and Catalan can be observed for Eric with 13.25%, while Milena shows 5.5%,

Kilian 4.35% and Frank 2.54% inter- and intrasententially mixed utterances (cf. Poeste 2019: 71). It is obvious that the children tend to use another than the requested language when communicating with the German interlocutors. Whereas in the Spanish and Catalan recordings about 90% of all utterances correspond to the appropriate language choice, only 63% of the utterances in the German context are in German (cf. Poeste 2019: 73). The following examples occur during a conversation between Kilian and his German-speaking father. Kilian produces 38.55% (2632 out of 6828 utterances) of code-mixing in the German context. (2a) is classified as inter- and (2b) as intrasentential code-mixing.

(2) a. deixa-ho$_{\text{CAT}}$ aquí$_{\text{CAT}}$ papa[2] (Kilian, 4;1,29)
'Leave it here, Dad.'

b. ein$_{\text{GER}}$ käse$_{\text{GER}}$ *no*$_{\text{CAT}}$ *en*$_{\text{CAT}}$ *tinc*$_{\text{CAT}}$ (Kilian, 3;5,27)
'A cheese, I do not have.'

As outlined by Montanari (2010), a share of about 60% of appropriate language choice does not correspond to an adult-like language separation. Possibly, this result is due to the fact that German is not the family language for three of the studied trilingual children. Only Milena's parents report to use German and English as main languages of communication within the family. According to domain-specific language dominance (cf. 2.2) it can be argued that Spanish (Eric and Frank) and Catalan (Kilian) are the preferred languages in the family context (cf. Poeste 2019: 74). Moreover, nearly all German parents are also competent in the language of their partner, be it Spanish or Catalan. Only Milena's father does not speak Spanish fluently, but the recordings show that he understands everything his daughter says to him in Spanish. In contrast, the Spanish or Catalan parents are not competent in German. Only Milena's mother understands and speaks German. It is likely that the parent's skills in the Romance languages as well as the status as family language promote Spanish or Catalan as the dominant language (cf. Poeste 2019: 74). For Milena it can be observed that her Spanish mother is also present during the German recordings and takes part in the conversation. She talks in Spanish as well as in German. Domain-specific language dominance is possibly not only fostered by the necessity to use a language according to the situation but it also depends on the presence of certain interlocutors (cf. Poeste 2019: 74–75).

With regard to the Spanish and Catalan recordings, the mixing rates are lower with 4.72% and 6.92%, respectively. Notice that these figures illustrate that the children mostly choose the appropriate language. 3.26% of the

---

[2] *Papa* is treated as a proper name and therefore not assigned to a certain language.

children's code-mixing in Spanish comes from German, 1.28% from Catalan and 0.08% cannot be classified unambiguously (e.g. *blau* 'blue' can be Catalan or German). For the Catalan recordings 3.56% of the children's code-mixed material is German, 3.28% Spanish and 0.09% could be either Spanish or Catalan (cf. Poeste 2019: 75). Therefore, mixing of Catalan into Spanish is less frequent than vice versa. However, a difference of 2% indicates only a little pronounced asymmetry in favor of Spanish. The following examples show Spanish code-mixing during a recording with the Catalan-speaking interlocutor (3a) as well as Catalan code-mixing in the Spanish recording (3b).

(3) a. m'estic$_{\text{CAT}}$ menjant$_{\text{CAT}}$ el$_{\text{CAT}}$ teu$_{\text{CAT}}$ *pastel*$_{\text{SP}}$ (Eric, 3;1,12)
'I am eating your cake.'

b. aquí$_{\text{CAT}}$ no$_{\text{CAT}}$ hi$_{\text{CAT}}$ ha$_{\text{CAT}}$ (Eric, 2;5)
'There is none.'

Whereas (3a) represents a case of intrasentential code-mixing with a Spanish word inserted into an otherwise Catalan utterance, (3b) is classified as an instance of intersentential code-mixing because all words within the utterance can be assigned to Catalan although the child is addressing the Spanish interlocutor.

With regard to the two children who were tested in Catalan (Eric and Kilian), the extremely low amount (3.19%) of Spanish code-mixing in the Catalan recordings is unexpected if Spanish is the preferred language at home (cf. Poeste 2019: 77). The result is inconsistent with the one for the school context in Palma de Mallorca (cf. Section 3). A possible explanation for the diverging outcomes will be discussed after the presentation of the results (cf. Section 5).

4.4.3 Code-mixing: dimension-specific language dominance

Dimension-specific language dominance measured by means of the MLU reveals a significant difference between the balanced and unbalanced children in this study regarding their mixing behavior. Nevertheless, it does not seem to be useful to apply statistical analyses because of the low number of children (n = 4) despite a large amount of data (6368 cases of code-mixing). On the basis of descriptive statistics, it can be assumed that Kilian's dominance in Catalan is related to more frequent code-mixing in the German context. However, this observation cannot be generalized to other unbalanced children (cf. Poeste 2019: 78). Comparing the mixing rates of all four children, the order of precedence is as follows: 16.12% (Milena) → 17.63% (Eric) → 20.17% (Frank) → 25.17% (Kilian). The mean mixing rate of the unbalanced child is about 5% higher than the highest mixing rate of the balanced children. Regarding the mean mixing rates of the unbalanced trilingual children in Poeste et al. (2019), a range from 3.33% to 66.6% of code-mixing can be observed. It might be concluded that the mixing rates of unbalanced trilingual children differ by more than 5% and that the relationship between individual language dominance and code-mixing observed here is due to the small number of individuals (cf. Poeste 2019: 79). For the present study, the domains of language dominance seem to be decisive whereas far-reaching conclusions regarding the dimensions of language dominance are not possible.

4.4.4 Code-mixing: inter- and intrasentential

Until now, we considered inter- and intrasentential code-mixing together. Since the literature suggests a difference between these two types of code-mixing, we will analyze them separately in what follows.

18.07% of all utterances are cases of intersentential code-mixing whereas only 2.95% are classified as intrasentential code-mixing (cf. Poeste 2019: 80, 82). Hence, there is a clear imbalance in favor of intersentential code-mixing, which has also been confirmed in Schmeißer et al. (2016a: 261) and in Poeste et al. (2019: 23). The former also observed that intersentential code-mixing occurs mainly in the weak language of bilingual children. For the unbalanced child in our study, 35.5% of intersentential code-mixing in his weak language (German) stand in sharp contrast with 2.55% in his dominant language (Catalan). However, the balanced children show higher mixing rates in the German context as well (Frank 52.06% in German and 1.87% in Spanish; Milena 22.8% in German and 3.15% in Spanish; Eric 17.71% in German, 35.59% in Spanish and 6.54% in Catalan). Therefore, it is questionable whether the higher number of intersentential mixing in the unbalanced child's weak language is caused by his unequal language development. It seems to be the case that there are overall higher mixing rates in the German recordings (cf. Poeste 2019: 81).

2.95% of intrasentential code-mixing can be classified as extremely low, a result which has also been found in Poeste et al. (2019). The proportion of intrasentential code-mixing is well below 5% for almost every child in each language. Only the trilingual child Frank shows 7.25% of intrasentential code-mixing in German (cf. Poeste 2019: 83–84 for a possible explanation). For the German context, the proportion of intrasentential code-mixing is 4.23%, for the Spanish context 1.17% and for the Catalan context 2.57%. The proportion remains higher in the German recordings as already observed for intersentential mixing and for code-mixing in general but the differences are less pronounced (cf. Poeste 2019: 84). The same applies to the relationship between intrasentential mixing and the unequal linguistic development of the one unbalanced child. Although Kilian produces more intrasentential code-mixing in German (n = 7) than in Catalan (n = 2) on average, the difference is less obvious. In sum, the children's behavior with respect to code-mixing is best predicted if Spanish and Catalan are regarded as the dominant languages in their families.

5. Discussion

A central result of the study is that the trilingual children mix their languages rather frequently. Does this in turn mean that the children are not able to behave monolingually? We suggest that the children did not perceive the situation as strictly monolingual because their families normally offer multilingual settings. The interlocutor who was asked to record in one language is partly also competent in another language of the child and often tolerated code-mixing on the part of the child. Moreover, the other parent, who represents another language from the child's perspective, was often present during the recordings as well. Therefore, these might be factors which favored the activation of more than one language. Since code-mixing mainly concerns the German recordings, we can deduce that the children are able to use their languages appropriately despite the relatively high proportion of code-mixing. Hypothesis 1 is therefore confirmed.

Hypothesis 2 postulating that domain-specific language dominance has an impact on the trilingual children's mixing behavior can be confirmed as well. However, the focus here is not on the unbalanced relationship between Spanish and Catalan which is described for Catalonia (cf. 2.3) but on the dominance of the Romance languages in comparison to German at the children's homes. The mean mixing rate decreases from 21.02% to 5.53% once the German recordings are excluded. The fact that the children used more often another than the requested language with the German interlocutors than in the Spanish or Catalan recordings might be explained by the status of the Romance languages as family languages. For Milena an influence of the Spanish mother's presence in the German recordings can be observed, with the effect that the domains of language dominance possibly caused code-mixing in the trilingual child. With respect to the relation between Spanish and Catalan, no clear conclusion can be drawn. The bilingual Spanish-Catalan parents decided differently which language they would speak to their children, Spanish or Catalan, and which of these serves as the family language(s). This decision invokes a preference for Spanish or Catalan on part of the adults which in turn has an impact on the children's language choice. This leads to a differing use of Spanish and Catalan depending on the particular family. In 2.3, we have claimed that Spanish is the neutral code and that code-neutrality led the children in Poeste et al. (2019) to choose predominantly Spanish in the test situation with a stranger. In contrast to the children of the cross-sectional study by Poeste et al. (2019), the children studied here knew the preferred language of their interlocutors (mainly their parents).

Hypothesis 3 claiming that the dimensions of language dominance cannot explain the children's mixing behavior seems to be more difficult to validate. First of all, a relationship between code-mixing in balanced compared to unbalanced children can be confirmed. The higher proportion of code-mixing in the unbalanced child's weak language could have been caused by his unequal language development. However, the group of unbalanced children (n = 1) is too small to draw far-reaching conclusions. It is possible that the inclusion of more children with an unbalanced language development would have minimized the difference to balanced children regarding the production of code-mixing. In any case, the domains of language dominance are decisive to explain the mixing behavior of the trilingual children in our study. As a consequence, it is not only important to make a distinction between the domains and dimensions of language dominance but also between a family and a school context.

References

Arencibia Guerra, L. 2008. *Sprachdominanz bei bilingualen Kindern mit Deutsch und Französisch, Italienisch oder Spanisch als Erstsprachen*. PhD dissertation. Wuppertal: Bergische Universität Wuppertal. http://elpub.bib.uni-wuppertal.de/edocs/dokumente/fba/romanistik/diss2008/arenguerra/da0805.pdf (2019-08-30).

Arnaus Gil, L. / Müller, N. / Hüppop, M. / Poeste, M. / Scalise, M. / Sette, N. / Sivakumar, A. / Tirado Espinosa, M. / Zimmermann, K. S. 2019. *Frühkindlicher Trilinguismus. Französisch, Spanisch, Deutsch*. Tübingen: Narr.

Bernardini, P. / Schlyter, S. 2004. Growing syntactic structure and code-mixing in the weaker language. The ivy hypothesis. *Bilingualism. Language and Cognition* 7, 49–69.

Birdsong, D. 2016. Dominance in bilingualism. Foundations of measurement, with insights from the study of handedness. In Silva-Corvalán, C. / Treffers-Daller, J. Eds. *Language dominance in bilinguals. Issues of measurement and operationalization*. Cambridge: Cambridge University Press, 85–105.

Bochmann, K. / Brumme, J. / Ebert, G. / Erfurt, J. / Müller, R. / Plötner, B. 1993. *Sprachpolitik in der Romania. Zur Geschichte sprachpolitischen Denkens und Handelns von der Französischen Revolution bis zur Gegenwart*. Berlin: De Gruyter.

Boix-Fuster, E. / Sanz, C. 2008. Language and identity in Catalonia. In Niño-Murcia, M. / Rothman, J. Eds. *Bilingualism and identity. Spanish at the crossroads with other languages*. Amsterdam: Benjamins, 87–106.

Cantone, K. F. 2007. *Code-Switching in bilingual children*. Dordrecht: Springer.

Chan, B. 2004. Beyond 'contextualization'. Code-switching as a textualization cue. *Journal of Language and Social Psychology* 23, 7–27.

DGPL/Idescat (= Direcció General de Política Lingüística del Departament de Cultura / Institut d'Estadística de Catalunya) 2018. *Enquesta d'usos lingüístics de la població*. https://llengua.gencat.cat/web/.content/imatges/El_catala/Grafics/G_Catalunya.jpg (2019-09-09).

Gawlitzek-Maiwald, I. / Tracy, R. 1996. Bilingual bootstrapping. *Linguistics* 34, 901–926.

Genesee, F. 2002. Portrait of a bilingual child. In Cook, V. Ed. *Portraits of the L2 user*. Clevedon: Multilingual Matters, 170–196.

Grosjean, F. 1985. The bilingual as a competent but specific speaker-hearer. *Journal of Multilingual and Multicultural Development* 6, 467–477.

Grosjean, F. 2001. The bilingual's language modes. In Nicol, J. Ed. *One mind, two languages. Bilingual language processing*. Malden, MA: Blackwell, 1–22.

Grosjean, F. 2016. The Complementarity Principle and its impact on processing, acquisition, and dominance. In Silva-Corvalán, C. / Treffers-Daller, J. Eds. *Language dominance in bilinguals. Issues of measurement and operationalization*. Cambridge: Cambridge University Press, 66–84.

Gumperz, J. 1964. Hindi-Punjabi code-switching in Delhi. In Lunt, H. G. Ed. *Proceedings of the Ninth International Congress of Linguists*. Den Haag: Mouton, 1115–1124.

Hoffmann, C. / Stavans, A. 2007. The evolution of trilingual codeswitching from infancy to school age. The shaping of trilingual competence through dynamic language dominance. *International Journal of Bilingualism* 11, 55–72.

MacSwan, J. 2000. The architecture of the bilingual language faculty. Evidence from codeswitching. *Bilingualism. Language and Cognition* 3, 37–54.

Montanari, S. 2010. *Language differentiation in early trilingual development. Evidence from a case study*. Saarbrücken: Verlag Dr. Müller.

Müller, N. / Cantone, K. F. 2009. Language mixing in young bilingual children. Code-switching? In Bullock, B. E. / Toribio, A. J. Eds. *The Cambridge handbook of linguistic code-switching*. Cambridge: Cambridge University Press, 199–220.

Müller, N. / Arnaus Gil, L. / Eichler, N. / Geveler, J. / Hager, M. / Jansen, V. / Patuto, M. / Repetto, V. / Schmeißer, A. 2015. *Code-Switching. Spanisch, Italienisch, Französisch. Eine Einführung*. Tübingen: Narr.

Newman, M. / Trenchs-Parera, M. / Ng, S. 2008. Normalizing bilingualism. The effects of the Catalonian linguistic normalization policy one generation after. *Journal of Sociolinguistics* 12, 306–333.

Poeste, M. 2019. *Sprachmischungen bei mehrsprachigen Kindern in einer mehrsprachigen Umgebung. Spanisch in Kontakt mit dem Katalanischen.* Unpublished MA thesis. Wuppertal: Bergische Universität Wuppertal.

Poeste, M. / Müller, N. / Arnaus Gil, L. 2019. Code-mixing and language dominance. Bilingual, trilingual and multilingual children compared. *International Journal of Multilingualism*, 1–33. https://doi.org/10.1080/14790718.2019.1569017 (2019-09-09).

Poplack, S. 1980. 'Sometimes I'll start a sentence in Spanish y termino en español'. Toward a typology of code-switching. *Linguistics* 18, 581–618.

Schmeißer, A. / Eichler, N. / Arnaus Gil, L. / Müller, N. 2016a. Mélanges interpropositionnels chez les enfants bilingues français-allemands. Est-ce vraiment du code-switching ? *Language, interaction and acquisition* 7, 238–274.

Schmeißer, A. / Hager, M. / Arnaus Gil, L. / Jansen, V. / Geveler, J. / Eichler, N. / Patuto, M. / Müller, N. 2016b. Related but different. The two concepts of language dominance and language proficiency. In Silva-Corvalán, C. / Treffers-Daller, J. Eds. *Language dominance in bilinguals. Issues of measurement and operationalization.* Cambridge: Cambridge University Press, 36–65.

Sinner, K. / Wieland, K. 2008. El catalán hablado y problemas de la normalización de la lengua catalana. Avances y obstáculos en la normalización. In Süselbeck, K. / Mühlschlegel, U. / Masson, P. Eds. *Lengua, nación e identidad. La regulación de plurilingüismo en España y América Latina*. Madrid: Iberoamericana, 131–164.

Woolard, K. A. 1989. *Double talk. Bilingualism and the politics of ethnicity in Catalonia.* Stanford, CA: Stanford University Press.

Yow, W. Q. / Patrycia, F. / Flynn, S. 2016. Code-Switching in childhood. In Nicoladis, E. / Montanari, S. Eds. *Bilingualism across the lifespan. Factors moderating language proficiency*. Berlin: De Gruyter, 81–100.

Acknowledgments. We are very grateful for the support of the German Research Foundation (*Deutsche Forschungsgemeinschaft*) which allowed us to gain the presented results within the scope of the *Code Switching Project* (cf. Müller et al. 2015). The project was directed by Natascha Müller at the Bergische Universität Wuppertal from 2009 until 2014 (funding number: 107909018).

Laura Colantoni

Micro-phonetic variation and the emergence of new allophones: delateralization in Argentine Spanish

Abstract. Our goal is to test perceptual and articulatory theories of sound change by investigating a widely attested process in Romance: the delateralization of the palatal lateral. Through the analysis of a corpus of 34 speakers of North-Eastern Argentine Spanish, an area where the opposition between the palatal lateral and a palatal affricate was reported to be maintained, we showed that the glide emerges as an allophone of the palatal lateral but not of the palatal affricate, which results in the opposition being maintained but only in more isolated areas. An analysis of contextual factors revealed that the glide is more frequent in word-medial position and when followed by high vowels, which, we argue, supports perceptual rather than articulatory accounts of delateralization.

1. Introduction

The study of sound change has attracted the attention of researchers working on both phonetic and phonological theory and sociolinguistics. Phonetic theory has contributed to the studies of the causes of sound change (cf. Ohala 1989; 1993; Lindblom 1992; Diehl/Lindblom 2004) and phonological theory has provided a typology and a framework to formalize it (cf. Kiparsky 1988; Bybee 2001). Sociolinguistics, finally, has not only expanded our understanding of the transmission of sound change, but has crucially established a solid methodology to analyze a change in progress. Of particular interest for testing the explanatory power of these three disciplines are instances of synchronic variation in a given variety that have led to changes in other varieties. Under the assumption that synchronic variation is a pre-condition of sound change (cf. Ohala 1989; Garrett/Johnson 2013) and that the phonetic motivations of such variation should be similar (cf. Ohala 1974), we can use synchronic variation to make inferences about the different stages in the process and moreover, we may be able to pinpoint how the change starts.

The case study chosen here illustrates a widely-attested change in Romance languages: the loss of the palatal lateral. The variety under analysis, North-Eastern Argentine Spanish (NEAS), as spoken in the provinces of

Corrientes, Misiones and Entre Ríos, offers an ideal scenario for this study in many respects. First, previous studies (e.g. Vidal de Battini 1964) reported the maintenance of /ʎ/, whereas more recent ones have observed signs of weakening (cf. Abadía de Quant 1996; 2000; Colantoni 2001). Second, /ʎ/ is not stigmatized in this variety, as it is the case in Andean Spanish (cf. de los Heros Diez Canseco 1997). Indeed, native speakers of Corrientes are proud of its maintenance, since this makes them similar to speakers of conservative Peninsular varieties and distinguishes them from speakers of Buenos Aires Spanish.[1] Third, and more importantly, in this variety there is an opposition between /ʎ/ and an affricate palatal, illustrated in (1), which differentiates NEAS from most Spanish *lleísta*-varieties where the opposition is between /ʎ/ and either /j/ or /ɟ/ (cf. Navarro Tomás 1970: 129-131).

(1) *calló* [kaˈʎo] 's/he stopped talking' vs. *cayó* [kaˈd͡ʝo] 's/he fell down'

As such, in NEAS delateralization would result in a segment (i.e. [j]) that is articulatorily and perceptually different from the other member of the opposition (i.e. the palatal affricate) and does not trigger a merger, as it occurred in Peninsular varieties (cf. Rost Bagudanch 2017). This makes this variety an ideal scenario to test the predictions of articulatory (cf. Lindblom 1990) vs. listener-oriented models of sound change (cf. Ohala 1989). The former models assume that articulatory difficulty or co-articulatory patterns are at the source of sound change (cf. Blevins 2004). In particular, articulatory accounts of sound change predict that in a weakening process, such as delateralization, the change should start in the environment where the distance between the articulators in a CV sequence is the largest, i.e. before a low-central vowel. In contrast, listener-oriented models claim that sound change takes place when the listener misinterprets the noise/variation in the signal and attributes it to a different source (i.e. a different underlying segment) than the one intended by the speaker. Thus, if delateralization is perceptually motivated, /ʎ/ should be maintained in the environment where the chances of misperception are the lowest, i.e. before a low central vowel.

I will offer evidence that the perceptual-similarity hypothesis captures better the process observed in NEAS. I will show that the change proceeds with the emergence of the glide as an allophone of /ʎ/. The glide, which is perceptually similar to the lateral, is still sufficiently different from the palatal affricate. Crucially, the glide emerges in the environments where it would be perceived the least, i.e. before high vowels, and thus contrast can be maintained by restructuring the opposition. I will conclude by showing

[1] Although Buenos Aires is the cultural and economic capital of Argentina, the status of Buenos Aires Spanish as a prestige variety is questionable (cf. Rodríguez Louro 2013).

that contrast maintenance is consistent with the predictions of the theory of adaptive dispersion (cf. Liljencrants/Lindblom 1972; Lindblom 1986) because the change affects first the environments where it would be less salient. Moreover, I will argue that the characteristics of delateralization in Argentine Spanish support a view of lenition that is independent of the notion of 'ease of articulation' (cf. Kingston 2008). Finally, the fact that delateralization may be perceptually or articulatorily motivated does not preclude the role of frequency effects in the origins and spreading of the change. Although frequential and phonetic explanations have been treated as responsible for different types of sound change (cf. Wang 1969; Labov 1994), I will argue here, in line with research on frequency effects on sound change (cf. Bybee 2001; 2002), that type frequency should be considered, as we will see that delateralization is frequency-sensitive, and specifically, it reflects the distributional collocational asymmetries in the language.

2. Palatal laterals across Romance varieties

In the evolution from Latin, palatal laterals emerged in most Romance varieties, including Italian, French, Portuguese, Catalan and Spanish (cf. Lloyd 1993: 222; Cravens 2002; Penny 2002: 64, 71). This new phoneme, first observed in intervocalic position (cf. Cravens 2002: 8), has disappeared from Modern French (cf. Straka 1979: 296) and is showing signs of weakening in Northern Italian (cf. Blandon/Carbonaro 1978).

As concerns Spanish, palatal laterals are still present in some varieties, including Western Andalusian, Aragon, Navarra, La Rioja, the Basque country and some of the Canary Islands. Quilis (1993: 321–323), however, points out that there are signs of delateralization in popular dialects and among younger speakers. Indeed, more recent work supports Quilis' observation and reveals that /ʎ/ has disappeared from the center of Madrid and is variably present in its surrounding areas (cf. Molina Martos 2013). In bilingual areas of Spain, such as Barcelona (cf. Torres et al. 2013), younger speakers are evolving towards a merger of /ʎ/ and the glide.

In Latin America, the opposition between /ʎ/ and /ʝ/ is still attested in central Colombia (but cf. Espejo Olaya 2013), the Peruvian and Bolivian highlands and southern Chile (cf. Resnick 1975; Quilis 1993). De los Heros Diez Canseco (1997) shows, however, that the maintenance of /ʎ/ is tied to specific sociolinguistic conditions. In her study of 49 Peruvian speakers from the Andean region, she found a higher rate of maintenance among men than among women. In addition, /ʎ/ was more frequent among speakers with a positive attitude towards Quechua and in words of Quechuan origin. As for the linguistic variables, a higher rate of maintenance of [ʎ] was observed after the vowel [i] and in word-internal position. Recent sociolinguistic studies conducted with Quechua-Spanish bilinguals residing in Lima (cf. Caravedo 2013) also suggest that the opposition is being lost among younger speakers. It is important to point out that the maintenance of the opposition has different phonetic realizations across the Andean region. In Ecuador, the opposition is between a palatal glide or fricative and a post-alveolar fricative. Although older generations still maintain it, Gómez (2013) reports that in Quito there are signs of a merger between the palatal glide and the post-alveolar fricative.

Palatal laterals are also attested in areas in contact with Guarani, such as Paraguayan Spanish (cf. Gabriel et al. this volume) and NEAS, but different rates of maintenance have been reported. Whereas /ʎ/ is maintained at a higher rate in Paraguay and the Argentine province of Corrientes, delateralization has almost reached completion in the Argentine province of Chaco, probably due to increasing contact with Buenos Aires (cf. Abadía de Quant 2000). Abadía de Quant (1996; 2000) also observes signs of delateralization in Corrientes and Misiones, particularly among young and educated speakers. Colantoni (2001; 2004) confirms that there is a variable rate of maintenance in NEAS, ranging from 100% in northern Corrientes to 40% in the south. According to her results, /ʎ/ is maintained before [a] and in the onset of stressed syllables.

This overview allows us to make a series of generalizations regarding the process of delateralization. First, this is a common process; indeed, for all the varieties where /ʎ/ is present, there are reports of weakening. Second, although sociolinguistic factors play a role in the transmission of the change, the generalization of the change as well as its phonetic conditioning (i.e. sensitivity to preceding and following sounds and position in the word) are clear indicators of the phonetic motivations triggering it. Finally, delateralization does not necessarily trigger a merger. As we have seen in Andean Spanish, the phonological opposition can be maintained with a different phonetic realization.

3. The palatal lateral

Articulatory studies of the Spanish, Catalan and Italian palatal laterals (cf. Recasens et al. 1993) indicate that this segment is most frequently articulated with the tongue pre-dorsum. The passive articulator is the post-alveolar or pre-palatal area, and for this reason, Recasens and his collaborators (cf. Recasens 2013; Recasens et al. 1993) have argued that /ʎ/ is better classified as an (alveolo)palatal rather than as a true palatal. Using electropalatographic data, Recasens (2013) shows that the dorsopalatal contact that is observed in (alveolo)palatals is the consequence of the increased lingual contact at the closure location, which, for /ʎ/, is mostly in the alveolar region. Vowel height rather than vowel fronting affects the degree of contact, with more contact with high vowels than with [a] (cf. Recasens et al. 1993). As such, /ʎ/ differs from the glide, which is a 'true' palatal, since in this segment the constriction is mostly located in the palatal or alveopalatal zone (cf. Recasens 2013; Recasens et al. 1993).

Acoustic descriptions of /ʎ/ are available for Peninsular and Latin American Spanish (Argentina). The main generalization drawn from the existing studies is that laterals differ in quality across dialects but not in duration, which has been reported to be within the same range (i.e. 64–79 ms) for the two aforementioned varieties (cf. Quilis et al. 1979; Rost Bagudanch 2017; Colantoni 2004). As for the difference in quality, the palatal lateral in Argentine Spanish has higher F1 values than those reported for Peninsular Spanish (i.e. 320–380 Hz vs. 290 Hz), but lower mean F2 values (1600–1800 Hz vs. 2000 Hz). Colantoni (2004) shows that, although [ʎ] in Argentine Spanish has consistently higher F1 values than in Peninsular Spanish, F2 values are variable. This variation in F2 values is correlated with the degree of maintenance of the laterals, namely, speakers who maintain the lateral show higher values than those with a lower rate of maintenance. Thus, Colantoni (2004) hypothesizes that delateralization proceeds by a change in the constriction location with the segment becoming increasingly more palatal. As a consequence of this change in place, the lateral resembles the glide-like segment that is found in all speakers in the palatal lateral-vowel coarticulation.[2] Eventually, by this small approximation, delateralization occurs and a glide emerges. In this study, however, the end-stages of the change are only hypothesized, since the speakers analyzed have a rate of maintenance of /ʎ/ of 60% or higher. In addition, Colantoni (2004) found no effects of the following vowel in the frequency of F2, which is consistent with the finding that palatals are highly resistant to coarticulation (cf. Recasens et al. 1993). As such, even if this study offers a characterization of /ʎ/ in NEAS and suggests hypotheses about the motivations of this change, it does not provide conclusive evidence to determine the path of the process.

The phonotactic distribution of /ʎ/ shows interesting gaps that are consistent with the acoustic description presented above and allow us to refine our hypotheses about the environments where the change may start. Palatal laterals are attested only in onsets both word-initially and word-medially, albeit they are more frequent in the latter. In addition, /ʎ/ is more frequent in unstressed syllables and followed by [a]. Laterals are anomalous regard-

[2] Silva (1999) reports a glide-like CV coarticulation in Brazilian Portuguese.

ing stress assignment and cannot be followed by the palatal glide (cf. Carreira 1988; Lipski 1989). Moreover, there are phonotactic constraints against the combination of [ʎ] and high vowels (cf. Quilis et al. 1979). The sequence [ʎi] is disallowed in word-initial position; in word-medial position it is almost exclusively allowed in stressed syllables. As for [ʎu], it is not attested in post-tonic word-medial position and it is more frequent in stressed syllables. In summary, /ʎ/ is more frequent in environments where a lesser degree of constriction is expected (and, consequently a weakening process is more likely), i.e. in intervocalic and unstressed position and followed by [a]. These distributional gaps suggest that perceptual distinctness plays a role in shaping the phonotactics of the language (cf. Lindblom 1990: 433), and thus yield support for the perceptual hypothesis outlined below.

4. Hypotheses

The first general hypothesis is that the change starts with the emergence of the palatal glide as an allophone of /ʎ/. This palatal glide, which is acoustically and perceptually similar to [ʎ], establishes an opposition with the palatal affricate. Consequently, delateralization does not immediately trigger a merger. The second hypothesis is that this process is phonetically motivated. Two competing explanations will be tested here. The first one is the articulatory hypothesis, which predicts that the change will start before [a] and extend to the other vowels, as summarized in (2). This explanation is supported by articulatory evidence, which shows a lesser degree of contact when [ʎ] precedes [a] (cf. Recasens 2013). The sequence hypothesized in (2) is conditioned by the position in the word and the stress. Thus, the change should affect first unstressed syllables in word-internal position.

(2) Articulatory hypothesis
Predicted sequence: [ʎa] > [ʎo] > [ʎe] > [ʎu] > [ʎi]

The alternative explanation is that this process is perceptually motivated, and thus a higher rate of maintenance is expected before [a], given the larger dissimilarity between consonant and vowel (cf. Kingston 2008). The predicted sequence, which is schematized in (3), is also expected to be context-sensitive. It has been shown (cf. Ohala/Kawasaki 1984; Steriade 1999) that perceptual saliency is relative to the position in the string: segments in onsets and stressed syllables are more salient than in codas and unstressed syllables.

(3) Perceptual hypothesis
Predicted sequence: [ʎi] > [ʎe], [ʎu] > [ʎo] > [ʎa]

The third hypothesis is designed to test the role of type and token frequency. If delateralization is a phonetically regular, i.e. a Neogrammarian type of sound change, all items in the lexicon should be equally affected. If, alternatively, type frequency plays a role, the change will target first the environment where the lateral is most frequent. If token frequency is at work, high-frequency words should be affected before low-frequency words.

5. Methodology

The data used to test these hypotheses were collected by the author in 1997 for the Linguistic-Anthropologic Atlas of Argentina (cf. Kovacci 1992). The questionnaire used included closed questions, which elicited short answers, as well as questions about local traditions, which elicited narratives. Interviews were approximately two-hour long and were recorded in a quiet place with a portable tape recorder, metallic tape and a unidirectional microphone. Tapes were digitized (44,100 Hz, 32 bits) and downsampled (22,050 Hz, 16 bits).

Two speakers (a man and a woman) were interviewed in each location. Speakers were all native and life-long residents of the location under study, had no secondary education and ranged in age between 25 and 65. 34 participants native to 18 locations in the Argentine provinces of Corrientes, Misiones and Entre Ríos were included in the study (Appendix 1). In two locations (Concepción and San Miguel) only one speaker was analyzed due to technical problems (Tab. 1).

All words spelled with <ll> and <y> were extracted. The first stage of the data analysis consisted in determining the rate of maintenance of /ʎ/. For that purpose, words with <ll> were phonetically transcribed (n = 1628). For all those speakers who showed a rate of maintenance below 100%, words with underlying palatal affricates (e.g. *cayó*, cf. (1)) were transcribed as well, to determine the rate of maintenance of the opposition. More importantly, for such speakers it was necessary to establish whether the glide was an allophone of /ʎ/ or of /d͡ʝ/ or of both. If the glide emerges only as an allophone of the former, then there is evidence of delateralization without a merger. Conversely, if the glide is also an allophone of /d͡ʝ/, the process would be better described as a merger by approximation (cf. Labov 1994: 321). Transcriptions were verified through a visual inspection of spectrograms. Subsequently, the articulatory and perceptual hypotheses outlined in (2) and (3) were tested. To do so, all the realizations of the underlying /ʎ/ (n = 1102) of those speakers with a variable rate of maintenance were transcribed and coded for the values of the variables presented in Tab. 1. Finally, the role of type and token frequency was explored. The former was established using both the CD version of the *Diccionario de la Real Academia Española* (RAE 1992) and the CD version of *Diccionario del uso del español* (Moliner 2005). Searches targeting all lemmas containing <ll> and <y> were conducted. The token frequency of each lexical item in the interviews was calculated using the *Corpus del español* (Davies 2002). All results were exported to a spread sheet and statistics were calculated with *R* (R Core Team 2013).

Dependent variable (5)	[ʎ j ʝ d͡ʝ̥ ʒ]
Preceding segment (6)	[a e i o u], p (preceding consonant or pause)
Following segment (5)	[a e i o u]
Stress (3)	stressed, preceding, following
Position in the word (2)	initial, medial
Gender (2)	male, female
Location (18)	Corrientes: Alvear, Bella Vista, Berón de Astrada, Caá Catí, Concepción, Ituzaingó, Mburucuyá, Monte Caseros, Paso de los Libres, Saladas, San Cosme, San Miguel, Sauce Misiones: Apóstoles, Posadas Entre Ríos: Chajarí, La Paz, San José Feliciano

Tab. 1. Values of the dependent and independent variables.

6. Results

6.1 Delateralization rate

Fig. 1 (cf. also appendix) displays the rate of maintenance of /ʎ/ by location. As seen in the map, /ʎ/ has disappeared from three locations in Entre Ríos, which are close to the Corrientes border. This is indeed consistent with Vidal de Battini's (1964) reports. Conversely, three speakers in Corrientes (Bella Vista F (female); Berón de Astrada M (male); Berón de Astrada F) show a categorical maintenance of /ʎ/. The remaining 25 speakers show a variable rate of maintenance, which ranges from 12–97%. This result is consistent with previous analysis of NEAS (cf. Abadía de Quant 1996; Colantoni 2001). It is interesting to point out the high rate of delateralization in the capital of Misiones, Posadas, which has also been previously observed by Abadía de Quant (1996), as opposed to a lower rate of delateralization in Apóstoles, a smaller town closer to the border with Corrientes. Delateralization in Corrientes also exhibits an interesting geographical distribution, with locations in the North, and especially in the center of the province showing a higher rate of maintenance. Such a pattern is consistent with a contact-induced change (cf. Kerswill 2002); namely /ʎ/ is maintained in more isolated locations (e.g. Berón de Astrada or Caá Catí), whereas it is being lost where the possibility of contact with other non-lateral varieties is higher (e.g. Paso de los Libres or Monte Caseros). In the rest of the paper, I will focus only on the 25 speakers who display a variable rate of maintenance in their speech, given our interest in characterizing the phonetic and frequential constraints on delateralization.

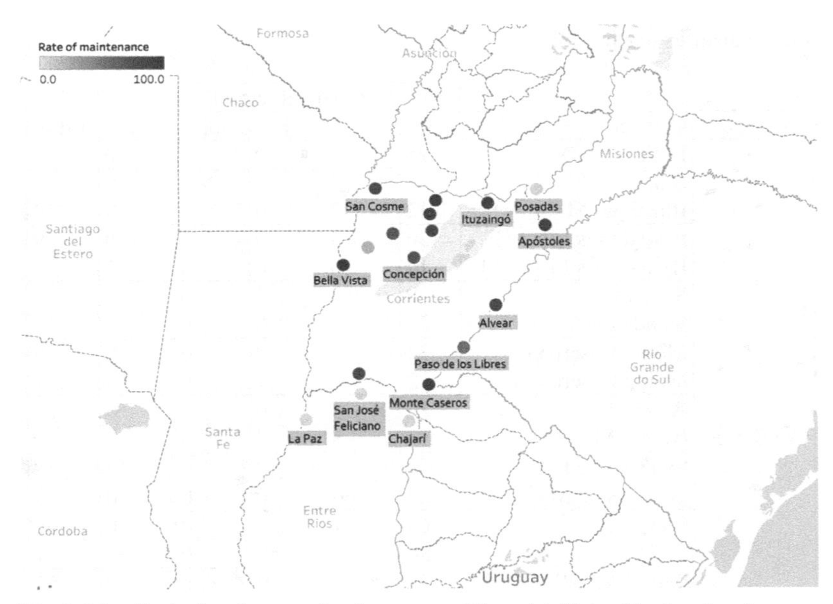

Fig. 1. Map displaying the rate of maintenance of the palatal lateral by location (average of the two speakers tested in each location).

6.2 The emergence of the glide

Tab. 2 displays the total number of variants of /ʎ/ by speaker; Figs. 2a and 2b illustrate the different types of variants observed in the corpus. Overall, the glide is the second most frequent variant in the sample. This tendency holds for 20 out of the 25 speakers. For four participants, the glide has become the most frequent variant, replacing [ʎ]. Finally, for the male speaker from Monte Caseros the voiced sibilant fricative is the most frequent allophone. Note, however, that this speaker, together with the female speaker from Posadas, is the one with the lowest rate of maintenance of /ʎ/, and it is the one who produced the smallest number of palatals in the sample. We can speculate that this speaker, who lives in a town bordering with Entre Ríos, reflects a more advanced stage of the process, in which the palatal lateral has disappeared and is merging with the palatal glide. The female speaker from Posadas may also be at a different stage in the process. Although the glide is still the preferred variant in her speech, she shows a high proportion of palatal fricatives. Posadas is the capital of Misiones and, thus, the probability of interactions with speakers from *yeísta* varieties are higher.

		palatal lateral					
province	speaker	ʎ	j	ʝ	d͡ʝ	ʒ	**total**
Corrientes	Bella Vista M	25	2	0	0	0	27
	Ituzaingó F	37	2	0	0	0	39
	Ituzaingó M	12	7	0	0	0	19
	Paso de los Libres F	36	23	0	0	0	59
	Paso de los Libres M	14	10	0	0	0	24
	Saladas F	9	30	0	0	0	39
	Saladas M	23	7	0	0	0	30
	Monte Caseros F	34	1	0	0	0	35
	Monte Caseros M	2	1	1	0	13	17
	Alvear F	27	2	0	0	0	29
	Alvear M	14	8	0	0	0	22
	San Cosme F	51	7	0	0	0	58
	San Cosme M	27	6	0	0	0	33
	Caá Catí F	64	1	1	0	0	66
	Caá Catí M	38	3	0	0	0	41
	San Miguel F	51	6	0	0	0	57
	Mburucuyá F	48	15	1	1	0	65
	Mburucuyá M	41	11	1	0	0	53
	Concepción M	26	6	1	1	0	34
	Sauce F	54	7	0	0	0	61
	Sauce M	17	31	0	0	0	48
Misiones	Apóstoles F	30	1	0	0	1	32
	Apóstoles M	76	26	2	1	1	106
	Posadas F	2	45	22	2	0	71
	Posadas M	14	23	0	0	0	37
total		772	281	29	5	15	1102

Tab. 2. Allophones of /ʎ/ among speakers from Corrientes and Misiones who displayed variation.

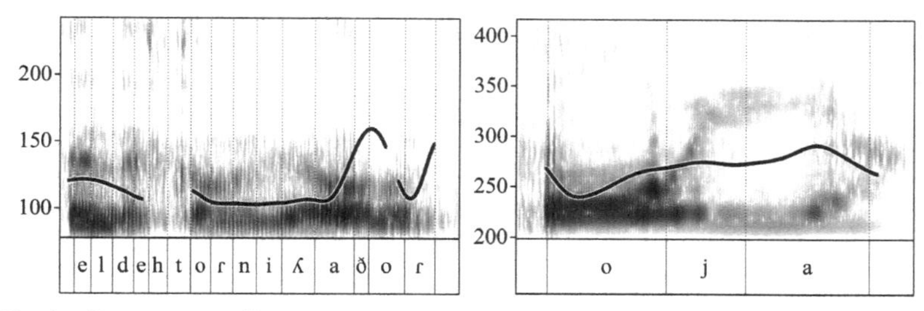

Fig. 2a. Spectrograms illustrating the variants [ʎ] (speaker Alvear M) and [j] (speaker San Cosme F).

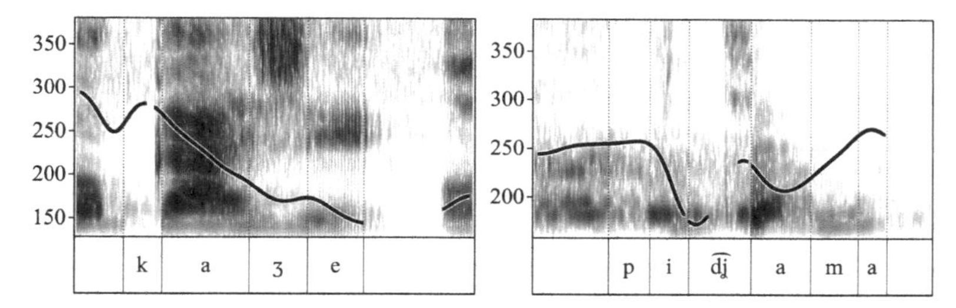

Fig. 2b. Spectrograms illustrating the variants [ʒ] (speaker San Cosme F) and [d͡ʝ] (speaker San Cosme M).

To demonstrate that the glide emerges as an allophone of /ʎ/, it is important to show both that glides are proportionally more frequently found as allophones of /ʎ/ than any other variant and that they are not frequently found as allophones of the affricate (Tab. 3). Results of a Fisher's exact test ($\chi^2_{(2)} = 40.77$, $p = 0.00$) confirm the first general hypothesis, namely that the glide emerges as the preferred variant of /ʎ/. In order to test the predictions of a listener-oriented vs. a speaker-oriented model of sound change, we turn to the analysis of the environments in which the glide occurs.

	palatal lateral %	palatal affricate %
underlying form	49.9	56.6
glide	42.7	8.6
others	7.5	34.8

Tab. 3. Proportion of glides vs. other variants used as allophones of the palatal lateral and palatal affricate.

6.3 Independent variables conditioning the emergence of the glide

6.3.1 The role of context

In this sub-section, I concentrate on the linguistic variables included in the model, i.e. the preceding and following segment, the position in the word and stress. In order to simplify the analysis, I focus only on the distribution of the glide and the palatal lateral, leaving aside all the other realizations (such as fricatives, sibilant fricatives or affricates), which represent less than 8% of the total (Tab. 3). To run statistical analyses, the number of variants of some of the variables displayed in Tab. 1 were also reduced. As for the preceding segment, I excluded [u], since there were only 12 tokens. Stress variants were merged into two categories (stressed vs. unstressed). Then, binomial mixed effects models with *Segment* (lateral vs. glide) as the dependent variable and *Preceding* and *Following Segment*, *Stress* and *Position in the word* as independent variables and *Participant* as a random factor were run. Results (Tab. 4) indicate that three of the independent variables were significant, whereas a fourth variable (*Following segment*) showed a tendency towards significance.

variable	chi-square	df	p (> χ^2)
Intercept	12.63	1	0.0003
Preceding segment	10.52	4	0.03
Following segment	8.47	4	0.07
Stress	8.72	1	0.003
Position in the word	4.75	1	0.02

Tab. 4. Results of a binomial mixed-effect model with type of realization as the dependent variable and *Preceding segment* and *Following segment*, *Stress* and *Position* as the independent variables.

As concerns the preceding segment, [i] significantly favored the presence of the glide (β = 0.62; SE = 0.23; z = 2.62; p = 0.008), whereas no differences were found for the other preceding segments. The glide was also significantly more frequent before [u] than before any of the other four vowels (β = 2.03; SE = 0.90; z = 2.24; p = 0.02), and it was also more frequent in word internal (β = 0.68; SE = 0.31; z = 2.18; p = 0.02) than in word-initial position. However, the palatal lateral rather than the glide was more frequent in unstressed than in stressed position (β = -0.72; SE = 0.24; z = 2.18; p = 0.003). Results showed that delateralization is context-specific. According to the articulatory hypothesis, delateralization should be more frequent when the following segment is [a] and in word-internal unstressed syllables. Only the results of position in the word supported this prediction. Results obtained for the other two factors did not fully support this hypothesis, since the glide was more frequent when followed by [u] rather than by [a] and in stressed than in unstressed syllables. As concerns the perceptual hypothesis, we found partial support. This hypothesis predicted that delateralization would be more frequent before high and front vowels. Although the most frequent context where the glide was found was not before [i], a following [u] did indeed favor the presence of the glide as well as a preceding [i].

6.3.2 The role of frequency

To explore the role of type frequency, all lemmas containing palatal laterals were extracted from two dictionaries and average frequencies by context were calculated (Fig. 3). The first generalization that emerges from Fig. 3 is that /ʎ/ is more frequent in positions that favor weakening, such as word-medial position. It is also more frequent in unstressed than in stressed syllables (71% vs. 29%). Finally, /ʎ/ is more frequent before [a]. Thus, if type frequency played a role in the emergence of the glide, we would expect to see more glides (i) in word-medial than in initial position; (ii) in unstressed than in stressed position; and (iii) before [a] than before any other vowel. Given the results of the binomial mixed effect model reported in 6.3.1, we know that this prediction only holds for position in the word.

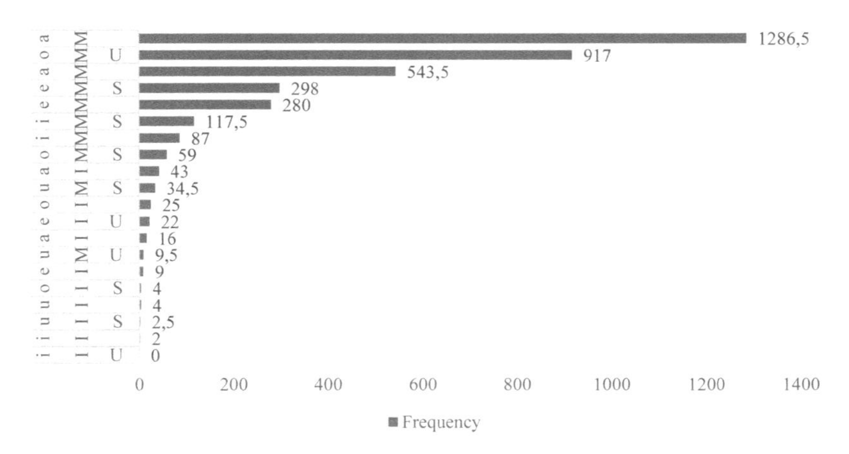

Fig. 3. Frequency of the grapheme <ll> in two dictionaries according to *Position in the word* (I = initial; M = medial), *Stress* (S = stressed; U = unstressed) and *Following segment*.

It may be also the case that the glide emerges first in more frequent than in less frequent words. Determining the frequency of a word is not an easy task, especially considering that the questionnaire explicitly targeted words organized by semantic fields, many of which may not be very frequent in modern urban populations. Thus, and given that the *Corpus del español* was used to calculate token frequencies, our results should be interpreted with caution. To obtain these results, we searched, using the NOW (news on the web) subcorpus of the *Corpus del español*, which contains 5.5 billion words, the frequency of each of the 137 different words gained in the interviews. Fig. 4 (left panel) displays the results of the 14 most frequent words according to the *Corpus del español*, whereas Fig. 4 (right panel) shows the 17 words in which gliding was more frequent in the interviews. If token frequency plays a role, we expect to find a glide rather than a palatal lateral in the 15 more frequent words in the corpus. When we compare both graphs, we see that the token in which the glide frequency was the highest (i.e. *caballo* 'horse') is not included among the 15 most frequent words with <ll> obtained from the *Corpus del español*. Indeed, only two words (*calle*, *ellos*) appear in both lists. Thus, we can conclude that although the glide is present in some high-frequency words, token frequency, at least as measured from this source, cannot be considered as one of the main factors motivating this change.

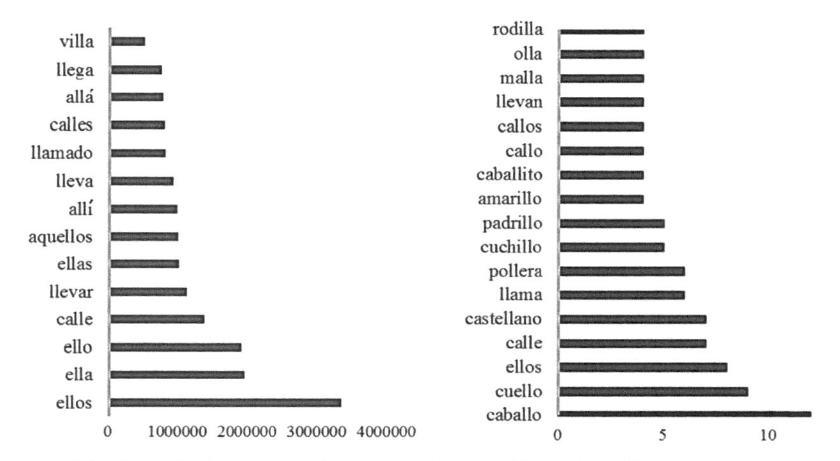

Fig. 4. Left panel: The 14 most frequent words out of the 137 words in the sample according to the *Corpus del español*. Right panel: 17 words where delateralization was more frequent in the sample.

7. Discussion

7.1 Delateralization and the emergence of the glide

The first hypothesis was that delateralization does not trigger a merger in NEAS, since the glide emerges as an allophone of /ʎ/, and this realization is still articulatorily and perceptually different from the palatal affricate. Results presented in 6.1 clearly support this hypothesis. In 6.2, we demonstrated that delateralization in NEAS proceeds by small articulatory changes that probably go unnoticed by listeners, because the glide almost exclusively appears in contexts where /ʎ/ is expected rather than as an allophone of the palatal affricate. Thus, although NEAS behaves as most Western Romance varieties in the fact that the glide replaces the palatal lateral, it differs from them in the fact that the opposition is restructured, resembling what has been reported for some Andean varieties. Finally, the glide appears to be more frequent preceding high vowels than other vowels and in word-medial rather than in word-initial position (cf. 6.3). As such, delateralization starts in the environment where it would be less salient for the listener. This would favor listener's misperceptions, and trigger variation in production. Consequently, delateralization can be interpreted as a micro-sound change (cf. Colantoni 2008). Indeed, the acoustic-auditory distance between the emergent glide and the existing palatal lateral is smaller than the distance between them and the palatal affricate. Thus, as predicted by the theory of adaptive dispersion (cf. Liljencrants et al. 1972; Lindblom 1986; 1992), the change should go unnoticed where the acoustic-auditory distance is smaller. This would explain both the impressionistic intuitions of native speakers gathered during fieldwork and the systematic observations by sociolinguists indicating that the merger and delateralization occur simultaneously (cf. Abadía de Quant 1996; 2000).

7.2 Delateralization and theories of sound change

Delateralization can be characterized as a weakening process (cf. Kiparsky 1988). Phonologically, it involves the loss of the [lateral] feature. As most weakening processes, delateralization is context-dependent and more frequent in less prominent positions. Moreover, the type of context-dependency observed in NEAS suggests that this change is perceptually motivated, since the occurrence of the glide as an allophone of /ʎ/ is more frequent in the context where it would be less noticeable. Additionally, acoustic (cf. Colantoni 2004) and articulatory studies (cf. Recasens 2013) have documented the presence of the glide in the CV co-articulation, which, as Recasens (2013) suggests, may also be a source of perceptual confusion. Consequently, the findings here are consistent with Ohala's (1989; 1993) proposal of sound change as a consequence of misperception.

The finding that this change is phonetically motivated does not preclude, however, the role of frequency in both the inception and transmission of the change. If the change is regular and exceptionless, all words should be affected equally. If token frequency plays a role, more frequent words should be targeted first. The findings here, however, show a more complex picture. Indeed, based on the corpus used, we cannot conclude that token frequency plays a role. Results regarding the role of type frequency may look more persuasive. In 6.3.2 (Fig. 3), we showed that palatal laterals are more frequent in contexts where delateralization was the highest (e.g. word-medially). In other contexts where we would have expected to find a type frequency effect, such as unstressed syllables, we did not. More importantly, given the phonotactic distribution of /ʎ/, it is not easy to tease apart the role of type frequency from that of perceptual similarity. As discussed in Section 3, palatal laterals are disfavored when followed by high vowels, i.e. where these would be less perceptible. This, in turn, is consistent with Lindblom's (1992) proposal of units and patterns emerging from perceptual and articulatory constraints.

Finally, as for the transmission of this change, several observations emerge. First, the change has a clear geographical distribution, with more isolated areas showing more retention of /ʎ/, whereas areas that are subject to more contact with other provinces and with the Argentine capital display a lower rate of maintenance. Second, delateralization appears to be a change from below; speakers seem to be unaware of it, and the change does not seem to be led by either gender. Results, however, should be interpreted with caution: we had only two participants per location; our participants had limited formal education, and thus, the sample is not socially stratified.

8. Conclusion

We have documented that delateralization in NEAS begins with the emergence of the glide as an allophone of the palatal lateral. As such, this process can be characterized as a micro-sound change; the glide is perceptually similar to the palatal lateral and maximally distinct form the other palatal phoneme, i.e. the palatal affricate. Specifically, we have shown that this change is favored in the environment where it would be less salient. Thus, current findings are consistent with a theory of sound change that argues that the listener plays a central role in the inception of sound change (cf. Ohala 1989; 1993).

References

Abadía de Quant, I. 1996. Sistemas lingüísticos en contacto y sus consecuencias en el área palatal del español de dos capitales del Noreste argentino. Corrientes y Resistencia. *International Journal of the Sociology of Language* 117, 11–25.

Abadía de Quant, I. 2000. El español del Nordeste. In Fontanella de Weinberg, M. B. Ed. *El español de la Argentina y sus variedades regionales*. Buenos Aires: Edicial, 100–137.

Bladon, R. A. W. / Carbonaro, E. 1978. Lateral consonants in Italian. *Journal of Italian linguistics* 3, 43–55.

Blevins, J. 2004. *Evolutionary phonology. The emergence of sound patterns*. Cambridge: Cambridge University Press.

Bybee, J. L. 2001. *Phonology and language use*. Cambridge: Cambridge University Press.

Bybee, J. L. 2002. Word frequency and context of use in the lexical diffusion of phonetically conditioned sound change. *Language Variation and Change* 14, 261–290.

Caravedo, R. 2013. Yeísmo y distinción en el contexto social peruano. Reexamen de la cuestión. In Gómez, R. / Molina Martos, I. *Variación yeísta en el mundo hispánico*. Madrid: Iberoamericana, 257–293.

Carreira, M. 1988. The structure of palatal consonants in Spanish. *Chicago Linguistic Society* 24, 73–87.

Colantoni, L. 2001. *Mergers, chain shifts, and dissimilatory processes. Palatals and rhotics in Argentine Spanish*. PhD dissertation. University of Minnesota.

Colantoni, L. 2004. Reinterpreting the CV transition. Emergence of the glide as an allophone of the palatal lateral. In Auger, J. / Clements, C. / Vance, B. Eds. *Contemporary approaches to Romance linguistics*. Amsterdam: Benjamins, 83–102.

Colantoni, L. 2008. Variación micro y macro fonética en español. *Estudios de fonética experimental* 17, 65–104.

Cravens, T. 2002. *Comparative historical dialectology. Italo-Romance clues to Ibero-Romance sound change*. Amsterdam: Benjamins.

Davies, M. 2002. *El corpus del español*. http://www.corpusdelespanol.org/ (2019-08-29).

Diehl, R. L. / Lindblom, B. 2004. Explaining the structure of feature and phoneme inventories. The role of auditory distinctiveness. In Greenberg, A. / Popper, F. Eds. *Speech processing in the auditory system*. New York: Springer, 101–162.

Espejo Olaya, M. 2013. Estado del yeísmo en Colombia. In Gómez, R. / Molina Martos, I. *Variación yeísta en el mundo hispánico*. Madrid: Iberoamericana, 227–235.

Garrett, A. / Johnson, K. 2013. Phonetic bias in sound change. In Yu, A. Ed. *Origins of sound change. Approaches to phonologization.* Oxford: Oxford University Press, 51–97.

Gómez, R. 2013. Las palatales laterales y el yeísmo/žeísmo en el español andino del Ecuador. In Gómez, R. / Molina Martos, I. Eds. *Variación yeísta en el mundo hispánico*. Madrid: Iberoamericana, 237–256.

de los Heros Diez Canseco, S. 1997. *Language variation. The influence of speakers' attitudes and gender on sociolinguistic variables in the Spanish of Cusco, Peru*. PhD dissertation. Pittsburgh: University of Pittsburgh.

Kerswill, P. 2002. Koineization and accommodation. In Chambers, J. / Trudgill, P. T. / Schilling-Estes, N. Eds. *Language variation and change.* Oxford: Blackwell, 669–702.

Kingston, J. 2008. Lenition. In Colantoni, L. / Steele, J. Eds. *Selected proceedings of the 3rd Conference on Laboratory Approaches to Spanish Phonology.* Somerville, MA: Cascadilla Press, 1–31.

Kiparsky, P. 1988. Phonological change. In Newmeyer, F. Ed. *Linguistics. The Cambridge survey*. Cambridge: Cambridge University Press, 363–415.

Kovacci, O. 1992. *Documentos del Predal Argentina.* Buenos Aires: Ministerio de educación.

Labov, W. 1994. *Principles of linguistic change. Internal factors*. Oxford: Blackwell.

Liljencrants, J. / Lindblom, B. 1972. Numerical simulation of vowel quality systems. The role of perceptual contrast. *Language* 48, 839–862.

Lindblom, B. 1986. Phonetic universals in vowel systems. In Ohala, J. / Jaeger, J. Eds. *Experimental phonology*. Orlando: Academic Press, 13–44.

Lindblom, B. 1990. Explaining phonetic variation. A sketch of the H&H theory. In Hardcastle, W. / Marchal, A. Eds. *Speech production and speech modelling.* Dordrecht: Kluwer, 403–439.

Lindblom, B. 1992. Phonological units as adaptive emergents of lexical development. In Ferguson, C. A. / Menn, L. / Stoel-Gammon, C. Eds. *Phonological development. Models, research, implications*. Timonium: York Press, 131–163.

Lipski, J. M. 1989. Spanish *yeísmo* and the palatal resonants. Towards a unified analysis. *Probus* 1, 211–223.

Lloyd, P. M. 1993. *Del latín al español*. Madrid: Gredos.

Molina Martos, I. 2013. Yeísmo madrileño y convergencia dialectal campo/ciudad. In Gómez, R. / Molina Martos, I. *Variación yeísta en el mundo hispánico.* Madrid: Iberoamericana, 93–110.

Moliner, M. 2005. *Diccionario de uso del español*. Madrid: Gredos.

Navarro Tomás, T. 1970. *Manual de pronunciación española*. Madrid: CSIC.

Ohala, J. J. 1974. Experimental historical phonology. In Anderson, J. / Jones, C. Eds. *Historical linguistics II. Theory and description in phonology*. Amsterdam: North Holland, 353–389.

Ohala, J. J. 1989. Sound change is drawn from a pool of synchronic variation. In Breivik, L./ Jahr, E. Eds. *Language change. Contributions to the study of its causes*. Berlin: De Gruyter, 173–198.

Ohala, J. J. 1993. The phonetics of sound change. In Jones, C. Ed. *Historical linguistics. Problems and perspectives*. London: Longman, 237–278.

Ohala, J. J. / Kawasaki, H. 1984. Prosodic phonology and phonetics. *Phonology Yearbook* 1, 113–127.

Penny, R. 2002. *A history of the Spanish language*. Cambridge: Cambridge University Press.

Quilis, A. 1993. *Tratado de fonología y fonética españolas*. Madrid: Gredos.

Quilis, A. / Esgueva, M. / Gutiérrez Araus, M. L. / Cantarero, M. 1979. Características acústicas de las consonantes laterales españolas. *Lingüística española actual* 1, 233–343.

R Core Team. 2013. *R. A language and environment for statistical computing.* http://www.R-project.org/ (2019-06-08).

RAE (= Real Academia Española) 1992. *Diccionario de la lengua española* (CD version). Madrid: Espasa Calpe.

Recasens, D. 2013. On the articulatory classification of (alveolo)palatal consonants. *Journal of the International Phonetic Association* 43, 1–22.

Recasens, D. / Farnetani, E. / Fontdevila, J. / Pallarès, M. D. 1993. An electropalatographic study of alveolar and palatal consonants in Catalan and Italian. *Language and speech* 36, 213–234.

Resnick, M. 1975. *Phonological variants and dialect identification in Latin American Spanish*. Den Haag: Mouton.

Rodríguez Louro, C. 2013. Actitudes lingüísticas de los hablantes rioplatenses. Un estudio cualitativo. In Colantoni, L. / Rodríguez Louro, C. Eds. *Perspectivas teóricas y experimentales sobre el español de la Argentina*. Madrid: Iberoamericana, 453–472.

Rost Bagudanch, A. 2017. Variation and phonological change. The case of *yeísmo* in Spanish. *Folia Linguistica* 51, 169–206.

Silva, A. 1999. Caracterização acústica de [ʀ], [ɾ], [L] e [ʎ] nos dados de um informante paulistano. *Cadernos de Estudos Linguisticos* 37, 51–68.

Steriade, D. 1999. *The phonology of perceptibility effects. The P-map and its consequences for constraint organization*. Ms. MIT, Cambrigde, MA. http://lingphil.mit.edu/papers/steriade/Steriade2001P-map.pdf (2019-06-08).

Straka, G. 1979. Contribution à la description et à l'histoire des consonnes *L*. In Straka, G. Ed. *Les sons et les mots*. Paris: Klincksieck, 363–422 (first published in *Travaux de linguistique et de littérature* 8 (1968), 267–326).

Torres, A. / Fernández Planas, A. M. / Blasco, E. / Forment, M. / Pérez, M. Á. / Illamola, C. 2013. Estudio del yeísmo en el español de Barcelona a partir de materiales del PRESEEA. In Gómez, R. / Molina Martos, I. *Variación yeísta en el mundo hispánico*. Madrid: Iberoamericana, 19–37.

Vidal de Battini, B. 1964. *El español de la Argentina*. Buenos Aires: Consejo Nacional de Educación.

Wang, W. 1969. Competing changes as a cause of residue. *Language* 45, 9–25.

Appendix

Rate of maintenance of the palatal lateral by speaker

province	speaker	palatal lateral		other		total
		N	%	N	%	
Corrientes	Bella Vista F	33	100	0	0	33
	Bella Vista M	25	92.6	2	7.4	27
	Ituzaingó F	37	94.9	2	5.1	39
	Ituzaingó M	12	63.2	7	36.8	19
	Paso de los Libres F	36	61	23	39	59
	Paso de los Libres M	14	58.3	10	41.7	24
	Saladas F	9	23.1	30	76.9	39
	Saladas M	23	76.7	7	23.3	30
	Monte Caseros F	34	97.1	1	2.9	35
	Monte Caseros M	2	11.8	15	88.2	17
	Alvear F	27	93.1	2	6.9	29
	Alvear M	14	63.6	8	36.4	22
	Berón de Astrada F	87	100	0	0	87
	Berón de Astrada M	107	100	0	0	107
	San Cosme F	51	87.9	7	12.1	58
	San Cosme M	27	81.8	6	18.2	33
	Caá Catí F	64	97	2	3	66
	Caá Catí M	38	92.7	3	7.1	41
	San Miguel F	51	89.5	6	10.5	57
	Mburucuyá F	48	73.9	17	26.2	65
	Mburucuyá M	41	77.4	12	22.6	53
	Concepción M	26	76.5	8	23.5	34
	Sauce F	54	88.5	7	11.5	61
	Sauce M	17	35.4	31	64.5	48
Misiones	Apóstoles F	30	93.8	2	6.3	32
	Apóstoles M	76	71.7	30	28.3	106
	Posadas F	2	2.8	69	97.2	71
	Posadas M	14	37.8	23	62.2	37
Entre Ríos	Chajarí F	0	0	61	100	61
	Chajarí M	0	0	37	100	37
	San José de Feliciano F	0	0	42	100	42
	San José de Feliciano M	0	0	42	100	42
	La Paz F	0	0	48	100	48
	La Paz M	0	0	69	100	69
total		999		629		1628

Jorge Antonio Leoni de León & Sergio Cordero Monge

Mae, una innovación apelativa en el español de Costa Rica

Abstract. In this paper, we describe the evolution of the term *maje* ('dude, guy') from its introduction into the Spanish of Costa Rica in the mid-twentieth century to its current use; the definitions compiled in various lexicographical works that have registered the term at specific moments of its evolution constitute our starting point. Thus, we explain the change of its original use, limited to the juvenile jargon and masculine underworld, as synonym of 'idiot' (*Nunca falta un maje que lo haga* 'There will always be a moron who does it'), up to its contemporary use, which presents two remarkable characteristics: (1) loss of the voiceless velar fricative /x/ in intervocalic position (so that *maje* becomes *mae*) and (2) extension of its use without gender distinction (*El mae vino* 'The dude came', *La mae se quedó* 'The dude (female form) stayed'). In the course of this research, we detected two new usages of *mae*: (1) in reference to animated non-human beings (*Le di de comer al gato; el mae no quiso las croquetas* 'I fed the cat; it did not want the croquettes') and (2) in reference to objects with a certain degree of animation (*Cargué el teléfono, pero el mae no encendió* 'I charged the phone, but it did not turn on'). As part of this evolutionary process, we describe the appearance of a third instance of *mae*, preceded by a masculine or feminine determinant, which we identify as a pronominal phrase: *Vi a Ana, la mae sale con Carlos* ('I saw Ana, she is dating Carlos'). These forms, refractory to modifiers with prenominals (**La buena mae no me habla* 'The good woman does not speak to me'), recover the full nominal sense of 'person' if they are modified by postnominal adjectives (*El mae guapo no vino* 'The handsome guy did not come').

1. Introducción

Uno de los elementos léxicos distintivos del español coloquial de Costa Rica es el extendido uso del término *maje/mae* en conversaciones informales: *Mae, ¿viste el partido?*, *Esa mae está contenta*. El término *maje*, mexicanismo incorporado al español de Costa Rica a mediados del siglo XX, comienza su evolución en esta variedad como un adjetivo-sustantivo con el significado único de 'tonto' (*¡Qué señor más maje!* y *Ese maje no se dio cuenta*); con el paso del tiempo, adquiere otros usos y significados que han quedado registrados en diversas obras lexicográficas que constituyen el punto de referencia de esta investigación sobre la evolución y vitalidad de *maje/mae* en el español de Costa Rica.

Varias interrogantes se plantean a propósito de este término: ¿Cuál ha sido el devenir histórico de *maje/mae* según la lexicografía del español de Costa Rica de los últimos sesenta años? ¿Cuáles son las acepciones registradas que aún conservan su vitalidad a inicios del siglo XXI? ¿Qué rasgos semánticos distintivos mantiene el término *maje/mae* en la actualidad y cuáles son innovadores? A fin de responder a estas cuestiones, procedemos, en primer lugar, a desarrollar un estado de la cuestión sobre *maje/mae* en la lexicografía del español de Costa Rica; en segundo lugar, señalamos los usos y significados vigentes; y, en tercer lugar, analizamos los rasgos formales de estos últimos, de manera que es posible interpretar semánticamente los usos identificados a lo largo de su línea evolutiva. A fin de dar cuenta de las realizaciones de *maje/mae* en todas sus formas, buscamos la validación de los datos por hablantes costarricenses de distintos niveles etarios, sociales y educativos, así como mediante la búsqueda de ejemplos espontáneos en internet. En este sentido, hicimos un breve estudio exploratorio (sin la pretensión de conseguir datos definitivos) con base en entrevistas y datos extraídos de redes sociales, que nos permitieron, sin embargo, corroborar la vitalidad de varios sentidos y descubrir, además, empleos novedosos, no registrados aún en acopios lexicográficos.

2. *Maje* y *mae*: breve repaso en la lexicografía del español de Costa Rica

Sánchez Corrales (2009) lleva a cabo un importante estudio sobre la unidad léxica *maje* y su variante *mae*, con base en la evidencia lexicográfica. A partir de un conjunto de diccionarios regionales y varios trabajos de carácter dialectal, el autor demuestra que *maje*, con un valor referencial de 'persona tonta', es un americanismo cuya distribución geográfica se extiende desde México hasta Costa Rica y que su uso ha sufrido un cambio lingüístico en dos sentidos: (1) la palabra ha pasado del habla hampesca al habla juvenil; (2) la palabra adquirió un valor apelativo, restringido a un determinado contexto sociolectal y de registro. Es necesario señalar, que con el término 'apelativo' nos referimos a la expresión empleada en el discurso para mencionar a una persona, uso que, recientemente, también se hace extensivo a animales y a aparatos cuyo funcionamiento o actividad les impriman un rasgo que los asimile a los seres animados (algo así como objetos animados). Las definiciones recopiladas en diversas obras lexicográficas que han registrado el término en momentos específicos de su evolución y el estudio de Sánchez Corrales, que brinda valiosos datos y reflexiones sobre el tratamiento de estas palabras en la lexicografía regional, constituyen nuestro punto de partida. Para esta investigación efectuamos un estudio pormenorizado sobre el tratamiento lexicográfico que han recibido las palabras *maje* y *mae* en una muestra de diccionarios del español de Costa Rica, que detallamos a continuación.

El primer registro lexicográfico de la palabra *maje* para el español de Costa Rica se encuentra en el *Glosario del hampa en Costa Rica* (Sánchez Alvarado 1960), manuscrito inédito, curiosamente firmado José León Córdoba-Sánchez[1]:

> **maje:** esta palabra viene de 'majada'. Significa la persona que es tonta en el hampa. Pero por antonomasia el hampa considera que una persona es 'maje', un maje, cuando no pertenece al hampa. No concede el hampa privilegio de inteligencia, de astucia, de valor, de hombría, a ninguna persona fuera de su círculo, y aún así, hay hampones que son 'bien majes', y otros que no son 'tan majes', para definir que son tontos, muy tontos, poco tontos. También se le llama 'maje' al campesino. (Sánchez Alvarado 1960)

Este repertorio no ofrece definiciones lexicográficas formales (concisas, precisas, estructuradas, con indicaciones de uso sistemáticas, etc.), sino que desarrolla comentarios entre los que se incluyen los sentidos o acepciones de las palabras en el contexto delincuencial. El primer significado que se apunta para *maje*, como sustantivo y adjetivo[2], es el de 'persona tonta, especialmente si no pertenece al grupo hampesco'[3]; se entiende que la palabra es usada por delincuentes para referirse a sus víctimas (o potenciales víctimas), a las personas que están "fuera de su círculo" (Sánchez Alvarado 1960: 362). Una segunda acepción de *maje* como sustantivo es la de 'campesino', entendemos que se trataría de un uso pragmáticamente marcado como peyorativo o despectivo.

En el *Diccionario regional de los distritos de San Gabriel, Monterrey y la Legua de Aserrí*, publicado en 1985, Miguel Ángel Quesada Pacheco registra la palabra *maje* como sustantivo masculino, definida mediante otros tres sustantivos, por lo tanto, considerados sinónimos por el autor: 'muchacho, joven, tipo'.

> MAJE m. deriv. de majo "tipo popular español que afecta elegancia y valentía: "muchacho", "joven", "tipo". Usase como vocativo (¡maje!) para interpelar a un varón. Usado por jóvenes varones de centros.
> (Quesada Pacheco 1985)

---

1 La única copia, mecanografiada, se encuentra en la biblioteca Carlos Monge Alfaro de la Universidad de Costa Rica.

2 En la obra no se incluyen indicaciones sobre las categorías gramaticales.

3 Procuramos parafrasear las definiciones ofrecidas en cada uno de los diccionarios estudiados con el fin de estandarizarlas en nuestro trabajo.

De acuerdo con esto, estaríamos ante dos sentidos de *maje* que podemos expresar, por una parte, como la designación de un varón en edad juvenil, cuyo nombre se desconoce o no se quiere decir ('muchacho', 'joven'), por otra, como la designación de un varón cuyo nombre se desconoce o no se quiere decir, usado con intención despectiva ('tipo'). Incluye también el uso de *maje* en función apelativa, en concreto en su forma de interjecciones de llamada y de vocativo, exclusivamente usado entre hombres jóvenes. La Fig. 1 resume esta división de *maje* desde el significado de 'tonto' hasta el que designamos como 'muchacho', de uso apelativo, donde la forma indeterminada es, a veces, despectiva (sinónimo de 'tipo').

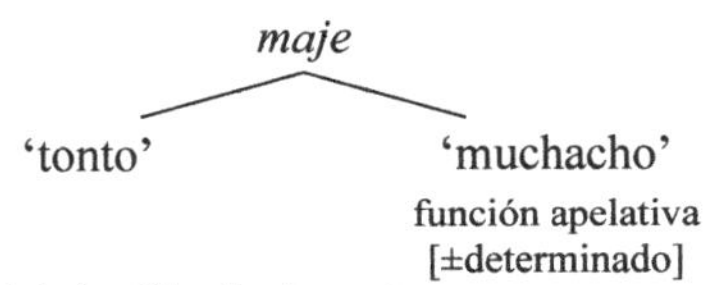

Fig. 1. Primera división del significado de *maje*.

Debe tenerse en cuenta que el léxico comprendido en el diccionario de Quesada Pacheco (1985), de acuerdo con su título y con la información de las páginas preliminares, describe usos registrados por el autor en tres distritos (San Gabriel, Monterrey y Legua) del cantón de Aserrí, de la provincia de San José, muchos de los cuales se constatan como usuales más allá de esa delimitación geográfica.

El *Diccionario de costarriqueñismos* de Arturo Agüero Chaves se publicó en 1996, sin embargo, la investigación y acopio de la información lingüística, según declaraciones del autor en el prólogo, empezó en la década de 1950. Advertimos, pues, que en esta obra se describen usos léxicos ya relativamente obsolescentes en la década de su publicación, aspecto que se puede constatar a partir del cotejo con trabajos publicados algunos años antes (por ejemplo, los diccionarios de Quesada Pacheco de 1985, 1991 y 1996a):

> **maje.** adj. vulg. Bobo, tonto, simple. Los hampones y estudiantes coinciden en el uso de ese vulgarismo, común en su jerga. No siempre lo emplean con sentido peyorativo, sino que hasta se ha convertido en muletilla, como vocativo. Ú.m.c.s. Este MAJE es mi amigo. Yo soy un MAJE muy listo. Mirá, MAJE, no olvidés los libros. V. mae. (Agüero Chaves 1996)

Agüero Chaves registra *maje* como adjetivo, con la definición sinonímica múltiple 'bobo, tonto, simple'; acotada con información relativa al uso: "los hampones y estudiantes coinciden en el uso de ese vulgarismo, común en su jerga". Tal definición, junto con la información de uso relativa al ámbito delincuencial, es bastante cercana a la registrada en 1960 por Sánchez

Alvarado (que parafraseamos como 'persona tonta, especialmente si no pertenece al grupo hampesco'); asimismo, nos parece pertinente acercar el adjetivo *simple* de la definición de Agüero Chaves a la designación peyorativa de *campesino* apuntada en la obra de Sánchez Alvarado.

De la información consignada y de los ejemplos de uso contextualizados por Agüero Chaves se intuyen dos acepciones más. En efecto, se coligen una segunda acepción, que podríamos expresar como "la designación de un varón en edad juvenil" (*Este maje es mi amigo. Yo soy un maje muy listo*), y una tercera, que refiere el empleo de *maje* como vocativo (*Mirá, maje, no olvidés los libros*). Se entiende, de acuerdo con lo apuntado por el autor, que dichos usos se dan tanto entre delincuentes como entre jóvenes estudiantes.

Es importante subrayar que la forma descrita para cada uno de esos sentidos es *maje*, no *mae*. Esta última, como se verá, será posteriormente la forma más habitual para los dos últimos sentidos (la designación de una persona y el vocativo). Precisamente, al final del artículo lexicográfico, Agüero Chaves incluye un envío a *mae*, sin embargo, se trata de una "pista perdida", producto de una omisión involuntaria, ya que no existe dicha entrada en el diccionario; a pesar de esto, al menos ha quedado constancia de que era conocida por el autor.

El *Nuevo diccionario de costarriqueñismos* de Quesada Pacheco, ediciones de 1991, 1996a, 2001 y 2007, recoge *maje* con dos acepciones como sustantivo: la designación de un varón en edad juvenil ('muchacho', 'joven'), con uso restringido a hombres jóvenes, advertido en las ediciones de 1991 y 1996, y sin esta restricción expresamente indicada en las ediciones de 2001 y 2007, y en función apelativa de uso exclusivo entre hombres jóvenes (vocativo). En este uso vocativo, se indica que *maje* toma la forma *mae*. Se incluye también una tercera acepción como adjetivo, según la cual *maje* significa 'tonto, bobo'. A continuación transcribimos los artículos de *maje/mae* en Quesada Pacheco (1991; 2001), donde se puede apreciar que a lo largo de estos años hay algunas diferencias en cuanto a los usos más que a los significados; por ejemplo, la marca 'juvenil' incluida en Quesada Pacheco (1991; 1996a) desaparece a partir de Quesada Pacheco (2001):

> **¡mae!** Ver *maje* (acepción 2).
>
> **maje** m. (Jerga de los varones) Muchacho, joven. // 2. Vocativo para dirigirse a un varón, y pronunciado ¡MAE! Jerga juvenil. // 3. adj. Tonto, bobo (*No sea usted tan maje* ['tonto'], *no deje que lo boten* ['despidan'] *del brete* ['trabajo']). (Quesada Pacheco 1991)
>
> **¡mae!** Ver *maje*.

> **maje** m. {jergal} Muchacho, joven. // **2.** {jergal} Vocativo para dirigirse a un varón, y pronunciado **¡mae!** // **3.** adj. Tonto, bobo (*No sea usted tan maje, no deje que lo boten del brete*). (Quesada Pacheco 2001; 2007)

La falta de contorno o régimen lexemático (información combinatoria del tipo: "referido a una persona", "referido a un hombre", "referido a una mujer") no permite saber si el empleo como adjetivo mantiene la misma restricción de uso de las otras acepciones, es decir, que se aplica solamente a personas de sexo masculino. Esto podría inferirse, sin mucha seguridad, del pronombre masculino *lo* del ejemplo (*no sea usted tan maje, no deje que lo boten* 'despidan' *del brete* 'trabajo').

En las ediciones de Quesada Pacheco (1996a; 2001; 2007), la forma *mae*, producto de la pérdida del fonema fricativo velar sordo intervocálico /x/, parece ser equivalente a la forma *maje* en todos los sentidos y usos, ya que se remite a esta última sin indicar con cuáles acepciones se corresponde, tal como se hizo en Quesada Pacheco (1991), donde *mae* remite a *maje* en su segunda acepción. Sin embargo, debe notarse que el lema o entrada *mae* aparece entre signos exclamativos (*¡mae!*), lo cual obliga a identificar *mae* únicamente con la acepción 2 de *maje*: "Vocativo para dirigirse a un varón, y pronunciado ¡mae!". En cuanto a la pérdida del sonido [x], este se explica por el fenómeno de lenición [x] > [h] > [Ø] ampliamente documentado para el español de América. La variación en la pronunciación /x/ se registra desde el primer cuarto del siglo XX en el español de Costa Rica, la cual oscilaba entre una realización velar de [x], una glotal [h] y la ausencia de esta [Ø] (cf. Mangels 1928; Chavarría Aguilar 1951: 250). Quesada Pacheco (1996b) y Agüero (2009) posteriormente registran las variaciones alofónicas para el fonema /x/, como fricativa velar sorda lenis y aproximante velar sorda, incluso con elisión en el habla rápida, aunque Agüero (2009) también afirma que el fonema /x/ se pronuncia con una fricción leve en posición intervocálica, más parecida a [h]. En síntesis, el proceso de pérdida de la consonante en *maje* pudo haberse dado de la siguiente manera ['ma.xe] ~ ['ma.he] > ['ma.e].

Tomando estrictamente como referencia la información brindada por los diccionarios de Quesada Pacheco, en el periodo comprendido entre 1991 y 2007 tendríamos que la unidad léxica *maje* es la forma más generalizada en sus tres sentidos: (1) sustantivo masculino: la designación de un varón en edad juvenil; (2) sustantivo masculino: vocativo de uso exclusivo entre hombres jóvenes; (3) adjetivo: 'tonto', aparentemente referido siempre a un varón. Mientras que *mae* es variante de *maje* en su valor como vocativo de uso exclusivo entre hombres jóvenes. Además, aunque en los diccionarios de Quesada Pacheco de ese periodo (1991–2007) no queda explícito, sabemos que *mae* es ya variante de *maje* en sus tres sentidos. Esto se puede constatar en la siguiente frase[4], ampliamente comentada en los medios costarricenses desde la década de 1990:

(1) *Mae, ¿viste qué mae más mae ese mae?*
Mae$_{\text{vocativo}}$, *¿viste qué mae*$_{\text{‘muchacho’}}$ *más mae*$_{\text{‘tonto’}}$ *ese mae*$_{\text{‘muchacho’}}$*?*

En el *Nuevo diccionario del español de Costa Rica* de Víctor M. Sánchez Corrales (director), presentado en 1996 como parte del informe final de proyecto de investigación que lleva el mismo nombre[5], se encuentra la descripción más detallada y precisa de las palabras *maje* y *mae* en su estadio evolutivo durante la segunda mitad de la década de 1990, en sus aspectos semántico, gramatical, pragmático y de uso:

> **mae** I *m/f* → **maje**. | II ¡~! *excl coloq* Se emplea para llamar a una persona. | III *pcla coloq* Se emplea como muletilla a lo largo de una conversación.
>
> **maje** I *m/f, var* mae 1 *coloq juv* Persona joven. *Obs:* Es forma de tratamiento. | II *sust/adj* 2 *coloq juv desp* Persona tonta | III ¡~! *excl* 3 *coloq juv* Forma de tratamiento. | IV *pcla* 4 Se emplea como muletilla a lo largo de una comunicación. (Sánchez Corrales 1996)

Para *maje*, dicho trabajo recoge como primera acepción, gramaticalmente sustantivo masculino y femenino, la designación de una persona (hombre o mujer) en edad juvenil, usada entre personas jóvenes dada la marca “juvenil” con la que se advierte esta restricción; se acota, además, su valor apelativo mediante la observación “Es forma de tratamiento”. La segunda acepción, como sustantivo y adjetivo, refiere el significado de ‘persona tonta’, también usada entre personas jóvenes. En la tercera acepción parece repetirse lo dicho antes en la primera (forma de tratamiento), pero presentada aquí como una exclamación, esto es, indicando la posibilidad de construir expresiones en modalidad y entonación exclamativas con esta palabra. Por

---

4 Del archivo de uno de los periódicos de mayor circulación en el país recuperamos el siguiente fragmento: “La expresión más sintética, escuchada en un pasillo universitario y comentada un día en esta página por nuestra colaboradora Estrellita Ortiz [Cartín] de Guier, fue la siguiente: ‘Mae, qué mae más mae’” (Rodríguez 1996). De un acta de una sesión del Consejo Universitario de la Universidad de Costa Rica, celebrada en 2006, extraemos lo siguiente: “Ella decía que la palabra *mae* era tan tica que una vez, y lo puso como ejemplo, que cuando ella era Directora de la Escuela de Estudios Generales venía bajando las escaleras y venían dos estudiantes y uno se refiere al otro y le dice: ‘mae viste qué mae más mae es ese mae’ así se entendieron, por lo que esa frase tiene una connotación y un contenido inmenso” (Universidad de Costa Rica / Consejo Universitario 2006: 9).

5 El diccionario no ha llegado a publicarse.

último, la cuarta acepción describe *maje*, con la indicación gramatical 'partícula' (pcla), como un marcador discursivo de función fática o de control del contacto durante la comunicación. Téngase en cuenta que los términos partícula y muletilla empleados en este diccionario aluden al término actualmente más usado de 'marcador discursivo'. Excepto por la acepción como sustantivo y adjetivo con el significado de persona tonta, a la forma *mae* se le asignan los mismos valores semánticos, gramaticales y de uso que a la forma *maje*.

El diccionario de Sánchez Corrales es el primero que informa del cambio en proceso de *maje/mae* en cuanto a su referencia a entidades tanto masculinas como femeninas (cf. Fig. 2). Esto contrasta con la información ofrecida en los diccionarios de Quesada Pacheco (1991; 1996a; 2001; 2007; 2018); no obstante, el cambio en proceso mencionado se corrobora en el repertorio de Giebler Simonet (2003).

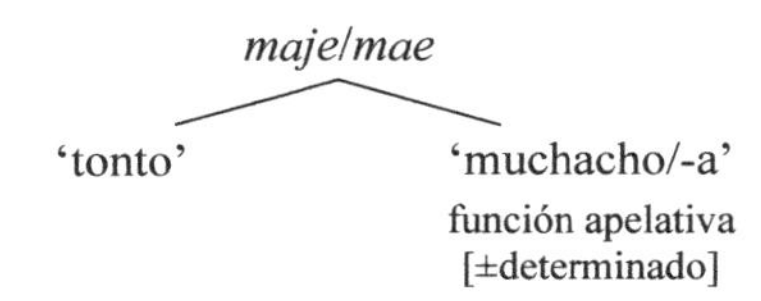

Fig. 2. Pérdida de la consonante intervocálica y extensión de género, sentidos y usos.

El diccionario *Mil y tantos tiquismos: costarricensismos*, publicado por Luis Ferrero Acosta en 2002, registra únicamente la forma *maje*:

> **maje.** (Derivado de *majo*, guapo). *m.* Úsase como vocativo, ¡maje! para interpelar a un varón. | *adj.* Tonto, bobo. (Ferrero Acosta 2002)

Ferrero Acosta establece como primera acepción de *maje* su uso en función apelativa (vocativo), con restricción de uso entre personas de sexo masculino y sin especificar otra restricción, por lo tanto, la ausencia de una marca relativa a un determinado grupo etario puede ser un indicador de que su uso está ya dejando de ser exclusivo entre jóvenes. La segunda acepción refiere el uso de *maje* como adjetivo, con el significado de 'tonto', 'bobo'. Aunque Agüero Chaves en 1996, Sánchez Corrales en 1996 y Quesada Pacheco en 1991, 1996a y 2001 atestiguan la forma *mae*, Ferrero Acosta no llega a registrarla en su diccionario.

El diccionario *A lo tico. Costarriqueñismos y otras vainas*, publicado en 2003 por Alf Giebler Simonet, con una tercera edición en 2010, registra *maje* y *mae* bajo un mismo lema (*maje/mae*):

> **Maje/Mae.** 1) Hombre 2) Mujer Ej.: Mae, vieras que vacilón el del otro día (hombre (o mujer), no te imaginas cómo gozamos hace un par de días).

3) Tonto(a) Ej.: ¡Qué maje sos! (que tonto(a) eres). Ej.: ¡No sea maje! (No sea tonto). (Giebler Simonet 2003)

Maje/Mae. 1) Hombre, mujer Ej.: Mae, vieras que vacilón el del otro día (hombre, mujer, no te imaginas cómo gozamos hace un par de días). 2) Tonto(a) Ej.: ¡Qué maje sos! (que tonto(a) eres). Ej.: ¡No sea maje! (No sea tonto). (Giebler Simonet 2010)

En la primera edición de este repertorio lexicográfico (2003) se presenta, en dos acepciones claramente diferenciadas, el uso de *maje/mae* en su función apelativa, como vocativo para una persona de sexo masculino la primera y para una persona de sexo femenino, la segunda. La información contenida en estas definiciones ('hombre' y 'mujer', respectivamente) es insuficiente para que el consultor del diccionario entienda tal uso apelativo; solamente con el ejemplo es posible intuir lo que, en principio, allí se intenta explicar, esto es, el funcionamiento de *maje/mae* como vocativo.

Para el momento de la investigación y publicación de la primera edición, *maje/mae* se encontraría todavía en pleno proceso de ampliación de su rango denotativo, de manera que podría lanzarse la hipótesis de que la relativa novedad en el uso de la palabra en función apelativa para personas de sexo femenino —y, además, empleada también por mujeres— llevó al autor a establecer dos acepciones distintas. En la segunda edición de 2010 aparece una sola acepción ('hombre', 'mujer').

El *Diccionario de la lengua española* de la Real Academia Española registra *maje*, por primera vez, en su edición de 2001 (RAE 2001) con los sentidos que hemos reseñado hasta ahora, quedando en falta tanto el sentido apelativo, como la variante *mae*, ambos ya de amplia difusión para la fecha de publicación:

maje.
1. *adj. C. Rica, El Salv., Hond., Méx. y Nic.* tonto (‖ falto de entendimiento o razón). No sea usted maje, no deje que lo boten del trabajo. U. t. c. s.
2. *m. jerg. C. Rica y Hond.* Muchacho, joven.
3. *m. Nic.* fulano (‖ persona indeterminada).

En la edición de 2014 (actualización digital en 2018), la *Real Academia Española* registra *maje* sin ningún cambio (RAE 2014). En ambas ediciones, la tercera acepción tiene la marca de nicaraguanismo, aunque también debería estar señalada como un costarriqueñismo, tal y como podemos atestiguarlo. Esta omisión se repite también en el *Diccionario de americanismos* de la Asociación de Academias de la Lengua Española (ASALE 2010), donde la segunda acepción de *maje* aparece con las marcas de mexicanismo y nicaraguanismo. Esta obra, por otra parte, recoge *maje* y *mae* por separado:

maje.
I. 1. adj/sust. Mx, Gu, Ho, ES, Ni, CR. Referido a persona, tonta.
2. m. Mx, Ni. Individuo desconocido, fulano.
3. m-f. Ni, CR. Hombre o mujer.

mae.
I. 1. adj. CR. Referido a persona, tonta.
II. 1. m-f. CR. Hombre o mujer.

En esta obra se puede apreciar cuál es la extensión geográfica de *maje*, que va desde México hasta Costa Rica, en su uso como adjetivo/sustantivo referido a una persona (sin distinción de sexo) para calificarla de tonta. La marca geográfica de Costa Rica (CR) también aparece en la tercera acepción (hombre, mujer), que nosotros venimos señalando como la designación de una persona. Asimismo, se debe destacar la exclusividad de la forma *mae* como variante de *maje* para el español de Costa Rica; efectivamente, de acuerdo con este diccionario, *maje* y *mae* tienen los mismos significados. Por otra parte, no se advierte en este diccionario el uso apelativo (vocativo) de ambos sustantivos.

En contraste con el *Diccionario de americanismos* de ASALE, la quinta edición del *Nuevo diccionario de costarriqueñismos* de Quesada Pacheco, publicada en 2018, asigna valores gramaticales y semánticos distintos a *maje* y a *mae*. Según lo dicho anteriormente, *maje* conserva solamente la categoría adjetiva con el significado de tonto, mientras que *mae*, como sustantivo, la designación de una persona indeterminada y la función como vocativo.

mae m./f. [jergal] Persona indeterminada, de la cual no se sabe su nombre o no se quiere pronunciar. **2**. [jergal] Vocativo para dirigirse a una persona.

maje [jergal] adj. Tonto, bobo (*No sea usted tan maje, no deje que lo boten del brete*). (Quesada Pacheco 2018)

En resumen, las obras lexicográficas estudiadas recopilan diferentes etapas de la evolución de *maje*; desde su incorporación al español de Costa Rica con el sentido de 'tonto', muy vinculado con el habla hampesca, hasta la ampliación de sus significados a persona con una clara connotación apelativa y una extensión de sentido a referentes de cualquier sexo (género epiceno). Su origen hampesco y su uso en la jerga juvenil mantuvieron esta unidad léxica y su variante, *mae*, dentro del registro de la coloquialidad. Esta última comenzó a perder el sentido de 'tonto' en favor de su valor apelativo, mientras el sentido apelativo comenzó una larga erosión que continúa actualmente, pero manteniendo el sentido de 'tonto'. La Fig. 3 ilustra este proceso; para el resto de nuestra argumentación, dejaremos de señalar el rasgo [±femenino] a menos que sea absolutamente necesario indicarlo en algún uso.

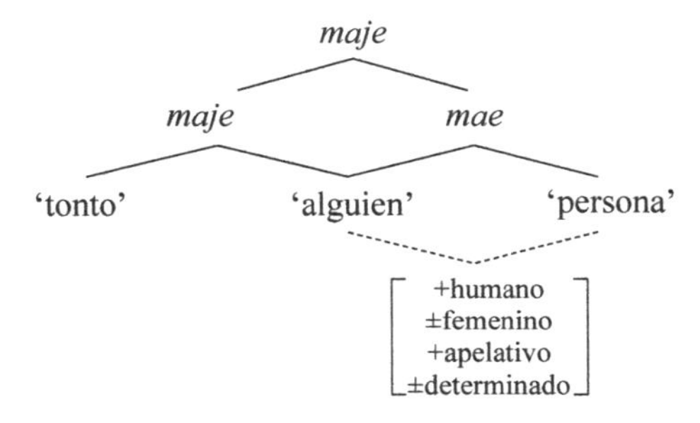

Fig. 3. Extensión de usos como apelativo y generalización del género epiceno.

3. *Mae,* lo que no está en los diccionarios (aún)

Durante esta investigación atestiguamos varios usos de *mae* faltantes en los diccionarios que registran léxico del español de Costa Rica, lo cual se explica por tratarse de empleos relativamente recientes. Concretamente, nos referimos a la designación de un animal (cf. 2, 3), a la designación de un objeto "pseudoanimado" (cf. 4, 5) y como forma de tratamiento del hijo hacia el padre, tanto en el trato directo (uso vocativo, cf. 6), como en el trato indirecto (la designación de una persona, cf. 7, 8). Para los objetos, decidimos mantener la nomenclatura de 'animado', en vez de 'pseudoanimado', por cuanto entendemos la animidad como una categoría general que ahora también tiende a extenderse a objetos de uso cotidiano, con características semejantes al comportamiento de seres vivos. Este no es un fenómeno aislado, ya hemos atestiguado, en el español de Costa Rica, que verbos que exigen un sujeto animado contienen en esa posición un sintagma nominal referido a un objeto inanimado, como, por ejemplo, vehículos familiares, de los cuales es posible decir *el carro duerme afuera* por *dejamos el vehículo familiar fuera de la casa durante la noche*. Además, la postulación de un nuevo rasgo, en este caso, el de 'pseudoanimidad', implica la creación de una categoría que no permitiría comprender cabalmente el cambio lingüístico sufrido por *maje/mae* puesto que ocultaría el continuum semántico de esa evolución.

(2) Cuando abrazo a mi perro el mae me patea, pero sé que es su muestra de afecto porque brazos:abrazar::patas:patear. (Twitter)
(3) Hoy bañé a mi gato, el mae apestaba, así que le tocó, y me aruñó mucho. (89decibeles.com)
(4) El asunto es que tengo un iPod nano de los cuadrados y se mojó, ahora el mae no enciende ni muestra señales de vida. (forodecostarica.com)
(5) De un momento a otro el carro no quiso arrancar más, y desde entonces ha estado en por lo menos 4 talleres y le han hecho cualquier cantidad de cambios… pero el mae no arranca. (bmwclubcr.com)
(6) Mae, hubo un problema con la impresión de las notas. (WhatsApp)
(7) Mi papá es un mae que ha dado todo por mí. (Twitter)
(8) Mi papá era un mae súper chispa, no terminó ni la escuela, pero solucionaba cosas increíbles en temas de materiales y construcción. (aldele.com)

Para la designación de animales y objetos 'animados', *mae* solamente aparece en usos determinados, por lo tanto, siempre precedido por el artículo definido correspondiente (*el mae*, *la mae, los maes, las maes*), según el género del sustantivo y el número que refiere a la entidad en cuestión (por ejemplo, *perro*, *computadora*). Dicha particularidad nos lleva a postular, como locuciones pronominales, las formas *el mae* y *la mae*, sobre la base de la connotación particular que implican y sus restricciones sintácticas. Por ejemplo, estas formas no admiten modificadores prenominales como **el buen mae* o **la buena mae*, en caso de marcadores posnominales, estas secuencias recuperan el sentido literal; además, estas son empleadas anafóricamente como sintagmas nominales que retoman elementos consabidos, mencionados anteriormente. El pronombre personal *él* puede ser sustituido por *el mae*, mientras que el pronombre *ella* puede, a su vez, ser sustituido por *la mae*, siendo la connotación la única diferencia en estas sustituciones por la carga afectiva y el nivel de formalidad que implican. Esta alternancia es tanto más obvia que una frase como *un mae vino* no puede ser interpretada como **él vino** (cf. 13).

Asimismo, creemos que existe una acepción de *mae* que no está claramente descrita en los diccionarios del español de Costa Rica más actuales; se trata de *mae* con el significado concreto de 'persona del sexo masculino' (9), en oposición a 'persona del sexo femenino'. En ninguno de los distintos repertorios lexicográficos consultados encontramos una definición que apunte a dicho sentido; en Quesada Pacheco (1991; 1996a; 2001; 2007) a *mae* solamente se le asigna el valor de "vocativo para dirigirse a un varón" y en los demás diccionarios *mae* se registra como apelativo para persona (es decir, tanto para varón como para mujer), como vocativo y como marcador discursivo (o muletilla). Consideramos que el uso de *mae* que aparece en (9a) y (9b) no cuadra en ninguna de las definiciones aportadas por los diccionarios estudiados. Tómese en cuenta que cuando en estos repertorios se define *mae* como "hombre", el ejemplo que acompaña a tal definición responde más bien al uso apelativo o vocativo, como en Giebler Simonet (2003; 2010): *Mae, vieras que vacilón el del otro día.*

(9) a. Sé que por ser mae puedo caminar por las calles sin temor, sabiendo que la posibilidad de que me digan algún improperio es un poco menos que nula. (nooleo.cr)
b. A mí me parece que es súper tóxico que para los hombres la estatura sea un punto de quiebre, como no soy mae no me ha afectado nunca medir 160 cm. (twitter.com)

Es interesante notar que estos usos predominan en la oralidad más que en la comunicación informal escrita, la cual no necesariamente se presta, en todas las situaciones, para la elicitación de la gama completa de usos; es decir, no es tanto una inhibición del hablante lo que entra en juego, como la oportunidad para utilizar un término en toda su extensión. La identificación de estos usos novedosos y su corroboración por distintos métodos de validación permitió la inclusión de estos sentidos en el *Diccionario del español actual de Costa Rica*.

4. Características generales y clasificación de usos de *mae/maje*

Dada la riqueza de usos de *maje/mae*, conviene presentar una muestra de cada uno de los usos identificados. Así, los ejemplos (10) y (11) corresponden al sentido de *tonto*, el cual únicamente encontramos para referentes masculinos, en el momento de su introducción en el español de Costa Rica. Es decir, en (10) y (11) *maje* está exclusivamente referido a personas del sexo masculino, que es su uso original, ya explicado en la Fig. 1. Ahora bien, más recientemente, este uso se extiende también a referentes femeninos.

(10) Lo agarraron de maje.
(11) Usted cree que somos majes.

El ejemplo (12) ilustra el uso de *maje* para un nombre indeterminado en el sentido de *alguien*.

(12) Un maje me recomendó esta pieza.

Como lo vimos en las definiciones lexicográficas descritas anteriormente, *maje* se emplea también con el género femenino, de manera que sería posible decir *una maje me recomendó esta pieza*. Este mismo sentido se mantiene cuando *maje* pierde la fricativa velar sorda intervocálica y se convierte en *mae*. El ejemplo (13) presenta tanto el cambio como el uso, mientras que la frase en (14) ejemplifica su empleo con el femenino.

(13) Un mae vino a comprarme la moto.
(14) Esa mae sale con Carlos.

El uso más distintivo de *mae* es el de vocativo, del cual tenemos una muestra en (15).

(15) Mae, venga para acá.

El uso, no recopilado anteriormente, de *mae* como 'persona de sexo masculino', está ejemplificado en (16).

(16) En mi clase hay más maes que mujeres.

Los empleos más novedosos de *mae* los tenemos en (17) y (18), con la locución pronominal *el/la mae*, donde están referidos, en el primer caso a un animal ([+animado]), y, en el segundo caso, a un objeto provisto de alguna clase de animidad ([+animado]).

(17) Mi primo asustó a mi perro y el mae lo mordió.
(18) El teléfono estaba cargado, pero el mae no encendía.

La frase en (19) ilustra el uso anafórico de la locución pronominal *el mae*.

(19) Hablé con Edgar. El mae me dijo que estaba de acuerdo.

Finalmente, la función fática de *mae* como conector pragmático, presentada en (20), según el ejemplo de Benavides González (2014: 98), permite mantener la atención y el contacto del interlocutor, a fin de avanzar el discurso; se trata de una estrategia eminentemente oral. En (20), *mae* no tiene ningún contenido léxico y presenta características prosódicas de acuerdo con esa función.

(20) … compa cómo hago para buscar este libro mae aquí tengo el título pero no sé cómo se hace.

Si consideramos los rasgos semánticos fundamentales de *maje/mae*, en todos los ejemplos anteriores, y los comparamos entre ellos, notaremos que presenta dos tendencias que mostramos en la Fig. 4. La primera tendencia, más rica, está basada en su carácter apelativo (que denotamos como [+apelativo] y [+vocativo] según su especialización en el uso; recordemos que un vocativo es un tipo de apelativo); la segunda tendencia está asociada al significado de 'varón', en oposición a 'mujer', sin valor deíctico, es decir que se trata de una expresión plena (por eso está más a la derecha en la Fig. 4). Esta última tendencia estaba presente en la base de significados de *ma-*

je/mae desde su introducción en español de Costa Rica, sin embargo, en el momento de su incorporación, era portador de un sentido peyorativo, 'tonto' (término más a la izquierda en la Fig. 4), que fue perdiendo según los cambios que sufrió en su devenir histórico. Es decir, si tenemos un adjetivo, con el sentido de 'tonto', empleado únicamente con el masculino, cuando pierde dicho sentido, solo le queda su base de significado de 'persona del sexo masculino'. La deriva de *maje/mae* como apelativo también está vinculada con la pérdida del significado de *tonto*, donde el carácter funcional de la unidad léxica es enfatizado, manteniendo, sin embargo, un vago sentido de persona. En consecuencia, la evolución de *maje/mae* se explica, sobre todo, por la acción de dos polos, uno funcional (de carácter pronominal) y otro referencial (la segunda tendencia, nominal, ya explicada). Esto es lo que llamamos continuum nominal, representado en la Fig. 5.

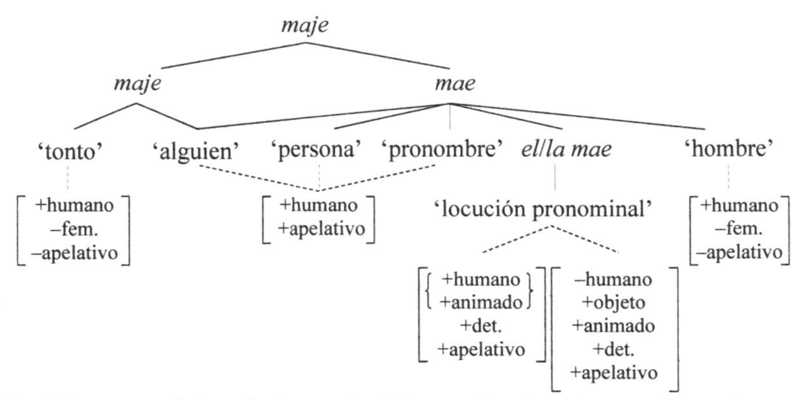

Fig. 4. Rasgos restrictivos fundamentales de los sentidos de *maje* y *mae* (fem. = femenino; det. = determinado).

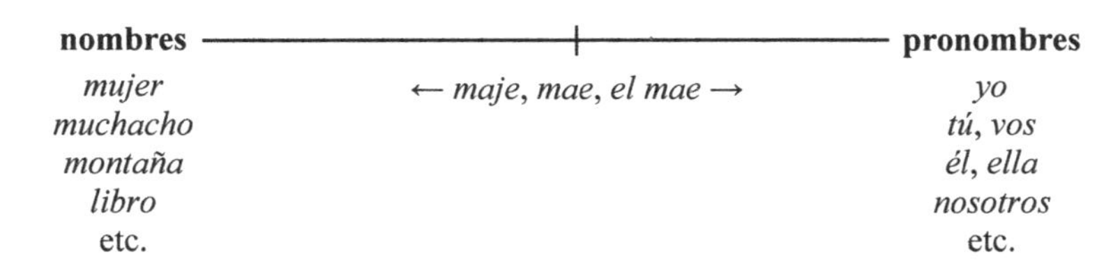

Fig. 5. Continuum nominal.

Ahora bien, las tendencias anteriormente descritas no explican la ampliación del tipo de entidades a seres animados no humanos y a objetos pseudoanimados que marcamos como [+animado]. La Fig. 4 presenta varias matrices de rasgos asociadas con cada uno de los sentidos identificados para *maje/mae*, vigentes en el español contemporáneo de Costa Rica. Si observamos detenidamente de izquierda a derecha, el rasgo [+humano] se mantiene desde el término primario ('tonto') hasta las locuciones pronominales. El punto en común de *maje/mae* con el rasgo [+humano], referido a animales, se ubica en la familiaridad con ellos y su animidad. Esta familiaridad nos permite vislumbrar el camino que propició la extensión de *maje/mae* a objetos pseudoanimados; todos nuestros ejemplos corresponden a objetos cotidianos pseudoanimados. No tenemos registros de *maje/mae* empleado para otros tipos de objetos, como utensilios de cocina, muebles, construcciones, espacios o vestimentas, que comparten la característica de ser objetos completamente inertes, contrariamente a vehículos y a varios aparatos electrónicos como teléfonos y computadoras. Dejamos abierta la cuestión de si el rasgo más adecuado para los objetos pseudoanimados sería [-inerte], en el sentido de la oposición 'activo/inactivo'. Esta variación está ilustrada en la Fig. 6, donde los valores absolutos hiperonímicos de humano, animal y objeto están indicados por dobles corchetes, además completamos la ilustración con el uso de *mae* como conector pragmático fático.

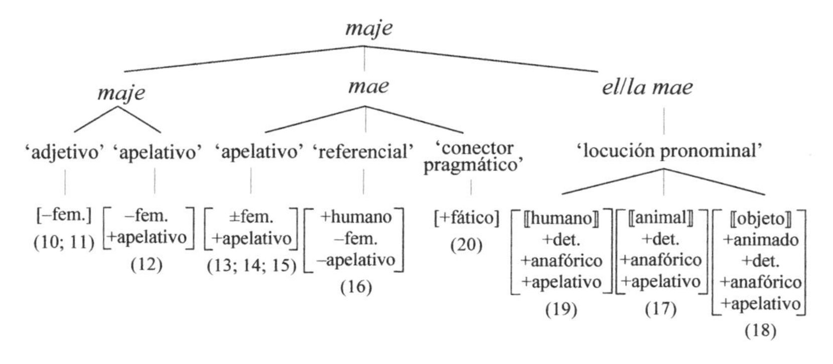

Fig. 6. Variación de *maje/mae* (fem. = femenino; det. = determinado).

5. Conclusiones

Hemos dado cuenta de las definiciones lexicográficas de *maje/mae* desde su primer registro en una obra lexicográfica costarricense hasta usos más recientes no incluidos en ningún acopio contemporáneo. Comprobamos que el conjunto de las obras lexicográficas seleccionadas permite visualizar la transformación de *maje/mae* desde el habla hampesca hasta el habla juvenil, adquiriendo, en el proceso, un valor apelativo, restringido a un determinado contexto sociolectal y a un registro de habla específico (cf. Sánchez Corrales 2009). No obstante, también determinamos que usos extendidos y novedosos debían ser descritos e incluidos en repertorios léxicográficos que pretendan reflejar su actualidad. En esta última etapa, *maje/mae* tiene un uso extendido tanto en el alcance de sus referentes, como en su uso sociolectal. Concretamente, en el caso de usos novedosos, encontramos que *mae*, en su forma pronominal, puede ser empleada para referirse a animales y objetos pseudoanimados. En lo tocante a su uso sociolectal, atestiguamos la vitalidad de *mae* en todos los niveles sociales y educativos.

Es interesante notar que *maje* no solo conserva el sentido de *tonto*, sino que su uso como apelativo persiste, aunque en declive. De acuerdo con las distintas fuentes de información con las que hemos trabajado (diccionarios, informantes, documentos en línea), la vitalidad de *maje* y *mae* es la siguiente:

mae

sustantivo

1. Forma de tratamiento usada para designar a una persona, determinada y referencial (*La mae no hace envíos fuera de la GAM*) o indeterminada y referencial (*La portada del disco es un precipicio visto desde arriba y abajo se ve un mae nadando*).
2. Forma de tratamiento usada para designar a un animal determinado (*Hoy bañé a mi gato, el mae apestaba*).
3. Forma de tratamiento usada para designar a un objeto [+animado] (*Ayer el mae se apagó y no le dio la gana encender con nada, pensé que podía ser gasolina*).
4. Forma de tratamiento usada como vocativo para una persona (*Mae, usted siempre fue buenísima contando historias*).
5. Persona del sexo masculino (*A mí me parece que es súper tóxico que para los hombres la estatura sea un punto de quiebre, como no soy mae no me ha afectado nunca medir 160 cm*).
6. Marcador discursivo de función fática, definición IV de Sánchez Corrales (1996), ejemplificada en (20).

adjetivo

'tonto/-a' (*Tan simple como no pagar y listo, hay que ser muy mae para pagar algo que no es de uno*). Observación: muy poco frecuente.

el mae, la mae
Locución pronominal de tercera persona, de valor semántico determinado y específico; generalmente se utiliza más en sentido anafórico que en un sentido referencial (*Hablé con Edgar. El mae me dijo que estaba de acuerdo*).

maje

sustantivo

1. Forma de tratamiento usada para designar a una persona, determinada (*Otra cuestión es que el maje se está retirando y no va a poder mantener ese ingreso tan alto*) o indeterminada (*Dice que había un maje de la municipalidad recostado a una casa*). Observación: poco frecuente.
2. Forma de tratamiento usada como vocativo para una persona (*Maje, páseme la salsa picante*). Observación: poco frecuente.

adjetivo

'tonto/-a' (*Claro está que tampoco son majes, la mayoría de dichos productos ofrecen 'características especiales' que hacen al software más rápido o eficiente, y el cliente (que a veces sí es maje) que escoge usar dichas características, cae en la trampa y empieza a depender del proveedor*).

Las realizaciones de *maje/mae* son, a menudo, ambiguas; no postulamos que siempre sea gramaticalmente claro el uso; eso se explica por cuanto de se trata de unidades léxicas de gran vitalidad, cuyos cambios están continuamente en progreso. El cambio que representa *maje/mae* no debería sorprendernos en un contexto lingüístico más amplio, por cuanto, no solo hay ejemplos de fenómenos similares en otras variedades dialectales del español, como *mano* en México, *huevón* en Chile y *tío* en España, sino que también, de manera más amplia, puede ser asociado, comparativamente, con la aparición de impersonales en alemán, lengua en la que el pronombre genérico nominativo *man* proviene de *Mann* 'varón', y en francés, donde el pronombre indefinido neutro *on* proviene del latín HOMO 'hombre'.

Referencias

Agüero Chaves, A. 1996. *Diccionario de costarriqueñismos.* San José: Publicaciones de la Asamblea Legislativa de la República Costa Rica.

Agüero Chaves, A. 2009. *El español de Costa Rica*. San José: UCR.

ASALE (= Asociación de Academias de la Lengua Española) 2010. *Diccionario de americanismos*. Madrid: Santillana.

Benavides González, M. 2014. *Los marcadores discursivos en el español informal de Costa Rica. Una propuesta de diccionario*. MA thesis, Universidad de Costa Rica. https://www.academia.edu/32147382/ (2019-07-05).

Chavarría Aguilar, O. L. 1951. The phonemes of Costa Rican Spanish. *Language* 27, 248–253.

Ferrero Acosta, L. 2002. *Mil y tantos tiquismos. Costarricensismos.* San José: Editorial de la Universidad Estatal a Distancia.

Giebler Simonet, A. A. 2003. *A lo tico. Costarriqueñismos y otras vainas.* San José: Diseños Precisos.

Giebler Simonet, A. A. 2010. *A lo tico. Costarriqueñismos y otras vainas* (3. ed., revisada y ampliada). San José: Jadine.

Mangels, A. 1928. *Sondererscheinungen des Spanischen in Amerika.* PhD dissertation, Hamburg. Glückstadt: Augustin.

Quesada Pacheco, M. A. 1985. *Diccionario regional de los distritos de San Gabriel, Monterrey y la Legua de Aserrí.* San José: Ludovico.

Quesada Pacheco, M. A. 1991/1996a/2001/2007/2018. *Nuevo diccionario de costarriqueñismos* (ed. 1–5). Cartago: Editorial Tecnológica de Costa Rica.

Quesada Pacheco, M. A. 1996b. Los fonemas del español de Costa Rica. Aproximación dialectológica. *LEXIS* 20, 535–562.

RAE (= Real Academia Española) 2001. *Diccionario de la lengua española* (22nd ed.). Madrid: Espasa.

RAE (= Real Academia Española) 2014. *Diccionario de la lengua española* (23rd ed.). Madrid: Espasa.

Rodríguez, J. 1996. Opinión. *La Nación* del 22 de mayo de 1996. https://www.nacion.com/opinion/julio-rodriguez/NKRAMT2C6VEIFBGFGBXCNOZBUU/story/ (2019-07-05).

Sánchez Alvarado, J. L. 1960. *Glosario del hampa en Costa Rica.* Colonia Penal Agrícola San Lucas, mecanografiado.

Sánchez Corrales, V. M. 1996. *Nuevo diccionario del español de Costa Rica.* Unpublished Ms. San José.

Sánchez Corrales, V. M. 2009. Ma(j)e. De la denotación a la apelación. *Káñina. Revista de Artes y Letras* 33, 33–43.

Universidad de Costa Rica / Consejo Universitario (2006). *Acta de la sesión Nº 5106 (10 de octubre de 2006).* http://cu.ucr.ac.cr/actas/2006/5106.pdf (2019-07-05).

Agradecimientos. Queremos expresar nuestro agradecimiento al Dr. Fernando García Santamaría, Vicerrector de Investigación de la Universidad de Costa Rica, a la M. L. Ericka Vargas Castro, profesora de la Escuela de Filología, Lingüística y Literatura, y a la Licda. Daniela Sánchez Sánchez, investigadora del Instituto de Investigaciones Lingüísticas. Esta investigación es uno de los resultados de los proyectos desarrollados en el Programa *Estudios de Lexicografía del Instituto de Investigaciones Lingüísticas: Diccionario del español actual de Costa Rica* (745-B7291), *Diccionario de locuciones verbales del español de Costa Rica* (745-B6A20) y *Análisis de mecanismos de coherencia sintáctica y semántica del español* (745-B7097); todos inscritos en la Vicerrectoría de Investigación de la Universidad de Costa Rica.

Annegret Bollée

Variation und Wandel: Aphäresen in Frankokreolsprachen

Abstract. A number of frequent verbs in French-based creoles, e.g. *rive* 'to arrive' (Fr. *arriver*), *chape* 'to escape' (Fr. *s'échapper*), *kraze* 'to crush' (Fr. *écraser*), have so far received little attention and hardly any explanation in the literature. The only explanation given by some authors, namely loss of initial vowel by apheresis, does not account for certain examples found already in early Haitian texts, e.g. *contré* 'to meet' (Fr. *rencontrer*), *mandé* 'to ask' (Fr. *demander*) or *semblé* 'to ressemble' (Fr. *ressembler*). An alternative hypothesis takes as a starting point the variation of simple and prefixed forms with the same meaning observed for many verbs in colonial French, e.g. *plumer*, *déplumer* 'to pluck feathers from'. It can be assumed that in the approximative forms of French (*français approximatif*) which developed in the first phase of creolization, the simple forms became dominant and that in the second phase adult L2 learners of *français approximatif* selected only the simple forms. This tendency may have been reinforced by a preference for the syllable structure CV and bisyllabic words as well as by substratum influence, e.g. from Fongbe in Haiti.

1. Einleitung

Bei der Redaktion des *Dictionnaire étymologique des créoles français d'Amérique* (DECA) konnten wir manchmal nicht entscheiden, ob kreolische Wörter einem Simplex oder einer Präfixbildung zuzuordnen waren. Die kreolischen Belege ließen beide Etymologien zu, wobei sich die Form ohne Präfix auch durch Aphärese erklären ließ. Wir haben in diesen Fällen von Konvergenz gesprochen, z. B. bei den folgenden Beispielen:

aplanir v., **planir** v.[1]

haï. **apla(n)ni, pla(n)ni** 'to level, even off; to smooth out; to resolve [problems]' (HCED); **plani** 'aplanir [le sol]' (ALH 1547); mart. **planni** 'id.' (RCo); StLuc. **laplanni** 'to smooth, to level' (JMo).

---

[1] Abkürzungen (cf. DECA, FEW-Complément): adj. = adjectif, s. = substantif, v. = verbe, afr. = ancien français, ang. = angevin, ant. = antillais, bmanc. = bas-manceau, centr. = dialecte du centre de la France, gua. = guadeloupéen, guy. = guyanais, haï. = haïtien, hmanc. = haut-manceau, kan./kanad. = canadien, LLouv. = La Louvière, lou. = louisianais, louh. = parler de la

◀ Peut-être y a-t-il eu convergence des verbes français *aplanir* et *planir*, pour ce dernier → FEW 9, 28b: mfr. nfr. *planir* v. a. 'aplanir, égaliser (p. ex. un terrain)' [...] norm. PtAud. Andelis, bmanc. *planir* 'aplanir, égaliser', hmanc. id., *pianir*, kan. *planir*, etc.

aplatir (s') v., **aplati** adj.

lou. **plati** 'aplatir' (DLC); haï. id. 'to flatten, even off'; 'flattened, evened off; punctured' (HCED); gua. id. 'aplatir, rendre plat' (LMPT); mart. **aplati, plati** 'aplatir' (RCo); 's'aplatir' (EJo 52); StLuc. **plati** 'to flatten, to beat flat' (JMo).
◀ Un verbe *platir* est également attesté en français, mais semble peu usité après le 16ᵉ siècle: FEW 9, 45a: afr. *platir* v. n. 's'aplatir, se retirer quelque part' [...]; mfr. v. a. 'rejeter' [...], 'aplatir' (15.–16. Jh., selten) [...] ang. *platir* 'rendre plat (le linge)'; LLouv. *plati* 'étendre (la matière du verre)'.

Einige weitere Beispiele entstammen dem DECA:

apporter – porter	déplumer – plumer	regarder – garder
reculer – culer	redresser – dresser	éventer – venter
échancrer – chancrer	échauboulure – chauboulure	élancement – lancement
emparquer – parquer	engraisser – graisser	effaroucher – farroucher[2]

Aus dem *Dictionnaire étymologique des créoles français de l'Océan Indien* (DECOI) wurden die folgenden Beispiele entnommen:

accalmie – calmie	accrocher – crocher	adoucir – doucir
affaiblir – faiblir	amontrer – montrer	apparaître – paraître
arranger – ranger	arrester – rester	attrape – trape
échauder – chauder	égratigner – gratigner	effranger – franger

---

Bresse Louhannaise, lütt. = parler de Liège, mart. = martiniquais, mau. = mauricien, mfr. = moyen français, nam. = parler de Namur, Neufch. = Neufchâteau, nfr. = français moderne, norm. = normand, PtAud. = Pont-Audemer, réu. = réunionnais, SeudreS. = parlers des bassins de la Seudre, sey. = seychellois, StLuc. = créole de Sainte-Lucie, v. a. = verbe actif / verbe transitif, v. n. = verbe neutre / verbe intransitif. Die Abkürzungen der Quellenangaben im DECA sind in der Bibliographie aufgelöst. Bedeutungsangaben aus dem DECA, FEW oder sonstigen Quellen werden in der Originalsprache belassen.

2 Einige Konvergenzen sind uns bei der Redaktion offenbar entgangen, z. B. stehen gua., mart., StLuc. *pliche* unter *éplucher*, obwohl es auch ein Verb *plucher* 'éplucher, peler' gibt (FEW 8, 505a–b).

2. Zwei Phasen der Kreolisierung

Diese Form der Konvergenz scheint mir besonders interessant im Hinblick auf die Kontaktsituationen, in denen sich die Frankokreolsprachen herausgebildet haben, und zwar aus zwei Gründen. Die alloglotten L2-Lerner nehmen eine formale Variation wahr, aber keinen Bedeutungsunterschied, oder jedenfalls keinen signifikanten semantischen Unterschied. Sie lernen also nur die unpräfigierte Form. Nach der Dokumentation des FEW war diese auch in den Varietäten des kolonialen Französisch häufiger und somit wohl schon dominant im *français approximatif* der ersten Kreolen in der *société d'habitation*. Ich folge hier der heute von vielen akzeptierten Theorie der zwei Phasen in der Kreolisierung (Chaudenson/Mufwene 2001: 96–129; Bollée 2007a: 83–94, 102–117): In der ersten Phase, der *société d'habitation*, die etwa 30–50 Jahre gedauert hat, erfolgte die Kolonisierung mit kleinen landwirtschaftlichen Betrieben (*habitations*), die Nahrungsmittel, ferner z. B. auf den Antillen Tabak, in Saint-Domingue (ab 1804 Haiti) später auch Indigo, produzierten. Die ersten Sklaven arbeiteten Seite an Seite mit den Familien der Kolonisten oder europäischen Kontraktarbeitern (*engagés*); sie hatten Zugang zum Französischen und ihre Zahl war geringer als die der Europäer. Für die in den Kolonien geborenen Kinder der Kolonisten oder der Sklaven – oft waren es Mischlinge – kopierten die Franzosen das aus dem Portugiesischen und Spanischen stammende Wort *créole*.[3]

Erst in der zweiten Phase, der *société de plantation*, ausgelöst in der Karibik durch die arbeitsintensive Zuckerproduktion, auf Bourbon (Réunion) durch den Kaffeeanbau, kam es zur massenhaften Ankunft von Sklaven aus Afrika, auf den Maskarenen zuerst vor allem aus Madagaskar. Diese wurden von kreolischen Aufsehern eingewiesen und angeleitet, hatten keinen direkten Zugang zum Französischen mehr, sondern nur zu dem *français approximatif* der Kreolen. Erst jetzt erfolgt die eigentliche Kreolisierung, bei der vor allem der ungesteuerte L2-Erwerb der Neuankömmlinge (*bossals*) eine große Rolle gespielt hat. In dieser Situation kann die Selektion der Simplices außer durch ihre Frequenz auch durch ihre Silbenstruktur gefördert worden sein. In der Literatur werden Wörter wie haï., ant., guy. *chape* 's'échapper', *kraze* 'écraser', *rache* 'arracher' durch Aphärese erklärt, und diese wiederum durch Vermeidung des vokalischen Anlauts (cf.

---

3 DECA II s. v. **kreyòl**: "En français, le terme *créole* est attesté depuis 1598, et dans les colonies françaises, où il devient usuel dans les années 1660, il réfère dès le début aux personnes nées dans la colonie, libres ou esclaves, indépendamment de la couleur de la peau. Le mot, attesté à Bourbon depuis 1716, est à classer parmi le voc(abulaire) des îles."

Chaudenson 1974: 651–652, 655–657; ALH I, 22, 29) sowie durch die Tendenz zur „in den Sprachen der Welt präferierten Silbe, d.h. [der] unmarkierte[n] Silbe, [die] aus einer Folge eines einzigen Konsonanten und eines einzigen Vokals (CV) besteht" (Pustka 2016: 116). Es muss aber gesagt werden, dass sich in der Literatur so gut wie gar keine Erklärungsversuche finden, obwohl jeder Kenner der Frankokreolsprachen mit dem Phänomen vertraut sein müsste. Dies scheint mir angesichts der großen Zahl von Aphäresen erstaunlich: Der Index des ALH verweist auf 94 Seiten bzw. Karten des Sprachatlas; im Buchstaben A des DECA I habe ich 130, im Buchstaben E 134 Beispiele gezählt. Und bei der Durchsicht der von D. Fattier im (längst nicht vollständigen) Index erfassten Fälle stellte sich heraus, dass auch Wörter betroffen sind, bei denen die Erklärung durch den vokalischen Anlaut gar nicht greift: *déchirer*, *redresser*, *rencontrer*, *refroidissement*.

3. Einfluss der Substrate?

Man könnte also vermuten, dass vielleicht der Einfluss der Substrate eine Rolle gespielt hat, und da auf den ersten Blick das Phänomen im Haitikreol besonders häufig zu sein scheint, könnte man diejenigen Substratsprachen ins Auge fassen, die für die Entwicklung des Haitikreols besonders wichtig gewesen sind. In Bollée (2012) findet sich eine tabellarische Übersicht, erstellt auf der Grundlage der Datenbasis www.slavevoyages.org und des *Atlas of the Atlantic Slave Trade* (Eltis/Richardson 2010), der zu entnehmen ist, dass zwischen 1700 und 1750, also in den Jahren, als sich das Kreol stabilisiert und vom Französischen abgelöst hat, die aus dem Gebiet der Bucht von Benin verschifften Sklaven das größte Kontingent unter den nach Saint-Domingue verschleppten Afrikanern darstellten (cf. Bollée 2012: 217). Die meisten davon waren also Sprecher von Gbe-Sprachen, und einige Kreolisten sind sogar der Meinung, das Haitikreol sei ein relexifiziertes Fongbe.[4] Ich habe daher einen Erklärungsversuch für die Aphäresen unternommen und mich anhand der Grammatik von Höftmann (1993) mit der morphologischen Grundstruktur des Fongbe vertraut gemacht (cf. Höftmann 1993: 65–69). Einfache Verben und Substantive haben die Struktur CV, wobei die durch labiovelare Doppelartikulation charakteri-

---

[4] Diese Meinung teile ich nicht. Zu der vor allem von Lefebvre vertretenen Relexifizierungshypothese cf. DeGraff (2002).

sierten /gb/, /hw/, /kp/ und der nasalierte Glide /ny/ (IPA: /ɲ̃/) jeweils als ein Phonem, also als C zu analysieren sind,[5] z. B.

(1) a. *bà* 'chercher, rechercher'
  b. *cí* 'demeurer, habiter, rester'
  c. *ɖɔ̀* 'dire, raconter, informer'
  d. *hɛ̀n* 'prendre, saisir, tenir; porter; retenir'
  e. *ná* 'donner, fournir, livrer'
  f. *jɛ̀* 'tomber, survenir, arriver, commencer'
  g. *kpɔ́n* 'regarder, voir; constater, inspecter; observer, veiller; visiter' etc.

Verbale oder nominale Komposita sowie Reduplikationen haben die Struktur CVCV (cf. Höftmann 1993: 66–67):

(2) a. *cí tè* 'se tenir debout'
  b. *kpɔ́n tè* 'regarder debout = aller mieux, guérir'
  c. *tàkwɛ́* 'tête + argent = impôt'
  d. *gbɛtɔ́* 'vie + père = homme, créature humaine'
  e. *nyànyà* 'mauvais'
  f. *zánzán* 'matin, matinée'

Und so weiter für Komposita aus mehreren Konstituenten:

(3) a. *tòxɔ̀sù* 'pays + ventre + roi = chef de village' (CVCVCV)
  b. *glèzɔ́wàtɔ́* 'champ + travail + faire + père = agriculteur' (CVCVCVCV)

Von dieser Regel gibt es Ausnahmen: Silben mit der nur sehr eingeschränkt vorkommenden Struktur C_1C_2V, bei der C_2 "grundsätzlich durch einen Laut aus der Reihe der Liquiden (= Approximativen) repräsentiert" wird und die "beiden Konsonanten C_2 (= *y, l*) regelmäßig durch einen Vokal getrennt

[5] Das Fongbe ist eine Tonsprache; gemäß der Klassifikation im APiCS (Kap. 120, 2013: 480–481) weist es "[a] complex tone system, for lexical and grammatical distinctions" auf (cf. auch Höftmann 1993: 51–61). In den hier zitierten Beispielen kommen Hochton (markiert mit Akut: *á*), Tiefton (markiert mit Gravis: *à*), Mittelton (ohne diakritisches Zeichen) und modulierter Ton tief-hoch (markiert mit Háček: *ǎ*) vor; der modulierte Ton hoch-tief ist selten. Der Vokal der Silben CV kann ein Nasal sein, er wird wie im Französischen mit Vokal + <n> notiert. Die Graphien <gb>, <hw>, <kp> und <ny> repräsentieren Phoneme und nicht Abfolgen von zwei Konsonanten (cf. Höftmann 1993: 35–37). – Die Bedeutungsangaben, die hier nicht vollständig zitiert werden, stammen aus Segurola/Rassinoux (2000). Es scheint charakteristisch für das Fongbe, dass die 'einfachen' einsilbigen Verben jeweils in einer großen Zahl von idiomatischen Ausdrücken vorkommen, um konkrete oder figurative Bedeutungen auszudrücken.

werden" (Höftmann 1993: 46–47), womit also auch wieder eine Struktur CV erreicht wird. Die andere Ausnahme ist in unserem Zusammenhang wichtiger, die Struktur VCV; sie "repräsentiert nahezu ausschließlich Nomina, deren Anlautvokal *a-* ist, bei dem es sich um ein nicht mehr produktives Präfix handelt, durch das Lexeme formal als Nomina charakterisiert werden" (Höftmann 1993: 68), z. B. *àbá* 'Arm', *àfɔ̀* 'Fuß', *àlɔ̀* 'Hand', *àxì* 'Markt', *àzán* 'Tag'. Nicht alle Nomina weisen jedoch das initiale *a-* auf. Abgesehen von diesen Nomina sind im Wörterbuch von Segurola/Rassinoux (2000) Wörter mit vokalischem Anlaut *ɛ-*, *e-*, *i-*, *ɔ-*, *o-*, *u-* äußerst selten, es sind entweder Pronomina, grammatische Indikatoren oder Entlehnungen aus anderen Sprachen, z. B. *iglḗjà* 'Kirche' < port. *igreja*. Alle Wörter des Fongbe enden auf Vokal, geschlossene Silben gibt es nicht.

Somit kann man festhalten, dass das Fongbe im Wesentlichen aus Monosyllaben der Struktur CV besteht, die u. a. in idiomatischen Ausdrücken auftreten (z. B. *nǎ gbè* 'donner voix = permettre', *hɛ̀n kpɔ́n* 'tenir regarder = examiner, tâter, palper') oder in lexikalisierten Komposita, von denen einige Konstituenten grammatikalisiert und desemantisiert sein können, z. B. *tɔ́* 'Vater', das als Suffix zur Bildung von Nomina agentis produktiv ist. Höftmann kommt zu dem Schluss: "Es zeigt sich, daß im Fɔn [i.e. Fongbe, A. B.] grundsätzlich Morphem und Silbe (bei Lexemen der Struktur CV auch das Wort) identisch sind" (1993: 69). Es wäre also denkbar, dass Fongbe-Sprecher beim Erlernen des Französischen versucht hätten, nur die bedeutungstragenden Silben zu identifizieren; bei Verben schienen ihnen die 'bedeutungslosen' Präfixe vernachlässigbar. Bewahrt aber haben sie in der Regel die häufigen Endungen *-e* oder *-i*, die nach der Umstrukturierung des Verbalsystems zwar ebenfalls bedeutungslos geworden waren, aber den Vorteil hatten, für den Auslautkonsonanten des Morphems eine Stütze zu bewahren und somit der zweiten Silbe die gewohnte Struktur CV zu geben (cf. unten die Beispiele aus der *Passion* von ca. 1730).

Man erinnert sich in diesem Zusammenhang an die vieldiskutierte Frage, welche Rolle die Substrate bei der Herausbildung der Kreolsprachen gespielt haben, und an die Hypothese von G. Hazaël-Massieux (1993), der den afrikanischen Sprachen beim ungesteuerten L2-Erwerb des Französischen die Funktion eines perzeptiven Filters zuweist:

> Filtering or selection concerns the pragmatic, perceptual, and interpretative levels of creolization. [...] The study of perceptual filtering establishes which elements of the phonetic form of linguistic communication were or could be perceived and retained by African slaves when they spoke with their French-speaking owners (G. Hazaël-Massieux 1993: 110).

Der perzeptive Filter betrifft hier nicht wie das von Trubetzkoy beschriebene "Sieb" (1977: 47–49) oder Fleges "phonological filtering" (1987: 49) die phonologische, sondern die morphologische Ebene, und zwar die Präfixe: Im Fongbe gibt es so gut wie keine Präfixe, jedenfalls keine, die mit denen französischer Verben vergleichbar wären (cf. Höftmann 1993: 83–84). Dies konnte für den L2-Lerner ein weiterer Grund sein, die Präfixe der hier in Rede stehenden Verben zu ignorieren, deren Bedeutung ihm nicht erkennbar war.

4. Aphäresen in den ersten haitianischen Texten

Schaut man sich die ersten Texte im Haitikreol an, so finden sich Argumente für diese Hypothese. Im Folgenden sind alle französischen Präfixbildungen aufgelistet, die in der *Passion de Notre Seigneur selon St Jean en langage nègre* von ca. 1730 vorkommen (die Ziffern verweisen auf die Seite und die Zeile(n) in der Edition von M.-C. Hazaël-Massieux 2008: 63–66; die Übersetzungen ins Französische stammen aus G. Hazaël-Massieux 1994: 16–21, die Etyma aus dem DECA I):

> *barassés* (63,2) 'embarrassés', *coutimé* (63,6 und passim) < accoutumé, *contré* (63,16; 64,11) 'rencontrer', *tendéz* (63,18 und passim) 'entendez', *mandé* (63,18 und passim) 'demander', *rivés* (63,22 und passim) 'arriver', *filé* (63,26) < affiler, *sisés* (63,27 und passim) < s'assiser, *semblés* (63,28; 64,46) 'rassemblés', *maré* (63,32 und passim) < amarrer, *bandonnée* (63,42; 65,2) 'abandonnée', *semblé* (64,12 und 30) 'ressembler', *poussé* (64,17) 'repousser', *gardé* (64,34) 'regarder', *limé* (64,41) 'allumer', *cusé* (65,21) 'accuser', *terré* (66, 15 und 18) 'enterrer'

Die einzigen Beispiele ohne Aphärese sind das Adverb *ensemble* (63,40; 65,50) und die Verben *entouré* (64,42; 66,19), *deshonoré* (65,6), *ramassé* (65,28), *dérivé* (65,29), *débattre* (65,40), *déchiré* (65,48).

Eine andere wichtige frühe Quelle für das Haitikreol ist das *Manuel des habitans de Saint-Domingue* von Ducoeurjoly (1802), das dazu bestimmt war, Kolonisten, die sich in Saint-Domingue niederlassen wollten, zu den notwendigen Kreolischkenntnissen zu verhelfen. Es enthält kreolische Gespräche mit französischer Übersetzung und ein französisch-kreolisches Glossar von 72 Seiten. Anscheinend hatte der Autor sehr genaue Vorstellungen von den Strukturen eines 'regelrechten' Kreols: Die französischen Verben mit den Präfixen *a-* und *é-* erscheinen ausnahmslos mit Aphärese, z. B. *chiminer* 'acheminer', *marré* 'amarrer', *mené* 'amener', *monceler* 'amonceler', *borgner* 'éborgner', *caler* 'écaler', *carter* 'ecarter'.

5. Aphäresen in den Kreols des Indischen Ozeans

Diese Texte könnten also meine Substrathypothese stützen. Sie erweist sich jedoch bei weiterem Nachforschen insofern als problematisch, als Frankokreols ja auch auf den Inseln im Indischen Ozean entstanden sind, und auch dort ist die Aphärese in allen Varietäten verbreitet, z. B. réu., mau., sey. *sap/-e*[6] 's'échapper'; *kraz/-e* '(s) écraser'; *(a)ras/-e* 'arracher'. Nur kurz sei darauf verwiesen, dass die von Chaudenson mit großer Beharrlichkeit verfochtene 'Bourbonnais-Hypothese', der zufolge das Mauritiuskreol ein "créole de deuxième génération" (Chaudenson 1995: 47) wäre, als widerlegt gelten kann (cf. Baker/Corne 1982; Bollée 2007a). Auf der ab 1665 besiedelten Insel Bourbon (seit 1848 La Réunion) hat sich erst in der *période du café* ab ca. 1725 ein Kreol herausgebildet; es konnte also nicht schon 1721 mit den ersten Siedlern von dort auf die Isle de France (seit 1810 Mauritius) importiert werden, wie Chaudenson (1974: 446) annimmt (cf. auch Chaudenson/Mufwene 2001: 59–61). Dort ist es vielmehr sehr schnell zu einer neuen Kreolisierung gekommen, durch Sklaven zunächst aus Madagaskar, dann zeitweise auch aus Westafrika. Beide Inseln erhielten ab 1760 einen großen Schub von ostafrikanischen Bantusprechern (cf. Baker 2007: 308–311). Die Seychellen wurden ab 1770 von der Isle de France aus besiedelt; das dort gesprochene Kreol gelangte mit den Kolonisten und ihren Sklaven auf den vorher unbewohnten Archipel, und das Seychellenkreol unterscheidet sich heute nur durch einige wenige eigenständige Weiterentwicklungen vom *créole mauricien* (cf. Bollée/Kriegel 2016).

Meine Fongbe-Hypothese scheitert also an den Kreols des Indischen Ozeans. In Mauritius könnten westafrikanische Sprachen, vor allem das Wolof, in den ersten Jahren der Besiedlung (1727–1735) eine gewisse Rolle gespielt haben (cf. Baker 2007: 309–311), und für das Wolof stellt Lang (2014) fest, dass es keine Wörter mit unbetonten Anlautvokalen kenne und dass "os creolizadores wolof" des portugiesisch-basierten Santiagokreols offenbar unbetonte Anlautvokale portugiesischer Wörter vermieden haben.[7] Er führt u. a. folgende Beispiele aus dem *Dicionário do Crioulo da Ilha de Santiago (Cabo Verde)* an: *abraçar* v. > *brása*, *assento* s. > *séntu*, *elefante* s. > *lifánti*, *escada* s. > *skáda*, *espalhar* v. > *spádja*, *igreja* s. > *grexa*.

Ostafrikanische Bantusprachen wurden ab 1760 für die Maskarenen wichtig; für diese, deren morphologische Struktur durch Klassenpräfixe gekennzeichnet ist, kann das gut beschriebene Swahili als repräsentativ gel-

---

6 Die meisten Verben haben zwei Formen in syntaktisch bedingter Verteilung, die wir im DECOI in dieser Form notiert haben.

7 "Negaram-se, na medida do possível, a aceitar palavras que começassem por vogais átonas" (Lang 2014: 157).

ten. Lehrbücher verwenden viel Zeit und pädagogisches Geschick darauf, dem Lerner den Gebrauch der Präfixe beizubringen.[8] Bantusprecher waren also eher nicht konditioniert, Präfixe zu missachten.

6. Versuch einer Erklärung: Variation und Wandel

Goodman (1964) hat – soweit ich sehe als einziger – das Phänomen andeutungsweise korrekt beschrieben:

> The loss of the initial vowel in some of the above forms [*sita*, *sisé* 's'asseoir'] is a characteristic development of verbs throughout Creole, though somewhat more widespread in American than Mauritian Creole. Some further examples are *bliye* [...] OUBLIER, *kute* [...] ÉCOUTER, *mare* (American Creole) but *amare* (Mauritius) AMARRER (see no. 29). The initial syllables *də, rə* of verbs are also occasionally lost in Creole (see no. 22 [DEVENIR]) (Goodman 1964: 75).

Eine Erklärung versucht Goodman nicht. Da seine Studie insgesamt darauf angelegt ist, ein westafrikanisches Pidgin mit Einflüssen westafrikanischer Sprachen zu postulieren,[9] hier aber keinerlei Hinweis auf afrikanische Sprachen erfolgt, muss man eine andere Erklärung suchen – sofern man die doch immerhin bemerkenswert häufigen Aphäresen überhaupt für erklärungsbedürftig hält. Diese meine Auffassung wird von Elissa Pustka und Michel DeGraff geteilt;[10] sie erkennen in den von mir präsentierten Bei-

---

[8] Cf. Wandeler (2008: 4): "In den Lektionen 1 bis 10 werden die auf 8 reduzierten Nominalklassen des Swahili mit Klassenbezeichnungen, Nummerierung und einer spezifischen Farbe verknüpft, um sie deutlich auseinander halten zu können. Eine Zusammenfassung der Präfixe für Subjekt und Prädikat und ein Vorschlag für ein Farbsystem sind hinten auf der Umschlaginnenseite abgedruckt. [...] Der Fortschritt im Lernen des Swahili hängt vorwiegend davon ab, die richtige Klasse identifizieren und damit die richtigen Präfixe verwenden zu können."

[9] "Only by positing a single origin for Creole can one account for this historical connection, and its place of origin can scarcely have been other than West Africa [...]. It most likely developed out of a slavers' jargon of some sort, whose French element [...] may or may not have been the kind of dialectal mélange which Faine suggests, but which almost certainly incorporated a number of features of the slaves' native languages" (Goodman 1964: 130–131).

[10] Ihnen sowie auch Christoph Gabriel, Martin Haase, Jürgen Lang und Susanne Michaelis danke ich herzlich für ihre konstruktiven und anregenden E-Mails.

spielen eine Tendenz zu zweisilbigen Wörtern, und E. Pustka weist darauf hin, dass diese in der Kindersprache die unmarkiertesten sind (cf. Kielhöfer 1997: 21, 31). Es wäre also eine universale Tendenz des Sprachwandels am Werk. Dies erscheint durchaus plausibel, ist aber sicher keine hinreichende Erklärung; zu klären bleibt u. a., warum diese Tendenz ausgerechnet Wörter mit Präfixen trifft,[11] und zwar auch solche wie *abandonner*, *embarrasser* etc., bei denen mehr als zwei Silben übrig bleiben. Ich meine, die Aphärese müsste vor allem etwas mit der morphologischen Struktur des Französischen zu tun haben sowie speziell mit der Funktion gewisser Präfixe, der Semantik gewisser präfigierter Verben und sehr wahrscheinlich auch mit den eingangs erwähnten Fällen von Konvergenz.

Es scheint mir sinnvoll, darüber nachzudenken, wie denn in diesem Bereich, der doch die Struktur der Frankokreols im Vergleich zum Französischen deutlich geprägt hat (s. u.), die Entwicklung in zwei Etappen erfolgt sein könnte. Wir wissen wenig über das *français approximatif* der *société d'habitation* (cf. Bollée 2007a: 99–102); sicher hat es sich ungehindert von Norminstanzen entfaltet, und vielleicht kann ein Blick auf eine andere Varietät des Überseefranzösischen weiterhelfen, nämlich das Französische in Louisiana. Die Durchsicht der Buchstaben A und E des *Dictionary of Louisiana French* (DLF) ergab zwischen *abajoue* und *amacorner* 20 Fälle von Aphärese oder Konvergenz, zwischen *ébaroui* und *embouteiller* waren es 34 Fälle, und immer handelte es sich um Variation zwischen Simplex und Präfixbildung.[12] Interessant scheint mir in diesem Zusammenhang auch die häufige Variation verschiedener synonymer Präfixbildungen, z. B. *achaler – enchaler*, *acœurer – écœurer – encœurer*, *affiler – enfiler*, *ahonter – éhonter*, *allonger – élonger* (18 Beispiele von *accroc – écroc* bis *apoigner – empoigner*).

Stellen wir uns einmal eine neu angekommene Afrikanerin vor, die gerne dem Schicksal der schweren Feldarbeit entrinnen will und auf der Plantage einen Arbeitsplatz in der Küche anstrebt. Sie darf erst einmal aushelfen, als am Sonntag Hühner geschlachtet und gerupft werden. Eine der kreolischen Sklavinnen sagt *déplumer*, eine *éplumer* und eine andere *plumer*: alle drei Wörter sind im DLF mit der Bedeutung 'to pluck feathers

[11] Es gibt Ausnahmen wie *apostume* > haï. *postim* 'pus' (ALH 420), doch die Variante mit Aphärese ist schon in Frankreich und im Überseefranzösischen belegt, cf. FEW 25, 18b: SeudreS. *apostume* 'pus', kanad. *postume* 'apostème', centr. 'pus, sanie', *posteume*, [...] *postume, apostume*, louh. *postume* 'apostème', etc.

[12] Die einzige Ausnahme ist *alouète* 'Zäpfchen', eine Variante, die seit dem 17. Jahrhundert in Frankreich belegt ist, cf. FEW 14, 90a: *alouette de la gorge* [...], *louette* [...], lütt. *ålouwète*, nam. *aulouette*, Neufch. *alouette*.

from' belegt.[13] Was wird sie sich wohl merken? Nach Ausweis der Karte ALH 1299 *plumer* > haï. *plimen*.

Die Annahme ist vielleicht nicht unrealistisch, da es im *français approximatif* viele Fälle von Konvergenz gab und eine wohl noch stärkere Variation, als wir sie heute im *français louisianais* beobachten können, insgesamt aber vermutlich einen erkennbaren Trend zu unpräfigierten Varianten (zumindest bei gewissen Präfixen wie *a-* und *é-*). In der *société de plantation* erfolgte dann ein 'Einbruch': Selektion der Simplexformen und Ausweitung des Phänomens der Aphärese durch die L2-Lerner, die sehr schnell begriffen, dass es genügte, sich die Simplexformen zu merken. Dieser 'Einbruch' führte in Amerika und auf den Maskarenen zu etwas unterschiedlichen Ergebnissen, worauf hier nicht näher eingegangen werden kann. Wie schon Goodman erkannt hat, sind einige häufige Verben im Réunion-, Mauritius- und Seychellenkreol von der Aphärese nicht betroffen (*amarrer*, *arranger*, *arriver*, *arroser*, *avaler*, *déchirer*, *demander*, *déplumer*, *envoyer*, *rencontrer*), offenbar grundsätzlich nicht solche mit einem anderen als vokalischen Anlaut. Auffällig sind in diesen Varietäten ein hohes Maß an Variation, häufigere Belege in alten Texten und im Réunionnais nach Ausweis des *Atlas linguistique et ethnographique de la Réunion* (ALR) ein häufigeres Vorkommen im Basilekt.

Es ist durchaus möglich, dass die Substrate die Selektion der unpräfigierten Varianten verstärkt haben; in Haiti kann der Trend zur 'Generalisierung', der anhand der alten Texte erkennbar und von Fattier verschiedentlich erwähnt worden ist (ALH I: 22, 29 und passim), von den Sprechern des Fongbe befördert worden sein. Was die Kreols des Indischen Ozeans betrifft, so ist Substrateinfluss für das Réunionnais wenig wahrscheinlich, für das Mauricien durchaus möglich. Doch eine notwendige Bedingung für die Ausbreitung der Aphäresen in diesem Kreol sehe ich darin nicht.

---

[13] Sie werden mit den Sätzen *Il a éplumé sa poule. Il a plumé la poule.* illustriert. Zur Konvergenz von *plumer* und *déplumer* cf. ALH 2, 572: "La carte 1299 est particulièrement intéressante dans la mesure où elle offre des variantes lexicales issues de deux mots français eux-mêmes en relation de variation: plumer et déplumer. La situation est la même en guadeloupéen." – Die Variation bleibt also bis in die Gegenwart erhalten, die Karte verzeichnet an 13 Orten *plimen*, an 5 Orten *deplimen*, außerdem hat sie noch *rache plim* (15) zu bieten.

7. Ausblick

Das hier beschriebene Phänomen der Aphärese hat den Frankokreolsprachen einige häufige Verben beschert, die zu sichtbaren Unterschieden gegenüber der Basissprache beitragen, wie man an einem kleinen Text aus dem Lehrbuch des Haitikreol *Ann pale kreyòl* von Valdman (1988) sehen kann (cf. die kursiv gesetzten Formen).

***Koute* byen** (Sitadèl Laferyè-a)

Makdonal, yon doktè ameriken k'ap vizite Ayiti, rankontre yon zanmi-li nan vil Lenbe. L'ap rakonte vwayaj-li Sitadèl ak tout pwoblèm li te gen nan wout.

Monchè Sedye, Sitadèl-la se yon bèl kote, wi, men se pa ti mizè nou pase anvan nou *rive* ladan li. Lapli bare nou lè no fin kite Milo. Ou konnen y'ap *ranje* wout-la, men gen kèk kote ki pa bon menm. Lè lapli tonbe, gen wòch ki desann vin bare wout-la. Gen twou ki plen labou ; sa fè machin-nan koumanse patinen, finalman li tou kole. Nou te *blije* desann nan labou ki *rive* preske nan jenou-nou pou pouse li. Li fè yon ti mache, men *rive* nou *rive* pi devan, nou pran pàn kaotchou. Tou de kaotchou dèyè-yo pete. Nou *blije* pase nan jaden pou nou jwenn kay kote moun *rete* epi nou lwe de chwal pou n'al bay *ranje* kaotchou-yo. Chans pou nou, kaotchoumann-nan pa te *rete* two lwen.

Lè nou *rive* anba Sitadèl-la, nou lwe lòt chwal pou nou monte *rive* Sitadèl-la. Nou te tèlman bouke epi kò-nou te tèlman fin grafouyen nan mache nan raje lè nou te pran pàn-nan, nou pa jwi vizit Sitadèl-la byen. Men m' pa regrèt nou te ale. Sitadèl-la se yon mèvèy. Fòk nou tounen lè gen bon tan pou nou ka mache wè tout bagay anndan li (Valdman 1988: 219).

Écoutez bien (La Citadelle La Ferrière)

McDonald, un docteur américain qui visite Haïti, rencontre un de ses amis dans la ville de Limbé. Il lui raconte son voyage à la Citadelle avec tous les problèmes qu'il a eu en route.

Mon cher Sedye, La Citadelle est un bel endroit, certes, mais ce n'est pas une petite épreuve que nous avons passée avant d'y arriver. La pluie nous a surpris quand nous avons quitté Milot. Tu sais qu'on est en train de réparer la route, mais il y a quelques endroits qui ne sont vraiment pas bons. Lorsqu'il pleut, il y a des chutes de pierres qui barrent la route. Il y a des trous qui sont pleins de boue ; ce qui fait que la voiture a commencé à patiner, finalement elle a été complètement immobilisée. Nous avons été obligés de descendre dans la boue qui nous arrivait presqu'aux genoux pour la pousser. Elle a roulé un petit peu, mais plus loin, nous avons eu une panne de pneus. Les deux pneus arrière ont crevé. Nous avons été obligés de passer par un champ pour trouver une maison habitée et nous avons loué deux chevaux pour aller faire réparer les pneus. Heureusement, le garagiste n'habitait pas trop loin.

Quand nous sommes arrivés au pied de la Citadelle, nous avons loué un autre cheval pour monter à la Citadelle. Nous avons été si fatigués et si égratignés par la marche à travers les broussailles quand nous avons eu la panne de pneus que nous n'avons pas vraiment profité de la visite de la Citadelle. Mais je ne regrette pas que nous y soyons allés. La Citadelle est une merveille. Il faut que nous y retournions quand il fera beau pour la visiter de fond en comble et voir tout ce qu'il y a à l'intérieur (Übersetzung ins Französische: A. Bollée / D. Fattier).

Anhand dieses Textes kann man auch einige Phänomene und Strukturen illustrieren, die zweifelsfrei – oder zumindest mit großer Wahrscheinlichkeit – durch Substrat(e) zu erklären sind: die Vergangenheitsbedeutung unmarkierter dynamischer Verben (*Lapli bare nou ...* 'Der Regen hat uns überrascht'); der nachgestellte, mit dem Pronomen der 3. Person Plural identische Pluralmarker *-yo* (*kaotchou dèyè-yo* 'die Hinterreifen'); die nachgestellten Possessiva (*jenou-nou* 'unsere Knie'), serielle Verben (*pou nou monte rive Sitadèl-la* 'um auf die Zitadelle hinaufzugelangen'), Verbverdoppelung (*rive nou rive pi devan* ('während wir weiterfuhren').[14] Ob für die Ausbreitung der Aphärese bei der Kreolisierung der Beitrag der Substrate eine notwendige Bedingung war, bleibt weiter zu diskutieren. Es sieht so aus, als hätten die Substrate für die Kreols in Amerika, vor allem das Fongbe in Haiti, eine verstärkende Rolle gespielt, für diejenigen auf den Inseln des Indischen Ozeans eher nicht. Dies wäre erneut ein Argument für meine Annahme, dass jede Kreolsprache ihre eigene Geschichte hat (cf. Bollée 2007b).

Wie am Beispiel der Aphärese, ihrer Bedeutung für die Herausbildung der Frankokreolsprachen und der möglichen Erklärung des Phänomens gezeigt werden konnte, bleiben auch nach Jahrzehnten intensiver Forschung und Diskussion zur Kreolgenese noch viele Fragen offen. Die hier besprochene Forschungslücke ist wohl darin begründet, dass sich diachrone Studien vorwiegend auf Phonetik/Phonologie, Grammatik und Wortschatz konzentriert haben, in der irrigen Annahme, die Kreolsprachen hätten keine nennenswerte Morphologie und Analysen in diese Richtung brauche man gar nicht erst in den Blick zu nehmen. Die Aphärese ist aber m. E. eines der Phänomene, die zu den sehr sichtbaren strukturellen Unterschieden zwischen Französisch und Kreolisch geführt haben – cf. den Artikel **envoyer** des DECA I im Anhang. Ihre Erforschung ist mit diesem Beitrag keineswegs abgeschlossen, eine umfassendere Studie ist in Vorbereitung.

---

[14] Cf. APiCS Kap. 52 (2013: 201); Kap. 25 (2013: 97); Kap. 37 (2013: 143); Kap. 84 (2013: 335); Kap. 104 (2013: 419).

Literatur

ALH = Fattier, D. 1998. *Contribution à l'étude de la genèse d'un créole. L'atlas linguistique d'Haïti, cartes et commentaires.* 6 vol. Villeneuve d'Ascq: ANRT (Agence Nationale de Reproduction des Thèses).

ALR = Carayol, M. / Chaudenson, R. / Barat, C. 1984–1995. *Atlas linguistique et ethnographique de la Réunion*, 3 vol. Paris: Éditions du CNRS.

APiCS = Michaelis, S. M. / Maurer, P. / Haspelmath, M. / Huber, M. 2013. *The atlas of pidgin and creole language structures.* Oxford: Oxford University Press. Online-Version: https://apics-online.info/

Baker, P. 2007. Elements for a sociolinguistic history of Mauritius and its Creole (to 1968). In Baker, P. / Fon Sing, G. Eds. *The making of Mauritian Creole. Analyse diachroniqe à partir des textes anciens.* London: Battlebridge, 307–333.

Baker, P. / Corne, C. 1982. *Isle de France Creole. Affinities and origins.* Ann Arbor: Karoma.

Bollée, A. 2007a. *Deux textes religieux de Bourbon du 18e siècle et l'histoire du créole réunionnais*. London: Battlebridge.

Bollée, A. 2007b. Every creole has its own history. In Bollée, A. *Beiträge zur Kreolistik* (Reutner, U. Ed.). Hamburg: Buske, 173–187.

Bollée, A. 2012. Afrikanismen in den Frankokreolsprachen der Karibik. In Dahmen, W. / Holtus, G. / Kramer, J. / Metzeltin, M. / Schweickard, W. / Winkelmann, O. Eds. *America Romana. Romanistisches Kolloquium XXVI.* Tübingen: Narr, 213–235.

Bollée, A. / Kriegel, S. 2016. Kodifizierung und Ausbau des Kreolischen der Seychellen. In Dahmen, W. / Holtus, G. / Kramer, J. / Metzeltin, M. / Schweickard, W. / Winkelmann, O. Eds. *Romanische Kleinsprachen heute. Romanistisches Kolloquium XXVII.* Tübingen: Narr, 319–332.

Chaudenson, R. 1974. *Le lexique du parler créole de la Réunion*, 2 vol. Paris: Champion.

Chaudenson, R. 1995. *Les créoles*. Paris: Presses universitaires de France.

Chaudenson, R. / Mufwene, S. S. 2001. *Creolization of language and culture.* London: Routledge.

DECA I = Bollée, A. / Fattier, D. / Neumann-Holzschuh, I. Dir. 2018. *Dictionnaire étymologique des créoles français d'Amérique. Première partie. Mots d'origine française*. 3 vol. Hamburg: Buske.

DECA II = Bollée, A. / Fattier, D. / Neumann-Holzschuh, I. Dir. 2017. *Dictionnaire étymologique des créoles français d'Amérique. Deuxième partie. Mots d'origine non-française ou inconnue*. Hamburg: Buske.

DECOI I = Bollée, A. Dir. 2000–2007. *Dictionnaire étymologique des créoles français de l'Océan Indien. Première partie. Mots d'origine française*, 3 vol. Hamburg: Buske.

DECOI II = Bollée, A. Dir. 1993. *Dictionnaire étymologique des créoles français de l'Océan Indien. Deuxième partie. Mots d'origine non-française ou inconnue.* Hamburg: Buske.

DeGraff, M. 2002. Relexification. A reevaluation. *Linguistic Anthropology* 44, 321–414.

DLC = Valdman, A. / Klingler, T. A. / Marshall, M. M. / Rottet, K. J. Eds. 1998. *Dictionary of Louisiana Creole*. Bloomington, IN: Indiana University Press.

DLF = Valdman, A. / Rottet, K. J. Eds. 2010. *Dictionary of Louisiana French.* Jackson: University Press of Mississippi.

Ducoeurjoly, S. J. 1802. *Manuel des habitans de Saint-Domingue*, 2 vol. Paris: Lenoir.

EJo = Jourdain, E. 1956. *Le vocabulaire du parler créole de la Martinique*. Paris: Klincksieck.

Eltis, D. / Richardson, D. 2010. *Atlas of the translatlantic slave trade.* New Haven: Yale University Press.

FEW = von Wartburg, W. Dir. 1922–2002. *Französisches Etymologisches Wörterbuch. Eine darstellung des galloromanischen sprachschatzes*, 25 vol. Bonn/Leipzig/Basel: Schroeder/Klopp/Teubner/Zbinden.

FEW-Complément = von Wartburg, W. 2010, *Französisches Etymologisches Wörterbuch. Eine darstellung des galloromanischen sprachschatzes. Beiheft / Complément* (3e éd., Chauveau, J.-P. / Greub, Y. Seidl, C. Eds.). Strasbourg: Société de Linguistique romane.

Flege, J. E. 1987. The production of 'new' and 'similar' phones in a foreign language. Evidence for the effect of equivalence classification. *Journal of Phonetics* 15, 47–65.

GBa = Barthèlemi, G. 2007. *Dictionnaire créole guyanais-français*. Matoury, Guyane: Ibis Rouge Éd.

Goodman, M. 1964. *A comparative study of Creole French dialects.* London: Mouton.

Hazaël-Massieux, G. 1993. The African filter in the genesis of Guadeloupean Creole. At the confluence of genetics and typology. In Mufwene, S. S. Ed. *Africanisms in Afro-American language varieties.* Athens, GA: The University of Georgia Press, 109–122.

Hazaël-Massieux, G. 1994. *La passion de Notre Seigneur selon St Jean en langage nègre.* Texte et présentation. *Études créoles* 17, 16–27.

Hazaël-Massieux, M.-C. 2008. *Textes anciens en créole français de la Caraïbe. Histoire et analyse.* Paris: Publibook.

HCED = Valdman, A. Ed. 2007. *Haitian Creole-English Bilingual Dictionary.* Bloomington, IN: Indiana University, Creole Institute.

Höftmann, H. 1993. *Grammatik des Fɔn*. Leipzig: Langenscheidt.

JMo = Mondesir, J. E. / Carrington, L. D. Ed. 1992. *Dictionary of St. Lucian Creole*. Berlin: De Gruyter.

KD = Crosbie, P. / Frank, D. / Leon, E. / Samuel, P. 2001. *Kwéyòl Dictionary*. Castries, Saint Lucia: Ministry of Education, Government of Saint Lucia.

Kielhöfer, B. 1997. *Französische Kindersprache*. Tübingen: Stauffenburg.

Lang, J. 2014. A origem das consoantes pré-nasalizadas do crioulo de Santiago (Cabo Verde). *PAPIA (São Paulo)* 24/1, 149–170.

LMPT = Ludwig, R. / Montbrand, D. / Poullet, H. / Telchid, S. 2002. *Dictionnaire créole-français (Guadeloup). Avec un abrégé de grammaire créole et un lexique français-créole* (2e éd). Paris/Severdit: Jasor.

Pustka, E. 2016. *Einführung in die Phonetik und Phonologie des Französischen* (2. Aufl.). Berlin: Erich Schmidt.

RCo = Confiant, R. 2007. *Dictionnaire créole martiniquais-français*. Matoury, Guyane: Ibis Rouge Éd.

Segurola, B. / Rassinoux, J. 2000. *Dictionnaire fon–français*. Madrid: SMA Société des Missions Africaines.

Trubetzkoy, N. S. 1977. *Grundzüge der Phonologie* (6. Aufl.). Göttingen: Vandenhoeck & Ruprecht.

Valdman, A. 1988. *Ann pale kreyòl. An introductory course in Haitian Creole*. Bloomington, IN: Indiana University, Creole Institute.

Wandeler, B. 2008. *Lehrbuch des Swahili für Anfänger* (2., durchges. Aufl.). Hamburg: Buske.

Anhang

Artikel **envoyer** aus dem *Dictionnaire étymologique des créoles français d'Amérique. Première partie: Mots d'origine française* (DECA I):

envoyer v.

lou. **vòye, voye, vwòy, vway, vòy** 'envoyer ; jeter, lancer ; donner (un coup de pied, de poing, etc.)' ; **vwa bèk** 'renvoyer' ; **voye chèche, vòye charche, voye dèryè** 'faire venir' ; **voye deyòr** 'jeter à la poubelle' ; **voye kou pye** 'donner des coups de pieds' ; **vòy lamen** 'saluer de la main' (DLC) ; haï. **voye** 'to send ; to send out ; to throw, fling, toss ; to broadcast ; to initiate, start, begin [song, story, etc.] ; to lash, splash [rain] ; to ejaculate, come ; to reach climax [male or female]' (HCED ; ALH 1814, 1843) ; 'semer' (ALH 1543/9) ; **voye kò li** 'to get into, turn to ; to orient o.s. toward, invest in' ; **voye ale** 'a long pass to a striker [soccer]' ; **voye yon moun ale** 'to dismiss, send away, get rid of, expel' ; **voye yon moun ale de pye devan, voye yon moun nan peyi san chapo** 'to kill s. o., do away with s. o.' ; **voye al pran ti kalbas** 'to do s. o. in, beat s. o.'s brains out' ; **voye yon moun anba** 'to knock s. o. down' ; **voye anlè** 'to hurl ; to ejaculate' ; **voye bwa** 'to cast blows, beat' ; **voye bwa monte** 'to have sex [for a man]' ; **voye bweson monte** 'to consume a lot of' ; **voye chache, voye deplase, voye pran** 'to send for, call for' ; **voye chaplèt** 'to strike in all directions with a club' ; **voye chapo li anlè galta** 'to kick the bucket, die' ; **voye chen sou chat** 'to stir up trouble' ; **voye dèyè** 'to throw at' ; **voye deyò** 'to practice coitus interruptus' ; **voye dlo pa mouye pèsonn** 'to accuse no one in particular' ; **voye flè** 'to talk nonsense ; to act stupid, act silly' ; **voye yon moun fonksyonnèl** 'to help s. o. financially' ; **voye yon moun fri** 'to give s. o . money, help financially' ; **voye fwèt sou yon moun** 'to give a whipping to s. o.' ; **voye gouyad, voye gouyad monte** 'to undulate hips' ; **voye je** 'to glance, look around, look at' ; **voye je sou, voye lèzye sou** 'to keep an eye on, watch' ; **voye yon bagay jete** 'to throw away, toss away, reject' ; **voye yon moun jete** 'to cast away, throw out, reject' ; **voye yon moun kote yon lòt moun** 'to refer s. o. to s. o. else' ; **voye yon kout chapo pou** 'to congratulate' ; id., **voye men bay yon moun** 'to wave to/at, salute, greet' ; **voye kout...monte** 'to swing [ax, etc.]' ; **voye kout zo monte** 'to roll dice, shoot dice ; to play dominoes' ; **voye labou** 'to splatter with mud' ; **voye men bay moun** 'to beg' ; **voye misyon bay** 'to send word, send a message' ; **voye mò sou yon moun** 'to cast a death/evil spell on s. o. [voodoo]' ; **voye monte** 'to keep on doing sth. ; to be very active [doing sth.] ; to ramble, speak on a topic one isn't familiar with ; to tell lies' ; 'incoherant idea, jumble of ideas ; rumor, hearsay' ; **voye yon bagay monte** 'to evoke, cite, bring up ; to play, broadcast [music etc.]' ; **voye yon moun monte** 'to push to the forefront, raise' ; **voye yon moun monte wo** 'to get/make high [drugs]' ; 'to praise' ; **voye nan raje** 'to scrap, discard' ; **voye pale** 'to inform' ; **voye pou pi ta** 'to postpone' ; **voye poud** 'to throw powder on s. o. to cause itching [voodoo]' ; **voye poud nan je yon moun** 'to deceive, fool [in order to defend o. s.]' ; **voye poupou** 'to play particularly poorly, perform poorly' ; **voye pousyè** 'agitation, tumult' ; **voye pwen, voye pwent** 'to make pointed remarks, sing a mocking song, drop nasty hints, make insinuations' ; **voye pye** 'to kick, lash out at ; to threaten to kick' ; **voye tounen, voye retounen** 'to send back' ; **voye yon moun sou ban touch** 'to place on the sidelines, eliminate' ; **voye yon moun tounen** 'to expel, dismiss, send o. s. away ; to deport' ; **voye toya** 'to speak in riddles or parables' ; **voye toya sou yon moun** 'to dig at s. o., make cutting or sarcastic remarks concerning s. o.' ; **voye vann yon bagay lòt kote** 'to export' ; **voye vini** 'to send ; to return sth.' ; **voye wòch kache men** 'to be hypocritical, be deceitful, be two-faced' ; **voye yon vè monte** 'to down a glass, take a drink [of alcohol]' ; **voye zago** 'to kick [horse]' ; **voye zo** ' to play in an unsportsmanlike manner' ; **yo voye ou** 'you're trying to set me up, you're trying to provoke me' (HCED) ; **voye fisèl** (20), **voye kòd** (2), **voye liny, voye zen** etc. **nan dlo** 'lancer la ligne' (ALH 1843) ; **voye maladi sou li, voye mò sou li** 'ensorceler, envoûter' (ALH 1358/10, 16) ; **voye pat** (3), **voye pye** 'ruer' (ALH 1814) ; ant. **voye** 'envoyer, expédier, lancer' (RGe *vohié*) ; mart. id. 'envoyer ; s'élancer pour mordre' (EJo 38, 220, 228) ; **voye la Giyan, voye Kayenn** 'envoyer au bagne' (EJo 256) ; **voye fè an komisyon** 'envoyer faire une commission' (EJo 124) ; **voye flè** 'lancer des fleurs' (EJo 182) ; StLuc. **voye** 'to send, to toss, to throw ; to forward, to dispatch, to transmit' (JMo) ; **anvoye, anvowe** 'to postpone, to adjourn (court)' (KD) ; guy. **voye** 'envoyer ; adresser' ; **voye ale** 's'envoyer qn' ; **voye dèro** 's'exhiber, faire étalage' ; **voye monte** 'lever le coude, abuser de l'alcool' ; **voye pye** 'rouspéter ; exhalaison mauvaise, empester, puer' (GBa).

Johanna Stahnke

Conception-induced variation as a source of routinization: self-repair in French

Abstract. A corpus of almost 400 conversational self-repairs in French taken from ten radio interviews and ten private conversations is investigated with regard to lexical and prosodic markers in communicative distance and communicative immediacy. These text types are paradigmatic representatives of positions on the conceptional continuum. Two types of repair are considered, paraphrases and corrections, which constitute different degrees of semantic modification. Corrections are communicatively more interventional than paraphrases and present opportunities for turn-taking during conversation. While paraphrases are not unanimously marked by a repair marker and prosodically deaccented, corrections are marked by explicit markers and prosodically overaccented. It is expected that the lexical and prosodic marking of self-repairs will be more pronounced in immediacy than in distance because speakers in distance need to rely on explicit formulations (cotext) because other context types are not systematically activated. The prosodic structure of self-repairs is transcribed with *Tones and Break Indices* standards using *Praat*. The results indicate, among other things, that paraphrases in immediacy broadly correspond to the expected patterns. However, corrections in immediacy tend to be marked unexpectedly by implicit structures without any discourse marker (56%) and by deaccentuation (35%), which is not the case in communicative distance. The results are discussed in the light of conception-induced variation in communicative immediacy: expressivity possibly leads to the use of polyfunctional lexical elements as a result of the conventionalization of conversational implicatures. Situational involvement may account for the deaccentuation of corrective elements. Finally, due to dialogicity and turn competition, corrections are strategically 'camouflaged' as less interventional paraphrases by lexical and prosodic markers. Once these conversational strategies are ratified and taken over by the speaker community, they become routinized and may lead to linguistic change. The study takes a semasiological and an onomasiological perspective on lexical and prosodic markers of conversational self-repair in French.

1. Introduction

Linguistic variation in French has been described with respect to different types of (regional, social, stylistic, intra-speaker) variation at different linguistic levels. Trudel Meisenburg's works prominently figure on phonological (especially prosodic) variation, e.g. in French-Occitan bilingualism (cf. Meisenburg 2011; 2013; Sichel-Bazin et al. 2012a; 2012b; 2012c). One major source of variation which is well-described in the Romance languages but largely ignores phonological descriptions is conceptional variation (cf. Koch/Oesterreicher 1985; 2011). Conceptional variation is based on the variation of extra-linguistic communicative conditions such as public/private and unfamiliar/familiar relations, emotional involvement, situational detachment/involvement, spatio-temporal separation/co-presence, minimal/maximal cooperation, monologicity/dialogicity, reflection/spontaneity and thematic boundedness/freedom. It can be structured as a continuum between communicative distance and communicative immediacy, two communicative options which correspond to Söll's (1974) distinction between *code écrit* and *code parlé*. The communicative conditions of communicative distance result in a high degree of progression of information, complexity, elaboration and planification, as for example in political interviews. Although interviews are prototypical instances of communicative distance, a number of parameters is not absolutely distant, for example dialogicity and free thematic development. Communicative immediacy, by contrast, is linguistically less informative, complex, elaborated and planned, as in private conversations. Radio interviews and private conversations are examples of communicative distance and immediacy, the distinction of which, however, is not categorical. The lack of linguistic density in immediacy is compensated for by the availability of different kinds of context, as originally defined by Coseriu (1955/56: 48–50) and subsequently revised and related to conceptional variation by Koch/Oesterreicher (2011: 11). Speakers in immediacy make use of the linguistic context (cotext), the situational context, individual and general shared knowledge contexts of speakers and of para- and non-verbal contexts (prosody, gestures). In distance, the most salient context is the cotext. The other context types are also present in communicative distance, but speakers do not rely on the cooperation of their interlocutors and therefore tend to use more explicit verbalizations.[1]

One typical sign of conversation is repair, especially self-repair, which is conversationally preferred over other-repair (cf. Schegloff et al. 1977), and which is realized differently in communicative distance and immediacy. Koch/Oesterreicher (2011: 56–59) illustrate repair markers in terms of conversational disruptions, clarifications, hesitations and metalinguistic lexical markers. Despite the omnipresence of conversational self-repair in natural interaction, phonological features of self-repair are not systematically described in the literature.

---

[1] For a revision of this model aiming at an operationalization of communicative conditions and verbalization strategies cf. Ágel/Hennig (2006).

The present study attempts to empirically investigate the conceptionally determined differences in the linguistic (lexical and prosodic) realization of conversational self-repair. The article is organized as follows. First, conversational self-repair and its subtypes are defined from a functional and a formal perspective, including lexical and prosodic markers (Section 2). Next, methodology is described (Section 3). Section 4 presents the results which are discussed in Section 5 with some final conclusions.

2. Conversational self-repair: functions and forms

In the following, Gülich/Kotschi's (1995) framework of reformulation phenomena is used to operationalize 'conversational self-repair'. Conversational reformulations share the property of "refer[ring] to a preceding segment [reference expression] by means of a new utterance [treatment expression], which somehow changes, modifies, reformulates or expands the earlier utterance" (Gülich/Kotschi 1995: 34). Two large subgroups are identified by Gülich/Kotschi, paraphrastic and non-paraphrastic reformulations. The present study considers paraphrases (as instances of paraphrastic reformulations) and corrections (as instances of non-paraphrastic reformulations).[2] They are distinguished from each other by the "change in utterance perspective" (Gülich/Kotschi 1995: 44) with respect to the (in)validation of the reference expression. While the change in utterance perspective is "fairly weak" (Gülich/Kotschi 1995: 50) in paraphrases, it is high in corrections. Paraphrases semantically reduce or expand the reference expression (semantic equivalence), while corrections eliminate and substitute it altogether (cf. Gülich/Kotschi 1987: 218):

(1) FL:[3] La croissance et **la place de la France**, <u>cinquième puissance économique du monde</u>, elles passent notamment par notre capacité à nous appuyer sur les acteurs français qui sont aujourd'hui à l'étranger. (political interview)

(2) LF: **La résistance**, *si je peux dire*, <u>la durée</u> de Monsieur Bachar al-Assad était plus longue qu'anticipé. (political interview)

---

[2] Apart from paraphrases and corrections, the authors name rephrasals (belonging to the group of paraphrastic repairs) and distanciations (belonging to the group of non-paraphrastic repairs).

[3] The abbreviations stand for the initials of individual speakers (in this case, for Frédéric Lefebvre). In all examples, reference expressions are presented in boldface, treatment expressions are underlined, and eventual repair markers appear in italics.

In (1), the speaker paraphrases the reference expression (*la place de la France*) by a specification in the treatment expression (*cinquième puissance économique du monde*); the relation between both expressions is semantic equivalence. In (2), the speaker deletes the reference expression (*la résistance*) and substitutes it by a semantically different treatment expression (*la durée*). Paraphrases are temporary interruptions of the ongoing discourse, much like a side sequence described by Conversation Analysis (cf. Jefferson 1972), whereas corrections are more 'serious' conversational interventions because they represent paradigmatic oppositions to their reference expressions.

Self-repair seems to be particularly 'vulnerable' to the specific rules described for turn-taking in natural interaction (cf. Sacks et al. 1974): in the corpus analyzed, they are frequently used as opportunities to take over turn prematurely and, thus, illegitimately, as is shown in the following example (simultaneous talk is indicated by square brackets):

(3) PX: Véolia, où c'est, **c'est très loin**, c'est l'équivalent, *fin*, **c'est très loin,** *enfin* [c'est assez loin, c'est l'équi]valent, je sais pas moi.
JD: [ah oui, c'est p-, c'est, oui] (private conversation)

PX's turn is at stake (line 2) because his interlocutor JD intervenes (line 3) after the repair is introduced by a repetition of the reference expression (*c'est très loin*) and the repairing markers *(en)fin* (lines 1/2). At first sight, JD only provides reception signals (*ah oui*, line 3), but then continues by attempting to take over turn (*c'est p-, c'est*, line 3) parallel to PX's actual realization of the treatment expression (*c'est assez loin*, line 2). Although turn-taking here is unsuccessful and abandoned, the example shows that self-repairs are welcome opportunities for interlocutors to take over turn because the conversational flow is disrupted. All examples of premature turn-taking in self-repair examined in the corpus are produced in communicative immediacy. A second observation is that they are mostly corrections, which seem to be more suitable for premature turn-taking because their degree of invalidation is higher (cf. Stahnke 2018a).

The change in utterance perspective is not only constituted by semantic difference between paraphrastic and non-paraphrastic repairs, but also marked by metalinguistic lexical markers, which "indicate something which would **not** be expressed by the discourse structure alone (i.e. **without** the presence of one of these markers)" (Gülich/Kotschi 1995: 44; emphasis original). While these markers are "not indispensable to the signaling and the interpretation of a procedure as a paraphrase" (Gülich/Kotschi 1995: 50), which may be realized implicitly without any marker, they are "frequently used" (Gülich/Kotschi 1995: 51) in corrections.

Gülich/Kotschi (1983a; 1983b; 1987) find that typical paraphrastic markers, if used, are 'polyfunctional' in the sense that they have a number of functions apart from paraphrasing. On the other hand, corrections, which are typically marked explicitly, prefer monofunctional lexical markers which have a clearly corrective function (cf. Hölker 1988: 108–123):

(4) JM: **Ils ont pas une position naturelle,** *fin*, tu sens que c'est pas un sommeil naturel. (private conversation)

(5) JM: Elle aura euhm **quatre ans,** euh, cinq ans, *pardon*. (private conversation)

In (4), the speaker paraphrases her reference expression (*ils ont pas une position naturelle*) by a simple restatement of the content in other words in the treatment expression (*tu sens que c'est pas un sommeil naturel*). In fact, this subtype of paraphrase, variation, is the one with the least degree of semantic modification (cf. Gülich/Kotschi 1987; 1995). The paraphrase is introduced by the reduced repair marker *(en)fin*, which is polyfunctional and has a number of other truth-conditional and non-truth-conditional meanings (cf. e.g. Cadiot et al. 1985; Mosegaard Hansen 2005). In (5), the speaker produces a correction (*cinq ans*) of the reference expression (*quatre ans*). Semantic difference is very high here because the reference expression is factually erroneous. The repair is signaled by a (post-posed) lexical marker (*pardon*), which is clearly monofunctional.

Without going into further detail, Gülich/Kotschi (1995: 43) state that when lexical repair markers are missing, "the functions markers normally fulfill are instead realized by intonational or paralinguistic means". In fact, the intonational structure of conversational phenomena has extensively been described in various languages. Typically, paraphrases figure as specific types of parentheses (cf. e.g. Berrendonner 1993) and corrections as specific types of focus realizations (cf. e.g. Krifka 2007) in these descriptions.

Paraphrases are prosodically deaccented, with a flat and mostly low F0 contour (cf. Morel/Danon-Boileau 1998: 59–64; Simon 2004: 225–229). Deaccentuation in this sense must be considered as a relative concept since F0 variation is not completely deleted, but tonal contrasts are relatively reduced, final accents are downstepped and initial accents are eliminated in French (cf. Di Cristo/Jankowski 1999):

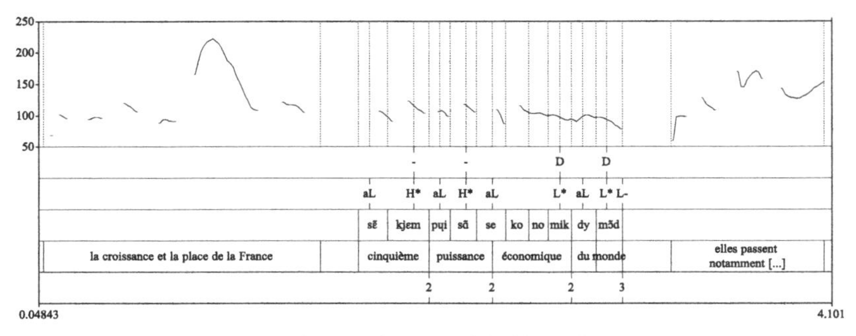

Fig. 1. Intonational structure of a paraphrase (political interview).

The paraphrase (*cinquième puissance économique du monde*) is deaccented in comparison to both the reference expression (*la place de la France*) and the continuing discourse string (*elles passent notamment* […]). Pitch accents are still perceivable but reduced and downstepped (indicated by '-' and 'D' on the first tier). Initial accents are eliminated.

Corrections present a mirror image to paraphrases as their intonational structure is overaccented, again relative to the surrounding discourse. The corrected element may be followed by a deaccented structure until completion of the prosodic unit (cf. Morel/Danon-Boileau 1998: 63; Jun/Fougeron 2000: 223–230). The correction in Fig. 2 (*la durée*) has higher pitch excursions than the preceding and following discourse and two high pitch accents on both syllables of the lexical item (*du-*, *-rée*), where an original initial accent Hi may be promoted to a pitch accent H* (cf. Jun/Fougeron 2000: 213):

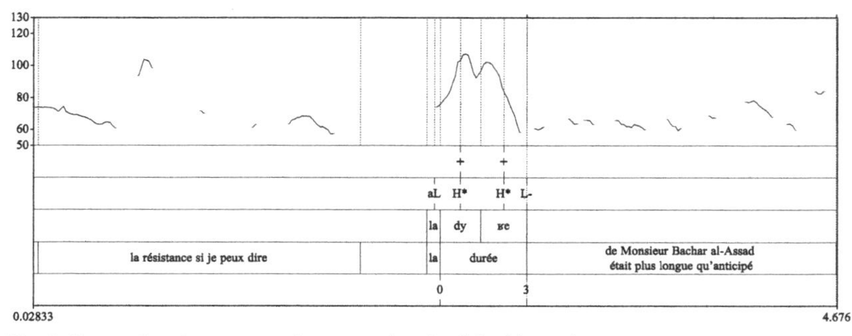

Fig. 2. Intonational structure of a correction (political interview).

3. Methodology

In what follows, the background of continual variation is taken for granted and communicative distance and immediacy are used as cover-terms without further details on single parameters. Since in communicative immediacy all kinds of contexts are available to the speakers, including metalinguistic and prosodic features, it is hypothesized that self-repair will be more importantly marked by lexical and prosodic repair markers in immediacy when compared to distance, where cooperation between speakers and interlocutors is low and, as a consequence, they do not rely on context exploitation and behave as explicitly as possible. Accordingly, paraphrases in immediacy are expected to be marked by polyfunctional repair markers (if any) and by deaccented intonation, while corrections in immediacy are expected to be marked by monofunctional repair markers and by overaccented intonation.

Two sub-corpora as prototypical examples of communicative distance and immediacy were compiled between 2013 and 2015: a distance corpus of political interviews taken from the daily series *L'invité du matin* broadcasted by *Radio France* (accessible at http://www.franceinfo.fr/videos) and an immediacy corpus of private conversations between family or friends on a topic of their choice (recorded with a Marantz PMD671 recorder and AKG C520 microphones). Each interaction lasts around ten minutes, yielding conversational material of 3.5 hours, 55,200 words and 379 analyzable self-repairs in total (for details of the data cf. Stahnke 2017: 141–153).

All recordings were transcribed; self-repair sequences were categorized with respect to the presence/absence of a self-repair marker and its monofunctional/polyfunctional status. For the prosodic analysis, repair sequences were visualized with *Praat* (cf. Boersma/Weenink 2019), annotated with an adapted version of IVTS (*Intonational Variation Transcription System*; cf. Post et al. 2006) and revised to ToBI (*Tones and Break Indices*) standards when it became available for French (cf. Delais-Roussarie et al. 2015). To operationalize accentuation variants, three classes were established according to the following criteria: when the overall F0 contour of the repair was constantly flat, 'deaccentuation' was assigned. When the pitch range of the repair exceeded that of the reference expression and/or when local cues such as segmental strengthening (glottalization, aspiration) or increased intensity occurred, these were considered cases of 'overaccentuation'. When none of these cues were present or when they were ambiguous, 'standard accentuation' was labelled.[4]

---

[4] Standard accentuation is notoriously a compromise category between over-accentuation and deaccentuation, the phonological differences of which are

Variable Rules Analysis (cf. Cedergren/Sankoff 1974) as an appropriate tool to assess language in use was implemented for statistical analyses in which multiple factors and their interplay are evaluated (cf. Tagliamonte 2006). The lexical (monofunctional/polyfunctional) and prosodic markers (deaccentuation/overaccentuation) of conversational self-repair represent the dependent variables, the occurrence of which is supposed to be determined by independent factor groups including repair type and conception. Specifically, paraphrases should positively influence the realization of polyfunctional lexical markers and prosodic deaccentuation, whereas corrections should favor monofunctional lexical markers and prosodic overaccentuation. Further, communicative immediacy should favor all dependent variables. Varbrul calculates the statistical significance of factor groups, the ranking of single factors within one factor group (constraint hierarchy) and the relative strengths of factor groups in comparison to each other.

4. Results

Speakers realized more paraphrases (n = 300/379, 79.2%) than corrections (n = 79/379, 20.8%). Within corpora, corrections are more frequent in communicative immediacy (n = 57/173, 32.9%) than in communicative distance (n = 22/206, 10.7%), as exemplified in spontaneous conversations and political interviews. This difference is highly statistically significant (p < .001). Tab. 1 displays the relevant results for the realization of paraphrases:

paraphrases	distance	immediacy
lexical structure		
implicit	78% (143)	75% (87)
monofunctional	22% (41)	11% (13)
polyfunctional (expected)	0% (0)	14% (16)
prosodic structure		
standard accentuation	51% (93)	47% (55)
deaccentuation (expected)	24% (45)	49% (56)
overaccentuation	25% (46)	4% (5)

Tab. 1. Linguistic markers of paraphrases in communicative distance and immediacy.

not always straightforward. This problem reflects that prosodic features are gradual rather than categorical.

The clear majority of paraphrases in both conceptions (n = 143, 78% in distance; n = 87, 75% in immediacy) is not lexically marked. When they are introduced by an explicit marker, distance paraphrases are all produced with monofunctional markers (n = 41, 22%). In immediacy, paraphrastic markers are either monofunctional (n = 13, 11%) or polyfunctional (n = 16, 14%). The polyfunctional variant is influenced by both repair type and conception (both $p < .001$). However, paraphrases are not the favoring factor within the repair-type group, but corrections (factor weight: .67). In the conceptional factor group, immediacy mostly influences the occurrence of polyfunctional markers (factor weight: .78). Comparing both factor groups with each other, the conceptional group (range: 52) is relatively stronger than the repair-type group (range: 22).

As for the prosodic structure of paraphrases, around half of all paraphrases in both corpora exhibit standard accentuation (n = 93, 51% in distance; n = 55, 47% in immediacy). The remaining paraphrases in distance are evenly distributed between deaccented (n = 45, 24%) and overaccented variants (n = 46, 25%; example 6 / Fig. 3). Most paraphrases in immediacy are deaccented (n = 56, 49%); exceptional cases are overaccented (n = 5, 4%). Statistical analyses only yield a significant influence of the conceptional factor group on deaccentuation ($p < .001$), once again with immediacy as the favoring factor (factor weight: .65).

(6) RD: Quelles sont par exemple **les entreprises**, la taille aussi des entreprises, qui viennent vous solliciter? (political interview)

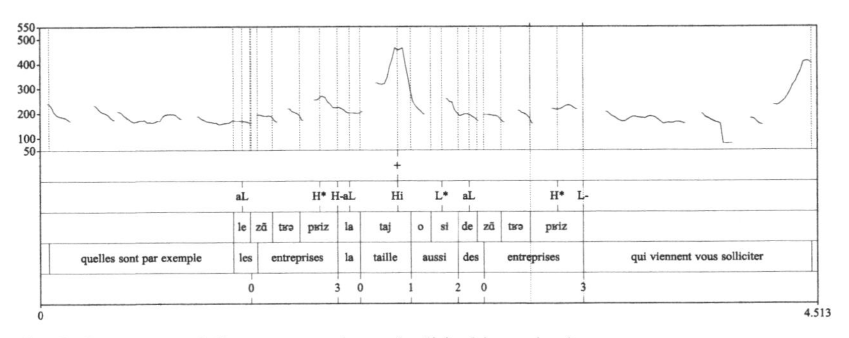

Fig. 3. Overaccented distance paraphrase (political interview).

The paraphrase in Fig. 3 shows a high pitch excursion on the specifying syllable (*taille*); deaccentuation of other pitch accents is not noticeable.

Tab. 2 summarizes the relevant results for the marking of corrections in the corpus:

corrections	distance		immediacy	
lexical structure				
implicit	54%	(12)	56%	(32)
monofunctional (expected)	32%	(7)	23%	(13)
polyfunctional	14%	(3)	21%	(12)
prosodic structure				
standard accentuation	18%	(4)	42%	(24)
deaccentuation	5%	(1)	35%	(20)
overaccentuation (expected)	77%	(17)	23%	(13)

Tab. 2. Linguistic markers of corrections in communicative distance and immediacy.

Like paraphrases, but to a lesser degree, corrections are preferably realized implicitly in both conceptions (n = 12, 54% in distance; n = 32, 56% in immediacy). Explicit corrections in distance are mostly accompanied by monofunctional markers (n = 7, 32%); only few cases are realized polyfunctionally (n = 3, 14%). The expected distribution, however, is not confirmed in immediacy, where both monofunctional (n = 13, 23%) and polyfunctional markers (n = 12, 21%) are used with the same proportions. Only the conceptional factor group statistically bears on the occurrence of monofunctional markers ($p = .044$), with communicative distance being the most influential factor (factor weight: .58).

The prosodic structure of distance corrections is mostly overaccented (n = 17, 77%), while standard (n = 4, 18%) and deaccentuation (n = 1, 5%) are of minor importance. In immediacy, most corrections are standardly (n = 24, 42%) or even deaccented (n = 20, 35%; example 7 / Fig. 4). Overaccentuation is only realized in 23% (n = 13) of all immediacy corrections. Both factor groups favor the overaccented variant (both $p < .001$), with communicative distance (factor weight: .73) and corrections (factor weight: .84) at the highest ranks. The conceptional factor group (range: 50) outranges the repair-type group (range: 45).

(7) YP: **Elle voulait que je vienne aussi** pend-, *fin*, elle m'a demandé si je venais aussi. (private conversation)

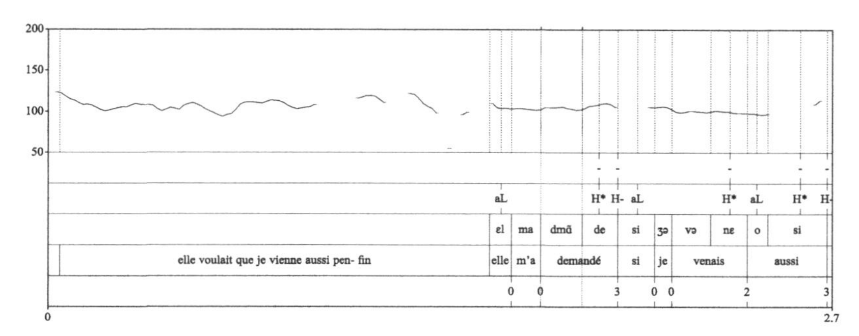

Fig. 4. Deaccented immediacy correction (private conversation).

In Fig. 4, a corrective high pitch accent would be expected on *demandé*. Instead, however, the speaker drastically reduces all pitch accents and (intermediate) phrase boundary tones so that the correction appears to have a deaccented intonational contour.

Overall, the influence of conception is more important in all four variants, either because it is the only relevant factor group (monofunctionality, deaccentuation) or the stronger one when compared to repair type (polyfunctionality, overaccentuation). Moreover, repair types are not unanimously realized lexically and prosodically as is reported in the literature (cf. Gülich/Kotschi 1983a; 1983b; 1995; Hölker 1988; Morel/Danon-Boileau 1998; Jun/Fougeron 2000; Simon 2004). Broadly speaking, speakers prefer general corrective marking in communicative distance and paraphrastic marking in communicative immediacy. The marking of conversational self-repair thus appears to be flexible and dependent on conception-induced variation.[5]

5. Discussion and conclusions

Expectations regarding conception-specific marking of conversational self-repair are only partly confirmed (cf. Section 3). Paraphrases are indeed more clearly produced with polyfunctional and deaccented linguistic markers in immediacy, which figures as the strongest factor for both variables. Immediacy corrections, on the other hand, do not display the hypothesized structures. In fact, the corrective monofunctional and overaccented markers are strongest influenced by communicative distance, not by immediacy (cf. Section 4).

[5] For further results outside of the hypothesis cf. Stahnke (2017; 2018a).

Since conception is the decisive factor group for all four relevant variants, extra-linguistic communicative conditions must be an appropriate explanation here, e.g. expressivity. When speakers express more than what they say, the conventionalization of conversational implicature may take place. In this process, the meaning of elements with truth-conditional content gradually takes over discursive functions without truth-conditional content by grammaticalization as semantic bleaching and pragmatic strengthening (cf. Hopper/Traugott 2003). Communicative immediacy should be the prime locus of the conventionalization of conversational implicature, because expressivity and intimate personal relationships between the interlocutors prevail. For example, Mosegaard Hansen (2005) examines the development of the various functions of *enfin* and ascribes specific discourse types to three core uses: as a repair marker, *enfin* "is by far the most frequent in contemporary spontaneous spoken interaction" (Mosegaard Hansen 2005: 64–65). Grammaticalization as pragmatic strengthening is not restricted to discourse markers. Examples from syntax in French include the development of temporal markers (cf. Detges 1999), sentential negation (cf. Detges 2003) and dislocation (cf. Buthke et al. 2014).

It is debated whether these facts can be best captured by a model of 'grammaticalization' (cf. Traugott 1988; Traugott/König 1991), 'pragmaticalization' (cf. Erman/Kotsinas 1993) or other concepts (for an overview cf. Detges/Waltereit 2016). From a communicative perspective, progressive 'routinization' (cf. Lehmann 1985; 1993; Detges/Waltereit 2016) seems to fit these processes most accurately because it takes into account the relevant conceptional causes of linguistic change. According to the routinization approach, routines are speaker-strategic solutions to frequently occurring problems in communication:

> [D']un point de vue onomasiologique, la grammaire d'une langue donnée n'est rien d'autre que l'ensemble de telles routines linguistiquement conventionnalisées, destinées à résoudre les problèmes fondamentaux et fréquents de la communication (Detges 2003: 224).

From a diachronic perspective, routines may be ratified (routinized) by other speakers and eventually result in linguistic change. This has been proposed for elements of core grammar as well as for discourse elements (cf. Detges/Waltereit 2016). Routines can thus serve as an explanation for the invisible hand in language change (cf. Keller 1990).

As far as lexical markers of self-repair are concerned, turn-taking in communicative immediacy may lead, diachronically, to the use of polyfunctional markers. Detges/Waltereit (2011) give as an example the Italian imperative *guarda* ('look') used conversationally illegitimately as a turn-holding signal. The data presented here show a parallel structure using *regardez* ('look$_{PL}$'):

(8) FS: Mais, François de Rugy, est-ce que vous ne risquez pas de vous faire piquer l'écologie [en fait]?
FR: [(rire)]
FS: Regardez : François Hollande qui est converti à, à la diplomatie climatique. (political interview)

When the interviewer FS develops her argument (ecology may no longer be an exclusive topic of the green party, to which the interviewee François de Rugy belongs; line 1–2), the politician's laughter (line 3) intervenes to signal disagreement, but possibly also to attempt turn-taking. The interviewer directly continues her next turn using the imperative *regardez* (lit. 'look$_{PL}$', line 4) in its metalinguistic sense which has become the result of the conventionalization of conversational implicature. In fact, not only French and Italian, but numerous other languages (e.g. English *look*, German *schau/ guck (mal)* lit. 'look') all make use of the same strategy. The example is taken from the distance corpus and demonstrates that illegitimate use of discourse markers is not restricted to communicative immediacy. Indeed, it is a specific communicative condition rather than the conception as a whole which leads to certain conversational strategies. Example (8) clearly shows that dialogicity is locally very high even though it is part of a conceptionally distant interview in which large passages are produced in a less spontaneous and natural way (cf. Koch/Oesterreicher 1996). Like turn-holding devices, repair markers such as *enfin* have become pragmatically strengthened following a path of polysemous uses (cf. Cadiot et al. 1985; Mosegaard Hansen 2005). Under specific communicative conditions like expressivity, speakers produce innovative linguistic forms, which may become grammaticalized (or pragmaticalized) by a conventionalization of conversational implicature.

The constitutive communicative conditions of communicative immediacy may also explain the observed preferences with respect to prosodic deaccentuation. In the Autosegmental-Metrical Model of Intonational Phonology, deaccented elements with a low pitch accent (L*) are contextually derivable or associated with extrapropositional information in many languages (cf. Pierrehumbert/Hirschberg 1990; Wennerstrom 2001). In the following example (slightly adapted from Wennerstrom 2001: 38), *car* is deaccented because it is inferable from the previous cotext (*VW*). The new information (*American*) is realized with a rising pitch accent (LH*):

(9) Harry wants a VW, but his wife would prefer an American car.
LH* L*

In communicative immediacy, different context types are abundant. In contrast to distance, where speakers heavily rely on the cotext, interactants in immediacy make use of the cotext, their shared common knowledge, the situational context and of para- and non-verbal contexts (cf. Section 1). Examples (10) and (11) illustrate corrections from the immediacy corpus which are marked by standard accentuation where overaccentuation would be expected:

(10) FS: Non, non, le, le **le bateau,** *fin*, le ferry. (private conversation)

(11) VL: Mais je l'ai pas. Où elle est ?
AL: **Dans la boîte**.
VL: Oui, mais attends, t'as vu ce fouillé-là qu'on a pas rangé ?
AL: Eh *non*, pas dans celle-là. (private conversation)

In (10), the speaker corrects the reference expression *le bateau* by *le ferry*, which is part of the shared sociocultural (especially regional) background of the speakers knowing that 'ferry' is the more appropriate expression when FS refers to public transport. In (11), interpretability mostly relies on the situational context, which is also indicated by the various deictic elements (demonstratives *ce*, *celle-là*). Deaccented, contextually interpretable forms, then, are a general natural consequence in communicative immediacy, i.e. also outside of paraphrastic repairs. In the long run, these forms may spread onto actually overaccented structures such as corrections and eventually lead to prosodic change.

From an onomasiological view, what may have taken place is general paraphrastic re-marking because of conversational strategies in order to avoid turn-taking by the interlocutor, which is likely to occur during self-repairs, especially in corrections (cf. Section 2). In immediacy, where spontaneous turn-taking is prototypical, paraphrastic re-marking of corrections may be in the process of becoming routinized. At the lexical level, speakers use implicit structures or polyfunctional repair markers, and at the prosodic level, they realize a deaccented intonational contour. With respect to lexical markers, routinization is discussed in the literature (cf. Detges/Waltereit 2016). As for prosody, similar phenomena have been described without using the term, but referring to the same effects: Selting (1987) in her study of different types of communicative problems and their prosodic forms in German shows that due to preferred conversational structures, specific communicative problems may be 're-categorized' by means of type-distinctive intonational structures. Likewise, Couper-Kuhlen (1992) in her investigation of interactive repair in English argues that acoustic repairs may be masked as content-related repairs and vice versa for conversational reasons by manipulating speech rhythm and tempo ('prosodic camouflage').

The routinization approach allows incorporating both lexical and prosodic (and further linguistic and non-linguistic) devices in a unified model of linguistic variation. It may also be used to account for the communicative reasons of the invisible hand in language change. With regards to the lack of phonological descriptions in conceptional variation, the results may contribute to research on phonological change in Romance (cf. e.g. Meisenburg 2005; Pešková et al. 2012; Gabriel 2014). One methodological problem of the study is that due to authenticity, different speakers' self-repairs were analyzed for distance and immediacy, which makes intra-speaker comparisons impossible. For a completion of the picture, further phonetic devices for the marking of self-repair need to be investigated (cf. e.g. Stahnke 2018b), as well as other linguistic and non-linguistic markers. Finally, the spectrum of communicative situations, repair (sub-)types and independent factors should be diversified in future research.

References

Ágel, V. / Hennig, M. 2006. Theorie des Nähe- und Distanzsprechens. In Ágel, V. / Hennig, M. Eds. *Grammatik aus Nähe und Distanz. Theorie und Praxis am Beispiel von Nähetexten 1650–2000*. Tübingen: Niemeyer, 3–31.

Berrendonner, A. 1993. Périodes. In Parret, H. Ed. *Temps et discours*. Louvain: Presses Universitaires de Louvain, 47–61.

Boersma, P. / Weenink, D. 2019. *Praat. Doing phonetics by computer*. Computer software. Version 6.0.40. http://www.fon.hum.uva.nl/praat/ (2019-12-04).

Buthke, C. / Sichel-Bazin, R. / Meisenburg, T. 2014. Dislokation im gesprochenen Französisch. Zwischen Emphase und Grammatikalisierung. In Pustka, E. / Goldschmitt, S. Eds. *Emotionen, Expressivität, Emphase*. Berlin: Erich Schmidt, 215–230.

Cadiot, A. / Ducrot, O. / Fradin, B. / Nguyen, T. B. 1985. *Enfin*, marqueur métalinguistique. *Journal of Pragmatics* 9, 199–239.

Cedergren, H. / Sankoff, D. 1974. Variable rules. Performance as a statistical reflection of competence. *Language* 50, 333–355.

Coseriu, E. 1955/56. Determinación y entorno. Dos problemas de una lingüística del hablar. *Romanistisches Jahrbuch* 7, 29–54.

Couper-Kuhlen, E. 1992. Contextualizing discourse. The prosody of interactive repair. In Auer, P. / di Luzio, A. Eds. *The contextualization of language*. Amsterdam: Benjamins, 337–364.

Delais-Roussarie, É. / Post, B. / Avanzi, M. / Buthke, C. / Di Cristo, A. / Feldhausen, I. / Jun, S.-A. / Martin, P. / Meisenburg, T. / Rialland, A. / Sichel-Bazin, R. / Yoo, H.-Y. 2015. Intonational Phonology of French. Developing a ToBI system for French. In Frota, S. / Prieto, P. Eds. *Intonation in Romance*. Oxford: Oxford University Press, 63–100.

Detges, U. 1999. Wie entsteht Grammatik? Kognitive und pragmatische Determinanten der Grammatikalisierung von Tempusmarkern. In Lang, J. / Neumann-Holzschuh, I. Eds. *Reanalyse und Grammatikalisierung in den romanischen Sprachen*. Tübingen: Niemeyer, 31–52.

Detges, U. 2003. La grammaticalisation des constructions de négation dans une perspective onomasiologique. Ou la déconstruction d'une illusion d'optique. In Blank, A. / Koch, P. Eds. *Kognitive romanische Onomasiologie und Semasiologie*. Tübingen: Niemeyer, 213–233.

Detges, U. / Waltereit, R. 2011. Turn-taking as a trigger for language change. In Dessì Schmid, S. / Detges, U. / Gévaudan, P. / Mihatsch, W. / Waltereit, R. Eds. *Rahmen des Sprechens. Beiträge zu Valenztheorie, Varietätenlinguistik, Kreolistik, Kognitiver und Historischer Semantik*. Tübingen: Narr, 175–189.

Detges, U. / Waltereit, R. 2016. Grammaticalization and pragmaticalization. In Fischer, S. / Gabriel. C. Eds. *Manual of grammatical interfaces in Romance*. Berlin: De Gruyter, 635–657.

Di Cristo, A. / Jankowski, L. 1999. Prosodic organisation and phrasing after focus in French. In Ohala, J. J. / Hasegawa, Y. / Ohala, M. / Granville, D. / Bailey, A. C. Eds. *Proceedings of the 14th International Congress of Phonetic Sciences*. San Francisco: University of California, Berkeley, 1565– 1568.

Erman, B. / Kotsinas, U.-B. 1993. Pragmaticalization. The case of 'ba' and 'you know'. *Studier i modern språkvetenskap* 10, 76–93.

Gabriel, C. 2014. Emphase, Sprachkontakt und prosodischer Wandel. Überlegungen zum tritonalen Tonhöhenakzent des *Porteño*-Spanischen. In Pustka, E. / Goldschmitt, S. Eds. *Emotionen, Expressivität, Emphase*. Berlin: Erich Schmidt, 197–214.

Gülich, E. / Kotschi, T. 1983a. Partikeln als Paraphrasen-Indikatoren. In Weydt, H. Ed. *Partikeln und Interaktion*. Tübingen: Niemeyer, 249–262.

Gülich, E. / Kotschi, T. 1983b. Les marqueurs de la reformulation paraphrastique. *Cahiers de linguistique française* 5, 305–351.

Gülich, E. / Kotschi, T. 1987. Reformulierungshandlungen als Mittel der Textkonstitution. Untersuchungen zu französischen Texten aus mündlicher Kommunikation. In Motsch, W. Ed. *Satz, Text, sprachliche Handlung*. Berlin: Akademie-Verlag, 199–261.

Gülich, E. / Kotschi, T. 1995. Discourse production in oral communication. In Quasthoff, U. M. Ed. *Aspects of oral communication*. Berlin: De Gruyter, 30–66.

Hölker, K. 1988. *Zur Analyse von Markern*. Stuttgart: Steiner.

Hopper, P. J. / Traugott, E. C. 2003. *Grammaticalization*. Cambridge: Cambridge University Press.

Jefferson, G. 1972. Side sequences. In Sudnow, D. Ed. *Studies in social interaction*. New York: Free Press, 294–339.

Jun, S.-A. / Fougeron, C. 2000. A phonological model of French intonation. In Botinis, A. Ed. *Intonation. Analysis, modeling and technology*. Dordrecht: Kluwer, 209–242.

Keller, R. 1990. *Sprachwandel. Von der unsichtbaren Hand in der Sprache*. Tübingen: Francke.

Koch, P. / Oesterreicher, W. 1985. Sprache der Nähe – Sprache der Distanz. Mündlichkeit und Schriftlichkeit im Spannungsfeld von Sprachtheorie und Sprachgeschichte. *Romanistisches Jahrbuch* 36, 15–43.

Koch, P. / Oesterreicher, W. 1996. Sprachwandel und expressive Mündlichkeit. *Zeitschrift für Literaturwissenschaft und Linguistik* 102, 64–96.

Koch, P. / Oesterreicher, W. 2011. *Gesprochene Sprache in der Romania. Französisch, Italienisch, Spanisch* (2nd ed.). Berlin: De Gruyter.

Krifka, M. 2007. Basic notions of information structure. In Féry, C. / Krifka, M. eds. *Interdisciplinary Studies on Information Structure* 6, Potsdam: Universitätsverlag, 13–55.

Lehmann, C. 1985. Grammaticalization. Synchronic variation and diachronic change. *Lingua e stile* 20, 303–318.

Lehmann, C. 1993. Theoretical implications of grammaticalization phenomena. In Foley, W. A. Ed. *The role of theory in language description*. Berlin: De Gruyter, 315–340.

Meisenburg, T. 2005. Zum Akzentwandel in den romanischen Sprachen. In Stehl, T. Ed. *Unsichtbare Hand und Sprecherwahl. Typologie und Prozesse des Sprachwandels in der Romania*. Tübingen: Narr, 197–217.

Meisenburg, T. 2011. Prosodic phrasing in the spontaneous speech of an Occitan/French bilingual. In Gabriel, C. / Lleó, C. Eds. *Intonational phrasing in Romance and Germanic*. Amsterdam: Benjamins, 127–151.

Meisenburg, T. 2013. Accents tonals et phrasé prosodique dans le discours spontané d'une locutrice bilingue (occitan/français). In Ledegen, G. Ed. *La variation du français dans les espaces créolophones et francophones. France, Europe et Amérique*. Paris: L'Harmattan, 111–130.

Morel, M.-A. / Danon-Boileau, L. 1998. *Grammaire de l'intonation*. Gap: Ophrys.

Mosegaard Hansen, M.-B. 2005. From prepositional phrase to hesitation marker. The semantic and pragmatic evolution of French "enfin". *Journal of Historical Pragmatics* 6, 37–68.

Pešková, A. / Feldhausen, I. / Kireva, E. / Gabriel, C. 2012. Diachronic prosody of a contact variety. Analyzing Porteño Spanish spontaneous speech. In Braunmüller, K. / Gabriel, C. Eds. *Multilingual individuals and multilingual societies*. Amsterdam: Benjamins, 365–389.

Pierrehumbert, J. B. / Hirschberg, J. 1990. The meaning of intonational contours in the interpretation of discourse. In Cohen, P. R. / Morgan, J. / Pollack, M. E. Eds. *Intentions in communication*. Cambridge, MA: MIT Press, 271–311.

Post, B. / Delais-Roussarie, É. / Simon, A.-C. 2006. IVTS, un système de transcription pour la variation prosodique. *Bulletin PFC* 6, 51–68.

Sacks, H. / Schegloff, E. A. / Jefferson, G. 1974. A simplest systematics for the organization of turn-taking for conversation. *Language* 50, 696–735.

Schegloff, E. A., Jefferson, G. / Sacks, H. 1977. The preference for selfcorrection in the organization of repair in conversation. *Language* 53, 361–382.

Selting, M. 1987. Reparaturen und lokale Verstehensprobleme oder: zur Binnenstruktur von Reparatursequenzen. *Linguistische Berichte* 108, 128–149.

Sichel-Bazin, R. / Buthke, C. / Meisenburg, T. 2012a. Language contact and prosodic interference. Nuclear configurations in Occitan and French statements of the obvious. In Ma, Q. / Ding, H. / Hirst, D. Eds. *Proceedings of the 6th International Conference on Speech Prosody*. Shanghai: Tongji University Press, 414–417.

Sichel-Bazin, R. / Buthke, C. / Meisenburg, T. 2012b. The prosody of Occitan-French bilinguals. In Braunmüller, K. / Gabriel, C. Eds. *Multilingual individuals and multilingual societies*. Amsterdam: Benjamins, 349–364.

Sichel-Bazin, R. / Buthke, C. / Meisenburg, T. 2012c. La prosodie du français parlé à Lacaune. Influences du substrat occitan. In Simon, A.-C. Ed. *La variation prosodique régionale en français*. Bruxelles: De Boeck, 137–157.

Simon, A.-C. 2004. *La structuration prosodique du discours en français*. Frankfurt: Lang.

Söll, L. 1974. *Gesprochenes und geschriebenes Französisch*. Berlin: Erich Schmidt.

Stahnke, J. 2017. *Konzeptionelle Nähe und sprachliche Routinisierung. Konversationelle Selbstreparaturen im Französischen*. Berlin: De Gruyter.

Stahnke, J. 2018a. Lexical and prosodic routinization in communicative immediacy. Conversational self-reformulation in French. *Journal of French Language Studies* 28, 301–331.

Stahnke, J. 2018b. The phonetic contextualization of conversational self-repair in French. In Belz, M. / Mooshammer, C. / Fuchs, S. / Jannedy, S. / Rasskazova, O. / Żygis, M. Eds. *Proceedings of the Conference on Phonetics & Phonology in German-speaking countries*. Berlin: HU Berlin, 189–192. https://edoc.hu-berlin.de/handle/18452/19531 (2019-12-04).

Tagliamonte, S. A. 2006. *Analysing sociolinguistic variation*. Cambridge: Cambridge University Press.

Traugott, E. C. 1988. Pragmatic strengthening and grammaticalization. *Proceedings of the Fourteenth Annual Meeting of the Berkeley Linguistics Society* 14, 406–416.

Traugott, E. C. / König, E. 1991. The semantics-pragmatics of grammaticalization revisited. In Traugott, E. C. / Heine, B. Eds. *Approaches to grammaticalization*. Amsterdam: Benjamins, 189–218.

Wennerstrom, A. 2001. *The music of everyday speech. Prosody and discourse analysis*. Oxford: Oxford University Press.

Valentina Cristante, Renate Musan & Angela Grimm

Do children understand causal coherence relations earlier than adversative ones? *Weil*, *denn*, *aber* and *dagegen*

Abstract. The ability to understand coherence relations, like cause or contrast between parts of texts, is crucial for the comprehension of texts. The present study investigates the ability of fourth and sixth graders to comprehend causal and adversative coherence relations that are explicitly marked by connectives in texts. Whereas previous research has shown that causal relations can be managed earlier than adversative relations, the present study looks more closely at individual connectives expressing the two relations. We investigate two school grade groups and sorted participants according to school type. The findings reveal that the six participant groups performed best with the causal connective *weil* regardless of school grade or school type. On the other hand, performance with the other connectives, *denn*, *aber* and *dagegen* was significantly lower in all groups and did not reveal a systematic order of comprehension. We discuss the data, taking into consideration linguistic, distributional and acquisitional properties of the connectives.

1. Introduction

Comprehending a text implies construing a locally and globally coherent text model (cf. Sanders/Noordman 2000). Text models are crucially based on coherence relations, i.e. additive, temporal, causal, adversative or other relations between parts of the text. Coherence relations can be explicitly marked by connectives such as *and*, *before*, *because* and *but* or remain implicit (cf. Fabricius-Hansen 2011). In the latter case, the relations have to be inferred by the reader.

Regarding coherence relations, earlier research has tackled, for instance, the question of how comprehension develops in childhood (cf. Becker et al. 2020; Becker/Musan 2014; Cain et al. 2005). Becker et al. (2020) and Becker/Musan (2014) suggest a successive order of development. More precisely, they show that children perform best with causal relations, followed by adversative relations, and reveal relatively low performances with temporally-anterior and additive relations.

The individual connectives, however, differ considerably with regard to their linguistic and distributional properties (cf. Breindl et al. 2014). This raises the questions of how children comprehend specific connectives and which properties of the connectives are reflected in the performances.

The present study seeks to shed light on these two questions. We examined the comprehension of causal and adversative connectives in fourth and sixth graders from different school types. Within adversative relations, we tested the connectives *aber* 'but' and *dagegen* 'but, whereas'; within causal relations, we tested the connectives *weil* 'because' and *denn* 'because, for'. Our study fills a gap in research, as the comprehension of specific connectives has not been investigated with regard to different school types and grades. The results hint at various factors influencing children's comprehension of connectives.

2. The properties of causal and adversative relations

2.1 Linguistic properties

The semantics of connectives is challenging in several respects. First, coherence relations differ with regard to cognitive complexity (cf. Sanders et al. 1992). According to this account, adversative relations for instance – and hence, adversative connectives – are more complex than causal connectives, because their semantics contains a negative component. Second, connectives can have multiple interpretations on different levels. For instance, they can encode relations on the situational or propositional level, display epistemic readings, or function on the speech act level (cf. Blühdorn 2010; Breindl et al. 2014), which leads to multiple readings. As a consequence, readers/listeners need to infer not only the level of application but also the precise meaning based on the context of utterance and world-knowledge. It seems very likely that semantic and pragmatic underspecification provides a source of difficulties for learners.

Breindl (2004) distinguishes the following readings of *aber*: contrastive comparison of topics, the so-called "frustrated plan" (Stede 2004: 277) reading, as well as contrast between the evaluation of the clause contents; moreover, it can express a concessive relation or mark a topic change. The connective *dagegen* on the other hand can express fewer readings and only shares two readings with *aber* – expressing a contrastive comparison of topics and marking a topic change. Hence, if multiple readings lead to more processing load, one might expect that *dagegen* is managed earlier and more successfully than *aber*.

The connectives *weil* and *denn*, however, do not differ that much with regard to their range of readings: *weil* is well-known to be able to display propositional, epistemic and speech act readings; a similar range of interpretations holds for *denn*, even though it has often been argued that *denn* cannot function on the propositional level (cf. Breindl et al. 2014).

Furthermore, the connectives also differ with regard to their morpho-syntactic properties (cf. Blühdorn 2008; Breindl et al. 2014) since they belong to different word classes: *aber* and *denn* are coordinating conjunctions, *dagegen* is an adverb, which can be located clause-initially in the so-called *Vorfeld* position or clause-internally in the so-called *Mittelfeld*, and *weil* is a subjunction or subordinating conjunction, introducing a V-end-clause. This is especially interesting because linguistic models assume that subordinated structures are structurally more complex than coordinated structures (cf. e.g. Blühdorn 2008), and psycholinguistic research shows that this is reflected in the processing load (cf. McDaniel/Smith Cairns 1990: 319). Therefore, one might expect that the subordinating connective *weil* is managed later and less successfully by children than the coordinating connective *denn*.

2.2 Distributional properties

The four connectives also differ with regard to their frequency. The DWDS tool (*Digitales Wörterbuch der deutschen Sprache*, cf. https://www.dwds.de; 2019-12-01) shows the following frequencies for the so-called *Kernkorpus* ('core corpus') 2000–2010 with regard to journal texts: *aber* occurs most often (28,211 times), *weil* and *denn* less often (5,237 and 6,794 times, respectively) and *dagegen* only 2,855 times. With regard to fiction books, the tool shows the following frequencies: *aber* occurs most often (13,563 times), *weil* and *denn* less often (3,274 and 3,288 times, respectively) and *dagegen* again relatively rarely (318 times). The tool shows the following frequencies for spoken language: *aber* occurs most often (14,696 times), *weil* occurs second most (4,059 times), *denn* less often (3,171 times) and *dagegen* only 387 times. In sum, independently of the type of text and its origin, the following ranking turned out with regard to frequencies: *aber* > *weil*, *denn* > *dagegen*.

Note that the connectives also differ with regard to register: *aber* and *weil* are unmarked in spoken language, whereas *denn* is unmarked in written language, but rather marked in spoken language, and *dagegen* is somewhat more sophisticated and occurs rather in written than in spoken language. These differences will not be considered in detail because the data coding does not allow for a clear separation of spoken and written language abilities.

To sum up, the four connectives under investigation vary with regard to their linguistic properties, as they encode different semantic relations and belong to different word classes occupying different positions in the sentence. Moreover, their frequency and register are also distinguishing features.

3. Acquisition of coherence relations

3.1 Comprehension of coherence relations

A number of studies investigated the comprehension of coherence relations in adults and children in written and oral tasks. Studies with adult speakers of English found that they process causal and in part adversative relations better than additive ones (cf. Meyer/Freedle 1984; Sanders/Noordman 2000).

As for child comprehension, Cain et al. (2005) investigated the ability of English nine- and ten-year-olds to choose the target connective in a cloze task in which different types of connectives were deleted. They found that each age group performed best at selecting additive connectives, followed by adversative ones. In contrast, children's performance with temporal and causal relations was poorer. With regard to German, studies found that children's comprehension of coherence relations is still under development during primary school (cf. Becker et al. 2020; Becker/Musan 2014; Dragon et al. 2015).

Dragon et al. (2015) addressed the question of whether the interpretation of connected sentences is based on world knowledge or on the interpretation of the connective proper. The rationale behind the study was that listeners/readers can often infer the correct answer by relying only on their world knowledge. Using a cloze task, the authors found that although second and third graders have some knowledge about the meaning of connectives, this knowledge is still incomplete and strongly dependent on the connective in question. The connectives that are more frequent in child language, such as *trotzdem* or *während*, were selected correctly more often than the ones comparatively less frequent and typical of the so-called *Bildungssprache* (cf. Gogolin/Duarte 2016; Gogolin/Lange 2011), the more formal and written register of German, such as *wenngleich*, *anschließend* or *trotz*. Moreover, Dragon et al. (2015) showed that both the second and third graders do not (always) apply the knowledge that they seem to have about connectives when asked to judge the semantic plausibility of auditorily presented sentences including semantically appropriate and inappropriate connectives. In this task, the majority of the children seemed to process the sentences rather superficially (so-called 'shallow processing', cf. e.g. Ferreira et al. 2002; Ferreira 2003), ignoring the connectives. The high scores with sentences including temporal and causal connectives rather seem to depend on the content of the sentences and on the world knowledge of the children. The use of 'shallow processing' allowed for a successful performance with temporal and causal connectives, whereas in the case of concessive connectives, it caused a misinterpretation since here only the comprehension of the connective's meaning allows for an adequate sentence interpretation.[1]

Becker/Musan (2014) and Becker et al. (2020) compared different groups of monolingual German students: 10–11 years (fourth grade) and 11–12 years (sixth grade) (n=36 each). Within the group of 11–12 year old students, 12 belonged to the school types of *Hauptschule* (lower level education; henceforth HAU), *Realschule* (medium level education; REA) and *Gymnasium* (higher level education; GYM), respectively (HAU-6, REA-6, GYM-6). The 10–11 year old students belonged to primary school and 12 each had recommendations for the respective school type (HAU-4, REA-4, GYM-4).[2] At a descriptive level, the comprehension of coherence relations improved with age in all groups. Significant differences, however, were found only for the GYM and REA groups who showed overall better performances than the HAU groups.

A closer look at the data also revealed differences between the individual coherence relations. In the following, we will focus on adversative and causal relations. Fig. 1 shows that with the exception of group GYM-6, where adversative relations were understood best, all groups performed best with causal relations. Considering the development between the two age groups and the fact that the GYM students performed better than the REA students, who in turn performed better than the HAU students, Becker/Musan (2014) and Becker et al. (2020) conclude, first, that causal relations are comprehended earlier than adversative relations and, second, that the comprehension capacities of GYM students develop faster than the capacities of REA students and faster with REA students than with HAU students. Thus, GYM-4 students managed causal relations much better than

---

[1] Note that in the study the comprehension of adversative connectives has not been tested even if in many passages of the text the authors refer to the concessive coherence relation as including adversative connectives as well. However, the study focusses on concessive connectives.

[2] The state educational system places students into three different tracks at the secondary level according to student abilities and/or professional orientation. *Hauptschule* (HAU) is intended for students who will pass on to apprenticeships and vocational training programs, *Realschule* (REA) has a somewhat broader focus and *Gymnasium* (GYM) is intended to prepare students for university. At the time the study was conducted, fourth graders received recommendations from their teachers for a specific type of secondary school on the basis of their performance in elementary school.

adversative relations, but GYM-6 students reached a very good performance with both causal and adversative relations. In the REA groups we observe the same development to a weaker degree. Hence, the gap between causal and adversative relations narrows down between class 4 and class 6 but is still clearly visible in class 6. In the HAU groups, however, the gap does not narrow down at all.

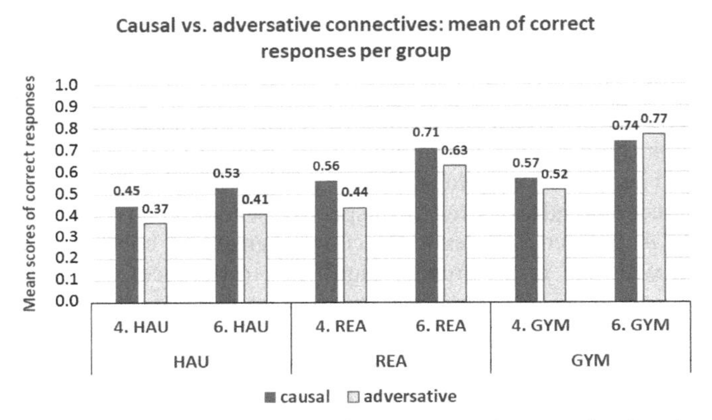

Fig. 1. Mean scores of correct responses of the six groups in comprehending the relations.

3.2 Production of coherence relations

The production of coherence relations in child development has been the object of several studies across languages. These studies reveal that children start to link sentences before the age of three, leaving the coherence relations implicit at first (cf. Clark 2010). Later, around the age of five, they produce different coherence relations explicitly (cf. Bloom et al. 1980; Eisenberg 1980; Keil/Weissenborn 1991).

Studies investigating the development of connectives report evidence of a 'stable' sequence of acquisition across languages (cf. Cain et al. 2005). Additive connectives such as *and* are usually acquired very early, followed by connectives expressing temporal, then causal or adversative relations, such as *before*, *because* and *but* (cf. e.g. Bloom et al. 1980).

Investigating German spoken narratives of six- to nine-year-old children, Rickheit (1975) observed that adversative connectives occur earlier than causal ones. This corresponds to findings of van Veen (2011); in her dissertation, she applied a growth curve analysis to longitudinal language data of a child (Leo from the CHILDES database; cf. MacWhinney 2010) and statistically modelled the development of connectives over time. Her analysis revealed that in Leo's speech the adversative connective *aber* is highly probable to occur around 50 days before the causal connective *weil* which appears at the age of two. While the development of *aber* is very slow, as soon as *weil* occurs its probability to be found in Leo's speech is very high and rapidly exceeding the frequency of *aber*.

To summarize, the above-mentioned findings suggest that even if children can produce connectives very early, their comprehension is still under development during primary school. The empirical results are mixed, depending on age groups, methods and languages. With regard to German, the comprehension of causal relations develops first (cf. Becker et al. 2020; Becker/Musan 2014). To date, a study comparing the development of individual connectors is missing. Such a study can contribute to the question of how linguistic and distributional properties influence the development of connectors.

4. The present study

The aim of this study is to examine how fourth and sixth graders comprehend the four connectives *aber*, *dagegen*, *denn* and *weil*. In addition, we aimed at figuring out how linguistic and distributional properties influence the performance of the children. The research questions (RQ) and hypotheses (H) are as follows:

Differences between connectives

RQ1 Are there differences in the comprehension of the connectives *aber*, *dagegen*, *denn* and *weil*? If so, how can these differences be explained?

H1 If the frequency of the connectives influences the performance, we expect that the order of participants' performance mirrors the connectives' frequency order: *aber* > *weil*, *denn* > *dagegen*.

H2 If the cognitive complexity of coherence relations (in the sense of Sanders et al. 1992) matters, the performance of the participants in terms of comprehension with the two causal connectives *weil* and *denn* should be better than their performance with the two adversative connectives *aber* and *dagegen*.

H3 If syntactic structure with regard to sub- vs. coordination matters, the performance should be better with the conjunctions *aber*, *denn* and the adverb *dagegen* than with the subjunction *weil*.

H4 If the degree of semantic underspecification and/or ambiguity influences the comprehension, the performance with *aber* should reflect more complexity and hence be weaker than the performance with *weil*, *denn* and *dagegen*.

Development

RQ2 How does the performance of the participants with the individual connectives develop between the fourth and sixth grade?

H1 Due to the increasing exposure to text materials and general cognitive development, we expect all participants to improve with regard to all connectives with age.

Role of school type

RQ3 Do the results of the participants for the four connectives differ depending on the type of school they attend?

H1 Within the respective grades, we expect differences between the school types. The GYM groups should perform significantly better than REA peers, and the REA groups should outperform their HAU peers.

4.1 Participants

Participants were 72 monolingual German-speaking children, i.e. 36 fourth graders and 36 sixth graders aged 9–10 years (mean age 10.25, SD 0.59) and 11–12 years (mean age 11.96, SD 0.69), respectively. In the German educational system, the fourth grade of school is the last year of primary level, thus the sixth grade is the second year of secondary education. Of the 36 fourth graders in this study, 12 had been tracked for HAU, 12 for REA and 12 for GYM. The 36 sixth graders were evenly distributed over the three school types (12 in HAU, 12 in REA, 12 in GYM).

4.2 Materials

Eight German expository texts were created addressing eight different topics: roller coasters, cotton, the conquest of the North Pole, lions, popcorn, Copernicus, migratory birds and water. The variety of themes was intended to neutralize effects of individual pre-knowledge. Each text was checked and evaluated informally by teachers in order to make sure that the difficulty of the texts was appropriate, especially for the younger children. Each text consisted of 160 words on average. The four connectives *aber*, *dagegen*, *weil* and *denn* were marked explicitly in four of the eight texts. In the other four texts, the two coherence relations were left implicit, i.e. they were not marked by connectives. In the present study, we focus on the four texts including the four connectives. They appeared in different order depending on the text's content. One of the texts (about lions, in this case) is provided below.

> Der Löwe ist neben dem Tiger die größte Raubkatze der Erde. Der Körper eines Löwenmännchens ist – ohne Schwanz – fast zwei Meter lang und seine Schulterhöhe beträgt etwa einen Meter. Die große Löwenmähne hat praktischen Nutzen, **denn** sie schützt den Löwen vor Bissen und Prankenhieben von Rivalen. Die Weibchen sind kleiner und ihnen fehlt die Mähne. Als einzige Raubkatze lebt der Löwe in Rudeln. Die Weibchen gehen auf die Jagd, die Männchen verteidigen **dagegen** das Revier des Rudels. Die führenden Männchen bleiben nur wenige Jahre beim Rudel, **weil** sie von jüngeren, stärkeren Männchen vertrieben werden. Bei der Jagd können Löwen bis zu 50 Kilometer pro Stunde schnell laufen, **aber** dieses Tempo können die Tiere nur kurz durchhalten. Bevor sie sich mit langen Sprüngen auf ihre Beute stürzen, haben sie sich geduckt bis auf dreißig Meter an ihr Opfer herangeschlichen. Das erlegte Wild wird von dem ganzen Rudel gefressen. Zuvor haben die Tiere die Beute auf einen ruhigen und schattigen Platz gezogen.

> 'Lions are the largest feline predators on earth after tigers. The body of a male lion measures – without the tail – almost two meters and the shoulder height is about one meter. The huge lion's mane is of practical use, **because** it protects the lion from the bites and paw swipes of rivals. Female lions are smaller and do not have a mane. The lion is the only feline predator that lives in prides. Female lions hunt for food; male lions, **on the other hand**, protect the territory of the pride. Dominant males stay with their pride for only a few years **because** they are expelled by younger, stronger males. When chasing prey, lions can achieve a speed of about 50 km/h, **but** can maintain this speed for only a short while. Before they pounce on their prey, lions will crawl for up to thirty meters to avoid detection. The prey is eaten by the whole pride. This is after the animals have dragged the kill to a quiet, shady location.'

For each text, four questions were created referring to the passages in the text in which the two causal and two adversative connectives appeared.[3] For example, in the lion text above adversative and causal connectives were examined with the following questions:

---

[3] The full project included not only causal and adversative but also temporally-anterior and additive connectives, hence eight questions per text. However, in the present paper we present only the results regarding adversative and causal connectives.

(1) *aber*
Ist es richtig zu sagen: Löwen sind gute Läufer?
'Is it correct to say that lions are good runners?'

(2) *dagegen*
Haben Männchen und Weibchen dieselben Aufgaben im Rudel?
'Do males and females carry out the same tasks in the pack?'

(3) *weil*
Wie kommt es, dass die führenden Männchen nur wenige Jahre beim Rudel bleiben?
'Why do the dominant males only stay with the pack for a few years?'

(4) *denn*
Hat die Löwenmähne einen praktischen Zweck?
'Does the lion's mane serve any practical purpose?'

4.3 Procedure

Each participant was presented with the four texts in random order. The data were collected with each child individually at their respective schools.

Participants silently read each text twice. During the first reading, they simultaneously listened to an audio recording of the text being read. Hearing the text was intended to ensure that the text was read in its entirety. During the second reading, participants read the text without listening to a recording, and no time limit was set for their reading.

Once they stated that they had finished reading a text, it was removed from the participants' sight. A researcher then asked participants the questions related to connectives in that text and instructed them to answer each question orally. The questions were randomized across participants in order to avoid sequencing effects. The sequence of the questions did in no case correspond to the sequence in which the connectives had appeared in the text. Participants were asked to respond orally in order to prevent factors like variation in alacrity or formulation problems from affecting the quality of the answers. The interviews were taped. Both age groups of participants followed exactly the same procedure using exactly the same materials.

4.4 Coding

The interviews were transcribed according to GAT (Selting et al. 1998; 2009). Children's responses were coded for correctness on a scale of 1 (fully correct), 0.5 (partly correct) and 0 (inappropriate response). We illustrate the coding procedure by means of the question *Hat die Löwenmähne einen praktischen Zweck?* ('Does the lion's mane have a practical purpose?'). The corresponding passage in the text is:

(5) Die große Löwenmähne hat praktischen Nutzen, **denn** sie schützt den Löwen vor Bissen und Prankenhieben von Rivalen.

'The huge lion's mane is of practical use, **because** it protects the lion from bites and paw swipes of rivals.'

1 point was assigned when the coherence relation was recognized and the propositions were correctly recalled: *Sie schützt vor Bissen und Hieben* 'It protects against bites and blows'. 0.5 points were assigned when the coherence relation was recognized and the propositions were at least partially correctly recalled: *Sie schützt vor Bissen* 'It protects against bites' or *Sie schützt vor Angriffen* 'It protects against attacks'. 0 points were assigned when the coherence relation was not recognized or the propositions were not recalled at all or not correctly recalled: *Ich weiß nicht* 'I don't know' or *Sie unterscheidet Männchen und Weibchen und hat sonst keinen Zweck* 'It distinguishes males and females and has no other purpose'. There were no zero reactions.

4.5 Statistical analysis

We ran an analysis of variance (ANOVA) with participants' ability to construe coherent relations (as measured by scores of 1, 0.5 and 0) as a dependent variable. There were three independent variables CONNECTIVE (*aber*, *dagegen*, *weil* and *denn)*, GRADE (fourth graders, sixth graders) and SCHOOL TYPE (GYM, REA and HAU). This model was run twice, once aggregating the data by subject and once by item. The by-subject analysis was aimed at finding effects which would likely be found again if the study were to be replicated using a new population sample but the same materials; the by-item analysis was aimed at finding effects which would likely be found again if the study were to be replicated using the same independent variables but new materials.

5. Results

Fig. 2 shows the mean scores achieved by the six groups for each connective. The mean scores are presented in the appendix (Tab. 1).

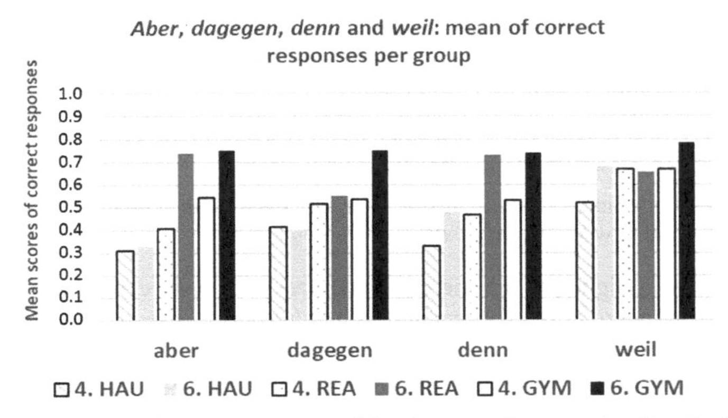

Fig. 2. Mean scores of correct responses of the six groups in comprehending the four connectives.

All three main effects (CONNECTIVE, GRADE and SCHOOL TYPE) were significant in both by-subject and by-items analysis (by-subject analysis: CONNECTIVE: t(3) = 7.3, p < .001; GRADE: t(1) = 31.4, p < .001; SCHOOL TYPE: t(2) = 29.4, p < .001; by-item analysis: CONNECTIVE: t(3) = 3.6, p < .001; GRADE: t(1) = 15.5, p < .001; SCHOOL TYPE: t(2) = 14.5, p < .001).

Interactions between the three factors (two-way as well as three-way interactions) did not reach significance in either by-subject or by-item analysis (by-subject analysis: SCHOOL TYPE * GRADE: t(2) = 1.7, p = .181; SCHOOL TYPE * CONNECTIVE: t(6) = 1.268, p = .269; GRADE * CONNECTIVE: t(3) = 1.77, p = .151; GRADE * SCHOOL TYPE * CONNECTIVE: t(6) = 1.67, p = .123; by-item analysis: SCHOOL TYPE * GRADE: t(2) = .85, p = .430; SCHOOL TYPE * CONNECTIVE: t(6) = .628, p = .708; GRADE * CONNECTIVE: t(3) = .877, p = .454; GRADE * SCHOOL TYPE * CONNECTIVE: t(6) = .831, p = .547).

A post-hoc Bonferroni analysis of the main effect of CONNECTIVE showed significant differences only when the connective *weil* was compared to the other three, *aber*, *dagegen* and *denn* (p < .001). The pairwise comparisons of the other connectives did not show significant results (by-subject analysis: *aber* vs. *dagegen*, p = .975; *aber* vs. *denn*, p = .784; *dagegen* vs. *denn*, p = .955; by-item analysis: *aber* vs. *dagegen*, p = .991; *aber* vs. *denn*, p = .912; *dagegen* vs. *denn*, p = .983). A post-hoc analysis of the main effect of SCHOOL TYPE showed significant differences between GYM and HAU in both analyses (p < .001) as well as REA and HAU (p < .001). The comparison GYM–REA was almost significant in the by-subject analysis (p = .055) and not in the by-item analysis (p = .238).

6. Discussion

The purpose of the current study was to investigate children's comprehension of the adversative connectives *aber* and *dagegen* and of the causal connectives *weil* and *denn*. Fourth and sixth graders of different school types read expository texts. After reading, they answered questions regarding the content of the texts.

Our research fills a gap in several respects. First, no study so far compared the comprehension of these four connectives. Second, the study presents first empirical evidence on the development of these connectives at the transition from primary to secondary school. Third, the study compared students of three German school types, representing different degrees of exposure to written texts, written language proficiency and general cognitive abilities.

Thus, the study expands previous work by describing new findings on the link between comprehension of connectives, changes in performance over time and school type. All six groups performed best with the connective *weil*. The comprehension of the other connectives *aber*, *dagegen* and *denn* did not differ significantly within the respective grades. In addition, performance was positively associated with age (or grade). Finally, the performance was also linked to school type. In what follows, we interpret and discuss the findings with reference to our three research questions.

6.1 Differences between connectives

Our first research question was: Are there differences in the comprehension of the connectives *aber*, *dagegen*, *denn* and *weil*? If so, how can these differences be explained?

In this part of the study, we explored how the students performed with the individual connectives and whether distributional (H1) or linguistic properties (H2–H4) can explain the results.

In the statistical analysis, we found a main effect of CONNECTIVE, but no significant interactions. The main effect of CONNECTIVE indicates differences between the four connectives. Subsequent post-hoc analyses revealed that only *weil* differed significantly from the other three connectives. This means that all six groups regardless of school grade or school type performed significantly differently with *weil* as compared to *aber*, *dagegen* and *denn*. Examination of Fig. 2 shows that almost all six groups performed better with *weil* than with *aber*, *dagegen* or *denn* (cf. also Tab. 1 in the appendix for mean scores). At a descriptive level, REA-6 performed slightly better with *aber* and *denn* than with *weil*, however, the difference was not qualified by a significant interaction of CONNECTIVE * SCHOOL TYPE.

With regard to our first research question, we found better performances with *weil* compared to the other connectives in all six groups. This is consistent with previous results (cf. Becker et al. 2020; Becker/Musan 2014; Dragon et al. 2015). There were no significant differences with regard to *denn*, *aber* and *dagegen*. Contrary to our expectations, the statistical results do not provide evidence for a systematic order of development of the other three connectives.

In what follows, we evaluate the results with regard to our hypotheses. First of all, distributional properties (H1) cannot explain the differences in the performance between the four types of connectives. If mere frequencies matter, the performance with *aber* should be better than with *weil*. Hypothesis (H2) predicted that coherence type influences the performance. The data did not support this hypothesis: there was no evidence that the children performed better with causal as opposed to adversative relations. This suggests that the type of coherence relation alone cannot explain the performance with specific connectives.

Hypothesis (H3) does not explain the results either. More specifically, the findings are contrary to the observation that subordinated structures are more difficult to process than coordinated structures (cf. McDaniel/Smith Cairns 1990). Instead, we found better performance with the subjunction *weil* compared to the other connectives in all six groups.

Finally, the data is also inconsistent with the assumption that the performance is related to the degree of semantic underspecification of the connectives (H4). If so, *aber* should differ from the other connectives since they are semantically less underspecified than *aber*. This was not the case in our data.

In sum, we expected differences between the connectives due to their individual properties. Contrary to our hypotheses, the children performed best with *weil*, but showed no significant difference regarding the other three connectives. This indicates that linguistic or distributional properties alone do not determine the development of connectives. We will turn to this point at the end of the discussion (cf. 6.4), taking into account the role of school type and grade.

6.2 Development over time

The second research question we addressed was: Does the performance of participants with the individual connectives improve with age/grade? Here we expected significant differences between the fourth and sixth graders independently of the school types. The hypothesis was confirmed by the data. First, we found a significant main effect of GRADE indicating significant differences between the fourth and sixth graders regardless of connective or school type (cf. Fig. 2). However, none of the interactions were significant. This finding suggests a better performance of the sixth graders independently of school type and connective.

6.3 Role of school type

As a third research question we asked: Does the performance with specific connectives differ depending on the type of school the students attend? Here we expected differences between the school types. More precisely, we expected the GYM group to perform significantly better than REA peers, and the REA groups should outperform their HAU peers.

Consistent with our expectation, we found a main effect of SCHOOL TYPE. Post-hoc analyses partly confirmed our predictions: we found significant differences between REA and HAU and between GYM and HAU. Contrary to our expectations, there was no significant difference between GYM and REA (although the effect was almost significant). Note that the descriptive data is nevertheless in line with our prediction. As can be seen in Fig. 2, the participants from the GYM group performed better than their REA peers. Again, the interactions were not significant, indicating that the differences in performance were not dependent on grade, nor was it dependent on one particular connective.

6.4 Combining connectives, development and school type

The statistical analysis showed that connective, school type and grade mattered for the performance, but we found little interactions. In what follows, we discuss the findings with reference to previous research on the comprehension of connectives.

At first glance, the better performance with *weil* is consistent with the view that the children relied on world-knowledge when performing the task (cf. Dragon et al. 2015). The authors argued that causal sentences are processed in a 'shallow' manner, meaning that children did not interpret the meaning of the causal connective, but rather relied on the content of the sentence and on their world knowledge when performing the task. However, if so, we would also predict high performance with the other causal connective *denn*. This was not the case in our overall data.

Instead, we argue that the findings replicate and expand the findings of Becker and co-authors (cf. Becker et al. 2020; Becker/Musan 2014). Note that the authors analyzed coherence relations (i.e. causal vs. adversative etc.), not the individual connectives. They argued that the groups GYM, REA and HAU pass through the same order but differ in pace of development. In their studies, the HAU and REA group performed better with causal relations than with adversative ones. There was the same tendency for the younger GYM-4 group; however, at grade 6, the GYM children performed equally well with both types of coherence relations.

Based on these previous findings, we interpret our descriptive data (cf. Fig. 2) as follows. Our descriptive data is consistent with the earlier result that GYM, REA and HAU children show a different pace in development.[4] Descriptively, the HAU-4 achieved the lowest scores among all groups with all four connectives. Except for *weil*, this pattern remains stable at grade 6. With regard to *weil*, the HAU-6 group resembles the REA-4/6 and the GYM-4 group. Interestingly, an increase in performance takes place in the HAU group only with *denn* and *weil*. This finding is in fact consistent with a 'shallow processing'. Presumably, due to their poor comprehension of connectives, the HAU-6 group relies on context information and world knowledge to resolve the task.

Regarding the REA groups, the results are mixed. There is almost no development regarding *weil* and *dagegen*, but descriptively, an increase with *aber* and *denn*. The pattern is consistent with the assumption that the REA group is within the process of learning *denn* and *aber*. At the same time, they perform already well with *weil*, but struggle with *dagegen*. The GYM group, in contrast, shows a clear increase from grade four to six in all four connectives.

In sum, the descriptive data is consistent with the finding that learners show a different pace in development regarding the comprehension of connectives. Unfortunately, the study cannot answer the question which properties of the connectives influence the development. There is no doubt that semantic properties, i.e. the type of coherence relation, matters (cf. Becker et al. 2020; Becker/Musan 2014). It is likely that other linguistic or distributional factors influence the development as well. More research is needed to figure out the role of task and properties on the comprehension of connectives.

---

[4] Note that this assumption is supported by the post-hoc analyses showing differences between HAU on the one hand and GYM and REA on the other.

7. Limitations and conclusions

The current study suggests several implications regarding the comprehension of connectives; however, the results should be interpreted with a note of caution. First, although we found main effects as expected, the sample size was relatively small (n=12 for each group). This limited the possibility to find interactions. A larger sample would be beneficial to qualify the descriptive differences between connective, grade and school type.

A second limitation is caused by the design of the study. Note that the task combined comprehension (reading of the text) and production (answering questions to the text). Therefore, the scoring necessarily relied on the child's responses to the questions and, hence, on production performance, i.e. receptive and productive abilities cannot be clearly separated in this study. However, it does not seem to be the case that the productive part of the task affects the results considerably. We found that the order of development of connectives does not correspond to the path for production shown in previous literature (cf. 3.2).

Despite these limitations, this study expands previous work in several respects. First, while most studies on German connectives so far examined oral abilities in younger populations (cf. van Veen 2011) or investigated child comprehension at the sentence level (cf. Dragon et al. 2015), this study used written texts. This is important because connectives (and coherence relations in general) vary with their occurrence and markedness depending on the register (cf. 2.2). Second, the study provides evidence that the comprehension of connectives improves between the fourth and sixth grade. Although there was no statistical interaction of group and age, the descriptive data is consistent with the assumption that the groups differ in their pace of development (cf. Becker et al. 2020; Becker/Musan 2014). Finally, we found significant differences between the individual connectives. The children performed better with *weil* compared to the other connectives *denn*, *aber* and *dagegen*. Although we expected differences, the performance did not reflect specific linguistic and/or distributional properties of the connectives.

Our study makes an important contribution from an empirical as well as from an educational point of view. Empirically, it adds new insights into the development of connectives in school-aged children. Moreover, it raises a number of questions for future research such as the role of working memory, and how linguistic properties of connectives interact with the child's language competence (here operationalized by school type). From an educational point of view, the findings allow to conclude that instruction has to pay attention to specific connectives. Particularly the poor readers (i.e. the HAU group) are at risk of using 'shallow processing' strategies.

Our study helps to figure out which causal and adversative connectives are less and which are more challenging for young learners.

References

Becker, A. / Musan, R. 2014. Leseverstehen von Sachtexten. Wie Schüler Kohärenzrelationen erkennen. In Averintseva-Klisch, M. / Peschel, C. Eds. *Aspekte der Informationsstruktur für die Schule*. Baltmannsweiler: Schneider Hohengehren, 129–154.

Becker, A. / Cristante, V. / Musan, R. 2020. The comprehension of coherence relations in expository texts at the age of 10 and 12. In Gagarina, N. / Musan, R. Eds. *Referential and relational discourse coherence in adults and children*. Berlin: De Gruyter, 11–40.

Bloom, L. / Lahey, M. / Hood, L. / Lifter, K. / Fiess, K. 1980. Complex sentences. Acquisition of syntactic connectives and the semantic relations they encode. *Journal of Child Language* 7, 235–261.

Blühdorn, H. 2008. *On the syntax and semantics of sentence connectives*. Ms. Mannheim: Institut für Deutsche Sprache. http://www1.ids-mannheim.de/fileadmin/gra/texte/blu_connectives.pdf (2019-12-01).

Blühdorn, H. 2010. Semantische Unterbestimmtheit bei Konnektoren. In Pohl, I. Ed. Sprache. *Semantische Unbestimmtheit im Lexikon*. Frankfurt: Lang, 205–221.

Breindl, E. 2004. Relationsbedeutung und Konnektorbedeutung. Additivität, Adversativität und Konzessivität. In Blühdorn, H. / Breindl, E. / Waßner, U. H. Eds. *Brücken schlagen. Grundlagen der Konnektorensemantik*. Berlin: De Gruyter, 225–253.

Breindl, E. / Volodina, A. / Waßner, U. H. 2014. *Handbuch der deutschen Konnektoren*, vol. 2: *Semantik der deutschen Satzverknüpfer*. Berlin: De Gruyter.

Cain, K. / Patson, N. / Andrews, L. 2005. Age- and ability-related differences in young readers' use of conjunctions. *Journal of Child Language* 32, 877–892.

Clark, E. V. 2010. *First language acquisition* (2nd ed.). Cambridge: Cambridge University Press.

Dragon, N. / Berendes, K. / Weinert, S. / Heppt, B. / Stanat, P. 2015. Ignorieren Grundschulkinder Konnektoren? Untersuchung einer bildungssprachlichen Komponente. *Zeitschrift für Erziehungswissenschaft* 18, 803–825.

Eisenberg, A. R. 1980. A syntactic, semantic, and pragmatic analysis of conjunction. *Papers and Reports on Child Language Development* 19, 70–78.

Fabricius-Hansen, C. 2011. Was wird verknüpft, mit welchen Mitteln – und wozu? Zur Mehrdimensionalität der Satzverknüpfung. In Breindl, E. / Ferraresi, G. / Volodina, A. Eds. *Satzverknüpfungen. Zur Interaktion von Form, Bedeutung und Diskursfunktion*. Berlin: De Gruyter, 15–40.

Ferreira, F. 2003. The misinterpretation of noncanonical sentences. *Cognitive Psychology* 47, 164–203.

Ferreira, F. / Bailey, K. G. D. / Ferraro, V. 2002. Good-enough representations in language comprehension. *Current Trends in Psychological Science* 11, 11–15.

Gogolin, I. / Lange, I. 2011. Bildungssprache und Durchgängige Sprachbildung. In Fürstenau, S. / Gomolla, M. Eds. *Migration und schulischer Wandel. Mehrsprachigkeit*, vol. 10. Wiesbaden: VS Verlag für Sozialwissenschaften, 107–127.

Gogolin, I. / Duarte, J. 2016. Bildungssprache. In Kilian K. / Brouër B. / Lüttenberg D. Eds. *Handbuch Sprache in der Bildung*. Berlin: De Gruyter, 478–499.

Keil, M. / Weissenborn, J. 1991. Conjunctions. Developmental issues. In Piéraut-Le Bonniec, G. / Dolitsky, M. Eds. *Language basis. Discourse basis. Some aspects of contemporary French-language psycholinguistics research.* Amsterdam: Benjamins, 125–142.

MacWhinney, B. 2010. *The Childes project. Tools for analyzing talk*, vol. II: *The Database* (3rd ed.). Hoboken: Taylor & Francis. https://talkbank.org/ (2019-12-01).

McDaniel, D. / Smith Cairns, H. 1990. The processing and acquisition of control structures by young children. In Frazier, L. / de Villiers, J. Eds. *Language processing and language acquisition*. Dordrecht: Kluwer, 313–325.

Meyer, B. J. F. / Freedle, R. O. 1984. Effects of discourse type on recall. *American Educational Research Journal* 21, 121–143.

Rickheit, G. 1975. *Zur Entwicklung der Syntax im Grundschulalter*. Düsseldorf: Schwann.

Sanders, T. J. M. / Spooren, W. P. M. / Noordman, L. G. M. 1992. Towards a taxonomy of coherence relations. *Discourse Processes* 15, 1–35.

Sanders, T. J. M. / Noordman, L. G. M. 2000. The role of coherence relations and their linguistic markers in text processing. *Discourse Processes* 29, 37–60.

Selting, M. / Auer, P. / Barden, B. / Bergmann, J. / Couper-Kuhlen, E. / Günthner, S. / Meier, C. / Quasthoff, U. / Schlobinski, P. / Uhmann, S. 1998. Gesprächsanalytisches Transkriptionssystem (GAT). *Linguistische Berichte* 173, 91–122.

Selting, M. / Auer, P. / Barth-Weingarten, D. / Bergmann, J. / Bergmann, P. / Birkner, K. / Couper-Kuhlen, E. / Deppermann, A. / Gilles, P. / Günthner, S. / Hartung, M. / Kern, F. / Mertzlufft, C. / Meyer, C. / Morek, M. / Oberzaucher, F. / Peters, J. / Quasthoff, U. / Schütte, W. / Stukenbrock, A. / Uhmann, S. 2009. Gesprächsanalytisches Transkriptionssystem 2 (GAT 2). *Gesprächsforschung. Online-Zeitschrift zur verbalen Interaktion* 10, 353–402. http://www.gespraechsforschung-ozs.de/heft2009/px-gat2.pdf (2019-21-01).

Stede, M. 2004. Kontrast im Diskurs. In Blühdorn, H. / Breindl, E. / Waßner, U. H. Eds. *Brücken schlagen. Grundlagen der Konnektorensemantik*. Berlin: De Gruyter, 255–286.

van Veen, R. 2011. *The acquisition of causal connectives. The role of parental input and cognitive complexity*. PhD dissertation. Utrecht: LOT.

Appendix

		aber		*dagegen*		*denn*		*weil*	
group	*n*	mean	SD	mean	SD	mean	SD	mean	SD
HAU-4	12	0.31	0.43	0.42	0.40	0.33	0.41	0.52	0.47
HAU-6	12	0.33	0.44	0.40	0.44	0.48	0.45	0.68	0.44
REA-4	12	0.44	0.42	0.52	0.42	0.47	0.45	0.67	0.42
REA-6	12	0.74	0.40	0.55	0.44	0.73	0.38	0.66	0.40
GYM-4	12	0.54	0.46	0.54	0.41	0.53	0.44	0.67	0.44
GYM-6	12	0.75	0.37	0.75	0.38	0.74	0.37	0.78	0.37

Tab. 1. Mean score of correct responses and standard deviation (SD) of the six groups for each connective.

Acknowledgments. The data are part of the research project "Das Erkennen von Kohärenzbeziehungen beim Lesen von Sachtexten durch Schüler am Ende der Grundschule und nach Einstieg in die Sekundarstufe" (principle investigator: Renate Musan) funded by the German Research Foundation (Deutsche Forschungsgemeinschaft, DFG) from 2011–2013. We are grateful to the children, their parents and the schools for their participation in the study, and to the research assistants for their help with the data collection, and the editors for their helpful comments on the manuscript.

Part III

Variation, contact and linguistic awareness

Kerstin Störl

Migration, dynamics and interdisciplinarity: reflections on the nature of a linguistic discipline

Abstract. The term 'migration linguistics' is being referred to increasingly often in the fields of Romance languages and linguistics. Used to designate several research projects, courses and seminars taught in higher education, subsections of linguistic societies and even branches of linguistic research and linguistic sub-disciplines, it opens up a discussion on how to define its nature and the respective field of research. This leads to the central question of whether or not migration linguistics should be viewed as a new autonomous linguistic research discipline. If so, the question arises of what it consists of and how it has emerged as a discipline. After an overview of the different classifications for scientific disciplines in general, this paper discusses the criteria for the establishment of migration linguistics as a discipline, thereby addressing relevant aspects such as the object of research, interdisciplinarity, social priority settings and dynamics.

1. Introduction

In recent years, the term 'migration linguistics' has been used increasingly often in the field of Romance linguistics, as well as in other specialized areas. The reason for this is most certainly the increasing interest in migration phenomena. It seems somewhat remarkable that the field of migration linguistics is considered a new area of research, clearly distinguishable from other, more traditional subfields of linguistics. The term is used in many different contexts: at the *Institut für deutsche Sprache* (ISD 'Institute for the German language'), N. Berend runs a research project, entitled *Migration und Mehrsprachigkeit – Migrationsbasierte Varietäten des Deutschen* ('Migration and multilingualism – migration-based varieties of the German language'), which intends to answer the following questions:

> Welches Deutsch sprechen Migranten? Gibt es migrantentypisches Sprechen, 'Migrantendeutsch', 'Ethnolekte'? Unter welchen Voraussetzungen und Bedingungen entstehen und entwickeln sich solche Varietäten? […] Verändert sich die deutsche Sprache unter dem Einfluss von Migranten?
> (http://www1.ids-mannheim.de/prag/migration.html, 2019-08-25)

The focus of this project is investigating language use among Russian-speaking migrants. Its main goal consists of an exemplary description of the emergence, the development and the forms of different variants of German, under the specific conditions of migration and multilingualism. It draws both on newly collected speech data and on the scrutiny of existing corpora (dating from 1992–1994), including a longitudinal perspective, cf. the project *Sprachliche Integration von Aussiedlern* ('The linguistic integration of emigrants'), also run by the *Institut für deutsche Sprache* (IDS), cf. http://www1.ids-mannheim.de/prag/aussiedler/ (2019-08-25).

Within the field of higher education, T. Dimitrova, member of the Department of Slavonic Studies at the Friedrich Schiller University in Jena (Germany), taught a seminar in fall term 2017/18 titled *Migrationslinguistik* ('migration linguistics') in which she discussed examples of Slavonic languages spoken as heritage languages in German-speaking countries. According to her understanding, migration processes are among the main factors which lead to constellations of language contact and multilingualism:

> Im Seminar werden die unterschiedliche[n] Konstellationen des Sprachkontaktes und seine Folgen betrachtet. Die Migrationslinguistik untersucht die entstehenden Sprachkontakterscheinungen wie z. B. das Sprechen in wechselnden Kodes (*code switching* / *code mixing*), den Transfer von Diskursmarkern sowie phonologischen und morphologischen Variationen in dem neuen Sprach- und Lebensraum der Migranten (Friedrich Schiller University Jena, Department of Slavonic Studies, course syllabus, fall term 2017/18).

The question of whether migration processes become increasingly intense or if they had always existed to the same extent, even long ago in the past, will not be addressed here. However, from this description, one can conclude that a focus on topics of the field of language contact has been observed, and in particular on a specific language contact situation.[1]

The topic addressed in this paper also plays a major role in scientific organizations. The German *Gesellschaft für Angewandte Linguistik* ('Association of applied linguistics') comprises a subsection on migration linguistics, which is directed by P. Rosenberg and C. Schroeder and described as follows:

> Die Sektion 'Migrationslinguistik' thematisiert sprachbezogene Facetten von Migration in einer interdisziplinären Herangehensweise. Wir beschäftigen uns sowohl mit struktur- und psycholinguistischen Themen wie dem Sprach- und Varietätenkontakt und dem Erwerb von mehreren Sprachen in einer lebensweltlich mehrsprachigen Gesellschaft als auch mit soziolinguistischen Fragen des mehrsprachigen Sprachgebrauchs und sprachenpolitischen The-

[1] For language contact cf. also Winford (2008) and Störl (2016a; 2019a).

> men wie dem gesellschaftlichen und institutionellen Umgang mit Migration und Integration (https://gal-ev.de/sektionen/migrationslinguistik/, 2019-08-25).

In this description, the interdisciplinary aspect is emphasized, though it mostly refers to different sub-disciplines of linguistics and is not truly interdisciplinary.

Turning now to recent publications, Krefeld (2004) considers migration linguistics a specific branch of linguistics and dedicates a whole chapter of his work *Einführung in die Migrationslinguistik* to the question of whether migration linguistics is an autonomous sub-discipline of linguistics (cf. Krefeld 2004: 110). In the same vein, Gugenberger (2018: 55–57) dedicates a chapter to the subject *Migrationslinguistik als eigene Disziplin*. She asks whether migration linguistics can be successfully established as a new branch of linguistic research and argues in favor of considering it an autonomous discipline. In Patzelt et al.'s (2018) edited volume, entitled *Migración y contacto de lenguas en la Romania del siglo XXI / Migration et contact de langues au XXIe siècle* is also referred to as a separate field of research.

The different uses of the term 'migration linguistics' to designate research projects, seminars, subsections of scientific organizations, as well as branches/sub-disciplines of linguistics and theoretical frameworks, have led me to some general considerations on the nature of (sub)fields or (sub)disciplines of scientific areas. Consequently, the following questions are to be addressed: Should migration linguistics be seen as a new autonomous discipline of linguistic research? If so, what does it consist of and how did it emerge as a discipline? To answer these questions, it is necessary to clarify first what the nature of a discipline in general is and how scientific contents are classified into disciplines and sub-disciplines. In my opinion, the totality of (sub)disciplines in a determined culture is in itself a classification system which corresponds to the concepts of a given social reality. I will first give two examples of subclassifications in scientific disciplines which originated far from our present scientific community, with the intention of determining the mechanisms of classification and the motivations for creating disciplines, without being influenced by our own present concepts.

2. Classification of scientific disciplines

Kalverkämper (1990)[2] argues that the terms *Fachsprachlichkeit* ('characteristics of specialized languages') and *Fachlichkeit* ('characteristics of a

---

[2] Cf. Störl/Paufler (2010: 22) and Störl (2016c: 130).

specialty or a discipline'), which he defines cultural-historically and etymologically, can be explained by means of the idea of delimitations, which are deeply rooted in human thinking. Different fields already exist since in primitive societies the specialization of activities began. However, fields including scientific disciplines and sub-disciplines can be divided in different ways. I hypothesize that classifications are not usually made in logically stringent ways, but are influenced by the cultural and historical contexts and by the motives of those who classify. I have chosen two examples, one from 18th century France, and another from the Inca Empire in the 16th century. I have chosen these because they are very different from the present classification of disciplines, to determine whether there are general mechanisms and motives of classification that influence or cause the creation of disciplines. These examples should contribute to a better understanding of the creation of the discipline of so-called migration linguistics.

First, I will consider the example from France: the famous French *Encyclopédie*, by Denis Diderot (1713–1784) and Jean-Baptiste le Rond d'Alembert (1717–1783). The first volume contains an overview of contemporary sciences: "Système figuré des connoissances humaines" (cf. Fig. 1). As one of the topics we find *entendement*, which is subdivided into *mémoire*, *raison* and *imagination*, according to the philosophical discussions of the time. Under *memoire*, the authors mention the historical sciences, which, in turn, are sub-classified into *histoire sacrée*, *civile* and *naturelle*. Unlike today's taxonomy, the branch *histoire civile* includes besides *mémoires*, *antiquités* and *histoire complète* also literary history.

Through *raison*, Diderot and d'Alembert classify the various disciplines which come under *philosophie*, ranging from general metaphysics or ontology, *science de dieu*, *science de l'homme* (which comprises the subdisciplines *pneumatology ou science de l'ame*), logic and morality, up to the natural sciences, such as *métaphysique des corps ou physique générale*, including mathematics and *physique particulière* as two further subdisciplines.

Under *imagination*, the encyclopedists finally mention poetry. The subject of migration, as discussed in the present paper, may be found under the heading *histoire civile*; linguistics, in turn, does not occur in their taxonomy, as it only started to develop as a science in the 17th and 18th centuries. The only subjects dealing with language are literary history, which is classified under *histoire civile*, and poetry, which is associated with *imagination*. Both aspects are assigned to the field of literary studies today.

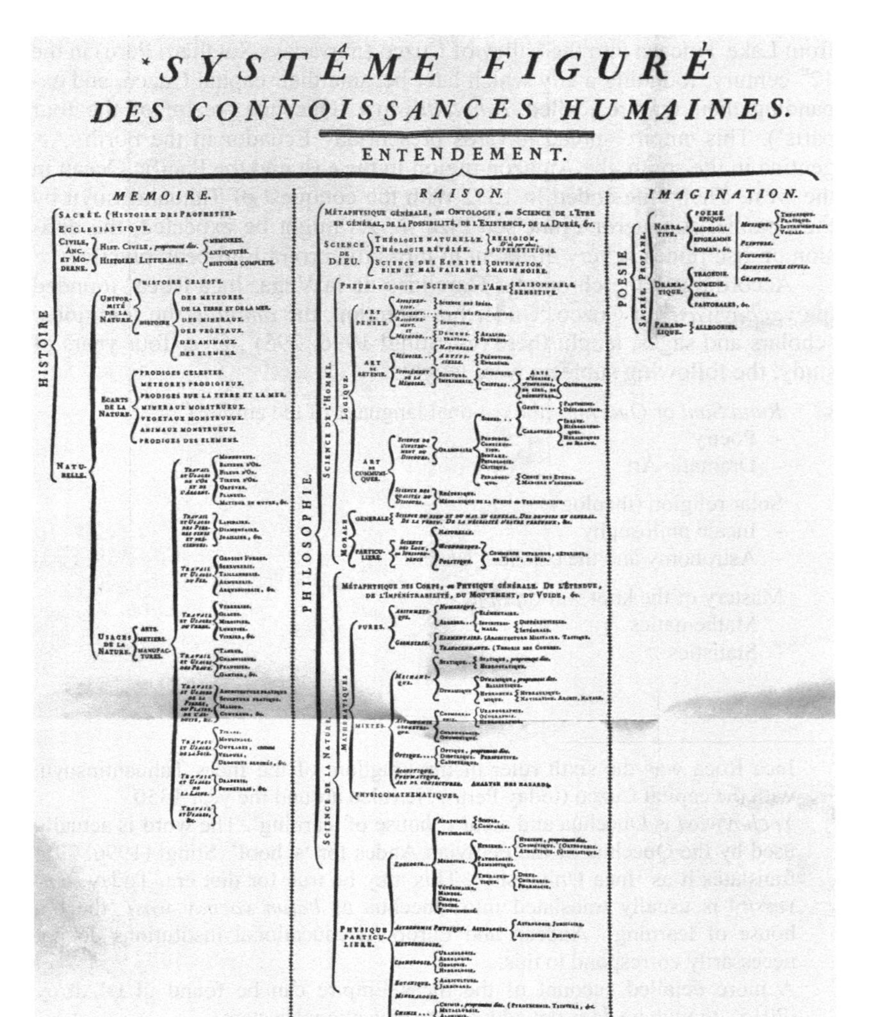

Fig. 1. Figurative system of human knowledge which appeared in June 1751 in the Preliminary Speech, vol. 1 of Diderot / d'Alembert's (1751–1772) *Encyclopedia.*

After having considered this 18th-century example from the Romance-speaking world, I will take into account an example from a non-European cultural area, which came under great influence from Spanish culture due to colonialization. More specifically, I will address the classification of scientific disciplines in the Inca Empire. The (later designated) Incas came from Lake Titicaca into the valley of Cuzco (nowadays Southern Peru) in the 12th century, founding a city which later became their capital Cuzco, and expanding their empire, called *Tahuantinsuyu* (Quechua 'realm of the four parts'). This empire spread towards present-day Ecuador in the north, Argentina in the south, the Amazon region in the east and the Pacific Ocean in the west. Their rule ended in 1532 with the conquest of Tahuantinsuyu by the Spanish conqueror Francisco Pizarro. As might be expected, the division of disciplines is very different to those of current European practice.

According to the chronicler Garcilaso de la Vega, Inca Roca[3] founded the *yachaywasi*[4] of Cuzco. Under his direction, the *amauta*, the traditional scholars and sages, taught there (cf. Stingl 1996: 295)[5]. Over four years of study, the following subjects were taught:

Runa Simi or *Quechua* (the national language of the empire)[6]
- Poetry
- Dramatic Art

Solar religion (theology)
- Incaic philosophy
- Astronomy and the calendar system

Mastery of the knot work *quipu*[7]
- Mathematics
- Statistics

---

[3] Inca Roca was the sixth ruler of the kingdom of the Incas Tahuantinsuyu, with the capital Cuzco (today Peru). He ruled around the year 1350.

[4] *Yachaywasi* is Quechua and means 'house of learning'. The word is actually used by the Quechua of the Peruvian Andes for 'school'. Stingl (1996: 295) translates it as 'Inca University'. This may be true for that era. Today, *university* is usually translated into Quechua as *hatun yachay wasi* 'the big house of learning'. Andean and European educational institutions do not necessarily correspond to this.

[5] A more detailed account of the Incas Empire can be found in D'Altroy (2015), though he does not address the educational system.

[6] *Runa simi* ('the language of the human') is another name for *Quechua* ('the language of the humans from the warm valleys', other meanings: 'humans from the warm valleys' or 'warm valleys'). I refer to Stingl (1996: 195), who obviously deals with a later period of the Inca Empire, given that Quechua was not always the national language. Further languages, formerly widespread in the Inca Empire, included for instance Pukina and Aimara (cf. Cerrón-Palomino 2013).

[7] *Quipus* are knotted cords. In the nodes, information is encrypted, often of a statistical nature (cf. Urton 2003), such as population figures.

Warfare
- History
- Geography

Medicine (cf. Stingl 1996: 295–296)

According to Stingl (1996: 295), the task of the sub-discipline 'history' was to document the military achievements of the former Inca and, at the same time (together with religion), to provide the "scientific justification" for the future conquests of the sons of the sun. Geography was the knowledge of the geographical conditions of the world over which the pupils of this school of nobility were once supposed to rule.

The subject 'migration' and especially the conquests were thus classified by the Incas as belonging to the discipline of martial arts. Sub-disciplines in the field of language, once again, relate to categories that are today classified among literary studies and, possibly, language teaching too. The fact that mathematics and statistics were seen as belonging to knot-'writing' is quite understandable, given that in the *quipus* mostly statistical information was encrypted. Astronomy, of course, was regarded as a sub-discipline of religion, in a world believed to be directed by heavenly bodies that were deities (cf. Stingl 1996: 295–296).

Studying at the *yachaywasi* was reserved for young men, and specifically sons from distinguished families (cf. Stingl 1996: 295). Young women were taught completely different 'disciplines', which they predominantly learned at home from their mothers, such as textile works and animal husbandry, while the young men from non-distinguished families were taught to cultivate the soil. A few elite girls were trained in the so-called *acllawasi*, the House of the Selected Virgins[8], in textile works, cookery, religion and the preparation of the *chicha*, a sacred drink used in religious ceremonies.

As can be seen, the division of disciplines – not only in Europe – depends on gender, time and culture and focuses on certain subjects that are considered as important in the respective cultural environment – which still applies today, essentially. There are still a great deal of cultural differences and a variety of interests, which is why different classifications continue to exist. I would like to mention only a few other examples: the internationally accepted classification for content indexing of library holdings, the Dewey decimal classification, various 'trees' of sciences, the subject divi-

8 After the training in the *acllawasi*, a subgroup of the 'selected virgins' were committed to the worship of the sun. They remained virgins and participated in the religious ceremonies. The remaining young women were married or entered concubine relationships with aristocratic lords and warriors.

sions used at universities or assumed by the *Deutsche Forschungsgemeinschaft* ('German Research Foundation'). As can be seen, the classifications are by no means uniform and often controversial. Last but not least, as listed on Wikipedia under the keyword *Einzelwissenschaft* ('academic discipline, field of study, filed of inquiry, branch of knowledge', lit.: 'single science', cf. https://de.wikipedia.org/wiki/Einzelwissenschaft, 2019-08-25), the respective discussion is itself part of the scientific debate, promoting the participating subjects, if it is conducted objectively. Regarding the content, the object of study specifies the field of work in a particular science. All efforts to secure and to expand the knowledge by analysis and the formation of theories are related to this object of study.

Despite these differences, it is important to ask about similarities between classification criteria. First of all, I refer to that which was mentioned above, stating that the object of study prescribes the field of work of a particular science. As could be seen in the examples given above, the subjects 'migration' and 'language' were mostly included in different disciplines, and of course, treated in a different way to today's so-called migration linguistics, not using a holistic approach, but rather in isolation. The delimitation of the object of knowledge within the definition of a (sub)discipline is also important in the context of interdisciplinarity. A project can only be interdisciplinary through the integration of previously separated disciplines.

In a next step, I will investigate the influence of social prioritization and scientific discourse on the establishment of migration linguistics as a sub-discipline of linguistics.

3. Criteria for the establishment of a discipline

3.1 Object of research and interdisciplinarity

According to the prevailing point of view, migration is not a linguistic, but rather a historical or social object of research. The question, then, arises as to why in linguistics such an object is treated at all, in a subdiscipline named 'migration linguistics', while in other sub-disciplines of linguistics, aspects of language are examined using linguistic methods. According to the classification proposed in Gabriel/Meisenburg's (2017) textbook *Romanische Sprachwissenschaft*, these are preliminarily the 'core disciplines' of phonetics/phonology, morphology, semantics and syntax, along with several sub-disciplines such as lexicology, historical linguistics, variational linguistics, contact linguistics, etc. Despite this tradition, migration is used by some linguists as a starting point for establishing a new *linguistic* sub-discipline. In order to justify the link between a social phenomenon and a linguistic discipline, some academic work relies on the keyword of 'interdisciplinarity'. Consider the following quote from Gugenberger's (2018) monograph:

> Hervorzuheben ist außerdem, dass in eine migrationslinguistische Theorie in besonderem Maße nicht nur sprachwissenschaftliche Disziplinen, sondern auch andere Wissenschaften eingebunden werden müssen (2018: 57).

The author characterizes migration linguistics as a "Vernetzung verschiedener Disziplinen, die dieses Phänomen aus unterschiedlichen Perspektiven behandeln" ('network of different disciplines that treat this phenomenon from different perspectives'; 2018: 57), and claims that there are good reasons for establishing it as an autonomous linguistic sub-discipline and at the same time as an interdisciplinary science. According to this opinion, migration *linguistics* is a discipline that also includes *non-linguistic* disciplines. It is thus conceived as being linguistic and non-linguistic at the same time – which at first appears contradictory. This could be avoided by denominating it *interdisciplinary migration research* instead of *linguistics*. In my opinion, the linguistic part is already covered by existing linguistic sub-disciplines such as contact or historical linguistics, which have always included language contact and, of course, also migration-induced constellations of linguistic contact. For instance, in his key publication on the history of the Spanish language, *Historia de la lengua española*, Lapesa (1981: 13–67, 111–156) describes numerous migration waves (e.g. of the Greeks, the Phoenicians, the Carthaginians, the Romans, the Visigoths, the Arabs, etc.) as causes of linguistic change. Taking historical sciences into account, he stays within linguistic description methods.

Krefeld (2004: 126–135) discusses the origin of Castilian in the dynamic space of the *reconquista*, and states in a chapter on "Die Beschränktheit der Sprachgeschichtsschreibung – und ihre Überwindung" ('The narrowness of the historiography of language – and its overcoming', 135–146) that according to the philological tradition of the 19th century, the historiography of language was teleological and mainly aimed to describe the history of national languages. He quotes Menéndez Pidal (1929: 588), who characterized the oldest written idioms as 'embryos' (cf. Krefeld 2004: 136). In my opinion, the history of language itself is already dynamic, given that it is diachronic, and concentrating on the description of the history of national languages is a question of placing one's focus on a certain language or variety and not on methodological questions. It is possible to carry out historical research for any language, dialect or variety, something which is, in fact, already being done.[9]

At this point, the question of whether migration linguistics is one single discipline or consists of the interaction of various disciplines comes up – two options that seem to be mutually exclusive. How can *one* discipline be interdisciplinary? *One* discipline refers to *one* subject. The corresponding subjects would have to be integrated enough so as not to be perceived as different. If this were the case, they could no longer be defined as 'interdisciplinary'.

Migration linguistics is not only defined as the intersection of linguistics and other, non-linguistic disciplines, but also as the interaction of different sub-disciplines of linguistics. Krefeld defines this as "einerseits Varietätenlinguistik und andererseits Raumlinguistik"[10] ('variational linguistics on the one hand and linguistics concerning space concepts on the other'; 2004: 18). Gugenberger, who points out the similarities and differences of the neighboring disciplines, also includes contact linguistics and research on linguistic minorities (cf. Gugenberger 2018: 47) in addition to variational linguistics and linguistics concerning space concepts (cf. Gugenberger 2018: 52; Krefeld 2004). Patzelt et al. (2018) define *lingüística de la migración* as a "disciplina que se sitúa de forma genuina en la interfaz de la lingüística de contacto y la sociolingüística" ('discipline that is situated in a genuine way at the interface of contact linguistics and sociolinguistics', 7). As a consequence, it can be said that there is no consensus on which sub-disciplines interact with each other.

3.2 Social priority setting

Although the interrelations between migration and language have been a subject of investigation in Romance studies for a long time, there has been an extremely increasing interest in this topic since the so-called 'refugee crisis'. As described in my essay *Migrationsbedingte konfliktive mentale Repräsentationen und der Versuch interkultureller Kommunikation* ('Migration-induced conflictive mental representations and the attempt to create

[9] The examples that could be referred to here are numerous. Cf. e.g. Sotta (2010), who discusses the linguistic evolution of Aragonese based on the historical development of Aragon.

[10] The term *Raumlinguistik* goes back to the Italian linguist Matteo Bartoli, who has established the so-called *areal norms*. The occupation with this subject was called *linguistica spaziale* in Italian and *Raum-/Areallinguistik* in German. It formed a part of linguistic geography (cf. Sinner 2014: 113).

intercultural communication', Störl 2019b: 83), more than one million refugees and migrants illegally crossed the German border in 2015 and 2016.

Syrians fled the civil war, but also migrants from the Middle and Far East as well as from Africa and non-EU Balkan states sought asylum in Germany. These events have been perceived as a 'crisis', as an unexpected incident, even though there has been migration and consequently contact and conflicts between cultures[11] for thousands of years of human history. There was no certainty about how to handle this situation, with the focus initially being on humanitarian aid. On the other hand, racism and xenophobia were also some of the consequences of the refugees' arrival in Germany. Many people reacted without having a real concept of the situation, some wanting rapid integration, meaning only the refugees' adjustment to the receiving culture. I consider the 'refugee crisis' as a situation of cultural contact that becomes manifest, among other things, in situations of language contact (cf. Störl 2019b: 84).

Although there has been scientific work about migration in different areas before, the 'refugee crisis' prompted a more in-depth consideration of migration phenomena and thus gave rise to many new publications. Not only were the current situation and the related cultures examined, but similar situations throughout history as well. This included migration phenomena in the area of Romance languages.

Politically, there is a great interest among the population in the refugee crisis and migration. It is often discussed in the media and has become a high priority due to its currentness. I therefore speak of a social priority setting which also influences the scientific discourse. In my opinion, social priority settings are also important factors contributing to the creation of migration linguistics as a scientific subject.

Stehl (2011a: 43–44), too, considers it necessary to rethink the topic of migration:

---

[11] I base my statements on a concept of culture which Hansen (2000: 13) calls "descriptive" and which refers to the peculiarities and characteristics of groups of people, without selecting particular areas such as ambitious or artistic achievements, but in which all forms of practical coping with existence and everyday life are integrated. This concept corresponds to Röseberg's (2005: 11) "anthropological cultural concept", according to which the cognitive interest is directed to "hinter bestimmten Handlungen bzw. Praktiken stehenden Wahrnehmungs- und Deutungsmustern und diesen entsprechenden sozialen Einstellungen" ('the patterns of perception and interpretation behind certain actions or practices and their corresponding social attitudes'). I also subscribe to the definition of culture as a "web of significance one himself has spun" according to Geertz (1973: 5); cf. Störl (2019b: 84).

Im Zuge der Globalisierung einerseits und der fortschreitenden Integration Europas andererseits sind Migration, Sprachkontakt und Mehrsprachigkeit zentrale Themen, deren wissenschaftliche Untersuchung und Beschreibung ein dringendes Desiderat darstellen. Das Arbeitsgebiet der Migrationslinguistik erfüllt unter diesen Schwerpunktthemen gleichermaßen Desiderate in der Sprachwissenschaft wie in der Kulturwissenschaft der fremdsprachlichen Philologien und deren Interdisziplinarität.

The author not only discusses the social phenomenon of migration itself, but in particular addresses the mobility of migrants in different areas and the linguistic consequences of such mobility. He considers this setting of priorities as justification for migration linguistics (cf. Krefeld 2004: 18). It should record the numerous innovations in their genuine migratory space – the relevant contact- and sociolinguistic aspects were necessary but systematically subordinated implications, which he sums up using the formulation *locus regit sermonem*[12] (cf. Krefeld 2004: 18). Gugenberger (2018) also sees the priority setting that differs from other disciplines as a strong argument in favor of the constitution of migration linguistics as a proper discipline. She argues:

[...] ist doch Migration (und nicht Kontakt oder Varietät) das determinierende Element der Konzeptualisierung. Ich folge damit Krefeld, der darauf hinweist, dass in der Migrationslinguistik die Perspektive aus der migratorischen Räumlichkeit und der Sprechermobilität vorrangig ist (ibid.: 56).

Stehl (2011b: 43) shares the opinion that migration linguistics should always aim to analyze mobility as a dynamic linguistic process:

Die Mobilität des mehrsprachigen Individuums sowie die daraus resultierende Interaktion, die Variation und die Interferenz zwischen den Sprachen sind hierbei als Prozesse von Sprachkontakt und konvergentem Sprachwandel zu verstehen. Alle linguistischen Kategorien der sprachlichen Differenzierung, des Sprachkontaktes und der sprecherseitigen Variation müssen somit von einer auf Lokalität bezogenen Beschreibung zu einer auf Mobilität bezogenen Beschreibung fortentwickelt werden.

The statements made by Krefeld (2004) and Stehl (2011b) not only clearly define the priorities, but they also point out the aspect of dynamics. This aspect shall be analyzed further on.

---

[12] Krefeld uses this expression, a modification of the old private law principle *locus regit actum*: 'The rules customary at the place of (the) conclusion (of a contract) determine the procedure of a legal transaction'.

3.3 Postmodern culture theories and the hybridity discourse

Aside from the current events, the context of postcolonial and postmodern culture theories also influences the perception of migration phenomena and of related linguistic aspects. Cultural differences and contacts through migration create so-called 'hybrid cultures' that have been discussed in particular in the context of the Anglo-American debate on multiculturalism. Bronfen/Marius (1997: 1) describe this phenomenon as follows:

> Angesichts der Realität von Massenmigration in einer global mobil werdenden Welt und angesichts der Ortlosigkeit vieler Zeichen im scheinbar locker und durchlässig gewordenen postmodernen Symbolgefüge ist festzustellen: Heimatlosigkeit ist kein angenehmer, geschweige denn ein anzustrebender Zustand. [...] Menschen, Waren, Dienstleistungen, Informationen und Zeichen sind in großen Wanderungsbewegungen auf der gesamten Erdoberfläche und im All unterwegs, doch im Gegensatz zu einer traditionellen Wanderung, bei der Herkunftsort und Ziel der Reise bekannt sind, handelt es sich hier eher um Migrationen, bei denen weder Ankunft noch Rückkehr sicher gegeben sind.

To give an example of the many authors who deal with this topic, I would like to quote the Indian English scholar and critical theorist H. Bhabha, who considers the quest for a place in the context of general placelessness, migration and ethnic hybridity in his work *The location of culture* (Bhabha 2004, first published in 1994). E. Bronfen writes in the preface to the German edition of this work:

> [...] dass wir zunehmend mit Denkfiguren wie 'Zwischenräumen', 'Spalten', 'Spaltungen' oder 'Doppelungen' operieren müssen, um die Frage der kulturellen Differenz als produktive Desorientierung und nicht als Festschreibung einer vereinnehmbaren Andersartigkeit zu verhandeln (preface to Bhabha 2000: IX by E. Bronfen).

Bhabha speaks of a "postmodern cultural fragmentation" (2004: 307) and of a so-called "third space" (ibid.: 312), which makes it possible to solve cultural differences. Unlike traditional concepts of cultural theory, it is not anymore static, but the dynamics of the phenomena move to the center of the discussion.[13]

Krefeld (2004) and Stehl (2011b) also point out the importance of the dynamics referred to in the aforementioned quotes. Krefeld (2004: 11) speaks of the historic omnipresence of migration dynamics and, like Bha-

[13] On hybridity, dynamics and culture transfer cf. also Chambers (1996), Störl (2015), (2016a), (2016b) and (2019a). For a recent account of culture-specific variability cf. Störl (2017).

bha, pays particular attention to the concept of space while rightly criticizing linguistic maps which follow the 'mosaic model',

> so dass größere Räume als Zusammensetzung mehr oder weniger kleinerer, jeweils einsprachiger Teilräume erscheinen; [...] Sprachenkarten dieser Art können (und wollen) die Mehrsprachigkeit ein und desselben Ortes bzw. Raums nicht darstellen – selbst dann nicht, wenn sie wie etwa im Fall der Elsässer oder Südtiroler ganze Sprach- bzw. Sprechergemeinschaften auszeichnet[14] (Krefeld 2004: 11).

Krefeld (2004: 19–25) pays particular attention to the 'communicative space' and defines four types of communicative areas:

Type 1	'active dialect speaker'	
Type 2	'member of a linguistic minority'	
Type 3a	'territorial (national) migrant'	
Type 3b	'non-dialectophone speaker'	
Type 4	'extraterritorial migrant'	(cf. Krefeld 2004: 33)

This study is particularly important for understanding the dynamics of migration processes and their linguistic consequences. Furthermore, they refer directly to migrants as speakers.

H. Bhabha (2010: 312) does not only break the concept of 'space', but also the concept of 'time':

> The non-synchronous temporality of global and national cultures opens up a cultural space – a third space – where the negotiation of incommensurable differences creates a tension peculiar to borderline existences.

In the postmodern period, a state of hybridity has emerged, the theme of which has become a genuine 'hype'. In his recent book *Hype um Hybridität*, K. N. Ha (2005) critically reflects on the term since 'hybridity' has already been transformed by the mainstream and is currently being exploited in pop culture. The term has often been generalized and absolutized. As a consequence, the question has arisen as to how things can still be defined and how individuals can identify themselves in a world where everything is 'hybrid', 'mixed up' and 'blurred'.[15]

Cultural hybridization finds its expression, amongst other things, in different phenomena of linguistic contact: substrates, superstrates, lexical borrowing, pidginization and creolization. A large part of the population is not

---

[14] Krefeld mentions the language map of Austria-Hungary of 1888 as a remarkable exception (cf. Krefeld 2004: 11).

[15] On the subjects of post-colonialism, interculturality, hybridity, creolization, cf. also the various works of Hall (1980; 1987; 1999a; 1999b; 2002), Ette/Wirth (2014), Ludwig/Röseberg (2010), Glissant (2005) and Canclini (1995).

aware of the naturalness of linguistic change and contacts as well as of multilingualism. On the contrary, there seems to be a certain fear that, for instance, refugees could change the German language through their linguistic influence. It might be the case that some of these people are afraid that their linguistic and their cultural identity could be endangered. Foroutan (2016: 233) speaks of a general fear of discomfort at the thought of social change (cf. Störl 2019b: 89). Because of this, linguists feel even more called upon to scientifically explain the facts; this is one reason for treating migration-induced language contact. Consequently, priority setting contributes to the constitution of a discipline, and this not only, as mentioned earlier, by putting a focus on recent political events but also, as described in this section of this paper, through scientific discourse; more specifically through the influence of cultural theories on linguistics.

As stated above, the focus on hybridity, on the divided identity of individuals from a migrant background, on gaps in between, on division and duplication and on the 'crisis' forms only one side of the dynamic process that has been described as an open system at the level of the Theory of Systems (also called Theory of Chaos)[16] in Störl (2019b: 97–109). In scientific descriptions and in the context of the constitution of a discipline called migration linguistics, the focus seems to be put on the chaotic state. This was indeed neglected before, but it should not now be absolutized and placed in contrast to other states as, for instance, the one of stable systems or the one of beginning bifurcations. In my opinion, the reason for this is that, on the whole, we are confronted with a repeating process: stable system (order) – bifurcations – chaos – creation of new stable systems (islands of order; cf. Störl 2019b: 97–109; Gleick 1990; Fleischer 2016). As justified as the studies focusing on this chaos might be, their classification as a discipline does not seem reasonable to me. I would consider them rather as a theory or a research topic.

4. Conclusion

The discussion of migration linguistics in the previous sections has shown that most authors support the term or openly promote it. However, despite the fact that its classification as a subject is widely discussed and even though the uncertainties regarding this topic are manifest, the term migration linguistics is, very often, not something which is really challenged. In my opinion, the main reason for this is social priority setting, both in rela-

[16] Luhmann (2004: 45) shows that living, mental and social systems are open systems, i.e. characterized by an exchange with the environment.

tion to recent political events and to the scientific discourse, and the focus on interdisciplinarity. A new sub-discipline within linguistics gives more importance to the topic 'migration and language' and creates a connotation of something 'new' which differs from existing disciplines by all means. With this, however, a topic of research is 'raised' to a sub-discipline that – in a very special way – treats only certain aspects of migration processes and the respective resulting linguistic phenomena, whereas the item and the interacting (sub)disciplines are not clearly defined.

The example of migration linguistics confirms the hypothesis that – as described at the beginning – the classification of academic disciplines and sub-disciplines is not always logical, but mostly determined by recent priority settings and discourses which might partially invalidate the definitions of research topics and disciplines.

References

Bhabha, H. K. 1994/2004. *The location of culture.* London: Routledge.

Bhabha, H. K. 2000. *Die Verortung der Kultur.* Dt. Übersetzung von M. Schiffmann und J. Freudl; mit einem Vorwort von E. Bronfen. Tübingen: Stauffenburg.

Bronfen, E. / Marius, B. 1997. Hybride Kulturen. Einleitung zur anglo-amerikanischen Multikulturalismusdebatte. In Bronfen et al. 1997, 1–29.

Bronfen, E. / Marius, B. / Steffen, T. Eds. 1997. *Hybride Kulturen. Beiträge zur anglo-amerikanischen Multikulturalismusdebatte.* Tübingen: Stauffenburg.

Canclini, N. G. 1995. *Hybrid cultures. Strategies for entering and leaving modernity.* Minneapolis: University of Minnesota Press.

Cerrón-Palomino, R. 2013. *Las lenguas de los incas. El puquina, el aimara y el quechua.* Frankfurt: Lang.

Chambers, I. 1996. *Migration, Kultur, Identität.* Tübingen: Stauffenburg.

D'Altroy, T. N. 2015. *The Incas* (2nd ed). Malden, MA: Wiley Blackwell.

Diderot, D. / d'Alembert, J.-B. le R. Eds. (1751–1772). *Encyclopédie ou Dictionnaire raisonné des sciences, des arts et des métiers.* Paris: Le Breton.

Ette, O. / Wirth, U. Eds. 2014. *Nach der Hybridität. Zukünfte der Kulturtheorie.* Berlin: Walter Frey.

Fleischer, L.-G. 2016. 'Zwei Gefahren bedrohen unaufhörlich die Welt: Die Ordnung und die Unordnung' (Paul Ambroise Valéry). Warum die Ordnung nicht auf das Chaos und Zufälle verzichten kann. In Jähne, A. Ed. *Philologie & Philosophie. Welt und Region in der Wissenschaft. Ehrenkolloquium aus Anlass des 80. Geburtstages von Hans-Otto Dill am 15. September 2015 in Berlin.* Berlin: trafo, 53–104.

Foroutan, N. 2016. Postmigrantische Gesellschaften. In Brinkmann, H. U. / Sauer, M. Eds. *Einwanderungsgesellschaft Deutschland. Entwicklung und Stand der Integration*. Wiesbaden: Springer, 22–254.

Gabriel, C. / Meisenburg, T. 2017. *Romanische Sprachwissenschaft* (3rd, rev. ed.). Paderborn: Fink.

Geertz, C. 1973. *The interpretation of cultures*. New York: Basic Books.

Gleick, J. 1990. *Chaos – die Ordnung des Universums. Vorstoß in Grenzbereiche der modernen Physik*. München: Knaur.

Glissant, É. 2005. *Kultur und Identität. Ansätze zu einer Poetik der Vielheit*. Heidelberg: Wunderhorn.

Gugenberger, E. 2018. *Theorie und Empirie der Migrationslinguistik. Mit einer Studie zu den Galiciern und Galicierinnen in Argentinien*. Wien: LIT.

Ha, K. N. 2005. *Hype um Hybridität. Kultureller Differenzkonsum und postmoderne Verwertungstechniken im Spätkapitalismus*. Bielefeld: transcript.

Hall, S. 1980. Cultural studies. Two paradigms. *Media* 2, 57–72.

Hall, S. 1997. Wann war 'der Postkolonialismus'? Denken an der Grenze. In Bronfen et al. 1997, 219–246.

Hall, S. 1999a. Ethnizität. Identität und Differenz. In Engelmann, J. Ed. *Die kleinen Unterschiede. Der Cultural Studies-Reader*. Frankfurt: Campus, 83–98.

Hall, S. 1999b. Kulturelle Identität und Globalisierung. In Hörnig, K. H. / Winter, R. Eds. *Widerspenstige Kulturen. Cultural Studies als Herausforderung*. Frankfurt: Suhrkamp, 393–441.

Hall, S. 2002. Wann gab es 'das Postkoloniale'? Denken an der Grenze. In Conrad, S. / Randeria, S. Eds. *Jenseits des Eurozentrismus. Postkoloniale Perspektiven in den Geschichts- und Kulturwissenschaften*. Frankfurt: Campus, 219–246.

Hansen, K. P. 2000. *Kultur und Kulturwissenschaft*. Tübingen: Francke.

Kalverkämper, H. 1990. Gemeinsprache und Fachsprachen – Plädoyer für eine integrierende Sichtweise. In Stickel, G. Ed. *Deutsche Gegenwartssprache. Tendenzen und Perspektiven*. Berlin: De Gruyter, 88–133.

Krefeld, T. 2004. *Einführung in die Migrationslinguistik. Von der* Germania italiana *in die* Romania multipla. Tübingen: Narr.

Lapesa, R. 1981. *Historia de la lengua española*. Madrid: Gredos.

Ludwig, R. / Röseberg, D. Eds. 2010. *Tout-Monde. Interkulturalität, Hybridisierung, Kreolisierung. Kommunikations- und gesellschaftstheoretische Modelle zwischen 'alten' und 'neuen' Räumen*. Frankfurt: Lang.

Luhmann, N. 2004. *Einführung in die Systemtheorie* (2nd ed.). Heidelberg: Carl Auer.

Menéndez Pidal, R. 1929. *Orígenes del español. Estado lingüístico de la península ibérica hasta el siglo XI* (2nd ed.). Madrid: Hernando.

Patzelt, C. / Spiegel, C. / Mutz, K. Eds. 2018. *Migración y contacto de lenguas en la Romania del siglo XXI / Migration et contact de langues au XXIe siècle*. Frankfurt: Lang.

Röseberg, D. 2005. *Kulturwissenschaft Frankreich*. Stuttgart: Klett.

Sinner, C. 2014. *Varietätenlinguistik. Eine Einführung*. Tübingen: Narr.

Sotta, T. 2010. *Einheit und Diversität der aragonesischen Dialekte. Eine morphologische und lexikalische Untersuchung*. Frankfurt: Lang.

Stehl, T. Ed. 2011a. *Sprachen in mobilisierten Kulturen. Aspekte der Migrationslinguistik*. Potsdam: Universitätsverlag Potsdam.

Stehl, T. 2011b. Mobilität, Sprachkontakte und Integration. Aspekte der Migrationslinguistik. In Franz, N. / Kunow, R. Eds. *Mobilisierte Kulturen. Themen, Theorie, Tendenzen*. Potsdam: Universitätsverlag Potsdam, 33–52.

Stingl, M. 1996. *Das Reich der Inka. Ruhm und Untergang der 'Sonnensöhne'*. Augsburg: Bechtermünz.

Störl, K. 2015. Zwischen zwei Welten. Identitätskonstruktionen und Überlebensstrategien in hybriden Kulturen. José María Arguedas und andere Fallbeispiele aus Peru. In Röseberg, D. Ed. *El arte de crear memoria. Festschrift zum 80. Geburtstag von Hans-Otto Dill*. Berlin: trafo, 99–121.

Störl, K. 2016a. Der Kontakt konzeptueller Felder und seine sprachlichen Konsequenzen. Exemplifiziert am Feld der ‚Personalität' im Andenspanischen. In Jähne, A. Ed. *Philologie & Philosophie. Welt und Region in der Wissenschaft. Ehrenkolloquium aus Anlass des 80. Geburtstages von Hans-Otto Dill am 15. September 2015 in Berlin*. Berlin: trafo, 229–256.

Störl, K. 2016b. Yakumama en los Andes. La recepción quechua de una figura mítica amazónica. Análisis semántico-cultural. *Indiana* 33, 177–198.

Störl, K. 2016c. Philosophie- und Literatursprache in der französischen Aufklärung. In Jähne, A. Ed. *Philologie & Philosophie. Welt und Region in der Wissenschaft. Ehrenkolloquium aus Anlass des 80. Geburtstages von Hans-Otto Dill am 15. September 2015 in Berlin*. Berlin: trafo, 125–159.

Störl, K. 2017. Anthropologische Konstanz und kulturspezifische Variabilität. *Leibniz online* 30. https://leibnizsozietaet.de/wp-content/uploads/2017/10/Stoerl.pdf (2019-11-16).

Störl, K. 2019a. El contacto de campos conceptuales quechua-castellanos y sus consecuencias lingüísticas en el castellano andino. In Valiente Catter, T. / Störl, K. / Gugenberger, E. Eds. *La reciprocidad entre lengua y cultura en las sociedades andinas*. Frankfurt: Lang: 153–178.

Störl, K. 2019b. Migrationsbedingte konfliktive mentale Repräsentationen und der Versuch interkultureller Kommunikation. In Störl, K. Ed. *Migration und Interkulturalität. Theorien – Methoden – Praxisbezüge*. Frankfurt: Lang, 83–117.

Störl, K. / Paufler, H.-D. 2010. Zur Geschichte des Fachwortes in der Romania. In Reinke, K. / Sinner, C. Eds. *Sprache als Spiegel der Gesellschaft. Festschrift für Johannes Klare zum 80. Geburtstag*. München: Peniope, 22–50.

Urton, G. 2003. *Signs of the Inka Khipu. Binary coding in the Andean knotted-string records.* Austin: University of Texas Press.
Winford, D. 2008. *An introduction to contact linguistics.* Oxford: Blackwell.

Susann Fischer & Jorge Vega Vilanova

Grammatical questions, political answers

Abstract. The link between language and sociopolitics has been recognized for a long time, remaining a broad area of academic research. Already Aristotle described human beings as being the most 'political' animals and connected this politicalness to their ability to speak, i.e. to the use of language. How political and intertwined language and speakers are can be observed by studying languages in different settings, e.g. minority vs. majority languages. This is not surprising since investigating a minority language is – in addition to being necessary for linguistic theorizing – a political act, adding vitality (in the sense of Giles et al. 1977) and prestige (in the sense of Ferguson 1959; Meisenburg 1999) to the language in question. However, we were taken by surprise by the strong sociopolitical reactions we encountered from some minority language speakers when distributing a syntactic grammaticality judgment task in order to investigate the optionality of dative clitic doubling in contact settings. In this paper we will present and discuss some of the sociopolitical responses, political statements and exclamations we received in different Spanish-speaking regions as a reaction to our request to fill in a syntactic questionnaire.

1. Introduction

For many years now, grammaticality judgment tasks (GJT) have been used as an effective tool for collecting linguistic data as well as for generative theorizing. Since linguistic phenomena are often very complex and the motivation for accepting them or rating them as being acceptable is rarely explicitly known by the speakers, GJTs are used in order to get spontaneous answers that (at least partly) reveal the implicit knowledge of the speaker about their native language. Thus, one could say that GJTs have replaced the classic linguist's introspective intuitions about language as a primary source of data as advocated by Chomsky (1957).

In the study we will present in this article, our focus was the investigation of the availability and the analysis of dative clitic doubling (CLD). In addition to obtaining challenging linguistic results on the distribution and grammaticality of dative CLD, we received from many speakers personal comments, including exclamations concerning language and regional issues as well as politics. Some of these reactions were very emotional, either with relation to the content of specific test items or rather as general observations independent of the questionnaire itself. More interestingly, the type of comments shows strong differences among the different language communities (Argentina, Balearic Islands, Castilla-León, Catalonia, Valencia). These political comments appeared quite often although we had included no specific references to any political assumption or opinion in the test items. The sentences of the GJT contained general 'neutral' situations. In order to get the participants more involved in the task and avoid 'automatized' answers, however, we tried to use contexts which felt close and familiar, e.g. with references to celebrities or local cuisine. It was made explicit that we were only interested in the acceptability of the different constructions. The participants were not told what we were actually investigating.

Of course, we are aware of the fact that human beings are political and that this has often been ascribed to the fact that humans can speak: already Aristotle described human beings as the most political animals and connected this politicalness to their ability to speak, i.e. to the use of language (cf. 'Politics' I.2, 1253a9-10, as cited in Güremen 2018: 171). We also know that studying minority languages – in addition to being indispensable for linguistic research – is inevitably a political act. It has been extensively discussed in sociolinguistic and ethnolinguistic studies that the investigation of minority languages, especially by non-native speakers, adds vitality (cf. Giles et al. 1977) and prestige to them (cf. Ferguson 1959). However, we were surprised by how the participants of the different regions reacted. It seems that the diverse reactions we found are related to the sociohistorical context of the different language communities, or, more specifically, they reflect the relation between majority and minority languages, especially in diglossic settings in the sense of Meisenburg (1999). In this paper, we will present and discuss some of the political responses, political statements and exclamations we received as reactions to our request to fill in a syntactic GJT on dative CLD.

In order to do so, we will briefly present the general object of our research, the results we have obtained so far and our hypotheses concerning dative CLD in Section 2. We will describe our test design, i.e. the structure of the GJT, the platforms we used to recruit the participants and very briefly the results. In Section 3, we will present the statements, exclamations and reactions we received from the speakers of the Castilian region, the Balearic Islands, Catalonia, Valencia and Argentina, emphasizing the different sociohistorical conditions of each region (e.g. the official status of each language, language policies, etc.). To conclude, we will discuss and sum up the findings.

2. The object of investigation: phenomenon and test design

The interest of our research group has been for some time now the variability of clitic doubling found in Catalan and Spanish across their different varieties and across time.

CLD is generally analyzed as being different from left dislocation (cf. Gabriel/Rinke 2010) as a construction in which a clitic co-occurs with a full DP in argument position, forming a discontinuous constituent with it (cf. Jaeggli 1993). Since the clitic pronoun and the full DP seem to share one syntactic function, one case and one semantic role, this construction has always constituted a challenge for linguistic theorizing. Three types of CLD are usually distinguished: first, doubling of a strong pronoun (1), which is practically obligatory in Spanish and by far the preferred option in Catalan; second, doubling of accusative objects (2), which, in certain Spanish varieties (e.g. Buenos Aires and Lima Spanish, cf. Zdrojewski/Sánchez 2014; Fischer et al. 2019), is optional and constrained along a definiteness/animacy hierarchy (cf. Fischer/Rinke 2013); and third, doubling of indirect dative arguments (3), which has often been described as being optional: "[e]n cuanto a los objetos indirectos, hay algunos que se reduplican potestativamente" (Fernández Soriano 1999: 1250). In recent years, however, some explanations of what favors the doubling of datives have been proposed. In the relevant literature, we find that verb types, i.e. theta-roles (cf. e.g. Dufter/Stark 2008; Nishida 2012), and the (in)definiteness vs. bareness of the accusative object (cf. Aranovich 2016) are held responsible for the distribution of dative CLD. However, no generally accepted explanation has been found so far.

(1) Cat. **El** vam veure a ell.
him$_{ACC}$ go$_{1PL}$ see$_{INF}$ to him
'We saw him.'

(2) Buenos Aires Sp.
Las saludé a las maestras del jardín.
them$_{ACC}$ greet$_{1SG.PRT}$ to the teachers of.the kindergarten
'I greeted the teachers from the kindergarten.'

(3) Sp. **(Le)** doy un libro a Pedro.
him$_{DAT}$ give$_{1SG}$ a book to Pedro
'I give a book to Pedro.'

In order to understand and explain why and under what conditions CLD appears in a language, we created a corpus using data from the 13th up to the 21st century, coding the extracted sentences according to the different features held responsible for CLD (animacy, specificity, etc.).[1] Additionally, we collected synchronic data using GJTs. Whereas accusative CLD seems to spread according to a clearly definable accessibility hierarchy (cf. Fischer et al. 2019), the triggers of dative CLD are still unclear. For this reason, in the GJT presented here, we focused on dative CLD.

The data we have gathered over the past years have revealed that clitic doubling can be shown to follow a cyclic change (cf. Fischer et al. 2019), where accusative CLD is only possible when dative CLD and doubling of full pronouns are also attested in a language (cf. Fischer/Rinke 2013; Navarro et al. 2017). We have suggested that accusative clitic doubling in contact settings (e.g. Andean Spanish, Buenos Aires, the Basque country) is the overgeneralization of an existing pattern (dative clitic doubling) to other contexts (accusative CLD) in the sense of Weinreich (1953). That is to say, contact settings promote the extension of the doubling patterns. This assumption has two consequences. First, in regions where accusative clitic doubling is possible, dative clitic doubling is almost obligatory (which intuitively conforms to the attested data, cf. Di Tullio/Zdrojewski 2006; Schroten 2010). Second, we hypothesize that in those contact varieties where accusative CLD is not (yet) possible, dative CLD should nevertheless appear more frequently than in monolingual regions.

To test this hypothesis, we designed a grammaticality judgment task (GJT) that controls for the above variables that were claimed to favor the doubling of datives. The GJT was directed at Spanish speakers of different varieties in contact and non-contact settings: Catalan-Spanish speakers of the regions Valencia, Catalonia and the Balearic Islands, Spanish speakers of the region Castilla-Léon, where accusative CLD with full DPs is not possible, and Spanish speakers from Argentina, where lexical accusative DPs are also doubled.

2.1 The grammaticality judgment task: design

Our GJT consists of two parts that had to be filled in online in two separate sessions at an interval of approximately four months. Each GJT consisted of 24 sentences in Spanish, twelve of which were distractors and two of which were control items, namely psych verbs that have been doubled obligatorily since the 17th century (cf. Fischer et al. 2019). Additionally, we asked the bilingual speakers (Catalan-Spanish) to translate eight sentences

[1] A list of all the texts used for our corpora can be found under https://www.slm.uni-hamburg.de/romanistik/forschung/forschungsprojekte/downloads//clitic-doubling-corpus.pdf.

(some of them from the GJT) into Catalan. The test items were divided according to the theta-roles, i.e. verb types, and definiteness of the accusative object. The verb types were distributed in the following way:

- *dar* 'give' and *decir* 'say' (two test items each)
  → canonical dative CLD verbs
- *enviar* 'send', *remitir* 'remit', *lanzar* 'fling', *echar* 'throw', *tirar* 'throw', *transmitir* 'transmit' (one test item each), i.e. verbs of sending and throwing (with transfer of possession/change of location)
  → have very low rates of CLD (cf. Nishida 2012)
- *gustar* 'like', *encantar* 'be in love with', *fascinar* 'fascinate', *repugnar* 'be disgusted'
  → psych verbs that need to be doubled obligatorily in all varieties (these are actually the control items)

The same GJT was used for all varieties, even though we needed to adapt some lexical items and morphological coding. Some lexical items are specific to certain regions, and we replaced these accordingly (e.g. *autobús* in Spain vs. *colectivo* in Argentina). Furthermore, some local persons were adapted (e.g. *Ada Colau*, the mayor of Barcelona, was changed to *el gobernador del Chaco* in Argentina). Furthermore, some verbal morphology and the use of the 2nd person pronouns were changed according to the variety (i.e. *voseo* vs. *tuteo*). All test items were embedded in a short context (4):

(4) Context: Mi hijo tiene que escribir una redacción sobre normas de buen comportamiento.
Test item: Ayer dijo unas cosas muy feas al director del colegio.

All datives refer to human definite entities (to avoid locative readings which could disfavor CLD), and the direct object is either definite or indefinite. Thus, the GJT was designed to test contexts that favor dative CLD according to different approaches. The test items of the first GJT contained phrasal full dative arguments but no CLD (4). The second GJT used exactly the same test items but every sentence contained a phrasal dative argument and a doubled dative clitic (4').

(4') Context: Mi hijo tiene que escribir una redacción sobre normas de buen comportamiento.
Test item: Ayer le dijo unas cosas muy feas al director del colegio.

The reason for creating one GJT without doubling and one with doubling, while leaving the test items otherwise unchanged, was that this was thought to be an ideal way to see whether speakers would rate them differently. Our goal was thus twofold: first, we wanted to test whether the features discussed in the different approaches (theta-roles, etc.) really trigger CLD;

second, we wanted to examine our hypothesis that in contact settings dative CLD occurs more often than in monolingual regions (i.e. whether the ratings vary between groups).

For each item, the participants had to decide whether they rate it as acceptable (being used by themselves or by other speakers of their variety), rather acceptable, rather not acceptable or not acceptable. If they rated it as being rather not acceptable or not acceptable, then they were requested to provide a correction for the test item. This was important to evaluate the adequacy of the answers: either the participants improved the item by inserting or deleting the clitic or they changed something else (usually lexical choices). As we will show below, this field was frequently used by the speakers to transmit information other than a correction. Instead they added comments about the content of the test items.

At the end of the questionnaire, there was a series of questions about the participants' language history (first language, languages spoken in the family, country where the participant grew up, etc., besides other sociolinguistic variables such as age, gender, education and occupation) and a space where they could add some general comments. The sociolinguistic part of the questionnaire helped us to control whether the speakers fitted the different criteria and ensure that the groups were sufficiently homogeneous (even though recruiting participants online runs the risk of being biased: only people familiar with social media and interested in using them as self-representation will have access to the link). The space for the general comments was often used for political reactions. There was no time limit, but the participants were requested to fill in the questionnaire according to their spontaneous response and not to correct previous answers once they proceeded further in the questionnaire. The duration of the test was around 20–25 minutes. Since our goal was to recruit as many participants as possible to allow for a statistical analysis of the answers, we promoted the GJT in the internet using social media (e.g. Facebook, Reddit, etc.) and newsletters of sociocultural associations. On the different platforms we asked people to fill in our questionnaire online and gave them a link to a platform provided by the University of Hamburg for scientific questionnaires (UniPark). Also, on these platforms the participants could express their opinions and comments about the questionnaire or whatever crossed their minds.

2.2 The grammaticality judgment task: participants

The test was administered to Spanish speakers of different varieties: Argentina, Castilla-León, Valencia, Catalonia and the Balearic Islands. The number of speakers (after excluding those who presumably did not understand the task) is shown in the table below. The three last regions are especially interesting, because they are Spanish-Catalan bilingual regions. The different bilingual speakers of the various regions (Balearic Islands, Catalonia, Valencia) could be divided into smaller groups that had more or less exposure to Spanish in daily life.

	number of participants	
	first questionnaire	second questionnaire
Argentina	203	241
Castilla-León	44	113
Valencia	81	80
Catalonia	149	195
Balearic Islands	39	47

Tab. 1. Distribution of participants in the questionnaires.

2.3 The grammaticality judgment task: grammatical results

The linguistic results of our GJTs have partly confirmed our hypotheses. The control items (psych verbs) showed that indeed dative experiencer arguments were obligatorily doubled in all regions. For the other dative arguments (our test items), we noted that the speakers of all regions accepted them to a high degree in both GJTs: the speakers accepted the sentences of the GJT in which the dative DP was doubled, but there was an overall tendency to accept the sentences of the GJT in which the dative DP was not doubled as well. Only concerning participants from Argentina and Valencia could a higher rate of clitic insertion be noted (cf. Fischer et al. to appear).

Thus, one could argue that the suggested triggers, i.e. theta-roles, verb category and the (in)definiteness of the accusative object, do not give rise to dative clitic doubling *per se*. However, we have to admit, and in the meantime we have become convinced, that there is a difference between perception and production, i.e. people are likely to accept sentences which are presented to them (cf. Bader 2019), even sentences that they might not ever produce themselves. This is even more relevant in contexts where in addition to information structure and different semantic features (animacy, specificity), register and settings are also crucial, like in dative CLD.[2] Al-

2 Many thanks to Hans Kamp and the participants of the AICED 21 (Theoretical and Applied Linguistics, in Bucharest, 7–9 June 2019). The controversy concerning GJTs has clearly shown that other linguists share our doubts regarding getting dependable results using GJTs for issues other than testing core-grammatical elements/constructions.

though we offered some context, our participants still had to decide whether it was a colloquial or formal style, etc. Therefore, one of our results is also that for the investigation of grammar-peripheral issues, i.e. elements and constructions that involve information structure, register, context, etc., GJTs do not provide a reliable tool (cf. Juzek 2016; Fischer et al. to appear).

3. Beyond mere grammatical results

As mentioned before, in addition to the grammatical results that we were interested in, we have collected data that go well beyond grammatical issues, provided by the speakers in different ways: the corrections of the items in the questionnaire, free comments and observations at the end of the survey and messages at the public forum in social media. What we noticed – when going over the different comments – was that depending on the sociohistorical context of the speakers, their reactions varied. Thus, in the following, we will present some of the responses from the monolingual Spanish speakers of Castilla-León, the bilingual speakers of the Balearic Islands, Catalonia and Valencia, and the monolingual speakers of Argentina, in an attempt to derive their diversity from differences in the sociohistorical context and language status in each region.

3.1 Monolingual Spanish speakers of Castilla-León: metalinguistic knowledge – explicit knowledge

The region Castilla-León has often been called the birthplace of the Spanish language (cf. Lapesa 1981: 182–187). It is one of the regions in Spain where Castilian is the only official language, which has the effect that the Spanish people living in this region are mostly monolingual[3] L1 speakers of Spanish. They have acquired Spanish as a first language in their families, they have learnt about Spanish in elementary school and they have continued to learn about the Castilian language (in addition to maybe learning English or French) in secondary school. The people completing our GJT were all monolingual Spaniards and very conscious of the norm. Many of them had explicit knowledge about the Castilian language, i.e. about the grammatical rules. They also showed metalinguistic awareness, and a de-

[3] In this context 'monolingual' does not mean that they have not acquired/learned a second or third language in school or elsewhere.

scriptive accuracy about regional variation, which can be seen in the following comments:

(5) No se[4] tenido en cuenta que la posición de una palabra en la frase puede cambiar el significado [...] O que una palabra puede tener diversos significados. (SP2/1)
'It has not been taken into account that the position of a word in a sentence can change the meaning [...] or that a word can have many different meanings.'

(6) Veo muchos ejemplos con pronombres de objeto indirecto. (SP2/2)
'I see many examples with indirect object pronouns.'

(7) El pronombre *le* a veces puede no ponerse y es correcto totalmente, pero yo lo suelo decir. Es enfático. (SP2/4)
'Sometimes the pronoun *le* may not be used and it is still correct, but I usually use it. It is emphatic.'

Many participants from Castilla-León commented on the fact that it is a region where *leísmo* is used. According to the *Real Academia Española*, *le* instead of the accusative pronoun *lo* may be used for direct objects as long as they are animate.

(8) En mi provincia somos leistas, metemos el le donde no le hay. (SP2/5)
'In my province, we are *leístas*, we put the *le* where there is no *le*.'

Some of them also commented on the different regional variations that exist in Spain.

(9) Seria conveniente en el caso de la Comunidad Autónoma de Castilla y León, separar en las dos regiones porque el uso lingüístico es radicalmente distinto. (SP2/3)
'As for the autonomous Community of Castilla-León, it would be advisable to separate the two regions because the use of the language is radically different.'

(10) Ya que por ejemplo en Valladolid está muy extendido el laísmo. (SP2/6)
'Since for example in Valladolid *laísmo* is widespread.'

In sum, the Castilians of the Castilla-León region show metalinguistic awareness, i.e. an explicit knowledge about their variety, and they are very self-confident. Not only did they comment on the grammatical features of their region, but they also mentioned the fact that these are sometimes not correct, but that they nevertheless use them.

---

4 All examples are copied with all mistakes, abbreviations, etc. as written by the participants.

3.2 Bilingual Balearic/Catalan/Valencian speakers: linguistic awareness – language expressing identity – language as a political tool

We were interested in the different bilingual Catalan-speaking regions, since we wanted to test whether the kind of bilingualism (balanced Castilian-Catalan, dominant Catalan, dominant Castilian speakers) has an effect on how dative CLD is used. In all three regions, in the Balearic Islands, Catalonia and Valencia, Castilian and Catalan (or their regional varieties) are the official languages. However, there is a difference concerning how present Catalan is in daily life, how successful language policy has been, and, as a result, how successful the *normalització lingüística* of the Catalan language has been. Surprisingly enough, the success of the *normalització lingüística* in the public domain does not guarantee the same extension of Catalan in the private domain. The normalization of the Catalan language has been very successful in the public domain in Catalonia, which can be seen in the fact that there are no more Spanish schools and Spanish is only taught as a subject (cf. Berschin et al. 2012: 50). However, in the private domain the use of Catalan as the habitual language has decreased: in 2018 only 36% of the residents of Catalonia used Catalan as the habitual language compared to 48% who used Castilian; in 2003 Catalan was the habitual language for 46% vs. 47% Castilian (cf. EULP 2018). The same effect can be seen concerning the language of identification. In 2003 44.3% of the residents still rated Catalan as their language of identification, while in 2013 it was only 36.4%, which is the same percentage as in 2018 (cf. EULP 2018). These facts are often felt as a threat to the integrity of Catalan and of the Catalan people in Catalonia.

This is different in Valencia and on the Balearic Islands. According to Berschin et al. (2012: 50; cf. also Plataforma per la Llengua 2018) Spanish/Castilian is the prestige language in Valencia, although in the constitution (*Estatut d'Autonomia de la Comunitat Valenciana* 2006: §6.1) it is stated that "[l]a llengua pròpia de la Comunitat Valenciana és el valencià". It seems that the people from Valencia are more positive concerning Castilian than in Catalonia, an explanation for which might be the (sometimes even hostile) attitude towards Catalan. For speakers of *valencià* it is very important that they do not speak a variety of Catalan, which can be seen in the following comments:

(11) No yo parle en Valensia perque soc Valensiana y hablo en Castellano porque soy Española. (Val 2/20)
'No, I do speak *Valencià* because I am Valencian and I speak in Castilian because I am Spanish.'

(12) El Valensia ya existia antes q Cataluña tinguera el seu dialecte el Catala deriva del occitano. (Val 2/22)
'*Valencià* existed already before Catalonia developed their dialect, Catalan derives from Occitan.'

Concerning the Balearic Islands, the law with respect to the use of language within the autonomy states that "[l]a llengua catalana, pròpia de les Illes Balears, tindrà, juntament amb la castellana, el caràcter d'idioma oficial" (*Estatut d'Autonomia de les Illes Balears* 2007: §4). Nevertheless, they are very positive towards their language. Even though the linguistic equilibrium has been compromised by tourism and a population growth of 152% between 1906–2014 (compared to 88.9% in Catalonia and 99.8% in Valencia), 40.5% of residents rate Catalan as their language of identification and 36.8% speak it as their habitual language, compared to 49% who speak Castilian as their habitual language (cf. GOIB 2017: 60–61).

All in all, bilingual speakers have a very different perception of the linguistic context of their regions (beginning with the complexity of sharing two languages and all possible combinations of language dominance) and, as might be expected, the speakers from the three Catalan-speaking regions showed a different reaction compared to the monolingual speakers of the Peninsula. The participants did not comment on the grammatical structures of the test items (which of course does not mean that they do not have metalinguistic knowledge), however, they commented on the content of sentences with which they identified, i.e. which was important to them, e.g. the recipe for paella.

(13) La paella no debe llevar carne y pescado a la vez, no tiene sentido alguno y es una gran ofensa para todos los valencianos. (Val 1/11)
'Paella should not consist of meat and fish at the same time, it does not make any sense and it is a great offense for all Valencians.'

(14) I els ingredients de la paella … uf! (Val 2/11)
'And the ingredients of the paella – uff!'

The comments on the content of the sentences were not as frequent as the discussion on language-political issues: their historical relations with Catalonia, the birthplace of the Catalan language, the history of Catalan and Valencian, the denomination of Catalan-speaking territories (*Països Catalans* 'Catalan countries'), etc. Hence, the importance of language as an identity marker gave rise to a heated discussion on Facebook. Recall the comment reproduced in (12) and cf. (15–18), below.

(15) Crec que no deurien usar-se terminologies connotades ideològicament com 'països catalans' o 'país valencià' en un estudi científic rigorós. (Cat 1/10)
'I think one should not use politically connotated terminology like 'Catalan countries' or 'Valencian country' in a scientific study.'

(16) No estic d'acord en que tots som Països Catalans. Jo sóc del País Valencià. (Val 1/12)
'I do not agree that we are all Catalan countries. I am from the Valencian country.'

(17) El valencià, a l'igual que l'alacantí o el balear son varietats d'una mateixa llengua comuna, el català. I no per això els valencianoparlants em de sentir-nos menys orgullosos de la nostra llengua i de la nostra cultura. (Val 2/26)
'Valencian, like the language from Alicante or the Balearic Islands are varieties of a common language, namely Catalan. And not because of this do we Valencian speakers have to be less proud of our language and our culture.'

(18) Enterate b d la historia antes d q se parlara Catala ya se parlava el Valensia i aixo esta dcumentat per filologos. (Val 2/27)
'Check the history, before Catalan was spoken, Valencian was already spoken and this has been documented by philologists.'

Like the comment in (17), speakers from Catalonia and the Balearic Islands are also very proud of their language, telling us that Catalan is a beautiful and much beloved language which has to be preserved. This is a common behavior of speakers of minority or even threatened languages in reaction to the presence of other more dominant ones (cf. Meisenburg 2001). Additionally, they are concerned with how the language is developing, and they are grateful for our interest in their language. Consider the examples (19–22).

(19) Només donar-vos les gràcies per l'interès mostrat en la meva llengua materna. (Cat 1/1)
'I just want to say thank you for your interest in my native language.'

(20) M'agradaria saber els resultats de l'estudi ja que em preocupa molt com esta evolucionant el català, sobretot a Balears Mil gràcies pel vostre esforç i interès en estudiar la nostra tan estimada llengua. (Bal 1/9)
'I'd like to know the outcome of the investigation, since I am concerned with how Catalan is developing, especially on the Balearic Islands. Many thanks for your effort and interest in studying our beloved language.'

(21) Jo estimo la meva llengua, jo estimo el català! (Cat 1/13)
'I love my language, I love Catalan!'

(22) Penso que el català és una llengua preciosa. (Cat 1/18)
'I think Catalan is a beautiful language.'

Furthermore, they clearly consider their native language as a feature of the heritage with which they identify, sometimes while rejecting the Spanish influence (cf. Meisenburg 1991):

(23) La llengua catalana és un patrimoni que s'ha de conservar, està viu i forma part de l'identitat de tot un poble. (Cat 1/13)
'The Catalan language is a heritage that has to be preserved, it is alive and forms part of the identity of a whole people.'

(24) El català és la identitat de milers de famílies. (Cat 1/14)
'Catalan is the identity of thousands of families.'

(25) Mes que contaminar-se del castella esta apareixent un català tot i que correcte que usa l'opció comuna amb el castellà. (Cat 1/17)
'Rather than being contaminated by Castilian, another Catalan is rising which, although grammatically correct, adopts solutions shared with Castilian.'

Additionally, the participants from Catalonia comment on the unity of the language and make political statements about the independence of Catalonia. The existence of the language is understood as a legitimization for the political positions.

(26) Crec en la unitat de la llengua. (Cat 1/9)
'I believe in the unity of the language.'

(27) Si fossim un Estat la llengua, que és una part molt important de lameva identitat, no tindria poblemes de pervivència. (Cat 1/19)
'If we were a State, the language, which is an important part of my identity, wouldn't have any problems surviving.'

(28) Visca Catalunya lliure! (Cat 1/24)
'Hurrah for free Catalonia!'

(29) Visca el català! (Cat 1/20)
'Hurrah for Catalan!'

In sum, the bilingual speakers are in general proud of and concerned about the future of their minority language, and they are aware of and react to the sociopolitical context of their varieties, i.e. they show linguistic awareness. This is a whole range of comments and reactions that are almost completely missing in the monolingual Castilian group: language as identity, thankfulness and regard for the beauty of the language, current political opinions about independence, etc. Metalinguistic reactions, in contrast, are very rare in the bilingual groups.

3.3 Monolingual Argentinean speakers: political convictions

Spanish is the national language of Argentina (cf. Berschin et al. 2012: 24) and is spoken by almost all Argentines, even though the Republic of Argentina has not established, legally, an official language. However, Spanish has been used since the founding of the Argentine state by the administration, for education and in all public establishments. Thus, Spanish is taught in elementary and secondary school. However, due to the extensive Argentine geography and due to massive immigration (cf. Baily 1999; Pešková et al. 2012), many different Spanish varieties can be attested, e.g. River Plate and Patagonian Spanish, and in some of these regions many accusative and the majority of dative lexical DPs are doubled by a clitic. Some Argentines are (or have been within their families or communities) bilingual with other languages, e.g. Guarani, Quechua, etc. (altogether fifteen Indo-American languages) or other languages (e.g. Arabic, Chinese, German, French, Italian, etc.), but they did not participate in our study.

Generally, the participants from Argentina, similar to the bilingual participants from the Balearic Islands, Catalonia and Valencia, did not comment on the grammatical structures. They readily commented on any content of the test items that seemed wrong to them. We had one control item of the following kind: "[m]uchos estudiantes tienen que trabajar mucho para estudiar y no logran terminar la carrera. A los políticos no gusta la situación, pero como siempre, no van a cambiar nada." ('Many students have to work hard to study and they fail to finish their degree. The politicians don't like the situation but, like always, they don't do anything to change this.') All Argentines added a clitic (dative arguments in psych verbs have to be doubled obligatorily), but additionally many of them commented on the sentence, changing the verb in order to strengthen their mistrust of or disgust about politics. Some of them even used capital letters to make their point (30–36).

(30) A los politicos deberia importarle la situacion. (Arg 1/11)
'The politicians should care about the situation.'

(31) ALOS POLITICOS NO LES INTERESA LA SITUACION. (Arg 1/12)
'The politicians are not interested in the situation.'

(32) A los políticos no hay nada que les parezca bien, salvo sus propuestas. (Arg 1/13)
'Nothing satisfies politicians, except their proposals.'

(33) A los politicos la situacion les es indiferente. (Arg 1/16)
'Politicians are indifferent to the situation.'

(34) A los políticos, les chupa un huevo.[5] (Arg 1/18)
'Politicians don't give a damn.'

(35) A la mayoría de los argentinos nos repugnan los politicos. (Arg 1/25)
'The majority of us Argentineans are pissed off/made sick by politicians.'

(36) Los políticos lo ignoran. (Arg 2/23)
'The politicians ignore it.'

A large number of comments of this type were given. Furthermore, they also commented on the use of the Spanish language and their independence from Spain. They expressed similar ideas to Catalans, Valencians and Baleares, although to a much lesser degree: the independence of Argentina was recognized in 1859, already a long time ago, cf. (37).

(37) A MI ME ENOJA MUCHISIMO, QUE EN LO COTIDIANO SE USE MUCHO, MUCHO PALABRAS EN INGLES, CUANDO NUESTRA LENGUA ES EL CASTELLANO. (Arg 1/2)
'I am very annoyed that in daily life a lot of English words are used, even though our language is Spanish.'

(38) A mi particularemente ... me gustaría que en mustro país ... se hable Argentino ... No dependemos mas de España!!! (Arg 1/3)
'I would like very much if we spoke Argentinean... we do not depend on Spain anymore!!!'

So, in sum, the many comments on the politicians show that the Argentineans are politically very aware and do not hesitate to utter their resentment, which clearly has to do with the fact that Argentina's recent history has been characterized by political and economic instability with very visible consequences in daily life.

4. Brief discussion and conclusion

The evaluated comments show that the status of the language as a minority or majority language, i.e. the sociohistorical context of the language, correlates with language attitudes and with the predominant reactions of the participants from the various regions: metalinguistic knowledge in Castilla-León, linguistic awareness in the Balearic Islands, Catalonia and Valencia, and political conviction in Argentina.

5 The expression *chupar un huevo* is very colloquial. Although in Peninsular Spanish, it also sounds vulgar and rude, in Argentinean Spanish this connotation has bleached due to its very frequent usage (p.c. of a native speaker).

The metalinguistic awareness and explicit knowledge about the grammar as well as the self-confidence of the Castilian speakers can be explained by the hegemony of Castilian Spanish. Castilian Spanish is clearly the majority language of Spain, recognized already in 1492 by Isabela Queen of Castile, who saw the usefulness of the Castilian language as a tool of hegemony (cf. Lapesa 1981: 188, 288–290). This long history as a majority language can explain why the speakers are so calm and serene about their variety. They do not seem to feel questioned about their cultural identity; they even joke about being *leístas* (8) by introducing an indirect pronoun instead of *lo*, an inanimate accusative clitic (*no **le** hay*), i.e. introducing the pronoun under conditions not accepted by the *Real Academia Española*.

The participants from the Balearic Islands, Catalonia and Valencia responded differently compared to the Castilians. They did not react regarding the formal properties of their languages; instead, they discussed sociopolitical issues, showing thus a high linguistic awareness. Still, whereas the Valencians were very adamant about distancing themselves from Catalonia and the Catalan language, the Balearic people mainly commented on the beauty of their language, without any need to reject either Valencian or Catalan. This might be due to the fact that the Balearic Islands are separated from Catalonia and Valencia by the sea, so there is no need for further distance, whereas the other two are geographic neighbors. The Catalans commented on a threat concerning their language from Castilian, whereas the Valencians see Catalan as the threat. The reason for this might be the later process of normalization in Valencia compared to Catalonia. Nevertheless, all three groups of participants are very proud of their language and aware of the sociohistorical restrictions placed on it since the Middle Ages, through the Franco regime till nowadays, which can still be seen in the peculiarities concerning current Catalan orthography (cf. Meisenburg 1991: 65).

The Argentineans did not comment on the structure, nor on the beauty, and hardly on the sociocultural properties of their language: Castilian is an identity feature for them (recall comment (37) rejecting Anglicisms). Spanish has been the majority language in Argentina for a long time. Furthermore, the linguistic context is not that of a multilingual society in which different languages coexist in daily life, but rather a society where minority languages are seen as marginal and are almost ignored (cf. Berschin et al. 2012: 24). Instead, they reacted very strongly to the content of test items that mentioned politicians. This strong negative reaction can easily be explained by a general mistrust by the Argentineans of politicians, who for the third time in the last 30 years are pushing the country towards a financial disaster.

Looking at the three groups together (Spanish-Catalan bilinguals, Spanish monolinguals in Castilla-León and in Argentina), it seems that metalinguistic reflection can easily be overridden by acute sociopolitical (Catalonia) or political (Argentina) worries. Both Argentina and the Catalan-speaking territories are experiencing political instability (of course, with very diverse backgrounds and repercussions). In this respect, the differences are very meaningful: Catalan is in the context of Spain a minority language, and as such, the ideas about politics and about language overlap to a point where they cannot be teased apart. In contrast, Spanish in Argentina is a majority language and the discussion about the power of language as an identity marker is almost superfluous and remains marginal. All in all, what could be seen by the reactions of all speakers and what should be kept in mind when distributing GJTs is that in addition to the evaluation of grammatical structures, a lot more than grammar is activated in the brains of the participants, namely political convictions, linguistic awareness and metalinguistic knowledge, among other things.

Of course, all these are mere first impressions after a rather superficial analysis of the data. Furthermore, we are aware of the fact that by recruiting participants on the internet, on social platforms, one might get a biased participant group, namely people who like to use the internet to perform or to express their opinions, so that a generalization of these results to the whole population is not a given.

Clearly, more detailed information about the sociohistorical context of the participants and the different regions should be taken into account for further investigations.

References

Aranovich, R. 2016. A partitioned chi-square analysis of variation in Spanish clitic doubling. The case of *dar* 'give'. *Journal of Quantitative Linguistics* 23, 295–313.

Bader, M. 2019. Free variation in verb cluster serialization. A harmonic grammar analysis. Talk presented at the 41st Annual Conference of the German Linguistic Society (Deutsche Gesellschaft für Sprachwissenschaft, DGfS), AG 8 "Who cares? Contrast and opposition in 'free' phenomena". University of Bremen, March 6th 2019.

Baily, S. L. 1999. *Immigrants in the lands of promise. Italians in Buenos Aires and New York City, 1870–1914.* Ithaca, NY: Cornell University Press.

Berschin, H. / Fernández-Sevilla, J. / Felixberger, J. 2012. *Die spanische Sprache. Verbreitung, Geschichte, Struktur*. Hildesheim: Olms.

Chomsky, N. 1957. *Syntactic structures*. Den Haag: Mouton.

Di Tullio, Á. / Zdrojewski, P. 2006. Notas sobre el doblado de clíticos en el español rioplatense. Asimetrías entre objetos humanos y no humanos. *Filología* 1, 13–44.

Dufter, A. / Stark, E. 2008. Double indirect object marking in Spanish and Italian. In Seoane, E. / López-Couso, M. J. Eds. *Theoretical and empirical issues in grammaticalization*. Amsterdam: Benjamins, 111–129.

Estatut d'Autonomia de la Comunitat Valenciana 2006. València: Les Corts. https://www.aelpa.org/documentos/estatutos_autonomia/estatutoValencia_val.pdf (2019-11-30).

Estatut d'Autonomia de les Illes Balears 2007. http://web.parlamentib.es/RecursosWeb/DOCS/EstatutAutonomiaIB.pdf (2019-11-30).

EULP (= *Enquesta d'usos lingüístics de la població*) 2018. Ed. by the Generalitat de Catalunya (Departament de Cultura. Direcció General de Política Lingüística). https://llengua.gencat.cat/web/.content/documents/dadesestudis/altres/arxius/presentacio-resultats-eulp-2018.pdf (2019-11-30).

Ferguson, C. 1959. Diglossia. *Word* 15, 325–340.

Fernández Soriano, O. 1999. El pronombre personal. Formas y distribuciones. Pronombres átonos y tónicos. In Bosque, I. / Demonte, V. Eds. *Gramática descriptiva de la lengua española*, vol. 1: *Sintaxis básica de las clases de palabras*. Madrid: Espasa, 1209–1273.

Fischer, S. / Rinke, E. 2013. Explaining the variability in clitic doubling across Romance. A diachronic account. *Linguistische Berichte* 236, 455–472.

Fischer, S. / Navarro, M. / Vega Vilanova, J. 2019. The clitic doubling parameter. Development and distribution of a cyclic change. In Bouzouita, M. / Breitbarth, A. / Danckaert, L. / Witzenhausen, E. Eds. *Cycles in language change*. Oxford: Oxford University Press, 52–70.

Fischer S. / Navarro M. / Vega Vilanova, J. to appear. Testing an optional phenomenon. The limitations of GJTs. In Dogaru, M. Ed. *(De)constructing language structure and meaning. Studies on syntax, semantics, language acquisition*. Cambridge: Cambridge Scholars Publishing.

Gabriel, C. / Rinke, E. 2010. Information packaging and the rise of clitic doubling in the history of Spanish. In Ferraresi, G. / Lühr, R. Eds. *Diachronic studies on information structure. Language acquisition and change*. Berlin: De Gruyter, 63–86.

Giles, H. / Bourhis, R. Y. / Taylor, D. M. 1977. Towards a theory of language in ethnic group relations. In Giles, H. Ed. *Language ethnicity and intergroup relations*. London: Academic Press, 307–348.

GOIB (= Govern de les Illes Balears. Conselleria de Cultura, Participació i Esports / Generalitat de Catalunya. Departament de Cultura / Universitat de les Illes Balears) 2017. *Enquesta d'usos lingüístics a les Illes Balears 2014. Anàlisi.* http://www.caib.cat/govern/rest/arxiu/3387213 (2019-11-08).

Güremen, R. 2018. In what sense exactly are human beings more political according to Aristotle? *Philosophy and Society* 29, 170–181.

Jaeggli, O. 1993. Tres cuestiones en el estudio de los clíticos. El caso, los sintagmas nominales reduplicados y las extracciones. In Fernández Soriano, O. Ed. *Los pronombres átonos*. Madrid: Taurus, 141–173.

Juzek, T. S. 2016. *Acceptability judgement tasks and grammatical theory*. PhD thesis, University of Oxford.

Lapesa, R. 1981. *Historia de la lengua española* (9th ed.). Madrid: Gredos.

Meisenburg, T. 1991. Zur Geschichte der katalanischen Orthographie. *Zeitschrift für Katalanistik* 4, 48–67.

Meisenburg, T. 1999. Überlegungen zum Diglossiebegriff. In Stehl, T. Ed. *Dialektgenerationen, Dialektfunktionen, Sprachwandel*. Tübingen: Narr, 19–35.

Meisenburg, T. 2001. Sind nicht alle Sprachen schön? Inaugural lecture delivered on May 23rd, 2001. Osnabrück: University of Osnabrück. http://www.home.uni-osnabrueck.de/tmeisenb/schoenesprachen.pdf (2019-11-04).

Navarro, M. / Fischer, S. / Vega Vilanova, J. 2017. Reconstruyendo un ciclo. Doblado de clíticos y gramaticalización en las lenguas romances. In Gumiel-Molina, S. / Leonetti, M. / Pérez-Jiménez, I. Eds. *Investigaciones actuales en lingüística*, vol. 3: *Sintaxis*. Alcalá de Henares: Publicaciones de la Universidad de Alcalá, 111–126.

Nishida, C. 2012. A corpus study of Mexican Spanish three-participant constructions with and without clitic doubling. *Linguistic Discovery* 10, 208–240.

Pešková, A. / Feldhausen, I. / Kireva, E. / Gabriel, C. 2012. Diachronic prosody of a contact variety. Analyzing *Porteño* Spanish spontaneous speech. In Braunmüller, K. / Gabriel, C. Eds. *Multilingual individuals and multilingual societies*. Amsterdam: Benjamins, 365–389.

Plataforma per la Llengua 2018. *Informe CAT 2018. 50 dades sobre la llengua catalana*. Barcelona: Plataforma per la Llengua. https://www.plataforma-llengua.cat/media/upload/pdf/informecat2018_1528713023.pdf (2019-01-04).

Schroten, J. 2010. Clitic doubling in Spanish. Agreement of the third kind. In Everaert, M. B. H. / Lentz, T. / de Mulder, H. N. M. / Nilsen, Ø. / Zondervan, A. Eds. *The linguistics enterprise. From knowledge of language to knowledge in linguistics*. Amsterdam: Benjamins, 315–326.

Weinreich, U. 1953. *Languages in contact. Findings and problems*. New York: Linguistic circle.

Zdrojewski, P. / Sánchez, L. 2014. Variation in accusative clitic doubling across three Spanish dialects. *Lingua* 151, 162–176.

Acknowledgments. This investigation is part of our research project "Clitic Doubling across Romance," funded by the German Research Foundation (*Deutsche Forschungsgemeinschaft*, DFG), granted to the first author, funding numbers FI 875/3-1 and FI 875/3-2. We would like to thank Kirsten Brock for proofreading and correcting the English of this paper.

Jonas Grünke

Dominancia y usos lingüísticos entre estudiantes de Gerona

Abstract. The present contribution gives an overview of the linguistic situation in the academic environment of Girona, Catalonia, based on the results of a questionnaire on language use, dominance and linguistic attitudes completed by a sample of 31 bilingual university students. It is shown that Catalan has consolidated its use and become the socially dominant prestige language. Spanish, which is also present in the bilingual society – even though to a lesser degree – only attains a predominant use in families where none of the parents is a native speaker of Catalan.

1. Introducción

"El catalán nace bicéfalo": estas palabras se las atribuye Bossong (2008: 106) al filólogo y lingüista catalán Antoni M.ª Badia Margarit (1920–2014). Más que a la mera coexistencia de dos lenguas dentro de un territorio, se refería al bilingüismo individual de cada uno de los catalanes. De hecho, la mayoría de los habitantes de Cataluña habla hoy no solo castellano, sino también catalán. Como es bien sabido, este no ha sido siempre el caso, puesto que después de un largo período de gran esplendor en la Edad Media, el uso del catalán disminuyó considerablemente, e incluso llegó a prohibirse bajo el franquismo. Desde la Transición, los sucesivos Gobiernos catalanes se han empeñado en fomentar de manera ejemplar el catalán dentro del marco de la 'normalización' lingüística, lo que, en términos de sociolingüística catalana, significa el "establecimiento de una situación 'normal', en la que cada uno[1] puede vivir su vida entera en su propia lengua materna" (Bossong 2008: 128). Aunque todavía no se haya llegado del todo a esta situación, Cataluña se encuentra sin duda en una etapa avanzada.

Ciertamente, la internacionalmente alabada política educativa catalana, más conocida con el término de 'inmersión lingüística', desempeña un papel decisivo al respecto a través de la escolarización obligatoria cuasi monolingüe en catalán desde la educación primaria hasta el bachillerato (cf. Montrul 2013: 262–265).

[1] Huelga señalar que en una sociedad bilingüe esta interpretación del concepto puede resultar conflictiva.

Ahora bien, ¿cómo transcurre la vida diaria de los habitantes bilingües de Cataluña? ¿Hablan ambas lenguas igual de bien? ¿Son hablantes dominantes en una de las dos lenguas? ¿Quién habla qué lengua, cuándo y con quién? Este artículo tiene como objetivo principal dar respuesta a tales preguntas mediante la evaluación de una encuesta proporcionada a 31 estudiantes de la Universidad de Gerona. Con este fin, en primer lugar, resumiremos las contribuciones más destacadas de la bibliografía científica sobre la dominancia lingüística (cf. apartado 2). A continuación, ofreceremos de manera sintética la información sobre la situación lingüística de Cataluña necesaria para la comprensión de los apartados siguientes del trabajo (cf. apartado 3). Posteriormente, después de exponer la metodología del estudio en el apartado 4, presentaremos los resultados de nuestro estudio. Finalmente, los discutiremos en el apartado 5 y propondremos perspectivas para futuras líneas de investigación.

2. La dominancia lingüística

Como observó Grosjean (1998), los bilingües no son meros monolingües en una misma persona que saben hablar y usar dos lenguas de manera uniforme. De hecho, es sabido que los bilingües equilibrados (ingl. *balanced bilinguals*) son muy pocos y que, en su mayoría, los bilingües son 'dominantes' en uno de sus idiomas (cf. Treffers-Daller 2016: 235). Romaine (1989: 18) resume: "The notion of balanced bilingualism is an ideal one, which is largely an artefact of a theoretical perspective which takes the monolingual as its point of reference". Asimismo, la dominancia lingüística no es una variable categórica, sino que describe un *continuum*. Por tanto, en los intentos de 'medirla' conviene aplicar una escala gradual para representar sus diferentes grados. En este mismo sentido, Birdsong (2016) diferencia a los *across domain balanced bilinguals* de los *within domain balanced bilinguals*, siendo los primeros igual de competentes en ambas lenguas en todos los ámbitos de su vida y los segundos, equilibrados como individuos pero con unas competencias muy diferentes en función de los diferentes ámbitos de su vida. Es decir, usan las dos lenguas en diferentes ámbitos, situación que se conoce con el término de *complementary principle*, que —originalmente creado por Grosjean— ha vuelto de nuevo a ganar importancia en los últimos años (cf. Grosjean 2016).

Conforme a Treffers-Daller (2016), la mayoría de los científicos conviene en que son dos los principales factores que influyen en la dominancia lingüística de un bilingüe: la competencia (ingl. *proficiency*) y el uso de lengua (ingl. *language use*, *frequency*). Otros factores que se nombran con una cierta frecuencia son la calidad y cantidad del *input*, los ámbitos o dominios de uso y la edad a la hora de la adquisición (ingl. *age of acquisition*). Estos últimos parecen ser especialmente importantes cuando la dominancia lingüística evoluciona a lo largo del tiempo (cf., p. ej., de Houwer/ Bornstein 2016).

Con el fin de operacionalizar la determinación de la dominancia lingüística de una persona, se han propuesto numerosos métodos (cf. Treffers-Daller 2016 para un resumen) que se basan o en criterios genérico-subjetivos o en pruebas específico-objetivas. Si bien el último tipo es más exacto porque mide la competencia y el uso de lenguas reales de una persona en una determinada situación, tiene la desventaja de requerir mucho más esfuerzo. Es más, puesto que muchas veces es imposible trazar una clara línea divisoria (ingl. *cut-off point*) entre bilingües dominantes y equilibrados, se ha llegado a unos resultados considerablemente diferentes en estudios de similar metodología. Asimismo, es perfectamente posible que un bilingüe sea equilibrado con respecto a un cierto criterio, pero no a otro, por lo que este tipo de pruebas no admite conclusiones sobre el equilibrio lingüístico general de un bilingüe.

En contraste, los procedimientos genérico-subjetivos ofrecen esa ventaja: habitualmente se le pide al grupo objeto de investigación autoevaluar su uso de las lenguas y sus competencias lingüísticas mediante una encuesta. De esta manera, se intenta trazar una imagen subjetiva de los dos factores determinantes de la dominancia lingüística. A menudo, las encuestas contienen también preguntas ulteriores sobre el trasfondo de los participantes, p. ej., el *Bilingual Language Profile* (BLP; Birdsong et al. 2012), que constituye la base para la encuesta realizada en el presente estudio; cf. apartado 4.

3. Situación lingüística de Cataluña

Conforme al Estatuto de autonomía de 2006 (cf. Parlament de Catalunya 2013), el catalán es la lengua propia de Cataluña. "Como tal, el catalán es la lengua de uso normal y preferente[2] de las Administraciones públicas y de los medios de comunicación públicos de Cataluña, y es también la lengua normalmente utilizada como vehicular y de aprendizaje en la enseñanza" (artículo 6, párrafo 1). El párrafo 2 lo declara lengua oficial. Dado que el castellano es oficial en toda España conforme a la Constitución, esto hace de Cataluña un territorio oficialmente bilingüe. Según el Estatuto, "todas

[2] La expresión "y preferente" ha sido declarada inconstitucional y nula por el Tribunal Constitucional en 2010 (STC 2010/31), levantando en Cataluña una grande polémica, la que sin duda ha animado al debate independentista (cf. Pons Parera 2013).

las personas tienen el derecho a utilizar las dos lenguas oficiales y los ciudadanos de Cataluña tienen el derecho y el deber de conocerlas".

Sin embargo, los informes anuales de política lingüística de la *Generalitat* señalan claramente que no todos los ciudadanos de Cataluña cumplen con ese deber. En las últimas encuestas, de 2013, solamente el 80,4% de la población de más de 15 años afirmaba saber hablar catalán (*Informe 2017*, cf. Generalitat de Catalunya 2018), aunque el 94,3% sostenía comprenderlo. Bastante más bajo es el porcentaje de personas capaces de escribir en catalán: durante los años del franquismo, gran parte de los adultos catalanes fueron alfabetizados solo en castellano (cf. Boix-Fuster/Sanz 2008: 90). En la Fig. 1 se puede ver que, a pesar de ello, los conocimientos de catalán han aumentado considerablemente en décadas más recientes.

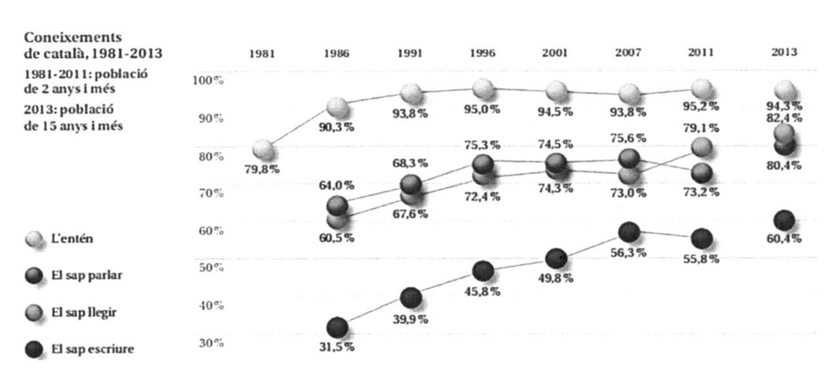

Fig. 1. Conocimiento del catalán en Cataluña; de arriba a abajo: lo comprende, lo sabe hablar, lo sabe leer, lo sabe escribir (*Informe 2017*, Generalitat de Catalunya 2018: 9).

Mientras que al final de la dictadura la población catalana constaba de manera casi exclusiva de autóctonos bilingües (aproximadamente el 65%) e inmigrantes monolingües en castellano (35%), en 2013, la proporción de personas nacidas en Cataluña era del 63,7% y entre los demás habitantes aproximadamente la mitad había nacido fuera de España. Es de suponer que casi todos los nacidos fuera de Cataluña no sean hablantes nativos de catalán. No obstante, una importante parte de ellos son hablantes nativos de castellano, ya que la primera ola de inmigración procedente del sur de España que llegó a Cataluña entre los años 50 y 70 del siglo veinte hablaba evidentemente castellano, el cual era, por aquel entonces, la única lengua oficial de Cataluña. Además, los hispanófonos, sudamericanos en este caso, destacan también entre los inmigrantes más recientes, con un 22% (cf. Boix-Fuster/Sanz 2008: 90).

Relacionando estas cifras con el porcentaje de catalanohablantes, queda patente que los catalanes han conseguido motivar a más de la mitad de los inmigrantes a aprender a hablar la lengua propia de la Comunidad y a casi todos a adquirirla de manera pasiva, aunque no estén obligados a hacerlo.[3] De esta manera, se manifiesta el gran prestigio del que goza el catalán en Cataluña, donde siempre ha sido símbolo de la independencia cultural de una nación catalana (cf. Bossong 2008: 103). Asimismo, las elites culturales catalanas nunca han abandonado su lengua propia en favor del castellano, al contrario de Valencia, donde la nobleza y la alta burguesía adoptaron el castellano ya en el siglo XVI. En Cataluña, por el contrario, el castellano ha sido —y sigue siendo— ante todo la lengua de los inmigrantes económicos. Aún hoy, el ascenso social solo es posible si se habla catalán.

Sin embargo, a pesar del desarrollo global positivo, existe una notable disparidad sociogeográfica entre la competencia lingüística y el uso del catalán. En el *Informe 2015* (Generalitat de Catalunya 2015: 9–10), se documenta que el 80,4% de los catalanes sabe hablar catalán, pero solo un 36,4% afirma que es su "lengua habitual". Como muestra la Tab. 1, los porcentajes de uso del catalán son muy bajos en el área metropolitana de Barcelona, donde hay una fuerte concentración de personas nacidas fuera de Cataluña, mientras que, p. ej., en la provincia de Gerona un 70% usa el catalán en su vida cotidiana.

grupos de uso (%)	usa predominantemente el catalán	alterna el uso del catalán y del castellano	usa predominantemente el castellano	usa predominantemente otras lenguas y el castellano
Barcelona	30,1	24,6	35,3	10,0
área metropolitana	20,9	20,4	52,1	6,6
provincia de Gerona	53,2	16,3	17,9	12,6

Tab. 1. Uso de lengua según el ámbito territorial (*Informe 2015*, Generalitat de Catalunya 2015: 10).

[3] Una importante excepción es, sin duda, el sistema educativo (cf. Pradilla 2016; Boix-Fuster/Sanz 2008: 89). A través de la 'inmersión lingüística' se asegura que independientemente de su trasfondo personal, los alumnos catalanes sepan hablar catalán de forma nativa y que incluso se sientan a gusto haciéndolo. En otras zonas catalanohablantes, como el País Valenciano, esta meta solo se consigue en parte (cf. Montrul 2013: 265).

En resumidas cuentas, se puede decir que hoy en día la mayoría de los habitantes de Cataluña es capaz de expresarse en catalán, aunque solo una parte más reducida lo usa cotidianamente. Si bien el castellano predomina en los alrededores de Barcelona, el catalán prevalece en las demás provincias y en los territorios rurales.

4. Metodología

Los resultados de la encuesta presentados en esta contribución son parte de un estudio más extenso sobre la prosodia del castellano hablado en Cataluña y se basan en la evaluación de un cuestionario proporcionado en noviembre de 2017 a 31 estudiantes del Departamento de Filología y Comunicación de la Universidad de Gerona, socializados en la misma provincia. Los participantes tenían entre 18 y 24 años y la proporción entre ambos sexos estaba aproximadamente equilibrada (13 m., 18 f.). Todos fueron escolarizados en la provincia de Gerona y, por tanto, en el sistema de la 'inmersión lingüística'. De los 62 padres y madres 19 habían nacido fuera de Cataluña y procedían o bien de las provincias españolas de Albacete, Badajoz (3), Córdoba (2), Granada (2), Madrid, Málaga, Segovia, Guipúzcoa, Valladolid y Zaragoza, o bien de Hispanoamérica (Honduras (2), Bolivia (2), Uruguay). En consecuencia, casi una tercera parte de los participantes son hijos de los inmigrantes que llegaron respectivamente de la España meridional y Sudamérica durante los dos grandes movimientos migratorios anteriormente mencionados.

A los participantes se les facilitó un cuestionario sociolingüístico, fundamentado principalmente en el BLP (cf. Birdsong et al. 2012), el cual representa un método extendido y reconocido para la determinación de la dominancia lingüística de personas bilingües, que se apoya en la autoevaluación por parte de los mismos hablantes. Además de datos biográficos, como la edad, el sexo, el lugar de nacimiento y las lengua(s) materna(s) de los padres, este cuestionario incluye preguntas relacionadas con:

- la biografía lingüística: lengua(s) hablada(s) en casa, inicio de la adquisición;
- el uso de lengua: con la familia, amigos, en las compras, con desconocidos, etc.;
- las competencias lingüísticas: hablar, entender, leer, escribir;
- las actitudes lingüísticas: lengua(s) percibida(s) como materna(s), confianza propia al hablar ambas lenguas, etc.

En las cuatro últimas partes mencionadas, generalmente se les pidió a los encuestados responder marcando la casilla correspondiente en una escala, como ilustra la Fig. 2.

En una semana normal, ¿qué porcentaje de tiempo usas las siguientes lenguas **con tu familia**?

Castellano	□	□	□	□	□	□	□	□	□	□	□
	0%	10%	20%	30%	40%	50%	60%	70%	80%	90%	100%
Catalán	□	□	□	□	□	□	□	□	□	□	□
	0%	10%	20%	30%	40%	50%	60%	70%	80%	90%	100%
Otras lenguas	□	□	□	□	□	□	□	□	□	□	□
	0%	10%	20%	30%	40%	50%	60%	70%	80%	90%	100%

Fig. 2. Extracto de la versión castellana del cuestionario.

Conforme a las casillas marcadas por los participantes, se asignó un valor de puntos a cada una de las dos lenguas (castellano y catalán), y se calculó al final la puntuación de cada lengua en una escala de 0 a 100 puntos. Restando la puntuación del catalán de la del castellano, se llegó a un valor de dominancia que representaba la dominancia lingüística de los participantes mediante un valor numérico entre -100 y 100. La interpretación de ese valor es la siguiente: 0 corresponde a una persona bilingüe perfectamente equilibrada, que usa ambas lenguas con la misma frecuencia y las domina igual de bien. Por el contrario, una persona monolingüe obtendría un valor de ±100. Los encuestados podían elegir la lengua del cuestionario y su elección se integró posteriormente en la parte de uso de lengua del cuestionario.

5. Resultados

Para facilitar la presentación de los resultados, dividimos a los participantes estrictamente en dos grupos de dominancia. Somos conscientes de la simplificación que ello representa y lo tendremos en cuenta en la evaluación siempre y cuando sea necesario.

5.1 Dominancia lingüística

La Fig. 3 presenta los valores de dominancia calculados para los 31 estudiantes encuestados. Es evidente que el número de dominantes en catalán (n = 20, valores negativos) prevalece sobre el número de dominantes en castellano (n = 11, valores positivos). Es más, entre la mayoría de dominantes en catalán (= grupo DCat), solo uno (hablante 20) tiene un valor menor a 20 y es, por lo tanto, un hablante bilingüe equilibrado, mientras que la mitad alcanza valores superiores a 40 y es, por ende, claramente dominante en catalán. Es de suponer que este grupo apenas si usa el castellano activamente en su vida cotidiana. Por otro lado, los encuestados dominantes en castellano (= grupo DCast) son bilingües notablemente más equilibrados, ya que ninguno supera el valor de 40 y una tercera parte de ellos presenta valores por debajo de 20.

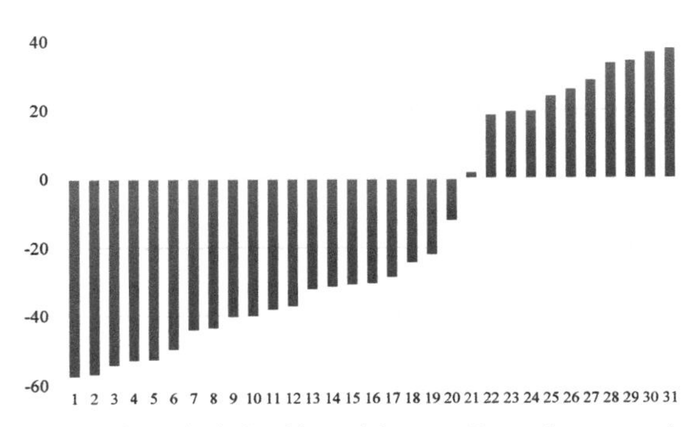

Fig. 3. Valores de dominancia de los 31 participantes. Los valores negativos representan a los dominantes en catalán; los valores positivos, a los dominantes en castellano.

Para concluir, podemos decir que el grupo DCat no solamente es más numeroso, sino que sus miembros muestran además un bilingüismo menos equilibrado que el grupo DCast. Ya aquí se constata que en Gerona el catalán es la lengua predominante en el nivel social.

5.2 Bibliografía lingüística

Como muestra la Tab. 2, los bilingües encuestados empiezan a adquirir su lengua dominante prácticamente desde el nacimiento y la segunda lengua entra en sus vidas algo más tarde. Destaca el hecho de que el grupo DCat empiece a aprender el castellano en promedio casi un año antes que el otro grupo, el catalán. Posiblemente, esto se debe a la presencia de medios de comunicación audiovisuales en castellano en las familias catalanohablantes.[4] En el caso de las familias que usan solo el castellano en casa, es de suponer que el consumo de medios de comunicación en catalán sea menor,

[4] Conforme al *Informe 2017* (cf. Generalitat de Catalunya 2018: 18), el consumo de contenidos audiovisuales es mayor en castellano (78%), aunque en los últimos años las emisoras de radio en catalán han llegado a superar a las de lengua castellana.

así que para el grupo DCast la entrada en la guardería y el contacto con niños catalanohablantes podrían resultar más importantes.

inicio de aprendizaje	catalán	castellano
dominantes en catalán	0,05[5]	1,5
dominantes en castellano	2,3	0,09

Tab. 2. Inicio del aprendizaje del catalán y del castellano (media de los grupos de dominancia en años).

La tabla siguiente muestra que la relación entre la lengua hablada en la familia durante la infancia y la dominancia lingüística de los jóvenes es evidente:

lengua(s) familiar(es)	catalán	castellano	ambos
dominantes en catalán (n = 20)	20	0	0
dominantes en castellano (n = 11)	0	9	2

Tab. 3. Lengua(s) hablada(s) en la familia durante la infancia (número de participantes).

Mientras que el grupo DCat indica uniformemente solo el catalán como lengua familiar, entre los dominantes en castellano se encuentran dos que marcaron ambas lenguas. Uno de ellos es el hablante 21, que presenta un valor de dominancia de 1,7 y es, por tanto, un bilingüe perfectamente equilibrado. Su madre es catalana y el padre es procedente de Granada. En el segundo caso, se trata de una bilingüe igualmente bastante equilibrada (18,4), cuyos padres son originarios del sur de la Península. Sin embargo, el uso del catalán en el seno de la familia —que la joven califica de 60% vs. 40% en favor del castellano— solo se podría explicar si los padres hubieran aprendido el catalán como lengua extranjera.

Como también cabría esperar, se constata una correlación clara entre la dominancia lingüística de los hijos y la(s) lengua(s) materna(s) de sus padres (cf. Tab. 5). La pregunta respectiva del cuestionario resultó algo problemática, puesto que algunos participantes señalaron solo el catalán como lengua materna de sus padres, algo prácticamente imposible, ya que se asume que ya no existen monolingües en catalán. Por tanto, en la Tab. 4 todos los padres y madres que son hablantes nativos del catalán según la indicación de sus hijos se consideraban bilingües con el castellano.

[5] Los números indican la media del grupo respectivo. No se trata de números enteros, puesto que la mayoría de los participantes marcó la casilla de "0 años" y algunos pocos, la casilla de "1 año".

lengua(s) materna(s) de los padres	ambos bilingües (cat.-cast.)	ambos monolingües (cast.)	mixto	uno monolingüe (cast.) y otro bilingüe (cast. + tercera lengua)
dominantes en catalán (n = 20)	15	0	5	0
dominantes en castellano (n = 11)	1	8	0	2

Tab. 4. Lengua(s) materna(s) de los padres según los grupos de dominancia.

La Tab. 4 muestra que los hijos de monolingües castellanohablantes o los que tienen un progenitor monolingüe en castellano y otro bilingüe con castellano y una tercera lengua (en este caso, aimara, vasco y quechua) son dominantes en castellano (10 de 11 casos). Ahora bien, si un padre o una madre es hablante nativo del catalán, esta lengua será también la dominante de sus hijos, salvo en un único caso: curiosamente, el participante 23, que es hijo de padres catalanohablantes, es ligeramente dominante en castellano (valor de dominancia 19,5). Aunque los dos padres nacieron en Gerona y hablan catalán como lengua materna, la única lengua de la familia es el castellano. Posiblemente, en este caso, los abuelos son de procedencia no catalana, como sugieren los dos apellidos castellanos del encuestado. En cuanto a las parejas mixtas, es interesante destacar que el porcentaje de uso del catalán en las familias respectivas es mayoritario (entre 70 y 90%). Aun así, estos jóvenes tienen valores de dominancia bajos y son, por consiguiente, bilingües más equilibrados que los de padre y madre nativos en catalán.

A la pregunta de cuándo se sentían cómodos usando sus lenguas, los dos grupos respondieron de manera diferente en cuanto a su respectiva lengua dominada (cf. Tab. 5). Mientras que todos respondieron que hablar la lengua dominante no les incomodaba ya en los primeros años de vida, los dominantes en catalán tardaron de promedio casi cinco años hasta que se sintieron a gusto hablando su segunda lengua. Al contrario, el grupo DCast necesita más del doble de tiempo para alcanzar esta meta. Lo más probable es que sea un mérito de la 'inmersión lingüística', que hace del catalán la lengua vehicular en el sistema educativo, lo que facilita la adquisición del catalán por parte de los niños castellanohablantes hasta sentirse cómodos hablando esta lengua.

comodidad en el uso	catalán	castellano
dominantes en catalán	1,8	4,8
dominantes en castellano	10,6	0,6

Tab. 5. Edad a partir de la cual los participantes se sentían cómodos usando el catalán y el castellano (medias en años).

5.3 Uso de lengua

En esta parte del cuestionario, se les pidió a los participantes estimar los porcentajes de uso del castellano y del catalán en diferentes situaciones de su vida cotidiana. Dentro de la familia, la lengua dominante se usa aproximadamente el 90% del tiempo. El resto del tiempo se habla la segunda o, en algunos casos, una tercera lengua (aimara, vasco, quechua).[6]

en familia	catalán	castellano
dominantes en catalán	91	8
dominantes en castellano	9	88

Tab. 6. Uso de lengua en la familia (porcentajes medios).

Con los amigos, estos porcentajes cambian considerablemente. Bien es verdad que el grupo DCat recurre al castellano con más frecuencia que en la familia, por lo general, el catalán suele ser la lengua dominante entre amigos. Resulta interesante que esto también sea así entre los dominantes en castellano, aunque en su caso la proporción de las dos lenguas es más equilibrada.

con los amigos	catalán	castellano
dominantes en catalán	82	18
dominantes en castellano	54	46

Tab. 7. Uso de lengua con los amigos (porcentajes medios).

En la universidad, el catalán sigue siendo la lengua más usada por ambos grupos. En el grupo DCast, la diferencia entre las dos lenguas es mínima, mientras que en el grupo DCat llega a los 37 puntos porcentuales. Finalmente, los estudiantes usan otras lenguas, como el alemán o el inglés en los cursos de lengua (5%).

en la universidad	catalán	castellano
dominantes en catalán	66	29
dominantes en castellano	48	47

Tab. 8. Uso de lengua en la universidad (porcentajes medios).

[6] En algunas de las siguientes tablas, los porcentajes no suman 100%; en estos casos, los porcentajes restantes corresponden al uso de lenguas extranjeras.

En las compras, observamos la misma tendencia: los dominantes en catalán prefieren su lengua dominante, y el grupo dominante en castellano usa ambas lenguas con frecuencias similares.

al ir de compras	catalán	castellano
dominantes en catalán	74	26
dominantes en castellano	48	52

Tab. 9. Uso de lengua en las compras (porcentajes medios).

Para dirigirse a desconocidos, el grupo DCast se sirve de ambas lenguas en igual medida. En el grupo DCat, el catalán es algo más importante, pero el castellano tiene una presencia más alta en este contexto que en otros. Por consiguiente, aunque en general se puede asumir que en Gerona el catalán es entendido por todos, parece que para los estudiantes encuestados o no es evidente en todos los casos o tienen a menudo la sensación de que el castellano es más adecuado, por ejemplo, por cuestiones de cortesía. En su forma extrema, este comportamiento se conoce en la sociolingüística catalana con el nombre de *auto-odi* 'autoodio' (cf. la discusión en Kabatek 1994).

con desconocidos	catalán	castellano
dominantes en catalán	60	37
dominantes en castellano	50	50

Tab. 10. Uso de lengua con desconocidos (porcentajes medios).

Los resultados siguientes muestran algunos efectos de la dominancia lingüística en el nivel personal. No sorprende que la lengua en la que piensan los encuestados sea habitualmente su lengua dominante. Sin embargo, es interesante resaltar que en el grupo DCast la segunda lengua tiene algo más de importancia que en el otro grupo.

pensar	catalán	castellano
dominantes en catalán	90	7
dominantes en castellano	16	84

Tab. 11. Uso de lengua en los pensamientos (porcentajes medios).

Esta diferencia entre los dos grupos aumenta al contar. Mientras que el grupo DCat suele contar de manera casi exclusiva en catalán, el grupo

DCast prefiere el castellano, aunque también recurre al catalán en el 27% de los casos[7].

contar	catalán	castellano
dominantes en catalán	96	4
dominantes en castellano	27	73

Tab. 12. Uso de lengua al contar (porcentajes medios).

Finalmente, todos los participantes (menos una dominante en catalán) decidieron rellenar el cuestionario en su lengua dominante.

5.4 Competencia lingüística

En esta parte del cuestionario se les pidió a los participantes valorar sus competencias lingüísticas en una escala del 1 ("no muy bien") al 6 ("muy bien"). La Tab. 13 muestra que en las competencias receptivas (leer y comprender/entender) los estudiantes encuestados no aprecian casi ninguna diferencia entre sus dos lenguas.

		catalán	castellano
comprender	dominantes en catalán	6,0	5,85
	dominantes en castellano	5,82	5,91
leer	dominantes en catalán	5,95	5,35
	dominantes en castellano	5,36	5,64

Tab. 13. Autoevaluación de las competencias lingüísticas receptivas (escala de Likert de 6 puntos).

En cuanto a las habilidades productivas, la autoevaluación de los bilingües arroja valores altos de competencia en ambas lenguas. Las diferencias de competencia más pronunciadas se observan en la expresión oral, así que en el grupo de dominancia catalana la diferencia llega a ser de 1,15 puntos (frente a 0,55 en el grupo DCast). Si esta evaluación es acertada o si se trata de una estimación incorrecta —causada, por ejemplo, por un complejo de inferioridad— habrá de ser analizado en futuros estudios.

7 Una posible explicación de este comportamiento puede ser el hecho de que las matemáticas se impartan en catalán en las escuelas catalanas y, por consiguiente, todos los alumnos están bien familiarizados con los números catalanes. Además, estos últimos resultan ser más 'prácticos', ya que muchos tienen menos sílabas que en castellano: *cinc* vs. *cinco*, *set* vs. *siete*, *vuit* vs. *ocho*, *nou* vs. *nueve*, *setze* vs. *dieciséis*.

		catalán	castellano
escribir	dominantes en catalán	5,75	5,23
	dominantes en castellano	5,18	5,82
hablar	dominantes en catalán	5,9	4,75
	dominantes en castellano	5,27	5,82

Tab. 14. Autoevaluación de las competencias lingüísticas productivas (escala de Likert de 6 puntos).

5.5 Actitudes lingüísticas

En esta parte del cuestionario los participantes tenían que expresar su conformidad con tres afirmaciones mediante una escala de Likert de 6 puntos. Así pues, el objetivo era extraer conclusiones sobre las actitudes ante sus dos lenguas.

La primera afirmación era "Me siento 'yo mismo/a' cuando hablo castellano/catalán". Mientras que el acuerdo era casi total en ambos grupos con respecto a la lengua dominante, la lengua dominada solo alcanzaba unos valores más bajos en ambos grupos. En el grupo DCast el catalán obtiene de media un valor de 4,73, lo que se puede interpretar como un sí titubeante. Por el otro lado, en el grupo DCat, la distancia es considerablemente más pronunciada: la media de 3,05 se sitúa en la mitad izquierda de la escala y representa, por tanto, más bien un no indeciso.

"Me siento yo mismo/a"	catalán	castellano
dominantes en catalán	6,0	3,05
dominantes en castellano	4,73	5,91

Tab. 15. Acuerdo con la afirmación "Me siento 'yo mismo/a' cuando hablo catalán/castellano" en una escala de Likert de 6 puntos.

El objetivo de la segunda afirmación era averiguar si a los encuestados les importaba saber hablar las dos lenguas en un nivel nativo. Esto se confirmó tanto en relación con las lenguas dominantes como con las lenguas dominadas, aunque en menor medida. No obstante, llama la atención que para el grupo DCat la diferencia entre las dos lenguas sea de casi 1,5 puntos.

tener competencia nativa	catalán	castellano
dominantes en catalán	5,95	4,5
dominantes en castellano	5,0	5,45

Tab. 16. Acuerdo con la afirmación "Para mí es importante usar/llegar a usar el catalán/castellano como un(a) hablante nativo/a" en una escala de Likert de 6 puntos.

La tercera afirmación se refería a la percepción externa. A todos los encuestados les importaba más ser percibidos como hablantes nativos en su lengua dominante. Sin embargo, salta a la vista que la media del grupo DCast sea un punto inferior a la del grupo DCat. Así, es probable que la identificación con la lengua materna, esto es, la dominante, es más importante en un grupo que en el otro. Los valores para las segundas lenguas resultan todavía más bajos.

percepción como hablante nativo/-a	catalán	castellano
dominantes en catalán	5,75	3,35
dominantes en castellano	3,73	4,64

Tab. 17. Acuerdo con la afirmación "Quiero que los demás piensen que soy un(a) hablante nativo/-a del catalán/castellano" en una escala de Likert de 6 puntos.

Finalmente, en esta parte del cuestionario los encuestados debían indicar cuál(es) consideraba(n) su(s) lengua(s) materna(s). La mayoría solo nombró su lengua dominante y no más del 16%, ambas lenguas. La inspección de los valores de dominancia de las respectivas personas (media 17,3) muestra que son bilingües equilibrados. Consiguientemente, cuando ninguna de las dos lenguas se impone con fuerza sobre la otra, esto lleva a que ambas lenguas sean percibidas como maternas. Una dominancia clara, por otro lado, favorece que se perciba la lengua dominante como única lengua materna.

lengua percibida como materna	catalán	castellano	ambas
dominantes en catalán (n = 20)	17	0	3
dominantes en castellano (n = 11)	0	9	2

Tab. 18. Respuesta a la pregunta "¿Qué lengua(s) consideras tu lengua materna?".

6. Discusión y perspectivas

Los resultados del apartado 5 muestran que los estudiantes gerundenses encuestados tienen una alta conciencia sobre cuál es o cuáles son sus lenguas maternas. Su lengua dominante suele ser la lengua hablada en la familia y, por consiguiente, las lenguas maternas de los padres parecen ser un indicio fiable: si tanto el padre como la madre son hablantes nativos del catalán, sus hijos serán dominantes en catalán. Si ninguno de los dos habla el catalán como lengua materna, la dominancia del hijo será el castellano. En el caso de que solo uno de los dos sea hablante nativo de catalán, los hijos serán igualmente hablantes dominantes en catalán, aunque suelen presentar un bilingüismo más equilibrado. Consiguientemente, el entorno lingüístico durante la infancia es uno de los principales indicadores en relación con la dominancia lingüística (cf. Kupisch/van de Weijer 2016).

No obstante, ambas lenguas están presentes en la vida de los bilingües desde la temprana infancia. A más tardar, empiezan a adquirir la segunda lengua cuando entran en la guardería. Sin embargo, tardan varios años hasta que se sienten cómodos usándola. Algunos participantes incluso negaron haber llegado a sentirse cómodos en su segunda lengua, lo que se manifestó durante la realización de otras tareas que acompañaban al cuestionario: por ejemplo, una hablante fuertemente dominante en catalán (-52,9) reaccionó de la siguiente manera cuando el planteamiento de las tareas pasó del catalán al castellano: "¡No! ¡No, en español, no! ¡Qué vergüenza! Que no estoy acostumbrada. No, no...". El hecho de que se expresara espontáneamente en castellano indica, sin embargo, que no tiene grandes dificultades para hablar dicha lengua.

Generalmente, los bilingües consideran que sus competencias son altas en ambas lenguas y también les importa llegar a hablarlas como hablantes nativos, si bien esto valga más para la lengua dominante. Asimismo, llama la atención que el grupo DCat crea hablar notablemente peor el castellano. Tendrá que ser objeto de futuros estudios averiguar si esto es verdad o no; pero igualmente es posible que esa diferencia percibida entre las dos lenguas esté fundada en el hecho de que muchos hablantes dominantes del catalán son conscientes de tener un marcado acento catalán cuando hablan castellano y del que se avergüenzan (cf. Montrul 2013: 54). Más allá de esto, la imitación del acento catalán es una estrategia frecuentemente explotada por los humoristas españoles (p. ej., Martes y Trece, Juan Carlos Ortega, Los Morancos y *Polònia*). Unas tendencias similares también se pueden observar en las actitudes lingüísticas de ambos grupos: los encuestados de dominancia catalana afirman no sentirse igualmente 'ellos mismos' cuando hablan castellano, mientras que al grupo DCast no le molesta hablar catalán. Así, el hecho de que la segunda generación de inmigrantes se valga del catalán con naturalidad se opone diametralmente a la situación de represión total que sufrió la lengua bajo el franquismo.

La posición predominante del catalán en Gerona se manifiesta igualmente en el uso de lengua por parte de los encuestados. En el grupo DCat, el catalán es mayoritario en todos los ámbitos investigados (del 60% al 96%). En el grupo DCast, la situación es inversa, pero el catalán marca una fuerte presencia en los ámbitos no familiares, llegando incluso a ser ligeramente predominante en las relaciones con los amigos. Si bien esa ligera predominancia del catalán no es muy pronunciada, esta lleva a que el bilingüismo del grupo de dominantes en castellano sea más equilibrado que el del otro grupo. Para este último, el castellano parece no ser una parte importante de su identidad y, en ocasiones, ni siquiera se siente cómodo cuando se ve obligado a usarlo.

El presente estudio ha mostrado que los grandes esfuerzos por parte de muchos actores públicos catalanes han dado fruto. Entre ellos, figura en primer lugar la *Generalitat* y su consecuente política lingüística, que ha asegurado —a pesar de numerosos ataques— la aplicación integral de la 'inmersión lingüística' en las escuelas catalanas desde 1992. La comparación con otras comunidades autónomas, como el País Valenciano (cf. Montrul 2013: 265; Pradilla 2001), donde se carece todavía de un sistema igualmente riguroso y con la misma pujanza, demuestra que solo así es posible garantizar que todos los alumnos dispongan de conocimientos sólidos en lo que respecta a la expresión oral y escrita del catalán al final de su escolarización. El ejemplo de los estudiantes gerundenses aquí encuestados muestra que en Gerona esas medidas han sido eficaces y que el avance hacia la normalización completa del catalán es constante.

Referencias

Birdsong, D. 2016. Dominance in bilingualism. Foundations of measurement, with insights from the study of handedness. In Silva-Corvalán, C. / Treffers-Daller, J. Eds. *Language dominance in bilinguals. Issues of measurement and operationalization*. Cambridge: Cambridge University Press, 85–105.

Birdsong, D. / Gertken, L. M. / Amengual, M. 2012. Bilingual Language Profile. An Easy-to-Use Instrument to Assess Bilingualism. Austin: University of Texas at Austin. https://sites.la.utexas.edu/bilingual (2019-12-06).

Boix-Fuster, E. / Sanz C. 2008. Language and identity in Catalonia. In Niño-Murcia, M. / Rothman, J. Eds. *Bilingualism and identity. Spanish at the crossroads with other languages*. Amsterdam: Benjamins, 87–106.

Bossong, G. 2008. *Die romanischen Sprachen*. Hamburg: Buske.

Generalitat de Catalunya 2015. *Informe de política lingüística 2015*. Barcelona: Generalitat de Catalunya (Departament de Cultura). https://llengua.gencat.cat/web/.content/documents/informepl/arxius/IPL-2015.pdf (2019-12-06).

Generalitat de Catalunya 2018. *Informe de política lingüística 2017*. Barcelona: Generalitat de Catalunya (Departament de Cultura). https://llengua.gencat.cat/web/.content/documents/informepl/arxius/IPL-2017.pdf (2019-12-06).

Grosjean, F. 1998. Studying bilinguals. Methodological and conceptual issues. *Bilingualism. Language and Cognition* 1, 131–149.

Grosjean, F. 2016. The Complementarity Principle and its impact on processing, acquisition, and dominance. In Silva-Corvalán, C. / Treffers-Daller, J. Eds. *Language dominance in bilinguals. Issues of measurement and operationalization*. Cambridge: Cambridge University Press, 66–84.

de Houwer, A. / Bornstein, M. H. 2016. Balance patterns in early bilingual acquisition. A longitudinal study of word comprehension and production. In Silva-Corvalán, C. / Treffers-Daller, J. Eds. *Language dominance in bilinguals. Issues of measurement and operationalization.* Cambridge: Cambridge University Press, 134–155.

Kabatek, J. 1994. *Auto-odi.* Geschichte und Bedeutung eines Begriffs der katalanischen Soziolinguistik. In Schönberger, A. Ed. *Akten des 2. gemeinsamen Kolloquiums der deutschsprachigen Lusitanistik und Katalanistik.* Frankfurt: Domus Editoria Europaea, 159–173.

Kupisch, T. / van de Weijer, J. 2016. The role of the childhood environment for language dominance. A study of adult simultaneous bilingual speakers of German and French. In Silva-Corvalán, C. / Treffers-Daller, J. Eds. *Language dominance in bilinguals. Issues of measurement and operationalization.* Cambridge: Cambridge University Press, 174–194.

Montrul, S. 2013. *El bilingüismo en el mundo hispanohablante.* Chichester: Wiley-Blackwell.

Parlament de Catalunya 2013. *Estatuto de autonomía de Cataluña. Texto consolidado.* Barcelona. https://www.parlament.cat/document/cataleg/48146.pdf (2019-11-13).

Pons Parera, E. 2013. The effects of Constitutional Court ruling 31/2010 dated 28 June 2010 on the linguistic regime of the statute of Catalonia. *Catalan Social Science Review* 3, 67–92.

Pradilla, M. À. 2001. The Catalan-speaking communities. In Turell, M. T. Ed. *Multilingualism in Spain. Sociolinguistic and psycholinguistic aspects of linguistic minority groups.* Clevedon: Multilingual Matters, 58–90.

Pradilla, M. À. 2016. El model lingüístic educatiu a Catalunya. Crònica glotopolítica d'una involució. *Estudis Romànics* 38, 295–310.

Romaine, S. 1989. *Bilingualism.* Oxford: Blackwell.

Treffers-Daller, J. 2016. Language dominance. The construct, its measurement, and operationalization. In Silva-Corvalán, C. / Treffers-Daller, J. Eds. *Language dominance in bilinguals. Issues of measurement and operationalization.* Cambridge: Cambridge University Press, 235–265.

Agradecimientos. Agradezco a los estudiantes de la Universidad de Gerona su extraordinaria amabilidad y colaboración en la realización de la encuesta. Además, les debo las gracias a los editores del volumen por sus valiosos comentarios y a Manuel Armenteros del Olmo por su disposición y paciencia con mis dudas lingüísticas. Huelga señalar que todos los errores restantes son míos.

Barbara Frank-Job

Zeitlichkeitskonzepte in Blogs lateinamerikanischer Migranten

Abstract. In their weblogs, immigrants from Latin America to Québec document the immigration process in narrative and interactive reconstructions of personal experiences and discuss them in the blogger community. During this long process of collective identity negotiation and construction of meaning, various concepts of temporality play an essential role. These concepts belong to at least two fundamentally different areas of discourse: on the one hand, they are rooted in the institutional discourse of Canadian immigration policy (which defines immigration as a *parcours*); on the other, they arise from the personal experiences of immigrants and the emotions that are linked to their own immigration projects. Based on a large corpus of mainly Hispanophone weblog posts and discussions and within the methodological frameworks of discourse analysis and interactional linguistics, my contribution summarizes the results of the analysis of the immigrants' concepts of temporality during immigration.

1. Einleitung

Migrant/inn/en[1], Migrationswillige und Migrationsinteressierte finden sich im virtuellen Kommunikationsraum des Web 2.0 zu Kommunikationsgemeinschaften zum Thema Migration zusammen. Insbesondere Weblogs lateinamerikanischer Migranten bilden ein umfangreiches komplexes Netzwerk von Migrationstagebüchern mit Kommentaren und regem interaktiven Austausch von Informationen rund um das Thema Migration (cf. Frank-Job/Kluge 2015; Kluge 2015).

Mein Beitrag fasst die wichtigsten Ergebnisse eines umfangreicheren Projekts[2] zusammen, in dessen Rahmen ein mehr als 3.000 Seiten umfassendes Korpus von überwiegend hispanophonen Blogs (aus dem Zeitraum 2004–2012) zum Thema Migration nach Québec untersucht wurde.

Die Blogger vollziehen in ihren Schilderungen und Narrationen den gesamten Migrationsprozess sprachlich nach, von der Entscheidung auszu-

[1] Im Folgenden wird aus Platzgründen für Personenbezeichnungen das Maskulinum als generische Form verwendet.

[2] Für eine ausführlichere Fassung dieses Beitrags in englischer Sprache cf. Frank-Job (2020).

wandern, dem allmählichen Durchlaufen verschiedenster Vorbereitungsschritte bis zur Immigration selbst. Diese wird wiederum als langer Prozess einzelner Integrationsetappen dargestellt, der erst mit der Erlangung der kanadischen Staatsbürgerschaft seinen narrativen Abschluss findet. Interaktiv begleitet wird der sprachlich dargestellte Migrationsprozess durch mehr oder weniger regelmäßig partizipierende Akteure, die in Kommentaren Stellung nehmen. Dabei entspannt sich ein mehrjähriger kontinuierlicher Kommunikationsprozess, in dem die migrantischen Akteure verschiedene Zeitlichkeitskonzepte konstruieren, teilweise auch reflektieren und diskutieren. Die Migration wird aus dieser Perspektive bestimmt als Aufeinanderfolge von Etappen in einem umfassenden Prozess, der gleichzeitig Motor und Grundlage identitärer Wandel- und Aneignungsprozesse ist. Im Ergebnis helfen diese Konstruktionen den interagierenden Migranten dabei, dem Migrationsprozess insgesamt und den darin zu bestehenden Herausforderungen, persönlichen Enttäuschungen oder Verletzungen Sinn zu verleihen und sie so zu bewältigen.

Vor dem Hintergrund von Michel de Certeaus Überlegungen zum identitätspolitischen Gehalt der Handlungen von Alltagsakteuren im Kontext vorgegebener institutioneller Strukturen (cf. de Certeau 1990) und unter Einbeziehung von Untersuchungen zur therapeutischen Bedeutung der Interaktion über biographische Erfahrungen (cf. Lucius-Hoene/Deppermann 2004; Schauer et al. 2011; Scheidt et al. 2015) wird dieser Sinn-Konstruktionsprozess hier als Methode der Akteure verstanden, sich die institutionell vorgegebenen Ordnungen und Strukturen der Einwanderung anzueignen und damit auch die problematischen und belastenden Erfahrungen auf dem Weg der Migration zu verarbeiten und zu bewältigen.

Die Verfasser der Blogs stammen aus den unterschiedlichsten hispanophonen Herkunftsländern Lateinamerikas und befinden sich in den unterschiedlichsten Stadien ihres Migrationsprozesses: von an einer Auswanderung nach Québec interessierten potentiellen Migranten, die sich im Austausch mit bereits erfahreneren Migranten informieren und eine Meinung bilden, über Migrierende verschiedenster Stadien, frisch eingewanderten Migranten bis zu bereits erfolgreich in die frankokanadische Gesellschaft Integrierten, die rückblickend ihren langen Weg anhand ausgewählter Erlebnisse und Themen beschreiben, erzählen und kommentieren.

2. Migration und Zeitlichkeit

Dass Zeitlichkeit in Blogs von Migranten eine wichtige Rolle spielt, kann nicht überraschen, stellt der Migrationsprozess doch einen langen, neuen Zeitabschnitt in der Biographie eines jeden Migranten dar, der Veränderungen wahrnehmbar werden lässt und auch schmerzhafte Adaptationsprozesse notwendig macht. Dennoch hat uns[3] überrascht, als wie vielschichtig, kreativ und vor allem mit welch wichtigen Wirkungen für die Identitätskonstruktion sich Zeitlichkeitskonzepte der Migranten im Verlauf unserer Korpusstudien erwiesen haben. Dieser Befund verweist uns auf die heuristisch besondere Situation der bloggenden Migranten: Aus der Wissenssoziologie ist bekannt, dass biographische Umbruchsituationen, zu denen wir die Migration zählen können, Situationen also, in denen bis dahin als sicher angenommene Werte, Maßstäbe und Perspektiven nicht mehr zur Bewältigung der aktuellen Situation ausreichen, heuristisch besonders wertvoll sind. Denn zur Hinterfragung seines Alltagswissens benötigt das Individuum spezielle Anstöße. Alfred Schütz (1971) nennt Situationen, in denen solche Anstöße gegeben werden, "problematische Situationen":

> Auch 'neue' Elemente werden mit Hilfe schon vorhandener Deutungsschemata und Typisierungen ausgelegt, jedoch nicht in einer für mein planbestimmtes Interesse ausreichenden Weise. [...] Ich muß also die 'offenen' Elemente der Situation weiter auslegen, bis sie die vom planbestimmten Interesse vorgegebene Klarheitsstufe, Vertrautheitsstufe und Widerspruchsfreiheit erreicht haben. Wir wollen solche Situationen problematische Situationen nennen. In problematischen Situationen, im Gegensatz zu Routine-Situationen, muß ich also neue Wissenselemente erwerben oder alte, aber für die gegenwärtige Situation nicht genügend geklärte Wissenselemente auf höhere Klarheitsstufen überführen (Schütz/Luckmann 1979: 150).

In problematischen Situationen zeigt sich häufig eine deutlich erhöhte Selbstreflexion der Akteure, die ihr eigenes Handeln kommentierend versprachlichen (cf. Berger/Luckmann 1966). In einer solchen problematischen Situation innerhalb ihrer Biographie befinden sich die Migranten, die im Web 2.0 ihr aktuelles Leben reflektieren und versuchen, sich ihr künftiges Leben zu entwerfen. Hierfür versprachlichen sie ihr Wissen um Werte, Lebensumstände, Bewertungsmaßstäbe usw. und teilen es mit anderen, so dass sie in einem komplexen Aushandlungsprozess neue Identitätsaspekte kooperativ aufbauen: "The experience of change and of physical or moral displacement leads people to revisit and question their past inventory of identities in order to rebuild a sense of self" (de Fina et al. 2006: 345). Der verflüssigte, kontingente, zusammengesetzte und selbstreflexive Charakter von Identität (cf. Antak/Widdicombe 1998; de Fina 2011) wird damit für

[3] Ich danke Alba Crespo Ruiz für ihre intensive Mitarbeit im Projekt und für zahlreiche konzeptuelle Anregungen. Für zahlreiche kritische Anmerkungen und Anregungen danke ich sehr herzlich der CIAS-Projektgruppe im Long-Essay-Projekt und der Bielefelder Arbeitsgruppe zur Gesprächslinguistik.

die Migranten selbst, aber auch für den wissenschaftlichen Beobachter besonders gut greifbar und analysierbar.

Die in den letzten Jahren auf der Basis der so genannte *social software* entstandenen interaktiven Kommunikationsformen wie z. B. Weblogs, Foren oder Wikis erweisen sich in der komplexen Situation der Migration als besonders wertvoll, da sie ihren Nutzern den raumunabhängigen Aufbau sozialer Beziehungen auf der Basis miteinander geteilter Interessen und Erfahrungen ermöglichen (cf. Frank-Job et al. 2013). Dies macht sie gerade für Migrationswillige aus aller Welt besonders attraktiv als Kommunikationsformen, die sowohl über eine räumlich und zeitlich unbegrenzte kommunikative Reichweite verfügen als auch einen virtuellen gemeinsamen Interaktionsraum bieten, der sich gezielt an eine Gruppe von Migrationsinteressierten richtet.

Eine wesentliche Motivation, im virtuellen Raum über das Thema Migration zu kommunizieren, liegt für die Migranten in der Möglichkeit, eigene Erfahrung darzustellen und vergleichbare Erfahrungen anderer kennenzulernen, sich mit ihnen über die Bedeutung dieser Erfahrungen auszutauschen und dadurch die eigene Perspektive zu erweitern. Neben notwendigen Sachinformationen zum Thema Migration erfahren sie dadurch eine weitgehende Bestätigung des von ihnen gefassten Entschlusses zur Migration oder die rekonstruktive Bestätigung des bereits abgeschrittenen Wegs im Verlauf des Migrationsprozesses.

Weiterhin versichern sie sich durch die Praxis des Bloggens und der dabei entstehenden sprachlichen Interaktionen gegenseitig ihren Status als Migrationsexperten in eigener Sache. All dies erklärt, warum die Migranten bevorzugt auf Kommunikationsformen mit einem ausgeprägt kooperativen Charakter zurückgreifen oder versuchen, diesen herzustellen: Die erhoffte Bestätigung bedarf eines bestätigenden Gegenübers. Dieses Gegenüber (die tatsächlichen oder auch nur imaginierten Rezipienten des Blogs) liefert den eigentlichen Grund für die Versprachlichung der eigenen Orientierungen, Konzepte und Kategorien, es reflektiert und bestätigt deren Bedeutung für die Kommunikationsgemeinschaft. Gleichzeitig dient die kooperative Erarbeitung von Konzepten und Kategorien der neuen Identität der gemeinsamen Orientierung an den vorgegebenen Werten und Kriterien der Migrationsinstitutionen.

Einen weiteren wesentlichen Aspekt des Bloggens stellt, wie wir noch sehen werden, die epistemische Kraft des Schreibens dar, die gerade in Bezug auf das autobiographische Schreiben, welches die Migrationsblogs in vielfacher Hinsicht darstellen, besondere Bedeutung erhält:

> [Der Blog] fungiert damit auch als eine Form derjenigen Institutionen, die Alois Hahn (1987: 12) als 'Biographiegeneratoren' bezeichnet hat: Als [...] Spezialinstitution, wo sich das Individuum, das in der funktional differenzierten Gesellschaft keinem Funktionssystem zugeordnet, sondern extrasozial placiert ist [...], als Einheit beschreiben kann [...] (Enderli 2014: 38).

Im Gegensatz zum geheimen Tagebuch profitiert der Blog dabei vom Gedankenaustausch über das biographische Erleben in der Kommunikationsgemeinschaft. In ähnlicher Weise wie in anderen interaktiven "Biographiegeneratoren" (wie der Beichte oder dem psychotherapeutischen Gespräch, cf. Enderli 2014: 39), erhält hier der interaktive Austausch der autobiographischen Mitteilungen eine zusätzliche heilende Funktion: Das ebenfalls in der Migration befindliche Gegenüber unterstützt und bestätigt in positiven und ergänzenden Kommentaren die sprachliche Bearbeitung des selbst Erlebten und erleichtert damit auch seine Verarbeitung (cf. Scheidt/Lucius-Hoene 2015). Schließlich entsteht als Ergebnis dieser interaktiven Aushandlungsprozesse je eigener biographischer Erfahrungen – indem die im Blog Interagierenden zumeist selbst Migranten sind, die ähnliche Erfahrungen gemacht haben, indem also eigene Erfahrungen als "mit-geteilte" Erfahrungen erlebt werden – eine kollektive Identität der Migranten im Sinne einer *community of practice* (cf. Wenger 1998; Frank-Job/Kluge 2015; Kluge 2015), die sich im Schreiben über das Erleben und Erfahren von Migration und über die daraus entstehenden Reflexionen konstituiert.

3. Zeitlichkeitskonzepte der Migration im Spannungsfeld von Machtstrategien und Akteurs-Taktiken

Ähnlich wie Raum und Raumwahrnehmungen, Konstruktionen von Räumlichkeit, von *in-betweenness* usw., wie sie für Transnationalisierungsprozesse inzwischen intensiv untersucht worden sind (cf. den Forschungsüberblick in Baynham/de Fina 2017), sind Konzepte von Zeit und Zeitlichkeit sozial und kulturell konstruiert. Sie werden also von verschiedenen sozialen Akteuren unterschiedlich bestimmt und verhandelt, sind veränderlich, heterogen und hochgradig kontextabhängig. Erfassen können wir sie nur über Versprachlichungen in kommunikativen Akten, in unserem Fall also in den veröffentlichten Diskursen der kanadischen Einwanderungsbehörde und in den Posts und Kommentaren in Weblogs der Migranten. Zeitlichkeit wird hier im Folgenden daher als *membership category* (cf. Antaki/Widdicombe 1998: 3; Hausendorf 1995) aufgefasst, als von den Akteuren selbst aus ihren unmittelbaren Erfahrungen abgeleitetes, interpretiertes und in der Kommunikation mit anderen Migranten relevant gesetztes Konzept. Wie alle *membership categories* sind auch die Zeitlichkeitskonzepte der Blogger nicht als gegebene Entitäten zu betrachten, sondern als "local accomplishments" (Housley/Fitzgerald 2009: 346). Sie sind nicht in sich konsistent, sondern jeweils an den lokalen kommunikativen Bedürfnissen der Gruppenmitglieder orientiert. Ihre Analyse geschieht über die Untersuchung der Kategorisierungsverfahren, die die Migranten in ihren kommunikativen Handlungen vornehmen.

Aus Sicht de Certeaus lassen sich diese Kategorisierungsverfahren der bloggenden Migranten als Reflex auf die offiziellen Einwanderungs- und Integrations-Politiken der Zielgesellschaft Québecs perspektivieren. Diese institutionalisierten Regeln und Strukturen unterwerfen die Migrationswilligen einer Zuschreibungspraxis von vorgegebenen Werten. Dabei spielt die Selbstdefinition Kanadas als Einwanderungsland mit genau festgelegten Merkmalsrankings für Immigranten und einem für diese jeweils vordefinierten *parcours* an zu durchlaufenden Etappen eine herausragende Rolle. Die Konzepte und Bewertungskategorien der offiziellen Einwanderungspolitik Kanadas und Québecs stellen sich aus der kulturphilosophischen Sicht de Certeaus als Strategien der Macht dar, die den vorgegebenen Handlungsrahmen der Migranten bestimmen. Wie wir sehen werden, fungieren sie als Orientierungsrahmen für die bloggenden Migranten.

Die Sinnkonstitutionsprozesse der Migranten, die in ihren Blogs die eigenen Erfahrungen innerhalb dieses vorgegebenen *parcours* und in jeder einzelnen seiner Etappen zur Sprache bringen und mit verschiedenen darstellenden und narrativen Verfahren kommunizierbar machen, um sie mit anderen Migranten zu verhandeln, sich gegenseitig zu bestätigen oder in ihrer Bedeutung zu diskutieren, lassen sich demgegenüber als "Taktiken" (*tactiques*) oder "Nutzungen" (*usages*) der Alltagsakteure verstehen: Sie nutzen die vorgegebenen Strukturen der Migration als "Konsumenten" (*consommateurs*), eignen sie sich ihren je eigenen biographischen Kontexten an und interpretieren sie gleichzeitig im eigenen Interesse um (cf. de Certeau 1990: 52–63).

Auf die gleiche Weise wie der maghrebinische Berber in de Certeaus Beispiel (cf. de Certeau 1990: 51–52) seine standardisiert vorgefertigte Sozialwohnung im Pariser Vorort auf seine ureigene, traditionelle Art nutzt, um sich einen möglichst breiten Spielraum für ein Leben nach Art seiner Heimat zu schaffen, und dadurch trotz der Unveränderlichkeit der räumlichen Gegebenheiten zu unerwarteten und nicht vorgesehenen Lösungen gelangt, finden die einzelnen bloggenden Migranten neue, unvorhergesehene und für sie selbst vorteilhafte Arten des Umgangs mit den Vorgaben der Einwanderungsbehörde. Und obwohl sie nichts an den vorgegebenen Ablaufstrukturen und Regeln ändern können, eignen sie sich einzelne Etappen des *parcours d'immigration* an, indem sie sie als ihre eigene Erfahrung beschreiben, ihnen ihren eigenen Sinn verleihen und als ein Element unter vielen einer komplexen migrantischen Identität einverleiben. Dies soll im Folgenden an einem Beispiel verdeutlicht werden.

Die Struktur der Immigrationspolitik Kanadas umfasst nicht nur die Festlegung verschiedener Kategorien von (mehr oder weniger erwünschten) Typen von Migranten und für jeden dieser Typen die Festlegung von erwünschten oder unerwünschten Eigenschaften, sondern sie gibt auch für jede der unterschiedenen Migrantengruppen einen spezifischen Migrationsweg mit einem festgelegten zeitlichen Ablauf vor.

Hierfür wählt die Einwanderungsbehörde das Bild von der Einwanderung als *parcours*, als zu absolvierenden Kurs also, der über verschiedene wohl definierte und in ihrem Ablauf festgelegte Etappen verfügt:

> Immigrer et s'installer au Québec : Par où commencer mes démarches ? Que faut-il savoir ? Pour répondre à ces questions et bien d'autres, cette section du site vous propose un parcours type. Vous y trouverez une vue d'ensemble des démarches à réaliser (http://www.immigration-quebec.gouv.qc.ca/fr/immigrer-installer/index.html).

Für den *travailleur permanent,* die Kategorie, der unsere Blogger angehören, sieht die Einwanderungsbehörde zunächst folgende acht Etappen vor:

(1) Vous informer sur le Québec
(2) Connaître les conditions du Programme régulier des travailleurs qualifiés
(3) À faire avant de remplir votre demande officielle d'immigration
(4) Présenter une demande de sélection permanente pour immigrer au Québec
(5) Faire une demande de résidence permanente auprès du gouvernement du Canada
(6) Vous préparer avant le départ pour le Québec
(7) Vous présenter au bureau Accueil Québec à l'aéroport de Montréal
(8) Poursuivre les démarches d'intégration au Québec (http://www.immigration-quebec.gouv.qc.ca/fr/immigrer-installer/travailleurs-permanents/index.html)

Jede Etappe eröffnet wieder weitere zu absolvierende Teilschritte mit festgelegten Bedingungen, wie zum Beispiel die Beantragung der unbefristeten Aufenthaltsgenehmigung (Schritt 5 "Faire une demande de résidence permanente"). Dieser Schritt kann erst vollzogen werden, wenn der Migrant ein *certificat de sélection du Québec* (CSQ), also die Zulassung des Einwanderungsantrags durch die Einwanderungsbehörde von Québec erhalten hat. Alle weiteren Schritte betreffen die kanadische Einwanderungsbehörde, finden also auf nationaler Ebene statt. Es folgen als weitere obligatorische Etappen der Besuch beim Amtsarzt und das Einsenden des amtsärztlichen Attests, sowie die Bestätigung der erfolgreichen Prüfung dieses

Attests durch die kanadische Immigrationsbehörde und schließlich ein erfolgreich abgeschlossener Sicherheitscheck ebendieser Behörde.

Indem die institutionelle Bestimmung des *parcours d'immigration* jeder einzelnen Etappe und ihren Unteretappen ihren unverrückbaren Ort im System des Migrationsprozesses zuweist, wird die individuelle Bewegung des Einzelnen innerhalb seines *parcours* festgelegt auf diese einzige Bedeutung und innerhalb des Systems jeweils nur einem festen Zielpunkt zugeordnet. Damit gilt für die Zeitstrukturen des offiziellen Migrationsparcours de Certeaus Bestimmung von institutionellen Strategien als Handlungen, die sich diskursive Machtstrukturen erschaffen und diese festschreiben, sie institutionell verorten:

> Les stratégies sont donc des actions qui, grâce au postulat d'un lieu de pouvoir (la propriété d'un propre), élaborent des lieux théoriques (systèmes et discours totalisants) capables d'articuler un ensemble de lieux physiques où les forces sont réparties [...]. Elles privilégient donc les rapports des lieux. Du moins s'efforcent-elles d'y ramener les relations temporelles par l'attribution analytique d'une place propre à chaque élément particulier et par l'organisation combinatoire des mouvements spécifiques à des unités ou à des ensembles d'unités (de Certeau 1990: 62–63).

Die strategischen Vorteile, die dieses Vorgehen der Abgrenzung und Bestimmung von Etappen, Abläufen und Erfüllungsbedingungen für die Einwanderungsbehörden aufweist, liegen auf der Hand. Sie erlauben die Verwaltung der Migrationsströme, ihre Quantifizierung und Kontingentierung, und insbesondere auch durch die Beherrschung der zeitlichen Strukturen (über Fristen, die für die Einrichtung bestimmter Dokumente oder für bestimmte Verwaltungsakte eingeführt werden und über die die Menge an neu zu bearbeitenden Fällen gesteuert werden kann) die Kontrolle darüber, wie die Ströme so gelenkt werden können, dass genau die erwünschte Anzahl von Migranten zu einem bestimmten Zeitpunkt ihren Migrationsprozess erfolgreich abschließen kann.

Für unsere Überlegungen zu Zeitlichkeitsstrukturen und deren Bedeutung für die bloggenden Migranten sind diese vordefinierten Schritte deshalb von enormer Bedeutung, weil der *parcours type* mit seinen einzelnen Etappen die Rahmenstruktur ihres persönlichen Migrationsprozesses darstellt. Dies ist besonders deutlich erkennbar an einer Taktik der bloggenden Migranten, die darin besteht, nach erfolgreichem Absolvieren des *parcours* die einzelnen Etappen rückblickend mit den konkreten Daten ihres Erreichens tabellarisch aufzulisten.

Diese Praxis findet sich etwa in Blog 10[4] in dem Moment, als die Botschaft ankündigt, dass sie die Visa losgeschickt hat. Der Verfasser nimmt diesen allerletzten offiziellen Moment des Wartens zum Anlass, sämtliche Etappen in Tabellenform zu rekapitulieren und listet in der letzten Spalte sogar die Tage auf, die sich jeweils aufaddieren:

Para los ansiosos como yo que les gusta saber los tiempo de los demás ...

Resúmen de Tiempos	Fecha	Días	Acum. Días
Presentac. DPI	25/09/2003		
Recepcion DCS	09/12/2003	75	75
Presentación DCS en Qbc	06/02/2004	59	134
Recepción Acuse recibo	25/02/2004	19	153
Notificación Entrevista	21/04/2004	56	209
Entrevista	05/05/2004	14	223
Presentación Embajada	12/08/2004	99	322
Comienzo Proces.Solic.en Emb.	01/09/2004	20	342
Status de Expediente en Internet	07/09/2004	6	348
Sobre con Forms Ex.Médicos	24/11/2004	78	426
Laboratorio y Placas	27/11/2004	3	429
Examenes Dr. [Eigenname]	01/12/2004	4	433
Pago Derecho de Admisión	06/12/2004	5	438
Llegada Med Checks a T&T	06/12/2004	0	438
Cambio de "In Process" a "Dec. Made"	31/01/2005	56	494
Llamado por Visas	01/02/2005	1	495

(Blog 10, 01.02.2005)

In Blog 8 wird die Tabelle in dem Moment erstellt, in dem die Visa eingetroffen sind, als letzter Eintrag vor dem Abflug nach Québec. Die Auflistung der Einzeletappen mit Daten wird hier bereits als Routine-Blogeintrag kategorisiert ("resumen obligado"):

Así quedaron las fechas
Bueno, este era un resumen obligado ...

- Junio 18 2004 Envío de solicitud de entrevista junto con el primer pago [etc.] (Blog 8, 15.03.2006)

Unter dem Titel *Timing: A bitter Sweet Symphony* postet die Autorin von Blog 13 eine tabellarische Übersicht über den bisherigen Anlauf ihres Migrationswegs, in welcher den offiziell vorgegebenen Etappen die genauen Daten der erreichten Teilziele beigefügt werden. Sie und ihre Familie befinden sich in der Phase des Wartens auf die Anweisungen zur medizinischen Untersuchung. Einleitend erklärt sie den Zweck der Aufstellung und

[4] Die vollständige Liste der zitierten Blogs findet sich im Anhang. Hinsichtlich der Schreibung folgen die Zitate jeweils dem Original.

fordert ihre Leser dazu auf, ihrem Beispiel zu folgen, um die Berechenbarkeit der zu erwartenden Wartezeiten zu erleichtern:

> Aqui resumimos nuestros tiempos en el proceso. Me encantaria que en los comentarios pongan sus tiempos, si estan en proceso, para tener todos una referencia, es muy útil para los que estamos esperando la visa y para los que hasta ahora comienzan hagan sus cálculos. (Blog 13, Februar 2009)

Diesem Aufruf folgen tatsächlich einige Kommentatoren und fügen ihre eigenen entsprechenden Daten hinzu.

Das Auflisten des Parcoursverlaufs mit konkreten Daten stellt also eine kollektiv geteilte Praxis der bloggenden Migranten dar. In de Certeaus Terminologie handelt es sich um eine "Taktik", die dazu gedacht ist, die Berechenbarkeit des Migrationsprozesses zu erhöhen und damit die Kontingenz seines Ablaufs zu verringern, die durch die teilweise sehr langen Wartezeiten als besonders belastend empfunden wird. In der Umsetzung dieser Taktik wird jedoch gleichzeitig umso deutlicher, wie sehr sich die Aktivitäten der Blogger innerhalb der festgelegten Strukturen und Ablaufregeln der Behörden bewegen. Ihr Freiraum ist durch die Etappen begrenzt, jedes Erreichen einer Etappe erscheint nur als kurzer Erfolgsmoment, ein Vorwärtsrücken im *parcours*, eventuell mit Möglichkeiten, eigene Initiativen einzubringen. Die Möglichkeit, selbst tätig zu werden, den Prozess voranzubringen oder zu beschleunigen, erscheint eher zufällig, als besondere Gelegenheit, die sich ergibt, als Taktik, die aus den Zufällen des individuellen Ablaufs kurzfristig "Profit schlägt", um sich gleich danach innerhalb des streng vorgegebenen Rahmens wiederzufinden:

> Au contraire, du fait de son non-lieu, la tactique dépend du temps, vigilante à y « saisir au vol » des possibilités de profit. Ce qu'elle gagne, elle ne le garde pas. Il lui faut constamment jouer avec les évènements pour en faire des « occasions ». Sans cesse le faible doit tirer parti de forces qui lui sont étrangères (de Certeau 1990: XLVI).

4. Therapeutische Funktionen der Aushandlung von Zeitlichkeitskonzepten der Migration

Aus der mikrosozialen Perspektive der Gesprächsanalyse lassen sich die sprachlichen und multimedialen Sinnkonstitutionen der Migranten als lokale narrative Positionierungsverfahren (cf. Lucius-Hoene/Deppermann 2004) und Bewältigungspraktiken (cf. Schauer et al. 2011; Scheidt et al. 2015) interpretieren, die gerade durch ihre interaktive Dynamik und emergente Natur die für die Identitätskonstruktion notwendige Verbindung von individueller Erfahrung mit sozialer Mit-Teilung und Bestätigung aufweisen (cf. Berger/Luckmann 1966; Hall 1992). Im Lichte von Erkenntnissen der klinischen und psychologischen Gesprächsanalyse erweisen sich die oben beschriebenen Praktiken der interaktiven Aushandlung und gegenseitigen Bestätigung identitärer Konzepte der Migration als effektive therapeutische Maßnahmen zur Bewältigung schwieriger biographischer Erlebnisse und belastender Erfahrungen auf dem Weg der Migration. In den kreativen Sinnkonstitutionsprozessen, die beim Schildern, Beschreiben und Erzählen von Erlebtem im Blog der Migranten sichtbar werden, wird vor allem die strukturschaffende und stabilisierende Kraft der verbalen Sinnkonstitution deutlich, die es ermöglicht, Erfahrungen von Machtlosigkeit und Ausgeliefertsein angesichts von unabänderlichen institutionellen Ordnungen und Regeln der Einwanderung gemeinsam zu verarbeiten und zu bewältigen. Ähnlich wie das interaktive narrative Rekonstruieren von traumatisierenden biographischen Erlebnissen Patienten hilft, diese zu verarbeiten und dadurch ausgelöste Spannungen und Ängste zu reduzieren (cf. Scheidt et al. 2015; Schauer et al. 2011), tragen die sprachliche Rekonstruktion belastender Erlebnisse während des Migrationsprozesses und der gegenseitige Austausch von bestätigenden und mitfühlenden Kommentaren in der Kommunikationsgemeinschaft zur erfolgreichen Verarbeitung dieser Erlebnisse bei.

Im folgenden Beispiel erzählt eine Bloggerin von einer besonders belastenden Situation: Nachdem sie ihre Familie von ihrem Vorhaben auszuwandern unterrichtet haben, stellt sich heraus, dass Schwester und Schwager der Bloggerin gesundheitliche Schwierigkeiten haben und daher mehr als zuvor auf ihre Unterstützung angewiesen sind:

> Hace unos dias le comentamos el proyecto de irnos a una parte de la familia que todavia no lo sabia y no lo tomaron muy bien … pero no nos hicieron preguntas asi que todavia no sabemos realmente que es lo que les molesta de nuestra decision […]. Realmente me hubiese gustado poner un poco mas de energia en esta cuestion familiar pero por desgracia o por cuestiones de destino, recibimos una noticia que nos tiene muy preocupados … mi hermana y mi cunado estan pasando por un momento dificil de salud y necesitan mas que nunca de nosotros, asi que hoy toda nuestra energia, esperanza, y rezos estan totalmente dirigidos a ellos, por eso dejamos un poco de lado lo demás …
>
> (Blog 3, 02.10.2009)

Die Bloggerin perspektiviert die persönliche Belastung aus Sicht ihres Migrationsprozesses als Aufschub und Zeitraum, in dem sämtliche Zukunftsprojektionen kommender Etappen des *parcours* aufgehoben sind zugunsten der Fokussierung auf die Familie. Mit der Aufmerksamkeit zieht die Krankheit des Schwagers “Energie, Hoffnung und Gebete” ab vom eigenen Migrationsweg, zurück zur Gegenwart.

Interessant ist nun das Ende des Posts. Dort bittet sie die Leser um Entschuldigung und dankt ihnen ausdrücklich für ihre Lektüre, da ihr selbst ihre eigenen Ausführungen als Therapie gedient haben:

> perdon por aburrirlos pero buehh si llegaron al final de mi post se los agradezco … a mi me sirvio como terapia … (Blog 3, 02.10.2009)

Offensichtlich dienen hier bereits der Schreibprozess selbst und das Wissen darum, dass Leser die eigenen Probleme zur Kenntnis genommen haben, dem eigenen Verarbeitungsprozess. Tatsächlich reagieren die Leser mit ausführlichen Kommentaren, in denen sie allgemeine Ratschläge aus ihrer eigenen Sicht als Migranten geben. So gibt die erste Kommentatorin passende Ratschläge aus einem anderen Migrationsblog weiter und geht auf ihre eigene Situation ein, da sie selbst in einem ähnlichen Dilemma steckt. Dabei verallgemeinert sie das Problem des nicht Verstanden-Werdens auf alle Migranten und zeigt an ihrem eigenen Beispiel, dass die ablehnende Haltung der Verwandten sich im Verlauf des Migrationsprozesses ins Positive verändern kann:

> Hace tiempo leí en un blog que no hay que esperar que todos nos comprenda, cada uno tiene su propia historia, sus antecedentes y su forma de ver la vida; claro que cuando la incomprensión viene de nuestra sangre la cosa como que duele.
>
> La verdad cuando lo leí poco lo comprendí, hay que vivirlo, sentirlo para comprenderlo, lo importante es estar preparado para que las cosas sucedan así.
>
> Al principio del proceso pocos nos entendían, es más nos miraban con cara de “éstos están locos”, aquí vivimos muy bien, bueno, eso es un decir … digamos que tenemos una situación económica y profesional aceptablemente estable (lo cual para los tiempos de hoy es como sacarse la lotería) pero te cuento que con el tiempo varios de nuestros parientes nos han dado completamente la razón sobre todo porque las cosas se están poniendo demasiado rojas por estos rumbos, es más, te podría decir que varios nos envidian (sobre todo los más jóvenes) y eso de que el tiempo cura las heridas es verdad, mis padres que al principio tomaron muy mal nuestros planes ahora que el momento se acerca nos apoyan totalmente y creeme que eso es una gran bendición y ayuda impagable. (Blog 3, Kommentar 1, 2.10.2009)

So entsteht ein Bild von der Gemeinschaft der Migranten, die dieselben Sorgen und Probleme, aber auch ihre Lösungen teilen.

Dass das Teilen gemeinsamer Ziele, Probleme auf dem Weg dahin und die gegenseitige Unterstützung einen ganz wesentlichen Aspekt der therapeutischen Taktiken der Blogger darstellen, belegen zahlreiche Kommentare zu den Posts unserer Blogger. Dabei zeigt sich, dass die unterstützenden

Aktivitäten der einzelnen Blogger als Elemente der gesamten Bloggergemeinschaft konzipiert werden.

So schreibt eine Migrantin, die bereits in Kanada ist, und selbst einen Migrationsblog führt, einem gerade neu dazugekommenen Blogger folgenden Kommentar zu seinem zweiten Post, in dem er sich und seine Motive, nach Kanada zu emigrieren, darstellt:

> Bien[v]enido a la blogsfera y al camino de la inmigración. creo que tus [m]otivos de partir son los mismos que el de la mayoría de los que están aquí. Aquí estamos para que hagas todas las preguntas de [Ortsname] que quieras! Saludos.
> [Vorname der Bloggerin] (Blog 2, Kommentar, 19.4.2008)

Der interaktive Bearbeitungsprozess wird sowohl von den Bloggern selbst als auch von ihren Kommentatoren als "heilsam" empfunden. Da die erzählten Erlebnisse nahezu ausschließlich zu durchlaufende Etappen der Migration sind, werden auch die Erfahrungen mit diesen Erlebnissen von jedem einzelnen Migranten geteilt und so kann die heilende Wirkung der sprachlichen Verarbeitung dieser Erfahrung auch den als Leser und Kommentatoren am Blog teilnehmenden Migranten zugutekommen, wie dies auch in zahlreichen Kommentaren direkt zum Ausdruck gebracht wird:

> Hola. No se quienes son, los encontramos por la web, pero quiero decirles que ustedes con sus historias nos han ayudado mucho, nos dan valor de seguir adelante, leer sus notas es como leer tambien lo que nos esta pasando y lo que estamos sintiendo. Gracias. (Blog 8, Kommentar 3, 2.11.2005)

> Hola somos [Eigenname] y [Eigenname], los felicitamos por el blog, nos han dado mucho animo para empezar el proceso de inmigracion a Quebec [...].
> (Blog 8, Kommentar 4 (Auszug), 2.11.2005)

Wir kommen nun abschließend zu einer weiteren Taktik, mit der die Migranten in ihren Blogs die Verarbeitung und Bewältigung schwieriger Erlebnisse und belastender Gedanken erreichen. Dabei geht es um die sprachliche Rekonstruktion von Reflexions- und Erkenntnisprozessen über das eigene Handeln und die eigene Situation als Migrant, deren Bedingungen und Konsequenzen. Diese Reflexionsprozesse profitieren von der gedankenklärenden, epistemischen Funktion des Schreibens. Deren Nutzung und therapeutische Wirkung beschränkt sich nicht allein auf den Blogger, sondern gilt für alle an der Interaktion Beteiligten.

In einem ausführlichen Post mit dem Titel *Vale la pena???* schildert der Verfasser von Blog 8 seine Überlegungen und Zweifel daran, ob sich der ganze Aufwand für die Migration überhaupt lohnt. Unter anderem erzählt er in diesem Post von der negativen Reaktion seiner Familie und der Familie seiner Frau auf ihre Auswanderungspläne:

> Mi madre me dijo que nosotros éramos muy arriesgados, ella no está de acuerdo, de hecho, casi nadie en la familia está de acuerdo, la familia de [Eigenname] pensó que era broma, pero creo que cada vez más se convencen de que estamos decididos. Tal vez, la respuesta a la pregunta [gemeint ist die Frage im Titel des Posts] nos la den nuestros hijos, no nosotros mismos.
>
> (Blog 8, 2.11.2005, Auszug)

Dass die negativen Reaktionen der Familien die Migranten in ihrem Vorhaben belasten, wird durch den Kontext des Posts deutlich, der die Frage nach dem Sinn des Migrationsprozesses stellt. In einem längeren Kommentar teilt nun eine Leserin ihre eigenen Reflexionen zu diesem Problem mit:

> [Eigenname], es muy difícil que los parientes comprendan nuestra decisión, pero sobre todo los padres...,por supuesto que a ellos no les agrada la idea que sus polluelos se alejen y sobre todo a un lugar tan lejano y desconocido como Canadá.
>
> Mira, yo estoy haciendo lo siguiente (es un jueguito mental para no agobiarme tanto con eso de que: y se me estoy equivocando? y si allá no es tan promisorio como lo pinta? y si lo mejor sería quedarme donde estoy con mi cultura, con mi familia, con mis amigos, con mi paisaje?): voy a Canadá, aprendo el idioma o los idiomas, mis hijos también aprenden el idioma, conocemos otro país, trabajamos (ya sabemos que allá no nos vamos a morir de hambre), probablemente podamos inclusive ahorrar un poco (cosa que en mi país es imposible) y si luego de de [sic] todo no nos gusta, nos regresamos a nido familiar en país de origen dentro de 4 o 5 años, pero eso sí con la ciudadanía bajo el brazo (para que nuestros hijos dejen de ser ciudadanos de quinta ante el mundo, además que les abrimos las puertas para cuando ellos quieran emigrar como nosotros ya no les cueste lo que nos está costando a nosotros ahora). Así que no te agobies tanto con eso de que si vale la pena o nó. Somos gente joven, tómalo como si te estuvieras yendo a estudiar al extranjero: vas a estudiar idiomas, culturas, formas de trabajo, probablemente vas a estudiar algo de tu profesión también. Y si al final no funciona te regresas.
>
> Sería interesante que les dijeras eso a tu familia también, así los tranquilizas y probablemente te comprendan un poco más.
>
> Ánimo¡¡¡ (Blog 8, Kommentar 1, 2.11.2005)

Die Kommentatorin stellt dem Blogger ein ganzes Set von Argumenten zur Verfügung, die nicht nur dazu dienen, seine eigenen Zweifel am Migrationsvorhaben auszuräumen, sondern die er auch im Gespräch mit seiner Familie zu deren Beruhigung verwenden kann. Diese Überlegungen, die sie selbst als "mentales Spielchen" bezeichnet, treffen offensichtlich in identischer Weise auf ihre eigene Situation zu. Dass sie direkt auf den Fall des Bloggers übertragen werden können, beweist erneut, dass alle Migranten der Community ähnliche Erlebnisse, Erfahrungen und Probleme haben, so dass sie auch über Reflexionen zu ähnlichen Lösungsansätzen kommen, mithin ihre Probleme gemeinsam lösen können. Der Verfasser von Blog 8 bedankt sich für diesen Ratschlag mit folgenden Worten:

> [Eigenname], muchísimas gracias por tus comentarios, realmente me parece muy bien poder tomar las cosas de esa manera, ya que no lo había visto de esa forma, voy a buscar poner este consejo en práctica. Saludos.
> (Blog 8, Kommentar 2, 2.11.2005)

Damit akzeptiert er die im Kommentar vorgeschlagene Denk- und Argumentationsweise zur Lösung seines eigenen Problems. So gelingt es, in einem gegenseitigen Geben und Nehmen von Problemdarstellungen und Problembestätigungen, von Ratschlägen und Trost jeweils selbst betroffener Mitglieder der Bloggergemeinschaft, Belastendes zu verarbeiten und gemeinsam zu bewältigen.

Sehr deutlich äußert dies der Autor von Blog 10, wenn er den gesamten Migrationsprozess mit einer Psychotherapie vergleicht, die eine komplette Neubestimmung der eigenen Identität ermöglicht:

> La migración es una de las pocas circunstancias en la vida que permite reinventarse completamente como individuo, algo así como una psicoterapia que al final es exitosa (nadie dijo fácil, dije exitosa). Piense que poca gente en este mundo tiene la posibilidad de reinventar su vida, y piense que poca gente tiene la posibilidad de emigrar a un país como Canadá.
> (Blog 10, 4.02.2005)

5. Schluss

> [E]ra una decision de cambio total de vida, de pais, de estado civil, de idioma, de trabajo … de TODO … Radicalmente. (Blog 1, Januar 2009)

> Tengo la sensación de que nada es lo mismo después de la decisión de emigrar. Realmente uno, si está de veras vivo, cambia. Y emigrar es un baldazo de cambios. (Blog 7, Kommentar 2, 1.11.2006)

Der Entschluss, in ein anderes Land zu emigrieren, verändert nahezu alles im Leben eines Menschen. Wenn wir daher in den vorangegangenen Abschnitten über Zeit, ihre Wahrnehmung, Reflexion und deren sprachliche Gestaltung von Migranten nachgedacht haben, haben wir gewissermaßen willkürlich einen einzelnen Aspekt aus dieser Totalität der Veränderung herausgegriffen, um an diesem Beispiel fassbar zu machen, welche Strukturen diese Veränderung in der Kommunikation der Akteure erzeugt, welche Konstruktionen und Rekonstruktionen von Zeitlichkeit innerhalb des Auswanderungsprozesses sprachlich vermittelt und damit auch beobachtbar werden. Zeit stellt also nur einen einzigen Ausschnitt aus der umfassenden Menge an Veränderungen dar.

An diesem Ausschnitt konnte gezeigt werden, dass sich in den interaktionalen Versprachlichungsprozessen der Blogkommunikationen Strukturen erkennen lassen, welche in Zusammenhang stehen mit der speziellen biographischen Situation der Migranten. Die Immigration nach Québec unterliegt festen Ordnungen und Regeln, die die Einwanderungsbehörde allen Migranten vorgibt. Im Zentrum dieser Ordnung steht ein Einwanderungsparcours, der aus zahlreichen Einzeletappen besteht, von denen jede wiederum nach festgelegten Bedingungen abläuft, zu denen auch eine vorgegebene Zeitstruktur gehört. Im kommunikativen Vollzug der bloggenden Migranten wird dieser *parcours* rekonstruiert als eine Lebensphase, in der die normal ablaufende Alltagszeit aufgehoben ist zugunsten einer Zeit des Wartens und der Unsicherheit, in der einzelne Zwischen-Zielpunkte identifizierbar sind und dessen Endziel mit der tatsächlich vollzogenen Einwanderung sich für die beteiligten Akteure häufig wiederum nur als weiterer Zwischenschritt auf einem längerfristigen Weg der Integration in die aufnehmende Gesellschaft erweist.

In diesem Kontext lässt sich die narrative Rekonstruktion und die rekonstruierte Reflexion der vorgegebenen Bedingungen und Strukturen der Immigration und der dadurch ausgelösten belastenden Erlebnisse, sowie deren interaktive Bearbeitung durch die Akteursgemeinschaft im Blog als Aneignungs-, Verarbeitungs- und Bewältigungstaktik erkennen, die nicht nur dem einzelnen Blogger und seinen Lesern hilft, die Erlebnisse zu verarbeiten, sondern gleichzeitig eine kollektive Neuinterpretation des Migrationsprozesses erlaubt, die wesentlich zum Aufbau einer neuen Identität beiträgt.

Literatur

Antaki, C. / Widdicombe, S. Eds. 1998. *Identities in talk.* London: Sage.

Baynham, M. / de Fina, A. 2017. Narrative analysis in migrant and transnational contexts. In Martin-Jones, M. / Martin, M. Eds. *Researching multilingualism. Critical and ethnographic perspectives.* New York: Routledge, 31–45.

Berger, P. L. / Luckmann, T. 1966. *The social construction of reality. A treatise in the sociology of knowledge.* Garden City, NY: Doubleday.

de Certeau, M. 1990. *L'invention du quotidien*, vol. 1.: *Arts de faire*. Paris: Gallimard.

Enderli, S. 2014. *Weblogs als Medium elektronischer Schriftlichkeit. Eine systemtheoretische Analyse.* Hamburg: Diplomica.

de Fina, A. 2011. Discourse and identity. In van Dijk, T. A. Ed. *Discourse studies. A multidisciplinary introduction* (2nd ed.). London: Sage, 263–282.

de Fina, A. / Schiffrin, D. / Bamberg, M. Eds. 2006. *Discourse and identity*. Cambridge: Cambridge University Press.

Frank-Job, B. 2020. *Immigration as a process. Temporality concepts in blogs of Latin American immigrants to Québec*. Trier: Wissenschaftlicher Verlag.

Frank-Job, B. / Kluge, B. 2015. Multilingual practices in identity construction. Virtual communities of immigrants to Quebec. *Fiar. Forum for inter-American research* 8, 85–108. http://interamerica.de/current-issue/job_kluge/ (2020-02-24).

Frank-Job, B. / Mehler, A. / Sutter, T. Eds. 2013. *Die Dynamik sozialer und sprachlicher Netzwerke. Konzepte, Methoden und empirische Untersuchungen an Beispielen des WWW*. Wiesbaden: Springer VS.

Hahn, A. 1987. Identität und Selbstthematisierung. In Hahn, A. / Kapp, V. Eds. *Selbstthematisierung und Selbstzeugnis. Bekenntnis und Geständnis*. Frankfurt: Suhrkamp, 9–24.

Hall, S. 1992. The question of cultural identity. In Hall, S. / Held, D. / McGrew, A. Eds. *Modernity and its futures*. Cambridge: Polity Press, 274–316.

Hausendorf, H. 1995. Man spricht zwar eine Sprache aber … Die Wiedervereinigung als Kommunikationsproblem. In Czyżewski, M. / Gülich, E. / Hausendorf, H. / Kastner, M. Eds. *Nationale Selbst- und Fremdbilder im Gespräch. Kommunikative Prozesse nach der Wiedervereinigung Deutschlands und dem Systemwandel in Ostmitteleuropa*. Opladen: Westdt. Verlag, 120–144.

Housley, W. / Fitzgerald, R. 2009. Membership categorization, culture and norms in action. *Discourse & Society* 20, 345–362.

Kluge, B. 2015. The joint construction of a supranational Latin American identity in the Latin American blogging community in Quebec. In Márquez Reiter, R. / Martín Rojo, L. Eds. *A sociolinguistics of diaspora. Latino practices, identities and ideologies*. London: Routledge, 181–195.

Lucius-Hoene, G. / Deppermann, A. 2004. Narrative Identität und Positionierung. *Gesprächsforschung. Online-Zeitschrift zur verbalen Interaktion* 5, 166–183. http://www.gespraechsforschung-ozs.de/heft2004/ga-lucius.pdf (2020-02-24).

Schauer, M. / Neuner, F. / Elbert, T. 2011. *Narrative exposure therapy. A short-term treatment for traumatic stress disorders* (2nd ed.). Cambridge, MA: Hogrefe.

Scheidt, C. E. / Lucius-Hoene, G. 2015. Kategorisierung und narrative Bewältigung bindungsbezogener Traumaerfahrungen im Erwachsenenbindungsinterview. In Scheidt et al. 2015, 26–38.

Scheidt, C. E. / Lucius-Hoene, G. / Stukenbrock, A. / Waller, E. Eds. 2015. *Narrative Bewältigung von Trauma und Verlust*. Stuttgart: Schattauer.

Schütz, A. 1971. *Collected papers*, vol. 1: The problem of social reality. Edited and introduced by M. Natanson. Den Haag: Nijhoff.

Schütz, A. / Luckmann, T. 1979. *Strukturen der Lebenswelt*, vol. 1. Frankfurt: Suhrkamp.

Wenger, E. 1998. *Communities of practice. Learning, meaning, and identity*. Cambridge: Cambridge University Press.

Appendix: Übersicht über die verwendeten Blogs[5]

Blog 1: *Colnada-Canombia* (http://colnada-canombia.blogspot.com)

Blog 2: *Verdades a medias* (http://leo-jajajajaja.blogspot.com)

Blog 3: *Los loquitos en Canadá* (http://loquitosrumboacanada.blogspot.com)

Blog 4: *Los Marge en Canadá. Argentinos en Canadá* (http://losmarge.com.ar)

Blog 5: *Mi vida en otro lado* (http://mividaenotrolado.blogspot.com)

Blog 6: *Pereiranos al Canadá* (http://pereiranosalcanada.blogspot.com)

Blog 7: *Una voz en la ciudad de Québec* (http://unavozenquebec.blogspot.com)

Blog 8: *Vamos para Quebec* (http://vamospaquebec.blogspot.com)

Blog 9: *Volar a Quebec* (http://volaraquebec.blogspot.com)

Blog 10: *Los Ziegler en Canadá* (http://loszieglerencanada.com)

Blog 11: *Vivo en Canadá* (https://www.vivoencanada.com/)

Blog 12: *araguaney-maple* (http://araguaney-maple.blogspot.com)

Blog 13: *Contandodiaz* (http://contandodiaz.blogspot.com/)

Blog 14: *Mexicocanada* (http://mexicanoacanada.blogspot.com)

Danksagung. Dieses Projekt wurde durchgeführt im Rahmen des *Center for InterAmerican Studies* der Universität Bielefeld als Teil des Verbundprojekts "Die Amerikas als Verflechtungsraum" (cf. https://www.uni-bielefeld.de/cias/entangled_americas). Wir danken dem Deutschen Bundesministerium für Bildung und Forschung (BMBF), das dieses Projekt seit 2018 fördert.

[5] Das Korpus wurde in den Jahren 2006–2013 erhoben. Die letzten Zugriffe erfolgten im September 2013. Einige der Blogs sind inzwischen nicht mehr online verfügbar.

Adrián Vergara Heidke & Héctor Morales Gutiérrez

Globalización y lenguas en contacto: paisaje lingüístico en barrios de Costa Rica y Chile

Abstract. One of the modes of 'urbanity' is representation. The representation of the urban space is usually characterized by the different means by which it makes itself manifest and by the variety of semiotic resources for its expression. One of those means are names of commercial establishments, proper names displayed on signs that can be read by passers-by. Such texts are external stimuli for the construction of imaginaries in the citizens who visit those places or neighborhoods, which is an important factor in placemaking. On the other hand, several works on urban linguistics have shown that English is used for the names of commercial establishments in different cities and neighborhoods as a sign of globalization and modernity. This work aims to analyze the presence of different languages in commercial signs in two neighborhoods in Chile and in two neighborhoods in Costa Rica, as well as to investigate the perception of a given neighborhood by Costa Rican citizens, based on the use of different languages in the signs. The analysis seeks to identify, on the one hand, whether there is a relationship between the demographic traits of the neighborhoods at issue and the use of different languages and, on the other hand, how the neighborhoods are assessed according to the languages present in the linguistic landscape. Our results show that in neighborhoods of lower socio-economic levels mainly Spanish and English are used in commercial signs, while in neighborhoods for better purchasing levels there is a greater variation in the foreign and national languages present. Finally, people seem to perceive a neighborhood as safer and more familiar when commercial signs make use of foreign languages.

1. Introducción

Una fuente novedosa para el estudio de las lenguas en contacto es el paisaje lingüístico, por cuanto en este se puede observar la interacción de las lenguas que están presentes en una comunidad o la relevancia de una lengua para fines comerciales (por ejemplo, turismo). Por otro lado, la investigación sobre el paisaje lingüístico permite aprehender cómo las personas van construyendo una representación de los diferentes espacios urbanos (el barrio, la ciudad) tanto del lado del productor de los mensajes como de los receptores (perceptores). En otras palabras, con esto se aborda el proceso de *placemaking* de los distintos territorios, comunidades o espacios. En este artículo, se presentan algunos de los resultados que se obtuvieron del análisis del paisaje lingüístico y de su percepción por parte de ciudadanos costarricenses de dos barrios de las capitales de Costa Rica y de Chile: centro de Desamparados y Escalante (San José) y Franklin e Italia (Santiago de Chile). Las preguntas que se responden acá son las siguientes:

> ¿Qué lenguas se utilizan en la rotulación comercial de estos barrios?
>
> ¿Afecta el uso de lenguas extranjeras en la percepción de seguridad o de lo familiar que puede ser un barrio?

En las investigaciones sobre la relación entre paisaje lingüístico y lenguas en contacto o multilingüismo se han observado dos líneas de resultados: unos en los que la presencia de diferentes lenguas en el paisaje lingüístico es señal de un mundo globalizado, mientras que en otros es una forma de resistencia por un grupo minoritario frente a la lengua de un grupo dominante. En los primeros trabajos, se ubican los de Aiestaran et al. (2013), Aristova (2016), Ben-Rafael/Ben-Rafael (2015), Comajoan (2013), Franco (2013), Takhtarova et al. (2015), Ma (2017) y Olufemi (2011). Estos trabajos tienen en común que abordan la relación entre una o varias lenguas oficiales (por ejemplo, el caso español y vasco) o entre una lengua oficial y una extranjera. Todos los trabajos muestran que el inglés es la lengua extranjera más utilizada y se la considera símbolo de la globalización, su lengua franca, la cual es utilizada con fines comunicativos, económicos (principalmente, relacionados con el turismo) y como señal de estatus.

Por otro lado, otras investigaciones (Ben-Rafael/Ben-Rafael 2015; Espinet et al. 2013; Rodríguez/Ramallo 2015) muestran cómo lenguas de grupos minoritarios se manifiestan en el paisaje lingüístico de urbes con fines políticos para reivindicar sus intereses y posiciones. En general, este paisaje lingüístico se encuentra en escritos transgresores como pintadas o grafitis y no en la rotulación oficial o comercial. Este estudio se inserta dentro de estos trabajos que han analizado el paisaje lingüístico, sin embargo, también se presentan valoraciones asociadas a la utilización de diferentes lenguas, con lo que se intenta comprender el proceso de *placemaking* que se puede estar dando en estos barrios.

Este breve artículo se divide en una exposición sucinta de los conceptos fundamentales; luego, una explicación de los barrios en los que se recolectó la muestra; a continuación, la explicación de la metodología; finalmente, los resultados más relevantes y un cierre.

2. Paisaje semiótico y lingüístico, *placemaking* y globalización

Pickenhayn (2007) propone desde la geografía una aproximación al paisaje en general como un campo semiótico que interactúa con las experiencias y vivencias del ser humano. De esta manera, propone que el paisaje comunica en todos sus aspectos porque el humano lo ha dotado de situaciones, experiencias y significaciones para entenderlo, pues es desde donde logra entenderse. Así bien, el paisaje es aquel espacio que 'habla' por su propia composición (ruidos, olores, sombras, elementos que lo componen, etc.), pero, al mismo tiempo, "por lo que los hombres quieren que diga" (2007: 20), en este caso, tanto en la interpretación de los signos propios del paisaje como en aquellos que el hombre estructura dentro de este espacio, es decir, las modificaciones que produce en el paisaje: ya sean lingüísticas o de otra índole. Además, como lo señala Gorter (2006), "in our world today there is little pure nature in a literal sense left because almost every spot has been 'touched' by human beings and traces of their presence have been left behind and with it linguistic tokens" (2006: 86).

Landry/Bourhis (1997), sobre el paisaje lingüístico, afirman:

> The language of public road signs, advertising billboards, street names, place names, commercial shop signs, and public signs on government buildings combines to form the linguistic landscape of a given territory, regional, or urban agglomeration (Landry/Bourhis 1997: 25).

De este modo, toda expresión lingüística que aparezca en las señales del espacio urbano y común de las personas, es decir, que sea de acceso para el público en masa (cf. Shohamy et al. 2010), compone el paisaje lingüístico de una zona específica. Ampliando la clásica definición de Landry/Bourhis (1997), entendemos el paisaje semiótico como toda señal de tránsito, publicidad, nombre de calles o lugares, rótulos comerciales, signos públicos de instituciones públicas y privadas, expresiones comunicativas o artísticas puestas en lugares con visión desde zonas públicas (por ejemplo, grafitis, murales, rayadas). De esta manera, siguiendo a Franco (2013), entendemos que "Ll [linguistic landscape] text is any piece(s) of writing composed by the same actor with a focal content related to that actor and displayed on a circumscribed space in the public domain" (2013: 112). Franco (2013) continúa la tradición de Landry/Bourhis (1997), destacando, eso sí, la noción del actor en la disposición y creación de estos textos. Por esta razón, se promueve una perspectiva en la que prima el contexto social y el ser humano como productor y promotor de ciertas funciones específicas en la interacción con otras personas. Así, al tomar en cuenta al actor (productor de contenido), se circunscribe también la clásica diferenciación que proponen Shohamy et al. (2010) sobre el texto público (*top-down*), que provienen de instituciones gubernamentales o estatales, como nombres de calles, instituciones culturales o locales, entre otros, y el privado (*bottom-up*), que hace referencia a los comercios privados o particulares de servicios, profesionales o comerciales. A esto, Pons (2012) precisa que

> la naturaleza de esta distinción no solo se basa en el tipo de emisor, sino en que su respectiva contribución al paisaje lingüístico es muy disímil: los soportes materiales de esos signos así como la motivación subyacente para la elección lingüística en ellos son muy diferentes (Pons 2012: 66).

Por otro lado, si se toman en cuenta los recursos semióticos utilizados en los textos del paisaje semiótico, se puede observar y, por ende, afirmar que se caracterizan por ser textos multimodales, por cuanto se materializan mediante diferentes modos (verbal, tipográfico, icónico, entre otros; cf. Bateman 2008; Kress/van Leeuwen 2001). Esta característica lleva a plantear que un acercamiento integral a este tipo de texto requiere de apoyarse en perspectivas teóricas y metodológicas para el análisis de textos multimodales. Si bien defendemos esta afirmación, por la brevedad de este texto, solo se hace aborda el modo verbal.

Entre los textos de los paisajes semióticos, en este artículo interesan los rótulos de establecimientos comerciales. Estos rótulos se caracterizan por manifestar, en primer lugar, el nombre del establecimiento, luego, por estar acompañados por otros recursos semióticos (imágenes, íconos, logotipos, otros géneros textuales como el publicitario) y por ser comparables a los anuncios publicitarios (cf. Atxaga Arnedo 2007). Consideramos que los rótulos pueden cumplir diferentes funciones: "informativa, también llamada comunicativa o del marcador informativo, consiste en transmitir información, instrucción o persuasión reales; [...] simbólica, a su vez, también conocida como función del marcador de identidad colectiva, tiene que ver con la supremacía lingüística, decisiones políticas y representación semiótica del estado social" (Ivanova 2011: 302); de identificación, mediante el nombre del establecimiento se identifica ese local respecto a otros del mismo rubro y del espacio geográfico (cf. Atxaga Arnedo 2007); estética, por cuanto en muchas ocasiones se intenta asociar el establecimiento con un valor estético reflejado en el rótulo; finalmente, de captación, por cuanto se busca llamar la atención de la población para que entre al local comercial y lo recuerde.

Un concepto importante dentro de *urban linguistics* es el de *placemaking* (cf. Busse/Warnken 2015), el cual proponemos entenderlo como el proceso de construcción de un 'lugar' (inglés: *place*, alemán: *Ort*) mediante relaciones, prácticas y representaciones de sentidos de diferentes actores, de variada naturaleza, entre las cuales están las semióticas. De esta manera, el *placemaking* no se reduce a productos como los textos semióticos o las edificaciones, ni a actores como los productores de rótulos o vecinos de un lugar, sino corresponde a un proceso que involucra tanto a productores, vecinos, a quienes circulan y se relacionan con esos 'lugares' y sus (inter)relaciones, prácticas y construcciones de sentido. Es así como la investigación lingüística sobre el *placemaking* debe ir más allá del paisaje lingüístico y debe abordar las representaciones y percepciones que tienen las diferentes personas sobre ese paisaje.

Un aspecto que en la actualidad influye en el *placemaking* es la globalización. Esta es comprendida según los parámetros del paisaje lingüístico y las consecuencias que plantea en la dimensión lingüística de la sociedad. En este sentido, Pons (2012) realiza una síntesis sobre lo que otros teóricos han aportado al respecto de este fenómeno, que resulta esclarecedora: "hace que el mundo cristalice como lugar único, la aldea global, que arrastra a una interdependencia mutua de las naciones y los territorios, con sus consiguientes flujos financieros, comerciales y humanos" (2012: 30), así como a nivel lingüístico destaca

> la interdependencia de las lenguas, el estrechamiento de sus dimensiones espaciales y temporales, su desincrustación (disembedding o salida de las lenguas de su lugar de uso y posible extensión hacia zonas culturalmente desvinculadas de la originaria, por ejemplo a través de productos populares con éxito) y su mercantilización (commodification) (Pons 2012: 30).

Vale destacar el rol de la lengua inglesa en este escenario, pues lo considera como el vehículo común de comunicación, lengua franca, herramienta vital en este período pues, según Garrido (2010), la globalización "estrecha las distancias para los hablantes de todas las lenguas" (2010: 73), ya que hay una facilitación en el contacto cultural y, por lo tanto, lingüístico. Además, los espacios globalizados actúan a partir de las posibilidades comerciales, por lo que deben estar anuentes a la presencia de todo tipo de hablantes. Entonces, la globalización, naturalmente, no afectaría solo a la dimensión lingüística, sin embargo, los componentes del paisaje lingüístico, si actuaran en función de estos principios, serían indicadores de un inminente estado globalizador de una ciudad. Es decir, no responde solamente a roles locales, sino a la apertura a un mundo más homogéneo, a la aldea global. Sin embargo, al mismo tiempo que existe este mundo homogéneo, se ha planteado en los últimos años la idea de que la globalización no actúa en un sentido único, sino que se presentan múltiples globalizaciones. Al respecto, comentan Ben-Rafael/Ben-Rafael (2015) un "concept of multiple globalizations that inquiries about the degree in which the various structuration principles tend to generate a same mode of globalized setting in different cities or, on the contrary, cause the emergence of different configurations everywhere" (2015: 22). En otras palabras, la globalización genera rupturas y variedades, pero en procesos paralelos a nivel mundial: habrá tanto una unidad y una ciudadanía global como rasgos de particularidades globales.

En cuanto al inglés, principal lengua en el mundo occidental del fenómeno globalizador, en Costa Rica se ha visto, desde los años 60, un incremento en su empleo y su aparición en distintos medios. Como bien lo explica Delgado (2005), la aparición de los medios que dan acceso facilitado a la información inmediata, a otras culturas y la creciente incursión en el mundo comercial, particularmente, relacionado con el turismo, y el tecnológico, propició el auge del uso de palabras y términos del idioma. Así bien, señala que "la lengua inglesa ha pasado a ser una necesidad, ya que prácticamente se ha convertido en el idioma de comunicación internacional, teniendo cada día una mayor presencia como lengua de negocios" (2005: 89), y, al mismo tiempo, la lengua vehículo de los avances e innovaciones tecnológicas. El uso del inglés en el país se vería, por tanto, como una forma de apertura al mundo. De este modo, el contacto —y empleo— del inglés y el español en el país sería un primer indicio del proyecto de barrio globalizado y moderno.

3. Breve caracterización de los barrios

Existe una simetría entre los cuatros espacios escogidos para este análisis, en tanto las condiciones de Escalante (San José, Costa Rica) e Italia (Santiago de Chile, Chile) se asemejan por su acelerado desarrollo comercial dirigido a una población de ingresos económicos altos, mientras que el Centro de Desamparados (San José) y Franklin (Santiago de Chile) son zonas asociadas con el comercio dirigido a personas de un estatus económico medio-bajo.

En primer lugar, el Centro de Desamparados es un distrito perteneciente al cantón de Desamparados y presenta una población de 36.439 habitantes y 10.380 viviendas (cf. Municipalidad de Desamparados 2015). Vale la pena señalar que el cantón al que pertenece está ubicado en el puesto 72 de 81 del índice de Desarrollo Humano (IDHc; cf. Municipalidad de Desamparados 2015: 10). Por su parte, Franklin es un barrio histórico que pertenece a la comuna de Santiago, caracterizado por albergar el mercado persa de la ciudad, es decir, un centro comercial de bajos precios pues su principal producto son las mercancías de reventa (cf. Memoria Chilena 2018).

Por otro lado, Barrio Escalante es parte del cantón de San José y, desde un principio, fue residencia de la clase alta del país, pues albergaba a varias de las familias oligarcas de la provincia. Luego, el desarrollo de Barrio Escalante como un sector comercial comenzó en el 2010, a partir de la organización de los vecinos y la Municipalidad que propusieron un plan que contemplara seguridad, estética y armonía para su desarrollo. Así bien, se realizó una reorganización e intervención urbana, vial y del espacio público, atravesada por una franja de restaurantes (Paseo Gastronómico: antítesis del *food court*) que activó la competencia comercial del lugar que, al día de hoy, alberga más de 40 restaurantes, oficinas y locales comerciales (cf. Solís Lerici 2016a; 2016b). En Chile, Italia, desde temprano tiempo, funcionó como barrio de la aristocracia chilena. A partir del 2000, se acelera la transformación del sector como epicentro comercial, destacando los restaurantes, talleres y espacios de diseño, dirigidos esencialmente a una clase socio-económica alta. Asimismo, los costos de territorio en el barrio aumentaron por lo que muchas familias se han visto desplazadas, dando lugar así a más espacios para la actividad comercial; cf. el sitio web *Somos Italia* del Barrio Italia, http://www.barrioitalia.com/es/site/elbarrio (2019-11-07).

4. Metodología

En este artículo se presentan los resultados sobre uso de diferentes lenguas en la rotulación comercial de dos barrios de San José de Costa Rica, Centro de Desamparado y Escalante, y de dos de Santiago de Chile, Franklin e Italia. Se recogieron fotografías de toda la rotulación comercial de los barrios durante recorridos realizados entre julio y noviembre de 2018. A continuación, se identificaron las diferentes lenguas utilizadas en la rotulación comercial. Finalmente, se presentan los resultados de unos ítems de una encuesta aplicada a 53 costarricenses, mayores de edad, no habitantes de estos barrios. Las respuestas que se desarrollan en este texto abordan, a partir de nombres de locales comerciales, la seguridad del barrio y la posibilidad de vivir en el barrio con la familia, lo cual debía ser valorado en una escala de Likert.

Este método permite no solo abordar el paisaje lingüístico y el *placemaking* desde el punto de vista de los productores de textos, sino también desde quienes los pueden percibir e interpretar.

5. Resultados

La exposición de los resultados se divide en dos partes: lenguas presentes en la rotulación comercial de los barrios y percepción de ciudadanos costarricenses sobre el uso de diferentes lenguas en la rotulación comercial.

5.1 Lenguas utilizadas

En los cuatro barrios analizados se observa una gran diferencia en el uso de las lenguas distintas al español:

Barrio Italia (Chile)	Inglés, italiano, mapundungún, tailandés, japonés, francés
Barrio Franklin (Chile)	Inglés, criollo haitiano
Barrio Escalante (Costa Rica)	Inglés, italiano, francés, alemán, hindi, japonés, catalán, bribri, kuna yala
Centro de Desamparados (Costa Rica)	Inglés

Tab. 1. Lenguas presentes en la rotulación comercial en Chila y Costa Rica (CR).

De todas las lenguas encontradas, la más utilizada era el inglés. Algunos de los ejemplos encontrados son:

Fig. 1. Barrio Escalante (CR).

Fig. 2. Barrio Italia (Chile).

En la Tab. 1, se observa que en los dos barrios con locales comerciales dirigidos a sectores sociales más acomodados económicamente, Italia y Escalante, se encuentra más variedad de lenguas; mientras que en los otros dos, correspondientes a sectores medios, medio-bajo, solo se utiliza el inglés. Cabe señalar que la presencia del criollo haitiano se dio en un enunciado correspondiente a un acto de habla directivo (cf. Searle 1965/1995a; 1969/1994; 1975/1995b) dirigido a los migrantes haitianos, invitándolos a enviar dinero a su país de origen desde ese local comercial, es decir, es una expresión específica que busca llamar la atención de una nueva población migrante en Chile, destaca su función apelativa, y no corresponde a una rotulación comercial tradicional (nombre del establecimiento y de los productos ofrecidos).

Autores como Aristova (2016), Ben-Rafael/Ben-Rafael (2015), Bruyèl-Olmedo/Juan-Garau (2009) y Delgado (2005) han afirmado que el inglés funciona como lengua franca y la lengua por excelencia de la globalización. Esto se evidencia tanto en la comunicación comercial, diplomática, académica (cf. Takhtarova et al. 2015; O'Donnell/Toebosch 2008; Olufemi 2011) como en el paisaje lingüístico (cf. Aiestaran et al. 2013; Ben-Rafael/Ben-Rafael 2015). En el caso de los barrios estudiados, se observa una clara distinción entre estos: los que usan varias lenguas y aquellos en que (casi) solo aparece el inglés. Esta diferencia muestra que el desarrollo de la globalización, por medio de su manifestación lingüística en la rotulación comercial, se estaría dando por dos vías. En primer lugar, se encuentra la vía en la que el inglés es símbolo de globalización, modernidad, estatus, por lo que se recurre a esta lengua para nombrar establecimientos, como *Wright's Gym & Fitness* (Desamparados) o *Fashion Brands Store* (Franklin), o los servicios o productos que ofrecen, como *Microblanding* (Desamparados) o *Barber Shop* (Franklin). La segunda vía consiste en la utilización de varias lenguas extranjeras en los nombres de establecimientos o servicios como *Da Noi* (Italia), *Jap Thai* (Italia), *Al Mercat* (Escalante) o *Creperie & Café Entre Nous* (Escalante). En este caso, más que un símbolo de globalización o modernidad, pareciera que la variedad de lenguas muestra (y está dirigido) a un ciudadano del mundo, a una persona cosmopolita, que conoce diferentes culturas. Cabe señalar que estas lenguas no son necesariamente marcas identitarias de grupos migrantes de estos países, es decir, no recurren a ellas para mostrar sus orígenes, sino más bien para dar estatus u ostentar el tipo de servicio o productos que se ofrecen (por ejemplo, nombres en italiano para restaurantes de comida italiana).

A partir de lo anterior, proponemos dos tipos de barrios en las capitales de Chile y Costa Rica, según las lenguas que utilizan en su rotulación comercial:

(1) Lengua del lugar (español) + inglés: barrio en contacto con el mundo, globalizado y moderno.

(2) Lengua del lugar (español) + variedad de lenguas: barrio que es parte del mundo, internacional, multicultural, cosmopolita.

Esta categorización concordaría con el nivel socio-educativo de los residentes y de los visitantes de esos barrios, por cuanto tanto Escalante como Italia se relacionan con sectores socio-económicos más acomodados.

De esta manera, se puede afirmar que en estas capitales y, probablemente, en estos países, el inglés no va necesariamente asociado al estatus, por cuanto sería de mayor estatus la presencia de variedad de lenguas, por lo menos, en el espacio urbano de las grandes ciudades. Esto mostraría una diferencia con los estudios sobre paisaje lingüístico en ciudades europeas (cf. Aiestaran et al. 2013; Cenoz/Gorter 2006).

Tema aparte es la utilización de lenguas indígenas, como *NÜN* (Italia) del mapundungún para una tienda de ventas de productos orgánicos y veganos o *Kalú* (Escalante) del kuna yala (lengua indígena panameña) para un restaurante. Su presencia se puede explicar por los procesos de "glocalización" (cf. Palacios-Alvarado et al. 2017), es decir, por el rescate de lo autóctono, local, en relación con la llegada masiva de lo extranjero, internacional. Es así como se toma la cultura y particularmente las lenguas indígenas para crear nombres de establecimientos comerciales, con lo que se destaca el carácter nacional, local y ancestral. En este caso, no se intenta mostrar un espacio urbano parte del mundo, sino con lazos con la cultura local. Debe entenderse que los miembros de esas poblaciones indígenas ni viven ni son propietarios de locales comerciales ni visitan esos barrios capitalinos, por lo que esa realidad les es ajena y no tienen relación con la selección de esos nombres en sus lenguas. Corresponde a un proceso de apropiación cultural (cf. Vézina 2019; Young 2005), pues se toma algún aspecto de una cultura ajena para uso propio, en este caso, con específicos fines comerciales y de proyección de una imagen determinada.

5.2 Valoraciones a partir de la presencia de una o varias lenguas

A los encuestados, se les presentaron enunciados que decían "Cuando leo el rótulo NOMBRE DE LOCAL COMERCIAL", se variaba NOMBRE DE LOCAL COMERCIAL a nombres reales en español y en lenguas extranjeras[1] (inglés e italiano) . Luego, se les puso las siguientes afirmaciones:

(1) Este debe ser un sector inseguro de la ciudad.

Para esta afirmación, el 51% de los encuestados señaló que estaba 'en desacuerdo' en los casos en que se presentaba un nombre comercial en una lengua extranjera, mientras que cuando sí era en español solo el 36% se mostró 'en desacuerdo'. Se observa una clara diferencia en la valoración de un barrio según si el nombre de un establecimiento está en español o en una lengua extranjera. Por supuesto, no se pretende generalizar los resultados, solo tomarlos como una posible tendencia, en el que la presencia de una lengua extranjera da mayor estatus al espacio urbano y, posiblemente, al local comercial.

No obstante, cuando se analizan los resultados según la lengua extranjera utilizada se observan resultados diferentes. En el caso del italiano, el porcentaje de encuestados que señalan que están 'en desacuerdo' con la afirmación aumenta a un 70%, mientras que en inglés baja a un 44%. De

---

[1] En este trabajo, no se hicieron distinciones entre lenguas indígenas y lenguas extranjeras, sin embargo, se pretende hacer eso en próximos trabajos.

esta manera, pareciera que habrá diferencia según la lengua extranjera que se utilice, siendo el inglés peor valorada que el italiano, pero mejor que el español. Esto puede ir en concordancia con el hecho de que los barrios destinados a ciudadanos con menor poder adquisitivo, Franklin y Desamparados Centro, utilicen casi exclusivamente el inglés como lengua diferente al español en la rotulación comercial, por lo que el inglés podría ser señal de modernidad y globalización, sin embargo, al ser una lengua conocida y de frecuente uso (en televisión, música, turismo, rotulación, se enseña en los distintos niveles educativos), no aportaría la valoración positiva que hacen otras lenguas extranjeras. Esta situación del inglés frente a otras lenguas extranjeras podría ser de conocimiento (explícito o tácito) de propietarios de locales comerciales de los barrios dirigidos a sectores sociales de mayor nivel socioeconómico.

(2) Aquí debe ser bueno para vivir con la familia.

En este caso, el 33% de las personas encuestadas señaló estar 'de acuerdo' con esta afirmación cuando el nombre aparecía en una lengua diferente al español, mientras que un 21% cuando era en español. Si bien, no son respuestas mayoritarias, se ve una leve mejor valoración, en cuanto a lo familiar, del espacio urbano cuando hay nombres comerciales en otras lenguas.

Sin embargo, nuevamente se observa un aumento del porcentaje cuando corresponde a nombres comerciales en italiano, por cuanto sube a 51%, mientras que en inglés baja a un 27%. Estos resultados concuerdan con la aseveración presentada anteriormente, por cuanto las percepciones generadas por el inglés están más cercanas a las generadas por el español. Por su parte, una lengua extranjera como el italiano es claramente mejor percibida que el español.

A partir de estas respuestas, se observa que el uso de otras lenguas pareciera que ayuda a que un espacio urbano sea considerado más seguro y más familiar que si se utilizarán solo nombres comerciales en español, lo cual es menos claro en el caso del inglés. Esto evidencia, sin querer generalizar, que las lenguas extranjeras (por lo menos, el inglés y el italiano) son mejor valoradas que el español en el ámbito comercial del paisaje lingüístico. En todo caso, se debe realizar otras investigaciones empíricas, particularmente experimentales para comprobar si es la lengua extranjera, la familiaridad con esa lengua extranjera, el contenido del texto u otro factor el que genera una percepción positiva. En conclusión, la selección de la lengua puede tener efectos en el *placemaking* de un barrio, por cuanto los espacios podrían ser percibidos de diferente manera por la ciudadanía.

6. A modo de cierre

A partir de lo visto en las líneas anteriores, se observa que hay diferentes procesos de globalización o globalizaciones múltiples (cf. Ben-Rafael/Ben-Rafael 2015), incluso dentro de una misma ciudad. En este caso, la presencia del inglés se relacionaría con globalización y modernidad, mientras que el uso de variedad de lenguas, con multiculturalidad y cosmopolitismo y otorgaría mayor estatus. Asimismo, se evidencia la importancia de incluir la percepción, las creencias, las opiniones, las valoraciones, las representaciones de la ciudadanía en el estudio del *placemaking* con el fin de comprender este proceso de forma más completa.

Por último, consideramos que es importante que en futuras investigaciones se trabaje con perspectivas experimentales con el fin de abordar cómo las personas perciben y valoran los nombres comerciales en diferentes lenguas y según las asociaciones que generen las palabras. Por otro lado, se debe profundizar sobre el uso de la combinación de distintas lenguas en la rotulación comercial, por ejemplo, en el corpus recolectado se observó la combinación del español con las otras lenguas en palabras compuestas o en estructuras separadas en una misma rotulación. ¿Qué información se presenta en qué lengua? ¿Cuál es la lengua dominante en este tipo de rotulación? ¿Se están creando palabras nuevas por esta combinación de lenguas? ¿Se puede hablar de bilingüismo o de lenguas en contacto en estos casos?

Referencias

Aiestaran, J. / Cenoz, J. / Gorter, D. 2013. Perspectivas del País Vasco. El paisaje lingüístico en Donostia-San Sebastián. *Revista Internacional de Lingüística Iberoamericana* 11, 23–38.

Aristova, N. 2016. English translations in the urban linguistic landscape as a marker of an emerging global city. The case of Kazan, Russia, Procedia. *Social and Behavioral Sciences* 231, 216–222.

Atxaga Arnedo, K. 2007. *Tipografía popular urbana. Los rótulos del pequeño negocio en el paisaje de Bilbao.* Vitoria-Gasteiz: Universidad del País Vasco. https://addi.ehu.es/handle/10810/15688 (2019-12-03).

Bateman, J. A. 2008. *Multimodality and genre. A foundation for the systematic analysis of multimodal documents.* London: Palgrave Macmillan.

Ben-Rafael, E. / Ben-Rafael, M. 2015. Linguistic landscapes in an era of multiple globalizations. *Linguistic Landscape* 1, 19–37.

Bruyèl-Olmedo, A. / Juan-Garau, M. 2009. English as a lingua franca in the linguistic landscape of the multilingual resort of S'Arenal in Mallorca. *International Journal of Multilingualism* 6, 386–411.

Busse, B. / Warnke, I. 2015. Sprache im urbanen Raum. In Felder, E. / Gardt, A. Eds. *Handbuch Sprache und Wissen*. Berlin: De Gruyter, 519–538.

Cenoz, J. / Gorter, D. 2006. Linguistic landscape and minority languages. *International Journal of Multilingualism* 3, 67–80.

Comajoan, L. 2013. El paisaje lingüístico en Cataluña. Caracterización y percepciones del paisaje visual y auditivo en una avenida comercial de Barcelona. *Revista Internacional de Lingüística Iberoamericana* 11, 63–88.

Delgado, A. 2005. Los anglicismos en la prensa escrita costarricense. *Káñina* 29, 89–99. https://revistas.ucr.ac.cr/index.php/kanina/article/view/4658 (2019-12-03).

Espinet, I. / García, O. / Hernández, L. 2013. Las paredes hablan en El Barrio. Mestizo signs and semiosis. *Revista Internacional de Lingüística Iberoamericana* 11, 135–152.

Franco, J. 2013. An alternative reading of the linguistic landscape. The case of Almería. *Revista Internacional de Lingüística Iberoamericana* 11, 109–134.

Garrido, J. 2010. Lengua y globalización. Inglés global y español pluricéntrico. *Historia y Comunicación Social* 15, 63–95.

Gorter, D. 2006. Further possibilities for linguistic landscape research. In Gorter, D. Ed. *Linguistic Landscape. A new approach to multilingualism.* Clevedon: Multilingual Matters, 81–89.

Ivanova, O. 2011. *Sociolingüística urbana. Estudio de usos y actitudes lingüísticas en la ciudad de Kiev.* PhD dissertation. Salamanca: Universidad de Salamanca.

Kress, G. / van Leeuwen, T. 2001. *Multimodal discourse. The modes and media of contemporary communication.* London: Arnold.

Landry, R. / Bourhis, R. Y. 1997. Linguistic landscape and ethnolinguistic vitality. An empirical study. *Journal of Language and Social Psychology* 16, 23–49.

Ma, Y. 2017. El paisaje lingüístico chino-español de la ciudad de Valencia. Una aproximación a su estudio. *Lengua y Migración* 9, 63–84.

Memoria Chilena. 2018. *El barrio Matadero-Franklin (1847–2007).* http://www.memoriachilena.gob.cl/602/w3-article-3370.html (2019-12-03).

Municipalidad de Desamparados. 2015. *Plan cantonal de desarrollo humano local de Desemparados 2015–2025.* https://www.desamparados.go.cr/sites/default/files/pcdhldesamparados.pdf (2019-12-03).

O'Donnell, P. / Toebosch, A. 2008. Multilingualism in Brussels. I'd rather speak English. *Journal of Multilingual and Multicultural Development* 29, 154–169.

Olufemi, D. 2011. Linguistic landscapes as public communication. A study of public signage in Gaborone Botswana. *International Journal of Linguistics* 3, 1–11.

Palacios-Alvarado, W. / Prada-Botio, G. / Laguado-Ramírez, R. 2017. Glocalización. Enfoque para la internacionalización comercial en Norte de Santander frente al nacionalismo económico de Estados Unidos. *Revista Libre Empresa* 14, 69–82. https://revistas.unilibre.edu.co/index.php/libreempresa/article/view/3033/2443 (2019-12-03).

Pickenhayn, J. 2007. Semiótica del paisaje. *Revista Geográfica* 141, 7–22.

Pons, L. 2012. *El paisaje lingüístico de Sevilla. Lenguas y variedades en el escenario urbano hispalense.* Sevilla: Diputación de Sevilla.

Rodríguez, S. / Ramallo F. 2015. 'Graffiti' y conflicto lingüístico. El paisaje urbano como espacio ideológico. *Revista Internacional de Lingüística Iberoamericana* 13, 131–153.

Searle, J. 1965/1995a. What is a speech act? In Black, M. Ed. *Philosophy in America*. London: Allen and Unwin (1965), 221–239. Spanish translation: ¿Qué es un acto de habla? In Valdés Villanueva, L. Ed. *La búsqueda del significado. Lecturas de filosofía del lenguaje.* Madrid: Tecnos (1995), 431–448.

Searle, J. 1969/1994. *Speech acts. An essay in the philosophy of language.* Cambridge: Cambridge University Press (1969). Spanish translation: *Actos de habla*. Madrid: Cátedra (1994).

Searle, J. 1975/1995b. A taxonomy of illocutionary acts. *Language, mind, and knowledge. Minnesota studies in the philosophy of science* 7 (1975), 344–369. Spanish translation: Una taxonomía de los actos ilocucionarios. In Valdés Villanueva, L. Ed. *La búsqueda del significado. Lecturas de filosofía del lenguaje.* Madrid: Tecnos (1995), 449–476.

Shohamy, E. / Ben-Rafael, E. / Barni, M. 2010. *Linguistic landscape in the city.* Clevedon: Multilingual Matters.

Solís Lerici, A. 2016a. Barrio Escalante. Memorias de una finca aislada. *La Nación* (2016-05-15). https://www.nacion.com/revista-dominical/barrio-escalante-memorias-de-una-finca-aislada/DXKUU3ULFZDATCUFXMY5LAUNIA/story/ (2019-11-03).

Solís Lerici, A. 2016b. La transformación de un barrio. ¿Qué pasó en Escalante? *La Nación* (2016-05-15). https://www.nacion.com/revista-dominical/la-transformacion-de-un-barrio-que-paso-en-escalante/SBE5SEPZB5CWVOBHDTR7B5AR3I/story/ (2019-12-03).

Takhtarova, S. / Kalegina T. / Yarullina, F. 2015. The role of English in shaping the linguistic landscape of Paris, Berlin and Kazan. *Procedia. Social and Behavioral Sciences* 199, 453–458.

Vézina, B. 2019. *Curbing cultural appropriation in the fashion industry.* Waterloo, ON (Canada): Centre for International Governance Innovation (CIGI). https://www.cigionline.org/sites/default/files/documents/paper%20no.213.pdf (2019-11-03).

Young, J. 2005. Profound offense and cultural appropriation. *The Journal of Aesthetics and Art Criticism* 63, 135–146.

Mark Bechtel

Aspekte interkultureller kommunikativer Kompetenz im Fremdsprachenunterricht empirisch untersuchen

Abstract. This article deals with the promotion of intercultural communicative competence in foreign language teaching and the question of how this competence can be empirically investigated. After an explanation of the characteristics of intercultural learning and the concept of intercultural communicative competence in the field of the teaching and learning of foreign languages, an action research project on Rodrigo Plá's film *La Zona* (2007) is presented, carried out by a student in school year 2012/13 as part of her final thesis at a grammar school in Saxony (Germany). The aim of the project was twofold: first, to confront a group of 11th graders who learn Spanish as a 2nd foreign language (6th year of learning) with a series of tasks that consisted in taking a foreign perspective, a central aspect of intercultural learning, and, second, to investigate how well the learners succeed in writing an inner monologue from the perspective of a film character. Based on an in-depth analysis of the materials produced by an individual learner, it is shown how the process of adopting a foreign perspective was analyzed and which results were achieved. Finally, it is explained how such projects can be expanded in future research.

1. Einleitung

Nach einer kontroversen Diskussion Mitte der 1980er Jahre darüber, was interkulturelles Lernen im Fremdsprachenunterricht (FSU) ausmache, was es von traditionellen Landeskundeansätzen unterscheide und welche Bedeutung ihm beim Lehren und Lernen einer fremden Sprache zukomme (cf. exemplarisch Bausch et al. 1994; Altmayer 2016), hat sich seit den 1990er Jahren die interkulturelle kommunikative Handlungsfähigkeit als schulisches Leitziel für die fremdsprachlichen Fächer durchgesetzt. Die zentrale Bedeutung interkulturellen Lernens ist mit der Einführung der Bildungsstandards für die erste Fremdsprache Englisch/Französisch von 2003 (KMK 2004), die in der Folge in den kompetenzorientierten Lehrplänen der Länder auch für die zweite und dritte Fremdsprache übernommen wurden, bestätigt worden. Neben den kommunikativen und methodischen Kompetenzen ist hier explizit die Förderung interkultureller Kompetenzen festgeschrieben (cf. Grünewald 2017: 234). Die Bildungsstandards für die Allgemeine Hochschulreife für die erste Fremdsprache (Englisch/Französisch; cf. KMK 2014) haben die zentrale Bedeutung der interkulturellen Kompetenz bestätigt und gleichsam die für die Sekundarstufe II damit verbundenen Anforderungen präzisiert (cf. Caspari/Burwitz-Melzer 2017: 36–55). Die Förderung kommunikativer interkultureller Kompetenz ist damit deutlich in den aktuellen kompetenzorientierten Lehrplänen der Länder verankert. Für die Schule bedeutet das einen klaren Auftrag, diese Kompetenz kontinuierlich und systematisch vom ersten Lernjahr an in den fremdsprachlichen Fächern zu fördern. So verwundert es nicht, dass in der Lehrwerkgeneration seit den 2000er Jahren vermehrt Aufgaben zum interkulturellen Lernen zu finden sind und diese auch in Themenstellungen des Zentralabiturs vieler Länder einfließen (cf. Lütge 2016: 456). Die Frage, inwiefern vor dem Hintergrund der Überprüfung des Erreichens der festgelegten Kompetenzstandards interkulturelle Kompetenz im schulischen Kontext messbar ist bzw. ob sie überhaupt gemessen werden soll, ist weiterhin Gegenstand der Diskussion (cf. Hu 2008: 27; Fäcke 2013: 42; Eberhardt 2013). Grünewald (2017: 242) fasst den aktuellen Stand im Hinblick auf die Messbarkeit so zusammen, dass "aktuell keine für die Unterrichtspraxis einsetzbaren Messinstrumente zur Verfügung stehen, da die Skalierung und Operationalisierung ein weitestgehend ungelöstes Problem darstellen". Die relativ wenigen empirischen Arbeiten zeigen, dass es in der Tat kein leichtes Unterfangen ist, interkulturelle kommunikative Kompetenz empirisch zu untersuchen.

Ziel des vorliegenden Beitrags ist, ein von mir im Wintersemester 2013/14 an der TU Dresden als Abschlussarbeit betreutes Aktionsforschungsprojekt vorzustellen, bei dem für eine 11. Klasse Spanisch als zweite Fremdsprache (ab Klasse 6) eines Sächsischen Gymnasiums Aufgaben zur Förderung interkultureller Kompetenz konzipiert, im Unterricht erprobt und die Erprobung begleitend erforscht wurden (cf. Brückner 2013). Das Projekt greift das von Hu (2008: 31) formulierte Desiderat auf, "systematisch Aufgaben [...] zu entwickeln, in denen die verschiedenen Aspekte interkultureller Kompetenz [...] für verschiedene Kontexte und Lernsettings zum Thema gemacht und gefördert werden", und – so mag man ergänzen – im schulnahen Kontext zu untersuchen.

Der Beitrag ist in vier Teile gegliedert. In einem ersten Schritt werden die zentralen Merkmale interkulturellen Lernens im Vergleich zu traditionellen Landeskundekonzepten, das Modell von Byram (1997) zur Modellierung interkultureller Kompetenz und ein zentraler Aspekt interkulturellen Lernens, nämlich der Perspektivenwechsel, erläutert (Abschnitt 2). In einem zweiten Schritt (Abschnitt 3) stelle ich das Aktionsforschungsprojekt vor, indem ich die Ausgangslage und das Erkenntnisinteresse erläutere, den Lehr-Lern-Kontext beschreibe sowie ausgehend von der konkreten Forschungsfrage auf die Datenerhebung, -aufbereitung und -auswertung eingehe. Das Hauptaugenmerk liegt darauf, an einem Beispiel zu zeigen, wie forschungsmethodisch vorgegangen wurde, um interkulturelle kommunikative Kompetenz qualitativ empirisch zu untersuchen. Abschließend wird dargelegt, welche Voraussetzungen dafür nötig sind, welche Erkenntnisse erzielt wurden und welche Möglichkeiten der Weiterentwicklung bestehen.

2. Interkulturelles Lernen und interkulturelle Kompetenz im FSU

Was macht das Konzept des interkulturellen Lernens im FSU aus und worin unterscheidet es sich von traditionellen Landeskundekonzepten? Wie an anderer Stelle bereits ausgeführt (cf. Bechtel 2013: 110–114), geht es bei traditionellen Konzepten der Landeskunde um die lehrerseitige Vermittlung von Daten und Fakten über das Land, dessen Sprache unterrichtet wird (z. B. in den Bereichen Geografie, Geschichte, Institutionen, politisches System, Architektur, Malerei oder Alltagskultur).[1] In den Anfängen des kommunikativen FSUs diente dies als "Kontextwissen, das für das Gelingen von Kommunikation mit den Angehörigen anderer Sprachgruppen nötig ist" (Decke-Cornill/Küster 2015: 219), vor allem in für die Lerner relevanten zielsprachigen Alltagssituationen. Das in traditionellen Landeskunde-Konzeptionen vermittelte Faktenwissen bezieht sich ausschließlich auf die Zielkultur, zudem ist es in der Regel wenig sprachgebunden, d. h. es könnte im Grunde auch losgelöst von der sprachlichen Progression auf Deutsch vermittelt werden. Dieses Landeskundekonzept als rein lehrerseitige Vermittlung von Faktenwissen über das Zielsprachenland kam Anfang der 1980er Jahre in die Kritik, da es u. a. dem Prinzip der Lernerorientierung zu wenig entsprach, was in den 1990er Jahren zur allmählichen Etablierung des Konzepts des interkulturellen Lernens führte (cf. Krumm 1995; Altmayer 2016).

Was interkulturelles Lernen vom Konzept der traditionellen Landeskunde unterscheidet, kann an folgenden Merkmalen festgemacht werden: Interkulturelles Lernen ist mehrdimensional, subjektorientiert, kontrastiv/dialogisch, reflexiv und unabschließbar (cf. Bechtel 2013: 110–114).

Die Mehrdimensionalität des interkulturellen Lernens zeigt sich darin, dass auf die Aneignung von Kenntnissen über die Zielkultur zwar nicht verzichtet wird, die eindimensionale Ausrichtung auf die Wissenskomponente aber überwunden wird (cf. Bechtel 2013: 111). Interkulturelles Ler-

1 Über die unterschiedlichen Ansätze der Landeskunde gibt Schumann (2010) einen guten Überblick; der 'interkulturell-interaktive' Ansatz weist große Gemeinsamkeiten mit den Merkmalen des interkulturellen Lernens auf.

nen ist insofern mehrdimensional, als es neben der Wissenskomponente (kognitive Dimension) das Aneignen bestimmter Einstellungen (affektive Dimension) und eine Verhaltenskomponente (konative Dimension) beinhaltet (cf. auch Rössler 2010: 141; Caspari/Schinschke 2009; Grünewald et al. 2011: 53).

Ein weiteres Merkmal des interkulturellen Lernens ist die Subjektorientierung, da der Fokus von der lehrerseitigen Vermittlung zur lernerseitigen Aneignung wechselt (cf. Bechtel 2013: 112). Im Mittelpunkt des Lernprozesses stehen die Lerner als Subjekte, und damit die Frage, wie sie ausgehend von ihrer jeweiligen eigenkulturellen Prägung, die durch Sozialisationserfahrungen in der Familie, der Schule und durch Medien beeinflusst ist, sich auf Wirklichkeitserfahrungen von Mitgliedern einer anderen Kultur einlassen, sich das dazu nötige Wissen über die andere Kultur aneignen, die fremden Wirklichkeitserfahrungen in Beziehung zu ihren eigenen setzen, Phänomene der anderen Kultur annäherungsweise zu verstehen suchen und diese Erkenntnisse in interkulturellen Begegnungssituationen individuell nutzen.

Die Kontrastivität und Dialogizität des interkulturellen Lernens zeigt sich darin, dass die Lerner die Wirklichkeitserfahrungen von Mitgliedern einer anderen Kultur mit den eigenen Wirklichkeitserfahrungen in Beziehung setzen und vergleichen (cf. Bechtel 2013: 112). Dabei wird Fremdes und Eigenes in einen Dialog gebracht. Für die Vertreter der "Didaktik des Fremdverstehens" (Bredella/Christ 1995; Bredella et al. 2000) ist dabei wichtig herauszustellen, dass Fremdes und Eigenes nicht als absolute Größen angesehen werden, sondern als relationale (cf. auch Decke-Cornill/ Küster 2015: 224). Für Bredella/Christ (1995: 11) ist das Fremde kein objektiver Tatbestand: "[F]remd ist jemand in bezug auf uns selbst, nicht dagegen im ontologischen Sinne eines an sich" (Bredella/Christ 1995: 11). Fremd ist etwas oder jemand also nicht *an sich*, sondern immer nur *für mich*. Ein solch relationaler Fremdheitsbegriff unterstreicht abermals, dass die Lerner als erkennende Subjekte im Zentrum stehen, und gestattet es, individuell festzumachen, was als fremd empfunden wird. Darüber hinaus wird deutlich, dass das Verhältnis zwischen Fremdem und Eigenem ein dynamisches ist, dass es sich also ändern kann: Was mir zuvor fremd war, kann mir vertrauter werden – und umgekehrt.

Dass interkulturelles Lernen ein "Bildungsprozess, der unsere Sicht- und Handlungsweisen grundsätzlich verändert" (Bredella 2017: 150), ist, wird durch das Merkmal der Reflexivität verdeutlicht. Decke-Cornill/ Küster (2015: 224) drücken es so aus: "Der Prozess des Verstehens ist ohne eine Relativierung des eigenen Standpunktes, d. h. ohne die Veränderung des Selbst nicht denkbar. Gerade das macht ihn ja so mühsam und so wenig vorhersehbar."

Damit zusammen hängt das Merkmal der Unabschließbarkeit, da es sich anders als bei den in sich geschlossenen Wissenspaketen der Landeskunde beim interkulturellen Lernen um einen subjekt- und erfahrungsbezogenen Prozess des Selbst- und Fremdverstehens handelt, der prinzipiell nie endet.

Während interkulturelles Lernen den Lernprozess in den Mittelpunkt stellt, beschreiben Modelle interkultureller Kompetenz die Kompetenzen, über die Lerner am Ende des Lernprozesses verfügen sollen. Das prominenteste Modell interkultureller kommunikativer Kompetenz ist das von Byram (1997). Es sieht eine Verbindung interkultureller Kompetenz, die Byram als fünf ineinander verwobene Teilkompetenzen modelliert, mit einer kommunikativen, soziolinguistischen und diskursiven Kompetenz vor (cf. Byram 1997: 31–55; Freitag-Hild 2017: 147–148). Mit *savoir* ist landeskundliches Wissen gemeint, das sich – anders als bei traditionellen Landeskunde-Konzepten – auf die fremde und die eigene Kultur bezieht, es umfasst auch Wissen über Interaktionsprozesse auf individueller und gesellschaftlicher Ebene (z. B. Begrüßung, Schulsystem). Unter *savoir être* versteht man Einstellungen wie Offenheit und Neugier gegenüber einer anderen Kultur oder Personen aus einer anderen Kultur. *Savoir comprendre* ist die Fähigkeit, Phänomene der anderen Kultur in ihrem Kontext zu interpretieren; dazu gehört auch, Missverständnisse und Hindernisse in interkulturellen Kommunikationssituationen als *intercultural mediator* aufzuklären. Unter *savoir apprendre/faire* wird einerseits die Fähigkeit verstanden, sich selbstständig Neues über eine fremde Kultur und ihre kulturellen Bedeutungen, Konzepte und Praktiken zu erschließen, andererseits, interkulturelle Begegnungssituationen praktisch zu bewältigen. Eine Metakompetenz kommt schließlich im *savoir s'engager* zum Ausdruck, womit das Herausbilden eines kritischen Bewusstseins gegenüber der eigenen und der fremden Kultur gemeint ist, die englische Bezeichnung *critical cultural awareness* scheint hier treffender als der etwas irreführende französische Terminus.

In den Bildungsstandards von 2003 (KMK 2004: 9) wurde auf das Byram'sche Modell Bezug genommen, jedoch – anders als bei Byram – eine Dreiteilung vorgenommen: 1. Soziokulturelles Orientierungswissen für fremdsprachliches kommunikatives Handeln (Schüler/innen können z. B. Informationen über die englisch- bzw. französischsprachige Lebenswelt aufnehmen und verarbeiten), 2. Fähigkeiten im Umgang mit kultureller Differenz (Umgang mit Stereotypen, Erkennen von eigen- und fremdkulturellen Eigenarten, Fähigkeiten zum Perspektivwechsel) und 3. Strategien und Fähigkeiten zur praktischen Bewältigung interkultureller Begegnungssituationen. Wie beim Konzept des interkulturellen Lernens liegt ein mehrdimensionaler Zugriff vor, in dem eine dreiteilige Modellierung in eine kognitive, affektive und handlungsbezogene Komponente zu erkennen ist. In den Standards für die Allgemeine Hochschulreife für die fortgeführte Fremdsprache wurde im Vergleich zur traditionellen Dreiteilung bei der Modellierung ein neuer Akzent gesetzt (cf. Caspari/Burwitz-Melzer 2017: 38–40). Die handlungsorientierte Dimension, die rezeptives "Verstehen" und produktives "Handeln" unterscheidet, wird aufgewertet in ihrer zentralen Bedeutung für die Anwendung von Wissen und Einstellungen. Zusätzlich zu Wissen und Einstellungen wird "Bewusstheit" als eigene Teilkompetenz ergänzt, was die "(selbst-)reflexive Komponente der Kompetenzen für Schülerinnen und Schüler in der Qualifikationsphase" (Caspari/Burwitz-Melzer 2017: 39) unterstreicht.

Neben Aspekten interkulturellen Lernens wie Fremdwahrnehmung, Begriffserschließung und Kulturvergleich nimmt der Perspektivenwechsel bzw. die Perspektivenübernahme eine zentrale Rolle ein (cf. Bachmann et al. 1996; Bechtel 2013: 119–120). Da das hier vorzustellende Aktionsforschungsprojekt den Fokus auf die Perspektivenübernahme legt, gehe ich im Folgenden näher auf diesen Aspekt ein. Perspektivenwechsel meint nach Surkamp (2017: 274)

> die grundlegende menschliche Fähigkeit, sich in die Lage einer anderen Person zu versetzen und ihre Motivation, Handlungsabsicht und Sichtweise auf ein Geschehen zu rekonstruieren. Die dadurch entstehende Verdopplung des Standpunktes zeigt, dass der zunächst eingenommene Blickwinkel nicht der einzig mögliche ist, sondern dass es von derselben Sache mehrere Ansichten geben kann.

Unter Rückgriff auf Piaget wird der Begriff der Dezentrierung in Perspektivendifferenzierung, Perspektivenübernahme und Perspektivenkoordinierung unterschieden (cf. Surkamp 2017: 275). Bei der Perspektivendifferenzierung weiß ich, dass unterschiedliche Perspektiven auf einen Sachverhalt existieren. Perspektivenübernahme meint, eine fremde Perspektive inhaltlich auszugestalten. Perspektivenkoordinierung umfasst die auf einer Meta-Ebene vollzogene Integration inhaltlich unterschiedlicher Perspektiven. In der "Didaktik des Fremdverstehens" wird noch einmal zwischen "Innenperspektive" und "Außenperspektive" unterschieden (cf. Bredella/Christ 1995; zuletzt Bredella/Christ 2007). Mit der Einnahme einer Innenperspektive ist der Versuch gemeint, "die Dinge mit den Augen der Mitglieder der fremden Kultur zu sehen", "zu begreifen, wie sich Mitglieder der anderen Kultur selbst verstehen" (Bredella/Christ 1994: 65). Sie impliziert für Bredella et al. (2000: XIX) die "temporäre [...] Suspendierung eigenkultureller Erfahrungen, Konzepte und Deutungsmuster sowie [die] imaginative [...] Übernahme eines anderen Wahrnehmungszentrums". Dies korrespondiert mit der Auffassung von Geulen (1982: 11), für den die Einnahme einer fremden Innenperspektive bedeutet,

> daß wir auf der Grundlage unserer Kenntnisse von der Position, vom Verhältnis eines anderen zu der Sache, in begründeter Unterstellung imaginieren können, wie ihm die Sache erscheint, welches seine Perspektive ist, und daraus wiederum Schlüsse ziehen können, wie er voraussichtlich handeln wird.

Wie wichtig die Einnahme einer fremden Innenperspektive auch ist, sie reicht für interkulturelles Verstehen nicht aus. Hier kommt die Einnahme der eigenen Außenperspektive ins Spiel, sie bedeutet für Bredella/Christ (1994: 69), "die fremde Kultur mit unseren eigenen Augen, also von außen" zu sehen. Es kommt also darauf an, die eigene Außenperspektive auf das Fremde darzustellen, was die Möglichkeit beinhaltet, Phänomene der fremden Kultur aus einer kritisch-distanzierten Haltung zu bewerten (cf. Bredella/Christ 1995: 16). Es ist wichtig zu erwähnen, dass das Einnehmen einer fremden Innenperspektive auch die eigene Außenperspektive verändern kann: "Die Begegnung mit dem Fremden konfrontiert nämlich bislang unbefragte Wahrnehmungs- und Deutungsmuster mit Alternativen, die vertraute Konzepte in Frage stellen können" (Bredella et al. 2000: XX). Dabei ist zwischen Verstehen, Einverständnis und Verständigung zu unterscheiden (cf. Bredella/Christ 1995: 14–17). Die Innenperspektive eines Mitglieds einer fremden Kultur einzunehmen, ist identisch mit dem Versuch, diese Person in ihrem internen Bedeutungsgefüge zu verstehen. Das bedeutet jedoch nicht, dass ich mit dem, wie die Person einen Sachverhalt ihrer Kultur sieht, auch einverstanden sein muss. Hier kommt meine eigene Außenperspektive ins Spiel, die mir erlaubt, den Sachverhalt der fremden Kultur von außen, mit einer gewissen kritischen Distanz zu sehen und zu beurteilen. Verständigung liegt dann vor, wenn beide Akteure ihre Innen- und Außenperspektive auf einen Sachverhalt darlegen, diejenigen des anderen zu verstehen suchen und eine Einigung im Hinblick auf ein gemeinsames Handeln zustande kommt.

3. Aktionsforschungsprojekt zum Film *La Zona*

Bei Aktionsforschung handelt es sich um einen spezifischen Ansatz der empirischen Schulforschung, bei dem es "um Untersuchungen [geht], die sich unmittelbar auf schulische Praxisprobleme beziehen und die auf eine Verbesserung dieser Praxis ausgerichtet sind" (Hollenbach/Tillmann 2009: 7). Es geht um eine Art von Forschung, bei der Lehrer/innen, auch Studierende als angehende Lehrkräfte, zu Forscher/inne/n werden (cf. Altrichter et al. 2018; Bechtel 2015; Meyer/Fichten 2009). Nicht externe Expert/inn/en untersuchen die Unterrichtspraxis, sondern die Praktiker/innen selbst. Die Fragestellung kommt aus der Praxis, sie setzt also bei einem Problem an, das die Lehrer/innen für ihre Berufstätigkeit als bedeutsam ansehen. Begleitet und unterstützt werden diese forschenden Lehrer/innen oft durch Forschungsexpert/inn/en aus Universitäten. Wenn erfahrene Lehrkräfte mit Studierenden zusammenarbeiten und von einem universitären Betreuer bzw. einer universitären Betreuerin unterstützt werden, spricht man auch von Aktionsforschung in der Variante als Teamforschung (cf. Meyer/Fichten 2009). Im Folgenden stelle ich ein solches Aktionsforschungsprojekt vor, das ich – wie bereits erwähnt – als universitärer Betreuer im Wintersemester 2013/14 begleitete.

3.1 Ausgangslage und Erkenntnisinteresse

Ausgangspunkt des Aktionsforschungsprojektes war die Idee der Masterstudentin Isabell Brückner, im Rahmen ihrer Abschlussarbeit ein Unterrichtsprojekt mit dem Ziel der Förderung interkultureller Kompetenz im Spanischunterricht durchzuführen. Das Erkenntnisinteresse war darauf gerichtet zu erfahren, wie Schüler/innen Aufgaben zur Perspektivenübernahme bearbeiten (cf. Brückner 2013: 7).

3.2 Lehr-Lern-Kontext

In Zusammenarbeit mit einer Spanischlehrerin konzipierte die Masterstudentin das Unterrichtsprojekt für eine 11. Klasse Spanisch eines Sächsischen Gymnasiums, für die Spanisch die zweite Fremdsprache (ab Klasse 6) war und die sich somit im 6. Lernjahr befand. Die Klasse setzte sich aus sechs Mädchen und sechs Jungen im Alter zwischen 16 und 18 Jahren zusammen. Im Mittelpunkt der 15 Unterrichtsstunden umfassenden Unterrichtseinheit stand der mexikanisch-spanisch-argentinische Film *La Zona*, Debütwerk des uruguayischen Regisseurs Rodrigo Plá aus dem Jahr 2007 (dt. Titel: *La Zona – Betreten verboten*). Der Film spielt in Mexiko-Stadt und handelt von einem *barrio cerrado*, einem privaten, geschlossenen Wohnviertel, in dem sich Wohlhabende – durch hohe Mauern, Überwachungskameras und Sicherheitspersonal geschützt – von den Gefahren und Verbrechen der Außenwelt und insbesondere den unmittelbar angrenzenden Armenvierteln abschotten. Im Mittelpunkt steht der aus einer wohlhabenden Familie stammende 17-jährige Alejandro, aus dessen Sicht die Geschichte erzählt wird. Während einer stürmischen Nacht fällt eine riesige Werbetafel auf eine Mauer des Wohlstandsviertels, was drei jugendliche

Gelegenheitsdiebe aus dem Armenviertel dazu verleitet, durch die entstandene Schneise und den kurzzeitigen Stromausfall unbemerkt in *La Zona* einzudringen. Bei einem Einbruch bringen sie eine ältere Frau um, die sie auf frischer Tat ertappt hat. Die Einbrecher werden verfolgt, zwei von ihnen werden erschossen und ihre Leichen später im Müll entsorgt. Lediglich Miguel, der jüngste unter ihnen, kann entkommen und wird nun von den Bewohnern der Enklave gejagt. Alejandro findet ihn im Keller seines Hauses und will ihm helfen. Ob er etwas gegen die aufgehetzte Bürgerwehr ausrichten kann, die die Geschehnisse vor der lokalen Polizei vertuschen möchte, um nicht ihr Selbstbestimmungsrecht zu verlieren, und Selbstjustiz betreibt, klärt sich erst im dramatischen Ende des Films. Im Zentrum des Films stehen die soziale Ungleichheit, die (Ohn-)Macht und Korruption der Polizei und die Frage nach Gerechtigkeit. Der Film zeichnet kein einseitiges Bild, sondern gibt intrakulturelle Einblicke in die unterschiedlichen Perspektiven der handelnden Personen.

Brückner (2013: 29) erkennt das Potenzial des Films für interkulturelles Lernen und konzipiert eine Reihe von Aufgaben zur Perspektivenübernahme. Zunächst wird den Schüler/inne/n die Gelegenheit gegeben, sich mit der Perspektive von Miguel zu identifizieren, für den das Wohlstandsviertel ein Ort ist, an dem er niemals wird leben können, da sich das nur reiche Menschen leisten können. Die Mauer zeigt ihm unmissverständlich, dass er nicht dazugehört. Für ihn und seine Freunde ist *La Zona* Paradies und Verderben gleichzeitig: Der unverhoffte Zugang zu diesem Ort verheißt zwar die Möglichkeit, schnell zu Geld zu kommen, die erhoffte Erlösung aus der Armut wird jedoch zu einer tödlichen Falle. Für Alejandro, seinen gleichaltrigen reichen Gegenspieler, ist das Wohlstandsviertel Heimat. Hier zu leben ist selbstverständlich für ihn, und er scheint sich wenig Gedanken über die Welt außerhalb der Mauern zu machen. Dies ändert sich allerdings, als er Miguel kennenlernt, und indem er ihm zu helfen versucht, erkennt er die Ungerechtigkeit und den Wahn, dem seine Eltern, Nachbarn und Freunde bei der Verfolgung Miguels verfallen sind.

Didaktisch ging es bei der Unterrichtseinheit ausgehend von einer Einführung in die Ziele interkulturellen Lernens (1. Stunde) um die Aneignung landeskundlicher Informationen zu Mexiko-Stadt und den Merkmalen der *barrios cerrados* (2.–3. Stunde), das Aufstellen von Hypothesen hinsichtlich des Inhalts des Films und der in ihm thematisierten Konflikte (4. Stunde), die Charakterisierung der Protagonisten nach der Analyse der ersten Filmszene (5. Stunde) sowie die Wahrnehmungsschulung (8.–9. Stunde). Im Zentrum stand dabei die Bearbeitung von vier Aufgaben zur Perspektivenübernahme: das Erstellen einer Rollenbiografie der beiden Protagonisten, Miguel und Alejandro (6. Stunde), das Erstellen eines Standbildes in Form einer Skulpturengruppe und das Verfassen eines inneren Monologs eines der beiden Protagonisten (7. Stunde) sowie die Vorbereitung und Durchführung einer Talkshow (10.–13. Stunde).

Als methodisches Verfahren wurde die 'Sandwich-Technik' als Mischform der Filmpräsentation gewählt, bei der Ausschnitte des Films gezeigt, sofort analysiert und als Sprech- oder Schreibanlässe für lernerorientierte Aufgaben genutzt wurden, wobei ausgelassene Filmpassagen den Schüler/inne/n mündlich oder schriftlich zusammengefasst vermittelt wurden (cf. Henseler et al. 2011: 35). Erst am Ende der Unterrichtseinheit wurde der Film in Gänze angeschaut, damit die Schüler/innen auch das dramatische Finale zu sehen bekamen (14.–15. Stunde).

Da der Fokus der Abschlussarbeit auf der 7. Stunde lag, soll hier die konkrete Aufgabenstellung erläutert werden (cf. Brückner 2013: 31–38). Nachdem einige Schüler/innen zu Stundenbeginn ihre in der vorausgehenden Stunde erstellten Rollenbiografien vorgetragen hatten, sollten sie ein Standbild mit den Hauptcharakteren des Films erarbeiten, wobei die Beziehung der Personen untereinander dargestellt und für jeden Charakter ein Gedanke formuliert werden sollte. Diese Aufgabe diente als Vorbereitung für das Verfassen eines inneren Monologs. Als Ausgangspunkt für die Aufgabe wurde die Filmszene gezeigt, in der sich Miguel und Alejandro zum ersten Mal im Keller begegnen. Alejandro weiß, dass eine der Bewohnerinnen der *Zona* getötet wurde, hält Miguel für den Mörder und hat sich deshalb mit einer Harpune bewaffnet. Der Arbeitsauftrag lautete (Brückner 2013: 85):

> El Diálogo Interior
>
> Escribe un diálogo interior desde el punto de vista de Miguel o de Alejandro.
>
> Las preguntas siguientes te van a ayudar:
>
> ¿Quién eres?
>
> ¿Cuál es la situación en la que estás? ¿Qué pasa? Describe.
>
> ¿Cómo te sientes en esta situación?
>
> ¿Qué piensas sobre la otra persona?
>
> ¿Por qué reaccionas como reaccionas?
>
> ¿Sería posible reaccionar de otra manera para ti?
>
> ¿Qué vas a hacer seguidamente (als nächstes)?

Durch das Verfassen des inneren Monologs sollten die Schüler/innen in die Rolle eines der Hauptdarsteller schlüpfen, sich mit diesem identifizieren und sich auf die Gefühle dieser Person einlassen, also eine Perspektivenübernahme durchführen. Die Aufgabe sollten die Schüler/innen zu Hause schriftlich erledigen.

3.3 Forschungsfrage – Datenerhebung – Datenauswertung

Die Forschungsfragen in Bezug auf das zu erstellende Schülerprodukt lauteten (cf. Brückner 2013: 87): Wie setzen die Schüler/innen die Aufgabe der Perspektivenübernahme um? Gelingt ihnen die Perspektivenübernahme? Erkennen sie die Motive, Interessen und Wertvorstellungen, die die jeweils gewählte Figur bewegen? Können sie zwischen ihren eigenen Gedanken und Gefühlen und denen der Figur unterscheiden?

Zur Datenaufbereitung wurden die handschriftlichen Schülerarbeiten eingescannt, transkribiert und digitalisiert. Bei der Transkription wurde darauf geachtet, die Texte nicht zu verändern, also wortgetreu, inklusive aller Fehler abzuschreiben.

Die Daten wurden qualitativ nach dem Verfahren der Inhaltsanalyse ausgewertet, die Früh (2011: 27) als "eine empirische Methode zur systematischen, intersubjektiv nachvollziehbaren Beschreibung inhaltlicher und formaler Merkmale von Mitteilungen" beschreibt. Die Auswertung findet theoriegeleitet vor dem Hintergrund der fremdsprachendidaktischen Diskussion um interkulturelle kommunikative Kompetenz und insbesondere des zentralen Aspekts der Perspektivenübernahme statt. Die Analyse erfolgt systematisch nach Kategorien, mit denen das Konstrukt der Perspektivenübernahme in einer anderen Untersuchung operationalisiert wurde. Brückner (2013: 46) bezieht sich dabei auf einen Teil des umfänglichen interkulturellen Lernzielkatalogs, den Burwitz-Melzer (2000: 55–56; 2003: 500–501) im Rahmen ihrer Studie zum Umgang von Schüler/inne/n der Klasse 8 bis 10 mit fremdsprachlichen Texten entwickelt hat (cf. Fig. 1). Das Vorgehen von Brückner ist einerseits deduktiv, wenn Textpassagen eines Schülerprodukts einer der Kategorien zugeordnet werden. Gleichzeitig geht sie auch induktiv vor, wenn sie bei der Arbeit am eigenen Datenmaterial eine neue Kategorie entdeckt, die sie dann wiederum als deduktive Kategorie für die Analyse weiterer Schülerprodukte nutzt.

Aus dem Kategoriensystem von Burwitz-Melzer greift sich Brückner die auf Schülerprodukte ausgerichteten Kategorien heraus. In dem vorliegenden Auszug sind sie mit den Nummern 16, 17 und 18 gekennzeichnet:

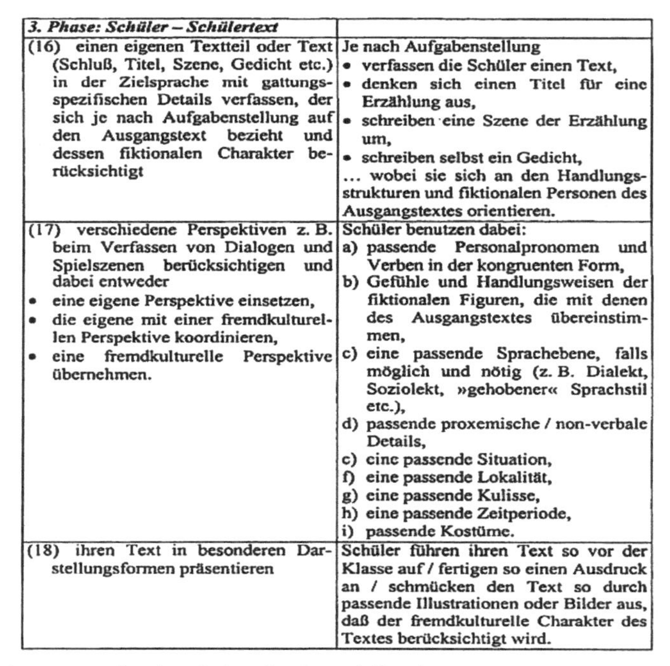

3. Phase: Schüler – Schülertext	
(16) einen eigenen Textteil oder Text (Schluß, Titel, Szene, Gedicht etc.) in der Zielsprache mit gattungsspezifischen Details verfassen, der sich je nach Aufgabenstellung auf den Ausgangstext bezieht und dessen fiktionalen Charakter berücksichtigt	Je nach Aufgabenstellung • verfassen die Schüler einen Text, • denken sich einen Titel für eine Erzählung aus, • schreiben eine Szene der Erzählung um, • schreiben selbst ein Gedicht, ... wobei sie sich an den Handlungsstrukturen und fiktionalen Personen des Ausgangstextes orientieren.
(17) verschiedene Perspektiven z. B. beim Verfassen von Dialogen und Spielszenen berücksichtigen und dabei entweder • eine eigene Perspektive einsetzen, • die eigene mit einer fremdkulturellen Perspektive koordinieren, • eine fremdkulturelle Perspektive übernehmen.	Schüler benutzen dabei: a) passende Personalpronomen und Verben in der kongruenten Form, b) Gefühle und Handlungsweisen der fiktionalen Figuren, die mit denen des Ausgangstextes übereinstimmen, c) eine passende Sprachebene, falls möglich und nötig (z. B. Dialekt, Soziolekt, »gehobener« Sprachstil etc.), d) passende proxemische / non-verbale Details, e) eine passende Situation, f) eine passende Lokalität, g) eine passende Kulisse, h) eine passende Zeitperiode, i) passende Kostüme.
(18) ihren Text in besonderen Darstellungsformen präsentieren	Schüler führen ihren Text so vor der Klasse auf / fertigen so einen Ausdruck an / schmücken den Text so durch passende Illustrationen oder Bilder aus, daß der fremdkulturelle Charakter des Textes berücksichtigt wird.

Fig. 1. Auszug aus dem interkulturellen Lernzielkatalog von Burwitz-Melzer (2000: 55–56; 2003: 500–501), mit Fokus auf den mit Schülerprodukten verbundenen Lernzielen 16, 17 und 18.

Aus den zwölf vorliegenden Schülertexten wurden für die Abschlussarbeit nach dem Kriterium der maximalen Variation drei für eine detaillierte Fallanalyse mit Fallvergleich ausgewählt (Schüler/innen A, B und C; cf. Brückner 2013: 49–67).

Für den vorliegenden Beitrag konzentriere ich mich aus Platzgründen auf das Schülerprodukt eines Schülers (Schüler C, cf. den von ihm verfassten inneren Monolog im Anhang), der Alejandro als Identifikationsfigur nutzte. An diesem Schülerprodukt wird im Folgenden exemplarisch dargestellt, wie Brückner bei der Datenauswertung vorgeht und welche Erkenntnisse sie daraus für die Förderung interkultureller Kompetenz ableitet.

Zunächst nimmt sich Brückner das Kriterium der Textsortenangemessenheit (Kriterium 16 bei Burwitz-Melzer; cf. Fig. 1) vor. Sie erachtet es bei Schüler C als erfüllt, was sie daran festmacht, dass der Schüler dem Textgenre 'Innerer Monolog' entsprechend sich als Autor zurücknehme und die Ich-Perspektive Alejandros einnehme, sein Text einen unmittelbaren Bezug zur Begegnungssituation zwischen den beiden Jugendlichen aufweise ("Alejandro, ten cuidado ahora! Concentrate!; Has buscado este chico y has encontradole.")[2] und für einen inneren Monolog typische Gedankensprünge vorkämen, was hier durch kurze, nur zwei bis drei Worte umfassende Sätze zum Ausdruck komme ("Estarias en peligro. No, estas en peligro!; Y comprendole. Tu vida tiene que ser mal"). Darüber hinaus weist Brückner nach, dass sich Schüler C zum einen an den fiktiven Personen des Ausgangstextes orientiert, indem im inneren Monolog einzig die im Film auftretenden Personen vorkämen; auch stimmten die Handlungsstrukturen mit dem Film überein, da der Schüler in der Rolle von Alejandro Miguel noch verfolgte und seinen Namen noch nicht kenne ("Solamente has oido un ruido y has venido a este habitacion. Has buscado este chico y has encontradole.").

Hinsichtlich des Kriteriums der Übernahme einer fremdkulturellen Perspektive (Kriterium 17 bei Burwitz-Melzer; cf. Fig. 1) analysiert Brückner (2013: 60) zunächst die Kongruenz der Personalpronomen und der Verben (Kriterium 17a; cf. Fig. 1). Sie stellt fest, dass Schüler C als einziger in den ersten Abschnitten des inneren Monologs die zweite Person Singular verwendet, um sich selbst direkt anzusprechen, sich Mut zu machen und wachsam zu sein ("Alejandro, ten cuidado ahora! Concentrate!"). Für Brückner ist es legitim, dass sich der Sprechende in einem inneren Monolog selbst mit 'du' anspricht, die Verben sind kongruent ("Estarias en peligro. No, estas en peligro! ¿Pero porque eres tan temprario?"). Dieses Vorgehen ändert Schüler C im letzten Satz des zweiten Textabschnittes, als er zur ersten Person Singular wechselt, wenn Alejandro sich zu Miguel äußert ("Tengo muchissimo miedo! Pero él tiene que tener tan mas miedo."). Auch der Teilaspekt, dass die Gefühle und Handlungsweisen mit dem Ausgangstext übereinstimmen (Kriterium 17b; cf. Fig. 1), wird erfüllt. Brückner (2013: 61–62) belegt dies u. a. damit, dass "Schüler C [...] dem Leser seines Textes einen Alejandro [zeigt], der zwar Angst hat, aber dennoch versucht, einen kühlen Kopf zu bewahren [...] und getreu dem Ausgangstext als intelligenter junger Mann dargestellt [wird], der nicht überstürzt handelt und die Menschen seiner Umgebung nicht vorschnell bewertet". Die Angst komme dadurch zum Ausdruck, dass der Schüler Alejandro befürchten lässt, dass Miguel ihn erneut angreifen und überwältigen könnte ("Si este chico atacate orta vez... Tal vez tienes mas fuerza como él, pero si él tiene mas, tienes un problema grande. Estarias en peligro. No, estas en peligro!"). Die Angst zeige sich auch darin, dass Schüler C Alejandro zwei Mal "Dios mio!" rufen lasse und dies mit der Aussage "Tengo muchissimo miedo!" kombiniere

[2] Es handelt sich hier und im Folgenden um Originalzitate aus dem Schülerprodukt; wie bereits erwähnt werden die sprachlichen Fehler in der Transkription als Ausdruck der Lernersprache im Original belassen.

(Brückner 2013: 61). Die Charaktereigenschaft, einen kühlen Kopf zu behalten, zeige sich darin, dass Schüler C in der Rolle des Alejandro Miguel nicht verraten wolle (Brückner 2013: 60): Er weiß, dass das gesamte Viertel den Jungen sucht und dass seine Eltern von ihm erwarten, dass er diesen meldet, doch möchte er nicht dafür verantwortlich sein, dass Miguel etwas zustößt.

Wie gut es Schüler C gelingt, die fremde Perspektive Alejandros zu übernehmen, zeigt sich auch am Sprachgebrauch (Kriterium 17c; cf. Fig. 1). Brückner analysiert nachvollziehbar, dass der Schüler auf umgangssprachliche Ausdrücke und Schimpfwörter verzichtet und den inneren Monolog auch mit komplexen Satzkonstruktionen versieht ("Tal vez tienes mas fuerza como él, pero si él tiene mas, tienes un problema grande; Tiene que creer, que solamente es una trampa por ejemplo atacole quando volve la espalda.").

Die Frage, ob beim Schülerprodukt die Situation (Kriterium 17e; cf. Fig. 1), die Lokalität (17f) und die Kulisse (17g) passend sind, sieht Brückner bei Schüler C bestätigt. Die Kriterien 'Passende proxemische bzw. nonverbale Details' (17d) und 'passende Kostüme' (17i) werden bei der Analyse nicht erwähnt, was bei einem deduktiven Verfahren unüblich ist, inhaltlich aber nachvollziehbar scheint, da die Kriterien für die Textsorte des inneren Monologs nicht zutreffen.

Bei der Analyse des Schülerprodukts ergaben sich beim Kriterium der Perspektivenübernahme induktiv zwei neue Kategorien. So stellt Brückner bei Schüler C eine Perspektivenübernahme fest, die sich qualitativ derart von anderen unterscheidet, dass Brückner (2013: 49, 64, 67) von unterschiedlichen "Graden der Perspektivenübernahme" spricht. Als ersten Grad der Perspektivenübernahme bezeichnet sie die Darstellung der Perspektive einer der beiden Protagonisten auf die Situation oder das Gegenüber. Hat sich ein Schüler für die Figur des Miguel entschieden, träfe dies dann zu, wenn der Schüler dessen Gefühle und dessen Sicht auf die Situation und auf Alejandro schilderte. Zu achten sei hier auf die entsprechenden Personalpronomen, Gefühle und Handlungsweisen sowie das Sprachniveau. Der "zweite Grad der PÜ [Perspektivenübernahme, M. B.]" (Brückner 2013: 63, 64) werde erreicht, wenn sich ein Schüler in der Rolle von Miguel auch in die Perspektive von Alejandro hineinversetzt. In diesem Fall gibt der Schüler "nicht nur die Gefühle Miguels wieder [...], sondern beschreibt auch, was Miguel glaubt, wie Alejandro die Situation und ihn wahrnimmt, sowie was Alejandro denkt und fühlt. Er würde sich also als Miguel in Alejandro hineinversetzen und versuchen, die Situation sowie sich selbst durch Alejandros Augen zu sehen" (Brückner 2013: 49). Als Beleg für diese Art der Perspektivenübernahme führt Brückner beispielsweise den Beginn des zweiten Absatzes an, wo sich Schüler C als Alejandro in Miguel hineinversetzt und ihn sagen lässt, dass dieser gar keine andere Möglichkeit habe, als ihn anzugreifen, wenn er aus dieser Lage unbeschadet und vor allem ungesehen herauskommen wolle ("Este chico no tuve una otra posibilidad excepto atacarte. Pero tu que él no actuaria de otra manera tampoco. A veces ataque es la defensa mejora."). Brückner zeichnet des Weiteren nach, wie Schüler C zwischen den beiden unterschiedlichen Graden der Perspektivenübernahme wechselt. Ein gutes Beispiel ist für sie zu Beginn des dritten Absatzes zu finden (Brückner 2013: 63):

> Hier spricht Alejandro zunächst über seine eigene Angst, räumt aber dann sofort ein, dass Miguel noch mehr Furcht haben muss, da dieser weiß, dass es für ihn kaum eine Fluchtmöglichkeit gibt ("¡Dios mio! Tengo muchissimo miedo! Pero él tiene que tener tan mas miedo. Sabe que tiene casi no oportunidad de escapar y de sobrevivir. La probabilidad de ser pillado es bastante alto."). Erneut versetzt sich Schüler C als Alejandro in Miguel hinein, versucht dessen Gefühle wahrzunehmen und reflektiert über dessen Situation. Nur durch das doppelte Hineinversetzen kann Schüler C als Alejandro 'wissen', was Miguel weiß, nämlich, dass seine Lage aussichtslos ist und dass er sich mehr fürchtet als alle anderen.

Als weiteres Beispiel für die doppelte Perspektivenübernahme führt Brückner (2013: 63–64) an, wie Schüler C zunächst Alejandro denken lässt, welche Handlungsalternativen er habe und mit welchen Konsequenzen diese verbunden seien: Er wolle seine Familie nicht enttäuschen, wolle aber auch nicht für den eventuellen Mord an einem Jungen verantwortlich sein, wodurch der erste Grad der Perspektivenübernahme deutlich werde. Der zweite Grad komme zum Ausdruck, wenn Schüler C Alejandro sagen lässt, dass er Miguel auch ein wenig verstehe ("Y comprendole"), weil dieser unter schlechten Lebensbedingungen leide und den Einbruch in die Zone als einen Ausweg in ein besseres Leben gesehen habe:

> Tu vida tiene que ser mal. No tiene dinero. Vive en violencia,... Y entonces hay la oportunidad de una aventura. De ganar dinero con vender cosas robados muy rica. Solamente aprovechió la oportunidad de una vida mejoramente. Pero no supó que esta en tan peligro y tal vez va a morir.

Brückner (2013: 64) bemerkt, dass Schüler C hier zwar sein Landeskundewissen einfließen lasse, dennoch davon auszugehen sei, dass auch Alejandro weiß, was sich außerhalb der Mauern seines Viertels abspielt. Hinsichtlich der Gesamtbewertung des Schülerprodukts kommt Brückner zu folgendem Schluss:

> Trotz der grammatikalischen und orthographischen Fehler in dieser Schülerarbeit, die bei herkömmlicher Bewertung keine sehr positive Leistung einbrachten, tut dies der Übernahme der Perspektive keinerlei Abbruch. Schüler

C ist es ausgezeichnet gelungen, sich in Alejandro hineinzuversetzen, dessen Ansichten und Gefühle sowie seine Sicht auf Miguel darzustellen. Er konnte sich zudem in seiner Rolle als Alejandro gut in Miguel hineindenken und auch dessen Sichtweisen und Gefühle wiedergeben. Insgesamt ist dies, im Zusammenhang mit der Forschungsfrage, ein ausgezeichnetes Beispiel für eine gelungene Umsetzung der Aufgabe zur PÜ. Schüler C hat diese Aufgabe zur PÜ als einen inneren Monolog umgesetzt, bei dem er sowohl auf Alejandro als auch auf Miguel eingeht. Es war ihm wichtig, nicht nur die Innensicht seines gewählten Charakters zu zeigen, sondern überdies darzustellen, wie dieser sich durch die Augen seines Gegenübers sieht. Dabei gelingt ihm nicht nur der erste Grad der PÜ, sondern auch der zweite. Schüler C erkennt die Interessen, Motive, Wertvorstellungen und Gefühle der Protagonisten und kann dabei seine eigenen Ansichten weitestgehend zurückstellen bzw. zwischen seinen und den fremden Perspektiven unterscheiden. Lediglich die Annahme, dass Miguel sterben wird, sobald er entdeckt wird, ist meines Erachtens eher die Einschätzung des Schülers (Brückner 2013: 64).

4. Fazit

Ziel des vorliegenden Beitrags war es zu zeigen, wie interkulturelle kommunikative Kompetenz im FSU empirisch untersucht werden kann. Das angeführte Beispiel macht deutlich, dass mindestens drei Voraussetzungen dafür nötig sind:

Erstens muss der FSU in einer Art und Weise konzipiert sein, dass er Aufgaben enthält, die explizit dazu dienen, bestimmte Aspekte der interkulturellen kommunikativen Kompetenz zu fördern. Darüber hinaus müssen die Aufgaben der jeweiligen Intention entsprechend tatsächlich im Unterricht durchgeführt werden. Diese Voraussetzung ist bei dem hier vorgestellten Aktionsforschungsprojekt von Brückner erfüllt. Brückner hat theoriegeleitet eine umfängliche Unterrichtseinheit zum Film *La Zona* entwickelt und im Beisein der Lehrkraft durchgeführt, wobei die Schüler/innen gezielt Aufgaben zur Förderung interkulturellen Lernens bearbeitet haben. Der hierbei gewählte Ansatz geht weit über eine lehrerseitige Vermittlung landeskundlichen Wissens hinaus und weist eine Reihe von Merkmalen des interkulturellen Lernens auf. Die Subjektorientierung zeigt sich beispielswiese in der Aktivierung der Schüler/innen, die aufgefordert wurden, sich nicht nur Wissen über ausgewählte Aspekte des Lebens in Mexiko-Stadt selbst anzueignen, sondern die Hauptfiguren zu charakterisieren und sich in die Perspektive einer Filmfigur hineinzuversetzen. Da sich die Schüler/innen hierbei nicht nur kulturelles Hintergrundwissen zum Thema der Reichenviertel aneignen (*savoirs*), sondern sich auch auf die Gefühle, Gedanken und Handlungsmotive der Protagonisten einlassen (*sa-*

voir être) und diese verstehen müssen (*savoir comprendre*), ist auch das Kriterium der Mehrdimensionalität erfüllt. Vom Konzept der Unterrichtseinheit her ist das Kriterium der Dialogizität/Kontrastivität dagegen nicht erfüllt, da die Schüler/innen in keiner Aufgabenstellung aufgefordert werden, ihre eigene Außenperspektive zum Thema zu äußern. Inwieweit die Schüler/innen im Unterrichtsverlauf ihre eigene Außenperspektive auf das Thema der Reichen-Enklaven in Mexiko-Stadt eingebracht haben, kann nicht beurteilt werden, da hierzu keine empirischen Daten vorliegen.

Zweitens muss für eine empirische Untersuchung die Schüleraktivität zu einem verbalen Produkt führen, anhand dessen eine Performanz sichtbar wird, von der auf eine interkulturelle kommunikative Kompetenz geschlossen werden kann. Im konkreten Beispiel ist diese Voraussetzung durch das Vorliegen des von jedem Schüler bzw. jeder Schülerin schriftlich zu verfassenden inneren Monologs erfüllt.

Drittens bedarf eine empirische Untersuchung interkultureller kommunikativer Kompetenz im FSU Analysekategorien, mit denen Teilaspekte operationalisiert werden. Im vorliegenden Fall wurde der Fokus auf einen zentralen Aspekt interkultureller Kompetenz, nämlich die Übernahme einer fremden Perspektive, gelegt und hierbei auf die neun von Burwitz-Melzer (2003: 500–501) für die Analyse entwickelten Kategorien zurückgegriffen (cf. 3.3).

Welche Erkenntnisse wurden im vorliegenden Beispiel gewonnen? Zunächst einmal kann festgestellt werden, dass die Kategorien von Burwitz-Melzer geeignet waren, um die sich in einem Schülertext ausdrückende interkulturelle Performanz zu beschreiben. Im konkreten Fall der Textsorte 'Innerer Monolog' waren sieben der neun Kategorien von Burwitz-Melzer relevant, zwei dagegen ("passende proxemische/non-verbale Details" sowie "passende Kostüme") irrelevant. Anhand der Kategorien konnte im Fall des hier ausgewählten Schülerprodukts nachgewiesen werden, dass es dem Schüler auf der inhaltlichen Ebene gelungen ist, eine fremde Perspektive zu übernehmen. Dies zeigt sich sowohl am passenden Gebrauch der Personalpronomina, einer der Figur entsprechenden Sprachebene, der passenden Bezugnahme auf die Situation, Lokalität, Kulisse und Zeitperiode, in der sich die Figur befindet, als auch in der dem Ausgangsfilm entsprechenden inhaltlichen Ausgestaltung der fremden Perspektive. Anhand dieser Kriterien ist es für den inhaltlichen Bereich möglich, einen Schülertext auf seine interkulturelle Performanz hin zu beurteilen, wenn eine Gewichtung der einzelnen Kriterien vorliegt. Neben dem inhaltlichen Bereich gehört zur Gesamtbeurteilung der schriftlichen Leistung im FSU auch der sprachliche Bereich, der in der Regel mit 60% etwas stärker gewichtet wird (cf. Lange 2017: 305). Zum sprachlichen Bereich zählen das Ausdrucksvermögen und die sprachliche Korrektheit hinsichtlich des Wortschatzes, der Grammatik und Orthographie, "wobei für die Bewertung stets die Verständlichkeit der Aussagen bzw. der Kommunikationserfolg entscheidend sind" (Lange 2017: 305). Aufgrund einer Reihe von sprachlichen Fehlern wird die Leistung des Schülers im vorliegenden Fall in der Gesamtbeurteilung daher entsprechend schlechter ausfallen. Für die Bewertung der inhaltlichen Ebene kann die These aufgestellt werden, dass der kriteriengebundene Vergleich mit anderen Schülerprodukten, wie ihn Brückner (2013: 49–67) anstellt, zu einem besseren Verständnis dessen beiträgt, welche konkreten Indizien im Schülertext für die Erfüllung bzw. Nicht-Erfüllung eines Kriteriums gelten und wie unterschiedlich bzw. zu welchem Grad ein Kriterium erfüllt werden kann. Hieraus kann in einem weiteren Schritt ein Erwartungshorizont abgeleitet werden, der für den inhaltlichen Bereich eine möglichst transparente kriteriengeleitete Beurteilung der Schülerprodukte erlaubt.

Die Grenzen des vorliegenden Ansatzes von Brückner liegen zum einen in der Berücksichtigung von lediglich drei Schülerprodukten, was im Rahmen einer Masterarbeit wegen der begrenzten Zeit aus pragmatischen Gründen legitim ist. Durch den Einbezug aller Schülerprodukte derselben Klasse könnte die empirische Basis vergrößert werden, was zu einer noch differenzierteren Analyse der Erfüllung der einzelnen Kriterien zur Perspektivenübernahme beitragen würde. Zum anderen wäre dadurch eine Zuordnung der Einzelfälle zu einem bestimmten Cluster möglich und könnte ggf. zu einer Typisierung führen. Eine weitere Grenze des vorliegenden Aktionsforschungsprojekts liegt – wie oben bereits angedeutet – darin, dass von der Konzeption her in der Unterrichtsreihe kein explizites In-Beziehung-Setzen einer fremden Innenperspektive mit der eigenen Außenperspektive der Schüler/innen vorgesehen war. Damit wird ein wichtiges Element interkulturellen Lernens, die Dialogizität, verpasst. Im vorliegenden Fall könnte sie sich darin äußern, dass die Schüler/innen aufgefordert werden, nach der Einnahme der fremden Innenperspektive einer der Filmfiguren das im Blickpunkt stehende Phänomen der Reichen-Enklave in Mexiko-Stadt auch aus einer kritisch-distanzierten Perspektive von außen zu beurteilen. Für weitere Aktionsforschungsprojekte zur Förderung interkultureller kommunikativer Kompetenz könnte das Unterrichtskonzept folgendermaßen ausgebaut werden (cf. Bredella 2007): Ausgangspunkt für ein Thema wäre die Verbalisierung des ersten Eindrucks, den die Schüler/innen haben; in der Regel handelt es sich dabei um ein Stereotyp (= eigene Außenperspektive 1). Danach folgen Aufgaben, die dazu dienen, unterschiedliche fremde Innenperspektiven zum Thema zu verstehen und zu übernehmen (= Übernahme fremder Innenperspektiven), abschließend äußern die Schüler/innen, wie sich ihre ursprüngliche Außenperspektive möglicherweise verändert hat (= eigene Außenperspektive 2). Schließlich besteht eine weitere Grenze der vorliegenden Arbeit in der Beschränkung der Daten auf Schülerprodukte. Im Hinblick auf die Weiterentwicklung kompetenzorientierten Unterrichts unter besonderer Berücksichtigung der interkulturellen kommunikativen Kompetenz wäre es wünschenswert, als Ergänzung zu den Schülerprodukten Daten in Form von Fragebögen bzw. Interviews zu erheben, die Aufschluss darüber geben, welche unterrichtlichen Elemente den Schüler/inne/n geholfen haben, eine interkulturelle Aufgabe, wie beispielsweise die Übernahme einer fremden Perspektive, zu bewältigen.

Literatur

Altmayer, C. 2016. Interkulturalität. In Burwitz-Melzer, E. / Mehlhorn, G. / Riemer, C. / Bausch, K.-R. / Krumm, H.-J. Eds. *Handbuch Fremdsprachenunterricht* (6. völlig überarb. u. erw. Aufl.). Tübingen: Francke, 15–20.

Altrichter, H. / Posch, P. / Spann, H. 2018. *Lehrerinnen und Lehrer erforschen ihren Unterricht. Unterrichtsentwicklung und Unterrichtsevaluation durch Aktionsforschung.* Tübingen: UTB.

Bachmann, S. / Gerhold, S. / Wessling, G. 1996. Aufgaben- und Übungstypologie zum interkulturellen Lernen mit Beispielen aus Sichtwechsel – neu. *Zielsprache Deutsch* 27, 77–91.

Bausch, K.-R. / Christ, H. / Krumm, H.-J. Eds. 1994. *Interkulturelles Lernen im Fremdsprachenunterricht. Arbeitspapiere der 14. Frühjahrskonferenz zur Erforschung des Fremdsprachenunterrichts*. Tübingen: Narr.

Bechtel, M. 2013. Förderung interkultureller Kompetenzen im Französischunterricht. Analyse einer Aufgabe aus Band 1 des Lehrwerks *Découvertes – Série jaune*. In Grünewald, A. / Plikat, J. / Wieland, K. Eds. *Bildung – Kompetenz – Literalität. Fremdsprachenunterricht zwischen Standardisierung und Bildungsanspruch*. Seelze: Klett/Kallmeyer, 110–122.

Bechtel, M. 2015. Lehrerbildungskonzept zur Entwicklung, Erprobung und Erforschung von Lernaufgaben im Französisch- und Spanischunterricht der Sekundarstufe I. In Bechtel, M. Ed. *Fördern durch Aufgabenorientierung. Bremer Schulbegleitforschung zu Lernaufgaben im Französisch- und Spanischunterricht der Sekundarstufe I.* Frankfurt: Lang, 81–116.

Bredella, L. 2007. Die Bedeutung von Innen- und Außenperspektive für die Didaktik des Fremdverstehens. Revisited. In Bredella/Christ 2007, 11–30.

Bredella, L. 2017. Interkulturelles Lernen. In Surkamp, C. Ed. *Metzler Lexikon Fremdsprachendidaktik. Ansätze – Methoden – Grundbegriffe* (2. Aufl.). Stuttgart: Metzler, 149–152.

Bredella, L. / Christ, H. 1994. Didaktik des Fremdverstehens. Ein Forschungsprogramm im Rahmen der Graduiertenförderung. *Anglistik* 5, 63–79.

Bredella, L. / Christ, H. 1995. Didaktik des Fremdverstehens im Rahmen einer Theorie des Lehrens und Lernens fremder Sprachen. In: Bredella, L. / Christ, H. Eds. *Didaktik des Fremdverstehens*. Tübingen: Narr, 8–19.

Bredella, L. / Meißner, F.-J. / Nünning, A. / Rösler, D. Eds. 2000. *Wie ist Fremdverstehen lehr- und lernbar? Vorträge aus dem Graduiertenkolleg "Didaktik des Fremdverstehens"*. Tübingen: Narr.

Bredella, L. / Christ, H. Eds. 2007. *Fremdverstehen und interkulturelle Kompetenz*. Tübingen: Narr.

Brückner, I. 2013. *Förderung von Perspektivenübernahme im Spanischunterricht der Sekundarstufe II anhand des Spielfilms 'La Zona'. Eine qualitative Untersuchung von Schülerprodukten.* Masterarbeit im Fach Spanisch, Höheres Lehramt an Gymnasien. Dresden: Technische Universität Dresden.

Burwitz-Melzer, E. 2000. Interkulturelle Lernziele bei der Arbeit mit fiktionalen Texten. In: Bredella, L. / Christ, H. / Legutke, M. K. Eds. *Fremdverstehen zwischen Theorie und Praxis. Arbeiten aus dem Graduierten-Kolleg "Didaktik des Fremdverstehens"*. Tübingen: Narr, 43–86.

Burwitz-Melzer, E. 2003. *Allmähliche Annäherungen. Fiktionale Texte im interkulturellen Fremdsprachenunterricht der Sekundarstufe I.* Tübingen: Narr.

Byram, M. 1997. *Teaching and assessing intercultural communicative competence.* Clevedon: Multilingual Matters.

Caspari, D. / Schinschke, A. 2009. Aufgaben zur Feststellung und Überprüfung interkultureller Kompetenz im Fremdsprachenunterricht. Entwurf einer Typologie. In Hu, A. / Byram, M. Eds. *Interkulturelle Kompetenz und fremdsprachliches Lernen. Modelle, Empirie, Evaluation.* Tübingen: Narr, 273–287.

Caspari, D. / Burwitz-Melzer, E. 2017. Interkulturelle kommunikative Kompetenz. In Tesch, B. / von Hammerstein, X. / Stanat, P. / Rossa, H. Eds. *Bildungsstandards aktuell. Englisch/Französisch in der Sekundarstufe II.* Braunschweig: Diesterweg, 36–55.

Decke-Cornill, H. / Küster, L. 2015. *Fremdsprachendidaktik. Eine Einführung.* Tübingen: Narr.

Eberhardt, J.-O. 2013. *Interkulturelle Kompetenzen im Fremdsprachenunterricht. Auf dem Weg zu einem Kompetenzmodell für die Bildungsstandards.* Trier: Wissenschaftlicher Verlag.

Fäcke, C. 2013. 'Weiche Kompetenzen' als Prüfstein zur Integration von Bildung und Standards. In Grünewald, A. / Plikat, J. / Wieland, K. Eds. *Bildung – Kompetenz – Literalität. Fremdsprachenunterricht zwischen Standardisierung und Bildungsanspruch.* Seelze: Klett/Kallmeyer, 36–46.

Freitag-Hild, B. 2017. Interkulturelle kommunikative Kompetenz. In Surkamp, C. Ed. *Metzler Lexikon Fremdsprachendidaktik. Ansätze – Methoden – Grundbegriffe* (2. Aufl.). Stuttgart: Metzler, 147–149.

Früh, W. 2011. *Inhaltsanalyse. Theorie und Praxis* (7. überarb. Aufl.). Konstanz: UVK.

Geulen, D. 1982. Einführung zu diesem Band. In Geulen, D. Ed. *Perspektivenübernahme und soziales Handeln. Texte zur sozial-kognitiven Entwicklung.* Frankfurt: Suhrkamp, 11–23.

Grünewald, A. 2017. Von der Landeskunde zum Interkulturellen Lernen. In Nieweler, A. Ed. *Fachdidaktik Französisch. Das Handbuch für Theorie und Praxis*. Stuttgart: Klett, 234–252.

Grünewald, A. / Küster, L. / Lüning, M. 2011. Kultur und Interkulturalität. In Meißner, F.-J. / Krämer, U. Eds. *Spanischunterricht gestalten. Wege zu Mehrsprachigkeit und Mehrkulturalität*. Seelze: Klett, 49–80.

Henseler, R. / Möller, S. / Surkamp, C. 2011. *Filme im Englischunterricht. Grundlagen, Methoden, Genres.* Seelze: Kallmeyer.

Hollenbach, N. / Tillmann, K.-J. 2009. Handlungsforschung Lehrerforschung Praxisforschung. Eine Einführung. In Hollenbach, N. / Tillmann, K.-J. Eds. *Die Schule forschend verändern. Praxisforschung aus nationaler und internationaler Perspektive.* Bad Heilbrunn: Klinkhard, 7–20.

Hu, A. 2008. Interkulturelle Kompetenz. Ansätze zur Dimensionierung und Evaluation einer Schlüsselkompetenz fremdsprachlichen Lernens. In Frederking, V. Ed. *Schwer messbare Kompetenzen. Herausforderungen für eine empirische Fachdidaktik.* Baltmannsweiler: Schneider Hohengehren, 11–35.

KMK (= Kultusministerkonferenz, Ed.) 2004. *Bildungsstandards für die erste Fremdsprache (Englisch/Französisch) für den Mittleren Schulabschluss. Beschluss vom 04.12.2003.* München: Luchterhand.

KMK (= Kultusministerkonferenz, Ed.) 2014. *Bildungsstandards für die fortgeführte Fremdsprache (Englisch/Französisch) für die Allgemeine Hochschulreife. Beschluss vom 18.10.2012.* Köln: Link.

Krumm, H.-J. 1995. Interkulturelles Lernen und interkulturelle Kommunikation. In Bausch, K.-R. / Christ, H. / Krumm, H.-J. Eds. *Handbuch Fremdsprachenunterricht* (3. überarb. und erw. Aufl.). Tübingen: UTB, 156–161.

Lange, U. C. 2017. Konzeption und Evaluation schriftlicher Leistungsprüfungen. In Nieweler, A. Ed. *Fachdidaktik Französisch. Das Handbuch für Theorie und Praxis.* Stuttgart: Klett, 229–306.

Lütge, C. 2016. Lehr-/Lernmaterialien und Medien zum Aufbau interkultureller Kompetenzen. In Burwitz-Melzer, E. / Mehlhorn, G. / Riemer, C. / Bausch, K.-R. / Krumm, H.-J. Eds. *Handbuch Fremdsprachenunterricht* (6. völlig überarb. u. erw. Aufl.). Tübingen: Francke, 456–458.

Meyer, H. / Fichten, W. 2009. *Einführung in die schulische Aktionsforschung. Ziele, Verfahren und Ergebnisse eines BLK-Modellversuchs*. Oldenburg: Didaktisches Zentrum.

Rössler, A. 2010. Interkulturelle Kompetenz. In Meißner, F.-J. / Tesch, B. Eds. *Spanisch kompetenzorientiert unterrichten.* Fulda: Klett, 137–149.

Schumann, A. 2010. Landeskunde. In Surkamp, C. Ed. *Metzler Lexikon Fremdsprachendidaktik. Ansätze – Methoden – Grundbegriffe*. Stuttgart: Metzler, 158–160.

Surkamp, C. 2017. Perspektive und Perspektivenwechsel. In Surkamp, C. Ed. *Metzler Lexikon Fremdsprachendidaktik. Ansätze – Methoden – Grundbegriffe* (2. Aufl.). Stuttgart: Metzler, 274–275.

Anhang

Innerer Monolog von Schüler C[3]

Diálogo interior de Alejandro

Alejandro, ten cuidado ahora! Concentrate! Si este chico atacate orta vez... Tal vez tienes mas fuerza como él, pero si él tiene mas, tienes un problema grande. Estarias en peligro. No, estas en peligro! ¿Pero porque eres tan temprario? ¿Porque eres tan impudente y alcamonero? Solamente has oido un ruido y has venido a este habitacion. Has buscado este chico y has encontradole.

Este chico no tuve una otra posibilidad excepto atacarte. Pero tu que él no actuaria de otra manera tampoco. A veces ataque es la defensa mejora. ¡Dios mio! Este chico tiene que ser capaz de todo. Todo el barrio cerrado esta buscandole y quierre matarle. Ha encontradole y si matame, sobrevive todavía algunas días.

¡Dios mio! Tengo muchissimo miedo! Pero él tiene que tener tan mas miedo. Sabe que tiene casi no oportunidad de escapar y de sobrevivir. La probabilidad de ser pillado es bastante alto. Pero yo no quiero ser la persona que matale. Claro no mataria le directamente, pero indirectamente. Si venco le y entrego le va a morir en algunas horas. Mi familia exigiria que entrego le. Nos quedariamos nuestros derechos y todo seria como siempre. Pero no todo. Seria responsable del muerto de este chico. Lo acabaria con me. No quiero un asesino. No quiero ser una bestia. Y comprendole. Tu vida tiene que ser mal. No tiene dinero. Vive en violencia,... Y entonces hay la oportunidad de una aventura. De ganar dinero con vender cosas robados muy rica. Solamente aprovechió la oportunidad de una vida mejoramente. Pero no supó que esta en tan peligro y tal vez va a morir. Pero hoy si vencole y entregole a mi padre. ¡No! No quiero hacerlo.

¿Pero que es la alternativa? No quiero estar herido o muerto y no quiero matarle. Tiene que escaper. Pero no creo que va a confiar me. Tiene que creer, que solamente es una trampa por ejemplo atacole quando volve la espalda. Pero tiene que confiarme. Quiero ayudarle. Pero no puedo ocultarle. Entonces crees que es una trampa y solamente voy a recoger mi padre y refuerzos. Es la unica posibilidad, que escapa. ¿Pero como puede confiarme un poqui-

[3] Der handschriftliche Schülertext wurde unter Beibehaltung der sprachlichen Fehler abgetippt.

to? Voy a probar: Estar de pie muy erguido y no como quiero atacar el o defenderme. No movimientos rapidos. No creo que va a atacar me si vuelvo. Entonces puede escaper y sobrevivir todavia algunas dias. No puedo ayudar este chico, igual si quiero o no. No tengo la responsibilidad de su muerto y no va a estar herido. ¡Voy a hacer como eso!

Part IV

Modeling linguistic structure

Yves D'hulst

Isomorphic agreement

Abstract. The central claim of this paper is that agreement is isomorphic, i.e. the agreeing category formally mirrors the shape of the category it agrees with. Isomorphic agreement is common in Romance nominal agreement, but in verbal finite morphology there does not seem to be any formal resemblance between subject and agreeing verb. Nevertheless, I claim that even in these cases agreement is isomorphic. This claim helps to solve a number of puzzles that have defied traditional philologists. I will concentrate on first person plural morphology in Latin, French, Northern Italian varieties and Standard Italian and show how the principle of isomorphic agreement may provide new answers to old puzzles. The hypothesis that agreement phenomena are isomorphic eventually corroborates the stance that agreement is purely formal, i.e. has no interpretive side. It implies that agreement morphemes be carefully decomposed and a theory of (nominal) features be developed.

1. Introduction

Agreement phenomena rank highly on the syntactic research agenda. Most studies investigate the rules that govern these phenomena, the exact formal shape of agreement patterns being of minor concern (cf. Svenonius 2007). In this paper, I will focus on the formal shape of agreement and argue that agreement is isomorphic. By 'isomorphy', I mean that the agreeing category formally mirrors the shape of the category it agrees with.

If we take agreement to be a pure matter of form, as has become standard in generative linguistics, one might wonder whether the formal copying of features can be anything other than isomorphic (cf. Bobaljik 2008). Historical studies do provide support for a principled isomorphic view on agreement: a recurring pattern of grammaticalization is that of strong personal pronouns developing into weak pronouns, then into clitic pronouns and eventually into agreement markers (cf. Lehmann 1982/2015; Hopper/Traugott 2003; Fuß 2005; van Gelderen 2011). This pattern implies that the form of the agreement markers in some way must resemble the form of the original strong pronoun.

2. Romance agreement

Romance languages display a well-known discrepancy between verbal and nominal agreement: while the finite verb agrees with its subject in number and person, adjectives and related nominal categories (determiners, possessives, participles, etc.) agree with the noun in number (and gender), but not person. This contrast correlates with yet another formal difference between verbal and nominal agreement that has largely passed unnoticed in the literature: nominal agreement tends to be isomorphic, while finite verbal agreement appears to be heteromorphic.[1] The Italian examples in (1) illustrate both aspects of nominal morphological variation: nouns and adjectives that only vary in number typically display an *-e/-i* variation (1a), those that vary both in number and gender typically follow the *-o/-a/-i/-e* pattern (1b).[2]

(1)	It.	a.	N	amante	amanti		
				lover_{SG}	lover_{PL}		
			A	francese	francesi		
				$\text{French}_{\text{SG}}$	$\text{French}_{\text{PL}}$		
		b.	N	ragazzo	ragazza	ragazzi	ragazze
				$\text{boy}_{\text{M.SG}}$	$\text{girl}_{\text{F.SG}}$	$\text{boy}_{\text{M.PL}}$	$\text{girl}_{\text{F.PL}}$
			A	svizzero	svizzera	svizzeri	svizzere
				$\text{Swiss}_{\text{M.SG}}$	$\text{Swiss}_{\text{F.SG}}$	$\text{Swiss}_{\text{M.PL}}$	$\text{Swiss}_{\text{F.PL}}$

The isomorphic property of nominal agreement, of course, does not entail that adjectives simply copy the ending of nouns, nor does it entail that adjectives only combine with nouns with identical morphological variation. Whether the adjective agrees only in number (1a) or both in number and gender (1b) or even does not agree at all (e.g. *blu* 'blue'), is a lexical property of the sole adjective. But given this basic three-way lexical option, the formal ending of the adjective always conforms to one of the patterns that apply to nouns. Isomorphic agreement, as illustrated by any combination of noun and variable adjective, is therefore to be understood as follows:

---

1 This holds for all Romance languages, although historical developments may have blurred the picture in some languages, most notably in French. Most Romance languages mimic the prototypical Italian nominal morphology in one way or another.

2 This succinct sketch of Italian morphology does not cover all nominal patterns; still it accurately represents the isomorphic property of nominal categories across patterns. For the time being, I will tag the examples in a fairly traditional fashion, treating masculine and feminine or singular and plural on a par.

> If two lexical items morphologically agree, the agreement is isomorphic whenever the morpheme of the agreeing item belongs to a morphological paradigm known to apply to the category it agrees with.

Verbal agreement appears to have different properties: the French first and second person plural verbal morphology in (2), although unambiguously representing the relevant person and number features, does not exhibit a straightforward resemblance to the subject it agrees with. This state of affairs holds across Romance languages.

(2) Fr. nous chantons vous chantez
we $sing_{1PL}$ you_{PL} $sing_{2PL}$

Since the different nature of the Romance agreement in (1) and (2) so consistently cuts between nouns and verbs, it is doubtful that it is purely accidental. This leaves us with one of two options: either there is a principled reason for isomorphic agreement with nominal, but not with verbal categories, or the contrast between nominal and verbal categories is only apparent. Dutch subject-verb agreement will show that there cannot be a principled explanation for the contrast between nominal and verbal inflection; therefore, the Romance contrast between nominal and verbal categories must be deceptive.

3. Dutch agreement

Dutch qualifies as a Germanic language with medium verbal agreement, overtly distinguishing between singular and plural in present and past tense and additionally displaying a partial person contrast in the singular in present tense only.[3]

(3) Du.

	PRESENT		PAST	
	SG	PL	SG	PL
1	wandel	wandel-en	wandel-de	wandel-d-en
2	wandel-t	wandel-en	wandel-de	wandel-d-en
3	wandel-t	wandel-en	wandel-de	wandel-d-en
	'walk'			

[3] With respect to verbal morphology, Dutch ranges between non-inflecting Continental Scandinavian and poorly inflecting English on the one hand and Faroese, German and Icelandic on the other hand.

There is little doubt that the *-en* ending in verbal conjugation realizes plural agreement.[4] This plural marker in verbal inflection exactly mirrors the plural marker of most Dutch nouns; an example is provided in (4a).[5] The similarity of nominal and verbal inflection in the plural, as illustrated in (4b), shows that verbal agreement can (or indeed must) be isomorphic as well.

(4) Du. a. voet voeten
foot foot_{PL}
b. De poezen slapen.
the cat_{PL} sleep_{PL}
'The cats sleep.'

4. Latin verbal morphology

Isomorphic agreement occasionally pops up in places where it is less expected. Latin morphology is a good example. The verbal first and second person plural endings *-mus* and *-tis* of (5) are commonly taken as syncretic realizations of person and gender features. However, there is a very good alternative to this traditional analysis.

(5) Lat. cantamus cantatis
sing_{1PL} sing_{2PL}

In earlier work, I have shown how the Italian (and by extension the Romanian) nominal plural endings exemplified in (1) can be phonologically derived from the Latin accusative plural ending *-s* (cf. D'hulst 2006 and Maiden 1996 for a broader and more theoretical view on the phonological hypothesis of Eastern Romance plurals).[6] This analysis provides a funda-

---

4 The infinitive is homophonous with the plural forms of the present. One could therefore argue that the verbal form *wandelen* 'walk' in (3) actually is not an agreeing but an unmarked default form. However, the past tense form suggests otherwise, since Dutch does not have a synthetic past infinitive.

5 Dutch has two productive nominal plural markers, *-en* and *-s*. The *-s* marker behaves as a default option and is applied to several genuine Dutch etyma, but also to loanwords and proper names. Nevertheless, *-en* applies to the majority of Dutch nouns.

6 I argued that Italian (and Eastern Romance) plural nouns and adjectives derive from the corresponding Latin accusative plural. The vowel of the final syllable of the Latin accusative form fully assimilated the [coronal] feature associated to the plural ending *-s*. In this process the features originally associated to the vowel got completely lost in the case of nouns of the second and third Latin declension classes; this lead to a plural ending in [i]. Nouns of the first declension class either fully or partially assimilated the [coronal]

mental homogeneous account of nominal plural markers in all Romance languages.

Building on this insight and identifying the Romance and Latin default plural marker as /s/ (or the [coronal] feature it comprehends), we can propose a bimorphemic and truly isomorphic analysis for the forms in (6):

(6) Lat. canta-mu-s canta-ti-s
sing$_{1PL}$ sing$_{2PL}$

The segmentation proposed in (6) identifies the stem and singles out the final plural marker; what is left in between, *-mu-* and *-ti-*, respectively, cannot be anything else than the incorporated pronominal forms of first (*me*) and second (*te*) person singular.[7] This analysis is not only isomorphic, it also conforms to the insights of pronominal feature geometry, proposed by Harley/Ritter (2002), according to which first or second person plurals must be semantically decomposed as first or second person singular combined with a distinct plural morpheme.[8, 9]

5. Romance first person plural puzzles

The historical development of the Latin *-mus* ending of first person plural exhibits a series of puzzling phenomena in several French and Italian varieties, including the standard ones. These puzzles have been treated or at least mentioned in traditional historical works, but have not received a fully satisfying analysis in my opinion. I will first consider Standard French, then shift towards a series of Northern Italian varieties, focusing especially on the two Valtellina varieties of Livigno and Bormio and finally consider perhaps the most enigmatic case of Standard Italian.

---

feature, depending on gender, generating plurals ending in [i] with masculine and in [e] with feminine nouns (cf. D'hulst 2006 for more details).

7 I assume the default form of Latin pronouns to correspond to the accusative. As can be easily seen in first person singular forms, the *m*V (*m-* followed by vowel), is by far the most common form (*me*$_{1SG.ACC/ABL}$, *mei*$_{1SG.GEN}$, *mihi*$_{1SG.DAT}$, *meus*$_{1SG.POSS.NOM.M}$, etc.), the nominative *ego*$_{1SG.NOM}$ being the only exception; and among those forms, the accusative appears to be the least marked.

8 Harley/Ritter's (2002) analysis of the person feature is based on Benveniste (1956/1966) and Forchheimer's (1953) view that person is actually restricted to the discourse participants, i.e. speaker and hearer.

9 Note that the forms in (6) both presumably display a case of progressive or lag assimilation, a phenomenon that is independently attested in the development of Old Latin (cf. Sihler 1995, among others): the vowel fully assimilating the [labial] or [coronal] feature of the preceding consonant.

5.1 Standard French

French verbs may adopt one of three different endings. The ending in the indicative past historic (*passé simple*) illustrated in (7) is the only ending that is truly recognized as etymological. All other tenses and moods adopt the ending [ɔ̃] in (8) and they do so across verb classes; its origins have been intensively discussed in the literature. Finally, there is the verb *être* 'to be' in (9) that has an idiosyncratic form in the indicative present.

(7)	Fr.	chantâmes	(indicative past historic)
(8)	Fr.	chantons	(indicative present, imperative)
		chanterons	(indicative simple future)
		chanterions	(conditional present)
		chantions	(indicative imperfect, subjunctive present)
		chantassions	(subjunctive imperfect)
(9)	Fr.	sommes	(indicative present of *être*)

The received hypothesis concerning the first person plurals in (8) is that the ending of an Old French allomorph of the verb in (9) has been analogically extended without exception to all verbs in the tenses and moods indicated in (8).[10]

Old French had multiple allomorphs in first person plural forms. This also holds for the verb *estre* 'to be' that had *soms*, *som*, *son* as direct descendants of Latin *sumus* 'we are' and an additional analogical form *esmes*, paralleling the second person plural Lat. *estis* > OFr. *estes*. The first allomorph, *soms*, is taken to have served as the basis for the Modern French first person plural ending [ɔ̃]. The verb *être* eventually developed a completely new form that combined the allomorphs *soms* and *esmes* into Fr. *sommes*. That precisely the one verb that should have provided the origin for the Modern French first person plural ending should end up as the one and only exception for the generalization of the first person plural morphology renders the hypothesis suspect.[11]

I challenge this received hypothesis and contend that isomorphic agreement provides a more straightforward explanation that does not hinge on the general process of analogy but on the widespread linguistic phenomenon of assimilation.

First consider the most likely Latin origin for first person plural morphology. In Section 4, I argued that the *-mus* ending should receive a bi-

---

[10] This hypothesis was first formulated by Diez (1871), was criticized by a number of scholars, but then further substantiated by Meyer-Lübke/Paris (1892).

[11] Meyer-Lübke/Paris (1892) considered this argument, but dismissed it completely.

morphemic analysis, whereby the first morpheme identifies the person feature and the second one the plural feature as sketched out in (10).

```
(10) Lat. canta - mu - s
                  |    |
                  1    PL
```

I adopt the findings of D'hulst (2006) that the Romance (and Germanic) plural morpheme is rooted in the [coronal] feature on /s/ (cf. also Footnote 6). On the basis of forms such as those in (11), I similarly argue that the first person feature is most likely to be formally associated with the [labial] feature that is realized by the highlighted vowels, glides and consonants in (11).[12]

(11) a. Lat. cant*o*, cante*m*, cantab*o*, cantaba*m*, canta*mu*s …
It. cant*o*, cantia*mo*
b. Lat. *m*e, *m*ei, *m*ihi, *m*eus
Fr. *m*e, *m*oi, *m*on, *m*ien
Eng. *m*e, *m*y, *m*ine, *w*e, *u*s, *ou*r

The representation in (10) can now be amended as in (12): /m/ and /u/ share the [labial] feature that expresses first person and /s/ realizes the [coronal] feature for plural.

```
(12) Lat. canta - mu - s
                  \/   |
                  lab  cor
                  |    |
                  1    PL
```

After the loss of the post-tonic vowel, we obtain the form in (13). French nasalization applies regularly, spreading the [nasal] feature of /m/ to the preceding vowel (13) and ultimately dissociating the [nasal] feature from the consonantal segment (14). This operation eventually leaves a stray labial feature that has interpretive content, viz. first person, associated to it. Spreading [labial] to the preceding vowel is the most straightforward strategy to preserve the person morpheme (15). The sum of the original [low] (in the first conjugation), the person feature [lab] and [nas], both originally associated to the consonant, yield the French nasal [ɔ̃].[13, 14]

---

[12] Forms like Fr. *je*, Ger. *ich*, Du. *ik* and Eng. *I* clearly differ from the forms in (11), as they do not contain any [labial] feature. Since all these forms are nominative, I presume that a formal feature that expresses nominative case overrides the first person feature.

[13] This hypothesis in certain respects recalls the one proposed by Bréal (1892), who argues that the French first person plural morpheme is the result of a

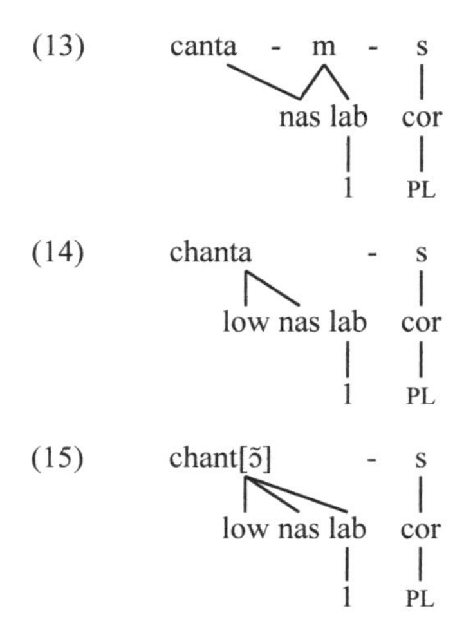

This development must have started first in the present indicative of the first declension, where the thematic vowel has an exclusive [low] feature and then have spread to the other declension classes and tenses and moods.[15]

---

phonological development induced by the nasalization of the stem vowel. In both Breal's hypothesis and mine, French nasalization plays a crucial role. The similarity between both hypotheses, however, ends there: Bréal's is a genuinely phonological (phonetic) hypothesis about the development of first person plural morphology. Meyer-Lübke/Paris (1892) promptly dismissed his hypothesis, as there is no generalized labialization (or backing) effect of nasalization in other contexts. My hypothesis, on the other hand, is morphophonological and therefore makes no general predictions about the interaction between labialization and nasalization. Another crucial difference is that the nasalization effect is only indirect in my hypothesis. Eventually it is the person feature of Lat. /m(u)/, and ultimately its [labial] feature, that labializes the preceding vowel, not the [nasal] feature of /m/.

[14] It is not unlikely that the plural morpheme spread its [coronal] feature to the preceding vowel simultaneously with the process described in (13–15). With /m/ assimilating the [coronal] feature of the plural morpheme, the person feature would also have lost its [labial] feature (/m/>/n/). The orthographic hesitation in early French texts, with ending in *-ons* (*-uns*) alongside *-oms* (*-ums*) suggests that nasalization of the vowel preceded coronal assimilation by the nasal. This is exactly what is needed in order for the [labial] feature to first spread to the preceding vowel.

[15] It is generally assumed that the modern [ɔ̃] ending was first introduced in the verbs of the first conjugation. As for the difference between present indica-

5.2 Northern Italian

Several varieties of Northern Italy have adopted forms that recall the development of Standard French. Rather than the outcomes *-amo*, *-emo* und *-imo*, which are common in the central and upper southern varieties, we find in the Northern Italian (NIt.) varieties forms like *cantúma* (Piedmontese), *ndóm* (Lombard) or *mandòm* (Old Paduan; cf. Rohlfs 1968). The rounded vowels in these examples can be explained in a way that resembles the French ending, with the [labial] feature spreading to the preceding vowel, as in (16).

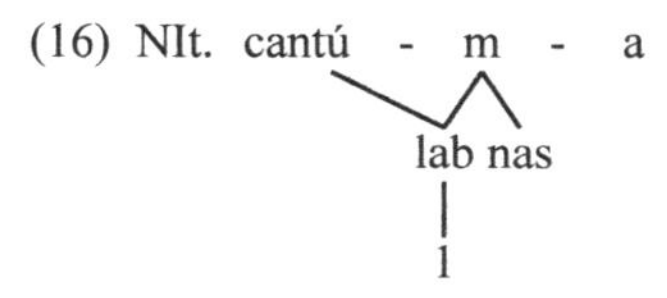

Northern Italian varieties with *-um(a)*/*-om(a)* endings differ in two respects from French: [labial] assimilation is not forced by nasalization and the plural feature associated to coronal [s] is lost.[16]

There are two Northern Italian varieties that deserve special attention: the dialects of Bormio and Livigno; both are Lombard varieties spoken in the northern part of the Valtellina valleys near the Swiss border. Rohlfs (1966: 432–433) notes that these dialects have *-s* conserved in (some) first person plural imperatives and cites the forms in (17).

---

tive with respect to the other moods and tenses, Dees (1987) confirms a higher frequency for modern forms in present indicative (charts 439 and 440) with respect to imperfect indicative (chart 443) and present conditional (455).

16 Since forms like *cantúma* do not contain a [coronal] feature in their endings, we may safely conclude that the standard morpheme for plural is missing altogether. Of course, forms like *cantúma* contrast with their singular *canto* with respect to number. We might conjecture that in cases like these where no plural morpheme is actually realized, the plural feature is computed along the lines of Greenberg's Universal 35, which suggests that plural forms tend to be longer than singular ones ("There is no language in which the plural does not have some nonzero allomorphs, whereas there are languages in which the singular is expressed only by zero. The dual and the trial are almost never expressed only by zero", Greenberg 1963: 74). Therefore, in the pair *canto* – *cantúma* that have, according to my analysis, the same feature specification, viz. first person, the longer one expresses plural.

(17) a. Bormio (Rohlfs 1966: 432–433)[17]
['ʒomes] [pa'romes] [di'ʒomes] ['fomes] [man'ʤomes]
$go_{IMP.1PL}$ $dress_{IMP.1PL}$ $say_{IMP.1PL}$ $make_{IMP.1PL}$ $eat_{IMP.1PL}$
b. Livigno (Rohlfs 1966: 432–433)
[kom'promas] ['fomas] ['gjømas]
$buy_{IMP.1PL}$ $make_{IMP.1PL}$ $go_{IMP.1PL}$

What is remarkable about these forms is that they differ from regular first person plural morphology in indicative, subjunctive or conditional: the Bormio variety has a first person plural morphology with preverbal *'m* as a free morpheme;[18] the Livigno variety has rhizotonic first person plurals ending in *-om*.[19]

(18) a. Bormio (Longa 1913: 338–340)
[m 'parla] [m 'paːr] [m 'sent] [m for'niʃ]
$talk_{1PL}$ $seem_{1PL}$ $hear_{1PL}$ $finish_{1PL}$
b. Livigno (Huber 1958: 96–97, 99–105)
['pɔrtom] ['vedom] ['vendom] ['maniʃom]
$carry_{1PL}$ see_{1PL} $sell_{1PL}$ $sleep_{1PL}$

Why should first person plural forms conserve final [s] only in imperative and not in declarative moods? The answer I propose relies on isomorphic agreement and a unique property of first person plural imperatives. 'True', i.e. second person imperatives (henceforth '$imperatives_2$') and first person plural imperatives (henceforth '$hortatives_1$') differ both syntactically and

17 Longa (1913) instead gives four variants for first conjugation imperatives: *parlém*, *parlémes*, *parlám*, *parlámes*, i.e. forms without rounding of the thematic vowel (labialization) and optional realization of final [s]. Both points are not relevant for the point that is being made here. What is crucial, however, is that imperatives and only imperatives may maintain final [s].

18 The Bormio dialect is one of the Northern Italian varieties that is believed to have built its first person plural forms on the basis of a pronoun, *om* or *'m* (< Lat. HOMO), combined with third person verbal morphology. This structure reminds French *on chante* that may receive first person interpretation (cf. Rohlfs 1968, among others).

19 The Livigno first person plural morphology is rather controversial. Most scholars assume that it is a variant of the Bormio type structure (< Lat. HOMO CANTAT) with the enclitic pronoun incorporating into the verb (**om portə* > *port-om*) (cf. Meyer-Lübke 1894; Gartner 1910; Rohlfs 1966, among others). Their main argument is the exceptional rhizotonic accent, which is typical of third person singular and not first person plural. Huber (1958), however, strongly favors a derivation from Latin first person plural verbs and argues that [m] might have caused the vowel shift (a, e, i > o / _ [lab]). This comes close to the hypothesis I have proposed for French.

semantically in many ways (cf. van der Auwera et al. 2003, Alcázar/Saltarelli 2014).[20] The most crucial difference is that while both appeal to the addressee, only hortatives$_1$ also make reference to the speaker. In other words, hortatives$_1$ are inherently first person inclusive forms. I claim that the morphological difference between the first person plural forms in (17) and (18) relates precisely to the presence or absence of this inclusive feature.

The Bormio and Livigno dialects belong to those northern varieties where final [s] has been conserved (as the palatalized [ʃ]) in second person singular but – crucially – not in nominal inflection[21].

(19)	a.	Bormio				(Longa 1913: 338–340)
		[ˈparleʃ]	[ˈpareʃ]	[ˈsenteʃ]	[forˈniʃeʃ]	
		talk$_{2SG}$	seem$_{2SG}$	hear$_{2SG}$	finish$_{2SG}$	
	b.	Livigno				(Huber 1958: 96–97, 105)
		[ˈpɔrtəʃ]	[ˈvedəʃ]	[ˈvendəʃ]	[ˈmaniʃəʃ]	
		carry$_{2SG}$	see$_{2SG}$	sell$_{2SG}$	sleep$_{2SG}$	

Since I am assuming that agreement is isomorphic, and there does not seem to be any overt plural nominal morpheme, we may safely conclude that the final consonant in hortatives$_1$ is not linked to plural. This conclusion complies with what can be observed in Livigno first person plural morphology in (18b), where no plural morpheme can be identified either. On the other hand, since hortatives$_1$ are first person inclusive forms and second person singular is morphologically realized in these varieties, we may conjecture that the final consonant of hortatives$_1$ realizes exactly the same morpheme as the final consonant of second person singular forms.[22] Forms like those

---

20 Imperatives$_2$ may combine with a pronominal vocative, while hortatives$_1$ cannot (*You, come here!* vs. **We/Us, let's go*). Languages may formally distinguish between imperatives$_2$ and hortatives$_1$. This is the case in English, where hortatives$_1$ require *let*-support.

21 In nominal morphology there are some palatalization and *Umlaut* effects, but there does not seem to be a productive plural morpheme. Plural is expressed on the determiner, much as in Standard French.

22 It has often been noted, most prominently by Maiden (1996), that there is a strong formal match between plural morphology and second person singular morphology ([s] or [coronal]). This was the case in Latin and has been preserved by an overwhelming majority of Romance languages (compare Sp. *libros* 'book$_{PL}$' and *cantas* 'sing$_{2SG}$' or It. *libri* 'book$_{PL}$' and *canti* 'sing$_{2SG}$'). The connection is so strong that one can hardly believe that it is accidental; in this paper, however, I will just assume that there are two homonymic morphemes (realized as [coronal]) with distinct contents (PLURAL and

in (17) thus realize both a first person feature ([um], [labial]) and a second person feature ([ʃ], [coronal]), thereby perfectly encoding the first person inclusive property of hortatives$_1$.

5.3 Standard Italian

French *-ons* and Northern Italian *-om(a)/-um(a)* forms are challenging because of the rounded (labial) vowel. The corresponding Italian first plural morphology is also enigmatic, this time because of the diphthong and especially the initial glide of the *-iamo* ending.

The philological literature offers four distinct hypotheses to explain the origin of this ending. Rohlfs (1968: 249–253), following Diez (1871: 145), argues that the ending of an analogical subjunctive of *esse* (i.e. **siamus* vs. Lat. *simus*), was generalized in both present subjunctive and present indicative. Škerlj (1971) assumes that it is the subjunctive of *debere* (*debeamus*), Wanner (1975) that is was the subjunctive of stems ending in palatal consonants like *placere* (*placeamus*) that were generalized (cf. Tekavčić 1980: 282–283). More recently Patota (2002: 143) suggested that the present subjunctive of the second and third conjugation classes (*timere*, *timeamus* and *sentire*, *sentiamus*) spread both to the first conjugation and to the present indicative.

All four hypotheses heavily rely on analogical generalization. This does not have to be a problem *per se*, since, after all, *-iamo* is the first person plural morpheme in indicative and subjunctive without exception.[23] But it does appear strange that subjunctive morphology should have spread so massively to the indicative. Furthermore, as Tekavčić (1980: 283) correctly points out, there is no reason why this analogical extension should have affected first person plural and not second person plural as well. These hypotheses also seem to ignore the fact that the *-iamo* ending is extremely uncommon among Italian dialects and confined to a section of the Tuscan

2PERSON). It is the same second person morpheme that is also realized in pronouns like *tu*, *te*, *ti*, *ton*, *tien*, *tuo*, etc.

[23] Analogy is bound to have played an important role in the spread of *-iamo*. But Rohlfs (1968) offers unmistakable clues that the analogical spread should have originated in the first (or the first and third) conjugation, not the second one, since in the 14th century the *-emo* ending was still in use. He also observes that Varchi (15th century) regularly used *-emo* and *-imo* endings but does not mention any occurrence of *-amo*. None of the above hypotheses is straightforwardly compatible with these findings.

area only: therefore any argumentation that would render any of these hypotheses more natural is unlikely to explain the rarity of the phenomenon.

I therefore suggest that Tuscan varieties and thereby Standard Italian underwent an exceptional realignment of morphemes, and in doing so conformed to the principle of isomorphic agreement. Consider, once again, the morphological analysis of Latin first plural morphology in (12), with the person morpheme (*-mu-*) preceding the plural morpheme (*-s*). In most Italian dialects, including several Tuscan varieties, the plural morpheme was lost altogether (cf. also Footnote 16). Suppose this has also been the case in Florentine and the other Tuscan varieties with *-iamo*, yielding endings of the type *-amo*, *-emo*, *-imo* as in most central and upper southern dialects. The particularity of the Florentine type of dialects is that they reintroduced the plural marker ([coronal]), aligning it before the thematic vowel and thus in front of the person feature, creating the rising diphthong.

(20) [kanta-mu-s] > [kant-amo] > [kant-ja-mo]

We may now assume, in line with the classical hypotheses, that this new ending spread form the first conjugation to the others and perhaps was even reinforced by the various developments, observed by Diez (1871), Rohlfs (1968), Škerlj (1971), Wanner (1975) and Patota (2002), that took place in subjunctive morphology.

Realignment of morphemes is not uncommon. Latin passive morphology offers a good example: person and number features precede the passive morpheme in all (21a) but two cases, i.e. second person singular, where the opposite order is applied (21b), and second person plural which is idiosyncratic (*ama-mini*).

(21) Lat.	a.	am-o-r	ama-t-ur	ama-m-ur	ama-n-t-ur
		love$_{\text{1.PASS}}$	love$_{\text{3.PASS}}$	love$_{\text{1.PASS}}$	love$_{\text{PL.3.PASS}}$
	b.	ama-r-is			
		love$_{\text{PASS.2SG}}$			

Of course, the idea that the plural morpheme ([coronal]) is reintroduced does not imply that it be reintroduced before the thematic vowel. Indeed we might consider reintroduction after the thematic vowel (22a) or even after the person morpheme (22b, c) as in Latin.

(22) Lat. a. a-[coronal]-mo
b. a-mo-[coronal]
c. a-m-[coronal]

In the first case (22a), we would expect the thematic vowel to assimilate the [coronal] feature and be realized as either [i] or [e]. Both outcomes are attested in variants spoken in Lazio (Paliano, Segni, Subiaco, Zagarolo have generalized *-imo*, Velletri generalizes *-emo*). In the other case, there are two possibilities: (22b) where the [coronal] feature follows a syllabic person morpheme or (22c) where it follows the consonant endowed with a person feature. To my knowledge, there are no variants that adopt the strategy in (22b). This is, I believe, no accident since the final [o] is more likely to be a word marker, rather than part of the person morpheme. This can be clearly demonstrated for Standard Italian, where final [o] can be deleted if person and number features are associated with another, consonantal segment (first and third person plural), but not if it is itself endowed with a person feature (first person singular).[24]

(23) It.	chiam*(o)	chiamiam(o)	chiaman(o)
	call_{1SG}	call_{1PL}	call_{3PL}

Finally, the order in (22c) can only be realized through assimilation of the [coronal] feature by the preceding consonant ([m] > [n]). This erases the [labial] feature on the consonant, which can either be lost completely (*-an(o)*) or recovered through assimilation by the preceding vowel (*-om/ -um*). Examples of the latter strategy are found in the north (cf. 5.2). The former strategy was common in literary Tuscan (cf. Rohlfs 1968) and has survived in Tuscany (Fauglia, Montespertoli), but also in Marche (Montemarciano) and especially in the Umbrian area (Mercatello, Pietrolunga, Civitella Benazzone, Panicale), in the *-en(o)* variant.

The main argument in favor of the realignment hypothesis, therefore, is the fact that it is able both to characterize the rarity of the *-iamo* ending, but also to better integrate this ending within the Italian dialectological variation.

6. Isomorphic agreement and analogy

An etymological derivation of the first person singular ending of Italian imperfects (24c) is excluded. Old Italian literature had the expected *-ava*, *-eva*, *-iva* outcomes as in (24b). From the end of the 13th century *-avo*, *-evo*, and *-ivo* slowly came into vogue; but it wasn't until the 19th century that they really substituted the original endings (cf. Rohlfs 1968). The appearance of final [o] is clearly modeled on similar endings in other tenses; a clear case of analogical spread, as the literature claims.

24 The only counterexample, *sono* 'I am', which may be shortened to *son*, actually turns out to be a strong argument in favor of this analysis, since the final vowel is analogical (< Lat. SUM) and the person feature is (still) idiosyncratically realized in the first syllable.

(24) a. Lat. cantabam
b. OIt. cantava
c. It. cantavo
sing$_{\text{IMPF.1SG}}$

However, following the argumentation for first person plural of Section 5.3, we could also argue that Old Italian lost the [labial] feature of the person morpheme (24b) and later reintroduced it, causing the assimilating final vowel to become rounded (24c). This would leave us with two competing explanations. In this case the competition has no grave consequences, since the outcome is the same and the argumentation is partially identical as well: in both cases, something is newly introduced. Nevertheless, the question about the relationship between isomorphic agreement and analogy is interesting and needs to be addressed, also because in all three cases of Section 5, isomorphic agreement constitutes an alternative (the better alternative, I would say) to analogy.

There are fundamentally three differences between isomorphic agreement and analogy. First, isomorphic agreement is a strictly linguistic principle that regulates formal correspondences between linguistic items; analogy instead is a far more general cognitive principle. Secondly, isomorphic agreement is a directive principle: it forces a linguistic item without intrinsic or without interpretable features to morphologically adjust itself with the category that bears these features, not the other way round; analogy is not directed. Thirdly and most importantly, I define isomorphic agreement as a principle, meaning that it must apply whenever an agreement configuration is present. Analogy, on the other hand, is not a principle and therefore may or may not apply.

I suggest that in cases like (24) it is the stronger linguistic principle of isomorphic agreement that applies, and not analogy. Needless to say that there may be circumstances where analogy may lend a hand, for instance first person plural (cf. 5.3), or even may be the sole and principle cause, as a last resort. Forms like third person plural *ellino*, *elleno* or *eglino* instead of *elli* 'they$_{\text{NOM}}$' are a good example: here it is the pronoun that reflects properties of the agreeing verb (*cantano* 'sing$_{\text{3PL}}$' vs. *canta* 'sing$_{\text{3SG}}$'); isomorphic agreement cannot apply (because it predicts that the verb conforms to the pronoun) so analogy must be invoked.

7. Conclusion

Isomorphic agreement is a novel, but nevertheless intuitive principle. It forces a category that is not inherently specified for specific features (i.e.

bears uninterpretable features) to draw these features from a category with the appropriate feature specification, i.e. to make copies from the (presumably interpretable) features of this other category. This kind of agreement exists in natural languages and is very transparent. Romance nominal agreement between noun and adjective, but also Dutch verbal agreement between subject and verb are good examples.

Acknowledging isomorphic agreement as a linguistic principle raises a huge amount of empirical questions and in this paper I have only addressed some. The segmentation of Latin first and second person plural appears fairly straightforward and shows, once again, how the incorporation of pronouns generates verbal inflection (cf. Fuß 2005), a corollary of isomorphic agreement. More challenging is the Gallo-Italo-Romance first person plural morphology that has defied generations of philologists and historical linguists. I suppose the difficulty was embedded in the procedure that was followed. In all three cases, the tradition unsuccessfully tried to provide a phonological answer to a morphological question, and thus needed to resort to the general mechanism of analogy. Isomorphic agreement, on the contrary, is a genuine morphosyntactic principle and not surprisingly better suited to solve morphological issues.

I consider isomorphic agreement to be a strong principle that applies whenever an agreement relation is present, but it is not a principle that enforces agreement. As we have seen in Romance nominal morphology, but also in the case of Romance first person plural morphology and in Italian first person singular imperfect, agreeing features (gender, plural and person, respectively) may drop out. In other words, isomorphic agreement is sensitive to the features an agreeing category is specified for, and only requires these features to be isomorphic.

References

Alcázar, A. / Saltarelli, M. 2014. *The syntax of imperatives.* Cambridge: Cambridge University Press.

van der Auwera, J. / Dobrushina, N. / Goussev, V. 2003. A semantic map for imperative-hortatives. In Willems, D. / Defrancq, B. / Colleman, T. / Noël, D. Eds. *Contrastive analysis in language.* London: Palgrave Macmillan, 44–66.

Benveniste, E. 1956/1966. *La nature des pronoms.* Den Haag: Mouton, 1956. Reprint: In Benveniste, E. *Problèmes de linguistique générale*, vol. 1. Paris: Gallimard, 1966, 251–257.

Bréal, M. 1892. Deux prétendus cas d'analogie. *Mémoires de la société de linguistique de Paris* 7, 12–19.

Bobaljik, J. D. 2008. Where's phi? Agreement as a postsyntactic operation. In Harbour, D. / Adger, D. / Béjar, S. Eds. *Phi theory. Phi-features across modules and interfaces*. Oxford: Oxford University Press, 295–328.

Dees, A. 1987. *Atlas des formes linguistiques des textes littéraires de l'ancien français*. Tübingen: Niemeyer.

Diez, F. 1871. *Grammatik der romanischen Sprachen*, vol. 2 (3rd ed.). Bonn: Weber.

D'hulst, Y. 2006. Romance plurals. *Lingua* 116, 1303–1329.

Forchheimer, P. 1953. *The category of person in language*. Berlin: De Gruyter.

Fuß, E. 2005. *The rise of agreement. A formal approach to the syntax and grammaticalization of verbal inflection*. Amsterdam: Benjamins.

Gartner, T. 1910. *Handbuch der Rätoromanischen Sprache und Literatur*. Halle: Niemeyer.

van Gelderen, E. 2011. The grammaticalization of agreement. In Heine, B. / Narrog, H. Eds. *The Oxford handbook of grammaticalization*. Oxford: Oxford University Press, 488–498.

Greenberg, J. H. 1963. Some universals of grammar with particular reference to the order of meaningful elements. In Greenberg J. H. Ed. *Universals of language*. Cambridge, MA: MIT Press, 58–90.

Harley, H. B. / Ritter, E. 2002. Person and number in pronouns. A feature-geometric analysis. *Language* 78, 482–526.

Hopper, P. J. / Traugott, E. C. 2003. *Grammaticalization*. Cambridge: Cambridge University Press.

Huber, J. 1958. Zur Verbalflexion der Mundart von Livigno. *Vox Romanica* 17, 82–128.

Lehmann, C. 1982/2015. *Thoughts on grammaticalization*. München: Lincom (1982). Berlin: Language Science Press (2015). http://www.doabooks.org/doab?func=fulltext&rid=17851 (2019-12-12).

Longa, G. 1913. *Vocabolario bormino*. Perugia: Unione tipografica cooperativa.

Maiden, M. 1996. On the Romance inflectional endings *-i* and *-e*. *Romance Philology* 2, 147-182.

Meyer-Lübke, W. / Paris, G. 1892. La première personne du pluriel en français. *Romania* 21, 337–360.

Meyer-Lübke, W. 1894. *Grammatik der romanischen Sprachen*, vol. 2: *Romanische Formenlehre*. Leipzig: Reisland.

Patota, G. 2002. *Lineamenti di grammatica storica dell'italiano*. Bologna: Il Mulino.

Rohlfs, G. 1966. *Grammatica storica della lingua italiana e dei suoi dialetti*, vol. 1: *Fonetica*. Torino: Einaudi.

Rohlfs, G. 1968. *Grammatica storica della lingua italiana e dei suoi dialetti*, vol. 2: *Morfologia*. Torino: Einaudi.

Sihler, A. L. 1995. *New comparative grammar of Greek and Latin*. Oxford: Oxford University Press.
Škerlj, S. 1971. Alle origini della 1[a] pl. dell'indicativo presente in *-iamo*. *Linguistica* 11, 3–22.
Svenonius, P. 2007. Interpreting uninterpretable features. *Linguistic Analysis* 33, 375–413.
Tekavčić, P. 1980. *Grammatica storica dell'italiano*, vol. 2: *Morfosintassi*. Bologna: Il Mulino.
Wanner, D. 1975. Die historische Motivierung der Endung *-iamo* im Italienischen. *Zeitschrift für romanische Philologie* 91, 153–175.

Klaus Hunnius

Association négative vs. *concordance négative*: Zum syntaktischen Status des *ne (explétif)*

Abstract. The starting point is the grammatical question of how to interpret the French negation *ne ... pas*. The divergent answers are either *morphème discontinu* or *negative doubling*. The title of this paper refers to the different possibilities of interpretation. As the subtitle indicates, it is argued that the controversial discussion has also consequences for the function attributed to the so-called *ne explétif* and the long-standing debate concerning its semantic relevance. This paper proposes an intermediary solution that defines the *ne explétif* as a 'reminder signal'. Its role is comparable to the relational function of the pronominal clitics. Usually the bipartite negation *ne ... pas* is not studied in a synchronic manner but viewed in a diachronic perspective and regarded as a transitory stage of a change process. The well-known Jespersen Cycle suggests that the bipartite negation is an exceptional phenomenon and will be replaced in the future by a unique form of negation considered as the 'normal' case. The study of the *ne explétif* is able to cast new light on the idea of a cyclic change and to reveal some problematic issues concerning the predicted evolution. The weakness of the idea of cyclic change might lie in a simplified view of language evolution. It assumes that language variants always lead to language change, whereas it is likely that different ways of expressing continuously exist in parallel. The notion of parallel uses is more adequate, because it does not regard variation solely as a step in the process of change, but as a permanent constitutive element of language.

1. Einleitung und Problemstellung

Das Neufranzösische gehört zu den Sprachen, die in hohem Maß für den Ausdruck der Negation das Verfahren der Zweifach- bzw. Mehrfachmarkierung praktizieren. Die möglichen Kombinationen sind von einer überraschenden Vielfalt und weit davon entfernt, auf die Klammerbildung *ne ... pas* 'nicht' beschränkt zu sein. Zu den weiteren geläufigen Verbindungen zählen z. B. *ne ... personne* 'niemand', *ne ... plus* 'nicht mehr', *ne ... aucun* 'kein', *ne ... jamais* 'niemals'. Allerdings nimmt die *pas*-Verbindung im Vergleich zu den übrigen eine Sonderstellung ein. Während z. B. *personne*, *jamais*, *rien* in einem Satz kookkurieren dürfen, lässt *pas* eine solche Häufung nicht zu. Verbindungen von *pas* mit *rien* oder *personne* werden – zumindest in der Normsprache – nicht geduldet.

Das Verfahren der Mehrfachmarkierung stellt die Linguistik vor einige Probleme, da ein Grundprinzip des sprachlichen Systems verletzt wird. Von der Regel, einem *signifié* auch nur ein *signifiant* zuzuordnen, ist hier deutlich abgewichen. Es fragt sich, wie dieser Prinzipienverstoß gedeutet werden soll. Liegt bloß eine momentane Störung vor, von der zu erwarten ist, dass sie mehr oder minder schnell behoben wird, oder aber ist die Anomalie erträglich bzw. sogar von einem funktionalen Nutzen, so dass eine Veränderung nicht sonderlich dringlich erscheint bzw. nicht einmal von Vorteil wäre? Dass die Meinungen in dieser Frage auseinander gehen und die Mehrfachmarkierung zu unterschiedlichen Interpretationen Anlass gibt, ist schon an den verschiedenen Termini ablesbar, die zu ihrer Kennzeichnung verwendet werden. Zu ihnen zählen Bezeichnungsvarianten wie *morphème discontinu*, *association négative*, *concordance négative*, die jeweils unterschiedliche linguistische Konzeptionen als Voraussetzung haben.

An den Negationsbildungen ist fast ausnahmslos die Partikel *ne* als Assoziationsglied beteiligt. Als "élément constant" (Milner 1982: 186) bildet sie sozusagen den Generalnenner. Umso dringlicher stellt sich für den konstanten Bestandteil die Frage nach dem syntaktischen und semantischen Status. Der Schwierigkeit wird gern ausgewichen. Wenn sie erörtert wird, dann fallen die Antworten auch hier gegensätzlich aus. Die offene Streitfrage lautet: "*Ne* est-il une négation ?" (Larrivée 2004: 17).

Wie der Untertitel unseres Beitrags anzeigt, sind wir der Auffassung, dass das *ne* als *élément constant* der Negationsverbindungen und das so genannte *ne explétif* einheitlich zu betrachten sind und dass deren Verwendung nicht getrennt behandelt werden darf. Eine gelegentlich vorgeschlagene Homonymenlösung, die zwei unterschiedliche, allerdings gleichlautende Einheiten annimmt und damit eine absolute Trennung zwischen beiden vollzieht, ist unseres Erachtens abzulehnen. Im Gegensatz zur üblichen Praxis soll ferner bei der Erörterung von Status und Funktion die so genannte expletive Verwendung des *ne* nicht nur gleichberechtigt, sondern sogar bevorzugt behandelt werden. Allerdings ist dieses Einzelthema in eine Gesamtschau einzufügen, die dem spezifischen Charakter des französischen Negationsverfahrens Rechnung trägt.

2. Die Kontroverse um die Semantik des *ne explétif*

Die Diskussion über die Rolle des *ne explétif* ist so alt wie die französische Grammatikschreibung überhaupt, was nicht sonderlich erstaunt, wenn man bedenkt, dass die Verwendung verdächtigt wird, unberechtigt und fehlerhaft zu sein, und daher zu unterschiedlichen Stellungnahmen herausfordert. Die Traditionskette lässt sich bis zu den ersten französischen Grammatiken zurückverfolgen (cf. Fournier 2005). Im Diskussionsverlauf kristallisieren sich zwei unterschiedliche Positionen heraus, die bis heute nebeneinander Bestand haben. Die eine betont, dass *ne* in Sätzen wie *Je crains qu'il ne vienne* 'Ich fürchte, dass er kommt' eine (leicht) negative Bedeutung hat, die andere bestreitet dagegen den Negativgehalt von *ne* und beruft sich auf die Weglassprobe. Es wird zu zeigen sein, dass beide gegensätzlichen Auffassungen in gewisser Weise Recht haben, und zu klären sein, wieso die unterschiedliche Beurteilung hat entstehen können.

Selbstverständlich ist zu beobachten, dass sich im Verlauf der Interpretationsgeschichte die Gewichte verschieben können und die eine Position gegenüber der anderen die Oberhand gewinnt. In Zeiten, in denen in der Linguistik antimentalistische Tendenzen vorherrschten, fand vor allem die These, die den Nutzen von *ne* bestreitet, erwartungsgemäß große Zustimmung. Als ein maßgeblicher Repräsentant antimentalistischer Denkweise kann André Martinet gelten, der zu unserer Frage in der folgenden Weise Stellung nimmt: "Nous ne considérons pas *ne* comme un adverbe de négation, mais comme un élément explétif sans signifié" (1979: 139; ähnlich lautende Beurteilungen weiterer Autoren bei Hunnius 2004: 60–61).

Auf der anderen Seite zeigt eine psychologisch orientierte Grammatikforschung besonderes Verständnis für das Vorkommen von expletivem *ne*. In diesem Zusammenhang hat der von Hermann Paul geprägte Begriff der Kontamination höchste Wirksamkeit entfaltet. In der Romanistik fand dieses Erklärungsprinzip weite Verbreitung. Als Beispiel können Adolf Toblers *Vermischte Beiträge* dienen, in denen auf das Argumentationsmuster häufiger zurückgegriffen wird. In der Nachfolge von Paul heißt es dort:

> Wie in so zahlreichen anderen Fällen stellen dem Sprechenden zwei verschiedene Gestaltungen des Gedankens sich gleichzeitig zur Verfügung und, wo er für die eine oder die andere sich entscheiden könnte oder auch sollte, vollzieht er eine Mischung, die psychologisch leicht zu begreifen ist, der logischen Analyse jedoch natürlich nicht standhält (Tobler 1908: III/16).

Auf unseren Fall bezogen erklärt sich demnach ein Satzgefüge wie *je crains qu'il ne vienne* als eine Mischkonstruktion, die durch die Vermengung zweier gegensätzlicher Vorstellungen zustande kommt, einerseits der Furcht, dass etwas geschieht (Matrixsatz), andererseits dem Wunsch, dass es nicht geschieht (eingebetteter Satz). Da das Auftreten des *ne* zugleich als "logisch nicht gerechtfertigt" betrachtet wird (Tobler 1908: IV/26) und damit die Psychologie gegen die Logik ausgespielt wird, rückt die Kontamination in die Nähe des Ungewollten und Fehlerhaften. Offen bleibt bei dieser Argumentation, wie eine angebliche Fehlleistung in der Sprachgemeinschaft auf Akzeptanz stoßen und sich auch dauerhaft behaupten kann. An diesem heiklen Punkt wird später eine funktionale Grammatik ansetzen und bei ihrem Einspruch auf die einseitige Sprecherbezogenheit einer psychologischen Betrachtungsweise kritisch hinweisen.

Noch schärfer fällt der Einwand aus, der von Seiten des amerikanischen Strukturalismus geäußert wurde. Die Schwächen von Pauls Interpretation beschreibt Bloomfield mit den folgenden Worten:

> He accompanies his statements about language with a paraphrase in terms of mental processes which the speakers are supposed to have undergone. The only evidence for these mental processes is the linguistic process; they add nothing to the discussion, but only obscure it (Bloomfield 1933: 17).

Diese scharfe Zurückweisung aus den Dreißigerjahren des vorigen Jahrhunderts markiert zugleich den Endpunkt einer psychologisch argumentierenden Linguistik. Umso erstaunter stellt man fest, dass in jüngerer Zeit das Kontaminationskonzept – allerdings unter Verzicht auf den alten belasteten Terminus – wieder auflebt. Im Rahmen seiner "approche sémantico-logique" knüpft Martin (1984) an die Tradition an, indem er unter Berufung auf Damourette/Pichon (1930/1943: 112) das *ne* als Ausdruck einer Diskordanz interpretiert. Für Martin ist *ne* "le signe d'une contradiction" (1984: 108) zwischen zwei möglichen Alternativwelten. Die Evokation einer möglichen Alternative bietet sich vor allem dann an, wenn die Distanz zwischen beiden Möglichkeiten gering ist, was sich z. B. für den Fall der so genannten frustrierten Imminenz exemplarisch belegen lässt:

(1) Il s'en faut de peu que nous ne soyons d'accord.

Der wesentliche Unterschied zum ursprünglichen Kontaminationskonzept besteht jedoch darin, dass Martin den Aspekt des Fehlerhaften fallen gelassen und durch eine funktional-kommunikative Perspektive ersetzt hat.

Sein Grundgedanke ist vor kurzem auch von Becker (2011) aufgegriffen worden. Am Beispiel des italienischen Disparitätsvergleichs – *Giorgio è più grande che non sia Pietro* 'Giorgio ist größer als Pietro' – legt er dar, dass sich die Verwendung der expletiven Negation aus einer "zweifachen Betrachtungs- und damit Konzeptualisierungsmöglichkeit" (Becker 2011: 37) erklärt. Die Nähe zum traditionellen Kontaminationsbegriff und zur Idee der Konstruktionsmischung liegt auf der Hand, wenn es heißt: "[D]ie Szene [wird] einmal primär von Giorgios, das andere Mal primär von Pietros Warte aus betrachtet" (Becker 2011: 39). Eine bekannte Argumentation findet hier in modernisiertem Gewand ihre Fortsetzung.

Das Ungenügen der semantischen Ansätze besteht darin, dass sie grundsätzlich morphosyntaktische Aspekte ausklammern. So bleibt letztendlich der Widerspruch bestehen, dass das Expletivum definitionsgemäß den Satz nicht verneint, aber doch eine leicht negative Wirkung haben soll. Es stellt sich die Frage, welches syntaktische Verfahren in der Lage sein kann, die angenommene schwach oder potenziell verneinende Wirkung zu erzielen. Wie erklärt sich aus morphosyntaktischer Sicht das paradoxe Phänomen einer Negation, die nicht tatsächlich verneint? Das Satzpaar *je crains qu'il ne vienne* 'ich fürchte, dass er kommt' vs. *je crains qu'il ne vienne pas* 'ich fürchte, dass er nicht kommt' zeigt eindeutig, dass bloßes *ne* semantisch mit *ne ... pas* eine Opposition bildet.

3. Die französische Negation als morphosyntaktisches Phänomen

Unter den Autoren, die zur Klärung der morphosyntaktischen Aspekte maßgeblich beigetragen haben, ist, wissenschaftsgeschichtlich betrachtet, Henri Frei als wichtige Instanz zu nennen. In seiner berühmten *Grammaire des fautes* spricht er sich expressis verbis gegen eine "explication psychologiste" aus und subsumiert das Phänomen der expletiven Negation unter dem Stichwort der "concordance des négations" (Frei 1929/1971: 59). Der Terminus will besagen, dass ähnlich wie bei der Numerus- oder Genusmarkierung auch bei der Satznegation eine Tendenz besteht, die Verneinung nicht nur einmal anzuzeigen: "[L]a négation se répète au cours de la phrase pour tous les mots qui s'y rapportent" (Frei 1929/1971: 59). Gemäß dem Programm der *Grammaire des fautes* wird die Tendenz mit Beispielen belegt, die nicht der Norm entsprechen und daher nach Auffassung des Autors umso beweiskräftiger sind. Die Mehrfachmarkierung manifestiert sich außerhalb der Norm in Beispielen, die synchron betrachtet als Übergeneralisierung, sprachhistorisch gesehen als Archaismus eingestuft werden können. Auf diese als symptomatisch angesehenen Fälle konzentriert sich das Interesse der *Grammaire des fautes*:

(2) N'ayant pas encore rien reçu de mon frère qui est disparu depuis.
(3) Je n'ai pas reçu aucun colis.

Während, wie erwähnt, *personne*, *jamais*, *rien*, *aucun* miteinander kombinierbar sind (*il ne dit jamais rien*), ist *pas* oder *point* die Beteiligung an einer Mehrfachmarkierung untersagt. Letztere sind bekanntlich in der Klassik aus der Gruppe der übrigen Negationswörter ausgesondert worden, weil in ihrem Fall eine kumulierende Verwendung als pleonastisch und 'unlogisch' empfunden wird.[1] Die nicht kombinierbaren werden unter Bezeichnungen

[1] Cf. als Zeitdokument die berühmte Szene aus Molières *Femmes savantes* (II, 6: 485–486), in der die Dienerin Martine wegen einer doppelten Verneinung mit *pas* und *rien* von Bélise streng gerügt wird: "De *pas* mis avec *rien* tu fais la récidive, / Et c'est, comme on t'a dit, trop d'une négative."

wie *négations totales* zusammengefasst und den so genannten *négations partielles* gegenübergestellt.

In Freis Beispielliste findet sich noch ein weiterer Beispieltyp, der sich von den bisherigen dadurch unterscheidet, dass es sich bei ihm nicht um einfache Sätze, sondern um Satzgefüge handelt. Dieser Satztyp ist für unsere Fragestellung von besonderem Belang, da in diesem Fall die expletive Verwendung des *ne* betroffen ist:

(4) J'ai filé sans qu'il ne m'ait vu.

Auch hier liegt nach Freis Auffassung ein Kumulierungsphänomen vor, das mit den vorher besprochenen Mehrfachmarkierungen in Beziehung zu setzen ist. Es handelt sich wiederum um einen Fall von Übergeneralisierung. Denn die Norm untersagt den Gebrauch des *ne explétif* nach *sans que* und begründet die Ablehnung mit dem bekannten Pleonasmusargument. Lässt sich nun aus den genannten Parallelismen die Folgerung ableiten, dass die Partikel *ne* mit den übrigen Negationswörtern gleichzusetzen ist? Frei bleibt eine Antwort auf diese zentrale Frage schuldig. Der unklare Status von *ne* bietet daher bis heute genügend Diskussionsstoff. Dessen ungeachtet besteht Freis Verdienst darin, bereits im Rahmen seiner vom Funktionalismus geprägten Fehlergrammatik unter dem Stichwort der *concordance négative* auf die Kumulierungstendenz aufmerksam gemacht zu haben. Er hat damit in den Zwanzigerjahren des vorigen Jahrhunderts ein Thema angesprochen, das in der jüngeren Vergangenheit besondere Aktualität erlangt hat.

In der Filiation der französischen Negationsforschung verdient ferner ein unter dem Einfluss von Chomskys Bindungstheorie (cf. Chomsky 1981) entstandener Beitrag besondere Beachtung. Jean-Claude Milner veröffentlichte 1979 einen Aufsatz, der den Begriff der *association négative* in die Diskussion einführt. Es geht dabei um das Zusammenspiel zwischen *ne* und der heterogenen Gruppe von Negationswörtern wie *pas*, *plus*, *aucun*, *jamais* und *personne*. Da es schwerfällt, eine passende Sammelbezeichnung für die verschiedenen Kombinationsglieder zu finden, greift Milner auf den von Damourette/Pichon (1930/1943: 138) geprägten Terminus der *forclusifs* (d. h. sämtliche Zweitglieder der französischen Negation) zurück. Wesentlich ist, dass sich Milners Beitrag nicht auf die so genannte Negationsklammer *ne ... pas* beschränkt, sondern vielmehr die übrigen vielfältigen *forclusifs* in den Mittelpunkt rückt. Folgerichtig lässt der Autor die so genannte expletive Verwendung von *ne* beiseite, da *ne* hier ohne einen Assoziationspartner auftritt. Die andere Möglichkeit, dass zahlreiche *forclusifs* in bestimmten Satztypen allein verwendet werden können, findet jedoch Berücksichtigung:

(5) Qui a jamais rencontré personne ici ?
(6) Je ne pense pas que personne puisse jamais vous comprendre.

Die so genannten *négations partielles* präsentieren sich in dieser eigenständigen Verwendung mit deutlich veränderter Bedeutung. Ihr Negationsgehalt nimmt ab, und sie nähern sich in semantischer Hinsicht den Indefinita *quelqu'un*, *quelque chose*, *une fois*.

Die Vielgestaltigkeit der *association négative* zeigt sich noch in anderer Hinsicht. Die syntagmatische Distanz der Assoziationsglieder variiert zum einen in Abhängigkeit von den jeweils beteiligten *forclusifs*, zum anderen auch vom Kontext. An Beispielpaaren wie dem folgenden verdeutlicht Milner (1982), dass das Hinzutreten eines zweiten Subjekts eine Blockade auslöst und das Zustandekommen der Relation verhindert:

(7) a. Il n'est permis de voir personne.
b. *Il n'est permis à Jean de voir personne.

Die Beziehung, die zwischen *ne* und seinen *forclusifs* besteht und die sich als 'verwundbar' erweist, wird von Milner als anaphorisch charakterisiert. Nähere Aussagen zum Status von *ne* fallen bei ihm zwiespältig aus. Einerseits beschreibt er *ne* als "quantificateur négatif" (1982: 209), andererseits bezeichnet er es aber auch als *antécédent* der anaphorischen Beziehung. Die Frage, ob es sich bei der Relation um ein Kumulierungsverhältnis oder aber um eine Verbindung von zwei unterschiedlichen Zeichen handelt, bleibt ungeklärt. Es wird ein weiteres Mal deutlich, wie sehr die Flexibilität von *ne* eine genaue Bestimmung seiner Rolle und Bedeutung erschwert.

Wenn Milner im Hinblick auf die Gewichtung der Relationsglieder feststellt: "[A]lors que *ne* exige un forclusif, la réciproque n'est pas vraie" (1982: 190), so gilt die Feststellung nur, weil die Verwendung des *ne explétif* von vornherein aus der Betrachtung ausgeschlossen ist. Es fragt sich jedoch, ob sich ein solcher Ausschluss rechtfertigen lässt und ob hier nicht Zusammengehörendes auseinandergerissen wird. Trotz dieser Einschränkungen stellt Milners Analyse, die die *association négative* als ein komplexes und variables Beziehungsverhältnis beschreibt, einen einflussreichen Beitrag dar, auf den in der Folgezeit häufig rekurriert wird.

Im Gegensatz zu Milner ist Claude Muller der Auffassung, dass die Ausklammerung des *ne explétif* nicht aufrechterhalten werden darf, sondern in die Analyse der *association négative* integriert werden muss. Seine grundlegende Monographie über *La négation en français* erschien 1991. Darin widmet er den *négations explétives* ein umfangreiches Kapitel, das sich vehement gegen deren häufig praktizierte Marginalisierung wendet (1991: 357–443). Muller plädiert zugunsten des *ne explétif*, indem er davor warnt, fakultativ mit überflüssig zu verwechseln. Dass der Gebrauch des *ne* zur Negationssyntax gehört, ist an einzelnen Beispielen ablesbar, in denen *ne ... pas* gegen bloßes *ne* austauschbar ist (Muller 1991: 384–385). Das synchrone Phänomen lässt sich noch durch den Hinweis auf ein sprachgeschichtliches Faktum ergänzen. Im vorklassischen Französisch hat sich die Syntax des Disparitätsvergleichs – Typus: *plus intelligent qu'on ne le croit* 'intelligenter als man denkt' – verändert. An die Stelle des ursprünglichen *ne ... pas* ist das heutige *ne* getreten.[2]

Muller behandelt das Thema des *ne explétif* unter dem Stichwort der *association négative inverse*. Mit diesem Konzept gelingt es ihm, die Ausklammerung des *ne* aufzuheben und ihm einen Platz unter den verschiedenen Negationsformen einzuräumen. Das Adjektiv *inverse* deutet an, dass sich die Abfolge ändert und *ne* von der ersten auf die zweite Position gerückt ist. Sein primärer Bezugspunkt ist der übergeordnete Satz und hier speziell das übergeordnete negativhaltige Verbum. Dessen Negativgehalt ist von besonderer Struktur. Die enthaltene Verneinung betrifft nicht das Verb selbst, sondern zielt vielmehr auf den abhängigen Objektsatz: *déconseiller* bedeutet nicht *ne pas conseiller*, sondern *conseiller que ne pas*; desgleichen entspricht einem *craindre* ein *souhaiter que ne pas* und nicht ein *ne pas souhaiter* (cf. Muller 1991: 397 bzw. 409). Die Funktion des *ne explétif* besteht also darin, dass die im Verb vorhandene Objektverneinung noch einen zusätzlichen morphologischen Ausdruck erhält. Wie im Fall von *ne ... pas* haben wir es also auch hier mit einer zweigliedrigen Verneinung zu tun, der einzige Unterschied liegt darin, dass dieses Mal ein Glied der Kombination lexikalischer Natur ist.

Aus Mullers Analyse ergibt sich also, dass die Trennung zwischen den beiden Vorkommen von *ne* unbegründet ist, denn auch das so genannte *ne explétif* ist wie die Negativpartikel Kombinationsglied einer *association négative*. Seine Analyse verdeutlicht auch, wie die Kontaminationserklärungen zustande kommen. Sie haben ihren Ursprung in der komplexen Bedeutungsstruktur der betreffenden Verben. Sie deuten die zusätzliche Verwendung des *ne* als Resultat einer Verwechselung, bei der aus *déconseiller que* und *conseiller que ne ... pas* bzw. *plus que* und *comme ne ... pas* Hybridformen gebildet werden. Dabei wird übersehen, dass sich das Französische grundsätzlich zweigliedriger Negationsformen bedient und *ne* jeweils als konstantes Glied beteiligt ist.

In die Tradition von Milner und Muller reiht sich im Jahr 2004 die Buchveröffentlichung von Pierre Larrivée ein, die ausdrücklich die Zweigliedrigkeit in den Vordergrund stellt und daher als Titel den Begriff der

---

[2] Zum 16. Jahrhundert cf. Gougenheim (1974: 244). Noch im 17. Jahrhundert duldete Antoine Oudin gleichermaßen den Gebrauch von *ne* und *ne ... pas* (cf. Fournier 2005: 55).

association négative wählt. Der Titel ist Programm, da damit das Spezifikum der französischen Negation herausgestellt werden soll. Mit dieser Akzentsetzung gewinnt die strittige Kernfrage neues Gewicht. Welchen Nutzen bringt eine zweigliedrige Negation? Die Diskussion entzündet sich speziell an der Rolle von *ne*. Ist nicht die Partikel verzichtbar und daher überflüssig? Handelt es sich, wie häufig angenommen, bei der *association* bloß um eine vorübergehende "dystaxie" des Systems (Bally 1965: 146) oder aber bietet sie eigene Vorteile?

Larrivée (2004) antwortet auf diese Frage mit einer Aufwertung der Negativpartikel *ne*. Für ihn sind *ne* und *pas* absolut gleichwertig. Den Angelpunkt seiner Beweisführung bilden Fälle, in denen *ne* als alleiniges Negationszeichen auftritt, so z. B. in Verbindung mit Ausdrücken negativer Polarität wie *qui que ce soit*:

(8) Je n'ai le droit de parler à qui que ce soit.

Es fragt sich allerdings, ob Larrivées Argumentation ganz überzeugen kann und ob seine Bewertung nicht über das Ziel hinausschießt. Hatten sich seine Vorgänger bei der schwierigen Frage, welchen Beitrag *ne* im Rahmen der *association négative* leistet, vorsichtig zurückgehalten und eine genaue Festlegung vermieden, ist er überzeugt, dass die Partikel den Status einer vollwertigen Negation besitzt. Die Opposition zwischen *association négative* und *concordance négative* wird damit hinfällig, da unter diesen Voraussetzungen beide Begriffe als synonym angesehen werden müssen. Zweigliedrigkeit wird mit Doppelung gleichgesetzt.

Gegen seine Beweisführung lässt sich einwenden, dass *ne* nur unter bestimmten Kontextbedingungen als einziges Negationszeichen genutzt werden kann. Das von ihm angeführte Argument erscheint zu schwach, als dass daraus die Anerkennung als semantisch vollwertiges Zeichen abgeleitet werden könnte.

Statt die kaum lösbare Frage zu diskutieren, wie sich im Einzelnen der semantische Beitrag auf die verschiedenen Glieder der *association négative* verteilt, scheint es erfolgversprechender, die spezifischen Merkmale einer zweigliedrigen Negation genauer herauszuarbeiten. In dieser Hinsicht ist die Veröffentlichung von Godard (2004) von besonderem Interesse. Unter dem Titel *French Negative Dependency* erinnert die Autorin in der Tradition von Milner daran, dass die Glieder der Negation nicht als isolierte Elemente betrachtet werden dürfen, sondern dass die Beziehung, die zwischen ihnen besteht, als dritte Größe beachtet werden muss. In Godards Aufsatz steht das folgende Beispielpaar im Mittelpunkt:

(9) a. Paul accepte de ne recevoir personne.
    b. Paul n'accepte de recevoir personne.

Ne kann in Sätzen, die ein Verbum finitum und einen Infinitiv enthalten, zwei verschiedene Plätze einnehmen. Je nach seiner Position entstehen unterschiedliche Textbeziehungen mit der Folge, dass sich durch den Positionswechsel der Negationsskopus und die Satzaussage ändern (cf. Godard 2004: 358). Godard dürfte wohl zu weit gehen, wenn sie aus diesem Spezialfall die allgemeine Schlussfolgerung zieht, dass das Klitikon *ne* im heutigen Französisch die Rolle eines "scope-marker" (2004: 387) spiele. Richtig ist jedoch, dass *ne* als Glied mit der größeren Extension eher grammatische Funktionen übernimmt und zur Anzeige von phorischen Beziehungen genutzt werden kann. Es zeigt sich also, dass Zweigliedrigkeit eine funktionale Differenzierung ihrer Glieder zulässt und daher nicht mit einem *morphème discontinu* verwechselt werden darf. Der fortdauernde Dissens in der Frage, ob *ne* eine eigene negative Bedeutung hat, lässt sich unter diesen Bedingungen entschärfen, wenn nicht sogar beilegen. Bedenkt man, dass *ne* nicht für sich allein steht, sondern vielmehr als ein Element anzusehen ist, das in eine Relation eingebunden ist, dann ist es unstrittig, dass ihm aus dieser Beziehung auch eine semantische Füllung zu Teil wird. Die Frage nach der Eigenbedeutung ist im Grunde müßig, da sie von falschen Voraussetzungen ausgeht.

4. Die syntaktische Funktion des *ne explétif*

Aus den Ergebnissen der vorausgegangenen Diskussion lassen sich die folgenden Konsequenzen ziehen. Das *ne explétif* ist kein Phänomen für sich, sondern basiert entsprechend dem Begriff der *association négative inverse* auf dem gleichen Strukturprinzip der Zweigliedrigkeit wie die französische Standardnegation. Die Negationsglieder sind weder absolut eigenständig, noch bloße Teilzeichen im Sinne eines *morphème discontinu*. Beide Glieder sind durch eine enge Beziehung miteinander verknüpft, wobei der Partikel *ne* als klitischem Element die Rolle einer Verweisform zufällt. Beim *ne explétif* bildet die im übergeordneten Verb enthaltene Verneinung den Bezugspunkt. *Ne* bringt auch hier keine zusätzliche Verneinung zum Ausdruck, sondern weist nur auf die vorhandene implizite Negation hin.

Unser Interpretationsansatz, der den Verweischarakter des *ne* herausstellt, findet in dem folgenden Zitat, das von Larrivée stammt, eine willkommene Bestätigung: "La négation dominée fait écho à une implication négative" (2004: 28). Die Funktionsbestimmung, die *ne* eine Echowirkung zuschreibt, unterstreicht ganz in unserem Sinn, dass *ne* keine Eigenbedeutung einbringt, sondern einen Rückbezug zum übergeordneten negationshaltigen Verb herstellt. Man ist überrascht, bei Larrivée, der als Verfechter des Negationsstatus von *ne* hervorgetreten ist, diese Einschätzung zu finden. Es bestätigt sich, wie unergiebig es ist, darüber zu streiten, welchen Negativanteil die einzelnen Assoziationsglieder jeweils beisteuern. Wesentlich ist, dass mit der Zweigliedrigkeit nur eine einfache Verneinung ausgesprochen wird.

Sieht man im expletiven *ne* ein Mittel, das Bezüge anzeigt, dann löst sich auch der rätselhaft erscheinende Widerspruch, dass ein nicht verneinendes Zeichen trotzdem der Äußerung eine negative Nuance verleiht. Das scheinbar widersprüchliche Ergebnis kommt durch die (rück-)verweisende Funktion zustande. Auch die fakultative Verwendung ist mit dem Verweischarakter bestens vereinbar. Außerdem wird verständlich, warum dem *ne explétif* in funktionaler Hinsicht oft eine intensivierende Wirkung zugeschrieben wird (cf. Hunnius 2004: 70). Rückbezug bedeutet zugleich erinnernde Wiederholung.

Immer wieder ist aufgefallen, dass das *ne explétif* bevorzugt in konjunktivischen Sätzen auftritt, weswegen es auch als "*ne* modal" (Brunot 1965: 525) oder sogar als "Quasi-Konjunktiv" (Weinrich 1982: 226) bezeichnet worden ist. Auch dieses Junktim von Konjunktiv und *ne explétif* steht mit dessen verweisender Funktion in Zusammenhang. Schon Milner hatte festgestellt, dass die Spannweite der *association négative* Schwankungen unterliegt. In der Regel funktioniert eine Satzgrenze als Barriere. AcI-Sätze bilden eine Übergangszone und zeigen daher ein heterogenes Bild. Zum Teil sind sie mit dem Verbum finitum eng verbunden und erlauben einen weit gespannten Negationsbogen, zum Teil lassen sie diese Möglichkeit nicht zu (cf. Milner 1982: 195). Für das unterschiedliche Verhalten ist ein syntaktischer Faktor verantwortlich. Ein nominales Subjekt verstärkt im Gegensatz zu einem Pronomen die Eigenständigkeit des Infinitivsatzes und verhindert ein Übergreifen der Assoziationsbeziehung. Im Hinblick auf die Durchlässigkeit steht dem "opaken" Nomen ein "transparentes" Pronomen gegenüber. Wie sieht es nun bezüglich der Durchlässigkeit im Bereich der *association négative inverse* aus? Auch hier stehen sich transparente und opake Sprachformen gegenüber. Das *ne* der *association négative inverse* zeigt eine auffällige Präferenz für den Konjunktiv und eine Abneigung gegen den Indikativ. *Ne explétif* und Konjunktiv bedingen einander, beide zeigen an, dass der Teilsatz und der Matrixsatz durch enge semantische Beziehungen aneinander gebunden sind. Das zu beobachtende Zusammengehen von Konjunktiv und *ne explétif* erklärt sich also daraus, dass der Konjunktiv gegenüber dem opaken Indikativ ein höheres Maß an Transparenz besitzt.

5. *Ne explétif* und der Jespersen-Zyklus

Aus sprachökonomischer Sicht ist eine zweigliedrige Negation nur schwer zu rechtfertigen. Es liegt daher nahe, die Zweigliedrigkeit als unnötige Redundanz anzusehen und ihre Existenz als vorübergehenden Ausnahmezustand zu betrachten. Zugunsten einer solchen Interpretation spricht die Beobachtung, dass in der gesprochenen Sprache das als verzichtbar angesehene *ne* oft eingespart wird. Diese Einsparung ist jedoch nur die eine Seite des Phänomens. Auf der anderen Seite bietet der angebliche Luxus auch neue Möglichkeiten. Von der Zweigliedrigkeit profitiert z. B. der als expletiv bezeichnete Gebrauch des *ne*. Mit seiner Hilfe kann, wie wir gesehen haben, eine lexikalische Negation zusätzlich grammatisch angezeigt werden. Mit *ne* steht ein Zeichen zur Verfügung, das selbst nicht verneint, aber auf eine vorhandene semantische Negation verweist. Das Französische besitzt damit – im Gegensatz zu anderen romanischen Sprachen – für diese Verweisfunktion ein eigenes Morphem. Es ist daher auch nicht erstaunlich, dass sich diese Nutzung im Neufranzösischen ausgeweitet hat. Offensichtlich ist es vorteilhaft, den Unterschied zwischen einer verneinenden und einer nicht verneinenden Wiederholungsnegation formal kenntlich zu machen.

Diese Differenzierungsmöglichkeit ist als Gegenbewegung zur vielbeachteten Ökonomietendenz in die Betrachtung einzubeziehen. In dieser Hinsicht erhält auch die Diskussion über den berühmten Jespersen-Zyklus neue Nahrung (cf. van Gelderen 2009; Larrivée/Ingham 2011). Es stellt sich die Frage, ob die Zweigliedrigkeit nur als kurzlebiges Interimsphänomen gedeutet werden darf. Mit Poletto (2016: 837) ist zu betonen, dass das Ökonomiestreben nicht als Argument ausreicht, um eine Rückkehr zur Eingliedrigkeit zu prognostizieren. Funktionen wie die des *ne explétif* finden in der vielstimmigen Diskussion über den Jespersen-Zyklus keine Beachtung. Allem Anschein nach herrscht die Auffassung vor, dass die als nicht unbedingt notwendig erachteten Belange des *ne explétif* ohne Schaden außer Acht bleiben können. Allerdings ist unter dieser Voraussetzung dessen erstaunliche Vitalität und Ausbreitung nicht zu erklären.

6. Ausblick

Mit Horn (2010: 111) ist abschließend zu betonen, dass die logische Regel *duplex negatio affirmat* für die Sprache keineswegs absolute Gültigkeit hat, sondern trotz puristischem Widerstand und gelegentlicher Homonymengefahr auch mit der gegenteiligen Regel *duplex negatio negat* gerechnet werden muss. Darüber hinaus hat eine Linguistik strukturalistischer Provenienz für eine als unökonomisch geltende Zeichenhäufung, zu der nicht zuletzt auch das *ne explétif* zu zählen ist, wenig Verständnis gezeigt.

Auf der anderen Seite ist daran zu erinnern, dass die durch die Intensivierungstendenz entstehende Zeichenhäufung für die Sprachentwicklung von elementarer Bedeutung ist. Der Wandel, der sich seit dem Lateinischen vollzogen hat, wäre ohne das Phänomen der Negationskumulierung nicht möglich gewesen. Der semantische Vorgang, den Bréal als "contagion" bezeichnet, hätte nicht stattfinden können (1913: 205). Die ursprünglichen "emphasizer" *pas* oder *point*, die semantisch gesehen als "minimizer" wirkten, hätten keine negative Bedeutung annehmen und die Indefinita *personne* oder *rien* hätten nicht zu Negationswörtern werden können. Dieser Typus semantischen Wandels setzt grundsätzlich eine Syntax voraus, in der das Verfahren der kumulativen Negierung fest verankert ist. Auch die *association négative*, die häufig vereinfachend als diskontinuierliches Morphem beschrieben wird, verdankt ihre Existenz dem Umstand, dass Mehrfachmarkierung ein gängiges Muster darstellt.

Umso erstaunlicher ist es, dass die Iteration im Bereich der Negation immer noch häufig als Ausnahmefall angesehen wird. Gegen die Überschätzung einer als logisch angesehenen Einfachnegation wendet sich auch Martin Haspelmath. Aus allgemeinlinguistischer und sprachvergleichender Sicht stellt er fest: "What used to be regarded as the norm of correct thinking turns out to be a rather rare phenomenon" (1997: 202). Allerdings ist Haspelmath trotz dieser Einschätzung vom zukünftigen Untergang der *ne*-Partikel überzeugt. Offenbar vertraut er auf die Voraussage des Jespersen-Zyklus, ohne zu beachten, dass hier als Ausgangs- und Endpunkt des Kreislaufs die eher seltene Einfachmarkierung angesetzt wird.

Was im Jespersen-Zyklus vereinfachend als historisches Nacheinander von Einfach- und Mehrfachmarkierung präsentiert wird, ist wohl eher als ein stetiges Nebeneinander zu sehen. Dies ist exemplarisch daran zu erkennen, dass sich hartnäckig neben der zykluskonformen Negationsverkürzung auch eine zykluskonträre Konstruktion behauptet, die mit (*ne*) ... *pas* + *rien* oder *personne* eine Doppelmarkierung praktiziert.[3] Das seit Jahrhunderten bestehende Nebeneinander verweist auf das bekannte Zusammenspiel zweier entgegengesetzter Tendenzen, einerseits die auf Ökonomie bedachte Zeichenreduzierung und andererseits die auf Intensivierung zielende Zeichenhäufung. Aus der instabilen Situation folgt, dass sich zu jeder Zeit ein uneinheitliches Gesamtbild ergeben muss.

---

[3] Zur diachronen Kontinuität verschiedener Arten von Mehrfachkennzeichnung und ihrer variationslinguistischen Verbreitung cf. die Hinweise bei Mair (1992: 273–277).

Es ist daher kein überraschender Befund, wenn Zanuttini (1997) in ihrer Untersuchung zur Negation in den romanischen Sprachen die drei Konstruktionstypen des Jespersen-Zyklus – Mehrfachmarkierung, prä- oder postverbale Einfachmarkierung – auch in der heutigen Synchronie wiederfindet:

> The three different strategies for the expression of sentential negation identified by Jespersen in a diachronic perspective can also be found at the synchronic level, not only across contemporary Romance languages but also in different varieties of the same language (Zanuttini 1997: 13–14).

Damit bestätigt sich im Fall der Satznegation, was schon zu anderen syntaktischen Entwicklungen festgestellt wurde:

> Die in der diachronischen Syntax verbreitete Vorstellung von einer eingleisigen Entwicklung [...] beruht auf einer perspektivischen Verzerrung und kommt daher zu falschen Ergebnissen. Der 'Ersatz'-Gedanke ist in diesem Bereich grundsätzlich fehl am Platze (Meier et al. 1967: 352).

Der kritische Einwand aus dem Jahr 1967 hat bis heute seine Aktualität nicht verloren.[4]

Literatur

Bally, C. 1965. *Linguistique générale et linguistique française*. Bern: Francke.

Becker, M. 2011. Modus und expletive Negation in der Geschichte des italienischen Disparitätsvergleichs. In Selig, M. / Bernhard, G. Eds. *Sprachliche Dynamiken. Das Italienische in Geschichte und Gegenwart*. Frankfurt: Lang, 35–49.

Bloomfield, L. 1933. *Language*. London: George Allen/Unwin Ltd.

Bréal, M. 1913. *Essai de sémantique*. Paris: Hachette.

Brunot, F. 1965. *La pensée et la langue*. Paris: Masson.

Chomsky, N. 1981. *Lectures on government and binding*. Dordrecht: Foris.

Damourette, J. / Pichon, É. 1930/1943. *Des mots à la pensée. Essai de grammaire de la langue française,* vol. I, VI. Paris: d'Artrey.

Donhauser, K. 1996. Negationssyntax in der deutschen Sprachgeschichte. Grammatikalisierung oder Degrammatikalisierung? In Lang, E. / Zifonum, G. Eds. *Deutsch – typologisch*. Berlin: De Gruyter, 201–217.

Fournier, N. 2005. L'évolution du traitement grammatical du *ne* dit « explétif » du XVIe au XIXe siècle. In Badiou-Monferran, C. / Calas, F. / Piat, J. / Reg-

[4] Cf. aus jüngerer Zeit die analogen kritischen Überlegungen das Deutsche betreffend von Donhauser (1996: 201–203).

giani, C. Eds. *La langue, le style, le sens. Études offertes à Anne-Marie Gagnon*. Paris: Editions L'improviste, 51–62.

Frei, H. 1929/1971. *La grammaire des fautes*. Genève: Slatkine Reprints (zuerst: Paris: Geuthner, 1929).

van Gelderen, E. Ed. 2009. *Cyclical change*. Amsterdam: Benjamins.

Godard, D. 2004. French negative dependency. In Corblin, F. / de Swart, H. Eds. *Handbook of French semantics*. Stanford: CSLI Publications, 351–389.

Gougenheim, G. 1974. *Grammaire de la langue française du 16e siècle*. Paris: A. & J. Picard.

Haspelmath, M. 1997. *Indefinite pronouns*. Oxford: Clarendon Press.

Horn, L. R. 2010. Multiple negation in English and other languages. In Horn, L. R. *The expression of negation*. Berlin: De Gruyter, 111–148.

Hunnius, K. 2004. Die französische Negation aus sprachtypologischer Sicht. Das sog. *ne* 'explétif'. In Gil, A. / Osthus, D. / Polzin-Haumann, C. Eds. *Romanische Sprachwissenschaft. Zeugnisse für Vielfalt und Profil eines Faches. Festschrift für Christian Schmitt zum 60. Geburtstag*, vol. 2. Frankfurt: Lang, 59–76.

Larrivée, P. 2004. *L'association négative. Depuis la syntaxe jusqu'à l'interprétation*. Genève: Droz.

Larrivée, P. / Ingham, R. P. Eds. 2011. *The evolution of negation. Beyond the Jespersen cycle*. Berlin: De Gruyter.

Mair, W. N. 1992. *Expressivität und Sprachwandel. Studien zur Rolle der Subjektivität in der Entwicklung der romanischen Sprachen*. Frankfurt: Lang.

Martin, R. 1984. Pour une approche sémantico-logique du *ne* dit «explétif». *Revue de linguistique romane* 48, 99–121.

Martinet, A. 1979. *Grammaire fonctionnelle du français*. Paris: Didier.

Meier, H. / Sáez Godoy, L. / Hunnius, K. / Avila, R. / Grimes, L. 1967. Futur und Zukunft im Spanischen. *Archiv für das Studium der Neueren Sprachen* 204, 332–353.

Milner, J.-C. 1982. Une anaphore non-référentielle. Le système de la négation en français et l'opacité du sujet. In Milner, J.-C. *Ordres et raisons de langue*. Paris: Seuil, 186–223 (zuerst: *Langue française* 44 (1979), 80–105).

Muller, C. 1991. *La négation en français. Syntaxe, sémantique et éléments de comparaison avec les autres langues romanes*. Genève: Droz.

Poletto, C. 2016. Negation. In Ledgeway, A. / Maiden, M. Eds. *The Oxford guide to the Romance languages*. Oxford: Oxford University Press, 833–846.

Tobler, A. 1908. *Vermischte Beiträge zur französischen Grammatik*, vol. III, IV. Leipzig: Hirzel.

Weinrich, H. 1982. *Textgrammatik der französischen Sprache*. Stuttgart: Klett.

Zanuttini, R. 1997. *Negation and clausal structure. A comparative study of Romance languages*. Oxford: Oxford University Press.

Caroline Féry & Ingo Feldhausen

Intonation meaning in French

Abstract. French is sometimes analyzed as a phrase language, as a consequence of the observation that there is no pitch accent assigned to a designated prominent syllable. If this is true, high tones should be assigned to prosodic phrases and show some variations in their exact placement. In this article, this assumption is assessed by means of an acceptability judgment task. The aim of the experiment is twofold: first, to explore the pragmatic impact of intonational tunes in postverbal objects in French and, second, to test the acceptability of different placements of IP-final high tones in postverbal position. To this aim, we moved the high tone from the first to the last syllable in a five-syllable direct object, and we placed the different realizations in four different pragmatic contexts, each of which had a different kind of focus on the object or on a constituent containing the object. As for the first aim, the results do not show any clear pragmatic effect of the melodic tunes resulting from the different high tone placements. It is not the case that a particular location of the high tone was preferred in one of the pragmatic contexts. As for the second aim, the experiment confirms that variation in the placement of a high tone in the last and focused prosodic phrase of a French sentence is acceptable. Some realizations, however – like a high tone on the final syllable, and to a lesser extent the second syllable – are clearly preferred in all pragmatic contexts, and some are clearly less preferred, also in all contexts (the first, third and fourth syllables). In sum, the article provides experimental evidence for the standard assumption on French prosody and at the same time, it aims at initiating more research on the pragmatic aspects of intonation.

1. Introduction

This paper reports a perception experiment on the meaning of intonation contours and on the variation of high tone placement in the last prosodic phrase of declarative French sentences under different focus conditions. The most important result is the high acceptability of all high tone placements in all contexts.

1.1 Background on French prosody

Most studies on French agree that the prosodic phrase (henceforth Φ) is one of the most important prosodic constituents for intonation. This constituent consists minimally of a prosodic word. It has received different names in the literature: the Accentual Phrase (cf. Jun/Fougeron 2000; Meisenburg 2011; Delais-Roussarie et al. 2015; Sichel-Bazin et al. 2015, among others), the Rhythmic Unit (cf. Hirst/Di Cristo 1996, among others) and the Phonological Phrase (cf. Delais-Roussarie 1996; Post 2000, among others). Here, we assume a recursive model of prosodic structure. In such a model, the prosodic structure is organized into different levels of prosodic domains, which correspond to the syntactic structure in the following way: a syntactic word roughly corresponds to a Prosodic Word (ω word), a syntactic phrase corresponds to a Prosodic Phrase (Φ phrase) and a clause corresponds to an Intonation Phrase (ι phrase); cf. also Ito/Mester (2012) for this view of the mapping between syntax and prosody in different languages. This model implies recursivity of prosodic structure, accounting for the fact that a prosodic constituent can be embedded into a larger prosodic constituent of the same level, in the same way as a syntactic phrase can be embedded in a larger syntactic phrase of the same kind. It acknowledges, at the same time, the fact that prosodic structure is simpler than syntactic structure because prosody has less structure and less constituents altogether, and also because of strict layeredness: a constituent of level p cannot dominate a constituent of a higher level. We assume that Φ is primarily syntax-based, but following other authors on French prosody, we also acknowledge that information structure can change the prosodic constituency of sentences, and that phonological well-formedness constraints can change the prosodic phrasing resulting from a simple syntax-prosody mapping.

From a phonetic point of view, a non-final Φ is typically (but crucially not always) delimited by a rising tonal excursion usually accompanied by syllable lengthening. Opinions differ as to how to analyze this rise; some scholars argue that it should be analyzed as a pitch accent (cf. Delais-Roussarie 1995; Post 2000), while others argue that it is a demarcative tone, thus a boundary tone (cf. Fónagy 1979; Féry 2014). We follow the latter approach and do not exclude that it is also a mark of prominence. In all evidence, the rising contour is usually there, regardless of the information status of the constituent.

Several authors also assume an optional phrase-initial high tone in the prosodic phrase (cf. Hirst/Di Cristo 1996; Jun/Fougeron 2000, among others for this view). The initial prominence is claimed to have several pragmatic functions, the most famous one being that of marking emphasis (cf.

Di Cristo 1998 and Rossi 1985 for a distinction between different types of initial 'accents' according to their function). The location of this 'phrase-initial' high tone can be initial or on the second or third syllable, in which case it can be rhythmically influenced (cf. Rossi 1985; Pasdeloup 1990; Di Cristo 1998; Jun/Fougeron 2000; Welby 2003; Delais-Roussarie 1996; Delais-Roussarie et al. 2015 for different perspectives).

In the experiment reported below we investigate the position of the last high tone in the final prosodic phrase, before the final fall that characterizes the end of the intonation phrase in a declarative sentence.

1.2 Pragmatic aspects of intonation in French

Intonation meaning has been the topic of numerous studies, in French and in other languages (cf. Bartels 1997; Beyssade/Marandin 2006; Delattre 1966; Gunlogson 2003; Hirschberg/Ward 1992; Liberman/Sag 1974; Portes et al. 2014, among many others). Besides the vagueness underlying the concepts related to intonational meaning, there is also the problem of what melodic objects are investigated. Most authors target tunes or melodies, often nuclear melodies, thus the final part of an intonation phrase when it comes to assign meaning to intonation (cf. also Navarro Tomás 1944/1974 and Frota/Prieto 2015 for Spanish). In mainstream tone-sequence models of intonation, however, tunes arise from individual tones, each with their own 'meaning': the crucial final tunes often consist of a pitch accent and the following boundary tones. Such a model presupposes that pitch accents and boundary tones play different roles and that intonation meaning arises compositionally (cf. Pierrehumbert/Hirschberg 1990; cf. Prieto 2015 for an overview).

In attempting to explain the role played by intonational tunes in what is being said, the literature often makes a distinction between the *speaker*'s epistemic attitude and the *interlocutor*'s commitment. The speaker's attitude refers to what the speaker conveys about his or her own attitude relative to the proposition. Some examples of speaker's attitudes that have been proposed include 'disapproval', 'reassurance', 'contradiction', 'uncertainty', 'implication', 'obviousness', 'exasperation', 'politeness' and 'incredulity' to cite just a few. The concept of 'commitment' is usually addressed in very general terms in the relevant literature. Portes et al. (2014: 16) describe it in the following terms: "[it] refers to how much the speaker presents himself/herself as supporting the truth of the content of his/her utterance despite possible contention on the part of the addressee (Bartels 1997; Gunlogson 2003). Commitment is therefore a dialogical attitude of the speaker who projects the addressee's potential reaction to his/her move."

Krifka (2017: 10) sums up the literature on commitment in the following terms: "I assume that assertion expresses not one, but two commitments. In asserting a proposition, the speaker first expresses a commitment to the proposition, and then the speaker calls on the addressee to be also committed to that proposition, with the result that the proposition becomes part of the common ground." *Ce vin est délicieux, n'est-ce pas ?* 'This vine is delicious, isn't it?' is an example, in which the speaker invites the hearer to formulate reinforcement of their verdict.

An important precursor study for our research is the experiment conducted by Portes et al. (2014). They investigated four final (nuclear) contours in French for their meaning (cf. Portes et al. 2014: 18 for figures of the corresponding pitch contours):

1. Falling contour, "intonation de finalité" (L*L%, 'finality intonation') or Rossi's (1981) "intonème conclusif" ('conclusive intonation'). This contour can be considered as a default contour. It is widely used in assertoric declaratives and wh- interrogatives (cf. Delattre 1966: 3; Vaissière 1980; Di Cristo 1998; Post 2000; Mertens 2008).
2. The simple rising movement, which may correspond either to Delattre's (1966: 3) "continuation majeure" ('major continuation') or to "question" ('question intonation', H*H%).
3. The rising-falling movement (H*L%), realized mostly on the last syllable of the utterance or its focused constituent. Portes et al. (2014: 18) describe the movement as follows: It corresponds to Delattre's (1966: 3) "intonation d'implication" ('implicative intonation'). As for its meaning, this contour has been said to convey obviousness, expressiveness, and to trigger inferences. More recently, Portes/Reyle (2014) showed that the various meanings taken by this contour in conversation can be subsumed under a presupposition of contrast, given by a contextually relevant set of alternatives to the proposition p conveyed by the utterance. Yet another role attributed to this contour is related to a high degree of expressivity or emphasis. For instance, Rossi (1981) called it "expressème". Moreover, Di Cristo/Hirst (1996) spoke about "emphase contrastive" ('contrastive emphasis') when referring to this contour, thus adding a nuance of contrast.
4. The fourth contour included in Portes et al.'s study is the rise-fall-rise contour (H+!H* H%). They note that this contour belongs to a group of contours that present a leading H tone on the penultimate syllable of the utterance. They claim that Dell (1984: 66) uses Low High Mid for the same contour, that he describes in the following terms: "La mélodie rappelle celle des enfants qui font la nique […] ce motif présente [la phrase] comme la reprise incrédule ou désapprobatrice de propos tenus par un autre." Howev-

er, to our ears, this LHM melody is not a rise-fall-rise, but at best a rise-fall. As a result, it is not clear what exact contour Portes et al. have in mind.

The task of Portes et al.'s (2014) experiment for investigating the meaning of these contours was a forced-choice interpretation task. Participants heard sentences carrying one of the contours and had to choose among four possible reactions chosen for their hypothetical link to the contour meanings: *I get it* was expected for the falling contour; *I've no idea* for the rising contour; *I guess you're right* for the rising-falling and *No, really, it's true* for the rising-falling-rising contour.

The results were encouraging, as French speakers favored the predicted context in three out of the four cases. In the rising-falling movement, however, the predictions were not met by the participants' choices. *Tu dois avoir raison* 'I guess you're right' was expected but the reactions very consistently pair H*L% with the reaction *J'en sais rien* 'I've no idea', which is the answer expected for the simple rising movement.

In the design of their experiment, Portes et al. (2014) did not assign meanings to individual tones, but rather to melodies or tunes, thus to contours consisting of different tones. They even varied the final boundary tone, expecting a question with a high boundary tone (answered with *I've no idea*) and an assertion with a low boundary tone (answered with a reaction to a declarative proposition in all other cases). They thus assumed that the contours are meaningful, rather than the individual tones by themselves. The tested contours should not be interchangeable in different contexts since they have a specific meaning.

2. Experiment

2.1 Theoretical background of the experiment

We conducted an acceptability judgment task experiment in order to test whether variation in the location of the high tone of a final prosodic phrase in a French declarative sentence is acceptable and whether the different positions of the pitch accents have a specific pragmatic import. The experiment reported in this section is inspired by Portes et al.'s (2014) experiment. It reproduces the idea of Portes et al. (2014) to use the same textual sentence in different contexts and to vary its intonational pattern. Like Portes et al. (2014), it is a perception experiment, although we designed an acceptability judgment test rather than a forced choice task.

There are also some differences with Portes et al. (2014) that relate to our different theoretical approach on intonation typology. As a result, we take into consideration several further insights concerning French intonation that we think differ from better studied languages, and more specifically from English. First, French is a language without lexical stress and, in our opinion, this implies that pitch accents do not play the same role as in English or German. Féry (2014) proposed to analyze French as a phrase language, a proposal that we take for granted here. Even though tunes can be decomposed in individual tones for the phonological analysis in a similar way as in Germanic languages, some of the tones entering the tunes do not necessarily associate with designated syllables, as is the case for pitch accents. Rather they are phrasal tones that associate with a prosodic constituent of the size of a prosodic phrase and can be associated to different syllables in a sentence without changing the contextual meaning or the position of a narrow focus.

The experiment reported on in the next section is also informed by the results of Destruel/Féry (2019; 2020). It was found in Destruel/Féry (2020) that French speakers systematically realize a high tone in a prosodic phrase, but that the exact location of the high tone is subject to a lot of variation. It is this variation that is directly addressed here, in letting informants judge the grammaticality, acceptability or well-formedness of different locations of a 'final' high tone. We expect that, due to the nature of phrase tones, there is a lot of overlapping between the acceptability of intonational contours. For this reason, we decided to investigate tonal alignment of a phrasal high tone with the text rather than different tunes.

Correlating with the variability of the position of the high tone, and returning to the similarities with Portes et al. (2014), an important aspect of our experiment is the investigation of the pragmatic effect of a change in the location of a high tone. Does it correlate with a change in meaning? We are aware that our list of pragmatic meanings – as is the case for Portes et al. (2014) – is very limited in scope. But we think of our experiment as a pilot experiment that can open the door to more research on the role of intonation in pragmatic meaning.

2.2 Methodology

In an online acceptability judgment task, the test persons – native speakers of French – listened to simple SVO sentences and judged whether a given sentence fits into a specific pragmatic context. We created four test sentences of the same syntactic structure (cf. 1). Each sentence consists of a pronominal subject, a verb and a direct object. All direct objects are complex and consist of an indefinite article, a head noun and a modifier (adjective or prepositional phrase).

(1) a. Elle s'est acheté *un manteau d'hiver.*
'She bought a winter coat.'
b. Il a rencontré *un ami d'enfance.*
'He met a childhood friend.'
c. Elle a loué *un bateau à voile.*
'She rented a sail boat.'
d. Il a restauré *une statue romane.*
'He restored a Roman statue.'

Each object, italicized in (1), comprises five syllables and each sentence was realized with a final high tone on one of these syllables. Thus, for (1b), for example, the high tone was located on *un* (= 1), *a* (= 2), *-mi* (= 3), *d'en* (= 4) and *-fance* (= 5). In total, there were 20 different sentences (4 test sentences x 5 high tone positions). The test sentences were spoken by a male native speaker of Standard French.

Fig. 1 and Fig. 2 illustrate the kind of high tones that we elicited from the male speaker. In Fig. 1, the high tone is on the third syllable of the object that corresponds to the last syllable of the head noun of the object (*-mi* of *ami*). In Fig. 2, the high tone is realized on the last syllable of the object, and thus on the last syllable of the sentence. Perceptively, this high tone is quite prominent, even if the high tone is realized not much higher than the preceding high tones.

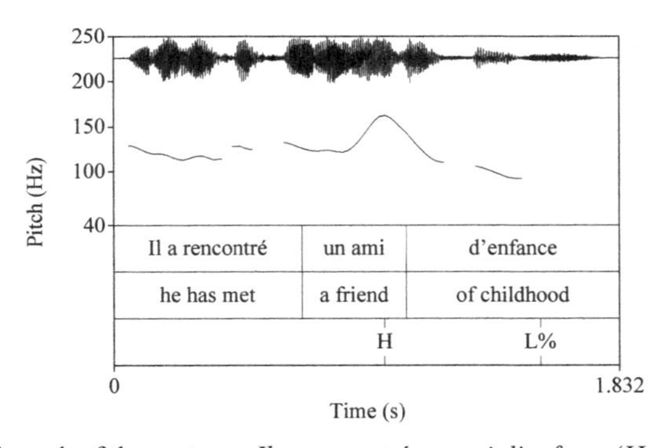

Fig. 1. Pitch track of the sentence *Il a rencontré un ami d'enfance* 'He met a childhood friend' with a high tone on the third syllable of the object.

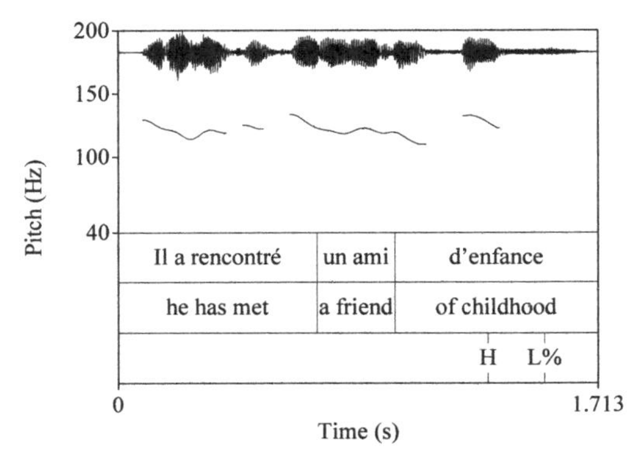

Fig. 2. Pitch track of the sentence *Il a rencontré un ami d'enfance* 'He met a childhood friend' with a high tone on the last syllable of the object.

2.2.1 The pragmatic contexts

In this paper, we are interested in the pragmatic role of the high tone when it is displaced from the final syllable. For this reason, we embedded the same sentences in four contexts, as listed in (2). One test sentence (1a) serves as illustration. The other three test sentences are listed in Appendix 1 with their contexts.

(2) Test sentence (1a) combined with the four pragmatic contexts

a. Narrow focus / Information
   A: Jeanine adore faire les boutiques. Elle s'est acheté quelque chose cet après-midi ?
   B: Oui, elle s'est acheté un manteau d'hiver.

b. Wide focus / Denial
   A: Jean croit que Jeanine ne s'achète jamais rien.
   B: Non, c'est pas vrai. Elle s'est acheté un manteau d'hiver.

c. Cancelling a presupposition / Surprise
   A: Jeanine n'a plus un rond.
   B: Ah oui ? Pourtant elle s'est acheté un manteau d'hiver !

d. Narrow focus / Correction
   A: Tu sais ce que Pierre m'a raconté ? Jeanine s'est acheté une combinaison de ski !
   B: Mais non, elle s'est acheté un manteau d'hiver.

In all four contexts, the direct object is new and focused. But the additional pragmatic circumstances of object are different in each case. The first context (Narrow focus/Information) introduces the object as the answer of a wh- question and is thus a typical information narrow focus.

The second context (Wide focus/Denial) contains a narrow focus on the object, but also a wider focus, as it contradicts a sentence positing a fact that is denied by the answer provided by speaker B. In other words, not only the object is focused but also the positive part of the sentence.

The third context (Cancelling a presupposition/Surprise) is a still wider focus since the verb is also contained in it, and at the same time, the sentence cancels a presupposition by providing an argument against A's claim.

The fourth context (Narrow focus/Correction) is a narrow corrective focus on the object.

2.2.2 Procedure

The sentences were presented as dialogues. The context (A) was spoken by a female speaker and the answer (B) by a male speaker; both were native speakers of standard Francilian French. Each answer (B) was realized with five different pitch accent positions (produced by the male speaker; 4 x 5 = 20 items). In addition, each sentence (B in (2)) was combined with each of the four contexts (A in (2)). Thus, in total, there were 80 items to judge.[1]

The participants, who had no written version of the dialogues at their disposal, listened to the dialogues. They were asked to judge the felicity of the intonation of the sentences and to grade the melodic contour with respect to the context on a scale from 1 (does not fit) to 7 (fits perfectly), cf. the instructions in Appendix 2. The 80 sentences were distributed into 2 lists of 40 sentences each. Thus, each participant had to judge only 40 sentences. In each list, all four pragmatic contexts occurred, but instead of presenting all four sentences (1) per context we chose just two sentences per context (thus resulting in the division of the 80 sentences). We pseudo-randomized the order of the test sentences: no condition was followed by the same condition and at least one different condition occurred between two similar conditions.

The experiment was distributed online by providing the participants with a link to a questionnaire web page created via SoSciSurvey (cf. www.soscisurvey.de). After the participants started the test, each sentence was presented individually on the screen, as shown in Fig. 3. The sound started automatically and by pressing the play button the participants were

---

[1] The sound waves in form of the dialogues that the participants had to evaluate can be downloaded at the following link: https://hessenbox-a10.rz.uni-frankfurt.de/getlink/fiWPLkpsVFEYnjbXBMnPW35r/.

able to relisten to the sentence. After having judged the sentence on the scale below the sound window, participants had to press *suivant* 'next' in order to get to the next sentence.

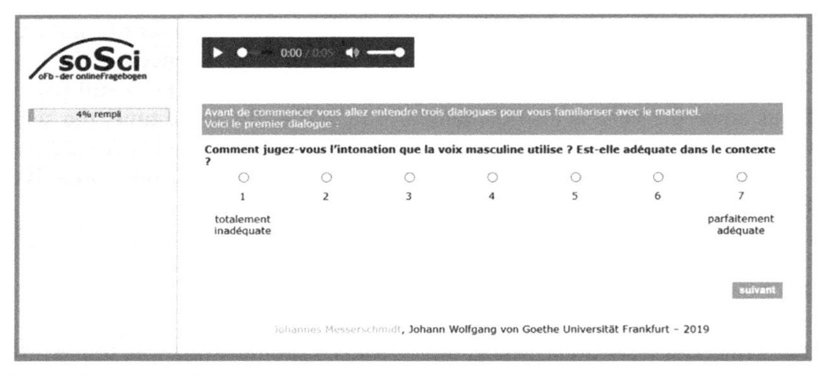

Fig. 3. Screenshot of a test item.

2.2.3 The participants

In total, 83 native speakers of Standard French participated in the experiment and the frequency between the two lists was well balanced (41 vs. 42). The participants were between 18 and 79 years of age (mean = 33.4; median = 28) and they all grew up in France (except for two speakers). 11 out of the 83 speakers were bilingual with different languages. We did not ask for gender since we did not intend to look at all possible variables.

2.3 Results

In the presentation of the results, we decided to group grades 5 to 7 together and call them 'good'. Grade 4 is called 'neutral' and grades 3 to 1 are called 'bad', cf. Figs. 4 and 5 for graphic presentations of the results.

Fig. 4 displays the distribution of grades averaged over all participants according to high tone placement in each context. As can be gathered from a visual examination of the graphs, some realizations are better than others in particular contexts. In the first context (Narrow focus/Information), for instance, the best realization is the one with a high tone on the final syllable (87% of 'good' grades) and the less preferred one is the one with a high tone on the first syllable, although there still were 55% of 'good' grades for this realization.

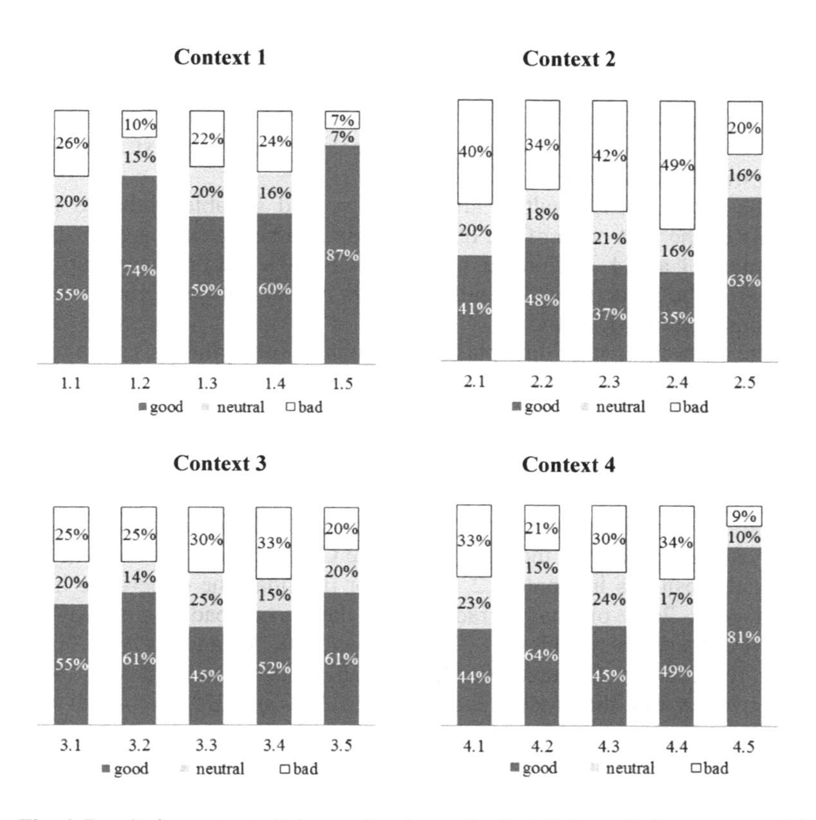

Fig. 4. Results by contexts. Below each column, the first digit stands for context and the second one for the position of the high tone.

In general and in all contexts, grades were quite high, although some variation in the acceptability of high tone placement according to context and high tone placement can also be observed. Considering only the good grades in the different contexts, all high tones together, Context 1 is better rated than the other ones, cf. (3). Context 2 is graded worst with a difference of 23% between Context 1 and Context 2.

(3) 'Good' grades according to context (in percent)
Context 1 (Narrow focus/Information): 67
Context 2 (Wide focus/Denial): 44.8
Context 3 (Cancelling a presupposition/Surprise): 54.8
Context 4 (Narrow focus/Correction): 56.6

The final position of high tone is the best one in all contexts. It is especially good in Contexts 1 and 4. In these two contexts, the good grades are above 80%. In Contexts 2 and 3, though, the final position is also the best one, but the grades are only slightly above 60%. Interestingly, in Context 3, it is ex-aequo with high tone on the second syllable.

The second best result is always the second syllable, thus the first syllable of the first noun of the object. Again, the best results are obtained in Contexts 1 and 4. In Context 1, the grade is 74% and thus very high. In Context 4, the grade is 64% – and constrasts clearly with the grades of the positions/syllables 1, 3, and 4.

The other three high tone placements (namely on syllables 1, 3, and 4) were assigned lower grades than the placements in positions 2 and 5. However, it appears that even the lowest graded high tone placement still reaches quite high scores – namely 35% for position/syllable 4 in Context 2. In Context 1, interestingly, all placements are well above the average.

As for the 'bad' results, they show some variation as well. Context 2 is the context in which most 'bad' grades are assigned, and this for all high tone positions except for the final one where Context 3 is even worse. As a result, all positions in Context 2, except for the final one (where we have nevertheless 20% of 'bad' grades), get the most 'bad' values of all contexts: positions/syllables 1, 3 and 4 have 40, 42 and 49% of 'bad' grades respectively. Context 3 has lower 'bad' grades than Context 2, but it is noteworthy that the grades range between 20% and 33% across all five high tone placements. This clearly contrasts with Contexts 1 and 4, where the 'bad' grades of the best evaluated positions correspond to 7% to 9%.

Let us now turn to the results by high tone position, cf. Fig. 5. As already noted, there is a clear preference for the last syllable; participants assigned a 'good' grade to this position in 73% of the cases. The second position was evaluated as 'good' in 62% of the cases. All other positions yielded lower scores, cf. (4) for a comparison of all positions.

(4) 'Good' grades according to high tone position (in percent)
High tone on first syllable: 49
High tone on second syllable: 62
High tone on third syllable: 46.5
High tone on fourth syllable: 49
High tone on last syllable: 73

As for the 'bad' grades, we saw above that, except for the last syllable, Context 2 yielded lower grades than the other contexts.

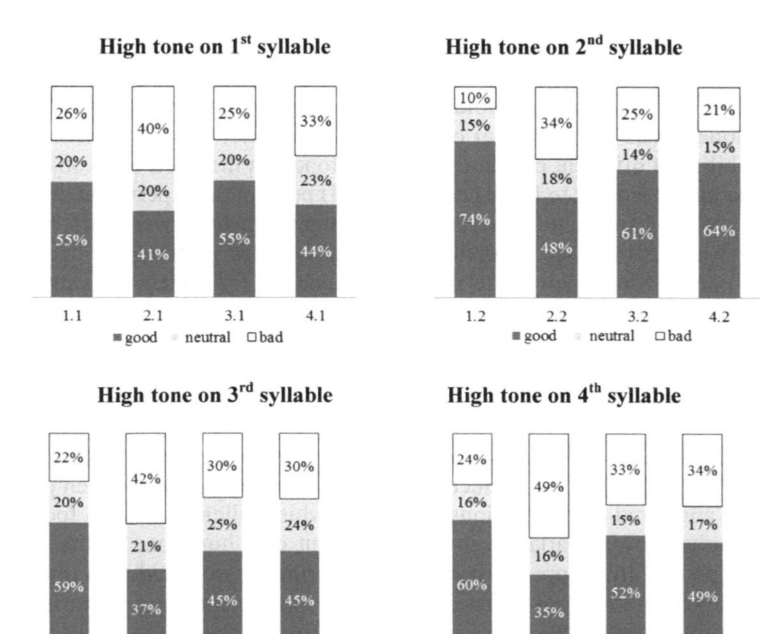

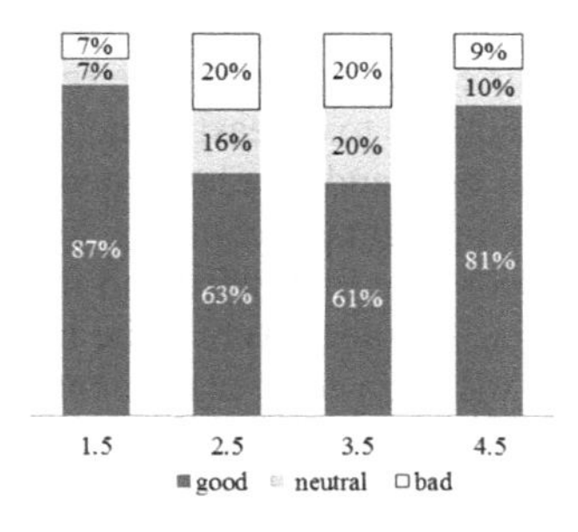

Fig. 5. Results by position of the high tone.

3. Discussion and conclusions

The aim of our study was twofold: first, to explore the pragmatic impact of intonational tunes in postverbal objects in French and, second, to test the acceptability of different placements of high tones on the postverbal object. The first aim is similar to Portes et al.'s (2014) perception experiment, even though the kind of melodies and the experimental method were different. Portes et al. (2014) used a forced choice task where participants had to choose one of four reactions to different melodies, for which the authors assumed a specific interpretation. In our experiment, we constructed dialogues and asked the participants to evaluate the melody used as an answer to a specific context. In other words, in Portes et al. (2014), the participants had to *provide* a reaction to a context (out of four at their disposal), and in our experiment, the participants had to *evaluate* the reaction of a context (that was provided in form of a dialogue). The second aim leaned on Destruel/Féry (2020) who conducted a production experiment in which participants answered wh- questions, some of which elicited a dual focus. Their results showed variation in the placement of a high tone in the last prosodic phrase. In the present perception experiment, we decided to investigate the acceptability of different high tone placements in a controlled way. We thus moved the high tone from the first to the last syllable in a five-syllable direct object, placed the different realizations in four different contexts, each of which had a different kind of focus on the object or on a constituent containing the object.

As for the first aim, we could not detect a clear pragmatic effect of the different tunes. It was not the case that a particular location of the high tone was preferred in one of our contexts. Rather the results showed that all high tone placements were acceptable to at least some speakers. Moreover, some realizations – like the final one, and to a lesser extent the second position – were clearly preferred in all pragmatic contexts, and some were clearly less preferred, also in all contexts (the first, third and fourth syllables).

As we have shown in (3), grades were quite high in all pragmatic contexts – independently of the high tone placement. However, Context 2 is graded worst ('only' 44.8% of good grades in total and the best grade is slightly above 60%, cf. Fig. 4). In addition, Context 3 can also be considered worse than Contexts 1 and 4 – since the best grades never exceed 61% (cf. Fig. 4). Thus, there seems to be a noteworthy difference between Contexts 2 and 3 on the one hand and Contexts 1 and 4 on the other. A possible explanation for this might be the following one. It could have been the case that the dialogues 1 and 4 sound altogether more natural than 2 and 3. It could also be that in such contexts, participants expected a different melody altogether, such as one with a different contour, as for instance, a rising contour on the last syllable, or multiple high tones. Thus, in future research it might be worth testing the contexts at hand but with different melodic tunes – especially Contexts 2 and 3. In contrast to Portes et al. (2014), we considered only one tune, namely H* L%. But it might be appropriate to use tunes such as H* H% (which is known, for example, to express the nuance of surprise, cf. Delais-Roussarie et al. 2015, or to express contradiction, cf. Portes et al. 2014).

As for the second aim, the experiments confirmed that variation in the placement of a high tone in the last and focused prosodic phrase of a French sentence is acceptable. No position was rejected, and no position got 'good' grades less often than in 35% of all evaluations, though again some positions were preferred, but none was categorically rejected.

The experiment also aimed at assessing the assumption that French is a phrase language, and that, as a consequence of this property, there is no pitch accent assigned to a designated prominent syllable. If this is true, high tones should be assigned to prosodic phrases and show some variations in their exact placement. That this is the case in French has been documented a number of times in the literature (cf. Section 1 for an overview); our experiment provides an original explanation for this fact.

We also expected that melodic tunes resulting from the different high tone placements would be used in different pragmatic environments. This was not corroborated by our experiment. However, we suspect that the contexts we offered to our participants were not conclusive or well chosen, and that other melodic tunes would give better results.

References

Bartels, C. 1997. *Towards a compositional interpretation of English statement and question intonation.* PhD dissertation. Amherst: University of Massachusetts Amherst.

Beyssade, C. / Marandin, J.-M. 2006. French intonation and attitude attribution. In Denis, P. / McCready, E. / Palmer, A. / Reese, B. Eds. *Proceedings of the 2004 Texas Linguistics Society Conference. Issues at the semantics-pragmatics interface.* Somerville, MA: Cascadilla Proceedings Project, 1–12.

Delais-Roussarie, É. 1995. *Pour une approche parallèle de la structure prosodique. Étude de l'organisation prosodique et rythmique de la phrase française.* PhD dissertation. Toulouse: Université de Toulouse Le Mirail.

Delais-Roussarie, É. 1996. Phonological phrasing and accentuation in French. In Nespor, M. / Smith, N. Eds. *Dam Phonology. HIL Phonology Papers II.* The Hague: Holland Academic Graphics, 1–38.

Delais-Roussarie, É. / Post, B. / Avanzi, M. / Buthke, C. / Di Cristo, A. / Feldhausen, I. / Jun, S.-A. / Martin, P. / Meisenburg, T. / Rialland, A. / Sichel-Bazin, R. / Yoo, H.-Y. 2015. Intonational phonology of French. Developing a ToBI system for French. In Frota/Prieto 2015, 63–100.

Delattre, P. 1966. Les dix intonations de base du français. *French Review* 40, 1–14.

Dell, F. 1984. L'accentuation dans les phrases en français. In Dell, F. / Hirst, D. / Vergnaud, J.-R. Eds. *La forme sonore du langage.* Paris: Hermann, 65–122.

Destruel, E. / Féry, C. 2019. Compression in French. Effect of length and information status on the prosody of post-verbal sequences. In Feldhausen, I. / Elsig, M. / Kuchenbrandt, I. / Neuhaus, M. Eds. *Romance languages and linguistic theory 15. Selected papers from 'Going Romance' 30, Frankfurt.* Amsterdam: Benjamins, 157–176.

Destruel, E. / Féry, C. 2020. Dual focus and compression in post-verbal sequences in French. In Grice M. / Kügler F. Eds. *Prosodic prominence. A cross-linguistic perspective* (special issue of *Language and Speech*).

Di Cristo, A. 1998. Intonation in French. In Hirst, D. / Di Cristo, A. Eds. *Intonation systems. A survey of twenty languages.* Cambridge: Cambridge University Press, 195–218.

Di Cristo, A. / Hirst, D. 1996. Vers une typologie des unités intonatives du français. In *Société française d'acoustique, 16èmes journées d'études sur la parole.* Avignon, 219–222.

Féry, C. 2014. Final compression in French as a phrasal phenomenon. In Katz Bourns, S. / Myer, L. L. Eds. *Perspectives on linguistic structure and context. Studies in honor of Knud Lambrecht.* Amsterdam: Benjamins, 133–156.

Fónagy, I. 1979. L'accent français. Accent probabilitaire. *Studia Phonetica* 15, 123–133.

Frota, S. / Prieto, P. Eds. 2015. *Intonation in Romance.* Oxford: Oxford University Press.

Gunlogson, C. 2003. *True to form. Rising and falling declaratives as questions in English.* London: Routledge.

Hirschberg, J. / Ward, G. 1992. The influence of pitch range, duration, amplitude and spectral features on the interpretation of the rise-fall-rise intonation contour in English. *Journal of Phonetics* 20, 241–251.

Hirst, D. / Di Cristo, A. 1996. Y a-t-il des unités tonales en français ? In *Actes des XXièmes journées d'études sur la parole*, 223–226.

Ito, J. / Mester, A. 2012. Recursive prosodic phrasing in Japanese. In Borowsky, T. / Kawahara, S. / Shinya, T. / Sugahara, M. Eds. *Prosody matters. Essays in honor of Elisabeth Selkirk.* London: Equinox, 280–303.

Jun, S.-A. / Fougeron, C. 2000. A phonological model of French intonation. In Botinis, A. Ed. *Intonation. Analysis, modeling and technology.* Dordrecht: Kluwer, 209–242.

Krifka, M. 2017. Negated polarity questions as denegations of assertions. In Lee, C. / Kiefer, F. / Krifka, M. Eds. *Contrastiveness and scalar implicatures.* Berlin: Springer, 359–398.

Liberman, M. / Sag, I. 1974. Prosodic form and discourse function. In LaGaly, M. W. / Fox, R. A. / Bruck, A. Eds. *Papers from the tenth regional meeting.* Chicago: Chicago Linguistic Society, 416–427.

Meisenburg, T. 2011. Prosodic phrasing in the spontaneous speech of an Occitan/French bilingual. In Gabriel, C. / Lleó, C. Eds. *Intonational phrasing in Romance and Germanic.* Amsterdam: Benjamins, 127–151.

Mertens, P. 2008. Syntaxe, prosodie et structure informationnelle. Une approche prédictive pour l'analyse de l'intonation dans le discours. *Travaux de Linguistique* 56, 87–124.

Navarro Tomás, T. 1944/1974. *Manual de entonación española* (4th ed.). Madrid: Guadarrama.

Pasdeloup, V. 1990. *Modèle de règles rythmiques du français appliqué à la synthèse de la parole.* PhD dissertation. Aix-en-Provence: Université de Provence.

Pierrehumbert, J. / Hirschberg, J. 1990. The meaning of intonational contours in the interpretation of discourse. In Cohen, P. / Morgan, J. / Pollack, M. Eds. *Intentions in communication.* Cambridge, MA: MIT Press, 271–311.

Portes, C. / Beyssade, C. / Michelas, A. / Marandin, J.-M. / Champagne-Lavau, M. 2014. The dialogical dimension of intonational meaning. Evidence from French. *Journal of Pragmatics* 74, 15–29.

Portes, C. / Reyle, U. 2014. The meaning of French 'implication' contour in conversation. In Campbell, N. / Gibbon, D. / Hirst, D. Eds. *Proceedings of Speech Prosody 2014.* Dublin: Trinity College, 413–417.

Post, B. 2000. *Tonal and phrasal structures in French intonation.* Den Haag: LOT.

Prieto, P. 2015. Intonational meaning. Wiley interdisciplinary reviews. *Cognitive Science* 6, 371–381.

Rossi, M. 1981. Vers une théorie de l'intonation. In Rossi, M. / Di Cristo, A. / Hirst, D. / Martin, P. / Nishinuma, Y. Eds. *L'intonation. De l'acoustique à la sémantique.* Paris: Klincksieck, 179–183.

Rossi, M. 1985. L'intonation et l'organisation de l'énoncé. *Phonetica* 42, 135–153.

Sichel-Bazin, R. / Buthke, C. / Meisenburg, T. 2015. Prosody in language contact. Occitan and French. In Delais-Roussarie, É. / Avanzi, M. / Herment, S. Eds. *Prosody and language in contact. L2 acquisition, attrition and languages in multilingual situations.* Berlin: Springer, 71–99.

Vaissière, J. 1980. La structuration acoustique de la phrase française. *Annali della Scuola Normale Superiore di Pisa* 10, 529–560.

Welby, P. 2003. Effects of pitch accent position, type and status on focus projection. *Language and Speech* 46, 53–81.

Appendix 1

Test materials

The sound files can be downloaded at https://hessenbox-a10.rz.uni-frankfurt.de/getlink/fiWPLkpsVFEYnjbXBMnPW35r/.

Sentence 1

1.1 Narrow focus / Information
- A: Jeanine adore faire les boutiques. Elle s'est acheté quelque chose cet après-midi ?
- B: Oui, elle s'est acheté un manteau d'hiver.

1.2 Wide focus / Denial
- A: Jean croit que Jeanine ne s'achète jamais rien.
- B: Non, c'est pas vrai. Elle s'est acheté un manteau d'hiver.

1.3 Cancelling a presupposition / Surprise
- A: Jeanine n'a plus un rond.
- B: Ah oui ? Pourtant elle s'est acheté un manteau d'hiver !

1.4 Narrow focus / Correction
- A: Tu sais ce que Pierre m'a raconté ? Jeanine s'est acheté une combinaison de ski !
- B: Mais non, elle s'est acheté un manteau d'hiver !

Sentence 2

2.1 Narrow focus / Information
- A: Benoit avait l'air tout content ce matin. Il a rencontré quelqu'un ?
- B: Oui, il a rencontré un ami d'enfance.

2.2 Wide focus / Denial
- A: Marianne m'a dit que Benoit s'isole.
- B: Non, c'est pas vrai. Il a rencontré un ami d'enfance.

2.3 Cancelling a presupposition / Surprise
- A: Benoit ne parle à plus personne.
- B: Ah oui ? Pourtant il a rencontré un ami d'enfance !

2.4 Narrow focus / Correction
- A: J'ai vu Martine qui m'a fait part de la nouvelle. Benoit a rencontré la femme de sa vie !
- B: Mais non, il a rencontré un ami d'enfance.

Sentence 3

3.1 Narrow focus / Information
- A: Céline a fait une grosse dépense. Elle a enfin loué quelque chose pour les vacances ?
- B: Oui, elle a loué un bateau à voile.

3.2 Wide focus / Denial
- A: Je trouve ça incroyable que Céline n'aime pas les dépenses.
- B: Non, c'est pas vrai. Elle a loué un bateau à voile.

3.3 Cancelling a presupposition / Surprise
- A: Céline n'a aucun plan pour ses vacances.
- B: Ah oui ? Pourtant elle a loué un bateau à voile !

3.4 Narrow focus / Correction
- A: Tu connais la nouvelle ? Céline s'est loué un chalet à la montagne !
- B: Mais non, elle a loué un bateau à voile.

Sentence 4

4.1 Narrow focus / Information
- A: Louis a beaucoup travaillé ces derniers mois. Il a restauré quelque chose ?
- B: Oui, il a restauré une statue romane.

4.2 Wide focus / Denial
- A: Anne raconte à tout le monde que Louis n'a plus de travail.
- B: Non, c'est pas vrai. Il a restauré une statue romane.

4.3 Cancelling a presupposition / Surprise
- A: Louis est complètement fauché ces derniers temps.
- B: Ah oui ? Pourtant il a restauré une statue romane !

4.4 Narrow focus / Correction
- A: Tu connais la nouvelle ? Louis a restauré une église ancienne.
- B: Mais non, il a restauré une statue romane.

Appendix 2

Instruction

Vous allez entendre des petits dialogues, un par diapo, et nous vous demandons de faire attention à l'intonation de la deuxième personne (la première ne nous intéresse pas). Comment jugez-vous l'intonation que la voix masculine utilise ? Est-elle adéquate dans le contexte ? Vous disposez d'une échelle entre 1 (inadéquate) et 7 (parfaitement adéquate) pour exprimer votre jugement.

Acknowledgments and dedication. We would like to thank our speakers, Cédric Patin and Fatima Hamlaoui. Both of them, as well as Emilie Destruel and Matthieu Ségui, were asked to test the experiment and found it well done and understandable. Johannes Messerschmidt helped us with the online experiment and with the presentation and percentages of the results. Last but not least, thanks to the editors, Christoph Gabriel, Andrea Pešková and Maria Selig, for their very helpful comments on the first draft of this short paper, and for the wonderful idea of presenting a Festschrift to Trudel Meisenburg, a good friend and dear colleague.

Trudel, we hope to see you more often now that more of us are retired! Trudel once told one of us (Caroline) that she thought she could detect the kind of focus realized by the participants who produced the dual focus sentences of Destruel/Féry (2020), although these are truly hard to tell apart. This article is dedicated to her, in the hope that at least some of the French high tone placements are not random.

Jessica López & Andrea Pešková

Interrogativas absolutas en el español ‘tico’

Abstract. In comparison to other Spanish varieties, the intonation of Costa Rican Spanish has not been systematically studied so far. The aim of this study is to fill this gap by investigating pitch contours of yes/no questions in this Central American variety of Spanish. Based on data collected in 2018 in San José for the *Fonología del Español Contemporáneo* corpus project, we detected two main patterns of yes/no questions in this variety: L*+H(H*...)L+(¡)H* L% (circumflex contour) and L*+H(H*...)H(+L)* L% (hat contour). Thus, we can conclude that Costa Rican Spanish shares intonational characteristics with other Caribbean dialects, but the distribution of pragmatic-discursive meanings may be slightly different. First results of our explorative study reveal that, in contrast to Dominican and Puerto Rican varieties, the nuclear configurations L+(¡)H* L% and H(+L)* L% can be used in both neutral and non-neutral types of yes/no questions in Costa Rican Spanish.

1. Introducción

El objetivo de este trabajo es presentar las principales características de los contornos entonativos de las interrogativas absolutas (o totales) del español costarricense (CR), llamado ‘tico’, utilizando datos recopilados en marzo 2018 en San José y siguiendo un método del proyecto *Fonología del Español Contemporáneo* (FEC; Pustka et al. 2018). Se trata de un estudio preliminar, cuyo análisis entonativo parte del modelo métrico y autosegmental (AM) de la fonología entonativa (Pierrehumbert 1980), aplicando el etiquetaje del ToBI español a las oraciones estudiadas (cf. Prieto/Roseano 2010; Hualde/Prieto 2015). Hasta donde ha sido posible comprobar, la entonación del español CR —clasificado como dialecto centroamericano (cf., p. ej., Lipski 1994: 225; Hualde 2014: 292; para la discusión cf. también Quesada Pacheco 1996; 2002)— ha sido muy poco estudiada. Por ello, pretendemos cubrir este vacío y contribuir así con los estudios anteriores comparativos como, por ejemplo, el *Atlas interactivo de la entonación del español* (Prieto/Roseano 2009–2013), el cual ofrece datos para examinar y comparar la entonación de diferentes dialectos del español.

Nuestro trabajo se preocupa por examinar las interrogativas absolutas, las cuales representan un tema de investigación interesante no solo desde una perspectiva interlingüística, sino también dialectal. Las lenguas del mundo difieren en las distintas estrategias que utilizan para expresar interrogativas absolutas y distinguirlas de las declarativas. El atlas mundial de las estructuras lingüísticas (WALS, por su sigla en inglés *World Atlas of Language Structures*) sintetiza en total siete estrategias principales:

(1) Partícula interrogativa: 585 lenguas (p. ej., chino)
(2) Morfología verbal interrogativa: 164 lenguas (p. ej., coreano)
(3) Tipo mixto (estrategias tipo 1 y 2): 15 lenguas (p. ej., cachemir)
(4) Cambio en orden de palabras: 13 lenguas (p. ej., alemán)
(5) Ausencia de morfemas declarativos: 4 lenguas (p. ej., puquina)
(6) Entonación interrogativa: 173 lenguas (p. ej., italiano)
(7) No hay distinción entre interrogativas y declarativas: 1 lengua (mixteco chalcatongo)

Además de las siete estrategias admitidas por el WALS (cf. Dryer 2013), Rialland (2007) informa sobre dos posibilidades más que se observaron en algunas lenguas africanas para expresar las interrogativas absolutas: el alargamiento final y la terminación glotalizada o con murmullo (ingl. *breathy termination*). En cuanto al español, el WALS lo categoriza dentro del grupo (4). Es cierto que la inversión sujeto-verbo en español es posible y no es obligatoria; pero la entonación juega un rol fundamental para diferenciar las interrogativas de las declarativas. Con respecto a esta estrategia, todas las variedades del español parecen compartir una misma semejanza: no coincide la entonación entre una pregunta y una declarativa. Sin embargo, en las preguntas absolutas es donde se muestran distinciones entonativas sistemáticas entre los dialectos hispanoamericanos (cf. Sosa 2000: 494; Hualde/Prieto 2015: 371). El propósito de este estudio es averiguar si las estrategias entonativas usadas en el español costarricense podrían asemejarse al área dialectal de tipo caribeño (cf. Quesada Pacheco 2002) o representarían su propio tipo dialectal.

El artículo está estructurado en cuatro partes principales. La primera parte (Sección 2) ofrece una breve revisión bibliográfica sobre la fonética y fonología del español CR y presenta los principales contornos entonativos de las interrogativas absolutas en diferentes dialectos españoles. En la segunda parte (Sección 3) se describen los detalles metodológicos, primero, los datos y los métodos usados y, luego, el procedimiento del análisis tonal. En la tercera parte, damos a conocer los resultados (Sección 4). El trabajo termina con una discusión de estos y algunos comentarios concluyentes (Sección 5).

2. Estado de la cuestión

Antes de presentar los contornos entonativos en diferentes variedades del español, ofrecemos una breve revisión bibliográfica sobre la fonología del español costarricense. Antes que nada, se ha de notar que la producción de estudios sobre fonética y fonología del español CR no ha sido tan prolífera como en otras variedades lingüísticas hispanoamericanas. A grandes rasgos, podría decirse que hay trabajos que presentan inventarios fonológicos del español CR en general, desde perspectivas estructural, normativa, generativista o diacrónica (cf. Sánchez Corrales 1987); mientras que otros muestran investigaciones, sobre todo de corte sociolingüístico, las cuales registran específicamente fenómenos segmentales típicos del español CR tomados de diferentes regiones del país (cf. Agüero Chaves 1962; 2009; Quesada Pacheco 1996; 2002; 2009). En estos estudios citados, encontramos escasa información acerca de los fenómenos suprasegmentales o puntualmente de la entonación. Por ejemplo, Agüero Chaves (2009) menciona que en su estudio resultó imposible presentar datos entonativos debido a la falta de aparatos necesarios para realizar el examen científico de los prosodemas del español CR y compararlos con otras variedades hispanoamericanas. Con respecto a la acentuación, Quesada Pacheco (2009) aborda particularmente la agudización, a saber, el desplazamiento del acento sobre todo en ciertos vocativos del ámbito familiar como, por ejemplo: *hijó/hijá, niñó/niñá, hombré, amigó, manó* ('hermano'). A pesar de que en Costa Rica este fenómeno se encuentra en vías de extinción, resulta ser empleado en zonas rurales centroamericanas (cf. Quesada Pacheco 2002: 57–58). En cuanto a la entonación, el autor expone particularmente que las interrogativas absolutas en el español CR —según sus propias observaciones inéditas— podrían coincidir con el área dialectal de tipo caribeño. Ello se debe a que la mayoría del mundo hispanohablante realiza un contorno ascendente en este tipo de preguntas, mientras el habla caribeña (Antillas, Panamá, costa venezolana) muestra invariablemente una producción ascendente-descendente. Este último contorno es también mencionado en un estudio piloto de Congosto Martín (2011), en el cual se contrasta la entonación de frases declarativas e interrogativas en cuatro variedades de español, incluida la de San José. A pesar de que sus resultados basados en un tipo de interrogativa neutra leída por una hablante indican apenas un solo contorno, tanto el español caribeño como el español CR muestran, como veremos más adelante, mayor variación en sus patrones entonativos.

Tal y como hemos mencionado, todavía faltan trabajos sobre la entonación del español CR en comparación con, por ejemplo, el español peninsular u otros dialectos, los cuales tienen una tradición más larga con respecto al fenómeno (cf. Face 2001; Estebas-Vilaplana/Prieto 2010; Prieto/Roseano

2010; Hualde/Prieto 2015). Las interrogativas absolutas siempre han estado en el centro del interés científico, quizá justamente por el hecho de que exista mucha variación y distinción entre los dialectos del español. Por ejemplo, el trabajo de Sosa (1999), el cual —como uno de los primeros parte del modelo AM— distingue en total cinco tipos principales de las interrogativas absolutas en español según el tonema o la configuración nuclear (combinación del último acento tonal con el tono de frontera). Según Sosa (1999), los tres primeros tonemas son de tipo ascendente, característicos de los dialectos bonaerense, el peninsular o el mexicano. En tanto los otros dos tonemas, de tipo descendente, son propios de diferentes dialectos caribeños. Sin embargo, estudios posteriores mostraron que las interrogativas absolutas pueden terminar tanto en tono bajo (L) como tono alto (H)[1] en muchas variedades del español, dependiendo de su frecuencia o valor pragmático-discursivo (cf. Hualde/Prieto 2015: 371).

Al partir de la hipótesis de que el español CR podría coincidir con el español caribeño, miraremos la entonación interrogativa de esta zona del Caribe con más detalle. El español dominicano dispone en total de dos contornos principales: H+L* H% y H+L* L%, encontrados tanto en las interrogativas neutras como no neutras; el tercer contorno común, L+H* !H% ha sido detectado solamente en las interrogativas de invitación (cf. Willis 2010). En cambio, en el español puertorriqueño encontramos al lado del H+L* L% otros cinco tipos: ¡H* L%, ¡H* HH%, L+¡H* L%, L* HL% y L* H%, de los cuales la mayoría termina en tono bajo (cf. Armstrong 2010). Según Armstrong (2010), cada uno de este tonema cumple una función discursivo-pragmática: por ejemplo, el tonema L+¡H* L% caracteriza las interrogativas de eco; el tonema ¡H* L%, las interrogativas de búsqueda de información; mientras que el tonema H+L* L%, las preguntas confirmatorias. Cabe mencionar que, además, el español venezolano de Mérida también comparte algunos rasgos con el español puertorriqueño con respecto a las interrogativas absolutas, L+(¡)H* L%, ¡H* L%, H+L* L%, H* L%, encontradas en interrogativas tanto neutras como pragmáticamente marcadas (cf. Astruc et al. 2010). Los contornos de estas tres variedades se resumen en la Fig. 1.

[1] Las abreviaturas L y H, usadas comúnmente en el modelo AM, representan bien la unidad monotonal baja L (del inglés *low tone*) o la alta H (del inglés *high tone*); cf. Sección 3.

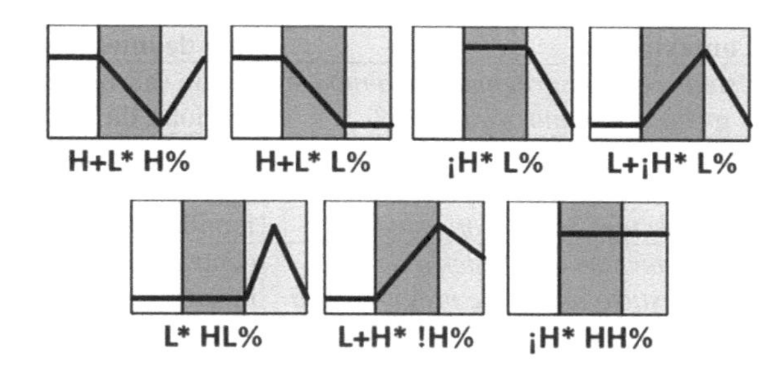

Fig. 1. Representación esquemática de los tonemas encontrados en las interrogativas absolutas de los dialectos de la zona caribeña.

El objetivo de nuestro análisis será comprobar (1) si el español CR comparte rasgos entonativos con alguno de estos dialectos y (2) si las interrogativas neutras se distinguen de las no neutras en términos de la configuración nuclear en esta misma variedad.

3. Metodología

Los datos fueron recopilados en un experimento de producción realizado en marzo 2018 en San José para el proyecto *Fonología del Español Contemporáneo* (FEC; Pustka et al. 2018), cuya meta principal es documentar la variación fónica en el mundo hispanohablante. El experimento duró aproximadamente una hora por hablante y comprendió cuatro tareas en total: lectura de lista de palabras, lectura de un texto, una entrevista y un *discourse completion task* ('cuestionario para completar discursos'). El último fue importante para los propósitos del presente estudio porque permite recolectar datos entonativos semiespontáneos a partir de diferentes situaciones cotidianas simuladas. Se le presenta al hablante una serie de situaciones pragmático-discursivas, en las cuales se detalla su participación dentro del aparente evento cotidiano y a las que la persona debe responder de la manera más natural posible (cf. Prieto 2001; Prieto/Roseano 2010 para diferentes dialectos del español; Frota/Prieto 2015 para diferentes lenguas romances). Nuestro cuestionario contiene un total de 30 situaciones ficticias de la cotidianeidad, de las cuales ocho pretenderían ser situaciones para obtener enunciados interrogativos absolutos (cf. Tab. 1). En las situaciones, existe un juego en las relaciones sociales que asumen el protagonista y demás personajes ficticios del evento.

cód. frase	Contexto	tipo de interrog. absoluta
dct_s03	*Usted le quiere preguntar a la niña si le gusta el banano: ¿qué dice?*	neutra (búsqueda de información), dirigida a una niña
dct_s06	*Usted quiere invitar a su madrina al teatro. ¿Cómo le pregunta si tiene ganas de ir al teatro con usted?*	neutra (de invitación), dirigida a un miembro de la familia más anciano
dct_s10	*Usted entra en una frutería donde nunca estuvo antes y le pregunta a la vendedora —una señora muy anciana— si tiene mandarinas.*	neutra (búsqueda de información), dirigida a una persona anciana, desconocida
dct_s13	*Sus sobrinos / sobrinos nietos hacen mucho ruido y no le dejan escuchar la televisión. Les pregunta si se quieren callar.*	no neutra (imperativa), dirigida a miembros de la familia jóvenes
dct_s14	*Pregúntele a un amigo si quiere ir a tomar una cerveza con usted.*	neutra (de invitación) dirigida a un amigo
dct_s15	*Usted está en el autobús. Hay un asiento libre al lado de una señora mayor. Le pregunta si usted puede sentarse.*	neutra (confirmatoria) dirigida a una persona mayor desconocida
dct_s18	*Usted compró helado de vainilla y de chocolate para su fiesta. Pregúnteles a los invitados si quieren helado de vainilla o helado de chocolate.*	neutra (búsqueda de información, disyunción), dirigida a invitados
dct_s22	*Le dicen que un amigo suyo, Juan, se presenta para el puesto de intendente/alcalde. No lo puede creer porque a Juan, la política no le interesa nada y usted vuelve a preguntar.*	no neutra (antiexpectativa), dirigida a alguien desconocido

Tab. 1. Composición del corpus utilizado para el estudio.

En total grabamos a 13 hablantes (6 mujeres, 7 hombres) de tres generaciones (17–29, 30–65, 65+) que provenían de cinco lugares diferentes: Cartago, San José, Desamparados, San Ramón y Turrialba (Tab. 2), los cuales pertenecen a una misma zona dialectal, la del Valle Central (cf. Quesada Pacheco 1992).

cód. informantes	**sexo**	**edad**	**lugar**
cr_sj_01	F	33	San José
cr_sj_02	F	32	San José
cr_sj_03	F	23	Desamparados (San José)
cr_sj_04	M	35	San José
cr_sj_05	M	31	San Ramón (Alajuela)
cr_sj_06	M	33	San José
cr_sj_07	M	68	San José
cr_sj_08	F	18	Turrialba (Cartago)
cr_sj_09	M	17	San José
cr_sj_10	M	23	San José
cr_sj_11	F	73	San José
cr_sj_12	F	69	Cartago
cr_sj_13	M	67	San José

Tab. 2. Informantes que participaron en el estudio.

Para este análisis, los datos fueron seleccionados únicamente de las reacciones que correspondieran a las interrogativas absolutas, los otros tipos de frases no fueron tomados en consideración. Tampoco se incluyó en el análisis las frases que contenían pausas o disfluencias. De este modo, obtuvimos un total de 89 (en lugar de 104) reacciones.

En cuanto al análisis tonal propuesto en el presente estudio, nos basamos en el etiquetaje del sistema ToBI (*Tones and Break Indices*) que parte del modelo AM y pretende describir la curva melódica en relación con la estructura métrica de los enunciados. Se asume que la entonación de una oración está compuesta de dos eventos tonales fundamentales: (1) acentos tonales o tonos asociados con la sílaba tónica y (2) tonos de frontera asociados con el límite de la frase entonativa mayor o de la frase entonativa menor (o intermedia). El último acento tonal de la frase se llama acento nuclear y los acentos tonales que lo preceden constituyen acentos tonales prenucleares.[2] Ya vimos en la Sección 2, el modelo parte de dos elementos tonales fundamentales H y L. Así, según el movimiento tonal, los acentos tonales y los tonos de frontera pueden ser de varios tipos, monotonales o bitonales. Para el análisis de nuestros datos, utilizamos el siguiente inventa-

[2] El asterisco (*) que acompaña el acento tonal indica que ese tono está asociado con la sílaba tónica; el porcentaje (%) quiere decir que se trata de un tono de frontera final; el guion (-) significa que el tono pertenece a la frontera de una frase intermedia; el signo de interrogación de cierre (!) muestra un escalonamiento descendente (*downstep*), mientras que el de inicio (¡), un escalonamiento ascendente (*upstep*); el símbolo matemático "menor que" (<) indica un desplazamiento del pico tonal a la siguiente sílaba.

rio de acentos tonales (Fig. 2) y tonos de frontera (Fig. 3), basándonos en el sistema ToBI español (cf. Prieto/Roseano 2010).

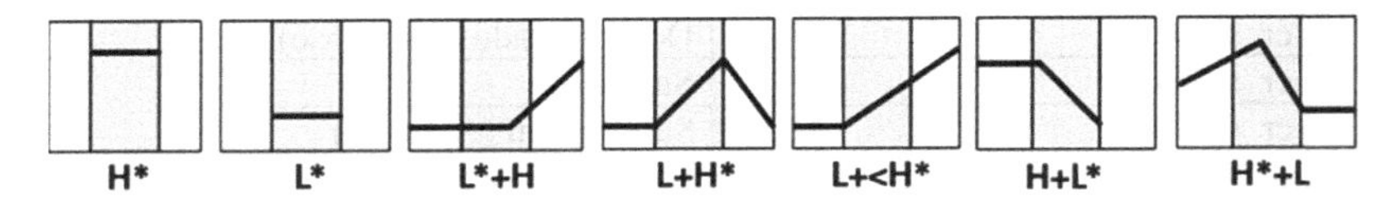

Fig. 2. Representación esquemática de los acentos tonales.

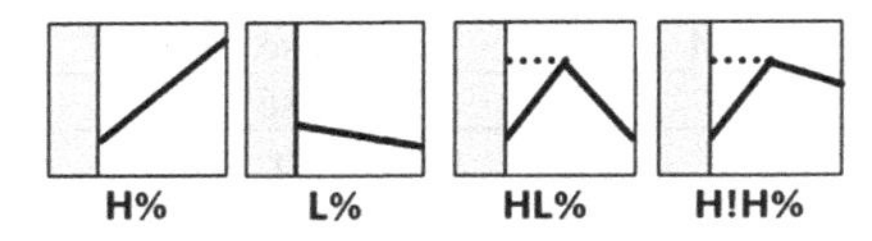

Fig. 3. Representación esquemática de los tonos de frontera.

En nuestro corpus fue posible discriminar siete tipos de acentos tonales en total, dos acentos monotonales (H*, L*) y cinco complejos. A saber, se expresan tres configuraciones de tonos ascendentes (L*+H, L+H*, L+<H*) y dos descendentes (H+L*, H*+L). En su representación gráfica, la sílaba tónica se encuentra enmarcada por la franja gris, mientras que la línea negra muestra el contorno de la F0 (frecuencia fundamental). Resulta necesario anotar que el tono H*+L no existe en el ToBI estándar; sin embargo, fue asumido (hasta este momento solo fonéticamente) para diferenciarlo del tono H+L*. La oposición entre estos dos tonos resulta claramente perceptible al oído, en términos audibles, y en términos de representación de curva melódica, difieren en la alienación del pico tonal; en uno cae sobre la sílaba pretónica (H+L*), mientras que en el otro sobre la tónica (H*+L). Veremos la diferencia y unos ejemplos más adelante.

Con respecto a los tonos de frontera en las interrogativas absolutas, detectamos cuatro diferentes tipos, los cuales aparecen en la(s) última(s) sílaba(s) después de la tónica en la frase. Tomamos, entonces, dos tonos de frontera monotonales (H%, L%) y dos bitonales (HL%, H!H%) en el corpus.

A continuación, damos a conocer los resultados de los principales contornos entonativos de las interrogativas absolutas, expresados con algunos modismos típicos del español CR, así como con sus peculiaridades segmentales dialectales.

4. Resultados

El resultado global muestra dos contornos principales para las interrogativas absolutas "ticas", independientemente de si se trata de interrogativas neutras (búsqueda de información, de invitación, confirmatoria) o no neutras (imperativas, antiexpectativas). El primer tipo de la interrogativa absoluta tiene un contorno LH(H...)LHL y transcribimos su tonema ascendente-descendente con el etiquetaje AM como L+(¡)H* L% (Fig. 4–6).[3]

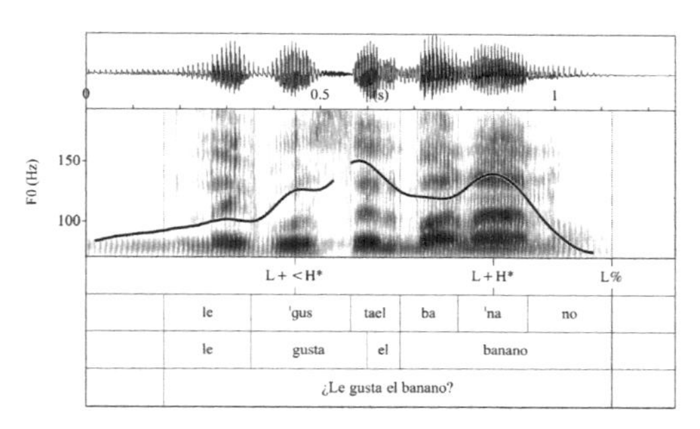

Fig. 4. Oscilograma y espectrograma con el F0 de la interrogativa absoluta neutra *¿Le gusta el banano?* (dct_s03); configuración nuclear: L+H* L% (cr_sj_13).

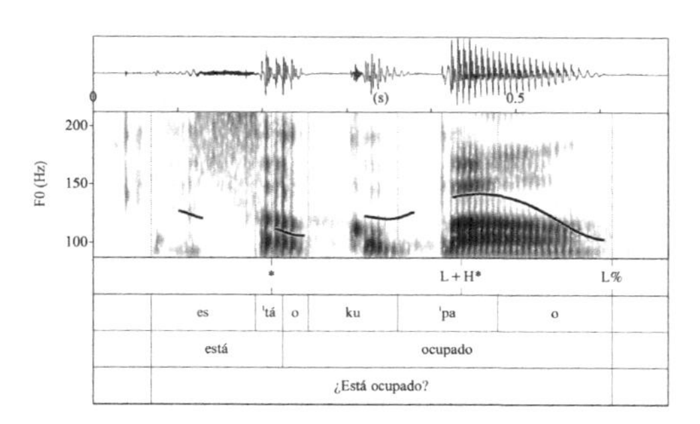

Fig. 5. Oscilograma y espectrograma con el F0 de la interrogativa absoluta neutra *¿Está ocupado?* (dct_s15); configuración nuclear L+H* L% (cr_sj_10).[4]

---

3 En nuestros datos, el *upstep* no parece ser obligatorio (por lo cual está entre los paréntesis); de todos modos, su función fonológica debe examinarse en detalle en los estudios futuros.

4 Ya que la sílaba tónica del primer acento tonal no presenta un movimiento tonal asociado, no usamos ningún etiquetaje tonal (solo el asterisco como símbolo del acento léxico).

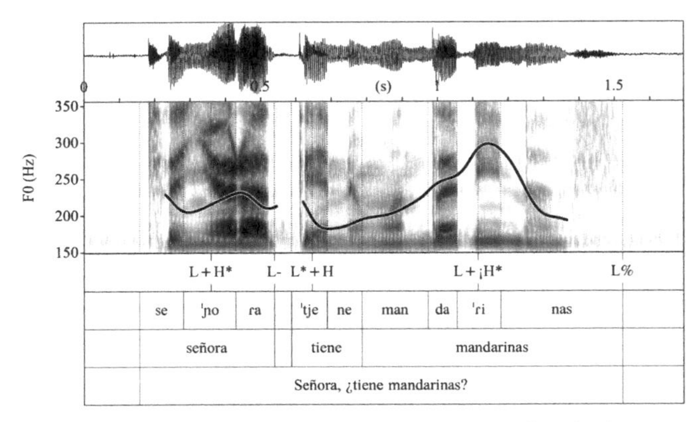

Fig. 6. Oscilograma y espectrograma con el F0 de la interrogativa absoluta neutra *¿Tiene mandarinas?* (dct_s10); configuración nuclear L+¡H* L% (cr_sj_08).

Este último ejemplo se parece al tonema circunflejo, que propone Sosa (1999: 212) para las interrogativas totales de los dialectos del Caribe, entre ellos el caraqueño, el puertorriqueño o el habanero (Sosa describe ese contorno como H+H* L%).

El segundo tonema típico de las interrogativas absolutas del español CR tiene un contorno descendente y lo transcribimos con el etiquetaje H+L* L%. Puesto que el contorno entero de todo el enunciado suele exhibir una forma LH(H...)HL, se le puede llamar *hat contour* ('contorno de sombrero'). Este tipo de contorno ha sido registrado también en otros dialectos del español (p. ej., en las interrogativas en el español puertorriqueño, cf. Armstrong 2010; en las oraciones declarativas del español de Chile, cf. Rogers 2013). Cabe añadir que este contorno se parece al tonema H* L% en la tipología de las interrogativas absolutas de Sosa (1999: 213), detectado en las preguntas negativas del puertorriqueño y "maracucho" (de Maracaibo, al noroeste de Venezuela). El descenso final en el español CR podría comenzar a partir del ataque de la sílaba tónica del acento nuclear (Fig. 7) o desde su final (Fig. 8). En este último caso, el acento tonal nuclear asociado con la sílaba tónica tiene una meseta alta ((¡)H*).

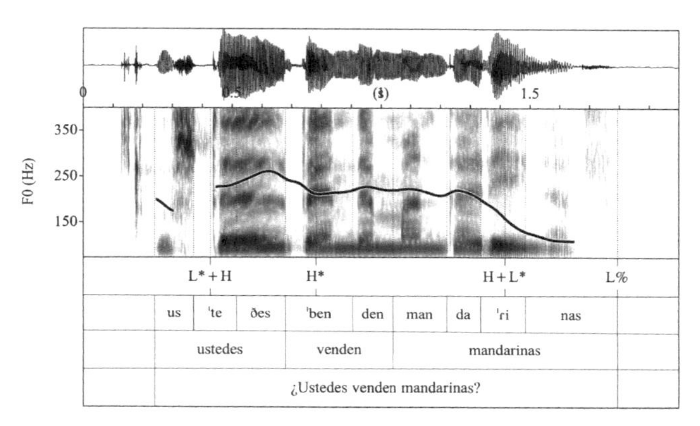

Fig. 7. Oscilograma y espectrograma con el F0 de la interrogativa absoluta neutra *¿Ustedes venden mandarinas?* (dct_s10); configuración nuclear H+L* L% (cr_sj_11).

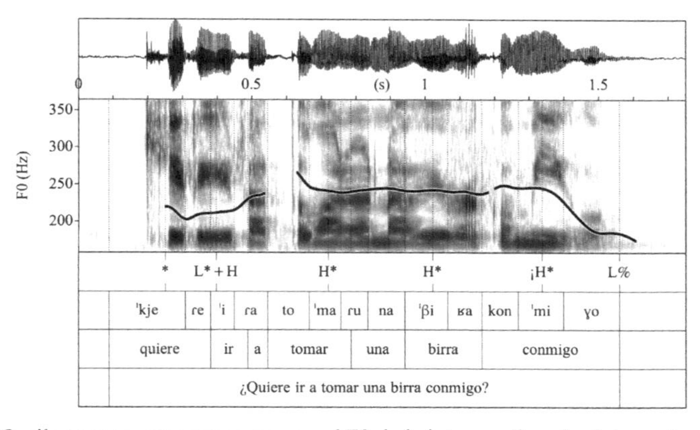

Fig. 8. Oscilograma y espectrograma con el F0 de la interrogativa absoluta neutra *¿Quiere ir a tomar una birra conmigo?* (dct_s14); configuración nuclear ¡H* L% (cr_sj_02).

Como podemos ver, la diferencia entre estos dos tonemas prototípicos consiste en la realización del F0 después de la subida inicial (el primer acento tonal de la frase). O bien el contorno está realizado primero con una bajada y luego una subida en la sílaba nuclear (L+H*) seguida del tono bajo (L%), o el contorno tiene una forma alta sostenida y una bajada a partir de la última sílaba tónica (H+L*) hasta el final de la frase (L%). El acento nuclear puede tener también otra variante: puede ser realizado como H*+L; es decir, el contorno es descendente pero el pico tonal no se encuentra en la pretónica, como en el caso del H+L*, sino que está alineado con el ataque de la sílaba tónica (Figs. 9 y 10).

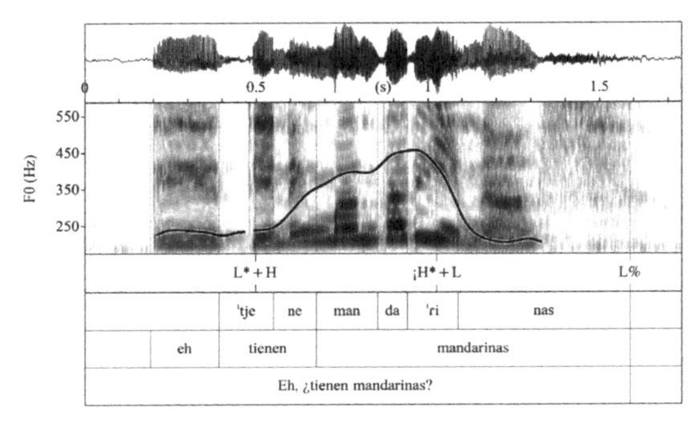

Fig. 9. Oscilograma y espectrograma con el F0 de la interrogativa absoluta neutra *Eh, ¿tienen mandarinas?* (dct_s10); configuración nuclear ¡H*+L L% (cr_sj_01).

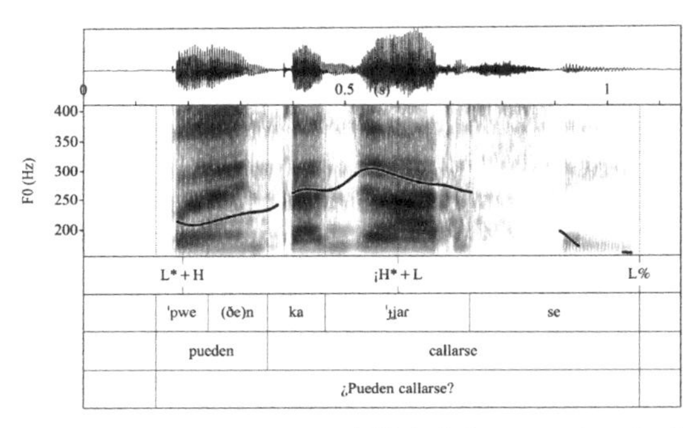

Fig. 10. Oscilograma y espectrograma con el F0 de la interrogativa absoluta no neutra *¿Pueden callarse?* (dct_s13); configuración nuclear ¡H*+L L% (cr_sj_02).

Detectamos la configuración nuclear H+L* L% también al final de las interrogativas neutras de disyunción, que está precedida por un acento tonal nuclear ascendente (L+H*) y una subida muy alta (H-) al final de la frase intermedia (Fig. 11).

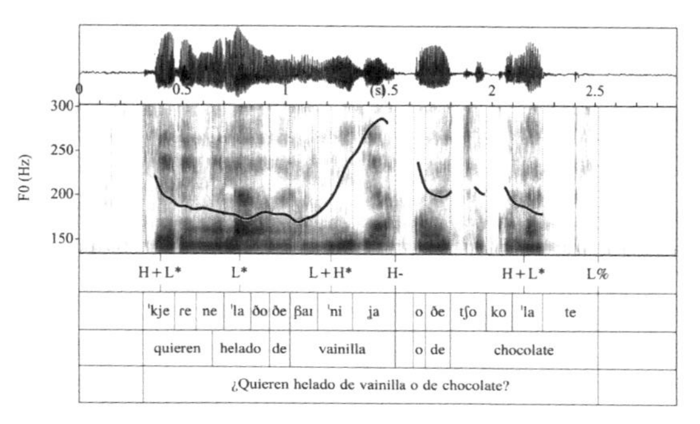

Fig. 11. Oscilograma y espectrograma con el F0 de la interrogativa absoluta neutra *¿Quieren helado de vainilla o de chocolate?* (dct_s18); configuraciones nucleares L+H* H- (frase intermedia) y H+L* L% (frase entonativa mayor) (cr_sj_03).

Seguidamente, las preguntas pueden terminar también en tonos complejos HL% o H!H%. Estos exhiben un mantenimiento del F0 en el nivel de la parte alta del acento nuclear antes de bajar hasta al final (HL%; Fig. 12) o al nivel medio del enunciado (H!H%; Fig. 13).

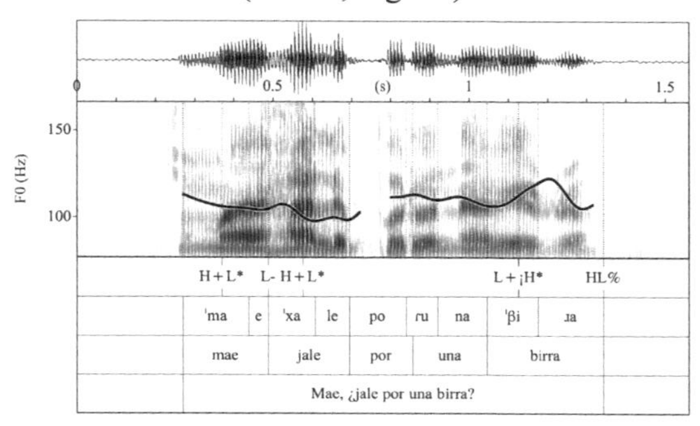

Fig. 12. Oscilograma y espectrograma con el F0 de la interrogativa absoluta neutra *Mae, ¿jale por una birra?* (dct_s14)[5]; configuración nuclear L+¡H* HL% (cr_sj_05).

El HL% fue detectado —con dos excepciones— en el contexto 22 (interrogativa antiexpectativa); mientras que el H!H% se encontró en diferentes interrogativas neutras producidas por tres hablantes (7, 12, 13), los cuales

[5] *Mae* es una forma de tratamiento de cercanía y amistad, utilizada en situaciones de coloquialidad (sobre todo en jerga juvenil), que sustituye al nombre propio (cf. el artículo de Leoni de León/Cordero Monge en este volumen). Tiene un significado de 'muchacho(a), joven' y es empleado para referirse tanto a hombres como mujeres. *Jalar* significa 'ir, dirigirse a un lugar'.

pertenecen todos a la generación de adulto mayor (65+). Como se puede ver, en varias interrogativas antiexpectativas, la configuración nuclear fue realizada con un rango de tonos muy amplio (Figs. 14 y 15).

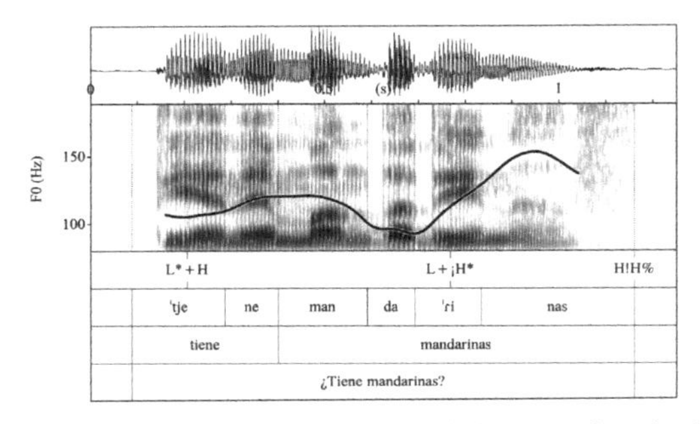

Fig. 13. Oscilograma y espectrograma con el F0 de la interrogativa absoluta neutra *¿Tiene mandarinas?* (dct_s10); configuración nuclear L+¡H* H!H% (cr_sj_13).

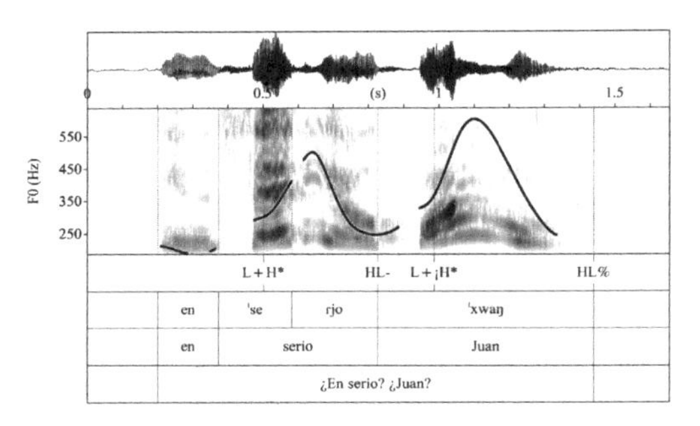

Fig. 14. Oscilograma y espectrograma con el F0 de la interrogativa absoluta no neutra *¿En serio? ¿Juan?* (dct_s22); configuración nuclear L+¡H* HL% (cr_sj_01).

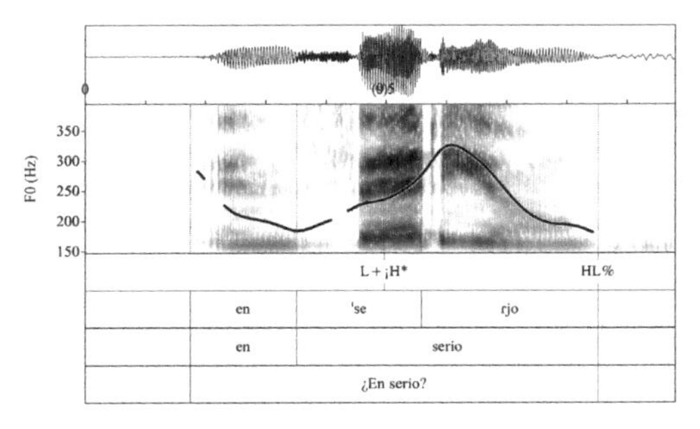

Fig. 15. Oscilograma y espectrograma con el F0 de la interrogativa absoluta no neutra *¿En serio?* (dct_s22); configuración nuclear L+¡H* HL% (cr_sj_05).

Aparte de los tonos descendentes o complejos, encontramos en los datos también once casos del tono de frontera alto (H%), cuya existencia se puede explicar parcialmente por el truncamiento tonal, o sea, la falta de espacio fonético para realizar el tono bajo (esto ocurre cuando la frase termina en una palabra aguda). En otras palabras, el tono alto (H%) sería solamente un alótono del tono bajo. No obstante, en siete casos de varias interrogativas neutras, cuatro hablantes (3, 7, 9, 12) produjeron el tono alto aunque la frase terminó en la palabra llana. En todo caso, parece indicar que se trata de un contorno atípico en la variedad costarricense y a sus hablantes no les resulta familiar, según lo consultado al respecto.

En cuanto a los acentos prenucleares, su realización predominante en posición inicial del enunciado se caracteriza por el tono bajo en la sílaba tónica y una subida alta en la postónica (L*+H) (65%). Este tipo de acento tonal es típico en las frases interrogativas en muchas variedades del español (cf. Prieto/Roseano 2010). En la posición medial, es decir, entre el acento prenuclear inicial y el acento nuclear, la realización predominante es el tono alto sostenido (H*; 48%), o una realización ascendente (L*+H, L+H* o L+<H*; 41%); cf. Tab. 3.[6]

acentos prenucleares iniciales	**n = 88**	**acentos prenucleares mediales**	**n = 77**
L*	11%	L*	6%
H*	5%	H*	48%
H+L*	7%	H+L*	5%
L*+H	65%	L*+H	25%
L+(<)H*	13%	L+(<)H*	16%

Tab. 3. Inventario tonal de los acentos prenucleares iniciales y mediales.

Al final de esta sección, resumimos el inventario tonal y la frecuencia de las configuraciones nucleares más importantes (cf. Fig. 16 y Tab. 4):

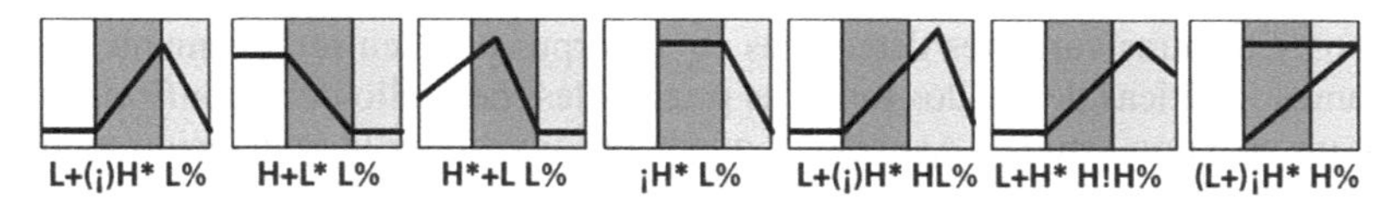

Fig. 16. Representación esquemática de las configuraciones nucleares.

6 Por su baja frecuencia en el corpus, no distinguimos entre los tonos L+H* y los tonos L+<H*.

configuración nuclear	**n = 89**	**tipo de la interrogativa absoluta**
H+L* L%, H* L%, H*+L L%	42%	neutras, no neutras
L+(¡)H* L%	29%	neutras, no neutras
L+H* H%, H* H%	12%	neutras, no neutras (H* H% cuando el contorno termina en la palabra aguda)
L+¡H* HL%	9%	no neutras: antiexpectativas
L+H* H!H%	8%	neutras (solo generación mayor)

Tab. 4. Inventario de las configuraciones nucleares de las interrogativas absolutas.

5. Conclusiones

El objetivo de este estudio preliminar fue describir y modelar los contornos entonativos de las interrogativas absolutas en el español de Costa Rica. Basándonos en los datos recogidos mediante un cuestionario entonativo en 2018 en San José, pudimos distinguir dos tipos principales de los contornos entonativos de las interrogativas absolutas: LH(H...)LHL y LH(H...)HL. En síntesis, podemos concluir que la variedad costarricense del Valle Central comparte ciertas características entonativas con otros dialectos de la zona caribeña (sobre todo el tono de frontera bajo), a pesar de que sus rasgos segmentales sean diferentes (cf. Hualde 2014). Además, observamos que la distribución del significado pragmático-discursivo de los tonemas detectados es distinta. A diferencia del español dominicano y puertorriqueño, los tonemas H(+L)* L% y L+(¡)H* L% en el español CR se usan tanto en diferentes tipos de interrogativas neutras como no neutras. Hasta donde hemos podido registrar, solamente el tonema L+¡H* HL% se prefiere para las interrogativas antiexpectativas. Es interesante señalar que en los datos aparece también el tonema L+(¡)H* H!H%, registrado únicamente en la producción de las personas mayores, lo cual podría implicar una posible influencia de los factores sociales en la variación de los contornos entonativos. Las otras variantes detectadas en el corpus parecen ser solamente variantes fonéticas de los dos tonemas principales, pero ello debe confirmarse en un próximo estudio. Asimismo, queda por investigar la realización tonal de las declarativas tanto neutras como marcadas para entender en qué consiste la diferencia entre ellas y las interrogativas absolutas. Esperamos que con la presente contribución hayamos dado un primer e inspirador paso para futuras investigaciones sobre la entonación del español 'tico' y de otros dialectos de la región centroamericana.

Referencias

Agüero Chaves, A. 1962. *El español de América y Costa Rica*. San José: Atenea.

Agüero Chaves, A. 2009. *El español de Costa Rica*. San José: Editorial de la Universidad de Costa Rica.

Armstrong, M. E. 2010. *Puerto Rican Spanish intonation*. In Prieto/Roseano 2010, 155–189.

Astruc, L. / Mora, E. / Rew, S. 2010. *Venezuelan Andean Spanish intonation*. In Prieto/Roseano 2010, 191–226.

Congosto Martín, Y. 2011. Contínuum entonativo. Declarativas e interrogativas absolutas en cuatro variedades del español peninsular y Americano. *Revista internacional de lingüística iberoamericana* 17, 75–90.

Dryer, M. S. 2013. Polar questions. In Dryer, M. S. / Haspelmath, M. / Gil, D. / Comrie, B. Eds. *The world atlas of language structures online*. Leipzig: Max Planck Institute for Evolutionary Anthropology. http://wals.info/chapter/116 (2019-05-09).

Estebas-Vilaplana, E. / Prieto, P. 2010. *Castilian Spanish intonation*. In Prieto/Roseano 2010, 17–48.

Face, T. L. 2001. Focus and early peak alignment in Spanish intonation. *Probus* 13, 223–246.

Frota, S. / Prieto, P. Eds. 2015. *Intonation in Romance*. Oxford: Oxford University Press.

Hualde, J. I. 2014. *Los sonidos del español*. Cambridge: Cambridge University Press.

Hualde, J. I. / Prieto, P. 2015. Intonational variation in Spanish. European and American varieties. In Frota/Prieto 2015, 350–391.

Lipski, J. 1994. *Latin American Spanish*. London/New York: Longman.

Pierrehumbert, J. B. 1980. *The phonetics and phonology of English intonation*. New York: Garland.

Prieto, P. 2001. L'entonació dialectal del català. El cas de les frases interrogatives absolutes. In Bover, A. / Lloret, M.-R. / Vidal-Tibbits, M. Eds. *Actes del novè col·loqui d'estudis catalans a Nord-Amèrica*. Barcelona: Publicacions de l'Abadia de Montserrat, 347–377.

Prieto, P. / Roseano, P. Eds. 2010. *Transcription of intonation of the Spanish language*. München: Lincom.

Prieto, P. / Roseano, P. Coords. 2009–2013. *Atlas interactivo de la entonación del español*. http://prosodia.upf.edu/atlasentonacion (2019-05-09).

Pustka, E. / Gabriel, C. / Meisenburg, T. / Burkard, M. / Dziallas, K. 2018. *(Inter-)Fonología del Español Contemporáneo* (I)FEC. Metodología de un proyecto de corpus. *Loquens* 5(1), e046. https://doi.org/10.3989/loquens.2018.046 (2019-05-09).

Quesada Pacheco, M. A. 1992. Pequeño atlas lingüístico de Costa Rica. *Revista de Filología y Lingüística de la Universidad de Costa Rica* 18, 85–189.

Quesada Pacheco, M. A. 1996. Los fonemas del español de Costa Rica. Aproximación dialectological. *Lexis* 20, 535–562.

Quesada Pacheco, M. A. 2002. *El español de América.* Cartago: Editorial Tecnológica de Costa Rica.

Quesada Pacheco, M. A. 2009. *Historia de la lengua española en Costa Rica.* San José: Editorial Costa Rica.

Rialland, A. 2007. Question prosody. An African perspective. In Riad, T. / Gussenhoven, C. Eds. *Tones and tunes. Experimental studies in word and sentence prosody.* Berlin: De Gruyter, 35–62.

Rogers, B. 2013. The extent of tonal events. Intonational hat patterns in Chilean Spanish. *Estudios de Fonética Experimental* 22, 172–192.

Sánchez Corrales, V. 1987. Dialectología costarricense. De Gagini a Agüero. Reseña crítica. *Letras* 15–17, 123–131.

Sosa, J. M. 1999. *La entonación del español. Su estructura fónica, variabilidad y dialectología.* Madrid: Cátedra.

Sosa, J. M. 2000. Sobre el consonantismo, el vocalismo y la entonación en la delimitación dialectal del español de América. *Zeitschrift für romanische Philologie* 116, 487–509.

Willis, E. W. 2010. *Dominican Spanish intonation.* In Prieto/Roseano 2010, 123–153.

Agradecimientos. Este trabajo fue realizado para el proyecto *Fonología del Español Contemporáneo* (FEC), en el marco de la excursión lingüística a Costa Rica, la cual fue dirigida por Trudel y Andrea. La excursión contó con la contribución de estudiantes del Instituto de lenguas romances y fue subvencionada por la Universidad de Osnabrück y el Centro Costa Rica de esta universidad. Sin embargo, la excursión y la recogida de los datos jamás hubieran sido posibles sin la experiencia y el apoyo de Trudel. También agradecemos el apoyo de la Universidad de Costa Rica en la organización de los hablantes y la colaboración de las estudiantes María Belén Viñas Fernández y Lisa Gerks (Universidad de Osnabrück) en la recogida y la transcripción de los datos. Y finalmente, nos gustaría darles las gracias a José Ignacio Hualde, Patricia Guillén, Christoph Gabriel y Maria Selig por sus valiosos comentarios en la primera versión del artículo.

Utz Maas

Schwa als Vokal und als Antivokal: Typologische Überlegungen

Abstract. Schwa is a notorious problematic concept in linguistics, inherited from traditional philology and text edition. Two different approaches to schwa should be distinguished: a phonotactic approach, based on syllabification, and a strictly segmental approach, treating schwa as a special type of vowel. A considerable amount of work has been invested in the analysis of schwa problems in French and in related European languages. In this contribution a different type of schwa is considered in some detail: the schwa of Moroccan Arabic.

Farai un vers de dreyt nien (Guillaume IX d'Acquitaine, ca. 1100).

1. Schwa als Problemfall der sprachwissenschaftlichen Diskussion: Schwa als 'Geister'-Vokal

Schwa geistert als eine Art Chagrinleder durch die phonologische Diskussion: Man greift dazu, weil auf den ersten Blick klar zu sein scheint, was gemeint ist – aber je mehr man sich damit befasst, desto mehr schrumpft das, was damit konzeptuell gefasst werden soll. Der Terminus stammt denn auch nicht aus der neueren theoretisch-methodologisch aufgezäumten Diskussion, sondern der älteren philologischen.[1] Da diese Zusammenhänge in jüngeren Arbeiten zumeist nicht mehr im Blick sind, erscheint ein Exkurs dazu angebracht.

Schwa ist ein Wort des Hebräischen: *ʃwa* 'Nichtiges, Wertloses', dessen (ab-)wertende Grundbedeutung auch durch den Sprachvergleich etymologisch greifbar wird. In der editorischen Bearbeitung hebräischer Handschriften im ausgehenden ersten Jahrtausend (unserer Zeitrechnung), als das Hebräische schon lange keine gesprochene Sprache mehr war, bezeichnete es eine Art graphischer Leerstelle in der Textüberlieferung, die unter Umständen aber in der 'Aussprache' zu füllen war. Die damit verbundenen Probleme gehen darauf zurück, dass in der hebräischen Schrift nur die konsonantischen Silbenränder mit eigenen Schriftzeichen notiert werden, ihre

[1] Für eine systematische Bestandsaufnahme der neueren Diskussion cf. Silverman (2011).

Vokalisierung in Silbenstrukturen dagegen nur mit diakritischen Hilfszeichen, die in der Regel in die Handschriften nur zusätzlich eingetragen wurden, wenn das Schriftbild sonst ambig gewesen wäre, z. B. <ħkmh> desambiguiert /ħkəmh/ ([ħɑ.kə.mɑː] 'sie war weise') vs. /ħɑkmh/ ([ħɑk.mɑː] 'Weisheit').[2] Da die Notation mit dem gleichen diakritischen Zeichen, dem Schwa, operierte, wurde bei diesem in der philologischen Diskussion unterschieden zwischen einem vokalisch lautierten *schwa mobile* [ə] und einem *schwa quiescens*, das nur die silbenschließende Funktion des so markierten Konsonantenzeichens notiert.[3]

Die Diskussion dieser Probleme nahm im Horizont der Versuche, einen kanonischen Text herzustellen, einen großen Raum ein, wobei diese Diskussion entsprechend der in den jüdischen Gemeinschaften im damaligen Mittelmeerraum genutzten Umgangssprache auf Arabisch geführt und gegebenenfalls auch verschriftet wurde. Das Arabische selbst wurde im Kielwasser der Islamisierung systematischer verschriftet, nicht nur in Inschriften wie vorher; es weist strukturell analoge Probleme auf, die entsprechend auch für dieses diskutiert wurden. Ein aufschlussreicher solcher arabisch geschriebener Traktat aus der jüdisch-arabischen rabbinischen Literatur ist von Levy (1936) ediert und kommentiert worden, in dem die diakritische Punktation in den hebräischen Bibeltexten um die Wende vom ersten zum zweiten Jahrtausend unserer Zeitrechnung ausführlich erläutert wird (arabisch, aber in hebräischer Schrift überliefert).

Das mag als fachgeschichtliche Kontrastfolie für die neuere Schwa-Diskussion dienen, durch die Schwa als oft auch so genannter *ghost vowel* geistert, vor allem auch durch die zum Französischen, in der die Diskussion traditionell auch am Schriftbild und seiner 'Aussprache' ausgerichtet ist (mit dem Problem des *e muet*). Mehr oder weniger explizit so auch im Anschluss an die Schwa~'nichts'-Tradition, etwa in der einflussreichen Analyse von Anderson (1982), der sie schon im Titel paraphrasiert.[4]

---

2 Zu der lautlichen Umsetzung der Graphien cf. Blau (1976: 13), auch zu diesem Beispiel.

3 Zu den Einzelheiten cf. die (erstmals 1813 erschienene) Standardgrammatik von Gesenius in der Neubearbeitung von 1909.

4 Darauf spielt auch das gewählte Motto dieses Beitrags an ('ich dichte mit einem Nichts') – allerdings kalauernd, weil Wilhelm mit seinem *de nien* wohl auf den Gegenstand seiner Dichtung zielte und nicht auf die sprachliche Form; für diese lässt sich keine Schwa-Syllabierung rekonstruieren. Liest man diese Aussage von Wilhelm aber in einer generalisierten Weise ('aus nichts', bezogen auf das sprachliche Material, in dem die Dichtung artikuliert werden kann), gehört das Schwa in seiner Grundbedeutung 'Nichts' zu den Optionen.

Da diese Diskussion von Majana Grüter (verh. Beckmann) in ihrer von Trudel Meisenburg betreuten Dissertation (2012) ausführlich aufbereitet worden ist (cf. Beckmann in diesem Band), ist es überflüssig, das hier auszuführen. Stattdessen will ich die anders gelagerten Konstellationen der Schwa-Syllabierung im Marokkanischen Arabisch (MA) vorstellen, um daran gespiegelt die typologischen Besonderheiten des französischen Schwa zu verdeutlichen.

Geht man von dem hübschen metaphorischen Bild eines 'Gespenster-Vokals' aus, gehört zu diesem ein fester Ort, an dem es geistert, also erscheint (Epenthese) oder auch verschwindet (Synkope/Apokope) – ein Burg-Gespenst geistert eben auch nur in der Burg. Die in der Literatur diskutierten *ghost vowels* sind insofern zunächst einmal wortphonologisch durch ihre Position definiert, unabhängig von den phonetischen Eigenschaften, die sie ggf. ausmachen. Sie finden sich in den slawischen Sprachen, die phonetisch keine Schwas haben wie das Russische, dort durchgängig so bei mehrkonsonantigem Stammauslaut in Formen ohne vokalisches Suffix wie z. B. bei russ. /ˈugol/ 'Ecke$_{\text{NOM.SG}}$' vs. /uˈgla/ 'Ecke$_{\text{GEN.SG}}$': Im Wortauslaut ist im Russischen eine Sequenz wie */ugl/ für den endungslosen Stamm nicht akzeptabel. Insofern definieren dort Sequenzen wie /… CC#/ (mit # für den Wortauslaut) den Ort, an dem der *ghost vowel* zuhause ist.[5]

Anders stellen sich die Verhältnisse dar, wenn ein solcher Ort für eine labile Vokalisierung nicht wortphonologisch definierbar ist. Auch das ist nicht an die Nutzung eines spezialisierten Vokals, insbesondere nicht an einen Zentralvokal /ə/, gebunden. So rekrutiert z. B. das Kairinische Arabisch (KA) für solche Epenthesen zumeist den regulären Vokal /i/ (für die Zwecke der Argumentation sehe ich von Detailproblemen wie z. B. vokalharmonischen Adaptierungen ab). Dadurch kommt es hier auch zu phonologischen Neutralisierungen. Dort greift ein zu dem oben für die slawischen Sprachen angeführten spiegelverkehrter wortphonologischer Filter: Komplexe konsonantische Endränder sind nur am rechten Wortrand zugelassen (/__#/), nicht aber im Innern eines (prosodischen) Wortes, cf. KA /ˈʔult#/ 'ich habe gesagt / du$_{\text{M}}$ hast gesagt' (morphologisch: *ʔul-*$_{\text{sag:PRF}}$ + *-t*$_{\text{1SG.PRF} \sim \text{2SG.M.PRF}}$) vs. /ˈʔul.ti#/ 'du$_{\text{F}}$ hast gesagt' (morphologisch *ʔul-*$_{\text{sag:PRF}}$ + *-ti*$_{\text{2SG.F.PRF}}$). Mit einem suffigierten indirekten Objektpronomen /-l.hum/ 'ihnen' wird dieser Kontrast in der Verbalflexion neutralisiert: daher sowohl (mit der Akzentverschiebung)[6] /ʔulˈtil.hum#/ 'du$_{\text{F}}$ hast ihnen gesagt' (morphologisch: *ʔul-*$_{\text{sag:PRF}}$ + *-ti*$_{\text{2SG.F.PRF}}$ + *-l.hum*$_{\text{3P.IOBJ}}$) als auch /ʔulˈtil.hum#/ 'ich habe

5 Im Folgenden ist statt von *Geister-* oder *Gespenstervokalen* auch weniger farbig von *labilen* (vs. *stabilen*) Vokalen die Rede.

6 Der paroxytone Wortakzent ist als Default anzusetzen.

ihnen gesagt' (morphologisch: *ʔul-*$_{\text{sag:PRF}}$ + *-t*$_{\text{1SG.PRF}}$ + *-l.hum*$_{\text{3P.IOBJ}}$) mit einem epenthetischen Geister-/i/, das auch als Träger des paroxytonen Akzents fungiert.

Sprachen wie das MA verlangen ein anderes Koordinatensystem der Analyse, weil hier die segmentale Variation nicht an wortprosodische Bedingungen gebunden ist: Das MA hat keinen lexikalischen Akzent; Betonungsdifferenzen werden nur für die prosodische Profilierung von Äußerungen genutzt:[7] Im MA findet sich eine prosodisch gesteuerte Schwa-Epenthese als segmentale Unterfütterung der prosodischen Äußerungskontur. Das kann exemplarisch für den Ausgang von indikativischen Aussagen illustriert werden.[8] Der terminale Abschluss einer solchen Äußerung kann durch eine finale Kadenz markiert werden: durch den Ausgang auf die paroxytone Abfolge einer starken und einer schwachen Silbe [...*σ σ].[9] Die prominente Rolle der Kadenz zur Artikulation einer terminalen Kontur zeigt sich besonders, wenn dazu die Schwa-Syllabierung genutzt wird. Das lässt sich gut an kontrastierenden Realisierungen der morphologisch gleichen Form zeigen, wo diese

- im Äußerungsinnern integriert (im Innern einer Intonationseinheit) vorkommen, ggf. ohne Schwa-Syllabierung,
- gegenüber einer anderen Syllabierung an deren rechten Rand als segmentale Grundlage für eine terminale Kontur, zur Sicherung einer Kadenz.

In meinem Korpus des (spontan) gesprochenen MA sind entsprechende Kontraste keineswegs selten,[10] z. B. bei 'partizipialen' Formen mit dem Muster |CaC__C|,[11] also mit einer Sollbruchstelle für eine Schwa-Syllabierung wie z. B. |gal__s|, als Partizip zu |gls| 'sitzen', idiomatisch auch (wie

---

7 Die Grundstrukturen sind schon in Maas (2011) dargestellt; ausführlicher (und auch mit der Möglichkeit, zugehörige Audio-Dateien zu den Beispielen zu öffnen) in der umfangreicheren Ausarbeitung als *work in progress* auf meiner Webseite (Maas 2019).

8 Eine systematische Darstellung der Intonationskonturen des MA geht über den Rahmen dieses Beitrags hinaus.

9 Die Markierung *σ steht für die relative Stärke der Silbe – nicht für einen Akzent.

10 Größere Teile des Korpus sind unter https://zentrum.virtuos.uni-osnabrueck.de/utz.maas/Main/Dateien zugänglich. Die Audio-Dateien sind allerdings passwortgeschützt (da sie nicht anonymisierbar sind). Über eine Rückfrage kann aber ein individueller Zugang ermöglicht werden. Nur die Transkriptionen und die Metadaten (Informationen zur Aufnahme) sind frei zugänglich.

11 Die geraden Striche (| ... |) markieren grammatische oder lexikalische Formen (Invarianten).

in dem folgenden Beispiel) für 'arbeitslos sein', cf. die beiden folgenden Auszüge des gleichen Sprechers:

(1) dik.l-mudːa lːi bqi-t gals ka-n-tsara ɬəʕ-l-i
$_{DM.F}$Zeit REL bleib$_{1SG.PRF}$ sitz$_{PTCP.SG.M}$ $_{DUR-1SG}$spazier steig$_{PRF.3SG.M}$zu$_{1SG}$
'In dieser Zeit, in der ich nichts zu tun hatte als herumzuspazieren, stieg mir das Blut in den Kopf.'[12] (A.04.14: 23)

In (1) ist |gal__s| modifizierendes Element im Innern eines komplexen Prädikats (als Artikulation der Durativität); es ist prosodisch integriert, also phonologisch minimal: einsilbig ohne Schwa-Epenthese an der Sollbruchstelle. Anders verhält es sich dagegen in der folgenden Passage (des gleichen Sprechers in der gleichen Aufnahme).

(2) l.mu.him mn.bəʕd dak.ʃ-ʃi wlːi-t ʕawtani bqi-t galəs
also danach $_{DM}$Ding werd$_{1SG.PRF}$ wieder bleib$_{1SG.PRF}$ sitz$_{PTCL.SG.M}$
'Also, danach bin dann wieder einige Zeit ('bleibend') arbeitslos gewesen.'[13] (A.04.14: 56)

In (2) ist |gal__s| dagegen der semantische Kopf eines komplexen Prädikats am rechten Rand der Äußerung mit einer terminalen Kontur, deren paroxytone Artikulation durch die Zweisilbigkeit auf der Grundlage der Schwa-Epenthese profiliert wird. Dabei ist die Schwa-Syllabierung nur eine Option für die Realisierung einer Kadenz als terminalem Ausgang. Diese kann durchaus auch in die letzte Silbe hineinverlagert werden, deren vokalischer Kern dann zweigipflig artikuliert wird wie in dem folgenden Beispiel:[14]

(3) l-kol-a u l-qəhw-a / ʕad ka-t-kun naʃṭ
$_{DF}$Leim$_{SG.F}$ und $_{DF}$Kaffee$_{SG.F}$ dann $_{IND.2SG}$sei munter.sei$_{PTCL.SG.M}$
'Der Leim und der Kaffee – dann bist du munter.' (A.95.03: 656)

Die phonetische Mikroanalyse zeigt hier eine überlange auslautende Silbe bei *naʃṭ* 'du bist munter' (munter.sei$_{PTCP.SG.M}$) mit einer zweigipfligen Kontur des Vokals [naːʃṭ] – als alternative Option zur zweisilbigen Artikulation [naːʃəṭ].[15]

---

12 Idiomatisch: 'hatte ich Zorn', 'war ich gereizt' o. ä.

13 Idiomatisch: absolut gebrauchtes /gls/ 'sitzen' in der Bedeutung 'arbeitslos sein'.

14 Es handelt sich um die Äußerung eines Schusters, der von seinem täglichen Arbeitsanfang berichtet. Dazu gehört auch das Aufbereiten von Leim.

15 Bei diesen Optionen kommen phonotaktische Filter bzw. Präferenzen ins Spiel: Offensichtlich ist die Abfolge (homorganer) Frikativ + Plosiv mit monoton fallender Sonorität bei /…ʃṭ#/ ein schwächerer Attraktor für eine Schwa-Epenthese als /…ls#/, dessen Liquid zwar in eine fallende Sonoritätskontur integriert werden kann, aber potenziell auch silbisch fungieren kann

Zwar lassen sich auch im MA präferierte Orte für eine Schwa-Epenthese bestimmen wie in diesem Beispiel mit der morphologischen Struktur 'partizipialer' Formen mit dem Muster |CaC_C|, aber zu dieser gehört kein Schwa, auch nicht als *floating vowel*. Schwa ist im MA nur ein phonetisches Epiphänomen prosodischer Konturen, für das wortphonologisch nur (restriktive) Filter definiert werden können wie die nicht akzeptable Schwa-Syllabierung in offener Silbe.[16] Dieser Filter erklärt die Variation der epenthetischen Schwa-Syllabierung bei lexikalisch vokallosen Stämmen wie z. B. |ktb| 'schreiben$_{\text{PFV}}$' in der dritten Person Singular /ktəb/ 'er hat geschrieben' (mit dem präferenziell maximierten Anfangsrand), aber /kət.bu/ (3PL) 'sie haben geschrieben'.

2. Das phonetisch 'gefüllte' Schwa

Komplementär zur Analyse der phonotaktischen Bedingungen bei dem 'Gespenster'-Vokal Schwa im MA sind dessen materiale (phonetisch-segmentale) Verhältnisse zu analysieren. Bei einem Gespenst ist zu erwarten, dass es ohne materiale Substanz ist. Entsprechend sollte auch ein Gespenster-Schwa phonetisch transparent sein. Tatsächlich dient das auch als argumentative Grundlinie für viele phonologische Arbeiten, insbesondere auch zum französischen Schwa.

Bei einer solchen Herangehensweise droht allerdings eine begriffliche Verwirrung: Gemeint ist dabei so etwas wie eine Minimierung der phonetischen Distinktivität; aber jeder phonetisch artikulierte Vokal hat notwendig auch ein materiales Design. In dem inzwischen üblichen akustischen Analysehorizont zeigt sich das Gemeinte durch die Positionierung des Schwa im Zentrum des zur Darstellung des Vokalismus aufgespannten Frequenz-Raumes mit F1 bei ca. 500 Hz und F2 bei ca. 1.500 Hz (F3 liegt bei ca. 2.500 Hz).

(cf. so z. B. im niederländisch-niederheinischen Regiolekt fest *Milch* als [mɪ.ləç]). Diese Fragen sind nicht Gegenstand dieses Beitrags.

16 Cf. Maas (2011: 37–42) für eine quasi-algorithmische Explikation dieses Filters. Es versteht sich von selbst, dass ein solcher auf ein 'Normal'-Register kalibriert ist: Unter besonderen Bedingungen (z. B. überdeutliche und langsame, isolierende Sprechweise und dergleichen) kann ein solcher Filter überschrieben werden.

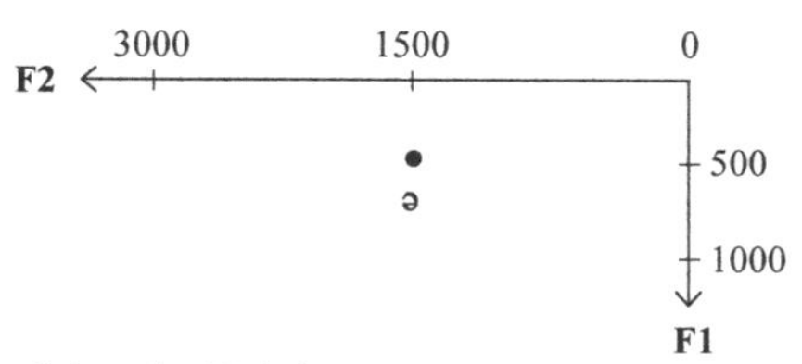

Fig. 1. Position des Schwa im Vokalraum.

Das entspricht auch der grundlegenden Modellierung der akustischen Verhältnisse und ihrer Korrelation mit artikulatorischen und perzeptiven, wie schon einflussreich herausgestellt bei Jakobson et al. (1951: 18, Abschnitt 2.13 "Neutral position of the vocal tract").[17]

Dieses 'ideale' Schwa findet sich tatsächlich auch im MA (während im Französischen mit Schwa ein peripherer Vokal bezeichnet wird, phonetisch etwa [ø] oder [œ]). Da ist es sinnvoll, die Verhältnisse des MA hier anschaulicher zu illustrieren. Im Folgenden betrachten wir das [ə] der Syllabierung von |xrrʒ-u| 'herausgeh$_{\text{CAUS-3PL.PRF}}$', bei dem sich die Fortisierung des mittleren Radikals (bezogen auf die Wurzel √*xrʒ*) mit einer deutlichen Schwa-Lautierung verbindet (die vokalisierte Artikulation des [rː] ist hier nur angedeutet):

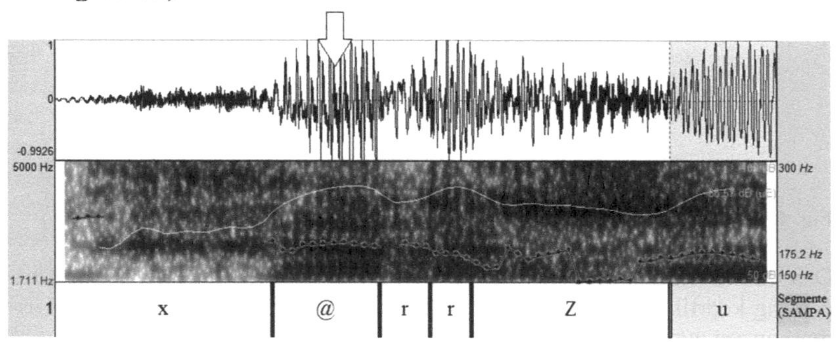

Fig. 2. *Praat*-Darstellung von MA [xərːʒu] 'sie sind herausgegangen' – hier in SAMPA-Notation (@ für [ə]). Der Pfeil markiert die in Fig. 3 analysierte Stelle.

Die Formantenstruktur dieses Schwa lässt sich mit der Sprachanalyse-Software *Praat* (Boersma/Weenink 2019) an einer Stelle mit ausgeprägter Artikulation darstellen, cf. Fig. 3.

[17] Eine systematische Darstellung ist hier nicht möglich. Die Grundargumentation findet sich schon bei Stumpf (1926), der grundsätzlich Laute durch die Unterscheidbarkeit definierte und daher Schwa als Grenzwert ausgrenzte.

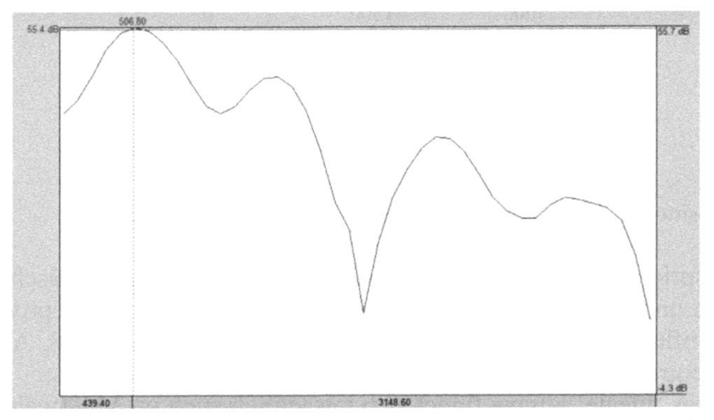

Fig. 3. Sagittalschnitt durch das Signal an der in Fig. 2 markierten Stelle mit den Formanten F1 = 506 Hz, F2 = 1372, F3 = 2333 Hz. Die senkrechte gestrichelte Linie markiert F1.

Für die phonologische Wertung deckt im MA das Schwa den gesamten zentralen Raum der vokalischen Artikulation ab, komplementär zu den peripheren Vokalen /a i u/, also mit [ɐ ɪ ʊ …] als zentralisierten Vokalen:

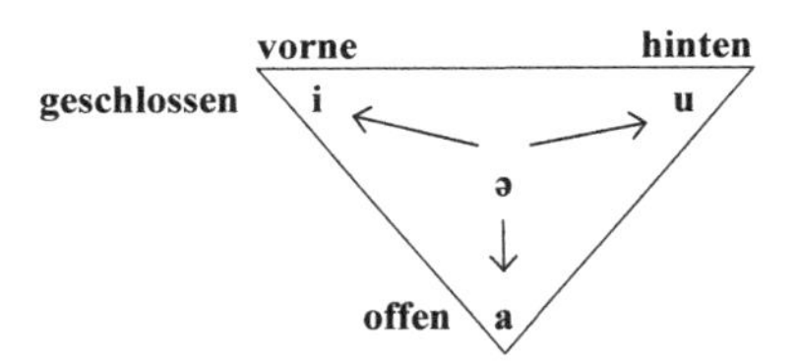

Fig. 4. Die Position des Schwa im Vokaldreieck.

Das lässt erwarten, dass das Schwa im MA in hohem Maße durch die Umgebung koartikuliert wird, wie es auch die folgenden exemplarischen Ausmessungen aus dem Korpus zeigen, cf. Fig. 5.[18]

[18] Mit Dank an Irina Treichl, die mich bei diesen Analysen unterstützt hat.

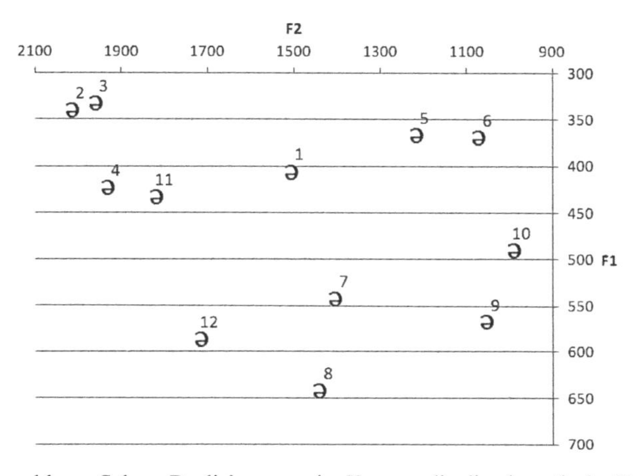

Fig. 5. Auswahl von Schwa-Realisierungen im Korpus, die die phonetische Streuung zeigen. Die Indizes verweisen auf den folgenden Text.

Abgebildet sind die Werte der folgenden Äußerungsfragmente; cf. Tab. 1.[19]

Bezeichnung	Beispiel	enge Transkription	Aufnahme	F1	F2
ə^{1}	Zentral	bə̱nt	AR elizitiert	407	1508
ə^{2}	ə̟	jɪ̱ktəb	AR elizitiert	341	2016
ə^{3}	ə̟	tə̱m:a.ja	MH.99.01: 70	334	1960
ə^{4}	ə̟	xrə̱ʒ-t	C.90.01: 16	424	1933
ə^{5}	ə̹	kʊ̱l:-ha	MH.99.01: 51	368	1218
ə^{6}	ə̹	b:a-hʊ̱m	AR elizitiert	370	1073
ə^{7}	ə̞	ʕʃə̱r	C.90.01: 26	543	1406
ə^{8}	ə̞	ʃhə̱ɾ̵	F.92.01: 44	643	1443
ə^{9}		xʊ̱bz-u	A.04.04: 140	568	1055
ə^{10}		xʊ̱bz	C.90.01: 130	491	992
ə^{11}		t-ʒʊ̱w:əʒ-t	MH.99.01: 14	434	1821
ə^{12}		də̱xl-u	MH.99.01: 913	488	1718

Tab. 1. Belegformen zu den Schwas in Fig. 5.

ə^{1} ist gewissermaßen das prototypische Schwa. Die anderen sind zentralisierte Vokale, die mit eigenen IPA-Symbolen repräsentiert werden können; cf. Tab. 2.

[19] Die Belegdaten beziehen sich mit den Adressen auf mein Korpus des gesprochenen MA (cf. Fn. 10). AR bezeichnet meinen früheren Feldassistenten.

Bezeichnung	F1	F2	IPA-Symbol
$ə^{1}$	407	1508	ə
$ə^{2}$	341	2016	ɪ
$ə^{3}$	334	1960	ɪ
$ə^{4}$	424	1933	ə
$ə^{5}$	368	1218	ʊ
$ə^{6}$	370	1073	ʊ
$ə^{7}$	543	1406	ɐ
$ə^{8}$	643	1443	ɐ
$ə^{9}$	568	1055	ʊ
$ə^{10}$	491	992	ʊ
$ə^{11}$	434	1821	ʏ / œ
$ə^{12}$	588	1718	ə

Tab. 2. Alternative IPA-Notation der Schwa-Varianten mit den Formantenwerten (F1 und F2).

Einige Kommentare zu diesen Formen: $ə^{8}$ ist ein pharyngalisiertes Schwa, expliziter notiert in der zugrundeliegenden Wortform: [ʃhɐʕɍ] – entsprechend der hohe Wert bei F1 und der relativ niedrige bei F2. Schwierigkeiten machen hier die Analysen von $ə^{5}$/$ə^{6}$ gegenüber $ə^{9}$/$ə^{10}$ im obigen Verteilungsschema. Nur $ə^{9}$/$ə^{10}$ sind Schwas im Sinne der ‘mobilen’ Syllabierungsexponenten, $ə^{5}$/$ə^{6}$ sind feste (lexikalisierte) [ʊ], die vor allem bei *hʊm* ja auch mit einem peripheren Vokal im Paradigma alternieren (*huma*). Dem entspricht ihre größere phonetische Nähe zum peripheren /u/.[20] Da die phonetische Variation hier aber nicht der von peripheren Vokalen entspricht, belasse ich es bei der (konventionellen) Notation mit einem zentralisierten [ʊ]. Bemerkenswert sind Formen wie $ə^{11}$: Anders als sonst bei der Koartikulation dominieren präpalatale/koronale Konsonanten die Koartikulation auch im Anfangsrand, hier deutlich bei den vorderen Artikulationen, cf. $ə^{3}$ nach stark affriziertem /t/, und bei $ə^{11}$ nach /ʒ/.

3. Schlussfolgerungen für die phonologische Diskussion

Dieser Beitrag versucht, die ausgedehnte Diskussion zum Schwa, wie sie nicht nur, aber besonders extensiv zum französischen Schwa geführt worden ist und geführt wird, typologisch etwas weiter zu öffnen, indem die anderen Bedingungen der Schwa-Syllabierung im MA etwas genauer in den Blick genommen werden. Damit stehen zugleich phonologische Beschrei-

[20] Die Feldassistenten notierten diese Formen durchweg auch mit einem *Wau*, dem Zeichen für ein /w/ als festes Segment (je nachdem konsonantisch oder auch vokalisch lautiert), nicht mit einem *Ḍamma*, einem diakritischen Superskript für die velare und gerundete Vokalisierung.

bungs- bzw. Erklärungsmodelle zur Disposition. Die üblichen Darstellungen bewegen sich zwischen Positionen, die Schwa als 'regulären' Vokal im phonologischen Inventar ansetzen und dann mit Synkopierungsregeln deskriptive Adäquatheit zu erreichen versuchen – und solchen, die im Inventar kein Schwa aufweisen und dieses 'postlexikalisch' durch Epenthese-Regeln einführen.

Dabei unterscheiden sich die vorliegenden Analysen/Modellierungen in der Architektur: Entweder bemühen sie sich um eine Ableitung der beobachtbaren Formen aus zugrunde gelegten lexikalischen/grammatischen Strukturen ('Repräsentationen'), die mithilfe von äußerungsbezogenen Regeln 'implementiert' werden, oder sie versuchen eine 'unmittelbare' Modellierung der Äußerungsstrukturen, die nur sekundär mit lexikalischen/grammatischen Formen verknüpft wird. Mit der dominanten generativistischen Ausrichtung der jüngeren Sprachwissenschaft ist das erste schon fast selbstverständlich geworden. Ob nun die Vorliebe für eine dramatische Metaphorik in der Begrifflichkeit geteilt wird oder nicht: Die Analysen mit 'Geister'-Segmenten identifizieren diese durch eine Variable in der kanonischen Repräsentation von Wortformen, bei der eine nicht offene (phonetisch implementierte) 'Belegung' möglich ist. Die Folge ist, dass die phonetische Realisierung fließend ist, wobei auch bei einer Null-Realisierung die Variable latent präsent bleibt. Eine andere Konstellation liegt vor, wenn die beobachtbaren phonetischen Elemente keine solche kanonische Verankerung haben, sondern bei der Annahme grundlegender kanonischer Formen epenthetisch analysiert werden müssen (in Hinblick auf die dadurch bestimmte Formenvariation meist als *floating* bezeichnet).

Beide Konstellationen treten sowohl mit 'regulären' phonologischen Exponenten auf, die auch als feste Segmente lexikalische/grammatische Formen bilden, wie mit spezialisierten Elementen, die nur als 'Geister' durch die Formen klabautern. Der erste Fall ist besonders klar, wenn solche epenthetischen Segmente auch prosodisch prominent sein können: als Träger der Akzentuierung. Der zweite Fall eines für die Epenthese designierten speziellen Segments ist das Schwa, wie es auch in zumindest einer der Analysetraditionen des Französischen angesetzt wird, die sich von der Vorgabe des Schriftbildes (und dem darauf bezogenen Terminus des *e muet*) gelöst haben; cf. Meisenburg/Selig (1998) für einen systematischen Überblick (mit dem phonetisch ausgerichteten Terminus des *e caduc*).

Aufschlussreich für eine Abklärung der methodischen Prämissen ist immer die vergleichende Analyse eines anders gelagerten Beispiels als das üblicherweise zur Veranschaulichung herangezogene Material. Dazu wurde in diesem Beitrag das Marokkanische Arabisch genommen. Die Differenz zur französischen Schwa-Syllabierung zeigt sich unmittelbar: Im MA kommt ein /ə/ nur fest angeschlossen an einen silbenschließenden Konsonanten vor, während das französische /ə/ ein regulärer Vokal ist, dessen Syllabierung auch der Präferenz für offene Silben unterliegt. Daher greift im Französischen auch so etwas wie die notorische *loi des trois consonnes*, die gerade die Schwa-Epenthese in offenen Silben fordert, um eine Abfolge von drei Konsonanten zu verhindern: *la fenêtre* [la.fnɛ.tʁə] vs. *une fenêtre* [yn.fə.nɛ.tʁə].[21]

Die orthoepische Tradition dieser Reflexion (die mit etwas veränderten Vorzeichen die eingangs angesprochene philologisch-editorische Tradition fortschreibt) verdeckt die methodische Grundfrage, die die moderne Sprachwissenschaft mit der Unterscheidung von Phonetik und Phonologie herausgestellt hat. Phonotaktische Probleme sind notwendig mit artikulatorischen und vor allem auch perzeptiven zu verknüpfen – aber eben darauf nicht zu reduzieren. Phonetisch wird die Epenthese eines [ə]-Vokals in einer konsonantischen Sequenz von Reaktionen auf die Schwierigkeit perzeptiver Differenzierungen bei den Konsonanten, insbesondere bei Plosiven, überlagert: Perzeptiv identifizierbar sind diese in den von ihnen gesteuerten Übergängen zu den vorausgehenden oder folgenden Vokalen. Weisen die zu artikulierenden Wortformen lexikalisch keine solche auf, springt die Schwa-Epenthese als optimales Surrogat ein – besser als z. B. nur eine stimmlose Verschlusslösung oder dergleichen.

Virulent ist dieses Problem vor allem bei konsonantischen Sequenzen: Bei /…akt/ ist durch die Koartikulation des /a/ die Identität des folgenden /k/ gesichert, wie schematisch in (4) gezeigt.

(4) [akt] (mit Pfeil ← über „ak“)

Problematisch ist aber die Auflösung der Sequenz /kt/. Solche komplexen Endränder sind daher typologisch auch ausgesprochen markiert: Sie finden sich in den meisten Sprachen nicht; in vielen Sprachen wird als Kompromiss gegenüber einer Apokope eine konsonantische Assimilation vollzogen (z. B. regressiv als [atː] o. ä.). Die Lösung des Verschlusses, z. B. mit einer Aspiration [akʰt], dient als Stütze, bei der sich auch schon die Frage der syllabischen Wertung stellt ([a.kʰt]?). Stärker ist in dieser Hinsicht eine sonore Verschlusslösung mit einem Schwa-Laut ([akᵊt] bzw. [a.kᵊt]). Diese Verschlusslösung in konsonantischen Folgen ist denn auch der Default in den marokkanischen Sprachen – MA wie Marokkanisches Berberisch (MB) –, gewissermaßen als Korrelat zu der großen Toleranz für konsonantische Folgen.[22]

---

[21] Cf. Meisenburg/Selig (1998) für eine Diskussion dieser heute obsoleten orthoepischen Vorschrift.

[22] Das kommt besonders zum Tragen bei der vor allem im MB alltagsnah praktizierten (bzw. durchgängig geschätzten) poetischen Praxis mit metrischen

Diese Differenz spiegelt sich auch im verbreitet habitualisierten Umgang mit dem Französischen bei Marokkanern – auch jenseits weit gediehener fremdsprachlicher Schulung. Das französische Schwa wird von ihnen in der Regel nicht mit dem marokkanischen Schwa gleichgesetzt, sondern als eigener fester Vokal behandelt, der nicht von den Syllabierungsregularitäten des MA tangiert wird, gestützt durch die phonetischen Differenzen: Die stabile Rundung des französischen /ə/, phonetisch in der Regel [ø] bzw. [œ], dient dabei als Anhaltspunkt, bei im Französischen nicht ausgebildeten Sprechern mit dem MA [u] bzw. [ʊ] repliziert, häufig so im Korpus z. B. etwa *rupu* < fr. *repos* 'Ruhe'.[23]

So wird deutlich, dass das Operieren mit Schwa als einem scheinbar eindeutigen Gegenstand sehr Verschiedenes verdeckt. Dieser Beitrag sollte einige Anhaltspunkte für ein differenziertes Herangehen aufzeigen.

Literatur

Anderson, S. R. 1982. The analysis of French shwa. Or how to get something from nothing. *Language* 58, 534 –573.

Blau, Y. 1976. *A grammar of Biblical Hebrew*. Wiesbaden: Harrassowitz.

Boersma, P. / Weenink, D. 2019. *Praat. Doing phonetics by computer*. Computer software. Version 6.0.49. http://www.fon.hum.uva.nl/praat/ (2019-12-03).

Dell, F. / Elmedlaoui, M. 2002. *Syllables in Tashlhiyt Berber and in Moroccan Arabic*. Dordrecht: Kluwer.

Gesenius, W. 1909. *Hebräische Grammatik*. Neubearbeitung von E. Kautzsch. 9. Aufl. Leipzig: Vogel.

Grüter, M. 2012. *Schwa im Französischen und im marokkanischen Arabisch. Untersuchungen zur phonologischen und phonetischen Variabilität eines instabilen Vokals*. PhD dissertation. Osnabrück: Universität Osnabrück. https://repositorium.ub.uni-osnabrueck.de/handle/urn:nbn:de:gbv:700-2012080710234 (2019-12-03).

Jakobson, R. / Fant, C. G. M. / Halle, M. 1952. *Preliminaries to speech analysis. The distinctive features and their correlates*. Cambridge, MA: MIT Press.

Levy, K. 1936. *Zur masoretischen Grammatik. Texte und Untersuchungen*. Stuttgart: Kohlhammer.

Vorgaben bei ansonsten improvisiertem Vortrag, bei dem die syllabische Segmentierung über weite Strecken ohne lexikalische Vokale auskommt, cf. die entsprechenden Beispiele in Dell/Elmedlaoui (2002).

[23] In Frankreich lebende Marokkaner kalibrieren ihre französische Sprechweise ggf. anders, wie die Befunde von Grüter (2012) zeigen (sie 'französisieren' sie weitergehend).

Maas, U. 2011. *Marokkanisches Arabisch. Die Grundstrukturen*. München: Lincom.

Maas, U. 2019. *Marokkanisches Arabisch. Zur Struktur einer Sprache im Werden.* Ms. Osnabrück/Graz 2019. https://zentrum.virtuos.uni-osnabrueck.de/wikifarm/fields/utz.maas/uploads/Main/Skript.pdf (2019-12-03).

Meisenburg, T. / Selig, M. 1998. *Phonetik und Phonologie des Französischen.* Stuttgart: Klett.

Silverman, D. 2011. Schwa. In van Oostendorp, M. / Ewen, C. / Hume, E. / Rice, K. Eds. *The Blackwell companion to phonology*. Oxford/New York: Wiley-Blackwell, 628–642.

Stumpf, C. 1926. *Die Sprachlaute. Experimentell-phonetische Untersuchungen. Nebst einem Anhang über Instrumentalklänge.* Berlin: Julius Springer.

Martin Haase

Das verflixte /ʁ/

Abstract. Since the 1960s, the French sonorant /ʀ/ has predominantly been pronounced [ʁ] in common French. Although dictionaries seem to imply that this is a mere phonetic variant (giving [ʀ] or even [r] in their transcription), the phonological behavior has changed too, since the new sound undergoes assimilation rules for fricatives. It is therefore more consistently described as underlying /ʁ/, not being a sonorant any more even at the phonological level, but an obstruent. On the other hand, when /ʁ/ appears as the context of assimilation rules, it still behaves like a sonorant. Some proposals are made to tackle this problem.

1. /ʁ/

Obwohl in Wörterbüchern (z. B. Robert 2011) noch immer die Aussprache [ʀ] für den französischen *r*-Laut angegeben ist, besteht Einigkeit, dass diese Aussprache heute nicht mehr der Norm entspricht, sondern "fast nur noch im gehobenen Vortragsstil (Chanson française) verwendet" wird (Schwarze/Lahiri 1998: 13). Vielmehr ist die Aussprache frikativ:

> Le /r/ se prononce encore assez souvent comme des vibrations de la pointe de la langue chez les ruraux. C'est l'*r* dit roulé. Nos sujets ne connaissent, pour /r/, que des articulations spirantes, donc sans vibrations, et réalisées entre le dos de la langue et la luette. Phonétiquement, ce son devrait être noté au moyen d'un ʀ majuscule renversé. Le ʀ non renversé qu'emploie le *Petit Robert* est, phonétiquement, inexact. Nous avons estimé plus simple d'employer uniformément un *r* ordinaire qui ne saurait créer d'ambiguïté pour personne (Martinet/Walter 1973: 34).

Die Ausführungen zeigen, dass offenbar einem zugrundeliegenden /r/ auf phonetischer Ebene ein [ʁ] entspricht. Unerwähnt bleibt bei den Autoren des Aussprachewörterbuchs, dass daneben unter Umständen auch die stimmlose Aussprache [χ] vorkommt, vielleicht weil diese komplementäre Distribution zum Zeitpunkt der Erstellung ihres phonetischen Wörterbuchs noch nicht so deutlich ausgeprägt war wie heute.

Ist es jedoch sinnvoll, wie Martinet/Walter (1973: 34) es tun, /r/ als zugrundeliegend anzunehmen, obwohl das Phonem im modernen Französisch nie die Variante [r] aufweist? Schwarze/Lahiri scheinen ebenfalls /r/ zu bevorzugen, obwohl sich dort bisweilen (cf. 1998: 22, 30) auch /ʁ~χ/ finden (verwirrenderweise immer in eckigen Klammern notiert). Hierzu bemerken die Autoren:

> **Phonetisch** handelt es sich zwar eindeutig um einen Frikativ [...], **phonologisch** verhält sich dieser r-Laut jedoch uneinheitlich: in bezug auf bestimmte lautliche Prozesse wie ein Frikativ (Obstruent), in bezug auf andere wie ein Sonorant (Liquid) (Schwarze/Lahiri 1998: 11, Hervorhebung im Original).

Meisenburg/Selig (1998) und Pustka (2011) sehen /ʁ/ als zugrundeliegend an. In der Merkmalsmatrix von Meisenburg/Selig (1998: 93) wird dem phonetisch als frikativ dargestellten Phonem jedoch eindeutig das Merkmal [+sonorant] zugewiesen. Bei Schwarze/Lahiri (1998: 23) ist die Zuweisung dieses Merkmals nicht eindeutig (wie auch im obigen Zitat). Auch Pustka entscheidet sich letztlich nicht, da auch sie entgegen ihrer eigenen abweichenden phonologischen Charakterisierung die phonetische Realisierung als zugrunde liegend ansetzt:

> /ʁ/ ist zwar phonetisch ein Frikativ, phonologisch verhält es sich jedoch oft wie /l/, weshalb diese Laute zu den Liquiden zusammengefasst werden (Pustka 2011: 100).

Im Folgenden soll erörtert werden, was es mit dieser seltsamen Ambiguität auf sich hat und wie damit umzugehen ist, wenn eine eindeutige Lösung unmöglich ist.

2. Kurze Geschichte des /ʁ/

Wann sich die Aussprache des *r*-Lautes aus dem apiko-alveolaren Bereich in den velaren Bereich zu [ʀ] verschoben hat, lässt sich zeitlich schwer bestimmen. Angesichts der regionalen Distribution des apiko-alveolar realisierten Lautes liegt es nahe, die beginnende Ausbreitung im 19. Jahrhundert anzusetzen, zumal die uvulare Aussprache mit dem städtischen Bürgertum assoziiert wird. Selbstverständlich ist das *r grasseyé* schon viel früher bezeugt (*grasseyer* wird vom TLFi 1994 auf 1530 datiert), aber eben bis ins 19. Jahrhundert nur als (normwidrige) Aussprachevariante. Dass sich diese Aussprache dann sogar über Frankreich hinaus auch sehr schnell über die Nachbarländer bis nach Skandinavien ausgebreitet hat, legt nahe, dass sie hohes Prestige genoss. Eine Verbindung mit den sich ebenfalls ausbreitenden Ideen der französischen Revolution ist somit wahrscheinlich. Selbstverständlich genoss das Französische auch schon vorher im Ausland Prestige, aber außer dem wenig überzeugenden Einfluss der *précieuses* und anekdotischen Hinweisen auf einen Sprachfehler Ludwig des XIV. (cf. Bernhard 2010: 10–21), gibt es noch keine Anhaltspunkte für eine frühere Ausbreitung der uvularen Artikulation. Wäre sie charakteristisch für das *ancien régime* gewesen, müsste ihr Schicksal dem des Diphthongs /we/ gleichen, der im bürgerlichen Frankreich des 19. Jahrhunderts zu Gunsten von /wa/ aufgegeben wurde. Rousselot (1911: 175–176) erklärt die Verschiebung der Artikulation nach hinten mit einem zu vermeidenden Sigmazismus, also dem Wandel von *r* zu *s*, eine Idee, die im Strukturalismus bereitwillig aufgenommen wird (cf. Haden 1955: 506, 509–510; Wolff 1958: 108), denn durch die Verwechslung von *r* und *s* entsteht ein funktionaler Druck, der dazu führen soll, dass sich [r] nach hinten verschiebt. Rousselot verweist für den Sigmazismus auf *chaire* vs. *chaise*. Diese Dublette ist aber schon viel älter. Außerdem ist es (aufgrund von Ockhams Rasiermesser) gar nicht nötig, einen solchen Wandel in Betracht zu ziehen, wenn [ʀ] sowieso schon als gelegentliche (merkmalhafte) Variante von /r/ möglich war.

Da der Abstand zwischen Zäpfchen und Zungenwurzel nicht sehr groß ist und der für die Vibration nötige Bernoulli-Effekt sich aufgrund der Form des Zäpfchens nicht so leicht einstellt, tritt die frikative Variante der uvularen Artikulation ohnehin gelegentlich auf. Die Assoziation der vibranten Artikulation (*r grasseyé*) mit einer affektierten Bühnenaussprache, wie sie spätestens seit der Mitte des 20. Jahrhunderts beobachtet werden kann, verleiht der nicht-vibranten, also frikativen Aussprache das Merkmal der Unaffektiertheit, sobald die Zungenspitzenaussprache (*r roulé*) nicht mehr zur Verfügung steht, da sie als rückständig und bäurisch angesehen wird.

Die Nähe von [ʀ] und [ʁ] zeigt sich übrigens auch daran, dass in früheren Versionen der IPA-Tabelle nicht eindeutig zwischen Frikativ und Approximant unterschieden und [ʁ] eine Zwischenstellung zugewiesen wurde (cf. Akamatsu 1992: 27). Das einleitende Zitat von Martinet/Walter (1973: 34) belegt allerdings, dass zur Zeit ihrer Erhebung eindeutig von einem Frikativ ("que des articulations spirantes, donc sans vibrations") auszugehen ist.

Sobald der *r*-Laut phonetisch zu einem Frikativ geworden ist, liegt es natürlich nahe, dass er sich auch wie ein Frikativ verhält, nämlich an der Stimmhaftigkeitsalternanz teilhat, wie sie für Frikative im Französischen typisch ist, so dass für das Phonem die Varianten /ʁ ~ χ/ anzusetzen sind. Die Verteilung der Allophone ist kontextabhängig komplementär, wie im folgenden Abschnitt erläutert wird.

Die Geschichte des *r*-Lautes lässt sich wie folgt zusammenfassen (in Klammern steht immer das merkmalhafte Allophon):

(1) Vor dem 19. Jahrhundert: /r ~ (ʀ)/, dabei wird [ʀ] als normwidrige Abweichung aufgefasst.
(2) 19. Jahrhundert bis 1. Hälfte 20. Jahrhundert: /ʀ ~ (ʁ)/, [r] wird jetzt als bäurisch stigmatisiert und somit nach und nach normwidrig.
(3) Seit der 2. Hälfte des 20. Jahrhundert: /ʁ ~ χ/, dabei ist [ʀ] als affektierte Bühnenaussprache stigmatisiert.

Diese drei Stadien durchläuft das Französische von Montréal im Zeitraffer, nämlich innerhalb einer Generation ab etwa 1950 (cf. Ostiguy/Tousignant 2008: 167–168), wobei hier inzwischen unter dem Einfluss der englischen Sprache auch noch ein retroflexes [ɹ] als Variante hinzukommt, die zwar noch stigmatisiert ist, sich aber im Substandard ausbreitet (cf. Ostiguy/Tousignant 2008: 168). Abgesehen von diesem letzten Schritt, der dem Französischen außerhalb von Montréal ja vielleicht noch bevorsteht (neben der Möglichkeit des Schwunds), bestätigt der Befund aus Québec den skizzierten Ablauf und zeigt, dass die Annahme eines ominösen Sigmazismus oder eines Sprachfehlers nicht nötig ist.

3. Stimmhaftigkeitsalternanz

Alle Explosive und Frikative, also alle nicht-sonoranten Laute, liegen im Französischen in einer stimmhaften und einer stimmlosen Variante vor, und zwar sowohl als Phoneme als auch als Allophone dieser Phoneme:

/p/ und /b/ haben die Allophone [b] und [p],
/t/ und /d/ haben die Allophone [d] und [t],
/k/ und /g/ haben die Allophone [g] und [k],
/f/ und /v/ haben die Allophone [v] und [f],
/s/ und /z/ haben die Allophone [z] und [s],
/ʃ/ und /ʒ/ haben die Allophone [ʒ] und [ʃ].

Diese Laute unterliegen der allgemeinen Regel der Stimmhaftigkeitsassimilation:

[-sonorant] → [α stimmhaft] / _ [α stimmhaft, -sonorant]

Beispiele für diese Assimilation finden sich bei Schwarze/Lahiri (1998: 91): So die Sonorisierung z. B. bei *chef de gare* [ʃɛvdəgaʁ] oder *tasse de thé* [tazdə'te] oder die Desonorisierung bei *du linge fin* [dylɛ̃ʃfɛ̃] oder *une brève séance* [ynbʁɛfseɑ̃s]. Die Assimilation unterbleibt vor /m n ʁ l/ (cf. Schwarze/Lahiri 1998: 92), also denjenigen Lauten, die traditionell (z. B. bei Meisenburg/Selig 1998: 93) als [+sonorant] angesehen werden: *une fausse nouvelle* [ynfosnuvɛl] oder *l'époque romane* [lepɔkʁoman] (Beispiele aus Schwarze/Lahiri 1998: 92, die /ʁ/ grundsätzlich abstrakt mit [r] transkribieren).

Wenn im aktuellen Französisch das /ʀ/-Phonem jedoch aus der Klasse der sonoranten Laute (*Sonanten* oder *Resonanten*) in die Klasse der Frikative wechselt, also zum Frikativ /ʁ/ wird, unterliegt es auch der Stimmhaftigkeitsalternanz, wenn auch bloß auf der Ebene der Allophone, weil es bislang nur ein Phonem /ʁ/ gibt:

/ʁ/ hat die Allophone [ʁ] und [χ].

Bekanntlich tritt das stimmlose Allophon [χ] vor stimmlosen Konsonanten auf, im absoluten Auslaut ist die stimmlose Aussprache fakultativ: [ʁɑʁ] bzw. [ʁɑχ], ansonsten wird [ʁ] verwendet, also vor stimmhaften Konsonanten und generell vor Lauten, die das Merkmal [+sonorant] haben (also vor Vokalen, Liquiden, Nasalkonsonanten, Halbvokalen).

Damit gilt auch für /ʁ/ die ursprünglich nur für Explosive und Frikative gültige Regel der Stimmhaftigkeitsassimilation, wobei sich allerdings ein Problem ergibt, denn im Input ist /ʁ/ zwar betroffen, da *porte* /pɔʁt/ regressiv zu [pɔχt] wird, aber der Nexus /tʁ/ bleibt z. B. als [tʁ] erhalten, bzw. es kommt sogar zu einer progressiven Assimilation: [tχ], wie sie für sonorante Laute typisch ist.

Wird /ʁ/ entgegen seiner materiellen Lautgestalt als sonorant aufgefasst, dann ist eine besondere Regel nötig, was die Beschreibung unökonomisch und kontraintuitiv macht:

ʁ → χ / _ [-stimmhaft, -sonorant]

Oder etwas abstrakter:

[+frikativ, +hinten] → [α stimmhaft] / _ [α stimmhaft, -sonorant]

Wenn aber richtigerweise erkannt wird, dass hier eine allgemeine Assimilationsregel anzusetzen ist, muss diese eine unschöne Ausnahmeregelung erhalten, nämlich:

[-sonorant] → [α stimmhaft] / _ [α stimmhaft, -sonorant], außer _ ʁ

Beide Lösungen sind nicht zufriedenstellend. Es sollte möglich sein, eine konsistentere Lösung zu finden, wie im Folgenden gezeigt werden wird.

4. Progressive Stimmhaftigkeitsassimilation

Damit sind die Probleme aber noch nicht erschöpft. Das Französische verfügt über eine progressive Stimmhaftigkeitsassimilation: Nasalkonsonanten, /l/ und eben besonders /ʁ/, verlieren nach stimmlosen Obstruenten, also im komplexen Silbenanlaut (unter anderem *muta cum liquida*), ihre Stimmhaftigkeit: *pneu* [pn̥ø], *communisme* [komynism̥], *trèfle* [tχɛfl̥]. Auch hier scheint es wieder nur dann eine natürliche Klasse zu geben, wenn das /ʁ/ das Merkmal [+sonorant] hat, denn dann handelt es sich um die sonoranten Konsonanten, die der progressiven Assimilation unterliegen:

> [+sonorant, +konsonant] → [α stimmhaft] / [α stimmhaft] _

Wenn wir das Phonem /ʁ/ seiner Lautgestalt entsprechend den Obstruenten zuordnen (Merkmal: [-sonorant]), müsste neben der obigen Regel noch die zusätzliche folgende Regel formuliert werden:

> [+frikativ, +hinten] → [α stimmhaft] / [α stimmhaft] _

Auch diese Sonderregel sollte es nicht geben, weil sie den Blick versperrt auf eine typologische Besonderheit des Französischen: Phoneme, die nicht der Opposition [±stimmhaft] unterliegen, werden von einer progressiven Assimilation erfasst, die für die romanischen Sprachen eigentlich untypisch ist (man vergleiche die umgekehrte, also regressive Assimilation im Italienischen bei *comunismo* [kɔmuˈnizmo]).

5. Sonorant und Obstruent

Das Merkmal [+sonorant] umfasst traditionell Laute, die keine Obstruenten sind, also weder einen vollständigen Verschluss noch eine Engebildung zwischen den Artikulatoren aufweisen und somit eine hohe Schallfülle haben. Damit ist das frikative /ʁ/ als Obstruent nicht vom Merkmal [sonorant] erfasst. Manchmal kommt jedoch der (ehemalige) sonorantische Charakter des Lautes doch zum Tragen. Die Janusköpfigkeit des /ʁ/-Phonems lässt sich daher nur lösen, indem das Merkmal [sonorant] neu definiert wird:

> [+sonorant] sind diejenigen Laute, deren zugrundeliegendes Phonem stimmhaft ist und das in keiner Opposition zu einem Phonem steht, das sich nur durch die Stimmhaftigkeit von ihm unterscheidet.

Die Neudefinition des Merkmals [sonorant] ist nicht nur ein Trick, um ein einzelsprachliches Problem des Französischen zu lösen, sondern hat auch weitergehende typologische Implikationen. So gibt es im Cayuga (Irokesisch) unter gewissen Umständen eine Desonorisierung von ungeraden Silben, die nur solche Laute erfasst, die keine phonematische Stimmhaftigkeitsalternanz aufweisen, also Laute, die in dem hier skizzierten Sinn [+sonorant] sind. Da davon gerade Vokale betroffen sind, entsteht der ‘flüsternde’ (“whispered”) Klang des Cayuga (cf. Foster 1982: 70). Die Desonorisierung erhöht den Kontrast zwischen geraden und ungeraden Silben im Cayuga, was die Silbenzählung erleichtert. Die progressive Desonorisierung im Französischen erhöht den Kontrast zwischen einfachen und komplexen Silbengrenzen, wobei letztere vor allem an den Grenzen von lexematischen Einheiten innerhalb des *mot phonétique* (cf. *un trèfle à quatre feuilles* [ɛ̃.tχɛ.fla.katfœj]) oder an seinem Ende (cf. *un trèfle* [ɛ̃.tχɛfl̥] oder *à quatre* [a.katχ]) auftreten.

Neben der Neudefinition von [+sonorant] muss außerdem das Merkmal [+obstruent] eingeführt werden, um die Klassen der Frikative und Explosive zusammenzufassen; [+obstruent] ist nicht mehr nur das Gegenteil von [+sonorant]. Damit ist /ʁ/ wie die Nasalkonsonanten, die Halbvokale und wie /l/ [+sonorant], aber gleichzeitig eben auch als Frikativ [+obstruent] (im Gegensatz zu den Nasalkonsonanten, Halbvokalen und /l/). Damit ergibt sich:

[+obstruent] → [α stimmhaft] / _ [α stimmhaft, -sonorant]

Gleichzeitig bleibt die folgende Regel bestehen:

[+sonorant, +konsonant] → [α stimmhaft] / [α stimmhaft] _

Die Einführung des neuen Merkmals [obstruent] und die damit verbundene Neudefinition des Merkmals [sonorant] ermöglichen es nicht nur, elegante Regeln zu formulieren, sondern erfassen die Assimilationen, ohne Diachronie und Synchronie zu vermischen, wie es Pustka (2011: 100) tut, wo darauf hingewiesen wird, dass der *r*-Laut sich phonologisch manchmal wie ein Vibrant bzw. Liquid (/ʀ/) und manchmal wie ein Frikativ (/ʁ/) verhalte. Das ist deshalb problematisch, weil er ja nur noch diachron ein Vibrant ist. Außerdem wird jetzt auch der besondere Charakter der progressiven Assimilation deutlich: Hierbei handelt es sich nur um eine (voraussagbare) Abnahme der Stimmhaftigkeit, während es sich bei der regressiven Assimilation regelmäßig um die Neutralisation einer Opposition handelt, also im strukturalistischen Sinn um die Entstehung eines Archiphonems. Damit greift die (ältere) romanische regressive Assimilation in das Phonemsystem ein, da eine Opposition neutralisiert wird, während die (jüngere) progressive Assimilation, die typisch für das Französische und eigentlich 'unromanisch' ist, auf einer eher subphonematischen Ebene operiert.

Außerdem kann so an der Merkmalsmatrix von Meisenburg/Selig (1998: 93) festgehalten werden. Sie muss lediglich um das Merkmal [obstruent] erweitert werden (cf. Anhang). Das Problem des uneinheitlichen Verhaltens bei Schwarze/Lahiri (1998: 11) ist geklärt und auch das unschöne "oft wie /l/" in der Charakterisierung von Pustka (2011: 100, zitiert am Anfang meiner Ausführungen) ist damit überflüssig, denn /ʁ/ weist beide Merkmale auf: [+obstruent] (genau genommen: [+frikativ]) und [+sonorant].

Literatur

Akamatsu, T. 1992. A critique of the IPA chart (revised to 1951, 1979 and 1989). *Contextos* 10, 7–45. http://www.revistacontextos.es/1992/1.-Tsu%C3%ADomu.Akamatsu.pdf (2019-09-06).

Bernhard, G. 2010. Uvulares [ʀ]. Synchronisches und Diachronisches zu einem rätselhaften Laut. In Heinemann, S. / Bernhard, G. / Kattenbusch, D. Eds. *Roma et Romania. Festschrift für Gerhard Ernst zum 65. Geburtstag.* Berlin: De Gruyter, 15–22.

Foster, M. K. 1982. Alternating weak and strong syllables in Cayuga words. *International Journal of American Linguistics* 48, 59–72. http://www.jstor.org/stable/1264748 (2019-09-06).

Haden, E. F. 1955. The uvular *r* in French. *Language* 31, 504–510.

Martinet, A. / Walter, H. 1973. *Dictionnaire de la prononciation française dans son usage réel.* Paris: France-Expansion.

Meisenburg, T. / Selig, M. 1998. *Phonetik und Phonologie des Französischen.* Stuttgart: Klett.

Ostiguy, L. / Tousignant, C. 2008. *Les prononciations du français québécois. Normes et usages* (2e éd.). Montréal: Guérin.

Pustka, E. 2011. *Einführung in die Phonetik und Phonologie des Französischen.* Berlin: Erich Schmidt.

Robert, P. 2011. *Le Grand Robert de la langue française.* Paris: Dictionnaires Le Robert. Online-Resource. http://dbis.uni-regensburg.de/frontdoor.php?titel_id=8173 (2019-09-06).

Rousselot, P.-J. 1911. Dictionnaire de la prononciation française. 2e partie. *Revue de phonétique* 1, 169–180.

Schwarze, C. / Lahiri, A. 1998. *Einführung in die französische Phonologie* (Arbeitspapiere des Fachbereichs Sprachwissenschaft 88). Konstanz: Fachbereich Sprachwissenschaft.

TLFi (= *Trésor de la langue française informatisé*) 1994. Paris: CNRS / Nancy: Université de Lorraine. http://atilf.atilf.fr (2019-09-06).

Wolff, G. 1958. *French* R. *A study in historical phonetics and phonemics.* PhD dissertation. New York: Columbia University.

Anhang

Merkmalmatrix französischer Phoneme

	p	b	f	v	m	t	d	s	z	n	l	ʃ	ʒ	ɲ	k	g	ŋ	ʁ
vokalisch	-	-	-	-	-	-	-	-	-	-	-	-	-	-	-	-	-	-
konsonantisch	+	+	+	+	+	+	+	+	+	+	+	+	+	+	+	+	+	+
sonorant	-	-	-	-	+	-	-	-	-	+	+	-	-	+	-	-	+	+
obstruent	+	+	+	+	-	+	+	+	+	-	-	+	+	-	+	+	-	+
nasal	-	-	-	-	+	-	-	-	-	+	-	-	-	+	-	-	+	-
frikativ	-	-	+	+	-	-	-	+	+	-	-	+	+	-	-	-	-	+
lateral	-	-	-	-	-	-	-	-	-	+	-	-	-	-	-	-	-	-
anterior	+	+	+	+	+	+	+	+	+	+	+	-	-	-	-	-	-	-
koronal	-	-	-	-	-	+	+	+	+	+	+	+	+	+	-	-	-	-
hoch	-	-	-	-	-	-	-	-	-	-	-	+	+	+	+	+	+	-
niedrig	-	-	-	-	-	-	-	-	-	-	-	-	-	-	-	-	-	-
hinten	-	-	-	-	-	-	-	-	-	-	-	-	-	-	+	+	+	+
rund	-	-	-	-	-	-	-	-	-	-	-	-	-	-	-	-	-	-
stimmhaft	-	+	-	+	+	-	+	-	+	+	+	-	+	+	-	+	+	+

	j	ɥ	w	i	y	u	e	ø	o	ɛ	œ	ə	ɔ	a	ɛ̃	œ̃	ɔ̃	ɑ̃
vokalisch	-	-	-	+	+	+	+	+	+	+	+	+	+	+	+	+	+	+
konsonantisch	-	-	-	-	-	-	-	-	-	-	-	-	-	-	-	-	-	-
sonorant	+	+	+	+	+	+	+	+	+	+	+	+	+	+	+	+	+	+
obstruent	-	-	-	-	-	-	-	-	-	-	-	-	-	-	-	-	-	-
nasal	-	-	-	-	-	-	-	-	-	-	-	-	-	-	+	+	+	+
frikativ	-	-	-	-	-	-	-	-	-	-	-	-	-	-	-	-	-	-
lateral	-	-	-	-	-	-	-	-	-	-	-	-	-	-	-	-	-	-
anterior	-	-	-	-	-	-	-	-	-	-	-	-	-	-	-	-	-	-
koronal	-	-	-	-	-	-	-	-	-	-	-	-	-	-	-	-	-	-
hoch	+	+	+	+	+	+	-	-	-	-	-	-	-	-	-	-	-	-
niedrig	-	-	-	-	-	-	-	-	-	+	+	-	+	+	+	+	+	+
hinten	-	-	+	-	-	+	-	-	+	-	-	+	+	+	-	-	+	+
rund	-	+	+	-	+	+	-	+	+	-	+	-	+	-	-	+	+	-
stimmhaft	+	+	+	+	+	+	+	+	+	+	+	+	+	+	+	+	+	+

Judith Meinschaefer

Lange Vokale im Limousinischen

Abstract. The contrasting feature of vowel length, which existed in classical Latin, has not been preserved in any modern Romance language. However, what has been preserved in most Romance languages and varieties is the position of the word accent (cf. Wanner 1979; Meisenburg 2005). The loss of the quantity opposition, while at the same time preserving the location of word stress, had to lead to the collapse of the weight-based Latin stress system. Some Romance varieties have compensated for the loss of quantity by lengthening the vowel in stressed open syllables, regardless of the etymological length of the vowels. This also applies to the Limousine variety of Occitan, as shown in this article. Furthermore, the loss of syllable-final consonants has led to the compensatory lengthening of Limousine vowels, depending on the quality of the vowel and the deleted consonant. The present contribution aims at developing an inventory of the distribution of long vowels in this variety on the basis of published descriptions of the Limousine dialect of Nontron (Dordogne). From a comparative Romance perspective, the prosodic system of the Limousine of Nontron is particularly interesting because the development of long vowels in stressed and unstressed syllables in this variety has led to a restructuring of the stress system, which seems to be quantity-sensitive, so that a phenomenon occurs that is otherwise not documented in Romance languages: the location of stress changes between singular and plural forms of nominals, with final stress on long vowels in the plural. Such stress shifts onto the desinence are incompatible with the principle that in Romance the nominal desinence ending cannot be stressed, which many authors regard as a basic principle of a prosodic system common to all Romance languages (cf. Roca 1999).

1. Einleitung

Das kontrastive Merkmal der Vokallänge, das es im klassischen Lateinisch gab, hat sich in keiner modernen romanischen Sprache erhalten. Spuren der distinktiven lateinischen Vokallänge lassen sich zwar in manchen romanischen Sprachen und Varietäten in Form einer Opposition der Qualität der Vokale sehen, in anderen romanischen Sprachen wie dem Spanischen sind die entsprechenden Oppositionen jedoch ganz aufgegeben worden. Was sich aber in fast allen romanischen Sprachen und Varietäten erhalten hat, ist die Position des Wortakzentes (cf. Wanner 1979; Meisenburg 2005). Wenn die Quantitätsopposition verloren ging, sich aber zugleich die Haupttonstelle der Wörter bewahrte, so sollte dies zum Zusammenbruch des gewichtsbasierten lateinischen Akzentsystems geführt haben (cf. Bullock 2001; Jacobs 2006). Einige Sprachen und Varietäten haben den Verlust der Quantitätsopposition jedoch durch die Längung des Vokals in betonten offenen Silben kompensiert, unabhängig von der etymologischen Länge der Vokale – dies gilt neben dem Italienischen auch für das Limousinische, wie im Folgenden gezeigt wird. In dieser Längung liegt eine der Quellen für lange Vokale in den modernen romanischen Sprachen. Gut beschrieben ist die Distribution langer Vokale zum Beispiel für norditalienische Varietäten wie Friaulisch (cf. Baroni/Vanelli 2000; Hajek/Cummins 2006; Repetti 1993; 1994; Prieto 1992; Hualde 1990) und Milanesisch (cf. Montreuil 1991; Prieto 2000). Die diachrone Evolution langer Vokale im Französischen ist von der Forschung gleichfalls thematisiert worden, ohne jedoch bislang zu einem wissenschaftlichen Konsens geführt zu haben (cf. Morin 1994; 2006; 2012; Montreuil 1995; Gess 1998; 2006; 2008).

Auch in einigen Varietäten des Okzitanischen und Frankoprovenzalischen gibt es lange und kurze Vokale. Sehr gut beschrieben hat dies Albert Dauzat für die Varietät von Vinzelles in der Auvergne (cf. Dauzat 1897; 1900; 1908; cf. auch Morin 2000). Eine weitere Varietät mit langen Vokalen ist das Limousinische, für das mehrere ältere Beschreibungen existieren, die die Vokallänge systematisch erfassen (cf. Chabaneau 1876; Dhéralde 1968).

Ausgehend von diesen Beschreibungen versucht der vorliegende Beitrag eine Bestandsaufnahme der Distribution langer Vokale im Limousinischen. In Abschnitt 2 wird zunächst die Datenbasis beschrieben, auf deren Basis diese Bestandsaufnahme erstellt wurde. Das Vokalsystem des Limousinischen von Nontron wird, soweit es sich aus existierenden Beschreibungen rekonstruieren lässt, in Abschnitt 3 systematisiert. Die Distribution langer Vokale ist – vor dem Hintergrund der Frage, ob Vokallänge im Limousinischen eine kontrastive Funktion erfüllt – Gegenstand von Abschnitt 4. Implikationen der Ergebnisse für eine Theorie des prosodischen Wandels der romanischen Sprachen werden in der Diskussion angerissen (cf. Abschnitt 5).

2. Datenbasis

Innerhalb des Okzitanischen können zunächst nordokzitanische von den südokzitanischen Dialekten sowie dem Gascognischen unterschieden werden. Langedokisch und Provenzalisch bilden die zwei großen südokzitanischen Dialekte, zum Nordokzitanischen gehören das Limousinische, das Auvergnische und das Vivaro-Alpinische (cf. Weth 2014; Oliviéri/Sauzet

2016). Gegenstand des vorliegenden Beitrags ist das Limousinische, ein nordokzitanischer Dialekt, und hier insbesondere die Varietät von Nontron, die im Département Dordogne gesprochen wird, im Dreieck zwischen Limoges, Perigueux und Angoulême.

Das Limousinische gehört zu den wenig dokumentierten und wenig beschriebenen Varietäten des Okzitanischen; dennoch hat es eine weit zurückreichende literarische Tradition. Die sprachwissenschaftliche Literatur zum Limousinischen, darunter einige ältere Studien, enthält viele wertvolle Daten, die für eine analytisch arbeitende und theoretisch orientierte romanistisch-vergleichende Sprachwissenschaft von großer Bedeutung sein können. Die hier präsentierten Daten stammen im Wesentlichen aus den folgenden Quellen: Die Beschreibung des Nontronnais in Camille Chabaneaus *Grammaire limousine* von 1876 (Chabaneau 1876) und die 1981 abgeschlossene Dissertation von Pierre G. Javanaud (1981), die beide das Nontronnais als Erstsprache gelernt hatten; Daten aus dem *Atlas linguistique de la France* (Gilliéron/Edmont 1902) zum im Arrondissement Nontron gelegenen Untersuchungspunkt 612, Saint-Pardoux-de-la-Rivière; eine neuere Edition des *Dictionnaire de la langue limousine* von Léon Dhéralde (1968); ein Lehrwerk zum Limousinischen, das durch Audioaufnahmen verschiedener Sprecher begleitet wird (Decomps/Gonfroy 1979) sowie ein Band des auf Limousinisch schreibenden Autors Joan-Loís Lévêque (2015), in dem auch die diatopische Variation des Limousinischen thematisiert wird. Orthographische Repräsentationen folgen dem *Dictionnaire d'usage occitan/français* von Ives Lavalade (2010). Die phonetischen Transkriptionen basieren, soweit sie nicht von Javanaud (1981) übernommen wurden, auf Transkriptionen von Lévêque (2015) und seinen ergänzenden Hinweisen zum "parler nontronnais", vervollständigt durch die Angaben zur Vokallänge bei Chabaneau (1876), Javanaud (1981) und Dhéralde (1968). Zu den verbalen Flexionsformen wurde der *Précis de conjugaison occitane. Dialecte limousin* (Roux/Lévêque 2011) konsultiert, der auch IPA-Transkriptionen für flektierte Formen zahlreicher gebräuchlicher Verben enthält. Orthographische Repräsentationen bleiben im Folgenden unmarkiert; IPA-Transkriptionen werden in eckige Klammern ([...]) gesetzt; Transkriptionen, die der *Grammaire* von Chabaneau (1876) entnommen sind, stehen in spitzen Klammern (<...>). Die im Folgenden aus diesen Arbeiten rekonstruierte Beschreibung des Lautsystems ist gleichwohl eher als eine Hypothese zu verstehen, die durch eine kontrollierte Datenerhebung zu überprüfen ist.

3. Das Vokalsystem des Limousinischen von Nontron

Die folgende Darstellung des limousinischen Vokalsystems ist stark vereinfacht: Es werden nur betonte Vokale betrachtet, der Einfluss der Silbenstruktur wird nicht berücksichtigt, Diphthonge kommen nicht zur Sprache, und von der phonetischen Realisierung wird in einem gewissen Maße abstrahiert. Betrachtet man eine solche vereinfachte Form des limousinischen Vokalsystems, so entspricht es weitgehend dem des Provenzalischen (cf. Lausberg 1969: 152), cf. Tab. 1.

Latein	Ī	Ĭ	Ē	Ĕ	Ā	Ă	Ŏ	Ō	Ŭ	Ū
Provenzalisch	i	e		ɛ	a		ɔ	o > u		u > y

Tab. 1. Die Entwicklung des provenzalischen Lautsystems (cf. Lausberg 1969: 152; Lafont 2004: 25).

Anders als im Provenzalischen (cf. Oliviéri/Sauzet 2016: 322) erscheint die Opposition /e/ : /ɛ/ im Limousinischen aufgehoben; lateinisch Ĭ, Ē und Ĕ ergeben, je nach Silbenstruktur und lautlicher Umgebung, [e] oder [ɛ], die jedoch nicht kontrastieren (cf. Chabaneau 1876); cf. Tab. 2. Beispiele finden sich in (1).

Latein	Ī	Ĭ	Ē	Ĕ	Ā	Ă	Ŏ	Ō	Ŭ	Ū
Limousinisch	i	e/ɛ			a		ɔ	u		y

Tab. 2. Die Entwicklung des limousinischen Lautsystems.

(1) Vokale in betonten Silben

			Latein		Limousinisch	
a.	[i]	Ī	VĪLLA(M)	'Landhaus'	vila	[ˈvilɒ]
b.	[e/ɛ]	Ĭ	NIGRU(M)	'schwarz'	negre	[ˈnɛgre]
			SITI(M)	'Durst'	set	[se]
		Ē	PĒRA(M)	'Ranzen'	pera	[ˈperɒ]
			CATĒNA(M)	'Kette'	chadena	[tsaːˈɛnɒ]
		Ĕ	HEDERA(M)	'Efeu'	edra	[ˈɛdrɒ]
			DECEM	'zehn'	dietz	[dje]
c.	[a]	Ā	ARĀNEA(M)	'Spinne'	aranha	[ɒˈraɲɒ]
		Ă	BRACCHIU(M)	'Arm'	braç	[bra]
d.	[ɔ]	Ŏ	SCHOLA(M)	'Schule'	escòla	[ɛjˈkɔlɒ]
e.	[u]	Ō	CŪRIŌSU(M)	'aufmerksam'	curios	[kyˈrju]
		Ŭ	PUTEU(M)	'Brunnen'	potz	[pu]
f.	[y]	Ū	LŪNA(M)	'Mond'	luna	[ˈlynɒ]

Das Limousinische beseitigt damit die Asymmetrie der Kontraste in der Klasse der mittleren Vokale, die im Provenzalischen besteht, wo die vorderen mittleren Vokale im Öffnungsgrad kontrastieren, dieser Kontrast aber bei den hinteren Vokalen keine Entsprechung findet; cf. Tab. 3.

	vorne		hinten
hoch	i	y	u
	e/ɛ		ɔ
tief	a		

Tab. 3. Phonologische Darstellung des limousinischen Vokalsystems.

4. Die Distribution langer Vokale

Lange Vokale des Lateinischen entsprechen im Limousinischen, wie auch in allen anderen romanischen Sprachen, oft kurzen, bisweilen jedoch auch langen Vokalen; cf. die Beispiele in (1). Die lateinische Quantitätsopposition wurde schon im Vulgärlateinischen durch eine Qualitätsopposition ersetzt (cf. Loporcaro 2015), die Distribution der neu entstandenen langen Vokale folgt eigenen Gesetzmäßigkeiten. Diese sollen für das Limousinische in diesem Abschnitt herausgearbeitet werden.

4.1 Prosodisch bedingte Länge

In vielen romanischen Sprachen werden Vokale in betonter offener Silbe gelängt (cf. Loporcaro 2015), so auch im Limousinischen. Hier findet sich eine solche Längung in vorletzten Silben, aber nicht in wortfinalen Silben (cf. Chabaneau 1876: 13–16). Da der Akzent im Limousinischen, anders als in vielen anderen romanischen Varietäten, nur auf eine der beiden letzten Silben fallen kann, stellt sich die Frage der Längung in der Antepänultima nicht.

Hohe Vokale, nicht-hohe hintere Vokale sowie [e/ɛ] verhalten sich hinsichtlich prosodisch bedingter Länge unterschiedlich (cf. Chabaneau 1876: 10). Die nicht-hohen hinteren Vokale [a ɔ] sind in betonten offenen Silben oft lang (cf. Javanaud 1981: 15; Chabaneau 1876: 10); cf. die Beispiele in (2).

(2) Lange Vokale [aː ɔː] – <â ô> in betonten offenen Silben

	Latein		Limousinisch	
a.	FABA(M)	'Bohne'	<fâva>	(Chabaneau 1876: 20)
	CAVAT	'graben$_{\text{3SG.PRS.IND}}$'	<châvo>	(Chabaneau 1876: 10)
b.	ROTA(M)	'Rad'	<rôdo>	(Chabaneau 1876: 33)
	SCHOLA(M)	'Schule'	<eicôlo>	(Chabaneau 1876: 33)
	OLEU(M)	'Öl'	<ôli>	(Chabaneau 1876: 33)

Die hohen Vokale [i y u] sind meist auch in betonten offenen Silben kurz (cf. Chabaneau 1876: 10); cf. die Beispiele in (3).

(3) Kurze Vokale [i y u] in betonten offenen Silben (Chabaneau 1876: 10)

	Latein		Limousinisch
a.	VĪTA(M)	'Leben'	<vita>
	FĪLIU(M)	'Sohn'	<filho>
b.	CŪPA(M)	'Fass'	<cubo>
	NĀTŪRA(M)	'Natur'	<naturo>
c.	SŌLA(M)	'allein$_{\text{F}}$'	<soulo>
	CORŌNA(M)	'Krone'	<courouno>

Der nicht-hohe vordere Vokal [e/ɛ] ist kurz oder lang, cf. (4); die Distribution unterliegt, so Chabaneau (1876: 11), einigen Subregularitäten hinsichtlich des lautlichen Kontextes und der Etymologie, die hier nicht weiter betrachtet werden.

(4) Variable Länge von [e/ɛ] – <e/ê>

a.	Latein		Limousinisch	
	PĒRA(M)	'Ranzen'	<pera>	(Chabaneau 1876: 11)
	CĒRA(M)	'Wachs'	<cero>	(Chabaneau 1876: 11)
b.	CANDĒLA(M)	'Wachskerze'	<chandêlo>	(Chabaneau 1876: 26)
	SECŌ	'teilen$_{\text{1SG.PRS.IND}}$'	<sêje>	(Chabaneau 1876: 11)

4.2 Ersatzdehnung

In vielen Wörtern geht die Vokallängung im Limousinischen auf den Ausfall eines Kodakonsonanten zurück, der zur Ersatzdehnung eines adjazenten Vokals führen kann. Ersatzdehnung findet sich nach der Tilgung von [s], [l] oder [r] (cf. die Beispiele in (5)), aber nicht nach Ausfall anderer Konsonanten; cf. die Beispiele in (6).

(5) Ersatzdehnung nach Ausfall von [s], [l] oder [r]

	Latein		Limousinisch	
a.	TESTA(M)	‘Schale’	[teːto]	(Javanaud 1981: 49)
	ASINU(M)	‘Esel’	[aːne]	(Javanaud 1981: 48)
	ĪNSULA(M)	‘Insel’	[iːlo]	(Javanaud 1981: 47)
b.	CANTĀRE	‘singen’	<chantâ>	(Chabaneau 1876: 14)
	FĪNĪRE	‘beenden’	<finî>	(Chabaneau 1876: 14)
c.	SŌLU(M)	‘allein$_{M}$’	<soû>	(Chabaneau 1876: 14)

(6) Keine Ersatzdehnung nach Ausfall eines Plosivs oder Nasals (Chabaneau 1876: 14)

	Latein		Limousinisch
a.	SALŪTE(M)	‘Gesundheit’	<salú>
	PĪCU(M)	‘Specht’	<pi>
b.	NEC ŪNU(M)	‘nicht einer’	<degú>
	PĀNE(M)	‘Brot’	<pa>
	FĪNE(M)	‘Grenze’	<fi>

Ersatzdehnung findet sich nicht nur nach der Tilgung eines einfachen Konsonanten in der Koda, sondern auch nach der Degeminierung eines Langkonsonanten, (7).

(7) Ersatzdehnung nach Degeminierung

Latein		Limousinisch	
TERRA(M)	‘Erde’	<têro>	(Chabaneau 1876: 24)
CURRERE	‘laufen’	<coûre>	(Chabaneau 1876: 42)
SELLA(M)	‘Stuhl’	<sêlo>	(Chabaneau 1876: 24)

Schließlich kann die Ersatzdehnung eines Vokals, so führt Javanaud (1981: 17) aus, auch nach Tilgung eines adjazenten Vokals vorkommen; cf. die Beispiele in (8). In der *Grammaire* von Chabaneau (1876) findet sich allerdings kein expliziter Hinweis auf Fälle von Vokallängung nach Vokalausfall. Die Entwicklung der Beispiele in (8) ist gewiss komplex und müsste für die hier betrachtete Varietät genauer rekonstruiert sowie durch weitere relevante Fälle ergänzt werden, ehe die Annahme als begründet erschiene, dass es im Limousinischen auch Ersatzdehnung nach Vokalausfall gibt.

(8) Ersatzdehnung nach Vokalausfall (Javanaud 1981: 17)

Latein		Limousinisch	
VĪVERE	‘leben’	*viure*	[viːre]
RĪVUS	‘Bach’	*riu*	[riː]

Die Ersatzdehnung nach Konsonantentilgung und nach Degeminierung (und gegebenenfalls auch nach Vokaltilgung) lässt sich analytisch als derselbe Prozess betrachten, der darin besteht, dass ein moraisches Segment, d. h. ein Konsonant in der Koda, seine moraische Position verlässt (d. h.

entweder getilgt oder als Anlaut resyllabifiziert wird), und die mit diesem Segment ursprünglich assoziierte More nun mit einem anderen Segment, nämlich dem vorangehenden Nukleus-Vokal, assoziiert wird, der infolge dessen gelängt wird (cf. Hyman 1985). Dass Vokallängung im Limousinischen in beiden Kontexten (und möglicherweise auch nach Vokaltilgung) vorkommt, mag als Hinweis darauf gewertet werden, dass es sich tatsächlich um Ersatzdehnung und nicht um eine prosodisch bedingte Längung handelt.

4.3 Morphosyntaktisch konditionierte Länge

In der Forschungsliteratur wurde auf die morphologische Funktion der Vokallänge im Limousinischen hingewiesen (cf. Javanaud 1981), cf. auch Roca (1999: 696). Daten, die eine solche Annahme stützen, sind die Beispiele in (9), in denen Nomina im Singular und Plural nur in der Länge des wortfinalen Vokals kontrastieren.

(9) Nomina ohne Klassenmarkierer

Singular	Plural			
[veˈzi]	[veˈziː]	‘Nachbar’	*vezin*	(Javanaud 1981: 25)
[taˈly]	[taˈlyː]	‘Böschung’	*talus*	(Javanaud 1981: 27)
[pe]	[peː]	‘Fuß’	*pè*	(Javanaud 1981: 44)

Das in (9) illustrierte Muster findet sich bei Nomina ohne Klassenmarkierer (die zumeist endbetont sind), d. h. ohne nominale Flexionsendung im Singular wie im Plural. Nomina mit Klassenmarkierern (cf. die Beispiele in (10)), verhalten sich ähnlich, kontrastieren aber nicht nur in der Länge des wortfinalen Vokals, sondern in der hier untersuchten Varietät auch häufig in der Lage des Wortakzents. Dieser liegt im Singular, der auf einen kurzen Vokal endet, auf der vorletzten Silbe, die offen oder geschlossen sein bzw. deren Vokal kurz oder lang sein kann. Im Plural liegt der Akzent auf der langen Endsilbe. Das Gesagte gilt für (10a–b), aber nicht für (10c).

(10) Feminine Nomina mit Klassenmarkierer *-a*

	Singular	Plural		
a.	[ˈlanɒ]	[lɒˈnaː]	‘Wolle’	(Decomps/Gonfroy 1979: 16)
c.	[ˈvaːtso]	[vaˈtsaː]	‘Kuh’	(Javanaud 1981: 18)
b.	<fénna>	<fénnā>	‘Frau’	(Chabaneau 1876: 12)

Auch bei Verben finden sich morphosyntaktische Kontraste, denen auf lautlicher Seite allein ein Kontrast von langem und kurzem Vokal entspricht. Dies gilt zum einen für Verbformen der zweiten Person Singular (cf. die Beispiele in (11)), zum anderen für den Kontrast zwischen Infinitiv und Partizip; cf. die Beispiele in (12). Wie die Beispiele in (11) zeigen, bilden die Formen der 2SG und der 2PL allerdings nur im Konditional echte Minimalpaare; im Präsens und im Imperfekt zeigen die Formen, die in der Länge des Endvokals kontrastieren, zusätzlich Unterschiede in der Vokalqualität.

(11) Person-Numerus-Markierung in der zweiten Person Singular
donar 'geben' (Roux/Lévêque 2011: 28)

a.	donas	[ˈdunaː]	2SG.PRS.IND
	dona	[ˈdunɒ]	3SG.PRS.IND
b.	donavas	[duˈnɒvaː]	2SG.IPV.IND
	donàvatz	[duˈnava]	2PL.IPV.IND
c.	donariàs	[dunɒˈrjaː]	2SG.COND
	donariatz	[dunɒˈrja]	2PL.COND

Gleichwohl kann nicht als sicher gelten, dass die Transkriptionen von Roux/Lévêque (2011) tatsächlich die Aussprache der hier untersuchten Varietät von Nontron widerspiegeln; eine gezielte Datenerhebung wäre nötig.

Ein alleiniger Kontrast in der Vokallänge, bei gleicher Lage des Wortakzentes, zwischen Infinitiv und Partizip, findet sich bei den (endbetonten) Formen von Infinitiv und Partizip; cf. die Beispiele in (12).

(12) Infinitiv und Partizip

a.	CANTĀTUM	<chantá>	'singen$_{PTCP.PRF}$'	chantat
	CANTĀRE	<chantâ>	'singen$_{INF}$'	chantar
				(Chabaneau 1876: 12)
b.	PŪNĪTUM	[pyˈni]	'bestrafen$_{PTCP.PRF}$'	punit
	PŪNĪRE	[pyˈniː]	'bestrafen$_{INF}$'	punir
				(Javanaud 1981: 25)[1]

In der Graphie kontrastieren die Wörter in (9–12) in der An- bzw. Abwesenheit eines Konsonanten: ein <s>, das der nominalen Pluralmarkierung (cf. 9–10) bzw. der zweiten Person Singular (11) entspricht, oder ein <t> beim Partizip gegenüber einem <r> beim Infinitiv (cf. 12). Den graphischen Konsonanten <s r t> entsprechen etymologische Lautsegmente /s r t/, die freilich im Limousinischen seit langem nicht mehr ausgesprochen werden. Dennoch scheint es plausibel, diese 'morphologisch' langen Vokale als Fälle von Ersatzdehnung zu betrachten. Wie 4.2 gezeigt hat, erfolgt die Ersatzdehnung vor getilgtem [s] und [r], aber nicht vor getilgtem [t].

Der Längenkontrast zwischen Partizip (kurzer Vokal) und Infinitiv (langer Vokal) entspricht also der Generalisierung zur Distribution der Ersatzdehnung. Auch bei nominalen Pluralformen und bei der zweiten Person

---

1 Für weitere Beispiele cf. Javanaud (1981: 50).

Singular lässt sich begründen, dass nicht nur in der graphischen, sondern auch in der zugrundeliegenden lautlichen Repräsentation ein (auf frühere Sprachstufen zurückgehendes, heute nicht mehr realisiertes) /s/ steht. Nicht alle Verbformen der zweiten Person Singular (cf. 13–14) und nicht alle Pluralformen von Nomina (cf. 15) enden auf einen langen Vokal. Ist der Vokal, welcher dem (hypothetischen) Markierer der zweiten Person *-s* oder dem (hypothetischen) Numerusmarkierer *-s* vorangeht, der Vokal [e/ɛ], so wird dieser Markierer als [i/j] realisiert (cf. Chabaneau 1876: 148–149). Ein vergleichbares Phänomen im Langedokischen, das jedoch nicht mit Vokallängung alterniert, beschreibt MacKenzie (2014).

Dies ist in den Beispielen (13–14) illustriert für Verbformen der zweiten Person Singular, die, in Abhängigkeit von der Konjugationsklasse (Klasseneinteilung nach Roux/Lévêque 2011) – Klasse I (cf. 13) oder Klasse IV (cf. 14) – und dem Tempus bzw. dem Modus, auf den Themavokal *-a-* oder auf den Themavokal *-e-* enden und die zweite Person Plural entsprechend durch Längung des Themavokals oder durch [i/j] markieren.

(13) Verbformen der zweiten Person Singular, Klasse I
donar 'geben' (Roux/Lévêque 2011: 28)
a. Themavokal ist *-a-*, 2SG phonetisch realisiert als Längung des [a]

donas	[ˈduna:]	2SG.PRS.IND
donavas	[duˈnɒva:]	2SG.IPFV.IND
donaràs	[dunɒˈra:]	2SG.FUT
donariàs	[dunɒˈrja:]	2SG.COND

b. Themavokal ist *-e-*, 2SG phonetisch realisiert als [i/j]

dones	[ˈdunei]	2SG.PRS.SBJV
doneres	[duneˈrei]	2SG.PRET.IND
donesses	[duˈnesei]	2SG.IPFV.SBJV

(14) Verbformen der zweiten Person Singular, Klasse IV
córrer 'laufen' (Roux/Lévêque 2011: 31)
a. Themavokal ist *-a-*, 2SG phonetisch realisiert als Vokallängung

corriàs	[kuˈrja:]	2SG.IPFV.IND
corràs	[kurˈra:]	2SG.FUT
corras	[ˈkura:]	2SG.PRS.SBJV
corriàs	[kurˈrja:]	2SG.COND

b. Themavokal ist *-e-*, 2SG phonetisch realisiert als [i/j]

corres	[ˈkurei]	2SG.PRS.IND
corgueres	[kurˈgerei]	2SG.PRET.IND
corguesses	[kurˈgesei]	2SG.IPFV.SBJV

Nomina, deren Singularform auf [ɛ] endet, enden im Plural auf [ɛj], und nicht, wie Nomina ohne Klassenmarkierer (cf. 9) oder Nomina mit dem Klassenmarkierer *-a* (cf. 10) auf einen langen Vokal.

(15) Nomina, deren Singularform auf [ɛ] endet (Decomps/Gonfroy 1979)

Singular		Plural		
liech [ljɛ]	(1979: 18)	liechs [ljɛj]	(1979: 26)	‘Bett’
ome [ˈomɛ]	(1979: 17)	omes [ˈomɛj]	(1979: 22)	‘Mann’

Gleiches gilt auch für Adjektive im Plural (cf. 16). Maskuline Formen enden auf den Klassenmarkierer *-e-* und bilden den Plural auf [ej], feminine Formen enden auf den Klassenmarkierer *-a-* und zeigen im Plural Vokallängung.

(16) Das Adjektiv *negre* ‘schwarz’ (Chabaneau 1876: 159)

	Singular		Plural	
M	negre	<negre>	negres	<negrei>
F	negra	<negra>	negras	<negrā>

Während Decomps/Gonfroy (1979) diesen Laut als [j] transkribieren, nutzen die IPA-Transkriptionen von Roux/Lévêque (2011) ein [i]. Es ist anzunehmen, dass diese Lautkombination einen palatalen Gleitlaut enthält und als [ej] realisiert wird; für eine Realisierung als Hiat gibt es in der Literatur keine Hinweise. Gleiches gilt im Übrigen für das heute zumeist lautlich unrealisierte etymologische /r/, das in Infinitiven, die auf den Themavokal *-e-* enden, als [j] realisiert wird, z. B. *voler* ‘wollen’ [vulɛj] (cf. Decomps/Gonfroy 1979: 19).

Ein letztes Argument dafür, dass es sich bei dem Segment [j] tatsächlich um die Entsprechung eines zugrundeliegenden Segments /s/ handelt, ist in der Etymologie zu finden. Ein etymologisches /s/ fällt in der Koda häufig weg, löst aber Ersatzdehnung aus, wie die Beispiele in (5a) oben zeigen. Steht vor dem /s/ der Vokal /e/, so erscheint das etymologische /s/ als [j] (cf. Chabaneau 1876: 78). Dies lässt sich bei vortonigem /e/, wie z. B. in Formen mit prothetischem /e/ (cf. 17), oder in Präfixen (cf. 18) besonders deutlich sehen; in betonten Silben kann ein [j] immer auch auf Diphthongierung oder Palatalisierung zurückgehen.

(17) Etymologisches [s] mit prothetischem /e/

SCRĪBERE	‘schreiben’	<eicrîre>	(Chabaneau 1876: 38)
STIPULA	‘Halm’	<eitoulio>	(Chabaneau 1876: 27)
SPĒRĀRE	‘hoffen’	[ɛjpɛˈraː]	(Decomps/Gonfroy 1979: 20)

(18) Etymologisches [s] an der Grenze von Präfix und Stamm

desfolar	‘zerlegen’	[dɛjfuˈlaː]	(Decomps/Gonfroy 1979: 20)
DĒ-SCENDERE	‘herabsteigen’	<deiscendre>	(Chabaneau 1876: 24)
RE-SPONDĒRE	‘erwidern’	<reipoundre>	(Chabaneau 1876: 24)

Dass Vokallänge im Limousinischen morphosyntaktisch kontrastiv sei, wie Javanaud (1981) argumentiert, erscheint also nur bedingt plausibel. Vielmehr ist der Längenkontrast bei Wortformen mit unterschiedlichen morphologischen Merkmalen als ein Epiphänomen der Ersatzdehnung zu betrachten, die nach bestimmten zugrundeliegenden Konsonanten, welche als morphologische Exponenten fungieren, eintritt oder die eben nicht eintritt. Wo die Ersatzdehnung nicht eintritt, ist entweder kein Exponent vorhanden (wie z. B. im morphologisch nicht markierten Singular) oder es ist ein anderer zugrundliegender, gleichfalls in der Oberflächenform nicht realisierter, Exponent vorhanden, der aber keine Ersatzdehnung auslösen kann (wie das /t/ des Partizip Perfekt). Auch dies gilt aber nur mit Einschränkung: Ein Inventar der morphologischen Exponenten des Limousinischen muss erst noch erarbeitet werden.

4.4 Kontrastieren lange und kurze Vokale im Limousinischen?

Auch wenn Vokallänge, wie im vorgehenden Abschnitt gezeigt, nicht als morphologischer Exponent fungiert, sondern als Epiphänomen der Ersatzdehnung nach Konsonantentilgung zu betrachten ist, so gibt es doch Minimalpaare von Lexemen, die sich nur in der Vokallänge unterscheiden, (19).

(19)	[po]	pan	'Brot'	[po:]	pòst	'Brett'	(Javanaud 1981: 17)
	[fi]	fin	'Ende'	[fi:]	filh	'Sohn'	(Javanaud 1981: 25)
	[py]	pus	'Eiter'	[py:]	pus	'nicht mehr'	(Javanaud 1981: 43)
	[pa]	pas	'nicht'	[pa:]	pas	'Schritt'	(Javanaud 1981: 44)

Auf der Basis solcher Beispiele argumentiert Javanaud (1981), dass es im Limousinischen 'intrinsisch' lange Vokale gebe, dass Vokallänge also in zugrundeliegenden Repräsentationen spezifiziert sein müsse. Um diese Hypothese von Javanaud zu stützen, müsste gezeigt werden, dass es sich bei den Fällen in (19) nicht um Ersatzdehnung handelt, also nicht um Fälle von Vokallänge infolge unterschiedlicher zugrundeliegender segmentaler Repräsentationen (was die unterschiedlichen Graphien mancher der kontrastierenden Lexeme aber als möglich erscheinen lassen). Um diese Frage zu entscheiden, sind eine bessere Beschreibung und ein umfangreicheres Modell der lexikalischen Phonologie des Limousinischen erforderlich, als derzeit zur Verfügung stehen.

Javanaud (1981) führt aber noch ein weiteres Argument für zugrundeliegende Vokallänge im Limousinischen an. In manchen Lexemen finden sich lange Vokale, die in allen flektierten Formen des Lexems lang sind, selbst wenn sie nicht betont sind; cf. (20b), im Gegensatz zu (20a).

(20) Intrinsisch lange Vokale (Javanaud 1981: 16)

a.	*vacha*	[ˈvaːtso]	‘Kuh$_{SG}$’	[vaˈtsaː]	‘Kuh$_{PL}$’
b.	*rosa*	[ˈrɔːzo]	‘Rose$_{SG}$’	[rɔːˈzaː]	‘Rose$_{PL}$’
c.	*rosari*	[ruˈzaːri]	‘Rosenkranz’		

Javanauds Beobachtungen zu ‘intrinsisch’ langen Vokalen in Paaren wie (20b) werden punktuell durch Hinweise in den anderen hier konsultierten Quellen bestätigt; insgesamt sind in der Literatur jedoch nicht genug Daten zu finden, um hier zu sicheren Aussagen zu gelangen. Dass aber Fälle von nicht-alternierenden, zugrundeliegend langen Vokalen vielleicht auf andere Effekte, wie zum Beispiel paradigmatische Uniformität in der Flexionsmorphologie, zurückzuführen sind, erscheint zumindest möglich, wenn man Beispiel (20c) betrachtet: In derivierten Formen eines Basislexems können auch ‘intrinsisch’ lange Vokale kurz sein, anders als in Flexionsformen dieses Lexems.

5. Diskussion

Die Beobachtungen zur Distribution langer Vokale im Limousinischen, die in diesem Beitrag zusammengetragen wurden, sind deshalb interessant, weil sie einen Baustein zur Rekonstruktion des zugrundeliegenden prosodischen Systems des Limousinischen liefern können, einer Varietät, die sich von den meisten anderen romanischen Sprachen – mit Ausnahme des Französischen – in einer Hinsicht unterscheidet. Wie Chabaneau es ausdrückt, gilt in vielen romanischen Sprachen: “La quantité [...] est sacrifiée à l’accent et doit se plier à ses lois” (1876: 9). Im Limousinischen hingegen, so Chabaneau, “c’est souvent elle, au contraire, qui prend la prépondérance et oblige l’accent à se déplacer” (1876: 9). Das ist nur in wenigen romanischen Sprachen der Fall. Eines der Prinzipien des romanischen prosodischen Wandels, die ‘Bewahrung der Haupttonstelle’ (cf. Wanner 1979), wird im Limousinischen also durch eine prosodische Innovation, ein quantitätssensitives Akzentsystem, außer Kraft gesetzt, so dass es zu einem Phänomen kommt, das in den romanischen Sprachen sonst kaum belegt ist: Akzentwechsel zwischen Singular und Plural. Solche Akzentwechsel sind eine klare Ausnahme von der Regel “Assign extrametricality to the (metrical projection of the) desinence”, welche Roca (1999: 770) als erstes Grundprinzip eines pan-romanischen Akzentsystems ansetzt.

Interessant sind die limousinischen Daten aber noch aus einem weiteren Grund: Das Okzitanische ist in der Literatur als ‘Brückensprache’ zwischen den südromanischen Sprachen wie Spanisch und den nordromanischen Sprachen wie Französisch beschrieben worden (Hualde 2003). Dies gilt vielleicht umso mehr für die limousinische Varietät, die unmittelbar an der Grenze zum französischen Sprachgebiet gesprochen wurde und noch wird. In prosodischer Hinsicht unterscheidet sich das Französische stark von den süd- und ostromanischen Sprachen: Die Domäne der Akzentzuweisung ist (möglicherweise) nicht mehr das Wort, sondern die Phrase, der Akzent liegt auf dem letzten betonbaren Vokal, und das System kennt keine lexikalischen Ausnahmen. Wie sich dieses System aus dem Lateinischen entwickelt hat, ist bis heute unklar. Das Limousinische mag hier etwas Licht ins Dunkle bringen: Auch in dieser Varietät liegt der Akzent weiter rechts als in anderen romanischen Sprachen, und es scheint nur wenige Ausnahmen von einer quantitätsbasierten Akzentzuweisung zu geben. Auf segmentaler Ebene teilt das Limousinische mit dem Französischen die weitreichende Tilgung etymologischer Konsonanten ebenso wie die prosodische Längung von Vokalen. Zugleich führt das Limousinische einige Aspekte der südromanischen Sprachen, wie z. B. die Fußform des Trochäus und den paroxytonischen Akzent, fort. Eine genauere Kenntnis des prosodischen Systems des Limousinischen, zu dem hier ein Beitrag zu leisten versucht wurde, verspricht damit ein besseres Verständnis des prosodischen Wandels der romanischen Sprachen.

Literatur

Baroni, M. / Vanelli, L. 2000. The relationship between vowel length and consonantal voicing in Friulian. In Repetti, L. Ed. *Phonological theory and the dialects of Italy*. Amsterdam: Benjamins, 13–44.

Bullock, B. E. 2001. Double prosody and stress shift in Proto-Romance. *Probus* 13, 173–192.

Chabaneau, C. 1876. *Grammaire limousine. Phonétique. Parties du discours.* Paris: Maisonneuve.

Dauzat, A. 1897. *Études linguistiques sur la Basse Auvergne. Phonétique historique du patois de Vinzelles*. Paris: Alcan.

Dauzat, A. 1900. *Morphologie du patois de Vinzelles. Études linguistiques sur la Basse Auvergne.* Paris: Bouillon.

Dauzat, A. 1908. L'amuïssement de "s, r, l" explosifs dans la Basse Auvergne. *Romanische Forschungen* 23, 235–239.

Decomps, D. / Gonfroy, G. 1979. *L'occitan redde e ben. Lo lemosin*. Paris: Omnivox.

Dhéralde, L. 1968. *Dictionnaire de la langue limousine. Diciounāri de lo lingo limousino*. Robert, M. / Duclou, D. L. Eds. Limoges: Société d'éthnographie du Limousin, de la Marche et des régions voisines.

Gess, R. 1998. Compensatory lengthening and structure preservation revisited. *Phonology* 15, 353–366.

Gess, R. 2006. The myth of phonologically distinctive vowel length in Renaissance French. In Gess, R. / Arteaga, D. Eds. *Historical Romance linguistics. Retrospective and perspectives*. Amsterdam: Benjamins, 53–76.

Gess, R. 2008. More on (distinctive!) vowel length in historical French. *Journal of French Language Studies* 18, 175–187.

Gilliéron, J. / Edmont, E. 1902. *Atlas linguistique de la France*. Paris: Champion. http://lig-tdcge.imag.fr/cartodialect3/index.html (2019-09-25).

Hajek, J. / Cummins, T. 2006. A preliminary investigation of vowel lengthening in non-final position in Friulian. In Warren, P. / Watson, C. I. Eds. *Proceedings of the 11th Australian International Conference on Speech Science / Technology*. Auckland: University of Auckland, 243–247.

Hualde, J. I. 1990. Compensatory lengthening in Friulian. *Probus* 2, 31–46.

Hualde, J. I. 2003. Remarks on the diachronic reconstruction of intonational patterns in Romance with special attention to Occitan as a bridge language. *Catalan Journal of Linguistics* 2, 181–205.

Hyman, L. M. 1985. *A theory of phonological weight*. Dordrecht: Foris.

Jacobs, H. 2006. Proto-Romance stress shift revisited. In Montreuil, J.-P. Y. Ed. *Current issues in linguistic theory. New perspectives on Romance linguistics. Selected papers from the 35th Linguistic Symposium on Romance Languages (LSRL), Austin, Texas, February 2005*, vol. 2: *Phonetics, phonology and dialectology*. Amsterdam: Benjamins, 141–154.

Javanaud, P. G. 1981. *The vowel system of Lemosin. A phonological study*. PhD dissertation. Göteborg: Department of Linguistics.

Lafont, R. 2004. *Éléments de phonétique de l'occitan* (2e éd.). Valderiès: Vent Terral.

Lausberg, H. 1969. *Romanische Sprachwissenschaft. Erster Teil. Einleitung und Vokalismus* (3. Aufl.). Berlin: De Gruyter.

Lavalade, Y. 2010. *Dictionnaire d'usage occitan/français. Limousin, Marche, Périgord*. Limoges: Institut d'Estudis Occitans dau Lemosin.

Lévêque, J.-L. 2015. *Périgord, terre occitane* (2e éd.). Périgueux: IEO Perigòrd Novelum.

Loporcaro, M. 2015. *Vowel length from Latin to Romance*. Oxford: Oxford University Press.

MacKenzie, L. 2014. /s/-lenition and the preservation of plurality in Modern Occitan. *Journal of Linguistic Geography* 2, 59–73.

Meisenburg, T. 2005. Zum Akzentwandel in den romanischen Sprachen. In Stehl, T. Ed. *Unsichtbare Hand und Sprecherwahl. Typologie und Prozesse des Sprachwandels in der Romania*. Tübingen: Narr, 197–217.

Montreuil, J.-P. Y. 1991. Length in Milanese. In Wanner, D. / Kibbee, D. A. Eds. *New analyses in Romance linguistics. Selected Papers from the XVIIIth*

Linguistic Symposium on Romance Languages. Amsterdam: Benjamins, 37–47.

Montreuil, J.-P. Y. 1995. Weight and length in conservative regional French. *Lingua* 95, 77–96.

Morin, Y.-C. 1994. Phonological interpretation of historical lengthening. In Dressler, W. U. / Prinzhorn, M. / Rennison, J. Eds. *Phonologica 1992. Proceedings of the 7th International Phonology Meeting*. Torino: Rosenberg, 135–155.

Morin, Y.-C. 2000. Le parler de Vinzelles revisité. Observations phonologiques. In Fayette, É. Ed. *Actes du colloque Albert Dauzat et le patrimoine linguistique auvergnat, Thiers, 5–7 novembre 1998*. Montpellier: CNRS / Saint-Gervais-sous-Meymont: Parc naturel régional Livradois-Forez, 231–255.

Morin, Y.-C. 2006. On the phonetics of rhymes in classical and pre-classical French. A sociolinguistic perspective. In Gess, R. S. / Arteaga, D. Eds. *Historical Romance linguistics. Retrospective and perspectives*. Amsterdam: Benjamins, 131–162.

Morin, Y.-Ch. 2012. Sources et évolution des distinctions de durée vocalique. L'éclairage du gallo-roman. In Barra-Jover, M. / Brun-Trigaud, G. / Dalbera, J.-Ph. / Sauzet, P. / Scheer, T. Eds. *Études de linguistique gallo-romane*. Saint-Denis: Presses Universitaires de Vincennes, 117–148.

Oliviéri, M. / Sauzet, P. 2016. Southern Gallo-Romance (Occitan). In Ledgeway, A. / Maiden, M. Eds. *The Oxford guide to the Romance languages*. Oxford: Oxford University Press, 319–349.

Prieto, P. 1992. Compensatory lengthening by vowel and consonant loss in Early Friulian. *Catalan Working Papers in Linguistics* 2, 205–244.

Prieto, P. 2000. Vowel lengthening in Milanese. In Repetti, L. Ed. *Phonological theory and the dialects of Italy*. Amsterdam: Benjamins, 255–272.

Repetti, L. 1993. A moraic model of the diachronic development of long vowels and falling diphthongs in Friulian. In Aertsen, H. / Jeffers, R. J. Eds. *Historical Linguistics 1989. Papers from the 9th International Conference on Historical Linguistics, Rutgers University, 14–18 August 1989*. Amsterdam: Benjamins, 417–427.

Repetti, L. 1994. Degenerate syllables in Friulian. *Linguistic Inquiry* 25, 186–193.

Roca, I. M. 1999. Stress in the Romance languages. In van der Hulst, H. Ed. *Word prosodic systems in the languages of Europe*. Berlin: De Gruyter, 659–811.

Roux, J. / Lévêque, J.-L. 2011. *Précis de conjugaison occitane. Dialecte limousin*. Toulouse: Novelum – IEO Périgord.

Wanner, D. 1979. Die Bewahrung der lateinischen Haupttonstelle im Romanischen. *Vox Romanica* 38, 1–36.

Weth, C. 2014. Le provençal / L'occitan. In Klump, A. / Kramer, J. / Willems, A. Eds. *Manuel des langues romanes*. Berlin: De Gruyter, 491–509.

Georgia Veldre-Gerner

Je nan demande pas conseyl aus fames – Zur Schreibung des Nasalvokals [ɑ̃] im Französischen

Abstract. This article focuses on the evolution of orthographic conventions concerning the nasal vowel [ɑ̃] in French, corresponding to the spelling forms *en* and *an*. Before the existence of a stable orthographic norm, writers used a great number of spelling variants in this area, including individual variation. It is argued that this variation in spelling can, for example, be linked to the usual bilingual education (Latin-French), sometimes it can even be explained as a social strategy when traditional or modern spellings are chosen in different texts or for different addressees. On the one hand, variation has become reduced through the influence of printers in printed books since the 16th century; on the other hand, writers continue using variant spellings in their personal manuscripts. Only a small part of those variations ought to be qualified as mistakes in the sense of violating existing norms, due to writers' rudimentary education. The majority of them have to be interpreted as variants that correspond to the underlying phonographic regularities, if a historical perspective is adopted.

1. Einleitung

In diesem Beitrag geht es am Beispiel der graphischen Variation *en/an*[1] für den Nasalvokal [ɑ̃] um ein grundsätzliches Merkmal der französischen Orthographie und seine Bewältigung durch den Schreiber: die Mehr-Mehrdeutigkeit von Graphemen und Phonemen, deren Erscheinungsweise zum einen gleichlautende Wörter unterschiedlicher Graphie sind[2]. Zum anderen ergeben sich daraus parallel existierende Schreibvarianten eines Wortes, die allerdings der orthographischen Grundidee einer als 'richtig' definierten Schreibung entgegenstehen. Die Existenz einer einzigen als korrekt definierten Schreibung ist Voraussetzung dafür, eine Graphie als fehlerhaft zu bewerten. Diese Voraussetzung ist für das Französische frühestens im 18. Jahrhundert durch die Referenz auf normgebende Instanzen wie die Aca-

---

1 Auch die Variation *em/am* wird teilweise mitbetrachtet.

2 Das Zitat der Überschriftszeile ist einem Brief von Henri IV an seine Verlobte aus dem Jahr 1600 entnommen (cf. *Quelques reliques émouvantes de l'histoire de France* o. J. [ca. 1900]).

démie Française gegeben. Zwar besteht seit dem 17. Jahrhundert eine relativ stabile Relation zwischen Lautung und Schreibung eines Wortes, die Zahl paralleler Schreibungen und Schwankungen auch bei umfassend gebildeten Autoren ist jedoch hoch und muss daher als Normalität angesehen werden.

Das Problem paralleler Schreibungen bis zur Etablierung einer orthographischen Norm soll im Folgenden am Beispiel der Variation *en*/*an* als graphische Realisierung des Nasalvokals [ɑ̃] (z. B. *prendre*, *dans*) betrachtet werden. Grundsätzlich ist aus phonographischer Sicht *an* die naheliegende Schreibung, die sich aber nur teilweise durchgesetzt hat, was bei der Koexistenz phonographischer und logographischer Merkmale der französischen Orthographie nicht überrascht[3]. Bei *content* (< Lat. CONTENTUS) hat sich z. B. die etymologische Schreibung durchgesetzt, während *dans* und *sans* phonographische Lösungen sind (< Lat. DE INTUS bzw. SINE), nachdem es zunächst seit dem Altfranzösischen die Varianten *sens*, *sen* etc. bzw. *dens*, *denz* gab (FEW[4] 3: 31). Es setzte sich *dans* durch (folgerichtig gegenüber homophonem pluralischem Nomen *dens* > *dents*), *sens* wurde zugunsten von *sans* aufgegeben (gegenüber dem Nomen *sens*), dagegen blieben hinsichtlich der Bewahrung des *e* die etymologischen Graphien bei Wörtern wie *dent*, *gendre*, *lent*, *prendre*, *vendre*, *vent* etc. erhalten.

Beschränkungen in der Wahl einer einheitlichen Schreibung ergeben sich neben der Etymologie zum einen also durch störende Homographien (z. B. *en*/*l'an*), außerdem durch Systemzwänge einer bestimmten konsonantischen Umgebung (z. B. *gens*, *Jean*) und durch die Wirkung der Analogie (z. B. *prendre*, *rendre*). Die heutige Schreibung des Nasalvokals [ɑ̃] ist also z. T. etymologisch bzw. logographisch und z. T. phonographisch, wobei für die Graphie *en* bekanntlich neben der Lautung [ɑ̃] weitere Realisierungen existieren (cf. etwa /ɛ̃/ in *examen* und /ɛ/ in *spécimen*). Die Entwicklung der Schreibungen in diesem Bereich ist aus mehreren Gründen interessant: Zum einen aus historischer Sicht, denn das Verhältnis Phonie-Graphie war hier seit dem Altfranzösischen regional unterschiedlich, d. h. je nach Region bzw. regionaler Herkunft der Schreiber kann die jeweilige Graphie bis zur Herausbildung einer verbindlichen Norm entweder eine bestimmte Aussprache oder eine Schreibvariante widerspiegeln, was bei der Beurteilung der Graphien zu berücksichtigen ist. Zum anderen war die Graphie der Nasalvokale auf den ersten Blick kein zentraler Bereich der

---

3 Hier soll für die bedeutungsabbildende Funktion der Begriff 'logographisch' verwendet werden. Eine analoge Bedeutung hat z. B. der Terminus 'ideographisch' bei Börner (1977: 13).

4 *Französisches Etymologisches Wörterbuch* (von Wartburg 1922–2002); im Folgenden: FEW.

seit dem 16. Jahrhundert mit der Durchsetzung des Buchdrucks intensiv geführten Orthographiediskussion, anders als etwa die Frage der etymologischen Konsonanten (z. B. *faict*, *compte*) und der Akzente, die weitreichende Unterscheidung *u/v* und *i/j* oder die Konkurrenz *y/i* (z. B. *moy/moi*). Einen konkreten Versuch, *an* als phonographische Lösung einheitlich durchzusetzen, unternahm z. B. Louis de Lesclache im 17. Jahrhundert mit seinem Werk *Les véritables règles de l'ortografe francéze ou L'art d'aprandre an peu de tams à écrire côrectement* (1668), das mit großer Polemik kommentiert wurde.[5] In diesem Kontext kann die phonographische Schreibung *an* für den Nasalvokal [ɑ̃] als 'moderne' Graphie gelten, die sich, wie viele phonographische Lösungen, nur partiell durchgesetzt hat.

Im Folgenden geht es um die Frage, in welchen Bereichen und Texttypen und in welchem Umfang *en* und *an* als graphische Varianten seit dem Altfranzösischen auftreten. Damit verbunden ist die Frage, wie die Variation generell und insbesondere die individuelle Variation zu bewerten ist, und ob man hier vor dem 19. Jahrhundert überhaupt von Abweichungen oder orthographischen Fehlern sprechen kann.

2. Die historische Ausgangssituation bis 1500

Während im Altfranzösischen [ɑ̃] und [ɛ̃] bereits zwei unterschiedliche Nasalvokale darstellen und auf die entsprechenden Oralvokale des Lateinischen zurückgehen, z. B. *prendre*: [prɛ̃ndrə] < *prendere* < Lat. PREHENDERE und *champ* [tʃɑ̃mp] < CAMPU(M), fallen beide in bestimmten lautlichen Umgebungen zum offenen [ɑ̃] je nach Region zu unterschiedlichen Zeiten zusammen. Dies geschah v. a. im Gebiet des Franzischen vermutlich sehr früh (cf. Sergijewskij 1979: 43, 101; Meisenburg 1996: 72). Wolf/Hupka (1981) setzen die Öffnung von *en* zu *an* im 12. Jahrhundert an; als Grund wird, Rochet (1974) folgend, der Zusammenfall der Präsenspartizipien zu *-ant* als Basis genannt, in dessen Folge sich die Angleichung auf andere Wortarten ausgedehnt hat (cf. Wolf/Hupka 1981: 81–82; Rochet 1974: 90–91).

Bereits in mittelfranzösischer Zeit wurden lateinische Wörter auf *em* und *en* einheitlich [ɑ̃] ausgesprochen (cf. Marchello-Nizia 1979: 78–79). Im Alt- und im Mittelfranzösischen wurden die Vokale vor *n* und *m* nasaliert, gleichzeitig reimten sich aber auch orale und nasale Vokale. Marchel-

5 Biedermann-Pasques (1992) zitiert z. B. die folgende Reaktion eines anonymen Kommentators: "C'est un blasphème [...] On leur dira que *sens* avec un e signifie ce que vous n'avés point et *sans* avec un a est une préposition de la grammaire" (anonym 1669: 30, zit. n. Biedermann-Pasques 1992: 52).

lo-Nizia (1979: 78–79) nimmt noch für das 16. Jahrhundert leichte Aussprachedifferenzen zwischen *en* und *an* an; sie belegt dies an Reimmustern verschiedener Autoren des Mittelalters. Für Autoren aus dem Norden gibt es im 13. Jahrhundert eher eine Aussprachedifferenz zwischen *en* und *an*. So vermeidet etwa Jean de Condé (aus dem wallonischen Raum) Reime zwischen Silben, die durch die betreffenden Grapheme repräsentiert werden, dagegen reimt der aus dem Süden stammende Honoré Bonet Ende des 14. Jahrhunderts die beiden Graphien – dies gilt bei ihm vereinzelt auch für *ain* mit *an* und *en* (z. B. *mains–grans*; cf. Marchello-Nizia 1979: 78–80). Noch im 15. Jahrhundert findet man bei François Villon das Reimpaar in Bezug auf graphisch *an*/*amen* dargestellte Silben, und noch bei Ronsard und Boileau reimt sich *hymen* auf finale Silben, die die Graphie *-an* enthalten (cf. Marchello-Nizia 1979: 79).

Auch van Reenen (1988: 165) weist in seiner Untersuchung von *chartes* aus dem 13. Jahrhundert auf die regionalen Unterschiede im Verhältnis von Lautung und Schreibung bei *an* und *en* hin, u. a. bei *convenance* (vs. *convenence*) und *femme* (vs. *famme*), außerdem bei der Endung *-ment*. Regional unterschiedlich wurde entweder die eine oder die andere Form von den Schreibern verwendet (cf. van Reenen 1988: 165). Im Norden, wo keine graphische Variation bei einzelnen Wörtern feststellbar ist, lässt dies, analog zu dem von Marchello-Nizia dargestellten Befund, auf unterschiedlich notierte Lautungen je nach Graphie schließen, während z. B. in der Bourgogne graduelle lautliche Übergänge anzunehmen sind, die zu graphischen Varianten bei demselben Wort führten. Die unterschiedliche Schreibung ein und desselben Wortes kann also regional variierende Lautungen wiedergeben.

Noch im 16. Jahrhundert notiert Palsgrave in seiner Grammatik (1530) eine Differenz zwischen [ɑ̃] (notiert *aun*/*aum*) und [ɛ̃] (notiert *an*), er beschreibt hier vermutlich eine regionale Aussprache im westfranzösischen Raum (cf. Marchello-Nizia 1979: 78). Von einer stabilen überregionalen Korrespondenz des Lautes [ɑ̃] mit den Schreibungen *en*/*an* kann man also in dieser Zeit nicht ausgehen, das gilt auch für die Entnasalierung von Vokalen vor Nasalkonsonanten (z. B. *grammaire*, *femme*). Eine graphische Variation *en*/*an* findet sich jedoch auch im zentralfranzösischen Raum, wo von phonischer Varianz schon im späten Altfranzösisch nicht mehr ausgegangen werden kann. Dabei findet man auch variierende Schreibungen innerhalb eines Textes. Der aus Zentralfrankreich stammende Charles d'Orléans verwendet in seinen *Ballades* (1415)[6] z. B. parallel *prendre* und *prandre*, wobei eine Aussprachedifferenz auszuschließen ist:

6 Zitiert nach *Frantext*.

(1) a. Mort qui t'a fait si hardie, De prendre la noble Princesse
Qui estoit mon confort, ma vie, Mon bien, mon plaisir, ma richesse !
Puis que tu as prins ma maistresse, [...] (d'Orléans 1415a: 81)

b. [...] Et que l'en doit laissier Ennuy, Pour prandre joyeuse Plaisance, Je me treuve, sans recouvrance, Loingtain de Joye conquester, De Tristesse si bien renté Que j'ay, je m'en puis bien vanter, Le rebours de ma voulenté. Las ! (d'Orléans 1415b: 35)

Solche graphischen Varianten eines Autors sind kein Einzelfall. Zwar betonen Ouy/Reno (1988) in ihrer Untersuchung solcher "hésitations" um 1400 bei Christine de Pizan, dass ab dem letzten Drittel des 14. Jahrhunderts bei den französischen Schreibern ein orthographisches und grammatisches Bewusstsein entstanden war und Autoren vereinfachend-phonographische und latinisierende Varianten nebeneinander verwendeten. Andererseits ist eine bewusste Wahl in Fällen wie Beispiel 1 hier nicht anzunehmen (cf. Ouy/Reno 1988: 277). Möglicherweise schloss dieses Bewusstsein für die Wirkung einer bestimmten Graphie ein, dass variierende Schreibungen, solange sie im phonographisch identischen Bereich blieben, als unproblematisch galten, zugleich stehen sie auch für die Unsicherheit der am Latein alphabetisierten Schreiber. Ein anderer Fall ist die parallele Existenz verschiedener Schreibungen eines Autors, die über singuläre Varianten hinausgehen, zum Beispiel in verschiedenen Fassungen eines Textes. In diesem Fall kann man nach Catach/Ouy sogar von einer "double orthographe" (1976: 224) weit vor dem 16. Jahrhundert sprechen, in dem die Auseinandersetzung um verschiedene orthographische Systeme intensiv geführt wurde.

Ein solches gut belegtes Fallbeispiel aus der mittelfranzösischen Periode sind die Handschriften des aus Nordfrankreich stammenden Gelehrten Pierre d'Ailly (1350–1420), der u. a. als Kanzler der Pariser Universität und als Kardinal eine große Zahl von schriftlichen Werken hinterlassen hat (cf. Catach/Ouy 1976: 222–223). In mehreren nachweislich autographischen Exemplaren von Briefen d'Aillys und in Kopien dieser Briefe zeigen sich deutliche Merkmale einer "double orthographe", im Sinne einer jeweils diaphasisch motivierten, adressatenbezogenen Graphie, die eine bewusste Entscheidung des Schreibers zwischen etymologisierender und 'neuer', stärker phonographischer Schreibung erkennen lässt (cf. Catach/Ouy 1976: 244). Dabei zeigt sich die Tendenz d'Aillys, in Reinschriftexemplaren moderneres *i* statt *y* sowie *s* statt *x* zu verwenden, außerdem werden hier die sonst häufigen funktional überflüssigen Doppelkonsonanten (z. B. *incertainne*) vermieden (cf. Catach/Ouy 1976: 230–235). Hinsichtlich der Graphie von [ɑ̃] zeigt der Vergleich zwischen Autographen d'Aillys und Kopien dieser Texte eine variierende Schreibung von *recom-*

mande, mit der Variante *recommende* in einer der Kopien (cf. Catach/Ouy 1976: 247). Zweifellos erfüllt die jeweilige Graphie hier eine kommunikative Funktion und ist nur bedingt als Ausdruck von Unsicherheit zu interpretieren.

Ein weiterer exemplarischer Fall ist die Schriftlichkeit der aus Italien stammenden Christine de Pizan (1364 – um 1429). Von ihren Werken existieren zahlreiche Autographe, diese z. T. auch in mehrfachen Exemplaren, da de Pizan viele ihrer Werke selbst kopiert hat (cf. Ouy/Reno 1988: 265–266). Dieser glückliche Umstand war Anlass zu bisher zwei Untersuchungen des orthographischen Profils verschiedener zeitlich paralleler und divergierender Manuskripte von ihr (cf. Ouy/Reno 1988; Parussa 1999). Die orthographische Analyse von Ouy/Reno (1988) basiert auf dem Vergleich dreier Manuskripte etwa gleichen Inhalts, die vermutlich zwischen 1400 und 1411 entstanden sind, zwei davon nahezu gleichzeitig (im Folgenden: C und P) und das dritte (L) etwa zehn Jahre später[7]. Zu erwarten wäre hier eine chronologische Linie z. B. hinsichtlich der Merkmale ‘alter’ vs. ‘neuer’ Graphie, etwa eine Tendenz zum Ersatz von *y* durch ‘modernes’ *i* oder von *z* durch *s* bei Pluralmarkierungen wie bei D’Ailly (cf. Ouy/Reno 1988: 271). Eine solche Linie ist jedoch nicht feststellbar, vielmehr unterscheiden sich die beiden zeitlich parallelen Manuskripte C und P[8] unerwartet deutlich, z. B. in der bevorzugten Wahl des Pluralzeichens (*z* vs. *s*; cf. Ouy/Reno 1988: 270). Was die Varianz *an*/*en* betrifft, schwankt Christine de Pizan zwischen beiden Graphien, ein Beispiel dafür ist die Variation *retentir*/ *retantir*. Im Manuskript C wählt sie für die Lautung [ɑ̃] in 79% der Fälle *en*, in P überwiegt dagegen die Graphie *an* in 77,5% der Fälle (cf. Ouy/Reno 1988: 272). In L, etwa zehn Jahre später verfasst, überwiegt wiederum die Schreibung *an* (ca. 70%) gegenüber *en* (cf. Ouy/Reno 1988: 272).

Ein besonderer Fall ist die Schreibung von *sans* in ihren Autographen, mit der sich Ouy/Reno (1988) und Parussa (1999) detailliert auseinandersetzen. Im Mittelalter koexistierten für *sans* mehrere parallele Graphien, laut dem Französischen Etymologischen Wörterbuch taucht die Form *sans* um etwa 1200 auf (FEW 11: 642). Parallel dazu erscheinen in dieser Zeit u. a. die Varianten *sens*, *senz*, *seins* und *sainz*. Eine für diese Zeit nicht auszuschließende regionale Aussprachedifferenz des Wortes ausgehend von der lautgeschichtlichen Entwicklung des Etymons scheint durch die verschiedenen Graphien bei de Pizan nicht notiert zu werden, da sie als Italie-

---

7 Die untersuchten Werke de Pizans sind die *Cent Balades* und *Dit de la Pastoure* (Ouy/Reno 1988: 268).

8 Es handelt sich um die Manuskripte Chantilly XX.B.5 (= C), Paris, B. N. fr. 12779 (= P) und London, B. L. Harley 4431 (= L) (cf. Ouy/Reno 1988: 268–270).

nerin diese eventuell nicht wahrnahm. In Manuskript C finden sich die Formen *sens* und *senz* zu gleichen Teilen, *sans* tritt dagegen kaum auf; in P findet sich in 97% der Fälle *sans*, *sens* dagegen nur in 3% und *senz* fehlt ganz (cf. Ouy/Reno 1988: 273). In Manuskript L, etwa 10 Jahre später, macht die Form *sans* zwei Drittel der Belege neben *sanz* als neuer Form aus, *senz* und *sens* fehlen hingegen ganz. Abgesehen davon, dass *senz* vollständig aufgegeben wird, lässt sich also durchgehend eine Variation zwischen mindestens zwei Formen, *sans* und *sanz*, feststellen (cf. Ouy/Reno 1988: 273; Parussa 1999: 149–150). Zwar schließen Ouy/Reno (1988: 273) nicht aus, dass *senz* von der gebürtigen Italienerin de Pizan als vermeintlicher Italianismus aufgegeben wurde. Auch andere Autoren der Zeit verwenden jedoch sowohl *senz* als auch *sanz* in Manuskripten, wie z. B. der aus der Normandie stammende Nicole d'Oresme, wie das folgende Beispielpaar zeigt[9]:

(2) a. [...] en tant que les unes et les autres sont faites selon raison et sont ou moien senz excés et senz deffaute. (d'Oresme 1370: 151)

b. [...] Je respon et di que combien que en ces [...] cas derreniers un mouvement soit apres l'autre sanz descontinuacion, toutesvoies ce n'est pas naturelment, quar un est naturel et l'autre est violent. (d'Oresme 1377: 96)

Ouy/Reno (1988: 273) weisen in diesem Zusammenhang auch auf die graphische Variation des Wortes *mélancolie* hin: In Manuskript C überwiegt *merencolie* gegenüber einer Form *melencolie*, in P erscheint nur *melancolie*, in L dagegen ausschließlich *merencolie*.

Eine durchgängige Variation *en/an* für den Laut [ɑ̃] ist bei Christine de Pizan nicht feststellbar, denn *souvent*, für das ebenfalls in dieser Zeit die Variation *souvant/souvent* verbreitet war, schreibt de Pizan, soweit feststellbar, auch in Drucken durchgehend *souvent*, wobei ein korrektiver nachträglicher Einfluss der Drucker hier nicht ausgeschlossen ist (cf. Parussa 1999: 152)[10].

Wie ist diese Variation zu interpretieren? Da die Notation lautlicher Unterschiede z. B. bei *sans* in dem Fall ausgeschlossen werden kann und der hohe Bildungsstand und die graphische Routine de Pizans ebenso wie die ihres jeweiligen kulturellen Umfeldes außer Zweifel stehen, kann man eine individuelle Unsicherheit im Sinne der mangelnden Kenntnis geltender Schreibkonventionen wohl ausschließen. Die parallel existierenden Graphien können vielmehr als Beleg dafür gelten, dass die Wende zum 15.

---

[9] Zitiert nach *Frantext*.

[10] In den in *Frantext* verfügbaren Texten de Pizans findet sich nur die Graphie *souvent*.

Jahrhundert, die eine Zeit sprachlicher Veränderungen und Vielfalt war, Schreibern die Möglichkeit bot, in Kenntnis dieser Vielfalt eine bestimmte Schreibung hinsichtlich ihrer adressatenspezifischen Wirkung auszuwählen. Das schließt ein, dass wie bei d'Ailly 'alte' und 'neue' graphische Merkmale jeweils differenziert wahrgenommen wurden (cf. Catach/Ouy 1976: 220). Außerdem muss man daraus schließen, dass graphische Varianz an sich nicht als problematisch oder negativ bewertet wurde, solange die Variation innerhalb der phonographemischen Regeln des Französischen lag. Das Fehlen einer verbindlichen Norm wurde ganz offensichtlich nicht als Problem wahrgenommen, zumal im 14. und 15. Jahrhundert, anders als im 16. Jahrhundert, die Drucker als korrektive Instanz noch keine Rolle spielten.

3. Individuelle Variation und die Rolle der Drucker

Im 16. Jahrhundert herrschte in Europa und auch in Frankreich hinsichtlich der Schriftnorm eine neue Situation, da nun mit dem Buchdruck die Verantwortung für die Graphie eines Textes zwischen Autor und Drucker aufgeteilt war. Während, wie Catach/Ouy (1976: 225) hervorheben, bei der Erstausgabe eines Textes die orthographischen Vorstellungen des Autors noch eher berücksichtigt wurden, entsprechen spätere Ausgaben eher den Vorstellungen der Drucker (cf. Catach/Ouy 1976: 225).

Damit ist auch die Verwendung paralleler orthographischer Systeme für unterschiedliche Textsorten, z. B. für Poesie und Prosa verbunden. Während poetische Texte tendenziell eine "orthographe moderniste" (Catach/Ouy 1976: 226–227) zeigen, gilt für Prosatexte, zu denen auch Sachtexte und Übersetzungen u. a. aus dem Latein zählten, eher eine latinisierende "orthographe traditionaliste" (Catach/Ouy 1976: 226–227). Auch die Schriftarten wurden danach ausgewählt, da sie in unterschiedlichem Maße Akzente und Hilfszeichen zulassen (cf. Catach/Ouy 1976: 226–227). Die Nutzung divergierender Schreibungen bei einem Autor war im 16. Jahrhundert ebenfalls üblich, ein Beispiel hierfür ist Jean Antoine de Baïf (1532–1589), der drei verschiedene Systeme nutzte. Obwohl selbst Erfinder und Nutzer einer phonetischen Graphie (*Etrénes de poézie fransoéze en vers mezurés*, 1574), gab de Baïf diese fast völlig auf, nutzte dann ein gemäßigtes, an das von Ronsard angelehntes, und außerdem parallel ein konservativ-archaisierendes System, das dem offiziellen Bereich, z. B. Briefen an den König, vorbehalten war (cf. Catach/Ouy 1976: 228–229). Diese Variation ist ähnlich wie im 14. Jahrhundert also grundsätzlich diaphasisch zu verstehen und zeigt deutlich, dass auch im 16. Jahrhundert eine bestimmte Graphie als persönliche Wahl des Autors gelten kann. Ein weiteres Beispiel hierfür ist Michel de Montaigne. Aus der Gascogne stammend, fehlte ihm zunächst die sprachliche Sicherheit im Französischen, trotz starker lateinischer Komponenten bekam er nicht die Bildung eines Gelehrten (cf. Catach 1997: 137). Catach beschreibt bei Montaigne zwei orthographische Phasen: eine vor und eine nach 1580, die mit einem größeren Einfluss der Drucker in Zusammenhang stand (cf. Catach 1997: 138–139). Montaigne wählte zunächst selbst eine Graphie mit einigen modernen Zügen, analog zu Ronsard und den Pléiade-Autoren. Sie umfasste auch bestimmte Gasconismen, z. B. *u* statt *eu* (z. B. *monseignur*; cf. Catach 1997: 138). Seine persönliche Orthographie in der ersten Ausgabe der *Essais* (1580) sowie teilweise auch noch später, umfasst auch Besonderheiten hinsichtlich *en*/*an*. Montaigne tendiert durchgehend zu *an* wie z. B. in *atandre*, *magnifiquemant*, *accidant*, *mouvemans*, *cepandant*, *randre* im Sinne einer phonographischen Komponente (cf. Catach 1997: 139–140). Hiervon weicht er z. B. bei der Präposition *en* ab, nutzt also unter Vermeidung störender Homographien ein gemäßigtes phonographisches System. Aus nahezu durchgängiger Graphie *an* für [ɑ̃] ergeben sich bei Montaigne bestimmte konsonantische Besonderheiten, die seine Kenntnis und Beachtung der phonographemischen Regeln belegen. Das betrifft Schreibungen wie *deçandus* oder *iantilhomes*, *ians* <gens>[11], *ueniance* (cf. Catach 1997: 139–140). Hinsichtlich dieser Modernität in der Schreibung des Französischen, das nicht Montaignes Muttersprache war, nimmt Catach einen Einfluss des Orthographiereformers Peletier du Mans sowie seines Lehrers und späteren Rektors der Universität Bordeaux Elie Vinet (1509–1587) an. Montaignes spätere Hinwendung zur älteren, etymologisierenden Orthographie stellt Catach als bewusste, letztlich politische Entscheidung dar, die auch im Zusammenhang mit dem politischen Klima nach den Religionskriegen und insbesondere der Bartholomäusnacht 1572 steht. Die danach in Frankreich verbliebenen Drucker passten sich an die Druckvorschriften und Normen der *imprimeurs du roi* an, was auch Montaigne zum Anlass nahm, die traditionelle Orthographie mit ihren zentralen Merkmalen in seinen Drucken (weitgehend) zu übernehmen und seinem Drucker die "orthografe antiene" (Montaigne 1588, 3. Livre: 230; zit. n. Catach 1997: 137, 147) nahezulegen.

Auch für die Autoren des 17. Jahrhunderts ist nach wie vor das Latein Bildungssprache und grammatisches Modell neben dem Französischen, sodass man, Biedermann-Pasques (1992: 28) folgend, hier von einer Diglossie sprechen kann. Einerseits ist dadurch der morphologische Bezug französischer Wörter zum Lateinischen präsent, was jedoch nicht automatisch zur Befürwortung einer etymologischen und damit der 'alten' Orthographie

[11] Missverständliche Formen werden im Folgenden durch das 'Gemeinte' in moderner Graphie ergänzt (<...>).

führt, wie Pellat am Beispiel von La Fontaine und Boileau nachweist (cf. Pellat 2001: 308). Gleichzeitig kritisiert schon vor dem 17. Jahrhundert z. B. Ronsard die Entfernung der Graphie von ihrer Funktion, Mündlichkeit abzubilden (cf. Pellat 2001: 305). Die Drucker haben in dieser Zeit einen insgesamt modernisierenden Einfluss, denn im Laufe des 17. Jahrhunderts setzen sich in den gedruckten Werken moderne Züge wie die Unterscheidung *i/j* und *u/v* sowie nach und nach die verschiedenen Akzente durch (cf. Pellat 2001: 308). In Bezug auf die konkurrierende Graphie *en/an* für den Nasalvokal [ɑ̃] kann die Entscheidung zugunsten von *an* ebenfalls als Teil einer modernen Graphie angesehen werden. Da sich eine stabile orthographische Norm jedoch auch unter dem Einfluss der Lexikographie erst im Laufe des 18. Jahrhunderts entwickelte und erst im 19. Jahrhundert durchsetzte, ist für das 17. Jahrhundert eine Mischung verschiedener orthographischer Tendenzen und Merkmale kennzeichnend, wobei hier handschriftliche und gedruckte Texte separat zu betrachten sind.

Ein handschriftliches Dokument, das an der Schwelle zum 17. Jahrhundert verfasst wurde, das als Faksimile zugänglich und hinsichtlich der hier behandelten Thematik von Interesse ist, ist ein Brief von Henri IV an seine Verlobte Maria von Medici vom 24.08.1600. Wie Samaran (1970: 61) feststellt, zeigt Henri IV, dessen Muttersprache das Gascognische war, in all seinen Autographen die Schreibung eines "bon enfant d'une époque où les grammairiens n'avaient pas encore travaillé à fixer l'orthographe", d. h. eine große graphische Variation. Das Dokument aus dem Jahr 1600 ist hinsichtlich häufigem *y* statt *i* (u. a. auch *luy*, *temoygnage*, *quy*, *conseyl*) und sparsamer Akzentsetzung einerseits konservativ, andererseits gibt es auch interessante phonographische Lösungen wie *aus fames* <aux>, *mettresse* <maîtresse> oder *mes* <mais>. Der Brief enthält hinsichtlich der Notation von [ɑ̃] die folgenden Formen: *abyllemant*, *an* <en>, *partyculyeremant*, *contantemant*, *partemant* (semantisch) <départ>, *nan* <n'en>, *exanteryès* <exempteriez>, *presant* (Subst.), *anvoye* <envoyé>, *randre*, *centmylle* <cent mille>. Die Formen zeigen, dass Henri IV eine klare Präferenz für die Graphie *an* hatte, in diesem Bereich also phonographisch schrieb.

Im Folgenden soll die Frage beantwortet werden, inwieweit sich im 17. Jahrhundert handschriftliche Druckvorlagen orthographisch von privaten Handschriften unterscheiden bzw. gedruckte von handschriftlichen Dokumenten. Pellat (2001) untersucht hinsichtlich dieser Frage die Graphie von La Fontaine und Boileau. Beide haben eine umfassende klassische Bildung erhalten, zeigen aber deutliche Unterschiede hinsichtlich ihrer orthographischen Prinzipien (cf. Pellat 2001: 308–309). In Autographen von La Fontaine unterschiedlichen Typs (Briefe, Fabeln etc.) lassen sich Züge der *orthographe ancienne* nachweisen, d. h. häufiges *y* für *i*, 'stumme' etymologische Buchstaben (*obmettre*, *aueque* etc.) (cf. Pellat 2001: 309, 311), die er in späten Dokumenten (z. B. *Achille*-Fragmente, verfasst von 1685–1690) zugunsten einer moderneren Graphie aufgibt, wobei Pellat dabei auch einen Einfluss der gedruckten Werke auf die handschriftliche Praxis La Fontaines annimmt (cf. Pellat 2001: 313). Neben der Unterscheidung von *i* und *j* und der Nutzung des *accent circonflexe* am Ende des Jahrhunderts zählen hierzu auch *an*/*am* für [ɑ̃] als *digrammes modernes* z. B. in den folgenden Graphien: *vanger*, *rampart*, *contans*, *ardante*, *tante* <tente> (cf. Pellat 2001: 313). Boileau verwendet dagegen durchgehend in Handschriften sowohl einige *traits anciens* (*s* diacritique, wenige Akzente, viele phonisch nicht realisierte Konsonanten etc.) als auch moderne Graphien *i voyelle* / *j consonne* (cf. Pellat 2001: 314), außerdem ist auch hier die Tendenz zum phonographischen *an* (z. B. *avanture*) nachweisbar (cf. Pellat 2001: 317). Was die gedruckten Werke betrifft, findet man bei La Fontaine zunächst, z. B. in der ersten Ausgabe der *Contes* (1665), viele Analogien zu den Handschriften, darunter auch die Endung *-ans* (cf. Pellat 2001: 318). Bei Boileau weist Pellat ebenfalls einen Einfluss der Handschriften auf den Druck nach, wobei dieser mit dem größeren Einfluss des Druckers (in diesem Falle des konservativen Parisers Thierry) abnimmt (cf. Pellat 2001: 320). Ein punktueller Vergleich der Schriften beider Autoren hinsichtlich der Schreibung von *content* in Texten der Datenbasis *Frantext* ergibt bei La Fontaine die Variation *content*/*contant* (wie auch z. B. bei Corneille), während sich bei Boileau nur *content* findet.

4. Das Beispiel *pencher*

Neben dem Einfluss der Drucker gewinnen ab dem 17. Jahrhundert die einsprachigen Wörterbücher des Französischen zumindest indirekt als Bezugsgröße an Bedeutung für die Normierung der französischen Orthographie. Auch hier unterscheiden sich die Positionen der Autoren, neben der modernen, d. h. gemäßigt phonographischen Orthographie in Richelet (1680) steht das Wörterbuch der Académie Française zumindest in den ersten beiden Ausgaben (1694; 1718) bekanntlich für die *orthographe ancienne*, während durch den Einfluss der modernisierten 3. Ausgabe (1740) die Position der *modernes* gestärkt wird.

Am konkreten Beispiel graphischer Variation lassen sich die unterschiedlichen Positionen der Wörterbücher im 17. und 18. Jahrhundert nachvollziehen. Ein solches Beispiel ist das Verb *pencher*. Unstrittig ist die Ableitung des Verbs vom lateinischen Etymon *PENDICARE < Lat. PENDERE, die zur altfranzösischen Form *pengier* führte, wodurch sich die etymologische Graphie *pencher* plausibel begründet (FEW 8: 184). Laut FEW ist seit Estienne 1538 die neufranzösische Form *pencher* mit möglicher graphischer Variante *penser*[12] nachgewiesen, während die Graphie *pancher* für das 16.–18. Jahrhundert als lexikographisch präsent (Estienne 1549 – Trévoux 1771) notiert wird (FEW 8: 186). Im 16. und 17. Jahrhundert ist für das Adjektiv *penché* eine Graphie *mi-panché* nachgewiesen, außerdem die Ableitung *se panchotter* (semantisch) <osciller>, sowie die substantivische Variante *panchement* in Estienne 1549 (FEW 8: 185–186). Catach (1995: 777) verzeichnet für die lexikographischen Belege von Estienne 1549 bis Nicot 1606 die graphischen Varianten *pencher*, *pancher* und *pencer* und erfasst die graphische Variation unter Hinweis auf die Wörterbücher der Académie Française sowie auf das *Dictionnaire grammatical portatif* von J. F. Féraud (1761), in dem Féraud auf weitere zentrale Quellen des späten 17. Jahrhunderts hinweist: "Danet, Richelet et Joubert écrivent comme on prononce *panchant*, etc." (Catach 1995: 777). Außerdem wird auf Estienne (1549) verwiesen, der *pencher* als "rectius" (Catach 1995: 777) gegenüber *pancher* notiert, letztere Graphie aber bevorzugt, während in dem zweisprachigen Wörterbuch von Cotgrave (1611) das Lemma *pancher* erscheint, daneben aber auch zwei Stichworte *pencher* und *pencer* mit Verweis auf das Lemma *pancher*. Sowohl in Richelet (1680: 115) als auch in Furetière (1690) ist das Lemma *pancher* verzeichnet. Insofern ist die Entscheidung der Académie Française für die Graphie *pencher* in allen Ausgaben ihres Wörterbuchs ein klares Signal gegen die modernere, im Zweifel phonographische Lösung. Parallel dazu bleibt die Schreibung *pancher* nach dem 17. Jahrhundert in Gebrauch; auch das *Dictionnaire de Trévoux*[13] (1704–1771) verzeichnet *pancher* mit Verweis auf den Eintrag *pencher* und andere Elemente der Wortfamilie. Während die Graphie dort nicht näher erläutert wird, findet man in der Beschreibung der Morphosyntax und des Registers zweimal den Verweis auf die normbildende Rolle der Académie Française (cf. Trévoux 1771: 486, 647–648). Das Beispiel *pencher* zeigt, dass bis ins 18. Jahrhundert auch die Autoren der Wörterbücher zwischen konkurrierenden Schreibungen schwanken. Inwieweit bestimmte Wörterbücher die Entwicklung der Orthographie grundlegend bestimmen können, ist fraglich, denn die Herausbildung eines so komplexen Regelsystems folgt eigenen, über die Zeit wirkenden internen Prinzipien, die Meisenburg treffend mit dem Begriff des "sozialen Regeln folgenden Brauch[s]" (1996: 14) beschrieben hat. Das erklärt auch – neben dem Faktor des 'Chaotischen', da 'Unvertrauten' – die Schwierigkeit tiefgreifender Änderungen der Orthographie. Interessant ist in diesem Zu-

[12] Im FEW wird diese Graphie hinsichtlich der möglichen Aussprache [s] als problematisch gesehen (8: 186).

[13] Bezeichnung basiert auf erstem Veröffentlichungsort, Trévoux (1704); cf. Furetière/Brillant (1771). Im Folgenden: Trévoux.

sammenhang eine Anmerkung von L.-A. Alemand in den *Nouvelles Remarques sur la langue françoise* (Vaugelas 1690), einer auf Vaugelas' Erstausgabe (1647) basierenden, posthum veröffentlichten und mit Kommentaren ergänzten Ausgabe:

> Ce mot (disons cecy en passant) vient du Latin pendere [...] car on a écrit autrefois pencher; d'où vient que plusieurs écrivent encore aujourdhuy pencher & penchant plûtôt que pancher panchant [...]
>
> (Vaugelas 1690: 371)

5. Die nähesprachliche Schriftlichkeit im 17. und 18. Jahrhundert

Die entstehende Schriftnorm ist zunächst vor allem für die gedruckte und damit öffentliche Schriftlichkeit von Bedeutung. Bis zur Schaffung einer institutionalisierten Schriftnorm im 19. Jahrhundert beherrscht nur eine Minderheit der Bevölkerung die Orthographie, im Sinne der sicheren Kenntnis der phonographemischen Regeln und der Konventionen zu ihrer Umsetzung. Petersilka (2005) weist auf die Verzögerung einer verbindlichen Normierung im handschriftlichen Gebrauch hin:

> Rechtschreibung besaß im 18. Jahrhundert noch nicht jenen verbindlichen Charakter, den sie seit dem 19. Jahrhundert innehat. Solange es keine allgemeine Schulpflicht gab, war Orthographie ein Privileg der Gelehrten.
>
> (Petersilka 2005: 181)

Im Spannungsfeld zwischen *orthographe ancienne* und *orthographe moderne* beherrschten nur Wenige die phonographemischen Regeln und wendeten diese innerhalb des normativen Spielraums an. Graphische Variationen in Texten gebildeter und in der Schriftlichkeit versierter Personen können daher im historischen Kontext nicht als Defizit angesehen werden. Anders ist die Situation möglicherweise zu interpretieren, wenn sich graphische Varianten in Schriftzeugnissen von Personen mit geringerer Schreibpraxis zeigen. Dies sind üblicherweise Handschriften, die nur in besonderen Fällen überliefert sind, z. B. wenn es sich um Personen von besonderem öffentlichen Interesse handelt (wie bei dem in Abschnitt 4 betrachteten Brief von Henri IV) oder wenn der Text selbst den Charakter eines Zeitdokumentes hat, wie etwa im Fall von Tagebüchern. Die heute verfügbare Auswahl solcher Texte ist dabei letztlich zwar zufällig, mindert ihren Wert allerdings nicht (cf. Ernst 1999: 93). Beispiele nähesprachlicher Schriftlichkeit sollen im Folgenden hinsichtlich der graphischen Variation betrachtet werden.

Eine herausragend aufbereitete Sammlung privater schriftlicher Dokumente des 17. und 18. Jahrhunderts liegt mit den von G. Ernst herausgegebenen *Textes français privés des XVIIe et XVIIIe siècles* (2018) vor. Bei den Schreibern handelt es sich um Einzelpersonen oder Mitglieder einer Familie, im Fall der Familie Goyard um Personen mehrerer Generationen, deren *livre de famille* (1611–1763) in Ernst (1999) detailliert sprachlich untersucht wird. Es handelt sich dabei um tagebuchähnliche, autobiographische Texte mit z. T. chronikartigem Charakter[14]. Bei allen Schreibern der Sammlung Ernst (2018) sind die Herkunft, die Wohn- bzw. Aufenthaltsorte und damit zentrale soziale und regionale Indikatoren bekannt. Eine weitere Gemeinsamkeit der Schreiber ist der unvollständige Erwerb der französischen Schriftsprache. In diesem Sinne kann man sie als ungeübte Schreiber bezeichnen, da sie

> […] zwar Lesen und Schreiben gelernt [haben], jedoch ist Schreiben für sie kein konstitutiver Bestandteil ihres Berufs und sie nehmen nicht aktiv an der öffentlichen Schriftkultur teil (Ernst 1999: 92).

Die Dokumente sind generell als nähesprachlich anzusehen, wenngleich sie neben privaten Informationen auch Darstellungen historischer Ereignisse enthalten. In seiner Analyse des Manuskripts *Goyard* stellt Ernst die Frage, ob "Variantentoleranz in den Handschriften größer" (Ernst 1999: 95) sei als in gedruckten Werken oder ob Abweichungen in sich regelhaft sein könnten im Sinne einer "grammaire des fautes orthographiques" (Ernst 1999: 95). Grundsätzlich kann man annehmen, dass die Variation zunimmt, wenn es keinen Einfluss Dritter gibt, wie z. B. beim Buchdruck, und wenn Schreiber die phonographemischen Regeln nur teilweise kennen und die Variation damit auch die Verletzung dieser Regeln betrifft. Eine weitere Besonderheit kennzeichnet alle Texte: Sie sind nicht für die Öffentlichkeit bestimmt, das Kriterium einer bestimmten adressatenbezogenen Graphie ist hier auszuschließen. Für das ca. 150 Jahre umfassende Dokument *Goyard* stellt Ernst grundsätzlich eine "Affinität zur Orthographe ancienne" (Ernst 1999: 99) fest, das heißt, dass etymologische und historische Schreibungen tendenziell abnehmen. Weiterhin stellt Ernst unter dem Aspekt der "systemgerechte(n) Normabweichungen und Normvarianten" (Ernst 1999: 101) eine "Beliebigkeit der Wahl unter den freien Varianten und mangelnde Konsequenz in der Schreibung derselben Wörter" (Ernst 1999: 101) fest. Hinsichtlich der Varianz *en*/*an* sieht Ernst eine Präferenz der einzelnen Schreiber der Familie für eine bestimmte Graphie: B[15] und F verwenden etwa vorwiegend *an*, z. B. *commancement*, *randre*, *lavant* <l'avent>, dahingegen findet sich bei Ph eher die Schreibung *en*, z. B. *advence*, *hir-*

---

[14] Zur typologischen Einordnung der Texte cf. Ernst (1999: 92–93).

[15] Es handelt sich hier um Abkürzungen der Vornamen: B = Blaise, F = François, Ph = Philibert (cf. Ernst 1999: 94).

lendais, *jenvier* (Ernst 1999: 102). Ernst schließt aus dem Gesamteindruck des Dokuments,

> [...] daß man die Existenz einer Norm (und, damit verbunden, das schlechte Gewissen des Schreibers, der unterschiedliche Schreibungen verwendet) für handschriftliche Texte bezweifeln muss (Ernst 1999: 101–102).

Alle Dokumente vom Beginn des 17. bis zum Ende des 18. Jahrhunderts zeigen eine deutliche und häufige Variation *en/an* für den Laut [ɑ̃], d. h. es finden sich zahlreiche Beispiele des Typs *jenvier* (Mercier) oder *splandide* (Girard), denen gemeinsam ist, dass sie innerhalb der phonographemischen Regeln liegen (cf. Ernst 2018: 13, 64)[16]. Es finden sich Variationen von *en/an* mit individueller Präferenz wie im Falle des Dokuments *Goyard*, ohne dass diese einer chronologischen Linie folgen, z. B. in Richtung einer zunehmend 'modernen' d. h. eher phonographischen Schreibung. Hinzu kommen funktional benachbarte Phänomene wie die konsonantische Variation *m/n*, etwa in *exentz* <exempt> (Valuche; cf. Ernst 2018: 986). Dies tritt auch bei anderen Nasalvokalen auf, z. B. *conpagnon* (Ménétra; cf. Ernst 2018: 659); beide Variationen liegen aber jeweils im Rahmen der phonographemischen Regeln. Die Varianz erstreckt sich auch auf den Nasalvokal [ɛ̃] mit verschiedenen Graphien wie *Prainces* oder *plain* (cf. Dokument *Goyard*) die ebenfalls phonographisch 'korrekt' sind und eine analogische Perspektive des Schreibers erkennen lassen (cf. Ernst 2018: 1334).

Daneben gibt es in den Dokumenten gravierende Verletzungen der phonographemischen Regeln, etwa bei der Notation eines abweichenden Nasalvokals, wie *acampagne* <accompagne>, aber auch *mondement* <mandement> (Valuche; cf. Ernst 2018: 986). Die Herausgeber schließen hier die Notation einer regionalen Aussprache nicht aus:

> La non-distinction entre [ɑ̃] et [ɔ̃/õ] n'est pas mentionnée dans la littérature spécialisée (Horiot 1990 ; Simoni-Aurembou 1995), mais elle est plusieurs fois attestée (*len* ‹l'on›, *acampagne* ‹accompagné› ; *avonsce* ‹avance›) dans le texte de Valuche (Maine-et-Loire) où elle semble également résulter de la prononciation régionale (Ernst 2018: XXVII).

Auch eine Graphie *-ens* für das Pluralmorphem *-ons* in *reposens* <reposons> (Girard; Ernst 2018: 1620), könnte auf den ersten Blick eine Phonie wiedergeben, gleiches gilt für *dont* <dans> (Chavatte; Ernst 2018: 12). Da aber hier parallel die Schreibungen *frantière* und *cambat* erscheinen, lässt sich eine unsichere Umsetzung der phonographemischen Regeln konstatieren. Außerdem fehlt in mehreren Dokumenten teilweise oder generell die

[16] Die folgenden Namensangaben (Mercier, Girard etc.) beziehen sich auf die Namen der dargestellten Dokumente in Ernst (2018: XV-XXVI).

Notation der Nasalierung, wie in *santace* <sentence> (Mercier) oder *evert* <envers> (Ménetra; Ernst 2018: 566, 659).

Wenn man die Schwankungen bei der Notation des Nasalvokals [ɑ̃] in gedruckten Texten des 17. und 18. Jahrhunderts berücksichtigt, überrascht es nicht, dass *en*/*an* in den handschriftlichen nähesprachlichen Dokumenten in vielfältiger Weise als phonographische Alternativen verwendet werden. In diesem Bereich lässt sich kein qualitativer Unterschied zu geübten Schreibern dieser Zeit feststellen. Anders muss man die Belege für Verletzungen phonographemischer Regeln beurteilen, die bei unvollständigem Erwerb der Schriftnorm zu erwarten sind. Hier kann man tatsächlich von Fehlern im Sinne der Regelverletzung sprechen, wobei ein Teil der Fehler, insbesondere die Schwankungen innerhalb eines Textes, sicher als Zeichen einer "négligence graphique" (Ernst 2018: 12) aufgrund des privaten Charakters der Texte zu interpretieren ist, die auch heute in Situationen fehlender sozialer Kontrolle zu beobachten ist (cf. Lucci/Millet 1994: 72–73).

6. Friedrich II. – ein pragmatischer Schreiber

Abschließend geht es um die Graphie eines Schreibers im 18. Jahrhundert, für den die französische Sprache eine besondere Bedeutung hatte, auch wenn sie nicht seine Muttersprache war. Es geht um Friedrich II. von Preußen (1712–1786). Im 18. Jahrhundert war das Französische bekanntlich europäische Verkehrssprache und zugleich Prestigesprache auch an deutschen Fürstenhöfen (cf. dazu ausführlich Radtke/Schlindwein 1993; Holtus 1993). Friedrich II. kommt dabei eine Sonderstellung zu, da er aufgrund seiner Sozialisierung als bilingual gelten kann und zugleich viele Autographe unterschiedlichen Typs von ihm erhalten sind (cf. Petersilka 2005: 10–13, 19). Grundlage der punktuellen orthographischen Analyse seiner französischsprachigen Texte ist die umfassende Darstellung der Zweisprachigkeit Friedrichs II. in Petersilka (2005). Er wurde zugleich im Deutschen und Französischen alphabetisiert, wobei er überwiegend von einem frankophonen (hugenottischen) Lehrer unterrichtet wurde, früh das Französische gegenüber dem Deutschen bevorzugte und danach strebte, seine Kenntnisse dieser Sprache zu vervollkommnen (cf. Petersilka 2005: 71–72). Dieser Aspekt und seine "unorthodoxe Graphie" (Petersilka 2005: 12) im Französischen lassen es lohnenswert erscheinen, die graphischen Variationen Friedrichs II. näher zu beleuchten. Die Besonderheit seiner Graphie sieht Petersilka darin, dass er "homophone Graphemverbindungen für austauschbar hielt, […] er also in gewisser Weise phonographisch schrieb" (Petersilka 2005: 13). Wie bereits gezeigt, ist dies keine Besonderheit Friedrichs II.; im Kontext seiner öffentlichen Position und damit auch des öffentlichen

Charakters seiner Schriften zeigt sich hierin die Mentalität des Schreibers und zugleich die seiner sprachlichen Kritiker, zu denen auch Voltaire gehörte (cf. Petersilka 2005: 185). Die Orthographie von Friedrich II. war "nicht die eines Gelehrten" (Petersilka 2005: 184), er "legte keinen Wert auf Orthographie" (Petersilka 2005: 184). Hinsichtlich der Bewertung seiner Graphie betont Petersilka: "Die Auffassung, dass ein Wort nur auf eine einzige Weise 'richtig' geschrieben ist, ist dem Kronprinzen nicht vermittelt worden" (2005: 184), auch nicht von seinem Lehrer, der selbst "unorthographisch" (Petersilka 2005: 186) schrieb. Die orthographischen Abweichungen betreffen sowohl die phonographischen als auch die logographischen und damit auch den grammatischen Bereich, lassen also grundsätzliche Defizite im orthographischen Regelwissen auch nach dem Stand des 18. Jahrhunderts erkennen. Aufgrund der verbreiteten Tendenz zur graphischen Variation auch im 18. Jahrhundert differenziert Petersilka in der Beurteilung der Orthographie von Friedrich II. zwischen verschiedenen Abweichungstypen: Sie grenzt Abweichungen, die nicht als Fehler zählen, d. h. Bereiche "damals noch größere[r] Freiheit" (Petersilka 2005: 187), wie das generalisierte Plural-*x*, oder "Reste der orthographe ancienne" (Petersilka 2005: 187), die Varianz *i/y* und "Bereiche, die damals noch nicht geregelt waren" (Petersilka 2005: 187) wie die Varianz *oi/ai* in Verbalmorphemen (u. a. *fesoit*) von Fehlern im eigentlichen Sinne ab. Zu diesen zählen im historischen Kontext neben

> [...] Verwechslungen und Weglassungen grammatischer Morpheme überflüssige Akzente und Allographenverwechslungen, die mit keiner der Schreibweisen in den Akademiewörterbüchern von 1694, 1718 und 1740 und im Wörterbuch Richelets von 1680 übereinstimmen (Petersilka 2005: 187).

Als Beispiele nennt Petersilka die Schreibungen *demandéz* und *Voltere* <Voltaire> (cf. Petersilka 2005: 187). Fehler in der Graphie von Friedrich II. sind in diesem Sinne zum Beispiel *eloquance, demendent*, *souvant* oder *servente* (cf. Petersilka 2005: 187). Der Bereich *en/an* ist erwartungsgemäß häufig abweichend realisiert. Petersilka zitiert die vier oben genannten phonographemisch regelhaften Beispiele aus einem einzigen Dokument (cf. Petersilka 2005: 205). Ebenso finden sich folgende (in gewissem Sinne 'logische') Schreibungen im selben Regelkontext, wie etwa *geans* <gens>, *argeant*[17] <argent> oder *menje* <mange>, welche die orthographische Mentalität Friedrichs illustrieren – Petersilka bezeichnet sie treffend als "unbekümmerte Mischung aus Schreibweisen, die er gerade korrekt präsent hatte, und anderen, die er ad hoc phonographierte" (Petersilka 2005: 188). Fried-

[17] Auf derselben Seite aber auch *argent* (cf. Petersilka 2005: 190).

rich II. wurde nicht systematisch korrigiert, von den wohlwollenden und grundsätzlich von Friedrich akzeptierten Korrekturen durch Voltaire abgesehen (cf. Petersilka 2005: 185). Voltaire antwortete 1737 dem fünfundzwanzigjährigen Friedrich auf dessen entschuldigende Darstellung hinsichtlich seiner Fehler[18] und vor dem Hintergrund des als pedantisch bewerteten Purismus eines Vaugelas folgendes:

> Il sied très bien à un prince de n'être pas puriste; mais il ne sied pas d'écrire et d'orthographier comme une femme. Un prince doit en tout avoir reçu la meilleure éducation; et de ce que Louis XIV ne savait rien, de ce qu'il ne savait pas même la langue de sa patrie, je conclus qu'il fut mal élevé (Koser/Droysen 1908–1911; zit. n. Petersilka 2005: 186).

Angesichts der sprachlichen Situation von Friedrich II. und dem Stand der französischen Orthographie im 18. Jahrhundert ist eine Klassifizierung seiner Graphie als 'fehlerhaft' aus heutiger Sicht nur in dem sehr engen Bereich plausibel, der außerhalb der phonographischen Varianten liegt. Dadurch, dass Schreibungen wie *argeant* oder *menje* nach den damaligen Kriterien nicht normgerecht waren, da sie in der öffentlichen Schriftlichkeit und in den Regelwerken nicht auftreten, zeigen sie umso mehr, wie die starke logographische und analogische Komponente der bestehenden französischen Orthographie phonographisch jederzeit in pragmatischer Weise unterwandert und damit einem innovativen Druck ausgesetzt werden kann (cf. dazu auch Veldre-Gerner 2018). Dass andererseits Friedrich II. den Namen *Voltaire* abweichend *Voltere* schreibt, ist, will man eine persönliche Herabsetzung des Betroffenen ausschließen, ein starkes Indiz dafür, dass er eine Schriftnorm im heutigen Sinne nicht als gegeben oder als unverbindlich ansah, was man ebenso für die Schreiber der Dokumente in Ernst (2018) annehmen kann.

7. Zusammenfassung

Am Beispiel graphischer Varianten konnte gezeigt werden, dass bereits vor dem 16. Jahrhundert parallele Schreibungen nicht nur geduldet wurden, sondern für den Schreiber eine diaphasische Funktion erfüllten. Dies gilt auch für den hier betrachteten Bereich des Nasalvokals [ɑ̃], bei dem die Graphie *an* als phonographisch und damit als moderner gegenüber *en* galt. Parallele Schreibungen im Rahmen der phonographischen Regeln waren auch im 16. und 17. Jahrhundert Normalität. Erst im 18. Jahrhundert bildete

[18] "J'ai le défaut d'écrire trop vite, et d'être trop paresseux pour copier ce que j'ai écrit" (Petersilka 2005: 185).

sich eine verbindliche Norm heraus, wodurch die Variation der Schreibungen zum Gegenstand sozialer Bewertung wurde. Einer solchen Bewertung waren Schreiber öffentlicher und gedruckter Texte ausgesetzt, was eine Identifikation und Auseinandersetzung der Schreiber mit ihrer orthographischen 'Performanz' zugleich hervorrief und bedingte. Die Reduktion mehrerer möglicher Varianten zugunsten einer einzigen 'korrekten' Schreibung vollzog sich über einen langen Zeitraum durch das Zusammenspiel des Sprachgebrauchs mit den "décisions institutionnelles qui entérinent la prééminence d'une forme sur une ou plusieurs autres" (Jaffré 2010: 301), wobei dies auch die Durchsetzung der Norm einschließt, was in Frankreich erst nach dem 18. Jahrhundert systematisch gegeben war. Das gilt auch für den hier betrachteten Bereich *en/an*. In der nähesprachlichen Schriftlichkeit, die tendenziell handschriftlich blieb und keine Fremdkorrekturen vorsah, setzte sich die orthographische Norm verzögert durch. Je nach Grad der orthographischen Kompetenz zeigen sich hier Regelverletzungen innerhalb der phonographischen Prinzipien und auch darüber hinaus, wobei keine klare Tendenz zu phonographischem *an* erkennbar ist. Die graphische Variation bei einem Schreiber in ähnlichen lautlichen Bereichen oder bei ein und demselben Wort lässt sich darüber hinaus auch als Pragmatismus oder normative *négligence* interpretieren in dem Sinne, dass soziale Sanktionen nicht zu befürchten waren, ähnlich heutiger Variation in der elektronischen Schriftlichkeit, cf. z. B. *mnt* <maintenant>, "*Temps* pis pour moi" (Frank-Job 2008: 73) oder "Sans *rencune*" (Frank-Job 2008: 76). Ein fehleranfälliger Bereich ergibt sich auch durch die Verbindung der Verbalendung *-ant* mit gleichlautenden Adjektivendungen wie in folgendem Beispiel aus einem elektronischen Verkaufsportal: "Le seul tribunal *compétant* étant celui de Poitiers" (www.ebay.fr, Link nicht mehr verfügbar). Greive kritisiert noch 1980 H. Freis Annahme in der *Grammaire des fautes* (1929), dass auch im Bereich der Graphie neben der gültigen Norm gruppenspezifische Normen existieren können (cf. Greive 1980: 210). Solche Normen kann man, hinsichtlich bestimmter graphischer Konventionen eventuell schon für das Mittelfranzösische annehmen, aber in jedem Fall für das 16. und 17. Jahrhundert, ohne dass hier von Fehlern im Sinne eindeutiger Regelverletzung gesprochen werden kann. Das ändert sich mit der Durchsetzung der Schriftnorm in der Schulbildung, wodurch die Beherrschung der jeweils korrekten Form auch soziales Bewertungskriterium wird. In jüngster Zeit entwickelt sich in der nähesprachlichen elektronischen Schriftlichkeit ein neuer Bereich graphischer Freiheit, wo Fehlerhaftes "comme le signe de connivence d'une norme partagée" (Jaffré 2010: 322) genutzt werden kann.

Literatur

Biedermann-Pasques, L. 1992. *Les grands courants orthographiques au XVIIe siècle et la formation de l'orthographe moderne. Impacts matériels, interférences phoniques, théories et pratiques (1606–1736).* Tübingen: Niemeyer.

Börner, W. 1977. *Die französische Orthographie*. Tübingen: Niemeyer.

Catach, N. 1995. *Dictionnaire historique de l'orthographe française.* Paris: Larousse.

Catach, N. 1997. L'orthographe de Montaigne et sa ponctuation, d'après l'exemplaire de Bordeaux. In Blum, C. / Tournon, A. Eds. *Éditer les essais de Montaigne*. Paris: Champion, 135–172.

Catach, N. / Ouy, G. 1976. De Pierre d'Ailly à Jean Antoine de Baïf. Un exemple de double orthographe à la fin du XIVe siècle. *Romania* 97, 218–248.

Cotgrave, R. 1611. *A dictionarie of the French and English tongues*. London: A. Islip.

Ernst, G. 1999. Zwischen Alphabetisierung und 'français populaire écrit'. Zur Graphie privater französischer Texte des 17. und 18. Jahrhunderts. *Sociolinguistica* 13, 91–111.

Ernst, G. 2018. *Textes français privés des XVIIe et XVIIIe siècles*, 2 Bde. Berlin: De Gruyter.

Frank-Job, B. 2008. 'Putain, vive les fautes'. Le passage à l'écrit de l'immédiat communicatif dans les nouveaux médias et son impact sur les conventions du français écrit. In Erfurt, J. / Budach, G. Eds. *Standardisation et déstandardisation. Le français et l'espagnol au XXe siècle. / Estandarización y desestandarización. El francés y el español en el siglo XX.* Frankfurt: Lang, 63–81.

Frei, H. 1929. *La grammaire des fautes.* Paris: Geuthner.

Furetière, A. 1690. *Dictionnaire universel, contenant généralement tous les mots françois tant vieux que modernes et les termes de toutes les sciences et des arts* 2. Den Haag: Leers.

Furetière, A. / Brillant, A. 1771. *Dictionnaire universel françois et latin, vulgairement appelé Dictionnaire de Trévoux. Contenant la signification et la définition des mots de l'une et de l'autre langue*. Paris: Compagnie des libraires associés, vol. 6. https://gallica.bnf.fr/ark:/12148/bpt6k50985p (2019-09-20).

Greive, A. 1980. Französische Orthographiefehler in linguistischer Sicht. In Bork, H. D. / Greive, A. / Woll, D. Eds. *Romanica europaea et americana. Festschrift für Harri Meier*. Bonn: Bouvier, 207–216.

Holtus, G. 1993. Schreiben in einer anderen Sprache. Die 'Histoire de ma vie' von Johann Christian von Mannlich (1741–1822). In Dahmen, W. / Holtus, G. / Kramer, J. / Metzeltin, M. / Winkelmann, O. Eds. *Das Französische in den deutschsprachigen Ländern. Romanistisches Kolloquium* VII. Tübingen: Narr, 134–156.

Horiot, B. 1990. Les aires linguistiques II. Dialectes de l'Ouest. In: Holtus, G. / Metzeltin, M. / Schmitt, C. Eds. *Lexikon der romanistischen Linguistik (LRL)*, vol. 5/1: *Le français*. Tübingen: Niemeyer, 615–637.

Jaffré, J.-P. 2010. De la variation en orthographe. *Études de linguistique appliquée* 3, 309–323.

Koser, R. / Droysen, H. Eds. 1908–1911. *Briefwechsel Friedrichs des Großen mit Voltaire* (= *Publicationen aus den K. Preussischen Staatsarchiven*, vol. 81, 82, 86). Leipzig: Hirzel.

Lucci, V. / Millet, A. 1994. *L'orthographe de tous les jours. Enquête sur les pratiques orthographiques des français*. Paris: Champion.

Marchello-Nizia, C. 1979. *Histoire de la langue française aux XIVe et XVe siècles*. Paris: Bordas.

Meisenburg, T. 1996. *Romanische Schriftsysteme im Vergleich. Eine diachrone Studie*. Tübingen: Narr.

d'Oresme, N. 1370. *Le Livre de Éthiques d'Aristote* 2, zit. n. *Frantext*. www.frantext.fr (2019-09-19).

d'Oresme, N. 1377. *Le Livre du ciel et du monde*, zit. n. *Frantext*. www.frantext.fr (2019-09-19).

d'Orléans, C. 1415a. Songe en complainte. In *Ballades* LVII–II, zit. n. *Frantext*. www.frantext.fr (2019-09-19).

d'Orléans, C. 1415b. Songe en complainte. In *Ballades* XVII–II, zit. n. *Frantext*. www.frantext.fr (2019-09-19).

Ouy, G. / Reno, C. M. 1988. Les hésitations de Christine. Étude de variantes de graphies dans trois manuscrits autographes de Christine de Pizan. *Revue des langues romanes* 92, 265–286.

Parussa, G. 1999. Autographes et orthographe. Quelques considérations sur l'orthographe de Christine de Pizan. *Romania* 117, 143–159.

Pellat, J.-C. 1992. Corneille et la modernisation de l'orthographe au XVIIe siècle. *Le français moderne* 2, 161–170.

Pellat, J.-C. 2001. L'orthographe des poètes du XVIIe siècle. Boileau et La Fontaine. In Buridant, C. / Kleiber, G. / Pellat, J.-C. Eds. *Par monts et par vaux. Itinéraires linguistiques et grammaticaux, mélanges de linguistique générale et française offerts au professeur Martin Riegel pour son soixantième anniversaire par ses collègues et amis*. Louvain: Peeters, 305–322.

Petersilka, C. 2005. *Die Zweisprachigkeit Friedrichs des Großen. Ein linguistisches Porträt*. Tübingen: Niemeyer.

Quelques reliques émouvantes de l'histoire de France. o. J. [ca. 1900; ohne Paginierung]. Paris: Éditions M. D.

Radtke, E. / Schlindwein, C. 1993. Französische Sprachdokumente in Mainz Ende des 18. Jahrhunderts. In Dahmen, W. / Holtus, G. / Kramer, J. / Metzeltin, M. / Winkelmann, O. Eds. *Das Französische in den deutschsprachigen Ländern. Romanistisches Kolloquium* VII. Tübingen: Narr, 181–221.

van Reenen, P. 1988. Les variations des graphies *o/ou* et *en/an* en ancien français. In van Reenen, P. / van Reenen-Stein, K. Eds. *Distributions spaciales et temporelles, constellations des manuscrits. Études de variation linguistique offertes à Antonij Dees à l'occasion de son 60e anniversaire*. Amsterdam: Benjamins, 163–176.

Richelet, P. 1680. *Dictionnaire françois contenant les mots et les choses. Plusieurs nouvelles remarques sur la langue françoise. Ses expressions propres, figurées & burlesques, la prononciation des mots les plus difficiles, le genre des noms, le régime des verbes, avec les termes les plus connus des arts & des sciences*. Genf: J.-H. Widerhold.

Rochet, B. 1974. A morphologically determined sound change in Old French. *Linguistics* 135, 43–56.

Samaran, C. 1970. Sur les lettres inédites de Henri IV. *Journal des savants* 1, 59–62.

Sergijewskij, M. 1979. *Geschichte der französischen Sprache*. München: Beck.

Simoni-Aurembou, M.-R. 1995. Les scriptae françaises V. Haute-Bretagne, Maine, Anjou, Touraine, Orléanais, Berry. In: Holtus, G. / Metzeltin, M. / Schmitt, C. Eds. *Lexikon der romanistischen Linguistik (LRL)*, vol. 2/2: *Les différentes langues romanes et leurs régions d'implantation du Moyen Âge à la Renaissance*. Tübingen: Niemeyer, 347–365.

de Vaugelas, C. F. 1647. *Remarques sur la langue françoise. Utiles à ceux qui veulent bien parler et bien escrire*. Paris: Vve J. Camusat et P. Le Petit.

de Vaugelas, C. F. 1690. *Nouvelles remarques de M. de Vaugelas sur la langue françoise. Ouvrage posthume. Avec des observations de M. Alemand, Avocat au parlement*. Paris: Desprez.

Veldre-Gerner, G. 2018. Der pragmatische Schreiber – Zum Status orthographischer Fehler in den digitalen Medien. In Rentel, N. / Schröder, T. Eds. *Sprache und digitale Medien. Aktuelle Tendenzen kommunikativer Praktiken im Französischen*. Frankfurt: Lang, 163–178.

von Wartburg, W. 1922–1976. *Französisches Etymologisches Wörterbuch. Eine Darstellung des galloromanischen Sprachschatzes* 3, 11, 12, 9, 8, 2b, 10. Bonn: Schröder.

Wolf, L. / Hupka, W. 1981. *Altfranzösisch. Entstehung und Charakteristik*. Darmstadt: Wissenschaftliche Buchgesellschaft.

Jacques Durand & Chantal Lyche

Phonétique, description du français et graphie : retour sur Paul Passy

Abstract. Paul Passy, who was so influential in the launch of the International Phonetic Association and its phonetic alphabet, is somewhat of a forgotten figure in the history of French phonetics due to his commitment to language teaching and the reform of French orthography. In this paper, we argue that beside his role in the foundation of the International Phonetic Alphabet (IPA), his phonetic description of French and his thesis on sound change offer original ideas which are often wrongly attributed to later scholars. Moreover, many of the criticisms addressed to the IPA in France can be shown to rest on a mistaken conception of what Passy and the many linguists he collaborated with were trying to do.

1. Introduction

Notre réflexion s'inscrit dans un projet plus vaste qui vise à cerner la contribution de Paul Passy à la linguistique générale ainsi qu'à la description et l'enseignement du français. Paul Passy occupe une place indiscutable dans l'histoire de la phonétique, ne serait-ce que par le rôle moteur qu'il a joué dans l'élaboration de l'alphabet phonétique international. On lui doit également une description fine du français oral, sensible aux variétés et changements en cours, mais aussi un travail diachronique remarquable. Nous sommes néanmoins convaincus que sa contribution a été souvent mal comprise, surtout en France, et largement sous-estimée. Le problème déjà signalé (cf. en particulier Galazzi 2002) est que l'homme Paul Passy était très engagé sur les plans politique et religieux, avait une pratique pédagogique en rupture avec une tradition littéraire et grammairienne dominante à l'époque et s'était lancé dans un projet de réforme de l'orthographe. Par ailleurs, construire un alphabet phonétique international et le faire accepter, même par les convaincus de la nécessité d'un tel outil, n'était pas une mince affaire. Nous explorons donc ici quelques aspects des contributions de Passy et examinons certains des facteurs susceptibles d'expliquer l'absence de Paul Passy parmi les linguistes français jugés incontournables.[1]

2. Passy, un grand linguiste

2.1 L'alphabet phonétique international

La naissance et l'élaboration de l'alphabet phonétique international (API) a été une affaire collective.[2] Il ne fait cependant aucun doute que Passy a été la cheville ouvrière de ce projet. C'est lui qui en 1886 crée *The Phonetic Teachers' Association* qui s'élargit rapidement grâce aux nombreux liens qu'il a tissés avec un grand nombre de linguistes talentueux : Sweet en Grande-Bretagne, Sievers et Viëtor en Allemagne, Storm et Western en Norvège, Lundell en Suède et Jespersen au Danemark, pour ne citer que quelques-uns des acteurs liés à l'émergence de l'Association. Elle devient en 1889 l'Association phonétique des professeurs de langues vivantes pour prendre le nom, en 1897, d'Association phonétique internationale (AF). Son organe de diffusion est le *Maître Phonétique* dont Passy, en tant que secrétaire puis président de l'AF, assure la publication. En 1914, qui représente un point culminant dans la vie de l'AF, cette dernière comptait 1.751 membres dans 40 pays. L'AF a cependant beaucoup souffert des deux guerres mondiales au XXe siècle et le projet n'a pas toujours suscité le même enthousiasme chez les linguistes. Un grand effort collaboratif dans les années 1990 a mené à la révision de l'API et la publication en 1999 du *Handbook of the International Phonetic Association.* Ce travail s'est effectué dans la continuité de ce qu'avait proposé Passy puisqu'un très grand nombre de principes et de symboles ont été hérités de son engagement au sein de l'Association entre 1886 et 1940, année de son décès. Désormais, l'API est probablement le système le plus usité au monde et on ne compte

---

[1] Notre travail a bénéficié de l'aide d'Enrica Galazzi, Mike MacMahon et Jean-François Martin qui n'ont pas hésité à partager avec nous conseils et documents originaux. Nous avons également bénéficié des commentaires et remarques de Sylvain Detey, Christoph Gabriel, Anne Przewozny, Elissa Pustka et Doug Walker. Qu'ils soient tous remerciés de leur soutien. Ils ne sont en rien responsables des thèses que nous défendons ici ni des erreurs éventuelles que contient ce travail.

[2] Pour plus de détails sur la vie et l'œuvre de Passy, cf. Collins/Mees (1999), Jones (1941), Martin (2006) et le travail fouillé de Galazzi (1992 ; 2002). On trouvera des historiques fiables de l'API dans Galazzi (2000) et MacMahon (1986).

plus les collections, les revues et les systèmes informatiques qui s'appuient sur cette notation.[3]

L'idée d'un alphabet phonétique universel n'est certes pas nouvelle au moment où Passy se lance dans cette aventure. Ainsi, Volney, en 1819, dans *L'Alphabet européen appliqué aux langues asiatiques* avait fait avancer le projet d'un alphabet unique applicable à toutes les langues. De même, en 1855, l'égyptologue Lepsius publiait son *Standard alphabet for reducing unwritten languages and foreign graphic systems to a uniform orthography in European letters* (Lepsius/Kamp 1855/1981). Passy ne prétend pas être novateur dans ce domaine. Il est particulièrement influencé par les travaux d'Isaac Pitman, Alexander Ellis, Alexander Melville Bell et Henry Sweet qui savent tous que des alphabets phonétiques universels traversent la tradition occidentale. Cependant, comme il le souligne dans ses *Souvenirs*,

> chaque auteur avait son système à lui ; bien mieux, le même auteur avait souvent plusieurs systèmes : moi-même j'avais employé une sorte de transcription pour enseigner l'Anglais à mes compatriotes, une autre pour enseigner le Français aux Allemands, une troisième dans un premier livre de lecture destiné aux petits Français. D'où une confusion inextricable (Passy 1930–1932, vol. 1: 73).

Il coordonne donc les discussions collectives sur la nature des symboles à adopter. Dans la foulée de Bell (1867) et Sweet (1877), il préférerait une notation « physiologique » ou « organique », autrement dit un système iconique reflétant dans ses formes les similarités et différences dans l'articulation des sons. Inspiré par Pitman, il pense aussi qu'une notation idéale devrait s'appuyer sur la sténographie pour un tracé efficace des signes choisis. Il se bat cependant pour une transcription fondée sur l'alphabet romain seule susceptible de rallier l'assentiment d'utilisateurs extérieurs au cercle des phonéticiens qui bâtissent la science linguistique du XIXe siècle. Il contribue à faire accepter le principe phonémique comme base fondamentale de la transcription dans l'alphabet révisé de 1888. Le premier principe énoncé (en anglais) est le suivant : « There should be a separate sign for each distinctive sound; that is, for each sound which, being used instead of another, in the same language, can change the meaning

---

[3] Pour prendre seulement deux exemples : (1) l'API est le système adopté dans Wikipedia avec très souvent une production automatique des prononciations, (2) la *Real Academia Española*, dans le cadre de sa *Nueva gramática de la lengua española*, a publié en 2011 un volume de référence *Fonética y fonología*, qui adopte l'API (cf. RAE 2011). Elle rompt ainsi avec les symboles de la *Revista de filología española* qui étaient utilisés dans ses publications officielles antérieures.

of a word » (*The Phonetic Teacher*, août–septembre 1888, supplément au journal *L'instituteur sténographe*, p. 57). Et il ne manque pas une occasion de rappeler que la règle d'or pour le phonéticien est de ne noter que les « différences significatives » ou « si l'on aime mieux, ne représenter par des lettres différentes que les phonèmes différents » (*Le Maître Phonétique* 1925, p. 29 ; *Le Maître Phonétique* 1931, p. 2–3). Cela n'empêche pas l'API au moyen de son jeu de symboles et de diacritiques de noter des propriétés plus fines en différenciant une transcription 'étroite' de la transcription 'large', pour utiliser la terminologie de Sweet.

L'engagement de Passy dans le fonctionnement de l'AF et la diffusion de l'API est inlassable. En tant qu'éditeur du *Maître Phonétique*, il y supervise la sélection des articles de fond, les comptes rendus d'ouvrages, la présentation de spécimens, la correspondance scientifique où figurent tous les débats sur les choix des symboles et des conventions, la partie administrative et surtout la partie des élèves. Cette dernière est capitale à ses yeux puisqu'elle fournit du matériel pédagogique sous la forme d'extraits en transcription phonétique pour tous les enseignants de langue. Passy prend aussi la charge de la rédaction des *Principes de l'Association phonétique internationale* révisés par lui-même en 1900, 1904, 1905, 1908 et, avec Daniel Jones, en 1912. Les critiques du temps de Passy et après lui n'ont pas manqué (cf. Section 4) mais l'histoire de notre champ disciplinaire devait donner raison à Passy : un alphabet phonétique international pouvait paraître une utopie à la fin du XIXe siècle et au début du XXe siècle. C'est désormais une réalité.

2.2 Une description fine du français

Dès 1886, Passy entreprend une description des sons du français, nécessaire à ses yeux pour envisager de façon scientifique une réforme de l'orthographe. La première édition des *Sons du français* (1887a) est ainsi destinée aux membres non linguistes de la *Société de Réforme Ortografique*. Il s'agit d'un petit ouvrage de 63 pages dont 49 dédiées à la description des sons suivie d'une partie sur la représentation du langage avec des spécimens de textes transcrits phonétiquement. Ce volume fera l'objet de douze éditions, la dernière datant de 1932, et il comptera jusqu'à 199 pages.

L'ouvrage de 1887 est riche en observations fines et remarques sur la variation dialectale présente à l'époque. Son traitement de la nasale palatale est à ce sujet emblématique : « La consonne nasale (ñ) est notre *gn* dans *règne* : èle varie considérablement selon les persones[4] » (Passy 1887a: 16). Selon lui, la réalisation de la consonne est presque vélaire « dans le peuple », souvent palatale et suivie d'une glissante [j], mais souvent absente « parmi les gens d'une certaine éducation ». Ainsi, rien ne sépare la deuxième syllabe de *régner* de celle de *panier*. Il s'oppose en cela aux descriptions courantes de l'époque qui soutiennent l'existence d'un contraste robuste comme par exemple chez Nyrop (1893: 29) qui rejette la prononciation [nj] en citant Littré : « Bien qu'il soit figuré par deux caractères, c'est pourtant une articulation simple et qui pourrait être représentée par un seul caractère. » Dans sa correspondance avec le linguiste norvégien Johan Storm qui, lui aussi, se fait l'avocat d'une opposition (/ɲ/ : /nj/) forte, Passy défend ardemment sa conviction qu'un affaiblissement du contraste en faveur de /nj/ est non seulement en cours mais, s'il se fie à la prononciation de sa mère, probablement déjà ancien. Il faudra néanmoins attendre les travaux de Martinet dans la seconde moitié du XXe siècle pour que cette tendance soit reconnue (cf. Durand/Lyche 2019).

L'édition de 1887 signale également la disparition de la latérale palatale dans le nord de la France, le passage d'un /r/ apical encore très présent dans les campagnes à un /ʁ/ uvulaire qui s'impose dans les villes tout comme la simplification des groupes obstruante + *r* en finale de mot : « Très souvant ce (ʀ'[5]) final s'omet dans le langaje familier, même des gens qui se piquent de parler correctement » (Passy 1887a: 15). La présence d'une véritable aspiration pour le *h* dit *aspiré* est relevée en Normandie, tout comme sa réalisation (ʀ') dans le Cotentin, réalisation toujours en vigueur chez les personnes âgées. Citons enfin ses observations fort pertinentes sur la présence d'un accent initial : « l'acsant Français tend à se déplacer et à se mètre, dans un grand nombre de cas, sur la première sillabe du mot. Quèle sera la nouvèle loi d'acsantuation qui résultera de ce déplacement ? » (Passy 1887a: 39). Passy ne se contente donc pas d'enregistrer les écarts entre les différentes classes sociales, il juge nécessaire, même dans ce petit aperçu des sons du français, d'amener son lecteur à s'initier à tout un ensemble de prononciations régionales. Cet intérêt pour la variation ne fera que s'affirmer au cours des éditions suivantes qui affineront les descriptions, certaines d'une grande modernité. Son traitement des voyelles nasales est à ce sujet emblématique. Non seulement il signale pour le fran-

4 Dans ce travail, nous respectons dans toutes les citations l'orthographe de Passy. Celle-ci varie entre une orthographe réformée et la norme de l'époque selon les éditions d'ouvrages ou les destinataires.

5 Le [ʀ] suivi d'une apostrophe dénote un son dévoisé. L'apostrophe sera plus tard remplacée par un petit cercle au-dessus ou au-dessous du symbole concerné (ʀ̥).

çais septentrional[6] la fusion de deux nasales antérieures (/œ̃/ > /ɛ̃/), mais également la fermeture de /ɑ̃/ vers /ɔ̃/ (cf. Passy 1913). Ces changements ne voient assurément pas le jour dans la deuxième partie du XXe siècle comme Cerquiglini par exemple le suggère lorsqu'il propose un bref historique des voyelles nasales dans *Petites chroniques du français comme on l'aime.*

> Quelques siècles plus tard, à partir des années 1960, une autre opposition s'est neutralisée : /un/ a disparu au profit de /in[7]/. Le fait a été d'abord noté en région parisienne : *le tabac brun* (prononcé /brin/) ; il s'est ensuite propagé, à un point qu'aujourd'hui les Français de moins de trente ans ne distinguent plus *brin* et *brun.* A terme donc, avec la disparition de ceux qui la respectent encore, cette distinction va disparaître (Cerquiglini 2012: 188).

En laissant de côté le fait que de très nombreux locuteurs du français méridional maintiennent cette opposition, on constate que bon nombre d'observations faites par Passy dans les *Sons du français* ont tout simplement été négligées par ses contemporains ou ses successeurs.

2.3 Un travail remarquable en diachronie

La thèse de Passy *Étude sur les changements phonétiques et leurs caractères généraux* (1890) représente un jalon essentiel de sa carrière. Souvent citée comme 1891, elle est présentée le 17 août 1889 et, selon la formule, « vue et lue en Sorbonne le 10 février 1890 ». Elle est publiée la même année à Paris par la librairie Firmin-Didot.

Dans cette thèse Passy ne cherche pas à reconstruire les formes originelles de telle ou telle langue mais essaie de répertorier et de mieux comprendre les « lois » qui régissent les langues. La grande question, à ses yeux, n'est pas d'appliquer ces lois, mais de « savoir pourquoi tel changement qui a lieu à telle époque n'a pas lieu à telle autre » (Passy 1890: 8), ce qui évoque les réflexions sur l'*actuation problem* de Weinreich et al. (1968). Pour prendre un exemple, le parallélisme de transformation qu'on peut observer dans ce que Passy appelle les langues prâkritiques de l'Inde[8] et les langues romanes est-il dû au hasard ou est-il le reflet d'une tendance générale, inhérente à la constitution des organes ? Y a-t-il une raison d'être commune aux « lois phonétiques » ? Ces questions sont au cœur des préoccupations de Passy et il se propose, modestement, d'y répondre, au moins

---

6 L'édition de 1895 note l'absence de véritables nasales dans le français du Midi, mais une légère nasalisation suivie d'une nasale (Passy 1895: 86).

7 Notation de l'auteur pour les voyelles nasales.

8 Le Prâkrit est une langue indo-aryenne descendant du sanskrit.

en partie, en classant et groupant les lois phonétiques et en essayant de déterminer leurs causes premières.

Il faut néanmoins noter que la thèse s'ouvre par un examen des changements dans leur assise géographique et sociale puisque Passy accorde une grande importance à la variation. Il argue qu'en termes stricts « chaque individu parle un dialecte particulier, qu'il est seul au monde à parler » (Passy 1890: 10–11). Ce dialecte particulier est en fait ce qu'on a défini par la suite en linguistique comme un idiolecte (cf. Bloch 1948). Mais il corrige immédiatement l'impression que ce dialecte est homogène et uniforme car notre façon de parler varie avec la situation et l'âge. On peut même dire que « chaque individu parle *plusieurs dialectes* selon les circonstances, voire même, *une infinité de dialectes*, dont pas un, cependant, n'est identique aux dialectes d'autres individus » (Passy 1890: 11). Il distingue cette conception scientifique d'une définition usuelle du mot dialecte qui est une abstraction imaginaire, une moyenne de langage qui néanmoins contraint les membres d'une même communauté et crée de l'homogénéité et de l'uniformité. Tout en reconnaissant l'utilité pratique des concepts de dialectes et de communautés linguistiques, Passy reste très sceptique quant aux divisions dialectales qu'on pose habituellement en étudiant les communautés linguistiques qu'on trouve en France. Ainsi finit-il par défendre l'idée que

> dans une masse linguistique de même origine comme la nôtre, il n'y a réellement pas de dialectes ; il n'y a que des traits linguistiques qui entrent respectivement dans des combinaisons diverses, de sorte que le parler d'un endroit contiendra un certain nombre de traits qui lui seront communs, par exemple, avec le parler de chacun de quatre endroits les plus voisins, et un certain nombre de traits qui différeront du parler de chacun d'eux (Passy 1890: 14–15).[9]

Cette remise en question d'une notion naïve de dialecte héritée de l'histoire et des frontières politiques conventionnelles était salutaire et porteuse de progrès.

Pour revenir à la partie phonétique de la thèse, Passy offre un examen attentif aussi bien des aspects suprasegmentaux que segmentaux de la typologie des langues et des changements phonétiques possibles, que ces changements soient isolés ou combinatoires. Si on compare cet inventaire à ce qu'offre un traité moderne comme celui de Gordon (2016), *Phonological typology*, on constate que, si bien des progrès restaient à faire, Passy avait

[9] Passy s'appuie, entre autres, sur Gaston Paris (1888). On trouvera des critiques de la position de Paris chez Bergounioux (1989 ; 1994) et Cerquiglini (2007).

déjà su constituer un panorama solide des structures phonétiques et de leurs transformations possibles.

C'est sur ce socle que Passy, dans la dernière partie de sa thèse, bâtit sa discussion des caractères généraux des changements phonétiques. Il y accorde une place importante au rôle des enfants dans la transformation des langues. A ses yeux, les écarts qu'offre le langage enfantin au regard de la norme ambiante n'entraînent pas d'eux-mêmes des modifications immédiates de cette norme. Elles produisent cependant des zones de variation qui peuvent entraîner des évolutions notables si les conditions sociolinguistiques sont réunies. Au final, les tendances phonétiques dégagées dans les parties précédentes permettent d'établir deux principes fondamentaux régissant la communication orale : d'un côté, une loi du moindre effort ou principe d'économie (terminologie de Sweet 1888 à laquelle Passy accorde sa préférence) par lequel « le langage tend constamment à se débarrasser de ce qui est superflu » ; de l'autre un principe d'emphase (également noté par Sweet selon lequel « le langage tend constamment à mettre en relief ce qui est nécessaire » (1888: 227). En articulant clairement le jeu de ces deux principes qui s'opposent en permanence dans la communication humaine, Paul Passy fait œuvre de pionnier. C'est ce que dit Martinet (1955: 42) sans ambages: « A Paul Passy, trop souvent considéré comme un bon maître de phonétique pratique, revient l'honneur d'avoir présenté en quelques paragraphes l'exposé le plus lucide de la théorie fonctionnaliste des changements phonétiques. »[10]

Pris par d'autres tâches, Passy n'a pas vraiment poursuivi par la suite le travail qu'il avait engagé dans son mémoire. Mais ses pairs ne se sont pas trompés sur le caractère novateur de sa thèse puisqu'elle reçoit le Prix Volney de l'Institut en 1892.[11] Parmi les récipiendaires de ce prix, figurent Antoine Meillet, Marcel Cohen (à deux reprises), Gustave Guillaume, Antoine Grégoire, René Lafon et Claude Hagège. Passy est donc en illustre compagnie.

---

[10] Il faut néanmoins signaler qu'on trouve déjà cette thèse chez Herman Paul (1880) dont Passy (1890 : 229) cite le traitement de la synonymie.

[11] Le Prix Volney est décerné par l'Institut de France sur proposition de l'Académie des inscriptions et belles lettres. Il récompense un travail remarquable en philologie comparée.

3. Passy le mal aimé : pourquoi ce désamour ?

3.1 Une vie complexe (1859–1940)

Paul Edouard Passy est né à Versailles en 1859 au sein d'une famille prospère qui s'était illustrée dans les sciences, les lettres et la politique. Son père, l'économiste Frédéric Passy (1822–1912), qui était membre de l'Académie des sciences morales et politiques a été député du 8ème arrondissement de Paris et était connu pour son opposition à la politique colonialiste de Jules Ferry et comme l'auteur d'une loi sur les accidents de travail favorable aux ouvriers. Sa mère était une républicaine convaincue.

Frédéric Passy a connu une carrière brillante. Il a fondé la Ligue de la Paix et de la Liberté le 21 mai 1867, puis la Société d'arbitrage entre les Nations, ancêtre de l'ONU, en 1870. Il est par ailleurs passionné de pédagogie, féministe avant l'heure, et favorable à l'abolition de la peine de mort. Le 10 décembre 1901, il reçoit conjointement avec le Suisse Henri Dunant, fondateur de la Croix-Rouge, le premier prix Nobel de la paix.

Paul Passy est l'héritier d'un grand nombre des engagements de son père. Il consacre la majeure partie de sa vie à deux domaines intimement connexes pour lui : l'évangélisation et le socialisme. Elevé dans une famille foncièrement religieuse qui s'était détachée du catholicisme et convertie au protestantisme, il faillit abandonner sa vie professionnelle pour se consacrer à la diffusion du christianisme (mais y renonça sous la pression de ses parents). Il connaît en 1878 une conversion évangélique et se rattache au baptisme. Entre autres activités, il s'implique dans le service des églises baptistes, l'école du dimanche, l'Armée du Salut, « La Cloche d'Alarme » et le groupe « l'Éveil, Union fraternelle des chrétiens primitifs » qu'il fonde avec son ami Raoul Biville. Son militantisme politique (il adhère au parti socialiste en 1897, il s'engage activement dans la campagne des Dreyfusards), intimement lié à son engagement chrétien[12], lui attire également des inimitiés.

Il hérite de son père une vocation pacifiste et publie en 1913 une série d'articles dans *L'Espoir du Monde* où il s'oppose à une augmentation de la durée du service militaire de deux à trois ans. Il se déclare même prêt à prêcher la désertion de masse, voire la grève générale, pour combattre ce

---

[12] Daniel Jones écrit dans la nécrologie de Passy publiée dans *Le Maître Phonétique* et donc en transcription phonétique : « though he was a language teacher and a phonetician of the first rank, phonetic and linguistic work occupied only a secondary place in his life. He was what he called a 'primitive Christian', – a militant Christian socialist » (Jones 1941: 30, citation retranscrite orthographiquement ici).

projet qui, selon lui, vise « à garder nos enfants à la caserne pour les rendre prêts à tirer sur père et mère » (cité par Martin 2006: 5). Ses prises de positions ont un effet désastreux sur sa carrière. Un journaliste alla même jusqu'à écrire que, depuis longtemps, ses cours à la Sorbonne n'étaient pas sérieux et qu'au lieu d'y travailler on y faisait chanter des cantiques de l'armée du salut (cf. Passy 1930–1932, vol. 2: 36).[13] Il est révoqué en 1913 de son poste de maître de conférences à l'École des Hautes Études. Ce n'est qu'en 1917, grâce à l'influence de Louis Havet, président de sa section, qu'il est réintégré dans l'enseignement sous le ministre Painlevé.

Il prend sa retraite en 1926 pour aller vivre dans la commune coopérative (projet Liéfra = liberté, égalité, fraternité) qu'il a fondée près du village de Fontette (Aube), où il combine christianisme et socialisme. Suivant les principes du socialisme chrétien et du collectivisme, la terre, propriété collective inaliénable, est exploitée en commun. Il y adopte un idéal de simplicité presque ascétique. Il poursuit l'enseignement des langues et de la phonétique pratiquement jusqu'à la fin de sa vie et décède en 1940.

Les préoccupations scientifiques de Paul Passy sont directement alimentées par les choix éthiques qu'il fait à partir de ses engagements politiques et religieux. Les convictions profondes (sociales et religieuses) qu'il affiche en font un personnage atypique qui dérangera nombre de ses contemporains.

3.2 L'engagement pédagogique

Quand, à l'âge de 19 ans, Passy devient professeur d'anglais à l'École normale, il est rapidement convaincu que l'enseignement et l'apprentissage des langues étrangères doit subir une révolution copernicienne. Il est lui-même polyglotte depuis son enfance et s'insurge contre les effets néfastes de l'enseignement en vigueur.

Il est en effet difficile d'imaginer aujourd'hui l'état de l'enseignement des langues au moment où le jeune Passy entame sa carrière. Le sujet n'est pas pris au sérieux. Les professeurs maîtrisent rarement la langue qu'ils enseignent et, au mieux, ont été formés à partir de la méthode grammaire-traduction (cf. Germain 1993: 101–110), faisant fi de toute une tradition où

---

[13] Dans ses *Souvenirs* (vol. 2: 36), Passy explique l'origine de cette légende. Il profitait de ses cours pour faire étudier le système phonique des langues des participants. Un Kabyle, à qui il avait demandé des exemples de « chansons indigènes », répondit que les seules chansons qu'il connaissait étaient des cantiques. Passy l'invita donc à en fournir une démonstration, d'où la légende.

l'oral devait être acquis bien avant l'écrit (cf. Besse 2012). Passy joue un rôle essentiel dans l'essor de ce qu'on appelle la méthode directe. Cette dernière prône des principes simples pour l'apprentissage initial : préférer le langage parlé de tous les jours au langage plus ou moins archaïque de la littérature, rendre familier les sons de la langue étrangère, partir des tournures les plus idiomatiques et les plus fréquentes, dégager les premières règles grammaticales de façon inductive, rattacher les expressions à découvrir de la langue cible à d'autres expressions de la même langue sans passer systématiquement par la langue maternelle. Ces principes paraissent simplistes à certains spécialistes (cf. Germain 1993: 127–131), mais Passy ne les adopte pas sans expérimentation et argumentation, et son mémoire *De la méthode directe dans l'enseignement des langues vivantes* (1899b) mérite encore une relecture attentive.

Les grands principes de la méthode directe sont énoncés dès 1883 dans un petit ouvrage, *Die praktische Spracherlernung*, que l'on doit au jeune Felix Franke alors âgé de 23 ans (cf. Knap 1916 ; Besse 2012). Elle émane en fait d'un large mouvement européen dans lequel s'inscrit Passy et, en particulier, le mouvement *Quousque Tandem*[14] lancé en 1886 dans les pays nordiques par les jeunes linguistes que sont à l'époque Jespersen, Lundell et Western (cf. Linn 2004: 135–138). Un point de rupture essentiel avec la tradition pour Passy réside dans la transcription phonétique qui doit être employée à l'exclusion de l'orthographe officielle pendant la première partie de la formation. Dès 1882, Passy publie *L'anglais parlé*, un petit ouvrage de facture encore relativement traditionnelle dans sa méthode, en particulier par son large recours au thème, mais où il applique déjà ce dernier principe sur la transcription. L'apprenant fait connaissance avec une langue écrite non pas en orthographe traditionnelle mais en transcription phonétique[15]. L'anglais n'apparaît en orthographe standard que dans la dernière partie de l'ouvrage lorsque Passy introduit des exercices de lecture, où les textes sont donnés dans les deux versions (standard et phonétique). Quelques années plus tard, il publie *Le Phonétisme au Congrès philologique de Stockholm en 1886* qui est présenté au Ministre de l'Instruction publique en 1887. Comme le note justement Galazzi, c'est « plus une sorte de bulletin de guerre ou un appel au combat aux côtés de la jeune école phonétique qu'un rapport de mission traditionnel » (2002: 148).

Ce choix pédagogique n'est pas partagé par tous et c'est bien en prônant l'usage de la transcription phonétique qu'il se distingue de toutes les

---

[14] On doit l'expression à Viëtor qui reprend les premiers mots de la première Catilinaire de Cicéron : *Quousque tandem abutere, Catilina, patientia nostra* ('Jusqu'à quand, Catilina, abuseras-tu de notre patience ?').

[15] Passy utilise ici l'alphabet phonétique de Pitman.

pratiques antérieures aussi 'directes' fussent-elles. Déjà au Congrès philologique de Stockholm de nombreuses voix s'étaient élevées contre l'usage exclusif d'une transcription phonétique au début de l'apprentissage et la charge cognitive que représente l'introduction de l'orthographe standard lorsque la langue est déjà en partie maîtrisée. Si la première proposition fut adoptée à l'unanimité, elle dût être modifiée dans ses termes avant d'être soumise à un vote.[16] La formulation jugée trop radicale (« Il faut la [la langue] présenter d'abord aux élèves, non dans le déguisement d'une orthographe vieillie, mais dans une transcription phonétique qui la montre telle qu'elle est. ») sera votée sous une forme atténuée : « Dans les langues dont l'orthographe s'écarte sensiblement de la prononciation, il faut commencer par se servir d'une transcription phonétique, appropriée au but spécial qu'on se propose ». Cette dernière version ne rallie cependant pas tous les suffrages et la proposition, bien qu'adoptée, fait l'objet de nombreuses abstentions (Passy 1887b: 22). Par exemple, Johan Storm, pourtant admiré par Passy, ne voudra pas adhérer au mouvement *Quousque Tandem* parce qu'il s'oppose au recours unique à la transcription phonétique (cf. Durand/Lyche 2019) qui, pour Passy, peut s'étendre sur les dix-huit premiers mois de l'apprentissage.

De nombreux enseignants en France s'engagent avec enthousiasme dans la nouvelle méthode, mais eux non plus ne partagent pas tous les idées de Passy sur l'introduction de la phonétique dans la salle de classe. Dans un ouvrage sur la méthode directe, Knap (1916) étudie en détail les pratiques d'enseignement en France et en Allemagne. Il rapporte le peu d'intérêt pour la transcription phonétique chez les enseignants français, même au sein des grands partisans de la méthode : « cela ne sert à rien » est l'un des commentaires qu'il cite (cf. Knap 1916: 30). En Allemagne, en revanche, les enseignants se montrent très favorables à l'utilisation de la transcription et certains assurent le travail eux-mêmes si les textes proposés aux élèves n'existent pas en API.

L'attachement viscéral de Passy à la transcription phonétique, qui à l'époque peut passer pour révolutionnaire et sera combattu par certains[17], s'enracine dans un faisceau de motivations convergentes. Il avait noté de bonne heure l'écart entre prononciation et graphie puisqu'il nous dit qu'à l'âge de seize ou dix-sept ans il avait déjà mis au point un alphabet phoné-

---

[16] La première partie de cette première proposition fait l'unanimité des congressistes et ne sera pas remise en question : « A la base de l'enseignement des langues il faut placer, non la langue écrite, mais la langue parlée » (Passy 1887b: 20).

[17] Voir à ce sujet la correspondance entre Passy et Storm (Brevsamling, Ms 8^0 2404: E 4, F 7, Nasjonalbiblioteket, Oslo).

tique pour le français (cf. Passy 1930–1932, vol. 1: 71). Cet intérêt précoce pour la phonétique sous-tend probablement le regard scientifique que posera le Passy plus mature sur le langage, mais fera peu d'émules en France.

3.3 L'engagement orthographique

La longue bataille que Passy mènera en faveur d'une orthographe réformée est intimement associée à sa profonde conviction que l'orthographe officielle du français constitue un obstacle à l'apprentissage de la lecture et de l'écriture. Nombre d'hommes et de femmes qui pourraient avoir une vie sociale et spirituelle plus riche s'en voient exclus par leur analphabétisme. Nombreux sont ses concitoyens qui, à l'époque, partagent ces vues. Louis Havet, par exemple, écrit dans le *Journal des Débats* (9 avril 1889) : « Nos chinoiseries d'orthographe coûtent au pays bien plus qu'il ne s'en doute : perte de temps et perte de travail, moindre culture d'un bon nombre de Français, moindre expansion de la langue française. »

La question orthographique n'est évidemment pas nouvelle. Elle a occasionné des débats houleux depuis le XVIe siècle et si elle est particulièrement d'actualité à la fin du XIXe siècle, elle se prolonge jusqu'à nos jours[18]. Meigret, en 1532, souhaitait une orthographe en correspondance univoque avec la prononciation selon le principe 'une lettre – un son' : « l'escriture deura estre d'autant de letres que la prononciation requiert de voix » (cité par Firmin Didot 1868: 185). Les propositions de réformes vont se succéder pendant les siècles suivants, certaines acceptées par l'Académie. Dans la seconde moitié du XIXe siècle avec l'institution de l'école obligatoire, la question prend une toute autre ampleur. La plupart des linguistes français, conscients du décalage entre l'écrit et l'oral, des inconsistances, des faiblesses et même des aberrations du système proposent de le modifier en profondeur. Brunot (1905: 5) écrit par exemple « l'orthographe est le fléau de l'école ».

L'école cependant s'accroche aux privilèges acquis grâce à cette connaissance. Il faudra attendre le milieu du XIXe siècle pour que l'instituteur français maîtrise l'orthographe, mais au fil du temps cette discipline détiendra la clef de la réussite scolaire et régnera en maître incontesté. L'orthographe que l'instituteur est souvent le seul à posséder lui confère un grand prestige local et lui permet d'asseoir son influence dans les campagnes. Toute remise en question de la place de l'orthographe risquerait de le fragiliser. Ferdinand Buisson nommé par Jules Ferry en 1879 à la tête de

---

[18] Cf. par exemple les débats actuels autour de l'écriture inclusive (Abbou et al. 2018).

la Direction de l'Instruction Primaire s'engage dans cette bataille. Il mène un long combat pour atténuer l'emprise de l'orthographe sur l'enseignement à travers tout particulièrement les épreuves de dictées aux examens, mais il se trouve confronté à un mur solide d'oppositions qui émanent des directeurs d'Écoles Normales, des inspecteurs et des instituteurs (cf. Chervel 1991).

C'est dans ce contexte que de nombreuses voix se lèvent pour une réforme de l'orthographe. Passy baigne donc dans un environnement intellectuel et en partie social favorable à une réforme et, en 1886, il s'engage à fond pour cette cause. Le combat à l'époque était dans l'air du temps et dépassait d'ailleurs les frontières de la France. Pitman, l'éditeur de sa méthode d'anglais parlé, défendait également l'idée d'une réforme de l'orthographe de l'anglais.[19] La campagne de 1886 est soutenue par quelques-uns des plus grands linguistes de l'époque comme Gaston Paris, Louis Havet et Arsène Darmesteter. En 1889, Louis Havet lance une pétition à l'Académie Française et une grande agitation saisit le public avec plus de 8.000 signatures recueillies en faveur d'un changement, souvent accompagnées de réflexions intéressantes. Dans ses *Souvenirs*, Passy (1930–1932, vol. 1: 78) raconte qu'il fut chargé de remettre ces réflexions au secrétaire de l'Académie Française, le poète et auteur dramatique Edouard Pailleron, et ajoute que l'Académie n'a pas daigné répondre aux pétitionnaires. Malgré cet échec, Passy, qui publie chez Firmin Didot[20] les *Sons* en orthographe réformée persiste dans ses efforts.

Rappelons que la première édition des *Sons* est destinée à ses collègues de la *Société de Réforme Ortografique*, et principalement à ceux qui ne sont pas linguistes de profession. Passy publie douze éditions de l'ouvrage dont les cinq premières en orthographe réformée, mais sans continuité, sans adopter une ligne de conduite précise. Pour s'en rendre compte, il suffit de comparer les sous-titres de l'ouvrage : 1887 – *Les sons du français. Leur formation, leur combinaison, leur représantation* ; 1889 – *Leur formacion, leur combinaizon, leur reprézantacion* ; 1892 – *Leur formation, leur combinaison, leur représentation* ; 1895 – *Leur formation, leur conbinaison, leur représentation* ; 1899a – *Leur formacion, leur combinaizon, leur reprézentacion* ; 1906a et suivantes – *Leur formation, leur combinaison, leur représentation.* L'édition de 1892 adopte une graphie plus standard reflétée dans le titre, ce qui peut s'expliquer par un élargissement du public auquel elle s'adresse, qui s'étend maintenant aux enseignants (cf. Galazzi 2002). Le corps du texte adopte néanmoins un ensemble de principes proposés dans

[19] Dans Pitman (1837), mais aussi dans ses nombreuses contributions au *Phonographic Journal* et au *Phonotypic Journal* (cf. Kelly 1981).

[20] Ce dernier est également un grand avocat de la réforme, voir son ouvrage de 1868.

le *Maître phonétique* de 1890, par exemple <s> comme unique marque du pluriel et <t> plutôt que <d> comme marque de la troisième personne du présent (*il entent* et non *entend*).

Aucune de ces éditions n'est exempte d'inconsistances en son sein. Prenons par exemple la représentation graphique de la voyelle /ɑ̃/ qui varie entre <an>, <en>, <aon>. De nombreux mouvements réformistes depuis le XVIe siècle proposent d'unifier ces trois variantes en une graphie unique : <an> (cf. Blanche-Benveniste/Chervel 1974). Passy s'engage dans cette voie mais plutôt timidement, sans véritable abandon de <en>. *Les Sons* de 1887 adoptent <an> pour les adverbes (*régulièremant*), mais au-delà de cette modification, et du maintien de <en> – <em> dans les monosyllabes (*dens, sens, vent, tems*), les choix semblent aléatoires : *la prétension de présanter* (p. 3), *augmanter* (p. 6), *rendaient* (p. 1), *s'étandent* (p. 5), *pendant* (p. 5). L'édition de 1889 généralise <an>, mais on y trouve aussi *on entand, enfant.* A partir de l'édition de 1892, <en> est rétabli, même dans l'édition de 1895 qui sous bien des égards, est la plus radicale de toutes.

Comme le soulignent Blanche-Benveniste/Chervel (1974: 111), « à quelques exceptions près, tous les grammairiens, philologues et linguistes français entre 1870 et 1914 seront d'ardents réformateurs ».[21] Mais seul Passy aura le courage de s'atteler à la tâche : « A aucun prix je ne voudrais être de ceux dont il est dit : « Faites ce qu'ils disent, mais non ce qu'ils font : car ils disent et ne font pas » (Passy 1887a: 4). On peut cependant lui reprocher de s'être servi des *Sons* comme d'un laboratoire d'expérimentation sans grande considération pour ses lecteurs. En effet, chacune des cinq premières éditions innove ou recule par rapport à une modification antérieure et souligne ainsi l'absence de système stable. Ses tâtonnements, maladresses, incohérences aliéneront sans nul doute nombre de ses contemporains. Comme dans tous ses engagements, Passy se consacre corps et âme à la tâche sans aucune compromission. Après bien des tentatives, il abandonne cependant le combat et renoue en 1906 avec l'orthographe standard dans les *Sons* sans pour autant expliquer cette volte-face. Il finit peut-être par reconnaître que « Il en est de l'orthographe comme de la société : on ne la réformera jamais entièrement » (Sainte-Beuve cité par Firmin Didot 1868: 174).

---

[21] Ils y voient là un mouvement nationaliste « très vieille France ». Les motivations de Passy, nous l'avons vu, sont bien différentes. Il est surprenant d'ailleurs, que leur ouvrage ne fasse aucune référence à Passy et à son engagement.

3.4 Passy et l'API en France : un rendez-vous manqué

Dans les sections qui précèdent, nous avons survolé des dimensions de la vie et du travail de Passy qui ont contribué à minorer sa contribution à la phonétique en France. Mais le rendez-vous proposé par Passy entre l'API et la linguistique française a été largement manqué au XXe siècle. Les critiques ont été parfois très sévères et se poursuivent encore de nos jours pour des raisons qui restent à approfondir. Nous nous contenterons ici de pointer ce que nous considérons comme des erreurs d'interprétation.

Le *Cours* posthume de linguistique générale de Saussure (1916: 57) pose la question en termes de substitution d'un alphabet phonologique à l'orthographe usuelle (ce qui n'est pas le but premier de l'API). Il ajoute :

> En outre un alphabet applicable à toutes les langues risquerait d'être encombré de signes diacritiques ; et sans parler de l'aspect désolant que présenterait une page d'un texte pareil, il est évident qu'à force de préciser, cette écriture obscurcirait ce qu'elle veut éclaircir et embrouillerait le lecteur.

Le *Cours* précise :

> Quels sont les principes d'une véritable écriture phonologique ? Elle doit viser à représenter par un signe chaque élément de la chaîne parlée. On ne tient pas toujours compte de cette exigence : ainsi les phonologues anglais, préoccupés de classification plutôt que d'analyse, ont pour certains sons des signes de deux et même trois lettres.

Dans son édition critique, Tullio de Mauro (1972) formule l'hypothèse suivante : « Saussure pense probablement à des cas comme celui des affriquées notées dans l'alphabet phonétique international par [tʃ], [ttʃ], [pf] ou [ppf] etc. ou des consonnes nasales sourdes notées [hm], [hn], etc. (cf. *The Principles* ; Passy/Jones 1912: 14–16)[22] ». De fait, ces critiques du *Cours* sont peu convaincantes : ce que propose Passy, nous l'avons constaté, est précisément de se focaliser en premier sur des transcriptions larges. Dans ces dernières, on donne la priorité aux phonèmes, aux unités pertinentes qui permettent de distinguer les mots. On laissera donc les diacritiques à la transcription étroite qui permet aux linguistes d'étudier de plus près les caractéristiques plus fines de la réalisation des phonèmes. La même position était défendue par Sweet. Curieusement, les *Principles* que cite de Mauro sont ceux de 1949 préparés par Daniel Jones (bien après la publication du *Cours* !) et des séquences comme [ttʃ] y sont présentes mais réservées à des

---

[22] Cette référence par de Mauro aux principes de l'Association phonétique internationale est historiquement fausse comme nous l'expliquons plus bas dans le texte.

géminées. La question des affriquées est effectivement difficile pour l'API comme pour tout système. Il y a diverses solutions possibles ; mais en dehors des affriquées le principe « un son distinctif = un symbole » est scrupuleusement respecté dans l'API. Notons par ailleurs que la surdité des consonnes est très tôt notée par un diacritique au-dessus ou au-dessous du son concerné. S'il est vrai qu'au départ certains diacritiques pouvaient précéder ou suivre un symbole phonétique, ce type de notation était réservé à la transcription étroite. De fait, dans l'évolution de l'API les diacritiques ont été de plus en plus intégrés aux symboles de façon simultanée et non de façon adjacente. Il faut également signaler que ce sont souvent des contraintes typographiques (le manque de fontes chez les imprimeurs) qui ont parasité les premières versions de l'API.

Après le *Cours* de Saussure, le grand phonéticien Grammont n'est guère plus charitable à l'égard de l'API. Dans son *Traité de phonétique*, il déclare :

> L'Association phonétique internationale a essayé de dresser un alphabet universel permettant de représenter les phonèmes de n'importe quelle langue. Son principe est d'éviter les signes diacritiques et de n'employer que les caractères les plus usuels soit en les renversant, soit en y ajoutant des signes de ponctuation, etc. Cet alphabet assez disgracieux pour l'œil, n'a guère été employé que pour transcrire 4 ou 5 langues d'Europe, particulièrement le français, l'anglais, l'allemand ; mais il est loin de noter toutes les nuances, même de ces 3 langues, surtout en ce qui concerne les voyelles (1933: 29).

Le caractère disgracieux des symboles API est un leitmotiv de certaines critiques. Il est difficile de savoir en quoi des lettres romaines renversées sont fondamentalement plus laides que les symboles originaux. Quant au nombre de travaux faisant appel à l'API, notons que Passy lui-même avait montré la voie en publiant en 1896 *L'écriture phonétique. Exposé populaire avec application au français et à 137 langues ou dialectes* et, en 1906, sa *Petite phonétique comparée des principales langues européennes*. Un examen impartial du nombre d'études de langues fondées sur l'API du temps de Passy démontre l'importance mondiale de l'API, même si d'autres traditions existaient et occupaient une place légitime dans le champ scientifique (pour une liste partielle, cf. Passy/Jones 1912: 2). L'histoire de la phonétique et de la phonologie devait donner raison à Passy : Chaque phonéticien n'a pas à réinventer des symboles pour chaque langue qu'il rencontre et la palette de langues du monde couvertes par l'API est désormais très large. Pour s'en convaincre, il suffit de consulter des ouvrages classiques de référence comme Laver (1994) ou Ladefoged/Maddieson (1996) ainsi que le *Journal of the International Phonetic Association* qui a pris la suite du *Maître Phonétique*.

Dans la deuxième partie du XXe siècle, divers linguistes français de renom ne seront guère plus tendres à l'égard du projet API. Blanche-Benveniste/Chervel (1974), par exemple, partent de l'alphabet européen appliqué aux langues asiatiques de Volney (1819) et voient dans l'API une continuation de ce « mythe » qu'ils lient à celui d'une langue universelle. Ils déclarent :

> On sait que le projet aboutira chez les linguistes, qui disposeront là d'un outil de travail capable d'opérer sur un groupe de langues relativement voisines. Il est significatif que même les spécialistes aient renoncé, pour la description des langues d'Afrique, d'Asie ou d'Amérique, à un système de transcription unique : l'usage est de définir un alphabet spécifique pour chacune des langues soumises à l'observation du phonéticien. Reste que plus d'un projet orthographique porte la marque de cette utopie (Blanche-Benveniste/Chervel 1974: 110).

Le lien que ces auteurs établissent entre alphabet phonétique international et langue universelle n'est absolument pas consubstantiel. S'il est vrai qu'au XVIIe siècle des projets de « caractères universels » comme celui des savants anglais Wilkins (1614–1672) et Dalgarno (1625–1687) ont coïncidé avec la mise au point d'alphabets phonétiques universels (cf. Robins, 1990: 106–147), la question ne fait absolument pas partie du programme de l'Association phonétique internationale coordonné par Passy. Il n'est pas non plus vrai que le projet ait été abandonné pour les langues d'Afrique, d'Asie ou d'Amérique, comme nous l'avons noté et le rappellerons plus loin.

Dans une veine tout aussi critique, nous trouvons Cerquiglini (2004: 169) qui ne s'étonne pas que le *Maître Phonétique* ait disparu tant il est « malcommode à lire ». Il note que désormais les transcriptions sont réservées aux besoins de la profession. Il est vrai que le maintien de la transcription phonétique comme moyen de communication au sein de l'AF a été une erreur historique (cf. Collins/Mees 1999: 128 et passim). Nous ne pouvons néanmoins souscrire à l'affirmation suivante de Cerquiglini :

> [L]e phonocentrisme a réussi. Meigret, Ramus, Rambaud et tous les autres ont trouvé en Passy leur héritier triomphant, qui a su « peindre au vif » toutes les langues du monde, et les faire entendre. Il n'a, il est vrai, pas su les faire lire ; son alphabet est inutilisable. Epris de transparence, guidé par la raison, ami de l'humanité, le réformateur de l'orthographe est un solitaire (2004: 169).

Comment devant un jugement aussi négatif ne pas rappeler que les symboles de l'API ont été incorporés dans les alphabets de diverses langues et, en particulier, dans l'alphabet dit africain de nombre de langues subsahariennes comme le haoussa, le peul, l'aka, le lingala etc. Ce n'est pas surprenant puisque l'alphabet romain lui-même, lié au principe de distinctivité phonémique, s'est révélé d'une grande applicabilité dans la mise au point de systèmes d'écriture dans de nombreuses langues du monde (cf. Bendor-Samuel 1996 ; Nguyễn 1996). Alors même que certains ont pu affirmer que l'API ne pouvait s'étendre hors de son cocon initial, on constate que les difficultés présumées ne sont pas imputables aux symboles et conventions en tant que tels. L'alphabet phonétique international peut être intégré à un système d'écriture morphophonologique si l'on tient à donner aux lexèmes d'une langue des représentations unitaires plus abstraites que le niveau phonémique classique. Et rien n'empêche d'utiliser ces mêmes symboles pour noter des traits étymologiques si là encore on veut défendre une orthographe en phase avec son histoire pour unifier des dialectes par exemple.

La modification des vieux systèmes orthographiques de grandes langues de culture pose un autre problème. Elle représente un tel défi du point de vue économique et affecte tellement le capital symbolique d'usagers qui ont tant souffert pour maîtriser ces systèmes que même des réformes à la marge (comme la suppression d'accents circonflexes en français) sont souvent ressenties comme choquantes et inimaginables. Notons néanmoins que diverses langues du monde, comme l'espagnol, ont une orthographe plus proche des distinctions phonémiques que le français ou l'anglais et fonctionnent tout aussi bien comme grandes langues de culture écrites. Passy rêvait sans doute de systèmes orthographiques s'inspirant de l'API mais défendait âprement une modification partielle et progressive de l'orthographe du français qui ne reposait en rien sur les symboles et diacritiques de l'API. Contrairement à ce qu'affirme Cerquiglini (2004) son alphabet n'est ni inutilisable, ni l'œuvre d'un solitaire. En dehors de la phonologie et de la phonétique, il est désormais très largement utilisé dans l'enseignement des langues, dans les dictionnaires, en pathologie du langage, dans la synthèse et la reconnaissance de la parole et pour la mise au point de systèmes d'écriture pour des langues à tradition orale.[23]

[23] MacMahon (1996) offre une analyse précise de l'API comparé à d'autres systèmes de transcription phonétique. Pour un exemple d'application récent dans l'enseignement de la phonétique française pour des étudiants de 19 langues différentes, cf. Detey et al. (2016).

4. Conclusion

Nous avons essayé ici de mettre en perspective la contribution de Passy à la description du français et à la phonétique générale. Nous avons vu que son rôle central dans la construction de l'API, ses observations sur le français et sa contribution à la philologie devraient en faire un acteur de premier plan en linguistique française. Pourtant son travail est souvent oublié, minoré ou décrié comme nous avons pu le constater dans les paragraphes qui précèdent. Paul Passy est d'ailleurs rarement cité dans les encyclopédies de langue française.

Nous avons souligné que son engagement social, religieux et politique avait contribué à en faire un personnage dérangeant. Il y avait très peu de figures à son époque qui étaient à la fois socialistes et chrétiennes et qui étaient déterminées comme lui à construire un monde équitable en sacrifiant une vie confortable aux exigences d'une communauté agraire primitive. Sa conviction qu'une réforme de l'orthographe était possible et souhaitable a été de moins en moins partagée mais doit-on pour autant sanctionner l'idée que l'orthographe du français, qui a subi tant de transformations au fil des siècles, a atteint une forme parfaite où plus aucune modification n'est envisageable ? Sa foi messianique sur le rôle de la transcription phonétique comme seul outil graphique dans les premières étapes de l'acquisition des langues étrangères et de l'orthographe commune est certes discutable, mais elle se développe à une époque où des réformes radicales semblaient possibles. Le système sténographique de Pitman (1839) et les propositions que fit ce dernier d'orthographe « phonotypique » eurent un grand écho dans le monde anglo-saxon avec la création de très nombreux clubs d'utilisateurs convaincus. Ellis et Sweet, deux des plus grands noms de la philologie britannique, ont contribué à développer ce programme de recherche appliquée (cf. Kelly 1981 ; MacMahon 1981). Pitman, Ellis et Sweet constituent des références fondamentales pour Passy. Ce dernier se trouve donc en décalage avec une tradition phonétique française bien différente, certes plus expérimentale avec l'abbé Rousselot, mais aussi très souvent convaincue que le rôle de la description phonétique (en particulier sur le plan didactique) est d'assurer au lecteur une maîtrise parfaite de la prononciation des lettres. C'est, par exemple, le projet central de Martinon (1913) dans son *Comment on prononce le français*. Il y déclare que l'utilisation de signes phonétiques spéciaux est « parfaite du point de vue scientifique » mais que le recours à l'orthographe ordinaire est la seule façon d'atteindre la majorité des lecteurs. Cependant, la phonétique, même en la cantonnant à l'angle didactique, ne saurait se limiter à des correspondances entre les lettres usuelles et ces mêmes lettres réinterprétées par chaque auteur pour les besoins de la cause. L'alphabet phonétique international permet de fonctionner à deux niveaux :

celui des phonèmes et celui des allophones. Pour l'apprenant, il ne suffit pas de connaître les phonèmes mais il faut aussi savoir que certains traits (par exemple l'aspiration des plosives sourdes en anglais) font partie intégrante des cibles à atteindre. Un système unique qui permet de comparer les langues et de délimiter les zones de correspondance et de différence entre elles est supérieur à des systèmes locaux réinventés par chaque linguiste pour chaque langue. Passy n'était pas un rêveur incorrigible, c'était un visionnaire qui a œuvré sans relâche pour qu'une notation commune devienne possible. Nous ne combattons pas les linguistes critiques de Passy que nous avons cités. Ils font tous partie de notre discipline et ont su contribuer à son essor. Souhaitons que Paul Passy reçoive la reconnaissance qu'il mérite et que, dans la mémoire collective, il puisse rejoindre des acteurs intellectuels et sociaux comme son père, Frédéric Passy, qui, en tant qu'artisan de la paix, a droit de cité dans toutes les encyclopédies de langue française.

Références

Abbou, J. / Arnold, A. / Candea, M. / Marignier, N. 2018. Qui a peur de l'écriture inclusive ? Entre délire eschatologique et peur d'émasculation. Entretien. *Semen. Revue de sémio-linguistique des textes et discours* 44, 133–151. https://hal.archives-ouvertes.fr/hal-01779800/document (2019-12-03).

Bell, A. M. 1867. *Visible speech. The science of universal alphabetics; or self-interpreting physiological letters, for the writing of all languages in one alphabet*. London: Simpkin Marshall.

Bendor-Samuel, J. 1996. Adaptations of the roman alphabet. African languages. In Daniels, P. T. / Bright, W. Eds. *The world's writing systems*. Oxford: Oxford University Press, 689–691.

Bergounioux, G. 1989. Le francien (1815–1914). La linguistique au service de la patrie. *Mots* 19, 23–40.

Bergounioux, G. 1994. *Aux origines de la linguistique française*. Paris: Pocket.

Besse, H. 2012. Élément pour une « archéologie » de la méthode directe. *Documents pour l'histoire du français langue étrangère ou seconde* 49, 11–30. http://dhfles.revues.org/3386 (2019-12-03).

Blanche-Benveniste, C. / Chervel, A. 1974. *L'orthographe*. Paris: Maspero.

Bloch, B. 1948. A set of postulates for phonemic analysis. *Language* 24, 3–46.

Brunot, F. 1905. *La réforme de l'orthographe. Lettre ouverte à M. le ministre de l'instruction publique*. Paris: Colin.

Cerquiglini, B. 2004. *La genèse de l'orthographe française (XIIe–XVIIe siècles)*. Paris: Champion.

Cerquiglini, B. 2007. *Une langue orpheline*. Paris: Éditions de Minuit.

Cerquiglini, B. 2012. *Petites chroniques du français comme on l'aime*. Paris: Larousse.

Chervel, A. 1991. L'école républicaine et la réforme de l'orthographe (1879–1891). *Mots* 28, 35–55.

Collins, B. / Mees, I. M. 1999. *The real professor Higgins. The life and career of Daniel Jones*. Berlin: De Gruyter.

Detey S. / Racine, I. / Kawaguchi, Y. / Eychenne, J. Eds. 2016. *La prononciation du français dans le monde. Du natif à l'apprenant*. Paris: CLE International.

Durand, J. / Lyche, C. 2019. Paul Passy, Johan Storm and the palatal nasal in modern French. In Hognestad, J. K. / Kinn, T. / Lohndal, T. Eds. *Fonologi, sosiolingvistikk og vitenskapsteori. Festskrift til Gjert Kristoffersen*. Oslo: Novus, 79–97.

Firmin Didot, A. 1868. *Observations sur l'orthographe ou orthografie française suivies d'une histoire de la réforme orthographique depuis le XVe siècle jusqu'à nos jours* (2e éd.). Paris: Firmin-Didot.

Galazzi, E. 1992. 1880–1914. Le combat des jeunes phonéticiens. Paul Passy. *Cahiers Ferdinand de Saussure* 46, 115–129.

Galazzi, E. 2000. L'Association Phonétique Internationale. In Auroux, S. Ed. *Histoire des idées linguistiques* (vol. 3). Liège: Mardaga, 499–516.

Galazzi, E. 2002. *Le son à l'école. Phonétique et enseignement des langues (fin XIXe siècle – début XXe siècle)*. Brescia: La Scuola.

Germain, C. 1993. *Évolution de l'enseignement des langues. 5000 ans d'histoire*. Paris: CLE International.

Gordon, M. K. 2016. *Phonological typology*. Oxford: Oxford University Press.

Grammont, M. 1933. *Traité de phonétique*. Paris: Delagrave.

Jones, D. 1941. Paul Passy (Obituary). *Le maître phonétique* 19, 30–39.

Kelly, J. 1981. The 1847 alphabet. An episode of phonotypy. In Asher, R. E. / Henderson, E. J. A. Eds. *Towards a history of phonetics*. Edinburgh: Edinburgh University Press, 248–264.

Knap, C. 1916. *Den direkte metode i sprogundervisningen*. Kristiania: Aschehoug.

Ladefoged, P. / Maddieson, I. 1996. *The sounds of the world's languages*. Oxford: Blackwell.

Laver, J. 1994. *Principles of phonetics*. Cambridge: Cambridge University Press.

Lepsius, R. / Kamp, J. A. 1855/1981. *Standard alphabet for reducing unwritten languages and foreign graphic systems to a uniform orthography in European letters*. London: Williams & Norgate (1855). Amsterdam: Benjamins, (1981).

Linn, A. R. 2004. *Johan Storm. Dhi grétest pràktical liNgwist in dhi werld*. Oxford: Blackwell.

MacMahon, M. K. C. 1981. Henry Sweet's system of shorthand. In Asher, R. E. / Henderson, E. J. A. Eds. *Towards a history of phonetics*. Edinburgh: Edinburgh University Press, 265–281.

MacMahon, M. K. C. 1986. The International Phonetic Association. The first 100 years. *Journal of the International Phonetic Association* 16, 30–38.

MacMahon, M. K. C. 1996. Phonetic notation. In Daniels, P.T. / Bright, W. Eds. *The world's writing systems*. Oxford: Oxford University Press, 821–846.

Martin, J.-F. 2006. Paul Passy, fondateur de « L'Espoir du Monde », militant du socialisme chrétien et de la phonétique. *L'Espoir du Monde* 128, 4–6. http://www.frsc.ch/f/documents/SCEM128oct06.pdf (2019-12-03).

Martinet, A. 1955. *Économie des changements phonétiques. Traité de phonologie diachronique*. Berne: Francke.

Martinon, P. 1913. *Comment on prononce le français. Traité complet de prononciation pratique avec les noms propres et les mots étrangers*. Paris: Larousse.

Nguyễn, Đ.-H. 1996. Vietnamese. In Daniels, P.T. / Bright, W. Eds. *The world's writing systems*. Oxford: Oxford University Press, 691–695.

Nyrop, K. 1893. *Kortfattet fransk lydlære til bruk for lærere og studerende*. København: P. G. Filipsens forlag.

Paris, G. 1888. Les parlers de France. Lecture faite à la réunion des sociétés savantes, le 26 mai 1888. *Revue des patois gallo-romans* 2, 161–175. Réimpr. Paris, G. 1906. *Mélanges linguistiques*, vol. 2. Paris: Champion, 432–448.

Passy, P. 1882. *L'anglais parlé ou Méthode pratique pour apprendre à parler, à comprendre et à lire sans maître*. London: Pitman.

Passy, P. 1887a. *Les sons du français. Leur formation, leur combinaison, leur représentation*. Paris: Firmin-Didot.

Passy, P. 1887b. *Le phonétisme au Congrès philologique de Stockholm en 1886. Rapport présenté au Ministre de l'instruction publique*. Paris: Delagrave/Hachette.

Passy, P. 1889. *Les sons du fransais. Leur formacion, leur combinaizon, leur reprézantacion* (2. éd). Paris: Firmin-Didot.

Passy, P. 1890. *Étude sur les changements phonétiques et leurs caractères généraux*. Paris: Firmin-Didot.

Passy, P. 1892. *Les sons du français. Leur formation, leur combinaison, leur représentation* (3. éd). Paris: Firmin-Didot.

Passy, P. 1895 (4. éd). *Les sons du français. Leur formation, leur conbinaison, leur représentation*. Paris: Firmin-Didot.

Passy, P. 1896. *L'écriture phonétique. Exposé populaire avec application au français et à 137 langues ou dialectes*. Paris: Librairie populaire.

Passy, P. 1899a. *Les sons du français. Leur formacion, leur combinaizon, leur représentacion* (5. éd). Paris: Firmin-Didot.

Passy, P. 1899b. *De la méthode directe dans l'enseignement des langues vivantes. Concours de 1898. Mémoire de Passy*. Paris: Colin.

Passy, P. 1906a. *Les sons du français. Leur formation, leur combinaison, leur représentation* (6. éd). Paris: Firmin-Didot.

Passy, P. 1906b. *Petite phonétique comparée des principales langues européennes*. Leipzig: Teubner.

Passy, P. 1913. *Les sons du français. Leur formation, leur combinaison, leur représentation* (7. éd.). Paris: Firmin-Didot.

Passy, P. 1917. *Les sons du français. Leur formation, leur combinaison, leur représentation* (8. éd.). Paris: Firmin-Didot.

Passy, P. 1930–1932. *Souvenirs d'un socialiste chrétien*. 2 volumes. Issy les Moulineaux: Collection "Je sers".

Passy, P. / Jones, D. 1912. *The principles of the International Phonetic Association*. London: IPA. Supplément au *Maître Phonétique* (2) 27.

Paul, H. 1880. *Principien der Sprachgeschichte*. Halle: Niemeyer.

Pitman, I. 1839. *Stenographic sound-hand*. London: Samuel Bagster.

RAE (= Real Academia Española) 2011. *Nueva gramática de la lengua española. Fonética y fonología*. Madrid: Espasa.

Robins, R. H. 1990. *A short history of linguistics* (3rd ed.). London: Longman.

de Saussure, F. 1916. *Cours de linguistique générale*. Publ. par C. Bally et A. Séchehaye avec la collaboration d'A. Riedlinger. Éd. critique préparée par T. de Mauro, avec une postface de J. L. Calvet (1985) qui reproduit le texte de 1972. Paris: Payot.

Sweet, H. 1877. *A handbook of phonetics including a popular exposition of the principles of spelling reform*. Oxford: Clarendon Press.

Sweet, H. 1888. *History of English sounds from the earliest period. With full word-lists*. Oxford: Clarendon Press.

Volney, C.-F. de Chasseboeuf. 1819. *L'alphabet européen appliqué aux langues asiatiques*. Paris: Firmin-Didot.

Weinreich, U. / Labov, W. / Herzog, M. I. 1968. Empirical foundations for a theory of language change. In Lehmann, W. P. / Malkiel, Y. Eds. *Directions for historical linguistics*. Austin: University of Texas Press, 95–195.

Damaris Nübling

Trudel und andere Vornamen auf *-el*: Geographie, Geschichte, Geschlecht

Abstract. *Trudel* is an old diminutive derived from the Germanic first name *Gertrud*. The article examines names ending in *-el* with regard to their origin, development, geographic distribution and relation to gender. As these names can sometimes refer to both genders, they represent a rather unusual kind of name (most names in German are gender-specific). With *Trudel* as the starting point, different names of this type are investigated and mapped, based on a telephone data base from 1998 comprising most first names of the German population born between 1910 und 1980. The study is complemented by other productive diminutives ending in *-chen* (*Trudchen*). Here, the relation to female gender is more evident than in the case of the older ending *-el*.

1. Bewachung der onymischen Geschlechtergrenze

In Deutschland gilt derzeit (2019) bei der Vergabe von Vornamen die Vorschrift, dass Mädchen keine Jungennamen und Jungen keine Mädchennamen tragen dürfen, d. h. so genannte geschlechtswidrige oder gegengeschlechtliche Namen sind verboten. Was (die wenigen) Unisexnamen betrifft, so sind diese seit 2009 erlaubt, ohne dass man ihnen noch (wie bislang verpflichtend) einen so genannten geschlechtsoffenkundigen Namen hintanstellen muss: Seit dem (im Herbst 2008) vom Bundesverfassungsgericht gefällten so genannten *Kiran*-Urteil steht es dem Kindeswohl nicht mehr entgegen, wenn der Name kein Geschlecht indiziert. Der indische Unisexname *Kiran* durfte einem Mädchen gegeben werden, obwohl standesbeamtliche Ohren ihn zunächst männlich klassifiziert hatten und er deshalb abgelehnt wurde. Die entsprechenden Personen argumentierten dabei rein phonologisch mit ähnlichen Namen auf *-an* wie *Christian* oder *Fabian*, die schließlich Jungennamen seien. Das bedeutet: Gegengeschlechtliche Namen beeinträchtigen das Kindeswohl, geschlechtslose nicht mehr. Das ist ein kleiner Fortschritt, der auch dem (2017 erwirkten) dritten Geschlechtseintrag für Geschlechter jenseits der Binarität (*intersex/divers*) zupass kommt. Da das Namengesetz selbst nichts zur Geschlechtsauskunft von Vornamen sagt, stellte Schmidt-Jüngst (2013) eine Anfrage an das Bundesministerium des Innern (Fachreferat für Personenstandsrecht), welche Möglichkeiten nicht-binären Kindern zur Verfügung stünden (im Nameninventar gibt es nicht viele Unisexnamen, und vielleicht sind diese auch nicht immer erwünscht): Alles, so die überraschend liberale Auskunft, sei möglich, denn es sei "weder ausdrücklich noch immanent geregelt, dass der von den Eltern gewählte Vorname über das Geschlecht des Kindes informieren muss" (zit. n. Schmidt-Jüngst 2013: 112). Dem Kind müsse einzig die Möglichkeit geboten werden, sich auch namentlich mit seinem Geschlecht zu identifizieren – was 'falsch'geschlechtliche, aber nicht ungeschlechtliche Namen ausschließt. Daher seien für den Geburtseintrag *divers* alle Namen erlaubt, sogar die Kombination zweier gegengeschlechtlicher Namen wie *Lisa Erik* oder *Noah Christina* – dies mit dem Verweis, als Ausweis religiöser Tradition gälten ja auch Kombinationen wie *Rainer Maria*.

Auch ob und wie diese beiden Inventare in Namenlexika räumlich getrennt werden, wäre durchaus eine Untersuchung wert. Vornamenlexika im Internet trennen sofort zwischen den Geschlechtern, während im *Duden-Lexikon der Vornamen* (Kohlheim/Kohlheim 2013) beide Geschlechtsinventare alphabetisch vereint sind und durch unterschiedliche Farben ausgeflaggt werden. Die Farbgebung erfolgt allerdings stereotyp: Die unmarkierte Normalfarbe Schwarz eignet dem landläufig unmarkierten Geschlecht, die hochmarkierte Farbe Rot dem 'anderen Geschlecht'.

2. Angela Merkel Muhammed, *2017

Im Jahr 2017 ging die Meldung durch Deutschland, dass eine syrische Flüchtlingsfamilie ihrer neugeborenen Tochter aus Dankbarkeit die beiden Vornamen *Angela Merkel* geben wollte. *Muhammed* ist der Familienname. Das Standesamt Münster beanstandete jedoch den zweiten Vornamen *Merkel* – allerdings nicht, weil er kein Vorname sei, sondern ein Jungenname, er somit das falsche Geschlecht trage. Auch wenn man sich schließlich darauf einigte, dass *Merkel* den Status eines Mittelnamens bekam, bleibt man doch etwas ratlos zurück: Warum soll *Merkel* überhaupt Geschlecht indizieren, und dann ausgerechnet männliches?[1] Dass der Familienname *Merkel* seinerseits vor einigen hundert Jahren aus dem diminuierten männlichen Rufnamen *Markward(t)* entstanden ist, kann kaum der Grund dafür sein.[2]

---

1 Meine Anfrage beim Standesamt Münster (am 8.3.2019) blieb leider unbeantwortet.

2 Als Familienname ist *Merkel* durchaus häufig, er kommt im Telefonbuch von 2005 genau 5.764-mal vor. Da sich damals statistisch 2,8 Personen einen

Familiennamen haben sich längst von ihren Rufnamenquellen dissoziiert und auch deren einstiges Geschlecht neutralisiert. *Merkel* hat sich nicht als Vorname gehalten, was das *Duden-Lexikon der Vornamen* (Kohlheim/ Kohlheim 2013) mit über 8.000 Einträgen, das *Merkel* nicht enthält, bestätigt (in der Mainzer Vornamendatenbank ist er genau einmal vorhanden). Die Internet-Seite www.beliebte-vornamen.de verbucht *Merkel* zwar als Vorname ("Koseform von altdeutschen Namen, die mit *Mark-* beginnen (zum Beispiel *Markward*)" – hinzu kommt der Umlaut *a* > *e*), stuft ihn aber als geschlechtsneutral ein. Familiennamen enthalten als eine der wenigen Substantivarten kein Genus. Nur mit Kenntnis des Referenzobjekts (d. h. des Namenträgers bzw. der Namensträgerin) kann man einem Familiennamen ein so genanntes referenzielles Genus zuweisen (*der Schröder*$_{M}$ / *die Schröder*$_{F}$). Also muss es – wie auch sonst üblich – der 'Klang' des Namens sein, der männliche Assoziationen weckt. Auf Anhieb fallen einem jedoch eher Frauen- als Männernamen auf *-el* ein, z. B. *Trudel*, *Bärbel*, *Gretel*, *Liesel*. Aber es gibt auch Jungennamen auf *-el* (deren Auslaut nicht zwingend auf einen Diminutiv zurückgehen muss): *Michel*, *Axel*, *Wenzel*, *Seppel*. *Hänsel* und *Gretel* teilen sich neben ihrem Schicksal auch das gleiche Diminutivsuffix am Namen. Im Folgenden wollen wir uns diesem alten, längst unproduktiven Suffix zuwenden und ergründen, weshalb *Merkel* als Jungenname klassifiziert werden konnte. Zur Abrundung der obigen Meldung sollte ergänzt sein, dass schon zuvor (2015) eine andere Flüchtlingsfamilie in Duisburg ihrer Tochter die beiden Vornamen *Angela Merkel* gegeben hat, ohne dass das Standesamt etwas zu bemängeln hatte.

3. Vornamen auf *-el* [əl]

3.1 Erste Bestandsaufnahme

Als Grundlage für die folgenden Erörterungen wird das obengenannte *Duden-Lexikon der Vornamen* (Kohlheim/Kohlheim 2013) herangezogen, das über 8.000 Vornamen umfasst. Dankenswerterweise enthält es ein rückläufiges Namenverzeichnis, dem schnell entnehmbar ist, dass es insgesamt 99 mindestens zweisilbige Namen gibt, die auf graphisches <el> enden. Darunter befinden sich zahlreiche fremdsprachliche (in Deutschland unübliche) Namen wie *Nigel*, *Farrel*, *Yael*, *Ethel*, *Lyonel*, *Hazel* und viele andere mehr, außerdem reine Schreibvarianten ein und desselben Namens wie *Emanuel*, *Imanuel*, *Emmanuel*, *Immanuel,* was allein schon vier Einträge

Telekom-Anschluss teilten, trugen hochgerechnet rund 16.140 Personen diesen Familiennamen.

ergibt (hinzu kommt noch *Manuel*). Unser wichtigstes Ausschlusskriterium ist aber die Aussprache: Namen wie *Michael*, *Samuel*, *Noel*, *Yael* etc. enthalten in der letzten Silbe kein Schwa, sondern gespannte, manchmal sogar gedehnte und/oder betonte *e*-Laute (wie *Miguel*, *Marcel*, *Chanel*). Im Fall von Hiaten (*Israel*/*Ysrael*) tritt noch ein fakultativer Glottisverschluss davor. Dagegen beschränken wir uns bei der Suche nach *Trudel*-ähnlichen Namen auf solche mit finaler Reduktionssilbe, gleich, ob auf alte Diminutive zurückgehend oder nicht. Manche dieser Namen haben als Beweis für ihre finale Tonlosigkeit eine synkopierte Form ohne *e* neben sich, z. B. *Trudl*, *Traudl*, *Christl*. Dies wäre bei *Yael* oder *Muriel* undenkbar. Siebt man aus der Liste nur die schwa-haltigen Namen aus, verbleibt der in Tab. 1 aufgeführte Rest: 20 Frauen-, 26 Männer- und drei Unisexnamen.

weiblich	Tel.	männlich	Tel.	neutral	Tel.
Angel ['eɪ̯ndʒəl]	443	Abel	133	Christel	40.731
Bärbel	28.908	Axel	44.217	Friedel	12.948
Burgel < Burga	28	Bartel	54	Gustel	513
Edel	57	Carel	40		
Emel (türk.)	158	Denzel (engl.)	0		
Engel	75	Eitel	789		
Ethel ['ɛθəl]	144	Etzel	13		
Fridel	198	Farrel ['færəl] (ir.)	1		
Gretel	3.669	Hänsel	4		
Gundel	352	Jockel < Jakob	18		
Hazel ['heɪ̯zl̩]	27	Karel	630		
Jewel [dʒu:əl]	2	Lionel/Lyonel ['laɪ̯ənl̩]	83		
Liesel	4.299	Michel	1.892		
Mabel ['meɪ̯bl̩]	47	Mickel (schwed.)	2		
Rachel ['reɪ̯tʃəl]	156	Meikel/Maikel	63/34		
Rahel	147	Mikel/Mikkel (dän.)	36/2		
Rosel	3.195	Netanel (hebr.)	0		
Traudel	834	Nigel ['naɪ̯dʒl̩]	125		
Trudel	**348**	Pavel	779		
Ursel	4.645	Pawel	636		
		Wendel	196		
		Wenzel (tschech.)	2.186		
		Wessel	91		
20		26		3	

Tab. 1. Namen auf *-el* [(ə)l] im *Duden-Lexikon der Vornamen* mit Telefonanschlüssen 1998. Die phonetischen Transkriptionen folgen Kohlheim/Kohlheim (2013).

Da die meisten Namen eine geschlechtseindeutige Basis enthalten (*Bärbel* < *Barbara*, *Ursel* < *Ursula*, *Hänsel* < *Hans*), ergeben sich klare Geschlechtszuweisungen. In fraglichen Fällen wurde die Geschlechtszuweisung im Haupteintrag des Lexikons konsultiert. Drei Namen – *Christel*,

Friedel, *Gustel* – verbleiben, die beide Geschlechter bezeichnen können. Bei Namen, die nicht der deutschen Leseaussprache folgen, wurden Transkriptionen hinzugefügt (ebenfalls diesem Lexikon folgend), in manchen Fällen auch die Sprache, der sie entstammen. In den Spalten rechts der Namen ist die Zahl der Telefonanschlüsse von 1998 nach Ausweis der Mainzer Vornamendatenbank hinzugefügt. Mehr Informationen dazu folgen in 3.2. Man erkennt, dass manche Namen nicht in Deutschland (bzw. im Telefonbuch von 1998) vorkommen, andere äußerst selten – und manche mehrtausendfach. Am häufigsten ist *Christel* mit 40.731, danach *Bärbel* mit 28.908 Telefonanschlüssen.

3.2 Das Korpus: Die Mainzer Vornamendatenbank

Die von Konrad Kunze (Universität Freiburg) erworbene Vornamendatenbank befindet sich an der Mainzer Akademie und enthält alle Erstvornamen der Telekom-Einträge aus dem Jahr 1998. Es ist das einzige repräsentative und digital zugängliche Vornamenkorpus, das für Deutschland existiert. Über www.gen-evolu.de war es bis 2017 möglich, einzelne Namen im Internet zu kartieren. Danach wurde der Zugang gelöscht. Über ein spezielles, maßgeschneidertes Kartierungsprogramm wurden diese Vornamendaten 2018 recherchier-, visualisier- und lokalisierbar gemacht, da jeder Name mit einer 5-stelligen Postleitzahl verknüpft ist. Dieses Kartierungsprogramm wurde ursprünglich für Familiennamen entworfen und hat zu einem siebenbändigen onomastischen Atlaswerk, dem Deutschen Familiennamenatlas, geführt (Kunze/Nübling 2009–2018; cf. auch http://www.namenforschung.net/dfa/projekt/). Derzeit wird dieses Programm für das Digitale Familiennamenwörterbuch Deutschlands (DFD) verwendet, ein Langzeitprojekt der Mainzer Akademie (cf. http://www.namenforschung.net/dfa/projekt/). Dieses bewährte Programm wurde nun auch auf die Vornamen appliziert, was bedeutet, dass man die Verbreitung auch mehrerer Vornamen (bzw. so genannte Variantenspektren) visualisieren kann, einschließlich die bloßer Namenteile, denn es lassen sich auch Abfragen zu bestimmten Buchstabenfolgen durchführen. So konnte Kunze (2018) eindrucksvoll zeigen, wo Doppelrufnamen vom Typ *Marie-Luise* oder *Karl-Heinz* mit Bindestrich (im Norden und Westen Deutschlands) und wo sie in einem Wort (*Marieluise, Karlheinz*) geschrieben werden (im Süden). Die folgenden Karten sind aus drucktechnischen Gründen nur in schwarz/weiß gehalten. Die Kreisdiagramme beziehen sich auf dreistellige Postleitzahlen, die Flächeneinfärbungen auf zweistellige (und damit auf größere Gebiete). Letztere exponieren den jeweils dominierenden Namen (cf. Kunze 2018).

Insgesamt hatten 1998 noch 96% der Haushalte einen Telefonanschluss. Da acht Jahre seit der Wiedervereinigung vergangen waren, war auch Ostdeutschland gut angeschlossen. Seitdem ist durch die vermehrte Nutzung von Handys ein kontinuierlicher Rückgang der Festnetzanschlüsse festzustellen. Dies verringert die Möglichkeit, Namen zu lokalisieren. 90% der Telefonanschlüsse enthalten voll ausgeschriebene Vornamen (der Rest sind bloße Initialen). Insgesamt handelt es sich um 26.776.545 Tokens (Tel.) bei 266.505 Types, d. h. unterschiedlichen Namen, wobei jede Schreibvariante (z. B. *Emanuel*, *Emmanuel*) als eigener Name zählt. Bei ca. 82 Mio. Einwohnern im Jahr 1998 hat man damit 32,63%, d. h. ein Drittel der Vornamen erfasst, die die Geburtsjahrgänge von ca. 1920 bis 1980 umspannen (1980 deshalb, weil man 18 Jahre alt sein musste, um einen Telefonanschluss einzurichten). Dieses Namenskorpus lässt sich nicht weiter unterteilen, weder in Dekaden noch in Frauen- vs. Männernamen, wenn es sich um Namen handelt, die von beiden Geschlechtern getragen werden (solche Namen sind nicht zahlreich, die große Mehrzahl referiert auf nur ein Geschlecht). Ein größeres Problem stellt die Tatsache dar, dass das Korpus nur 33% weibliche gegenüber 67% männlichen Vornamen enthält, was auf die Dominanz und Persistenz des männlichen Haushaltsvorstandes hinweist. Damit ergibt sich, um die ungefähre Trägerzahl zu ermitteln, für weibliche Vornamen ein Multiplikator von 4,8, für männliche von nur 2,4. Bei den folgenden Überlegungen ist also stets zu berücksichtigen, dass Frauennamen statistisch gesehen doppelt so viel wiegen wie Männernamen.

3.3 Der Kernbestand diminuierter el-*Namen*

Betrachtet man die Tokens (= Tel.) der *el*-Namen in Tab. 1, so fallen diese sehr unterschiedlich aus. Um seltene Namen auszuschließen – durchaus auch solche mit dem uns interessierenden Diminutivsuffix –, haben wir eine so genannte Frequenzschwelle eingebaut, die alle Namen unter 200 Tokens unberücksichtigt lässt. Darunter fallen auch bekannt anmutende, aber faktisch eben kaum existierende Diminutive wie *Hänsel* (4 Tel.) und *Jockel* (18 Tel.). Auch dies sind wichtige Befunde, kommen doch solche Namen praktisch nicht mehr vor, zumindest nicht als offizielle Namen.

Nun könnte man für die restlichen *el*-Namen einfach diejenigen ermitteln, die etymologisch auf einen Diminutiv zurückgehen. Allerdings ist keineswegs auszuschließen, dass Kurzformen wie *Michel* (1.892 Tel.)

< *Michael* oder *Bartel* (54 Tel.) < *Bartholomäus* heute nicht auch als Diminutive empfunden werden.[3]

Tab. 2 wurde nun um alle niedrigfrequenten Namen (< 200) bereinigt, ebenso um Fremdnamen, bei denen man davon ausgehen darf, dass sie nicht als Diminutive empfunden werden (hier durchgestrichen: *Angel, Karel* und *Pavel/Pawel*). Vergleicht man die verbleibenden weiblichen mit den männlichen Namen, fällt auf, dass die Basis der weiblichen transparent ist, während die männlichen Namen – eventuell bis auf *Michel* – keine klare Basis erkennen lassen. Deren Herkunft sei kurz nachgeliefert: *Axel* geht auf eine schwedische Kurzform von *Absalom* zurück, wird sekundär aber oft an *Alexander* angebunden. *Eitel* entstammt tatsächlich dem gleichlautenden Adjektiv, allerdings mit der früheren Bedeutung 'rein, unverfälscht' (cf. *eitel Sonnenschein*). *Wenzel* ist eine Kurzform aus tschech. *Venceslav*. Ob das auslautende *-el* diminutivisch motiviert ist, bleibt ebenso ungewiss wie bei *Michel*, *Axel* und *Eitel*. Daher schließen wir diese Namen nicht aus. Doch ist mangels transparenter Basis zu vermuten, dass keiner (vielleicht bis auf *Michel*) als Diminutiv empfunden wird.[4] Synkopierte Formen sind daher relativ gesehen auch deutlich seltener als bei den Frauennamen (*Axl*: 15, *Wenzl*: 202, *Eitl*: 1 Tel.). Ganz anders bei den Frauennamen, denen der Diminutiv noch gut anzumerken ist und die allesamt reichlich von synkopierten Formen flankiert werden (cf. 3.5). Um auf die Frage nach der standesamtlichen Einordnung von *Merkel* als Männername zurückzukommen: Möglicherweise ist es die intransparente Basis, die im Default-Fall einen Männernamen nahelegt.

---

3 Übrigens haben eigene Recherchen in der Mainzer Vornamendatenbank zu *el*-Namen mit alternativer Schreibung öfter höhere Tokenzahlen ergeben. Z. B. kommt *Barthel* mit <h> auf 330 Tel. und umlautloses *Hansel* auf 13. Im *Duden-Lexikon der Vornamen* (Kohlheim/Kohlheim 2013) fungieren *Hansel* und *Barthel* als Nebenform zu *Hänsel* und *Bartel*, die umgekehrte Rangordnung wäre also angemessener. Das Vornamenlexikon spiegelt nur bedingt die Realität des faktischen Namengebrauchs, häufigere und andere Varianten fehlen teilweise (z. B. *Fränzel*: 14 Tel., *Jäckel*: 3 Tel.). Dies nachzuweisen ist erst mit dieser seit 2018 bestehenden Datenbank möglich.

4 Berücksichtigt man allerdings die Verbreitung von *Michel*, die sich deutlich an der deutsch-luxemburgischen bzw. -französischen Grenze konzentriert, scheint es sich mehrheitlich um den französischen Namen zu handeln.

weiblich		männlich		neutral	
~~Angel ['eɪndʒəl]~~	~~443~~	Axel	44.217	Christel	40.731
Bärbel (< Barbara)	28.908	Eitel	789	Friedel	12.948
Gretel (< Margarete)	3.669	~~Karel~~	~~630~~	Gustel	513
Gundel (< Gundula)	352	Michel	1.892		
Liesel (< Elisabeth)	4.299	~~Pavel~~	~~779~~		
Rosel (< Rosa)	3.195	~~Pawel~~	~~636~~		
Traudel (< Ger-/Waltraud)	834	Wenzel	2.186		
Trudel (< Gertrud)	348				
Ursel (< Ursula)	4.645				

Tab. 2. Namen auf *-el* -[(ə)l] mit mindestens 200 Telefonanschlüssen 1998.

Die einst diminutivischen Namen auf *-el* gehen auf das alte, im Süden des deutschsprachigen Gebiets beheimatete so genannte *l*-Suffix zurück (im Gegensatz zum *k*-Suffix im Norden). Dabei handelt es sich um eine ältere Schicht als das heutige *lein*-Suffix. Unsere Namen gehen auf ahd. *-ila*$_F$ bzw. *-ilo*$_M$ zurück, wurden später zu *-ele* enttont und schließlich zu *-el* apokopiert. Hierdurch ist der einstige Geschlechtsverweis aufgegeben worden, das Namenende als ansonsten geschlechtsindizierende Position wurde nivelliert. Weitaus mehr Vornamen als heute enthielten dieses Suffix, das sich noch zahlreich in heutigen Familiennamen (z. B. *Merkel*, aber auch *Hempel*, *Händel*, *Seidel*, *Nickel*) findet und historisch v. a. im Ostmitteldeutschen (heutiges Sachsen) sein Zentrum hatte (cf. DFA 3, 400–411). Die Funktion dieser Diminutive war damals eine patronymische, damit wurde der (gleichnamige) Sohn des Vaters bezeichnet und von ihm abgegrenzt. Einstige Patronyme bilden die größte Quelle der Familiennamen. Dies erklärt, weshalb fast keine weiblichen Rufnamen in Familiennamen eingegangen sind, so genannte Metronyme waren seltene Ausnahmen (cf. DFA 6). Historisch haben diese *-il(a/o)*-Suffixe Umlaut ausgelöst, cf. als Familiennamen *Merkel*, *Händel*, als heutige Vornamen *Bärbel*, *Hänsel*, *Rösel*. Generell lässt sich beobachten, dass diminuierte Vornamen heute eher ohne Umlaut gebildet werden (früher *Päulchen*, heute *Paulchen*) im Gegensatz zu Appellativa, wo morphologischer Umlaut nach wie vor produktiv ist (*Mäulchen*). Dies dient der Konstanthaltung, der so genannten Schonung des Namenkörpers und damit seiner Wiedererkennbarkeit (zu diesem Konzept cf. Ackermann 2018; Schmuck 2017; Nübling 2017d).

3.4 Onymische Genitalien und ihre Kaschierung durch -el

Das Genus der *el*-Vornamen folgt heute entweder der Geschlechts- und damit Genusinhärenz der Namenbasis (*Barbara*$_F$ > *Bärbel*$_F$) oder im Fall von geschlechtsambigem *Christel*, *Friedel*, *Gustel* außersprachlich-referenziell der Geschlechtsklassenzugehörigkeit des konkreten Namensinhabers bzw. der Namensinhaberin. Ganz anders verhält sich dies bei jüngerem *-lein* (auch *-le*) und *-chen*: Hier steuert das Suffix gemäß dem Kopf-rechts-Prinzip das Genus, das neutral ausfällt: *das Gabilein, das Käthchen, das Peterlein/Peterchen* etc. (zu Ausnahmen wie alem. *der Peterle* cf. Nübling 2017c; 2018b). Diese Neutrumforderung kam den ahd. Diminutivsuffixen *-ila*$_{F}$ und *-ilo*$_{M}$ jedoch nicht zu, da sie ihrerseits von Genusmarkern gefolgt wurden, die Genus und damit Geschlecht markierten. Erst mit der phonologischen Einebnung zu *-el(e)* verabschiedeten sie sich vom Kopf-rechts-Prinzip. Genus muss seither dem gesamten Namen entnommen werden. In der Regel ist es der Basis inhärent (*Bärb-el*$_{F}$, *Häns-el*$_{M}$), oder es geht vom Referenten aus, wenn die Basis, deren geschlechtsoverte Endungen (onymische Genitalien; cf. Nübling 2017a; 2018a; 2018b) durch ambiges *-el* ersetzt bzw. kaschiert werden, von beiden Geschlechtern geteilt wird: *Gustel*$_{M/F}$ < *Auguste, August* (auch *Gustav*), *Christel* < *Christiane*, *Christian*, *Friedel* < *Elfriede*, *Friedrich*.[5]

Diese drei Unisexnamen sind bemerkenswert. Native geschlechtsneutrale Vornamen sind nämlich sehr selten. Normalerweise flaggen offizielle Vornamen ihr Geschlecht am Wortende aus, daher die Rede von sprachlichen oder onymischen Genitalien. So werden viele Männernamen durch Movierung, meist über *-a* (*Paul* → *Paula*) oder *-e* (*Christian* → *Christiane*), systematisch und immer am Wortende feminisiert. Auffälligerweise tragen die Frauennamen formal overtes Geschlecht, während selbiges bei Männernamen kovert, d. h. verdeckt angezeigt wird und sich zumeist in der schlichten Tatsache manifestiert, dass sie konsonantisch auslauten. Damit handelt es sich um keinen salienten, womöglich uniformen Geschlechtsmarker. Geschlecht ist vielmehr subtil in der Phonologie versteckt, eher negativ in der Abwesenheit morphologischer Suffixe. Einzig bei *-o* handelt es sich um ein exklusiv maskulines Suffix (*Marco*, *Udo*). Allerdings lauten nur wenige Namen so aus, finales *-o* kommt weitaus seltener vor als *-a* oder *-e* bei Frauennamen. Bis vor kurzem galt, dass Namen auf *-a* eine fast hundertprozentige und solche auf *-e* eine ca. 90-prozentige Wahrscheinlichkeit besitzen, weiblich zu sein (cf. Nübling 2018a; 2018b). Seitdem jedoch seit der Jahrtausendwende Jungennamen auf *-a* aufkommen (in die Top 10 haben sich *Luca* und *Noah* vorgearbeitet), durchbricht dies die Geschlechtsexklusivität von *-a*: Es lässt sich ein deutliches und rapides phonologisches Degendering von Kindernamen auf *-a* feststellen. Allerdings nutzen die Eltern nicht die Chance, sie zu echten Unisexnamen zu machen.

---

5 Zur hypokorisierenden Geschlechtsüberschreibung bei Kosenamen im Nahbereich cf. Nübling (2017b).

Offiziell sind *Luca, Noa(h), Elia(h), Jona(h)* etc. zwar für beide Geschlechter zulässig, doch wird dies realiter nicht genutzt. Wie in Nübling (2018a) für die Geburtsjahrgänge von 2011 und 2015 nachgewiesen, meiden Eltern diese durchaus feminin klingenden Namen zunehmend für Mädchen. Das bedeutet: Phonologisch-strukturell wird der Stoff (die Phonologie), aus dem die Namen sind, degenderisiert, doch werden die konkreten Nameninventare nicht durchmischt, sondern nach wie vor gegen das jeweils andere Geschlecht hin abgeschottet. *Noah*, *Luca*, *Elia(h)* und *Jona(h)* öffnen sich kaum für Mädchen – im Gegenteil: Sie werden für Mädchen zunehmend gemieden und verstärken somit ihr männliches Geschlecht.[6]

Um bei unseren drei Unisexnamen auf *-el* dennoch einen Hinweis auf die faktische Geschlechtsreferenz zu erhalten, lässt sich ein elegantes Verfahren anwenden: Man suche in der Vornamendatenbank nach Bindestrichnamen mit *Christel* etc. sowohl als Erst- wie auch als Zweitglied. Da geschlechtsinverse Bindestrichnamen bis 1980 (und auch noch später, s. o.) nicht erlaubt waren, ist dies ein verlässlicher Indikator für ihre Geschlechtszuordnung. Beseitigt man großzügig die unentscheidbaren Bindestrichnamen wie *Hansi-Christel,* auch *Sun-*, *Friedel-* und *Wally-Christel*, so verbleiben 28 Namentypes mit insgesamt 68 Namentokens (cf. Tab. 3).[7] Die wenigen Männernamen (nur fünf) sind grau hinterlegt und kommen auf insgesamt 16 Tel. Der bedeutend größere Rest entfällt auf Frauennamen.

---

6 Allerdings wurde auch nachgewiesen, dass die Schreibung hineinspielt: Namen mit finalem <(a)h> (also graphisch geschlossen) werden ungleich häufiger und dabei zwischen 2011 und 2015 zunehmend an Jungen vergeben, während die mit <a> (*Jona, Elia, Noa*) zwar deutlich seltener an Mädchen vergeben werden, doch zwischen 2011 und 2015 – zumindest bei *Elia* und *Noa* – leichte Zugewinne bei den Mädchen und Stagnation bei den Jungen zu beobachten ist (cf. Nübling 2018a: 254).

7 Es sei daran erinnert, dass nur ein Drittel der Vornamen in der Telefon-Datenbank auf Frauennamen entfällt und deren Tokens damit doppelt so viel wiegen wie Männernamen.

Anne-Christel	9	Hanne-Christel	1	Lotte-Christel	3
Antonia-Christel	1	Hans-Christel	10	Margot-Christel	1
Auguste-Christel	1	Heide-Christel	17	Marion-Christel	1
Bärbel-Christel	1	Heinrich-Christel	1	Renate-Christel	1
Bernd-Christel	1	Heinz-Christel	3	Ruth-Christel	1
Bettina-Christel	1	Hella-Christel	2	Sigrid-Christel	1
Erna-Christel	1	Hertha-Christel	1	Vera-Christel	1
Erne-Christel	1	Ina-Christel	1	Wilhelmine-Christel	1
Eva-Christel	2	Inge-Christel	2		
Gabriele-Christel	1	Karl-Christel	1		

Tab. 3. Bindestrichnamen mit *-Christel* als Zweitglied.

Diese Affinität zu weiblichen Realisierungen bestätigt sich auch, wenn *Christel* Erstglied ist: Von 32 Namentypes entfallen 24 auf Frauen, von 61 Tokens 53. Ein umgekehrtes Bild zeigt sich dagegen bei *Friedel*: Hier ergibt sich ein sogar sehr starker Hang zu männlicher Referenz (cf. Tab. 4). Ohnehin seltenes *Gustel* meidet generell Bindestrichkombinationen. Mit aller Vorsicht kann man aus diesen Indizien schlussfolgern: *Christel* referiert mehrheitlich auf Frauen, *Friedel* noch deutlicher auf Männer. Damit haben auch diese Namen eine starke geschlechtliche Schlagseite (was wenig für Unisexnamen spricht, cf. hierzu Schmuck 2018).

	Types		Tokens (Tel.)	
	weiblich	männlich	weiblich	männlich
X-Christel	23	5	52	16
Christel-X	24	8	53	8
X-Friedel	2	21	2	191
Friedel-X	11	35	11	69
X-Gustel	1	1	1	1
Gustel-X	2	0	2	0

Tab. 4. Das Verhalten bzw. Geschlecht der drei Unisexnamen in Bindestrichnamen.

3.5 Zur geographischen Verbreitung der el-*Namen: Kartenbefunde*

Abschließend fragen wir danach, ob sich diese *el*-Namen eine ähnliche geographische Verbreitung teilen, ob sie umgekehrt eher individuelle einzelnamenspezifische Zentren bilden oder womöglich gar keine besonderen Schwerpunkte aufweisen, d. h. streuen.

Wir beginnen in Fig. 1 mit *Trudel*, dem alten Diminutiv von *Gertrud*, und stellen ihm die synkopierte Form *Trudl* zur Seite. Hier zeichnet sich klar der Ober- und Mittelrhein als Hauptverbreitungsgebiet ab mit Streuungen nach Westen und – vor allem bei den synkopierten Formen – nach Osten, d. h. im Schwäbischen und Bairischen massieren sich die insgesamt selteneren Kurzformen. Damit ergeben sich klare Areale. Würde man *Gertrude* (2.296 Tel.) hinzunehmen (hier nicht kartiert), dann erwiese sich, dass das Rhein-Main-Gebiet die größten Konzentrationen aufweist, während sich *Trude* (1.803 Tel.) im Ripuarischen bis hinauf ins Ruhrgebiet ausdehnt. Die Vollform *Gertrud* ist mit 104.902 Tel. mit Abstand am häufigsten und verteilt sich dicht über ganz Deutschland mit Ausdünnungen in der Oberpfalz und in Niederbayern. Stattdessen erscheint hier ziemlich komplementär und sich bis nach Sachsen erstreckend die diphthongierte Form *Gertraud* (10.863 Tel.). In Fig. 1 enthalten sind deren Diminutive *Traudel* und *Traudl*: *Traudel* mit klarem Schwerpunkt in der Pfalz und sich nach Osten hinüberziehend bis nach Thüringen und Sachsen; synkopiertes *Traudl* ist dagegen (erwartbarerweise) in Bayern beheimatet.

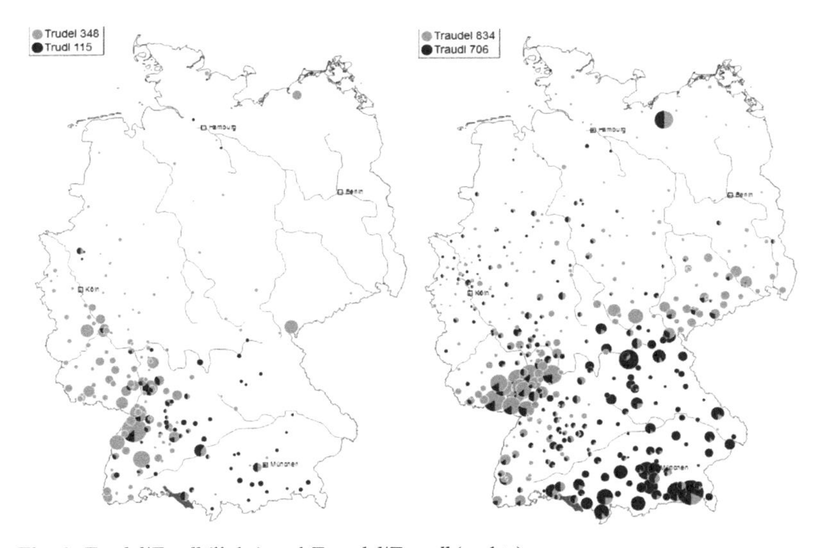

Fig. 1. *Trudel/Trudl* (links) und *Traudel/Traudl* (rechts).

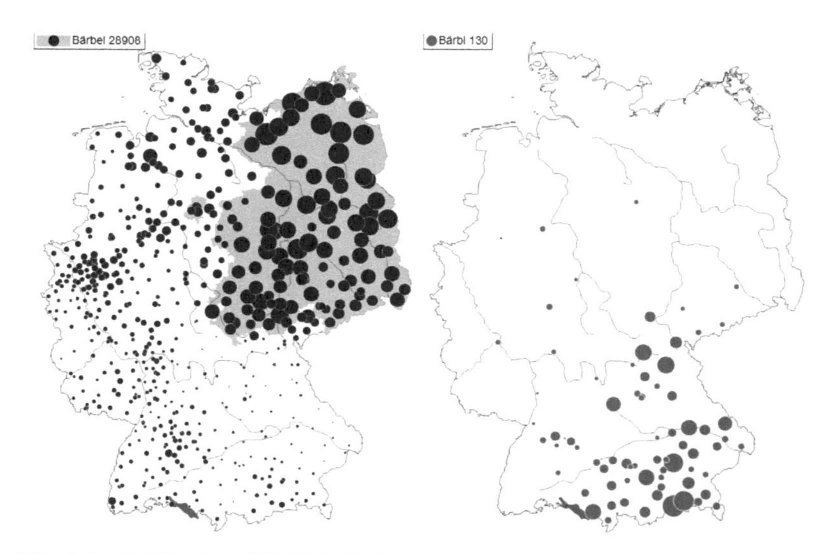

Fig. 2. *Bärbel* (links) und *Bärbl* (rechts).

Fig. 2 kartiert mit *Bärbel* den häufigsten *el*-Namen Deutschlands. Hier tut sich ein ganz anderes Bild auf: Die ehemalige DDR tritt hervor. Der hier nicht kartierte Vollname *Barbara* (64.182 Tel.) erstreckt sich dagegen über ganz Deutschland mit Schwerpunkten eher im Bairischen als in Ostdeutschland, d. h. *Bärbel* wird nicht sonderlich durch *Barbara* unterstützt. Allerdings wird die Heilige Barbara als Schutzpatronin der Bergleute seit dem 14. Jahrhundert in den Bergbaugebieten Sachsens, Schlesiens und Böhmens verehrt. Vermutlich ist die volkstümliche Form *Bärbel* ein Reflex davon, zumal – wie bereits erwähnt – *el*-Namen in Gestalt heutiger Familiennamen noch heute in Sachsen ihr Zentrum haben; diese gehen in aller Regel auf (männliche) Vornamen + *-el* zurück: *Hempel* < *Hamprecht*, *Helmbrecht*; *Hensel*, *Hänsel* < *Hans*; *Seidel* < *Siegfried*; *Riedel* < *Rudolf* etc. (cf. DFA 3: 400–411). Dass sich synkopiertes *Bärbl* (mit 130 Tel.) nur auf Bayern beschränkt, entspricht dem üblichen Befund (cf. Fig. 2, rechts).

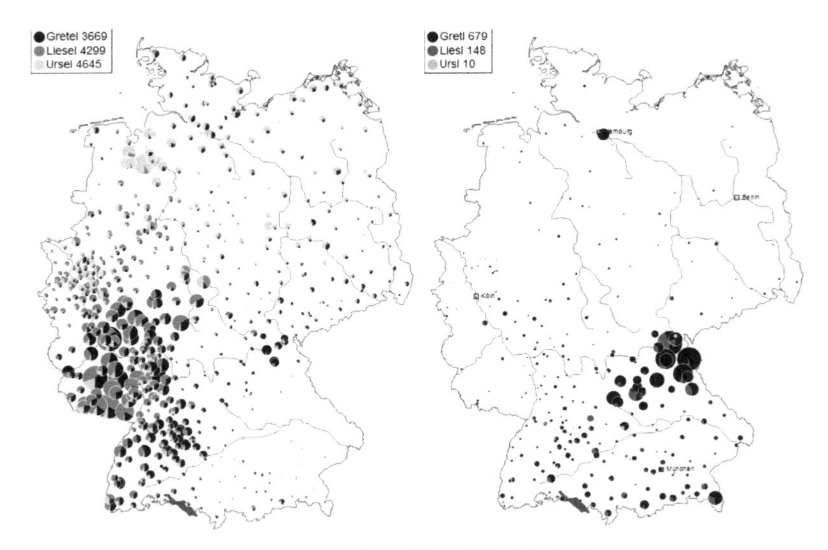

Fig. 3. *Gretel/Liesel/Ursel* (links) und *Gretl/Liesl/Ursl* (rechts).

Fig. 3 befasst sich mit den drei anderen, gut belegten Frauennamen *Gretel, Liesel* und *Ursel*, die sich im Westmittel- und -oberdeutschen konzentrieren (v. a. Saarland, Rheinland-Pfalz, Hessen, Baden-Württemberg). Speziell *Ursel* dehnt sich weiter nach Norden und Osten aus. Die synkopierten Formen dieser drei Namen konzentrieren sich in Oberfranken.

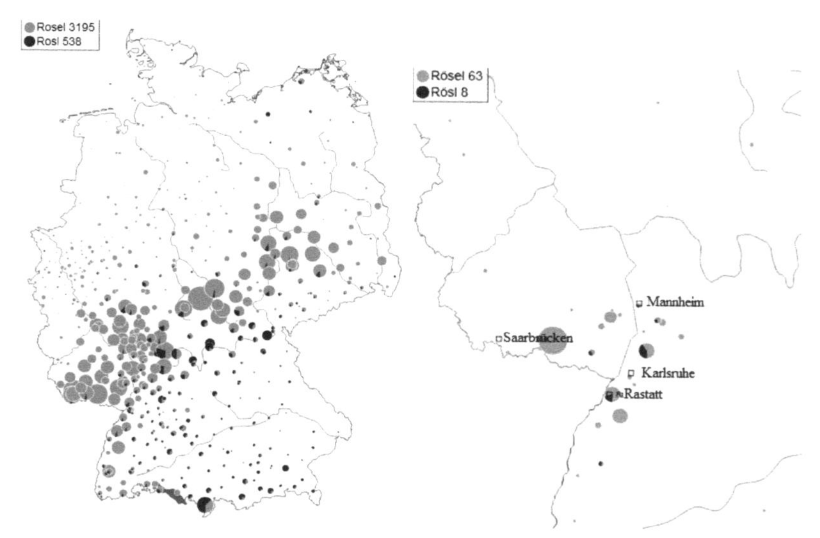

Fig. 4. *Rosel/Rosl* (links) und *Rösel/Rösl* (rechts).

Fig. 4 adressiert mit *Ros(e)l* vs. *Rös(e)l* neben der Synkope auch den Umlaut: Wie die rechte Karte zeigt, konzentriert sich dieser auf ein kleines pfälzisch-nordalemannisches Übergangsgebiet. Lautgesetzlich ist Umlaut erwartbar, nur bildet er heute die Ausnahme.

Fig. 5 und 6 befassen sich mit den beiden Unisexnamen *Christ(e)l* und *Fried(e)l*: Die Synkopegebiete beider Namen bestätigen die Erwartung des südostober- und teilweise auch -mitteldeutschen Areals, während die Langform *Christel* ziemlich komplementär zu ihren Synkopeformen den Rest Deutschlands abdeckt mit Schwerpunkt in Ostdeutschland. *Friedel* dagegen beschränkt sich auf West(mittel)deutschland. Fig. 7 fokussiert die Männernamen *Axel* und *Wenzel*. *Axel* ist mit über 44.000 Tokens sehr häufig und nimmt, mit Ausnahme Bayerns, Deutschland flächendeckend ein. Fast komplementär dazu verhält sich *Wenzel*, der durch den östlichen Schwerpunkt seine tschechische Herkunft bestätigt.

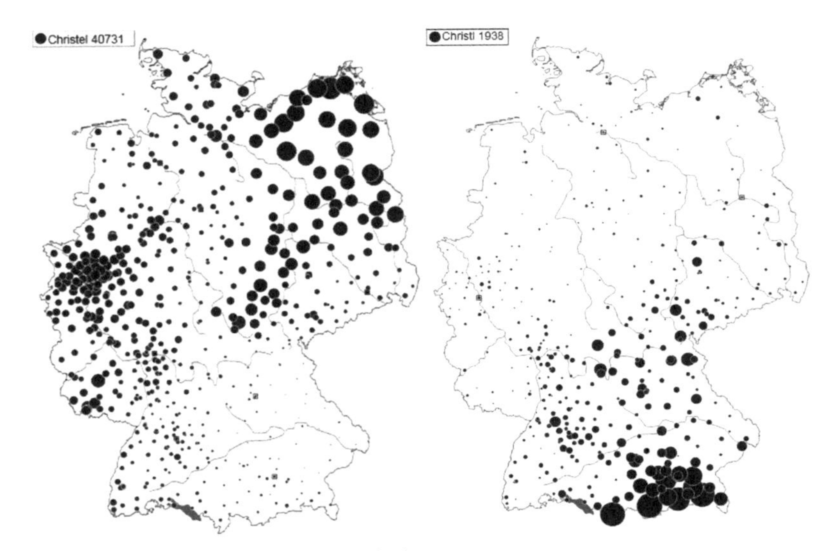

Fig. 5. *Christel* (links) und *Christl* (rechts).

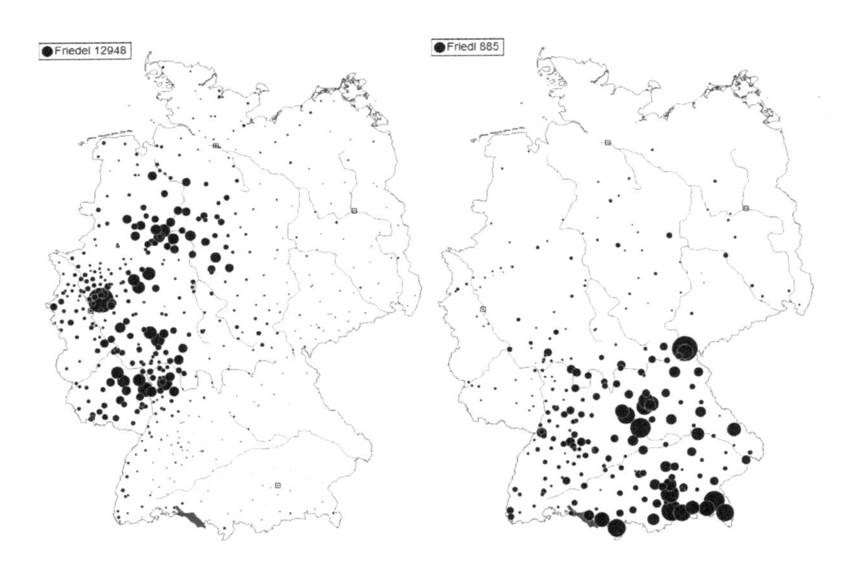

Fig. 6. *Friedel* (links) und *Friedl* (rechts).

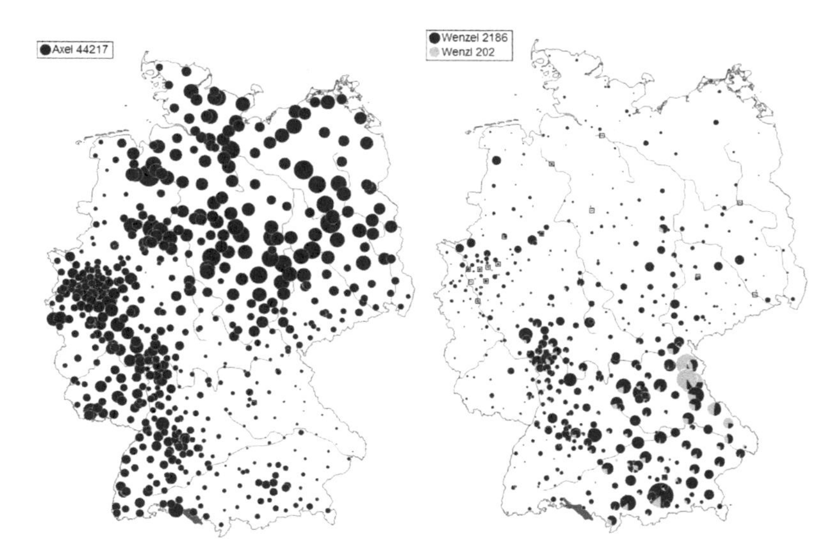

Fig. 7. *Axel* (links) und *Wenzel/Wenzl* (rechts).

4. Fazit und Ausblick

Mit den Namen auf *-el* haben wir eine alte Schicht heute unproduktiver onymischer Diminutive gehoben, die längst zu offiziellen Vornamen (und oft auch Familiennamen) avanciert sind. Dabei haben wir eine deutliche Schlagseite hin zu weiblichen Namen festgestellt, d. h. Frauennamen scheinen öfter von hypokorisierender Wortbildung betroffen gewesen zu sein. Dass dies auch noch heute zutrifft, haben unlängst Baumgartner/Christen (2017) für die Schweiz nachgewiesen: 85% der von ihnen erhobenen Namendiminutive sind weiblich (es gilt dabei mehrere Suffixe zu unterscheiden). Nimmt man das produktivste Suffix *-li* mit der reinsten Diminutivsemantik, polarisiert sich das Geschlechterverhältnis zu 91% Frauen- und 9% Männernamen. Außerdem haben Baumgartner/Christen (2017) festgestellt, dass Diminutive oft lebenslang an den Frauen haften bleiben und sie bis in ihre Todesanzeigen begleiten. Jungen legen ihre Diminutive ab einem bestimmten Alter ab, d. h. Männer mit diminuierten Namen sind rar. Sie machen sich damit sogar lächerlich. Die biographische Reichweite diminuierter Namen divergiert somit je nach Geschlecht.

Manche Sprachen generieren systematisch weibliche Namen aus männlichen durch bloße Diminution, z. B. das Französische und Niederländische: frz. *Henri* → *Henriette*, nl. *Peter* → *Petertje*, *Rolf* → *Rolfke* (cf. Gerritzen 1998)[8]. Eine solche Femininmovierung via Diminution beobachten Baumgartner/Christen (2017) auch für berndeutsche Familiennamen. Diminutiva werden hier "zu einem Weiblichkeitsmarker" (124): *ds Wäberli, ds Burgerli* bezeichnen Frauen. Die Metapher besteht darin, Frauen als kleine Ausfertigung von Männern zu sehen.

Was die deutschen Vornamen betrifft, so gäbe es viele weitere Forschungsperspektiven. Neben *-el* gibt es zahlreiche weitere Allomorphe wie *-lein*, *-le*, *-chen*, *-ke(n)* etc. Dass Namen wie *Antje*, *Anke* und *Annette* allesamt einstige Diminutiva sind, ist für viele nicht mehr erkennbar. Konsultiert man die Vornamendatenbank, dann erweist sich, dass auf *-lein* endende Namen überhaupt nicht vorkommen, wohl aber viele auf *-chen* endende, und hierbei ausschließlich Frauennamen. Die zehn häufigsten sind *Mariechen* (1256), *Gretchen* (1212), *Hannchen* (514), *Lieschen* (512), *Lenchen* (272), *Annchen* (190), *Kät(h)chen* (192), *Klärchen* (123), *Lottchen* (92), *Dorchen* (77). Man erkennt einige der *el*-Namenbasen wieder. *Trudchen* kommt ebenfalls vor, aber nur auf 29 Tel. Kartiert man alle Namen auf diminutives *-chen* (Fig. 8), kristallisiert sich der Norden heraus mit Streuungen ins Mitteldeutsche, doch kaum ins Oberdeutsche.

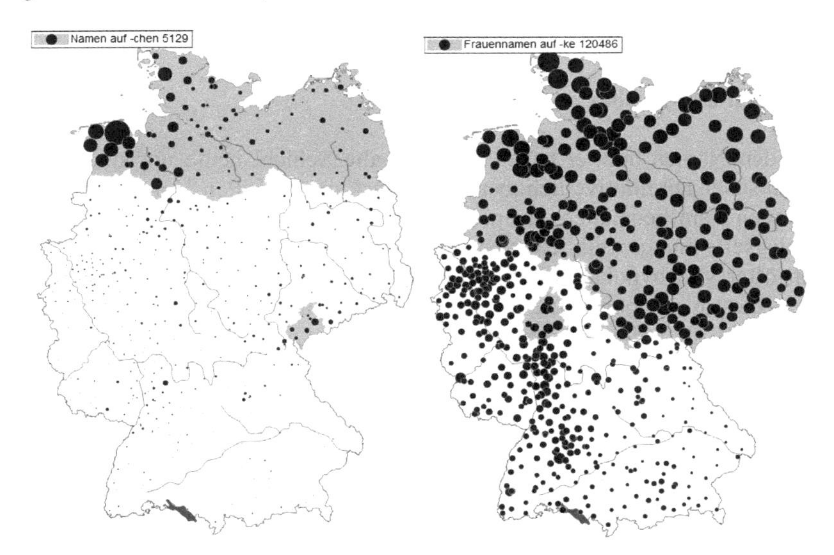

Fig. 8. Frauennamen auf *-chen* (links) und *-ke* (rechts).

---

8 Dies bedeutet nicht im Umkehrschluss, dass diminuierte Männernamen im Niederländischen zwingend ihr Geschlecht wechseln.

Hier dominieren Suffixe auf Basis des so genannten *l*-Diminutivs, zu dem neben *-lein* auch *-li, -le*, *-l* etc. gehören. Diese haben jedoch keinen nennenswerten Eingang ins offizielle Vornameninventar gefunden. Dagegen ist *-ke* als unverschobene Form zu *-chen* massenhaft vertreten. In den vielen *ke*-Namen sind auch friesische enthalten, die sich durchaus (auch) – in vollem Gegensatz zu *-chen* – auf Männer beziehen können (*Heinke*, *Söhnke*). Fig. 8 kartiert nur die häufigsten Frauennamen auf *-ke* wie z. B. *Anke*, *Elke*, *Frauke*, *Wi(e)bke*, *Silke*. Bis auf Bayern sind diese Namen in ganz Deutschland weit verbreitet mit gewissem Schwerpunkt im Norden.

Betrachtet man abschließend das so genannte Variantenspektrum zu allen Namen mit dem Bestandteil *-trud-*, so wirft eine Suchanfrage über .*(T/t)rud.* mit einem Frequenzfilter von 10 Tel. (d. h. ohne einstellige Namenbelege) ein Namenspektrum von 42 Types aus. Die meisten (27) entfallen auf zweistämmige germanische Frauennamen mit *-trud* als Zweitglied, z. B. *Gertrud, Hildtrud, Ortrud, Edeltrud*, teilweise auch mit finalem *-e*. Hinzu kommt *Gertrud-Maria* als einziger Bindestrichname. Als Erstglied kommen mit *Trudbert* und *Trudpert* zwei Männernamen vor und mit *Trudhilde* und *Trudlinde* zwei Frauennamen. Die restlichen 10 Types entfallen auf die vier latinisierten Formen *Gertrudis, Waltrudis*, *Edeltrudis* und *Trudis* (Schwerpunkt in Nordrhein-Westfalen) sowie auf *Trude*, *Trudi*, *Trudy*, *Trudel*, *Trudl* und *Trudchen*.

Zu guter Letzt: Die Wurzel *trud* geht auf germ. **þrūþi* ‘Kraft, Stärke’ zurück. Sie wurde im Althochdeutschen an *trūt* angeschlossen und zu ‘vertraut, lieb’ umgedeutet (cf. Kohlheim/Kohlheim 2013: 159). Alle diese Attribute charakterisieren unsere Jubilarin aufs Beste.

Literatur

Ackermann, T. 2018. *Grammatik der Namen im Wandel. Diachrone Morphosyntax der Personennamen im Deutschen*. Berlin: De Gruyter.

Baumgartner, G. / Christen, H. 2017. Dr Hansjakobli und ds Babettli. Über die Geschlechtstypik diminuierter Rufnamen in der deutschsprachigen Schweiz. *Osnabrücker Beiträge zur Sprachtheorie* 91, 111–146.

DFA 3 = Kunze, K. / Nübling, D. Eds. 2012. *Deutscher Familiennamenatlas*, vol. 3: *Morphologie der Familiennamen*. Berlin: De Gruyter.

DFA 6 = Kunze, K. / Nübling, D. Eds. 2012. *Deutscher Familiennamenatlas*, vol. 6: *Familiennamen aus Rufnamen*. Berlin: De Gruyter.

Gerritzen, D. 1999. Changes in the naming patterns for girls and boys in the Netherlands against the cultural background (XXth century). *Onoma* 34, 181–195.

Kohlheim, R. / Kohlheim, V. 2013. *Duden-Lexikon der Vornamen* (6., völlig neu bearb. Aufl.). Mannheim: Duden-Verlag.

Kunze, K. 2018. Vornamengeographie. Konturen eines neuen Forschungsfelds. *Beiträge zur Namenforschung* 53, 375–445.

Kunze, K. / Nübling, D. Eds. 2009–2018. *Deutscher Familiennamenatlas*. Berlin: De Gruyter.

Nübling, D. 2017a. Personennamen und Geschlechter/un/ordnung – Onymisches doing und undoing gender. In Hirschauer, S. Ed. *Un/doing Differences. Praktiken der Humandifferenzierung.* Weilerswist: Velbrück, 307–335.

Nübling, D. 2017b. Beziehung überschreibt Geschlecht. Zu einem Genderindex von Ruf- und von Kosenamen. In Linke, A. / Schröter, J. Eds. *Sprache und Beziehung*. Berlin: De Gruyter, 99–118.

Nübling, D. 2017c. Funktionen neutraler Genuszuweisung bei Personennamen und Personenbezeichnungen im germanischen Vergleich. In Helmbrecht, J. / Nübling, D. / Schlücker, B. Eds. *Namengrammatik* (= *Linguistische Berichte*, Sonderheft 23). Hamburg: Buske, 173–211.

Nübling, D. 2017d. The growing distance between proper names and common nouns in German. On the development of onymic schema constancy. In Ackermann, T. / Schlücker, B. Eds. *The morphosyntax of proper names* (= *Folia Linguistica*, Special issue 51/2). Berlin: De Gruyter, 341–367.

Nübling, D. 2018a. *Luca* und *Noah* – Das phonologische Degendering von Jungennamen seit der Jahrtausendwende. In Nübling, D. / Hirschauer, S. Eds. *Namen und Geschlechter. Studien zum onymischen Un/doing Gender*. Berlin: De Gruyter, 239–269.

Nübling, D. 2018b. Neue Ansätze in der Namenforschung. Plädoyer für eine Gender-Onomastik. In Engelberg, S. / Kämper, H. / Storjohann, P. Eds. *Wortschatz. Theorie, Empirie, Dokumentation. Germanistische Sprachwissenschaft um 2020*, Band 2. Berlin: De Gruyter, 127–150.

Schmidt-Jüngst, M. 2013. Von der Öffnung der Zweigeschlechtlichkeit zur Öffnung des Namensrechts? *Studia Anthroponymica Scandinavica* 31, 111–113.

Schmuck, M. 2017. Movierung weiblicher Familiennamen im Frühneuhochdeutschen und ihre heutigen Reflexe. In Helmbrecht, J. / Nübling, D. / Schlücker, B. Eds. *Namengrammatik* (= *Linguistische Berichte*, Sonderheft 23). Hamburg: Buske, 33–58.

Schmuck, M. 2018. Deutsche und niederländische Unisexnamen. Entstehung und variable Geschlechtsneutralität. In Nübling, D. / Hirschauer, S. Eds. *Namen und Geschlechter. Studien zum onymischen Un/doing Gender*. Berlin: De Gruyter, 271–302.

Tabula gratulatoria

Aria Adli (Köln)
Helene N. Andreassen (Tromsø)
Bistra Andreeva (Saarbrücken)
Laia Arnaus Gil (Hamburg)
Rafael Arnold (Rostock)
Wolfgang Asholt (Berlin)
Francesc Ballone (Barcelona)
Mark Bechtel (Osnabrück)
Martin Becker (Köln)
Majana Beckmann (Duisburg)
Ariadna Benet (Hamburg)
Gerald Bernhard (Bochum)
Martina Blasberg-Kuhnke (Osnabrück)
Heiner Böhmer (Dresden)
Annegret Bollée (Bamberg)
Travis G. Bradley (Davis, CA)
Joaquim Brandão de Carvalho (Paris)
Christoph Bürgel (Paderborn)
Teresa Cabré (Barcelona)
Berit Callsen (Osnabrück)
Annette Clamor (Osnabrück)
Laura Colantoni (Toronto)
Sergio Cordero Monge (San José)
Susana Cortés (Palma de Mallorca)
Marie-Hélène Côté (Lausanne)
Valentina Cristante (Frankfurt am Main)
Justin Davidson (Berkeley, CA)
Élisabeth Delais-Roussarie (Nantes)
Sylvain Detey (Tokio)
Ulrich Detges (München)
Yves D'hulst (Osnabrück)
Sabine Diao-Klaeger (Landau)
Christine Dimroth (Münster)
Andreas Dufter (München)
Jacques Durand (Toulouse)
Martin Elsig (Frankfurt am Main)
Wendy Elvira-García (Barcelona)
Tim Ewald (Hamburg)
Zsuzsanna Fagyal-Le Mentec (Urbana-Champaign, IL)
Ingo Feldhausen (Frankfurt am Main)

Ana María Fernández Planas (Barcelona)
Caroline Féry (Frankfurt am Main)
Ludwig Fesenmeier (Erlangen)
Susann Fischer (Hamburg)
Barbara Frank-Job (Bielefeld)
Christoph Gabriel (Mainz)
Sascha Gaglia (Göttingen)
Annette Gerstenberg (Potsdam)
Randall Gess (Ottawa)
Andrea Grewe (Osnabrück)
Angela Grimm (Frankfurt am Main)
Jonas Grünke (Mainz)
Martin Haase (Bamberg)
John Hajek (Melbourne)
Silke Hamann (Amsterdam)
Brigitte Handwerker (Berlin)
Gerda Haßler (Potsdam)
Sabine Heinemann (Graz)
Nicholas Henriksen (Ann Arbor, MI)
José Ignacio Hualde (Urbana-Champaign, IL)
Klaus Hunnius (Berlin)
Daniel Jacob (Freiburg)
Samantha Jones (Cambridge)
Konstanze Jungbluth (Frankfurt an der Oder)
Johannes Kabatek (Zürich)
Rolf Kailuweit (Düsseldorf)
Georg A. Kaiser (Konstanz)
Gabriele Knauer (Berlin)
Martin Krämer (Tromsø)
Angelika Kratzer (Amherst, MA)
Frank Kügler (Frankfurt am Main)
Tanja Kupisch (Konstanz/Tromsø)
Rosangela Lai (Pisa)
Franz Lebsanft (Bonn)
Jorge Antonio Leoni de Léon (San José)
Conxita Lleó (Hamburg)
Jessica López (San José)
Ralph Ludwig (Halle)
Chantal Lyche (Oslo)
Utz Maas (Graz)
Philippe Martin (Paris)
Daniela Marzo (München)
Rosa Mª Medina Granda (Oviedo)
Judith Meinschaefer (Berlin)
Benjamin Meisnitzer (Leipzig)
Guido Mensching (Göttingen)
Wiltrud Mihatsch (Tübingen)
Héctor Morales Gutiérrez (San José)
Laura Morgenthaler García (Bochum)
Daniela Müller (München)
Natascha Müller (Wuppertal)
Johannes Müller-Lancé (Mannheim)

Susanne Müller-Using (San José)
Renate Musan (Osnabrück)
Marianna Nadeu (Philadelphia, PA)
Ingrid Neumann-Holzschuh (Regensburg)
Nathalie Nicolay (Osnabrück)
Katharina Nimz (Dresden)
Neus Nogué (Barcelona)
Damaris Nübling (Mainz)
Elisa Orta Galindo (Osnabrück)
Christina Ossenkop (Münster)
Andrea Palermo (Osnabrück)
Andrea Pešková (Osnabrück)
Meike Poeste (Wuppertal)
Brechtje Post (Cambridge)
Pilar Prieto (Barcelona)
Claus Pusch (Freiburg)
Elissa Pustka (Wien)
Isabelle Racine (Genf)
Wolfgang Raible (Freiburg)
Uli Reich (Berlin)
Eva-Maria Remberger (Wien)
Margaret E. L. Renwick (Athens, GA)
Angelica Rieger (Aachen)
Claudia Maria Riehl (München)
Valentin Rose (Osnabrück)
Paolo Roseano (Barcelona/Pretoria)
Mario Ruiz Moreno (Mainz)
Elmar Schafroth (Düsseldorf)
Tobias Scheer (Nizza)
Carlo Schirru (Sassari)
Susanne Schlünder (Osnabrück)
Maria Selig (Regensburg)
Lisa Selkirik (Amherst, MA)
Carsten Sinner (Leipzig)
Johanna Stahnke (Wuppertal)
Achim Stein (Stuttgart)
Kerstin Störl (Berlin/Wien)
Rolf Thieroff (Osnabrück)
Francesc Torres-Tamarit (Paris)
Maria del Mar Vanrell (Palma de Mallorca)
Jorge Vega Vilanova (Hamburg)
Georgia Veldre-Gerner (Münster)
Adrián Vergara Heidke (San José)
Marina Vigário (Lissabon)
Richard Waltereit (Berlin)
W. Leo Wetzels (Amsterdam)
Esme Winter-Froemel (Würzburg)
Isabel Zollna (Marburg)
Pienie Zwitserlood (Münster)

Abteilung für Romanische Philologie, Universität Bonn
Romanisches Seminar, Universität Freiburg
Institut für Romanistik und Latinistik, Universität Osnabrück